A History of
Christianity

3천년 기독교 역사 III
근세·현대사

디아메이드 맥클로흐 지음
윤영훈 옮김

기독교문서선교회

기독교문서선교회(Christian Literature Center: 약칭 **CLC**)는 1941년 영국 콜체스터에서 켄 아담스에 의해 시작되었으며 국제 본부는 미국의 필라델피아에 있습니다.

국제 CLC는 59개 나라에서 180개의 본부를 두고, 약 650여 명의 선교사들이 이동도서차량 40대를 이용하여 문서 보급에 힘쓰고 있으며 이메일 주문을 통해 130여 국으로 책을 공급하고 있습니다.

한국 CLC는 청교도적 복음주의 신학과 신앙서적을 출판하는 문서선교 기관으로서, 한 영혼이라도 구원되길 소망하면서 주님이 오시는 그날까지 최선을 다할 것입니다.

A History of Christianity

Chs. 21-25

Written by
Diarmaid MacCulloch

Translated by
Young Hoon Yoon

Copyright © 2009 by Diarmaid MacCulloch
Originally published in English under the title as
A History of Christianity
by Penguin Books
Translated and Used by the permission of
A division of Penguin Group,
Hudson Street, New York 10014, U.S.A.

All rights reserved.

Korean translation rights arranged with
Felicity Bryan Ltd. through EYA(Eric Yang Agency).

Korean Edition
Copyright © 2013, 2017 by Christian Literature Center
Seoul, Korea

| 추천사 1 |

기독교 역사를 통해 새로운 메시지를 찾는다

임희국 박사
장로회신학대학교 교회사 교수

　　『3천년 기독교 역사』(*A History of Christianity*)의 마지막 부분인 이 책은 계몽주의 시대에서 현재까지 다루었다. 지은이 디아메이드 맥클로흐 교수는 근대 계몽주의 시대 이후의 기독교 역사를 서술하면서 정치, 경제, 사회, 문화 등의 관련 자료들을 폭넓게 두루 섭렵하고 분석했다. 방대한 역사 기록을 이 한 권의 책으로 정리하였는데, 지은이는 기독교의 역사와 (이 역사에 맞물려 진행된) 일반 역사를 균형 잡힌 관점에서 어느 한 편으로 기울지 않고 골고루 다양하게 서술했다. 인문학 지식의 바탕 위에서 기독교의 역사를 서술한 이 책은 기독교인뿐 아니라 기독교 바깥의 사람에게도 아주 흥미를 끌 만한 역사서라고 본다.
　　지은이가 큰 관심을 갖고 이 책에서 서술한 내용은 근세 이후 기독교 안에 존재하는 엄청난 다양성에 관한 것이다. 구체적으로 살펴보자면, 계몽주의 시대(특히 18세기) 이래로 진행된 세속화 과정에서 서양의 기독교는 대대로 누려오던 정치적 특권을 잃었고 또 사회의 공적 영역에서 퇴조했다. 그러나 기독교는 해외 선교를 통하여 유럽 바깥의 대륙으로 확산되었다. 아프리카와 아시아 등지로 확산된 기독교는 그 대륙(지역)의 전통 문화와 부딪치고 갈등하고 대화하는 가운데서 새로운 옷을 입게 되었다. 이와 더불어 기독교는 서양의 종교에서 세계(아시아, 아프리카 등) 보편 종교로 거듭나게 되었다. 또한 세계 기독교 안에는 엄청난 문화적 다양성이 존재하게 되었다. 바로 이 점을 지은이가 이 책에서 서술했다. 그러한 맥락에서, 지은이는 "한국의 기독교인들은 자신들의 고유한 문화유산에 큰 자긍심"을 가졌고 또 이들은 "15세기 한국 왕조가 발명한 독특한 문자인 한글(han'gul)을 널리 사용하여 인쇄물을 발간하며 자신들의 문학을 발전시켰다"라고 서술했다.

지은이는 이 책에서, 기독교가 서양의 종교에서 세계 종교로 확산된 결과, 약 100년 동안 기독교 인구가 양적으로 크게 늘어났다는 사실에 주목했다. 즉 "2009년 전 세계의 기독교 신자는 20억 명 이상인데 이 수치는 지난 1900년 통계의 거의 4배에 달하며 전 세계 인구의 1/3에 해당한다"라고 정리했다. 이 통계 수치는 기독교의 '성공'을 대변한다. 그런데 바로 여기에 "기독교의 문제점이 있다"라고 지은이는 주장한다. 세계 종교가 된 기독교의 외형적 확산과 성공에서 오히려 기독교 복음의 핵심 알맹이인 십자가 고난과 이를 통한 죄 용서를 좀체 발견할 수 없다는 지적이다. 이와 함께 지은이는 한국의 주류 개신교가 근자에 소위 '번영의 복음'(Prosperity Gospel)을 강조하자 많은 교인이 세속적 성공과 정치사회적 헤게모니를 추구해 왔다는 점도 지적했다.

이 책의 끝 부분에서, 지은이는 "(요즘의 시대사조에서) 종교가 그다지 필요하지 않다고 여기는 이 사회를 향해, 종교가 중요하다고 깨우쳐 줄 수 있는 새로운 메시지를 찾아낼 수 있을까?" 고민한다. 이러한 세속화 상황에서 지은이는 기독교 신앙 안에 있는 '신비의 회복'에 관하여 자각했다. 그 신비의 비밀은 종교적 신비주의에서 찾는 것이 아니라 하나님의 말씀에 귀를 기울이고 그 말씀을 새겨듣는 가운데서 깨달아 알게 된다고 말했다.

이 책을 우리말로 번역한 번역자의 수고와 노력도 크게 돋보인다.

이 책에 담긴 지식의 분량이 어마어마하게 방대한데, 번역자가 우리말 번역을 위하여 그 지식의 내용을 따라잡느라 무진 고생했을 것으로 짐작한다. 영어문장을 우리말로 매끈하게 표현하면서도 원어에 담긴 미세한 뉘앙스도 놓치지 않고 번역하느라 번역자가 참으로 끈질긴 노력을 기울였을 것으로 본다. 이렇게 큰 수고를 들인 번역자에게 감사드린다.

이 책은 일독(一讀) 이상의 가치가 있으므로 기꺼이 정독(精讀)을 추천하고자 한다.

| 추천사 2 |

시험대에 오른 교회역사

이충범 박사
협성대학교 역사신학 교수

일단 갈증해소다. 오랫동안 교회사를 배우는 사람이나 가르치는 사람들은 하품과의 전쟁을 치렀다. 이유는 간단했다. 도대체 게르만이 이동하고 서로마가 멸망했는데 왜 로마교황청은 더 발전을 하게 되었는지, 대학의 교수들은 왜 수업료를 직접 받았는지, 로마가 아닌 엉뚱하게 파리의 대학이 왜 신학의 본산이 된 것인지, 알 수 없는 역사적 사건들을 시간별로 주~욱 나열해놓고 이걸 이해하고 게다가 외우라고 하니 졸음이 쏟아지지 않는 것이 이상했다. 더군다나 교회사와 교리사가 무슨 차이가 있는지도 마냥 혼란스러웠다.

야박하게 판단한다면 이제까지의 교회사는 중요한 거시적 사료들의 합본에 불과했다. 한일늑약-일제강점-해방-남북분단-한국전쟁 등을 단순 나열해서는 현재 한국의 정치지도가 도무지 이해되지 않는다. 동서방교회를 따로 배웠던 사람들 역시 동방신학을 들으면 이해는커녕 이단을 하나 보는 것 같은 느낌이었다. 거시적 사건의 나열은 이렇듯 역사적 인과관계를 전혀 설명하지 못하게 되고 이러한 인과관계의 몰이해는 현재를 살아가는 우리들에게 역사에서 배울 그 어떤 교훈들을 파악하지 못하게 한다.

또한 기존 교회사는 사료의 묘사마저도 지극히 단층적이었다. 해상무역, 도시, 인쇄술의 발달을 고려하지 않고 종교개혁을 이해할 수 없듯이 교회의 역사는 일반사, 특히 정치경제사와 매우 밀접한 관련을 갖고 있다. 그러나 기존 교회사 서술은 교회사 속의 한 사건의 내재적인 서술에 치중하여 그 배면을 둘러싸고 있던 구조적인 요인들을 왕왕 간과하곤 했다. 그래서 학인들은 일반사와 교회사를 전혀 다른 역사로 인식하며 공부해야만 했으며 교회사는 역사가 아니라 섭리로 오해하기도 했다. 마지막으로 과거의 교회사 서술은 지식과 권력중심의 서술 일변도였다. 한마디로 99퍼센트의 시각이 아닌 1퍼센트의 시각으로 사료를 다루고 있다. 분명한 것은 위와 같은 역사서술의 방식으로는 과거를 복원할 수 없을 뿐만 아니라 있는 그대로의 진실을 이념화할 수도 있다. 아니, 무엇보다도 읽는 재미가 없다.

나는 시간이 역사의 진보와 발전을 보증한다고 믿지 않는다. 그러나 때로는 부인할 수 없는 진보된 미래를 볼 때가 있다. 디아메이드 맥클로흐(Diarmaid MacCulloch)의 『3천년 기독교 역사』(*A History of Christianity*)는 이제까지 읽었던 교회사와는 차별되는 진보된 책이 분명하다. 저자는 우선 21장에서 종교개혁 전후 시대를 철학, 사회, 정치 등 포괄적인 시각으로 조명하고 있다. 심지어 시대의 패러다임이 변할 때 동반되는 성(性)적 역할의 변화까지 분석하는 넉넉함을 보인다. 22장에서는 계몽주의의 대두와 더불어 기독교의 상황을 가톨릭, 개신교, 정교회 등을 총망라하여 서술하는 균형감각을 보여주고 있고 기독교세계의 선교를 서술한 23장에서는 선교로 파급되는 정치적인 효과는 물론 선교의 한계점 역시 동일한 분량으로 서술하고 있다.

24장은 양차 세계대전을 전후한 기독교 세계의 상황과 정치적 이데올로기로서 작동하고 있는 기독교를 묘사하고 있는데 나치즘의 신학적 토대를 마련했던 당시 기독교계와 신학계에 대한 날카로운 비판과 반성을 담고 있다. 저자는 또한 세계 각 지역에 전파된 기독교가 토착문화와 융합하면서 새로운 기독교를 창출해내었다고 서술한다.

그리고 그 가운데 아시아의 독보적인 사례로서 한국의 예를 서술할 때는 우리의 어깨를 으쓱하게 한다. 놀라운 것은 이러한 상황의 변화를 저자는 기독교 세계의 재편으로 읽고 있다는 점이다. 24장은 자유와 해방을 위한 정치변혁의 동력으로서의 세계 각처에서 일어났던 기독교를 그리고 있다. 더욱이 그동안 그 어떤 교회사에서도 다루지 않았던 문화로서의 기독교의 변모된 모습들을 자세히 망라하고 있다.

이렇듯 새로운 시각과 방법론으로 쓰인 책은 저자의 의도와 학문적 변화의 맥락을 이해할 수 있는 사람만이 옮겨 쓸 수 있다. 그런 면에서 윤영훈 교수는 이 책의 가장 적절한 번역자이자 유일한 번역자이다. 이제 교회사 서술은 시험대에 올랐다. 그리고 이 책은 그 시험대에 오른 한국에서 발간된 최초의 실험적인 작품이다. 실험적이면서 풍성한 사료, 게다가 읽는 재미까지 곁들인 이 책을 전공자뿐 아니라 기독교, 아니 서구의 역사와 문화에 관심 있는 모든 독자들에게 일독을 권한다.

| 추천사 3 |

이 책은 탁월한 학문적 성취를 보여준다. 범위에서 놀라우며 읽을 수밖에 없고, 최고 전문가들을 위한 통찰과 일반 독자들을 위한 설명이 가득하다. 영어로 쓰인 교회사책 중 이 책에 필적할 만한 것은 없을 것이다.

로완 윌리엄스(Rowan Williams, 전 영국 캔터베리 대주교), *Guardian*

이 책은 방대하고 전율적인 일급 역사서이다. 저자 맥클로흐는 독자들로 하여금 위트와 탁월한 예화들에 계속 빠져들게 한다.

존 콘웰(John Cornwell), *Financial Times*

이 책은 권위 있는 관점에서 서술된 기독교사에 대한 전혀 다른 이야기이며 이 책의 탁월함은 세계적 측면에 관심을 집중하는 데 있다. 무엇보다 이것은 인간적인 이야기다.

피터 스탠포드(Peter Stanford), *Sunday Times*

영어로 글을 쓰는 최고의 역사가 중 한 사람인 디아메이드 맥클로흐는 세계에서 가장 큰 신앙공동체의 전체 역사를 들려주는 거대한 작업을 열정적으로 수행했다. 맥클로흐는 우리에게 명료하고 공감적인 설명의 모델을 제공한다. 그 작업은 규모와 범위에 있어서 방대한데도 불구하고 대단히 공정한 마음으로 수행되었다. 정말 멋진 책이다.

이몬 더피(Eamon Duffy), *Sunday Telegraph*

한 사람이 기독교사를 쓸 수 있을까? 맥클로흐 교수는 한 사람의 작가가 이 일을 할 수 있다는 사실을 놀랍게 보여주었다. 이 책은 정말로 끝까지 읽고 배우며 숙고할 만한 한 편의 서사시다. 정말 대단한 작품이다.

니콜라스 오르메(Nicholas Orme), *Church Times*

| 저자 서문 |

　방대한 역사의 기록을 단지 한 권의 책으로 출판한다는 것은 아주 힘든 일이다. 이 일에 동참해준 여러 동료와 친구에게 진심으로 감사를 드린다. 스튜어트 프로피트(Stuart Proffitt)는 늘 따뜻한 격려, 냉철한 판단력, 맛깔스러운 문장력을 가지고 능숙하게 도왔다. 또한 조이 드 메닐(Joy de Menil)과 캐트린 코트(Kathryn Court)도 대서양 너머에서 꼼꼼하고도 귀중한 편집 조언을 해주었다. 샘 배들리(Sam Baddeley), 레슬리 레빈(Lesley Levene), 세실리아 맥케이(Cecilia Mackay) 그리고 훕 스테지만(Huub Stegeman)은 내가 본문 내용을 준비하는 데 있어서 견고하고 성실하게 나를 도와주었다. 나의 저작권 대리인 펠리시티 브라이언(Felicity Bryan)은 내가 장차 이 책을 집필하리라는 것을 예상하는 능력을 가졌고 내가 용기를 잃을 때 항상 나를 격려해주었다. 전문적인 지식을 가진 많은 동료들은 나와의 대화 속에서 관대함을 보여 주었고 내가 이 책을 구상할 때 꾸준하게 나의 질문에 대답해주었다. 그들 중의 일부는 심지어 이 책의 본문 내용의 초고를 수고를 아끼지 않으며 읽고 조언해주었다. 나는 그들 모두에게 마음의 빚을 지고 있다. 특히 샘 배들리, 세바스찬 브록(Sebastian Brock), 제임스 칼튼(James Carleton), 앤드류 챈들러(Andrew Chandler), 이몬 더피(Eamon Duffy), 크레이그 할린(Craig Harline), 필립 케네디(Philip Kennedy), 쥬디스 맬트

비(Judith Maltby), 앤드류 페터그리(Andrew Pettegree), 미리 루빈(Miri Rubin), 존 울프(John Wolffe)와 휴 와이브류(Hugh Wybrew)에게 감사한 마음을 전한다. 또한 사라 애퍼트레이(Sarah Apetrei), 콰베너 아사모-기아두(Kwabena Asamoah-Gyadu), 피어 조지오 보르본(Pier Giorgio Borbone), 마이클 보르도(Michael Bourdeaux), 프랭크 브레머(Frank Bremer), 마이클 치섬(Michael Chisholm), 탐 얼(Tom Earle), 매시모 퍼포(Massimo Firpo), 피터 그로우브즈(Peter Groves), 아흐매드 거니(Ahmad Gunny), 피터 잭슨(Peter Jackson), 이안 커(Ian Ker), 상근 김(Sangkeun Kim), 그래미 머독(Graeme Murdock), 마테오 니콜리니-자니(Matteo Nicolini-Zani), 마틴 팔머(Martin Palmer), 마크 샨(Mark Schaan), 베티나 슈미트(Bettina Schmidt), 앤드류 스파이서(Andrew Spicer), 돔 머리-로버트 톡친스키(Dom Marie-Robert Torczynski), 돔 가브리엘 반 디크(Dom Gabriel van Dijck), 스티브 와츠(Steve Watts), 필립 웰러(Philip Weller)와 조나단 요넌(Jonathan Yonan)의 조언에 심심한 감사를 전한다. 특히 피어 조지오 보르본(Pier Giorgio Borbone), 조엘 카브리타(Joel Cabrita)와 존 에드워즈(John Edwards)는 그들의 미출판된 자료들을 인용할 수 있도록 허락해주어서 감사하다. 나의 책의 미비함은 전적으로 나의 책임이지 그들의 몫이 아니다.

    옥스퍼드대학교의 신학과 인문학부의 나의 동료들은 내가 자료를 조사하고 이 책을 보다 쉽게 집필하도록 도와주었다. 그들은 관대함과 융통성을 가지고 이 책을 집필하도록 내게 무급휴가를 연장해주었다. 특히 이 기간 동안 목사이자 박사인 샬롯 메수엔(Charlotte Methuen)은 옥스퍼드대학교에서 절친한 친구가 되어 주어서 감사하다. 기독교 역사의 전반적인 영역에서 전문적인 지식과 지혜를 얻을 수 있는 많은 세미나와 강의들을 접할 수 있었던 특권은 대학에 소속되어 있었기 때문이다. 그 세미나와 강의들에서 늘 나를 환대해주었던 교수와 강사들에게 감사한 마음을 전한다. 또한 그 세미나와 강의를 통해서 나는 나의 지적 향상을 도모할 수 있었다. 옥스퍼드대학교의 늘 풍부한 도서관 자료들과 인자한 도서관 직원들 덕분에 나는 이 책을 집필할 수 있었다. 특히 알렌 브라운(Alan Brown)의 도움에 감사한다. 이 책을 집필하는 여정 속에서 나의 동반자들과 격려자들로서 그 역할을 다하며 이 '기독교 역사 저널' 작업에 참여해 준 마틴 브레트(Martin Brett), 제임스 칼튼 패지트(James Carleton Paget), 크리스틴 리너한(Christine Linehan)과 앤 웨이터스(Anne Waites)에게 감사를 표한다.

다른 일에 종사하는 동료들, 즉 이 책의 집필과 함께한, 세상의 재미있고 다양한 모험을 가져다 준 거대한 작업인 BBC 텔레비전 시리즈 제작에 관여한 모든 사람들에게 감사한 마음을 전한다. 이 작업 과정에는 정말 많은 사람들이 참여하였는데 그중에 특히 길리언 뱅크로프트(Gillian Bancroft), 장-클로드 브래거드(Jean-Claude Bragard), 캐트린 블레너해세트(Kathryn Blennerhassett), 닉 홀든-심(Nick Holden-Sim), 마이크 잭슨(Mike Jackson), 로저 루카스(Roger Lucas), 에린 맥태그(Erin Mactague), 루시 로빈슨(Lucy Robinson), 시안 솔트(Sian Salt), 그래엄 베버즈(Graham Veevers)와 마이클 웨이클린(Michael Wakelin)에게 감사한다. 이 두 가지 프로젝트는 나의 인생에 있어서 새로운 전환기가 되었다. 특히 나는 샘 배들리의 우정과 예리한 조언에 고마운 마음을 전한다. 내가 언급한 여러 사람들 중에서 특히 아낌없는 지원, 사기 진작 또는 현명한 조언들을 해준 마크 애처치(Mark Achurch), 이사벨(Isabel)과 로사 게런스타인(Rosa Gerenstein), 피터(Peter)와 비 그로우브즈(Bea Groves), 게이너 험프리(Gaynor Humphrey), 필립 케네디, 크레이그 리퍼(Craig Leaper), 쥬디스 맬트비(Judith Malthy), 제인 우퍼튼(Jane Upperton)과 알렌 영(Allen Young)에게 감사를 표한다.

2009년 수난절에 옥스퍼드의 세인트크로스대학(St Cross College)에서
디아메이드 맥클로흐(Diarmaid MacCulloch)

| 역자 서문 |

　계몽주의 이후 현대 사회는 근대 정신에 기초한다. 근대 정신의 특징은 이성적 합리성과 감각적 관찰로 실증될 수 있는 것에 집중하며, 이성적 판단과 감각적 인지에서 벗어난 것들의 중요성은 쉽게 배제하곤 하였다. 따라서 그럴 듯한 이유를 제시하고 합리화할 수 있다면 모든 것이 정당화될 수 있으며, 그 정당성에 부합되지 않는 것들은 쉽게 망각되고 무시되는 정신적 분위기를 형성하였다. '탈신비화'를 선언한 근대 합리성은 무엇보다 수학적 계산 가능성에 기초한다. 즉 자연현상을 수학적으로 계산하고 예측하고자 했던 것이 근대 과학이라면, 그런 과학을 통해 신이나 신비한 것을 계산 가능한 것으로 바꾸려 했던 것이 근대적 이성이었고, 그런 계산을 통해 삶의 방식을 통제하고자 했던 것이 근대적 생활방식이라 할 수 있을 것이다. 이후 서구 사회의 여러 영역들은 세상 전체에 신이나 교회를 더 이상 필요로 하지 않는 소위 '세속화' 시대로 질주해 간다. 이것이 모더니즘이 부상한 이후 기독교가 마주했던 문제의 중심이다.

　옥스퍼드대학교의 교회사 교수인 디아메이드 맥클로흐의 『3천년 기독교 역사』(*A History of Christianity*)의 마지막 부분인 본서는 현대 계몽주의와 세속화의 물결 속에 기독교인들이 자신들의 위기 가운데 밖으로는 싸움을 걸어온 이러한 세속주의 사조와의 대결 국면에 호전적 입장을 견지하고, 안으로는 내부 이탈자를 막고자 하는 치열한 생존 투쟁의 모습을 생생하게 기술하고 있다. 저자는 그의 탁월한 식견으로 다양한 문서들뿐 아니라 건축, 미술, 음악 등의 자료들을 폭넓게 분석하며, 기독교와 여러 신흥 사조 및 낯선 문화가 서로 조우하며 생겨난 충돌과 타협 그리고 그 과정 속에 새롭게 파생된 여러 양상들을 균형 있게 서술하였다. 따라서 본서를 통해 독자들은 종교개혁 이후 기독교 역사뿐 아니라 동시대의 중요한 정치, 경제, 사회, 문화의 중요한 사건들과 이슈들, 그리고 이와 연관된 치열한 논쟁들에 대해서도 중요한 정보와 흥미로운 이야기를 경험할 수 있을 것이다.

이 과정에 저자는 객관적 시선을 견지하며 기독교뿐 아니라 세속주의 양자를 균형 있게 바라본다. 이 점은 본서의 가장 중요한 특징이며 저자가 서문에서 밝힌 대로 본서를 저술한 궁극적 목적이기도 하다. 본서에서 저자는 기독교에 대한 세속주의의 발칙한(?) 도전들과 기독교 내부의 모순들을 여과 없이 적나라하게 보여준다. 이런 부분들을 접할 때 기독교인 독자들은 적잖이 당황하고 불편해질 수도 있을 것이다. 그럼에도 저자는 자신이 자라고 몸담아온 기독교가 세속주의자들의 눈에 터무니없이 보이는 모습과 여러 실수들에도 불구하고, 역사 속에서 수많은 사람들이 왜 그토록 매료되었는지에 대한 중심을 발견하려는 노력도 함께 보여준다.

본서는 기독교인과 비종교인 모두에게 균형 있는 시각을 통해 기독교 역사에 대한 가장 객관적인 이해를 도와주는 매우 유용한 자료이다. 그런 이유에서 본서는 수많은 매체를 통해 이 시대 가장 탁월한 저술 중 하나로 선정되었고, 영국 BBC 방송국은 본서의 내용을 저자인 맥클로흐 교수가 직접 진행하는 교회사 다큐멘터리 프로그램으로 제작하기도 하였다.

맥클로흐 교수는 "오늘날까지도 대부분의 기독교의 문제점들은 기독교의 큰 성공으로 인한 것"이라고 주장한다. 그것은 주로 "서구권 기독교의 오만으로 인해 생긴 문제"로, 저자는 본서에서 이에 대한 진지한 반성의 성찰을 담아내고 있다. 이것은 오늘날 한국 기독교계에도 진지한 메시지를 던진다고 생각한다.

하지만 맥클로흐 교수는 바로 이 점을 기독교와 대립했던 여러 세속주의 사조들에게도 적용하였다. 다시 말해 종교를 무시한 서구 세속주의는 결국 스스로의 오만 속에 수많은 모순을 드러내며 심각한 오류를 범해 왔음을 동일하게 지적하였다. 이와 같은 평가는 독일의 저명한 사회학자 울리히 벡(Ulich Beck)이 그의 명저 『위험사회』(*Risk Society*)에서 "현대 사회의 위험은 모더니즘의 실패가 아니라 그 성공에서 비롯된 것이다"라고 주장했던 것을 연상시킨다. 또한 각 지역의 일반 대중들은 합리주의적 예상과는 달리 역사적 기독교를 결코 포기하지 않았으며, 동시대 계몽주의자들과는 다른 방식으로 기독교의 신비를 계승해왔음을 다양한 자료들을 제시하며 분석하였다. 사실상 일반 대중들에게 종교는 결코 그들의 세상을 떠난 적이 없다는 것이 맥클로흐의 중요한 발견 중 하나이다.

맥클로흐 교수는 기독교는 항상 시대의 조류에 따라 갱신되어 왔기 때문에 세속주의 역시 기독교가 새롭게 갱신될 수 있도록 기회를 제공해준다고 평가한다. 또한 더 이상 종교가 그리 필요하지 않다는 분위기가 형성되는 사회 속에서 기독교가 수많은 얼굴을 통하여 여전히 우리 사회에서 종교는 중요하다고 깨우쳐 줄 수 있는 새로운 메시지를 찾아야 한다고 강조하며, 오직 '신비의 회복'에서 기독교 갱신의 가능성을 찾을 수 있을 것이라고 주장한다. 저자가 말한 대로 과학과 문명이 아무리 진보해도 세상의 신비는 결코 고갈되지 않을 것이다. 합리적 이성을 견지한 건강한 종교인들도 과학과 문명이 발전하고 세상이 바뀐다 해도, 바로 그 자리에서 새로운 종교적 묵상과 삶의 의미를 신 앞에 질문할 것이기 때문이다.

또한 맥클로흐 교수는 기독교라 불리는 종교 안에 엄청난 다양성이 존재한다고 역설하며, 특정 기독교 전통의 입장에서가 아니라 개신교와 가톨릭, 그리고 정교회와 다른 모든 지역의 기독교 전통들을 모두 아우르는 에큐메니칼 입장에서 본서를 기획하고 기술하였다. 따라서 그 서술의 중심을 어느 한 편에 치우치지 않고 가장 공정한 입장을 견지하며, 소수자들과 기존 역사서가 쉽게 간과한 역사 유산들에 대해서도 특별한 관심을 기울이고 있다. 또한 맥클로흐 교수는 서구와 미국 중심의 교회사가 아니라 선교 운동으로 인해 생성된 전 세계 각 지역 기독교의 발자취를 폭넓게 소개하였다. 다시 말해, 본서가 서구인의 관점에서 기독교 선교 확장사를 기술하는 것을 넘어, 각 지역에서 현지인들이 어떻게 기독교라는 이질적 종교를 자국의 문화 속에서 수용하거나 그와 충돌했는지에 대한 이야기를 더 강조한 것은 매우 주목할 만한 점이다.

본서는 아시아, 남미, 아프리카, 오세아니아 등 여러 지역의 수많은 현지 인물들과 그들의 행적에 대한 다양한 정보를 제공한다. 때로는 이러한 지역 인물들과 유산들이 독자들에게 더 낯설게 느껴질 수도 있지만, 기독교 인구의 중심이 서구가 아니라 소위 '제3세계권'(서구인들의 오만한 표현이긴 하지만)으로 이동하는 현 시점에, 본서의 내용들은 필수적인 지식이며 역사서술의 중요한 전환점을 제안했다고 평가할 수 있을 것이다. 맥클로흐 교수는 이를 위해 동방 기독교 지역부터 카리브 해 연안과 중국의 변방까지 전 세계 수많은 지역을 자신의 노트북과 함께 직접 여행하였다. 또한 기존에 잘 알려지지 않았던 역사 유산들에 대한 정보와 의미를 위해 역사 연구의 가장 최근 논문들과 자료들을 세밀하게 분석하였다.

본서를 번역하는 작업은 결코 쉽지 않았다. 우선 저자는 제시하는 수많은 자료나 정보들이 본인에게도 매우 낯선 이름들과 지명들이 많았기에 (특히 비영어권 내용들에서) 그 내용들을 일일이 검색하며 정확한 발음과 정보를 수집해야 했다. 또한 이전에 접하기 어려웠던 저자의 장황하고 독특한 영국식 영어 표현은 번역자를 난감하게 만들기에 충분했다. 정확한 의미를 어색하지 않게 우리말로 표현하는 것은 어렵지만 또 다른 창작의 작업이었다. 본인은 본서의 모든 문장을 빠짐없이 직역하면서도, 한국어로 어색하지 않게 되도록 간결하게 번역하고, 원문이 담고 있는 뉘앙스를 최대한 담아내기 위해 노력하였다. 그러다보니 한 단어, 한 문장을 대하며 쉽게 넘어가지 못하고 멈춰서는 경우가 많아 생각보다 훨씬 더 오랜 시간이 흘러갔다. 그런 지루한 과정에서 본인은 저자와 함께 지난 수 세기의 기독교의 발자취를 순례하는 소중한 배움과 사색의 시간을 가질 수 있었음은 본서 번역의 가장 큰 보람이라 할 것이다.

번역과 관련하여 다음의 두 가지 사항을 안내하고자 한다. 우선 저자가 속한 잉글랜드국교회(Anglican Church)는 출판사와 다른 번역자들과의 협의 가운데 기본적으로는 '잉글랜드국교회'로 번역하지만, 문맥상 간결한 표현이 필요한 경우와 영국 이외의 지역에서는 '국교회'나 '성공회'로 상호 병렬적으로 번역하였다. 따라서 잉글랜드국교회, 국교회, 성공회로 번역된 내용은 모두 Anglican Church를 의미한다. 또한 본서가 에큐메니칼 입장으로 각 기독교 전통들에 대해 객관적인 시선을 유지하며 중립적인 용어로 서술하였지만, 본 번역서에서는 영어권에서 기독교뿐 아니라 모든 종교에서 보편적으로 사용되는 'God'이란 단어를 개신교 입장에서 '하나님'으로 번역하였고, 인용된 성경 구절들은 '개역개정판'을 사용하였다. 다만 가톨릭교에서 발표한 공식 문서를 직접 인용하는 경우에 한해서 가톨릭교 입장을 따라 '하느님'으로 번역하였음을 일러둔다.

번역을 마치며 출판계의 불황 가운데에도 본서와 같은 방대한 학술서적을 특별한 사명감으로 출판하며, 격려하고 지원해주신 CLC의 박영호 사장님과, 본서의 내용을 함께 토의하고 세심하게 교정하며 작업해준 편집부에 감사의 마음을 전한다. 또한 본서를 함께 나누어 번역한 소중한 선배요 벗인 박창훈 교수님과 배덕만 교수님, 그리고 초고를 꼼꼼하게 읽어주며 추천사를 써주신 이충범 교수님과 내 학문과 인생의 스승이신 윤동철 교수님께도 깊이 감사한다. 마지막으로 본인의 사역을 늘 격려해주며 인내하는 사랑하는 아내 남경빈과, 함께 공부하며 삶을 나누는 빅퍼즐 공동체의 모든 지체들에게도 고마움을 표한다.

2013년 6월

윤영훈

| 목차 |

추천사 · 5   저자 서문 · 13   역자 서문 · 16
지도 목록 · 25   그림 목록 · 26   약어표 · 32

서론 · 37

제7부
피고석의 하나님(God in the Dock, 1492-현재)

제21장 계몽주의: 기독교의 동료인가 적인가?(1492-1815) · 59

    1. 자연철학과 형이상학: 1492-1700 · **59**

    2. 유대교, 회의주의, 이신론: 1492-1700 · **72**

    3. 네덜란드와 영국의 사회적 격동(1650-1750) · **89**

    4. 계몽주의 시대의 성(性)역할론 · **95**

    5. 18세기 계몽주의 · **101**

    6. 프랑스대혁명: 1789-1815 · **119**

    7. 혁명의 여파: 민족국가로 재편된 유럽 · **128**

제22장 유럽, 깨어났는가? 다시 잠들었는가?(1815-1914) · 135

    1. 가톨릭교의 재부상: 마리아의 승리와 자유주의의 도전 · 135

    2. 19세기 개신교: 성경과 제1세대 페미니즘 · 152

    3. 개신교 계몽주의: 슐라이에르마허와 헤겔, 그들의 유산 · 157

    4. 영국 개신교와 옥스퍼드운동 · 170

    5. 정교회: 러시아와 오스만제국의 쇠퇴 · 184

    6. 의심의 대가들: 지질학, 성경비평, 무신론 · 198

제23장 개신교 세계 선교운동(1700-1914) · 215

    1. 노예제도와 그 폐지운동: 기독교인의 시대적 금기 · 215

    2. 개신교 세계 선교: 호주와 오세아니아 · 228

    3. 19세기 아프리카: 이슬람 선교 vs 개신교 선교 · 239

    4. 인도: 대폭동과 식민주의 선교의 한계 · 261

    5. 중국, 일본, 한국 · 267

    6. 미국: 새로운 개신교 국가 · 278

제24장 평화가 아닌 폭력으로(1914-1960) · 299

1. 제1차 세계대전(1914-1918): 기독교를 죽인 전쟁 · 299
2. 영국: 기독교 왕국의 말년 · 318
3. 가톨릭교와 '그리스도의 왕권': 가톨릭 선교의 제2막 · 323
4. 교회와 나치즘: 제2차 세계대전 · 340
5. 세계 기독교의 연합: 에큐메니칼운동의 시작 · 356
6. 새롭게 재편된 세계 기독교: 오순절주의와 새로운 교회들 · 369

제25장 문화전쟁(1960-현재) · 383

1. 제2차 바티칸공의회: 절반의 혁명 · 383
2. 인권과 해방 · 397
3. 1960년대 이후의 문화혁명 · 413
4. 옛 종교의 재부상 · 421
5. 자유: 기대와 두려움 · 437

참고 문헌 · 465
색인 · 470

| 지도 목록 |

1. 19세기 말 아프리카 전도 · 261
2. 1914년 제1차 세계대전 발발 당시 유럽 지도 · 309
3. 1922년 제1차 세계대전 이후 유럽 전도 · 314
4. 1923년 근동과 터키 전도 · 316

그림 목록

1. 보드머 파피루스 66(Bodmer Papyrus 66, 요한복음).
   Bibliotheca Bodmeriana, Stiftung Martin Bodmer, Geneva.
   Photo: akg-images/CD A/Guillemot
2. 이탈리아 로마 칼릭스투스 카타콤에 있는 교황 코넬리우스(Cornelius)의 묘지.
   Illustration from Felix Benoist, *Rome dans sa Grandeour*, 1870.
   Photo: The Art Archive/Bibliothèque des Arts Décoratifs Paris/Alfredo Dagli Orti
3. 시리아 알렙포 카라트 사만의 바실리카에 있는 주상(柱上) 고행자 시메온(Simeon Stylites)의 기둥 기단.
   Photo: D. Newham/Alamy
4. 라벤나의 산타폴리나레 누오보 성당의 회중석.
   Photo: akg-images/Cameraphoto
5. 하기아 소피아의 돔의 내부.
   Photo: Image Bank/Getty Images
6. 중국 서안 우천 근방의 대진 탑(the Ta Qin pagoda).
   Photo: The author
7. 서안의 네스토리우스파 기념비.
   Musée Guimet, Paris. Photo: © RMN/Thierry Ollivier
8. 아일랜드의 스켈링 마이클(Skellig Michael).
   Photo: © Chris Hill/Scenic Ireland
9. 에티오피아 랄리벨라의 벳 기요르기스(Bet Giyorgis, 성 조지 교회).
   Photo: AGE Fotostock/Photolibrary
10. 장크트 갈렌 수도원의 설계도.
    Facsimile of the original in the Stiftsbibliothek St Gallen, Switzerland.
    Photo: akg-images

11. 1793년 프라하의 성 비투스 대성당의 전경.

    Photo: akg-images
12. 하트만 쉐델(Hartmann Schedel)의 목판화 "적그리스도의 통치"(The Reign of Antichrist).

    The Nuremberg Chronicle, 1493. Photo: akg-images
13. 클뤼니 수도원 교회의 전경.

    Voyage Pittoresque de la France, 1787 by J.-B. Lallemand.

    Bibliothèque Nationale, Paris.

    Photo: Giraudon/The Bridgeman Art Library
14. 성 앤드류즈 대성당.

    Photo: istockphoto
15. 자코피노 델 콘테(Jacopino del Conte)의 작품인 로욜라 이그나티우스(Ignatius of Loyola).

    Curia Generalizia of the Society of Jesus, Rome. Photo: akg-images
16. 로마의 산타 마리아 마조레에 있는 콩고의 돈 안토니오 마누엘 네 분다(Don Antonio Manuel ne Vunda) 흉상.

    Photo: © Fototeca Nazionale, ICCD, Ministero per i Beni e le Attività Culturali, Rome
17. 프란츠 호겐베르크(Franz Hogenberg)의 "톨레도의 페르난도 알바레스 정부 때 브루헤스에서 화형(火刑)된 알바 공작"(Stake at Bruges during the Government of Fernando Alvarez de Toledo, Duke of Alba).

    Bibliothèque Nationale, Paris.

    Photo: Lauros/Giraudon/The Bridgeman Art Library
18. 카라바조(Caravaggio)의 "엠마오의 만찬"(The Supper at Emmaus).

    National Gallery, London. Photo: The Bridgeman Art Library
19. 라벤나의 산타폴리나레 누오보 성당 안에 있는 비잔틴 모자이크로 된 나사로의 부활.

    Photo: Giraudon/The Bridgeman Art Library
20. 에티오피아에서 신자들에게 예배 시간을 알리기 위해서 두들기면 소리나는 돌.

    Photo: K. Nomachi/Corbis
21. 예루살렘의 성묘교회에서 부활절을 축하하는 콥트교도들.

    Photo: © Israelimages/Garo Nalbandian

22. 성 구세주 교회 현관문 위 비잔틴 모자이크로 된 우주의 지배자 그리스도.
    Kariye Camii, Istanbul. Photo: akg-images/Erich Lessing
23. 『더로복음서』(*The Book of Durrow*)의 삽화인 복음전도자 마태의 상징.
    Photo: © The Board of Trinity College, Dublin, Ireland.
    Photo: The Brideman Art Library
24. 보나벤투라 베를링기에리(Bonaventura Berlinghieri)의 "성흔을 받고 있는 성 프란체스코"(*St Francis Receiving the Stigmata*).
    Galleria degli Uffizi, Florence.
    Photo: The Bridgeman Art Library
25. 지오토(Giotto)의 "성자 탄생"(*The Nativity*).
    Arena Chapel, Padua.
    Photo: The Bridgeman Art Library
26. 줄리오 로마노(Giulio Romano)와 프란체스코 펜니(Francesco Penni)의 "콘스탄티누스 황제의 기부"(*The Donation of Constantine*).
    Sala di Constantino, Vatican, Rome.
    Photo: akg-images
27. 비잔틴 모자이크로 된 궁정에 있는 황후 테오도라(Theodora).
    San Vitale, Ravenna. Photo: Giraudon/The Bridgeman Art Library
28. 독일 아헨 대성당(the Aachen Cathedral)의 원형홀의 내부.
    Photo: © Bildarchiv Monheim GmbH/Alamy
29. 1095년 교황 우르바노 2세가 집전하는 클뤼니 수도원 교회의 축성식.
    French School, 12th century. Bibliothèque Nationale, Paris.
    Photo: The Bridgeman Art Library
30. 1480년 스트라스부르의 작업실에서 로텐바흐 장인이 제작한 "슬퍼하는 예수님의 어머니"(*The Mater Dolorosa*).
    The Metropolitan Museum of Art, The Cloisters Collection, 1998 (1998.215.2).
    Photo: © The Metropolitan Museum of Art, New York
31. 샤르트르 대성당의 원경(遠景).
    Photo: Stephane Ouzounoff/Photolibrary
32. 스페인의 산티아고 데 콤포스텔라에 도착한 순례자.
    Photo: © Jean Gaumy/Magnum Photos

33. 시편 68편을 보여 주는 클루도프 시편(Khludov Psalter)에 있는 세밀화.
Photo: © State Historical Museum, Moscow
34. 이스탄불에 있는 하기아 에이레네 교회의 앱스(apse).
Photo: The author
35. 하를렘의 성 바보 대성당(the Grote Kerk of St Bavo) 안에 있는 오르간.
Photo: © Florian Monheim/akg-images
36. 요한 세바스찬 바흐(Johann Sebastian Bach)가 작곡한 "요한 수난곡"(*St John Passion*) 악보의 첫 페이지.
Photo: akg-images
37. 존 콜렛(John Collet)의 "조지 휫필드의 설교"(*George Whitefield Preaching*).
Private Collection. Photo: The Bridgeman Art Library
38. 브리스톨의 새 예배당에서 존 웨슬리(John Wesley)가 설교하던 자리.
Photo: Alamy
39. 성 나폴레옹의 신격화.
Photo: Bibliothèque Nationale, Paris
40. 작가 미상의 워싱턴의 신격화.
Photo: Courtesy Morristown National Historical Park, Morristown, New Jersey
41. 켄터키 주 파예트 카운티의 워크 하우스 연못에서 벌어진 세례식.
Photo: Bullock Photograph Collection, Transylvania University, Lexington, Kentucky
42. 1910년 『고사성어 사전』(*Dictionary of Phrase and Fable*)의 표지에 나온 에버니저 브루어(Ebenezer Brewer).
43. 에버니저 브루어(Ebenezer Brewer)의 『과학 속의 신학』(*Theology in Science*)의 속표지.
44. 1890년 호세 라몬 가르넬로 이 알다(Jose Ramon Garnelo y Alda)가 회화로 먼저 제작한 후 목판화로 제작한 "르드의 연못에서"(*At the Lourdes Fountain*).
Photo: akg-images
45. 1900년에 촬영한 지오르다노 브루노(Giordano Bruno) 기념비 사진.
Campo dei Fiori, Rome. Photo: Alinari Archives, Florence
46. 1900년 중국에서 선교했던 예수회 회원들.
Bibliothèque Les Fontaines, Chantilly.
Photo: Archives Charmet/The Bridgeman Art Library

47. 베를린의 루터파/개혁파 대성당.
   Photo: istockphoto
48. 베를린의 마리엔도르프에 있는 마틴 루터 기념 교회의 설교단.
   Photo © Mechthild Wilhelmi
49. 1920년 런던에서 열린 앵글로 가톨릭 의회에 참여한 잔지바르의 잉글랜드국 교회 주교, 프랭크 웨스턴(Frank Weston).
   Photo: British Illustrations
50. 에이미 셈플 맥펄슨(Aimee Semple McPherson).
   Photo: Bettmann/Corbis
51. 1922년 9월 13일 화염에 휩싸인 스미르나.
   Photo: Private Collection
52. 램버스 회의 크리켓 시합의 심판을 보고 있는 로버트 룬시(Robert Runcie).
   Photo: © Tony Weaver/Sunday Express
53. 1980년 7월 브라질의 마나우스에서 인디언을 만나고 있는 교황 요한 바오로(John Paul) 2세.
   Photo: PA Photos
54. 1561년 레오나르드 리모쟁(Léonard Limosin)이 제작한 리모지 도자기 "성찬식과 가톨릭 믿음의 승리"(*Triumph of the Eucharist and of the Catholic Faith*).
   Henry clay Frick Bequest Acc. No. 1916.4.22. Copyright The Frick Collection, New York
55. 1554년 피터 헤이만(Peter Heymann)의 크로이 태피스트리(Croy Tapestry).
   Greifswald Universitaet, Greifswald, Germany.
   Photo: The Bridgeman Art Library
56. 그리스인 테오파네스(Theophanes)에 의해 제작된 "그리스도의 변용"(*Transfiguration of Christ*).
   Tretjakov Gallery, Moscow. Photo: akg-images
57. 1520-22년 펠리페 비가르니 데 보르고나(Felipe Vigarny de Borgona)에 의해 제작된 세례 받는 무어인을 보여 주는 "로열 채플"(왕실 예배당) 제단화.
   Capilla Real, Granda, Spain. Photo: The Art Archive/Corbis
58. 모스크바에 있는 주상(柱上) 고행자 성 시메온 교회의 성화벽.
   Photo: P. W. de Ruyter
59. "마르틴 가르시아 데 로욜라와 비어트리스 클레어 코야의 결혼식"(*The Wedding of Martín García de Loyola and Beatriz Clara Coya*).

그림 목록 31

　　　Copy of the painting in the Templo de la Compañía de Jesús Church, Cuzco, Peru. Photo: Pedro de Osma Museum, Lima
60. 멕시코 플에블라 지역 토난친틀라에 있는 산타 마리아 교회의 내부.
　　　Photo: The Art Archive/Gianni Dagli Orti
61. 아이티 포르토프랭스 라 플레인에 있는 홍포흐 부두 사원 내의 성 패트릭(St Patrick)의 그림.
　　　Photo: © Chantal Regnault
62. 아브라함 브란트(Abraham Brandt)의 사진, "크리스천과 레베카 프로텐 그리고 그녀와 모라비아 선교사의 이전 결혼을 통해서 얻은 아이의 초상화" (*Portrait of Christian and Rebekka Protten, with child from her previous marriage to a Moravian missionary*).
　　　Photo: Courtesy Archiv der Bruder-Unitat, Herrnhut, Germany (GS 393)
63. 윌리엄 홀먼 헌트(William Holman Hunt)의 "고용된 목동"(*The Hireling Shepherd*).
　　　Photo: © Manchester Art Gallery. Photo: The Bridgeman Art Library
64. 존 스튜어트 커리(John Steuart Curry)에 의해 제작된 벽화로서 캔자스 주 의사당에 있는 "비극의 서막"(*The Tragic Prelude*).
　　　Photo: Kansas State Historical Society
65. 막스 에른스트(Max Ernst)의 "세 명의 증인들, 즉 앙드레 브르통(André Breton), 폴 엘뤼아르(Paul Éluard) 그리고 화가 앞에서 아기 예수님을 벌주는 축복 받은 처녀"(*The Blessed Virgin Chastising the Infant Jesus Before Three Witnesses: André Breton, Paul Éluard and the Painter*).
　　　Museum Ludwig, Cologne.
　　　Photo: Peter Willi/The Bridgeman Art Library. © ADAGP, Paris and DACS, London 2009.
66. 가나의 열두 사도 교회에서 병을 치료하는 여성 예언자들과 드럼 연주자.
　　　Photo: The author
67. 세르비아 베오그라드에 있는 성 사바 성당의 내부.
　　　Photo: O. Nikishin/Getty Images
68. 대한민국 서울에 있는 여의도순복음교회.
　　　Photo © H. Kubota/Magnum Photos

| 약어표 |

Ahlstrom	S. E. Ahlstrom, *A Religious History of the American People* (2nd edn, New Haven and London, 2004)
Anderson	A. Anderson, *An Introduction to Pentecostalism* (Cambridge, 2004)
Angold (ed.)	M. Angold (ed.), *The Cambridge History of Christianity 5: Eastern Christianity* (Cambridge, 2006)
ARG	*Archiv für Reformationsgeschichte*
Barrett (ed.)	C. K. Barrett (ed.), *The New Testament Background: Selected Documents* (rev. edn, London, 1987)
Baumer	C. Baumer, *The Church of the East: An Illustrated History of Assyrian Christianity* (London and New York, 2006)
Benedict	P. Benedict, *Christ's Churches Purely Reformed: A Social History of Calvinism* (New Haven and London, 2002)
Bettenson (ed.)	H. Bettenson (ed.), *Documents of the Christian Church* (2nd edn, Oxford, 1963)
Binns	J. Binns, *An Introduction to the Christian Orthodox Churches* (Cambridge, 2002)
Breward	I. Breward, *A History of the Churches in Australasia* (Oxford, 2001)
Burleigh	M. Burleigh, *Earthly Powers: The Conflict between Religion and Politics from the French Revolution to the Great War* (London, 2005)
CH	*Church History*
Chadwick	H. Chadwick, *East and West: The Making of a Rift in the Church. From Apostolic Times until the Council of Florence* (Oxford, 2003)
CWE	*Collected Works of Erasmus*, various editors: Toronto edn
Dalrymple	W. Dalrymple, *From the Holy Mountain* (London, 1997)
Doig	A. Doig, *Liturgy and Architecture from the Early Church to the Middle Ages* (Aldershot, 2008)
Duffy	E. Duffy, *Saints and Sinners: A History of the Popes* (3rd edn, New Haven and London, 2006)
EHR	*English Historical Review*
Eusebius	Eusebius, *Church History, Life of Constantine the Great, and Oration in Praise of Constantine* (NPNF new series I, 1890)

Frend	W. H. C. Frend, *The Rise of Christianity* (London, 1984)
Gilley and Stanley (eds.)	S. Gilley and B. Stanley (eds.), *Cambridge History of Christianity 8: World Christianities, c. 1815–c. 1914* (Cambridge, 2006)
Goodman	M. Goodman, *Rome and Jerusalem: The Clash of Ancient Civilisations* (London, 2006)
Handy	R. T. Handy, *A History of the Churches in the United States and Canada* (Oxford, 1976)
Harries and Mayr-Harting (eds.)	R. Harries and H. Mayr-Harting (eds.), *Christianity: Two Thousand Years* (Oxford, 2001)
Hastings	A. Hastings, *The Church in Africa 1450–1950* (Oxford, 1994)
Hastings (ed.)	A. Hastings (ed.), *A World History of Christianity* (Grand Rapids, 1999)
Herrin	J. Herrin, *Byzantium: The Surprising Life of a Medieval Empire* (London, 2007)
Hessayon and Keene (eds.)	A. Hessayon and N. Keene (eds.), *Scripture and Scholarship in Early Modern England* (Aldershot, 2006)
HJ	*Historical Journal*
Hope	N. Hope, *German and Scandinavian Protestantism, 1700–1918* (Oxford, 1995)
HTR	*Harvard Theological Review*
Hussey	J. M. Hussey, *The Orthodox Church in the Byzantine Empire* (Oxford, 1986)
JAC	*Jahrbüch für Antike und Christentum*
JEH	*Journal of Ecclesiastical History*
Jenkins	P. Jenkins, *The Lost History of Christianity: The Thousand-year Golden Age of the Church in the Middle East, Africa and Asia* (New York, 2008)
JRH	*Journal of Religious History*
JTS	*Journal of Theological Studies*
Koschorke et al. (eds.)	K. Koschorke, F. Ludwig and M. Delgado (eds.), *A History of Christianity in Asia, Africa, and Latin America 1450–1990: A Documentary Sourcebook* (Grand Rapids and Cambridge, 2007)
McClelland	J. S. McClelland, *A History of Western Political Thought* (London and New York, 1996)
MacCulloch	D. MacCulloch, *Reformation: Europe's House Divided 1490–1700* (London, 2003; US edn, *Reformation: A History*, New York, 2005)
Mitchell and Young (eds.)	M. M. Mitchell and F. M. Young (eds.), *The Cambridge History of Christianity I: Origins to Constantine* (Cambridge, 2006)
NA (PRO)	National Archives (Public Record Office of the United Kingdom), Kew, Middlesex
Naphy (ed.)	W. R. Naphy (ed.), *Documents on the Continental Reformation* (Basingstoke, 1996)
NPNF	*Nicene and Post-Nicene Fathers of the Christian Church*
ODNB	*Oxford Dictionary of National Biography*, available online in its most up-to-date form at http://www.oxforddnb.com
Parry (ed.)	K. Parry (ed.), *The Blackwell Companion to Eastern Christianity* (Oxford, 2007)
Pettegree (ed., 1992)	A. Pettegree (ed.), *The Early Reformation in Europe* (Cambridge, 1992)
Pettegree (ed., 2000)	A. Pettegree (ed.), *The Reformation World* (London, 2000)

PP	Past and Present
RSTC	A. W. Pollard and G. R. Redgrave, rev. W. A. Jackson and F. S. Ferguson and completed by K. F. Pantzer, *A Short Title Catalogue of Books printed in England, Scotland, and Ireland and of English Books Printed Abroad before the year 1640* (3 vols., London, 1976–91)
SCES	Sixteenth Century Essays and Studies
SCH	Studies in Church History
SCJ	Sixteenth Century Journal
Snyder	T. Snyder, *The Reconstruction of Nations: Poland, Ukraine, Lithuania, Belarus, 1569–1999* (New Haven and London, 2003)
Stevenson (ed., 1987)	J. Stevenson (ed.), rev. W. H. C. Frend, *A New Eusebius: Documents Illustrating the History of the Church to ad 337* (London, 1987)
Stevenson (ed., 1989)	J. Stevenson (ed.), rev. W. H. C. Frend, *Creeds, Councils and Controversies: Documents Illustrating the History of the Church ad 337–461* (London, 1989)
Stringer	M. Stringer, *A Sociological History of Christian Worship* (Cambridge, 2005)
Sundkler and Steed	B. Sundkler and C. Steed, *A History of the Church in Africa* (Cambridge, 2000)
TLS	Times Literary Supplement
TRHS	Transactions of the Royal Historical Society
Tyerman	C. Tyerman, *God's War: A New History of the Crusades* (London, 2006)
Wolffe (ed.)	J. Wolffe (ed.), *Religion in History: Conflict, Conversion and Coexistence* (Manchester, 2004)

조직화된 기독교는 하나의 보물을 지키려는 목적으로 존재하기 시작했고 지금도 존재하고 있다. 교회에게 있어서 그 보물을 지키는 일은 실행해야 할 명령이요 되풀이되어야 할 약속이고 수행해야 할 사명이다. 이 보물은 과거, 현재, 미래에 속한다. 그래서 그것은 잠재적이지만 활동적이고 사색의 대상인 동시에 옳은 행실의 영감을 준다. 그 보물은 불가해한 신비로서 모든 지식과 연관됨이 틀림없다. 그리고 그것의 수호자들은 그들의 믿음을 지키고 전하기 위하여 그들의 행동들 속에서 가장 당혹스러운 이슈들을 제기해왔다. 그들은 우주적 평화라는 미명하에 삶을 끝없이 파괴해왔다. 그들은 이 세상에 속하지 않은 왕국을 세운다고 하면서 가장 현실적인 정치체제를 구축했다. 그들은 영혼의 쉼을 추구하면서 예술, 과학 그리고 우주에 대한 이론들을 발전시켰다. 또한 그들은 인류의 가장 심오한 필요를 만족시키려는 욕망을 가지고 있었지만 의도했던 것과는 다르게 쉽게 흥분하고 고집 센 사람들의 환상과 신탁과 과도함을 조장했고 그 결과 많은 분별력 있는 사람들의 혐오심을 불러일으켰다. 이 모든 현상의 원인이 된 그 보물은 몇 개의 단순한 문장들과 함께 세상 속으로 던져졌다.

"주 너의 하나님을 사랑하고 또한 네 이웃을 네 자신 같이 사랑하라"(눅 10:27).
"사람이 만일 온 천하를 얻고도 자기 목숨을 잃으면 무엇이 유익하리요"(막 8:36).
"하나님이 세상을 이처럼 사랑하사 독생자를 주셨으니 이는 그를 믿는 자마다 멸망하지 않고 영생을 얻게 하려 하심이라"(요 3:16).
"나로 말미암지 않고는 아버지께로 올 자가 없느니라"(요 14:6).
"받아서 먹으라 이것은 내 몸이니라"(마 26:26).
"너희는 온 천하에 다니며 만민에게 복음을 전파하라"(막 16:15).
"내 양을 먹이라"(요 21:17).
"너는 베드로라 내가 이 반석 위에 내 교회를 세우리니"(마 16:18).
"평안을 너희에게 끼치노니 곧 나의 평안을 너희에게 주노라"(요 14:27).
"내가 세상에 화평을 주러 온 줄로 생각하지 말라 화평이 아니요 검을 주러 왔노라"(마 10:34).

『중세의 유산』(The Legacy of the Middle Ages), "그리스도인의 삶" 중에서
모리스 포윅(Maurice Powicke), 1926년 옥스퍼드.

A History of Christianity

3천년 기독교 역사 III

근세·현대사

서론

17세기 영국에 새뮤얼 크로스맨(Samuel Crossman)이라는, 약간 반항적인 청교도 풍의 잉글랜드국교회 목사가 있었다. 그는 자신의 목회 대부분을 글로스터셔의 작은 교구에서 보냈다. 이 작은 마을의 중심지는 이스터 콤튼이었으며, 그의 생애 말년에 잠시나마 브리스톨 성당의 주임사제를 지냈다. 크로스맨은 몇 편의 경건시를 지었는데, 그 중 하나가 대단히 특이한 운율 속에 탁월한 작품성을 지닌다. "내 노래는 미지의 사랑"으로 시작되는 이 시는 예수님의 체포, 심판, 죽음, 매장에 대한 이야기로 끝난다. 오래전 이 고통이 한 작은 목사관에서 크로스맨 목사의 삶을 형성했다는, 조용한 환희의 탄성과 함께.

> 여기에 나는 머물러 노래하오,
> 더 이상 거룩할 수 없는 이야기를.
> 왕이여, 사랑은 없었소!
> 슬픔도 없었소, 당신의 것과 같은.
> 이분은 내 친구,
> 그에 대한 달콤한 찬미 속에
> 나는 모든 날을
> 환희 속에 보낼 수 있었소.[1]

---

[1] 이 아름다운 시에 대한 탁월한 분석은 J. R. Watson, *The English Hymn: A Critical and*

크로스맨의 시 속에 담긴 친밀함은 근본적으로 기독교가 얼마나 인격적인 종교인지를 보여준다. 기독교의 핵심적 메시지는 예수라는 한 인물에 관한 이야기다. 기독교인은 그가 그리스도('기름부음 받은 자'란 뜻의 그리스어에서 기원함)라고 믿는다. 과거에 존재하셨고, 지금도 존재하시며, 미래에도 존재하실 하나님의 한 측면이자, 동시에 역사적 시간 속에 존재했던 한 인간이라고. 기독교인은 갈릴리에서 그분과 함께 걸었고, 그분이 십자가에서 죽으시는 모습을 보았던 제자들의 경험과 비슷한 방식으로 이 분을 만날 수 있다고 믿는다. 역사 속의 다른 기독교인의 경험에서 분명히 드러나듯이 그들은 이런 만남이 삶을 근본적으로 바꾼다고 확신한다. 이 책은 그들의 이야기다.

말할 가치가 충분한 2천 년의 기독교 이야기가 있다. 참된 학자란 협소한 주제에 대해 많이 아는 사람이라는, 전문가에 대한 근대 유럽의 사고에 익숙한 사람들에겐 이렇게 긴 이야기를 들려주는 것이 기가 질리는 작업처럼 보일 수 있다. 하지만 2천 년은 그렇게 엄청난 세월이 아니다. 기독교는 젊은 종교로 간주되어야 한다. 예를 들어, 도교, 불교, 힌두교, 혹은 기독교의 부모 격인 유대교보다 기독교는 훨씬 더 젊고 역사가 얼마 되지 않은 생생한 경험도 지니고 있다. 나는 기독교에 미래(물론 이 말의 숨은 뜻은 긍정적임을 밝힐 필요가 있다)가 있는지를 독자들이 고민하도록 유도하는 부제를 이 책에 붙였다(원서의 부제 "The First Three Thousand Years"는 '첫' 3천년이다-역주). 하지만 그것은 기독교 사상이 예수 그리스도 이전에 살았던 사람들의 정신에서 기원한 인간적 요소도 있음을 지적한다. 내 책은 이야기를 들려줄 뿐만 아니라 질문을 던진다. 내 책은 너무 많은 대답을 주려고 시도하지 않는다. 이런 습관은 조직된 종교의 가장 심각한 악 중 하나였기 때문이

Historical Study (Oxford, 1999), 86-99에서 발견할 수 있다. 이 시의 언어들은 후에 영국 작곡가 존 아일랜드(John Ireland, 1879-1962)가 만든 노래, "미지의 사랑"에 의해 훨씬 멋있어졌다. 크로스맨은 자신의 시를 위해 당대에 영국에서 널리 불리던 시편 148편에 대한 제네바 버전의 운율, '주님을 찬양하라'를 차용하여, 훨씬 더 멋지게 다듬었다. 아마도 그 운율이 아름답다는 것을 보여주려 한 것 같다.

다. 어떤 독자들은 내 책이 회의적이라고 생각할 수도 있다. 하지만 내 박사과정 지도교수였던 지오프리 앨튼 경(Sir Geoffrey Elton)이 내 논문심사 때 말했듯이, 역사가들이 회의적이지 않다면 그들은 아무 것도 아니다.²

교회사로서 이 책의 전체 구조는 기존의 것들과 다르다. 기독교 신앙을 구성하는 일군의 신앙들(cluster of beliefs) 속에는 이중적 조상들로 인한 불안이 존재한다. 기독교 신앙은 예수 그리스도의 원초적이고 혁신적인 가르침이 아니라, 훨씬 더 오래된 두 가지 문화적 원천들, 즉 그리스와 이스라엘을 담고 있다. 따라서 이야기는 예수님보다 천 년 이상 먼저 그리스인들과 유대인들 사이에서 시작해야 한다. 이 두 인종 모두가 자신들이 세계사에서 대단히 특권적인 위치를 차지한다고 생각했다. 예술, 철학, 과학에서 그들의 탁월한 문화적 성취 때문에 고대 그리스인들이 이렇게 생각하는 것은 당연했다. 더욱 놀라운 것은 유대인들이 지속적인 불행 속에서도 자신들의 운명에 대한 믿음을 버리지 않았다는 사실이다.

대신 그런 경험 때문에 그들은 자신들의 하나님을 단지 전능하신 분이 아니라, 그에 대한 그들의 반응에 사랑과 분노 속에 깊은 관심을 가지시는 분으로 생각하게 되었다. 또한 그들은 그렇게 대단히 인격적인 신인 동시에 온 인류를 위한 하나님이라고 주장하기 시작했다. 그분은 플라톤의 철학에 나온 최고의 신, 즉 완벽해서 결코 변하지 않으며, 감정(이것 또한 변화를 의미한다)에 사로잡히지 않는 분과 매우 달랐다. 제1세대 기독교인들은 그리스 엘리트 문화 속에 살던 유대인들이었다. 그들은 이렇게 서로 화해할 수 없는 하나님에 대한 두 가지 생각들을 적절히 결합하기 위해 노력해야 했다. 하지만 끝나지 않는 질문에 대해 만족스런 해답을 얻지는 못했다.

---

2 1991년 2월 26일에 브리스톨대학교 세미나에서, 그의 말이 특정 세대와 정신을 대표하여 독특하고 남성다운 문체로 표현되었다.

이 책의 2부에서 설명하겠지만, 예수님의 생애와 그 직후의 시간이 끝난 후 기독교 역사는 언어집단에 따라, 즉 라틴어를 사용하는 사람, 그리스어를 사용하는 사람, 동양의 언어를 사용하는 사람(물론 그들 중에는 예수님도 포함되었다)으로 분화되기까지 약 3세기 동안의 하나의 통일된 이야기라고 할 수 있다. 그 결과 예수님의 탄생 이후 3-4세기가 지나서 기독교 이야기는 다음과 같이 세 가지 형태로 나누어 말할 수 있다. 첫째 기독교의 한 분파, 즉 로마제국의 교회가 자신들을 박해했던 황제의 후계자들에게서 갑자기 후원과 지지를 받음으로 출현하게 되었다. 그 제국의 동쪽에 있던 사람들은 상황이 달랐다. 제국 교회 내에는 자신들을 표현할 언어를 찾을 때, 습관적으로 그리스어를 택했던 사람들과 라틴어를 선호했던 사람들 사이에 분열이 있었다(이것이 둘째와 셋째). 이런 세 가지 형태는 451년 칼케돈공의회 이후 제도화되었고, 그 이후 1700년경까지 각 세 이야기를 중복없이 들을 수 있다.

첫 번째 이야기는 장차 지배적인 교회가 될 것이라고 초창기에 사람들이 예상했던 기독교에 관한 것이었다. 예수님의 고향인 중동의 교회 말이다. 중동의 기독교인들은 예수님이 말씀하셨던 아람어와 비슷한 언어를 사용했다. 그 언어는 시리아어로 발전했고, 그들은 매우 일찍부터 그리스어를 사용하는 사람들(이들은 먼저 로마제국의 위대한 기독교 중심지들 대부분을 서쪽까지 지배했다)과 상이한 정체성을 발전시켰다. 이런 시리아 기독교인들 중 많은 이들이 제국의 주변부에 살고 있었다. 칼케돈에서 한 로마 황제가 어떤 신학적 난제(즉 예수 그리스도의 신성과 인성에 대해 어떻게 말할 것인가?)에 한 가지 해법을 강요하려 했을 때, 대부분의 시리아인들은 그것을 거부했다. 양성론과 단성론이라고 묘사될 수 있는 정반대의 입장을 취하면서, 왜 자신들이 그것을 반대하는지에 대해 그들 사이에도 견해 차가 심했다. 우리는 단성론과 양성론적 시리아 기독교인들이 북동아프리카, 인도와 동아시아에서 경이적인 선교활동을 벌이던 모습을 발견할 것이다. 비록 그들의 이야기가 동일한 셈족 지역에서 발생한 새로운 형태의 유일신론, 즉 이슬람의 도래에 의해 철저하게 그리고 파괴적으로 변경되었지만 말이다. 8세기에도 여전히 바그다드라는 위대한 신도시가 세계의 기독교를 위해 로마보다 더 중요한 중심지였다. 기독교의 역사가 전혀 다른 방향으로 전환하게 된 주된 이유는 전혀 예상치 못했던 이슬람의 침입이었다.

두 번째 이야기는 서방의 라틴교회에 관한 것이다. 이 교회에서는 로마의 주교가 절대적인 지도자가 되었다. 서방 라틴어권에서, 로마의 주교는 이미 자주 파파(papa, 즉 '교황' Pope)라고 불렸으며, 4세기 동안 황제들이 로마를 포기하면서 압도적인 지위를 확보했다. 또한 점점 더 많은 권력이 성직자들의 손으로 흘러 들어오면서 그의 권력도 자연스럽게 강화되었다.

세 번째 이야기는 군주들에 대한 교황 프로젝트가 어려움에 봉착한 14세기 동방정교회에 관한 것이다. 로마처럼 정교회인들도 로마제국의 후예들이다. 하지만 서방의 라틴기독교인들이 그 제국 서부의 폐허에서 출현한 반면, 그리스어를 사용하는 동방교회는 동로마 황제의 지속적인 통치하에 형성되었다. 비잔티움이 터키인들에 의해 붕괴된 후, 이 교회가 부패할 운명에 처한 것처럼 보였을 때 북부 변방에 살던 새롭고 다양한 정교회들이 새로운 지도력을 발휘하기 시작했다. 나는 러시아기독교의 발전과정을 개략적으로 기술할 것이다. 서방 라틴교회 이야기는 서방교회를 파편화시켰으나, 동시에 기독교를 최초의 세계종교로 출범시킨 종교개혁 및 반종교개혁과 함께 다시 시작된다. 1700년부터 세계가 서구 기독교제국의 확장으로 연합되면서, 세 가지 이야기가 다시 만난다. 현재의 다양한 모습에도, 현대 기독교는 1세기 중동지역의 1세대 기독교인들 이후, 그 어느 때보다 서로 긴밀히 접촉하고 있다.

이런 이야기들 속에서 나는 기독교와 (기독교의 어머니인) 유대교, (기독교의 사촌 동생인) 이슬람 간의 복잡하고 흔히는 비극적인 관계도

적절한 비중을 두고 다룰 것이다. 자신이 존재했던 대부분의 기간 동안, 기독교는 세계종교들 가운데 가장 비관용적이었다. 특별한 예외였던 유대교 외에 자신의 경쟁자들을 제거하기 위해 최선을 다하면서. 유대교의 경우, (성 아우구스티누스의 사상 덕택에) 기독교는 자신의 신학적·사회적 목적을 위해 유대교의 필요성을 발견했던 것이다. 심지어 지금도 기독교 내의 모든 분파는 다른 신앙체계들과의 협력관계를 용납하거나 관용해야 한다는 믿음을 전혀 받아들이지 못한다. 특히 나는 15-6세기의 이베리아 반도(스페인과 포르투갈) 군주들이 자신들의 다중신앙사회(multi-faith society)를 기독교 사회로 재구성하고, 그렇게 획일적인 형태의 기독교를 세계의 다른 영역으로 수출했을 때 그것이 초래한 엄청난 결과들을 조명한다. 나의 이전 작품,『종교개혁의 역사』(*The Reformation: A History*, CLC 역간, 2012)의 토대가 되었던 주제를 여기서 더욱 발전시킨다. 즉 1492년 이후 스페인계 유대교와 이슬람의 파멸을 통해 그 이전 기독교 사상의 상당 부분이 도전을 받게 되면서 새로운 형태의 기독교가 발전하는 데 중요한 역할을 했다. 또한 17세기와 18세기에 서구 문화 속에 계몽주의가 출현하도록, 새로운 사고구조를 형성하는 데도 결정적 역할을 했다. 여기서 나는 다른 근대 세계의 종교들, 대표적으로는 이슬람, 유대교, 힌두교 내에서 근본주의적 편협을 조성하는 데 19세기와 20세기 유럽의 기독교제국들이 담당했던 역할을 고찰한다.

'회개'와 '회심'(혹은 개종)이란 단어가 기독교 전통에 깊이 내재되어 있다. 이 두 단어는 '방향전환'을 의미한다. 그래서 이 책은 개인들이 기독교에 의해 방향이 전환된 몇 가지 방식들, 그들이 기독교의 의미를 전환시킬 수 있었던 방법들도 서술한다. 우리는 다소의 바울을 만날 것이다. 그는 어느 날 전 인류를 향한 보편적 메시지를 들으면서 갑자기 쓰러졌다. 하지만 그 후에 자신들의 주님이 오직 유대인들에게만 보내진 것이라고 이해했던 예수님의 다른 제자들과 격렬하게 말다툼을 벌였다. 히포의 아우구스티누스도 있다. 뛰어난 교사였던 그의 삶은 바울을 읽음으로써 극적으로 돌아섰고, 천 년 후에는 마틴 루터라고 불리는 탁월한 학자에게 깊은 영향을 끼쳤다. 군인 콘스탄티누스도 있다. 그는 로마제국의 전권을 장악하기 위해 자신의 길을 개척했으며, 마침내 기독교의 하나님이 자신의 운명을 그렇게, 즉 하나님과의 계약에 따라 (제국을 파멸시킨다는 비난 속에도) 기독교를 고통과 억압을 당하던 분파의 신분에서 모든 로마 종교 중 가장 인기 있고 특혜를 누리는 종교로 전환시키시는 것이라고 확신했다.

옛 도시 예루살렘에는 콘스탄티누스 황제와 그의 어머니가 그리스도의 죽음, 매장, 부활의 장소로 추측하고 바실리카를 건축했던 자리에 중세의 성당이 서 있다.[3] 서방교회가 '성묘교회'(정교인들은 아나스타시스⟨Anastasis⟩, 즉 '부활교회'라고 전혀 다르게 부른다)라고 부르는 예배당 안에서, 콘스탄티누스 결정의 결과들이 제국교회의 다양한 분파들의 예배를 통해 기막힌 방식으로 재현되고 있다. 어느 12월 아침, 나는 구세주의 빈 무덤 위에서 동시에 소란스럽게 진행되던 두 경쟁적 예배를 목격한 적이 있다. 그 예배들은 흥측하고 위험하게 부식되고 있는 19세기 제단 양편에서 진행되고 있었다. 오르간 반주를 곁들인 라틴 미사의 장엄함과 콥트 교회의 단성론자들의 영감 어린 찬송이 서로 경쟁적으로 대립하고 있었다(그림 21). 특히 기억에 남은 것은, 콥트 교회의 향로를 들고 있던 사람이 씩씩하게 제단 주위를 돌더니 경쟁자의 예배 앞까지 나아가서 이단적인 라틴 서방에게 자신의 향로 연기를 퍼뜨리던 장면이다. 기독교의 양 극단이 인류의 가장 심오하고 극단적인 열정에 사로잡힌 결과다. 그 이야기는 신학이나 역사적 변화에 관한 단순한 추상적 이야기일 수 없다.

기독교의 중심 경전은 성경이다. 이것은 움베르토 에코(Umberto Eco)가 『장미의 이름』(The Name of the Rose)에서 묘사한 도서관만큼 신

---

[3] 최근의 두 연구서가 이 문제에 도움이 될만한 빛을 비추어 준다. M. Biddle, *The Tomb of Christ* (Stroud, 1999)와 C. Morris, *The Sepulchre of Christ and the Medieval West: From the Beginning to 1600* (Oxford, 2005).

비롭고 오묘하다. 성경은 두 부분으로 되어 있다. 하나는 타나크(Tanakh, 히브리성경)로서 기독교인들은 "구약"이라 부른다. 다른 하나는 일군의 새로운 책들, 즉 신약으로서 예수 그리스도의 삶, 죽음, 부활, 그 직후의 영향들에 주목한다. 그것은 결코 단순하지 않은, 하나님과의 오래된 만남을 기술한다. 하나님은 불타는 가시덤불에서 모세에게 직접 말씀하셨던 것처럼 자신이 누구인지 아신다. 유대교 및 기독교 전통은 하나님이 인류와 인격적 관계를 맺으시면서, 동시에 일체의 이름과 특성화를 초월하신다고 말하고 싶어 한다. 그런 역설 때문에 서술할 수 없는 것을 서술하려는 충동을 포기할 수 없고, 바로 그 일을 성경이 시도한다. 그러나 성경이 그러한 대답만을 갖고 있는 것이 아니다. 최후로 정경에 포함된 문헌 중 하나인 디모데후서에서 유일하게 그런 주장을 하고 있다.[4] 성경은 하나님을 향한 분노의 절규를 포함하여 다양한 목소리로 말한다. 우리가 요나와 욥기에서 읽는 것처럼 성경은 심오한 진리를 표현하기 위해 실제 일어나지 않은 이야기들도 들려준다. 예언서로 알려진 문헌들에는 기독교 전통에 대한 비판들이 가득하다. 이 글들은 당대의 성직자들과 그들의 가르침을 비판하는 데 상당한 에너지를 소모한다. 예언서는 성경에 기초하여, 다른 사람에게 어떻게 살아야 하는지에 대해 말해주고 싶은 모든 사람에게 건강한 지침을 제공해준다.

성경본문에는 대단히 다양한 기독교적, 기독교 이전의 주제들이 새로운 모습으로 계속 나타난다. 에티오피아에서 단성론적 기독교는 주류 유대교의 관행으로 복귀했다. 그들은 예배의 특징과 삶의 관행들(할례와 돼지고기 금지 등)을 유대교에서 빌려옴으로써, 반종교개혁의 산물인 16세기 예수회 수사들을 경악시켰다. 근대 기독교운동 중 수적으로 가장 성공한 그룹 중 하나인 오순절운동은 하나님과의 독특한 의사소통 양식인 방언을 강조했다. 이것은 다소의 바울이 여러 차

---

4 딤후 3:16.

례 불신했던 것이며, (이에 대한 오순절주의자들의 이해할 만한 주장에도 불구하고) 1세기와 19세기 사이의 기독교적 관행들 속에서 거의 전례를 찾기가 어렵다.

훨씬 더 자주 출현했던 기본적 주제는 말세의 도래다. 어떤 이유에서인지, 이것은 동방 기독교보다는 서방기독교의 공통된 주제다. 중세 서방에서 흔히 그것은 힘 없는 자들의 전유물이었다. 하지만 전쟁과 혁명을 시작할 때 중심적 역할을 담당하면서, 16세기 유럽의 종교개혁에서는 주류가 되었다. 전천년설과 구원받은 자들의 휴거 같은 부차적인 주제들이 첨가된 후 종말은 미국의 보수적 복음주의 개신교 내에서 동일한 역할을 담당하게 되었고 서구 오순절운동이 뿌리내리고 토착종교가 된 곳마다, 아시아, 남미, 아프리카 전체로 확산되었다. 그렇게 많은 사람이 종말을 추구했다는 것은 놀랄 일이 아니다. 역사에 대한 서술과 발언은 인간의 두 가지 강박관념에 붙들려 있다. 삶의 무질서에 대한 공포와 잃어버린 황금시대(모든 것이 좋았던 행복한 순간)에 대한 유감. 이것들을 함께 묶으면 당신은 상황을 이해하기 위한 정교한 패턴을 고안하고 다시 한 번 황금시대의 도래를 앙망하는 상황을 만들려는 욕구를 갖게 된다. 이것이 바로 아더 왕의 기사들이 어떤 산 밑에서 잠을 자고 구조활동 준비를 하거나, 『다빈치 코드』(*The Da Vinci Code*)를 베스트셀러로 만들었던 성전기사단과 비밀결사의 음모에 열광하도록 만드는 충동이다.

반복해서 성경은 특정 백성이나 문화집단의 영혼뿐만 아니라 그들의 언어, 정체성 자체를 구원함으로써 그들에게 구원을 의미하게 되었다. 예를 들면, 1588년에 개신교인 윌리엄 모건 감독이 훌륭한 웨일스어로 번역한 성경이 처음 출판됨으로써 구원은 웨일스 사람들의 것이 되었다. 모건의 성경은 잉글랜드인들의 우월한 자원과 식민지적 자신감에 직면하여 웨일스 문화의 중요한 특징을 보존하고 웨일스인들의 종교적 표현이 철저하게 개신교적이 되도록 했다.[5] 이것은 19세기 말 한국의 경우에도 마찬가지였다. 그 당시 한국어 성경번역이 한글을 되살렸고 그들의 민족적 자존심의 상징이 되었다. 일본의 억압을 견디게 하고 지난 50년간 한국에서 기독교의 예외적 성공을 위한 길을 닦으면서 말이다. 또한 정교회의 끈질긴 생존과 최근 거대한 부흥의 한 원인은 동유럽과 옛 소련의 영토 내에 존재하는 엄청나게 다양한 언어집단을 위해 러시아정교회가 성경을 번역한 것이다(이 이야기는 서방에서 거의 알려지지 않았다).

그러므로 성경은 한 가지 전통이 아니라 많은 전통을 구체화한다. 자아도취적 '전통주의자들'은 전통의 본질이 지속적인 외양과 형태를 갖고 있는 인간적으로 제조한 기계적이거나 건축학적인 구조물이 아니라, 동일하게 궁극적인 정체성을 유지하지만 생명과 끊임없이 변하는 모양으로 맥박 치는 일종의 대지와 같다는 사실을 자주 잊는다. 기독교인들에게 성경의 권위는 마치 부모와 자녀의 관계처럼 결코 변경될 수 없는 것과 특별한 관계를 맺고 있다는 사실에 놓여 있다. 이것은 심오하고 생명이 길 수도 있는 다른 책들과의 관계를 부정하는 것이 아니며, 그렇다고 부모와의 관계를 쉽고 즐겁게 만드는 것도 아니다. 단지 종류가 다를 뿐, 결코 폐기될 수 없다. 일단 우리가 이것을 이해하면 성경의 권위에 대한 현대의 과도한 신경증은 어느 정도 해소될 것이다. 아마도 성경이 훨씬 더 진지하게 취급될 것이다.

책은 사상의 창고다. 중동에서 기원한 위대한 세 종교들(유대교, 기독교, 이슬람교)은 거룩한 책에서 자신들의 실천의 근거를 찾기 때문에 흔히 책의 종교로 알려져 있다. 그러므로 '한 책의 사람들'에 대해 논하고 있는 본서는 필연적으로 사상을 언급하게 된다. 많은 독자들이 이 책을 하나의 이야기로 보고 싶어할지도 모르겠다. 학생들과 학

---

[5] G. Williams, *Recovery, Reorientation and Reformation: Wales c. 1415-1642* (Oxford, 1987), 305-31.

자들은 어떻게 사회 및 정치사가 신학에 도움을 주고, 동시에 그것에 의해 변형되는지를 확인하는 데 이 책이 도움이 된다는 사실을 발견할 수도 있다. 사상은 일단 태어나면 흔히 인간 역사 내에서 자신의 생명을 발전시킨다. 그리고 사회 및 구조와 영향을 주고 받기 때문에 자신의 용어로 이해될 필요가 있다. 기독교는 처음 5세기 동안 여러 측면에서 유대교와 그리스-로마철학 간의 대화였다. 어떻게 인간이 하나님이 될 수 있는지 혹은 어떻게 한 하나님의 세 가지 표현들(manifestations, 후에 삼위일체로 알려지게 됨)을 적절하게 묘사할 수 있을까 하는 문제들과 씨름하면서 말이다. 그 문제에 대한 격렬한 논쟁 뒤에, 451년 칼케돈공의회는 정치적 환경의 영향하에 자신의 결정을 내렸지만, 모든 기독교 세계가 그 결정을 수용한 것은 아니다. 그 뒤에 발생한 분열은 중세 절정기(the High Middle Age)에 서양 십자군 때문에 발생한 정치적 갈등으로 영구화되었다. 십자군은 돌변하여 동방 기독교인들을 공격했고, 성지를 탈환하지도 못했으며, 이슬람으로부터 동방 기독교를 지키지도 못했다. 이 모든 비극적인 사건들은 주교들의 회의에서 형성된 한 사상으로부터 비롯된 것이다.

 교회의 성경은 최소한 2세기 후반까지 논쟁의 대상이었다. 하지만 기독교인들이 어떤 책을 성경에 포함시키고, 어떤 것을 배제할지에 대한 합의도출을 위해 싸울 때, 그들은 모든 '책의 사람들'에게 공통된 한 가지 문제에 봉착했다. 유대교, 기독교, 이슬람 모두 그 경전 속에 포함된 책들이 모든 해답을 제공할 수 없다는 사실을 깨달은 것이다. 그래서 새로운 문제들에 대한 선언, 해석, 실용적 해법들이 계속 증가하여 마침내 기독교의 다양한 영역에서 거대한 전통이 형성되었다. 4세기경 지중해 동부에서 존경받던 카이사레아의 바실리우스(Basil of Caesarea)는 일부 전통이 성경만큼 중요하고 권위 있다고 말했다. 성경 외에 이 전통 중 어떤 것이 기독교인이 되기 위한 핵심적 요소로 간주되어야 하는지가 유럽 종교개혁의 핵심적 이슈 중 하나였다. 로마가톨릭은 긍정적으로 대답했다. 공식 교회는 전통의 수호자였고,

모든 경우에 복종해야 한다는 것이다. 개신교인들은 부정적으로 답변했다. 대부분의 전통은 교회가 성경적 메시지의 영광스러운 단순함으로부터 평범한 기독교인들을 이탈시킴으로써, 그들을 대상으로 벌인 사기행각에 불과하다는 것이다. 하지만 개신교인들은 이 문제에 대해 일관성이 없었다. 보편적인 유아세례처럼 자신들의 기독교에서 성경적 근거를 찾을 수 없는 부분을 다른 식으로 정당화했기 때문이다. 오직 성경만을 믿었던 급진주의자들은 그들이 위선자라고 비난했다. 틀린 말이 아니다.

오랫동안 성공을 유지해온 세계의 모든 종교들은 놀랄 만한 변화의 능력을 보여주었는데 기독교도 예외가 아니다. 그것이 바로 이 역사의 중심 메시지 중 하나가 놀라운 다양성인 이유다. 많은 기독교인이 기독교의 발전 능력에 대해 듣고 싶어하지 않는다. 특히 스스로 자신을 교회라고 부르는 다양한 종교기관의 책임자들이 그런 성향을 갖고 있다. 하지만 이것은 현실이고, 처음부터 그랬다. 기독교는 유대교의 작은 가지였으며, 이 종교의 창설자는 아무런 문헌도 남기지 않았다. 예수님은 종말의 나팔소리가 곧 울려 퍼질 것이라고 주장하셨던 것 같다. 그리고 자기 주변문화와의 관계를 단호히 단절하면서, 자신을 따르는 사람들에게 죽은 사람의 장례는 죽은 자들에게 맡기라고 말했다. 그가 책을 쓰지 않은 이유는 아마도 인류에게 남겨진 시간이 얼마 되지 않으므로 그럴 필요가 없다고 느꼈기 때문인 것 같다. 대단히 빨리 그의 추종자들은 역사가 곧 끝날 것이라는 생각에 의문을 제기했던 것 같다. 즉 그들은 창설자에 대한 이야기들을 수집하여 코덱스(근대의 책과 같은 형태)라는 새로 발명한 문헌형태로 보존했던 것이다. 그들은 종말이 도래하지 않은 1세기 말, 자신들 신념의 중대한 위기를 겪었다. 비록 우리는 그것에 대해 잘 모르지만, 어쩌면 그것은 기독교 역사에서 가장 중요한 전환점 중 하나였을 것이다. 기독교는 그런 경험을 통해 자신의 창설자나 가장 위대한 사도 바울에 의해 시작된 운동과는 매우 다른 제도가 되었다.

처음부터 급진적인 변화와 변형이 그 이야기의 일부였고, 그 이후 수천 년의 시간들은 더 많은 예들을 제공해주었다. 로마제국과 긴장 및 대립의 3세기를 보낸 후, 이 반문화적 분파는 안정된 정부기관으로 변형되었고, 그 정부가 붕괴되었을 때 서방 세계에서 그리스-로마문명을 보존했다. 19세기 미국에서 소수의 기독교인들이 자신만의 새로운 경전(말일성도예수그리스도교회〈모르몬교〉의 토대)을 소유한 변방의 종교를 하나 만들었다. 모르몬들의 괄목할 만한 성장은 정교회, 로마가톨릭교회, 혹은 개신교회의 것만큼 근대 기독교 이야기의 중요한 부분이다. 전통적 기독교가 모르몬들을 기독교의 일부로 인정하길 단호하게 거부할지라도 말이다. 중앙아프리카의 킴방구파들(Kimbanguists)이나 한국인 문선명이 만든 통일교처럼 변형된 기독교들의 경우도 마찬가지다. 그런 변형들은 늘 예측할 수 없는 것이었다. 한국에서 대단히 성공한 한 장로교회(개혁교회)가 유럽의 개혁주의 개신교인들에게 16세기 유럽의 종교개혁자 존 칼빈에게 충성하는 방법을 강의한다. 동시에 이 한국교회는 반칼빈주의적인 감리교에서 빌려온 찬송들을 대단히 중시한다. 심지어 더 많은 한국 기독교인들은 대단한 애국자들이다. 동시에 미국 중서부 개신교 교회의 건축양식을 그대로 모방한 교회에서 예배 드린다(그림 68).

또 하나의 세계종교를 탄생시켰던 열정들은 문학, 음악, 건축, 미술에서 인간의 위대한 창조력을 분출시키는 촉매가 되었다. 기독교를 이해하고 싶다면, 비잔틴의 모자이크와 성상들 속에 나타난 예수 그리스도, 혹은 카라바조의 그림에서 표현된 엠마오로 가는 길에 나타난 예수님의 모습을 이해해야 한다(그림 18). 로마의 산타마리아 마지오레 성당 천장을 바라볼 때, 우리는 그곳의 모든 황금들이 대서양 건너편의 다른 성전들에서 녹여져 스페인 왕이 기독교의 하나님과 가톨릭교회를 찬미하기 위해 보낸 것(흔히 이것은 그리스도의 이름으로 정당화된 도둑질이었다)이란 사실을 깨달아야 한다. 영국이 산업화 과정에 있던 조지 왕 시절, 새로운 현실을 이해하기 위해 몸부림치던 가난하고 비천한 사람들의 삶에 자부심, 신념, 성스러운 목적을 부여하던 존 웨슬리와 찰스 웨슬리 형제의 찬송가 속에서 기독교적 열정의 소리가 들린다. 그것은 요한 세바스찬 바흐의 오르간 음악의 숭고한 정신을 구성한다. 동독의 우울하고 기만적인 독재 기간 동안, 바흐 오르간 독주회가 열린 한 교회는 자신들에게 객관성, 통전성, 진정성에 대해 말해주는 무언가를 찾던 사람들로 가득 찼다. 기독교적 의식의 모든 표현은 진지하게 다룰 필요가 있다. 즉 (종말의 끔찍한 환상을 양산했던) 하나님의 궁극적 목적을 이해하려는 갈망에서부터, 잉글랜드국교회 사제관의 잔디밭에서 크리켓을 하도록 유도한 자연스런 사교성의 본능까지 말이다(그림 12와 52).

단연코 이것은 기독교 역사에 대한 대단히 개인적인 해석이다. 그래서 나는 교회사에 대한 나의 개인적 입장을 주저 없이 밝히고, 동시에 종교에 대해 거침 없이 발언한다. 이 책의 독자에게는 알 권리가 있다. 나는 교회가 3대째 가업이었던 집안 출신이며, 한 시골 잉글랜드국교회의 교구 목사관에서 어린 시절을 보냈다. 그것은 새뮤얼 크로스맨 목사의 것과 별로 다르지 않은 세계요, 나에게도 가장 행복한 기억으로 남아있는 세계다. 나는 항상 성경이 있는 곳에서 자랐으며, 기독교 신앙의 내용들에 대해 특정한 교리적 입장을 지닌다는 것이 무엇인지를 기쁜 마음으로 기억한다. 그래서 나는 지금도 나 자신을 기독교의 솔직한 친구라고 생각한다. 나는 종교적 심성이 인간존재의 신비와 비극에 부여한 진지함에 감사하고, 이런 문제들을 대면하는 방식의 하나로서 예배의 장엄함에도 감사한다. 나는 정말 터무니없어 보이는 것이 수백만의 사람들에게 어떻게 그토록 매력적일 수 있는지에 대해 의아해하며 살고 있다. 내가 인류의 수많은 종교적 신앙과 실천의 표현들과 함께 기독교 역사를 탐구한 것은 부분적으로 그 질문에 답하기 위해서다. 신학용어에 익숙한 사람들은 이것을 기독교 신앙의 무념적 형태(apophatic form)로 간주할 것이다.

나는 기독교 혹은 어떤 종교적 믿음이 '진실'인지에 대해선 아무

말도 하지 않을 것이다. 이것은 필연적으로 자기부정적 규정이다. 셰익스피어의 『햄릿』이 진실인가? 그것은 실제로 있었던 일이 아니다. 하지만 내게 그것은 대단한 진실처럼 보인다. 내가 아침마다 먹는 식사(이것은 평범한 의미에서 진실이다)보다 훨씬 더 인류를 위한 의미와 가치로 가득하다. 지난 2천 년 이상 동안, 기독교의 진리 주장은 기독교에 절대적으로 중요했고 이 이야기의 상당 부분은 이 주장의 다양성과 그것들 사이의 경쟁을 추적하는 데 할애되고 있다. 하지만 역사가들은 하나님의 존재 자체에 대해 선언할 자격이 없다. 하지만 역사가들이 발언할 수 있는 기독교의 중요한 측면이 하나 있다. 즉 기독교의 이야기는 인간 역사의 일부라는 면에서 부인할 수 없을 정도로 진실이다. 역사적 진실은 어떤 소설만큼 짜릿하고 만족스러울 수 있다. 우리 같은 사람들의 이야기 더미에서 흘러나온 것을 대표하기 때문이다. 그것들 대부분은 기억할 수 없거나, 지난 3백 년간 역사가들이 발전시켜온 기술의 도움으로 감질나게 훔쳐볼 수 있을 뿐이다. 예를 들어, 잉글랜드의 허트포드셔(Hertfordshire)의 윌포드(Wilford)라는 마을의 작은 교회 마당에 5천 구 이상의 시신이 최소한 900년 이상 묻혀 있다. 우리는 그들 중 몇백 명의 이름도 제대로 모른다. 그들에 대한 다른 정보는 말할 것도 없이. 하지만 우리가 할 수 있는 곳에서 과거 삶의 파편들을 끌어 모으는 일은 짜릿한 감동을 준다.

나는 이 책을 통해 독자들이 기독교를 좋아하든 싫어하든, 혹은 단지 기독교에 대한 호기심을 갖고 있든, 기독교로부터 거리를 유지하며 그것을 객관적으로 바라보도록 돕고 싶다. 이 책은 일차자료에 대한 연구서가 아니라, 세계 전역의 역사연구를 종합하려는 것이다. 이 책은 또한 그것을 깊이 묵상하고자 한다. 그것은 흔히 기독교에서 벌어지는 일 때문에 당혹스러워하고 현재의 구조와 신앙이 어떻게 발전했는지에 대해 오해하고 있는, 보다 커다란 청중들을 위해 그 연구를 해석하는 한 가지 방법이다. 그것은 과거에 형태를 부여하기 위한 일련의 제안들이 될 수 있다. 하지만 그 제안들이 대충 이루어진 것은 아니다. 그 안의 어떤 지점들에서 내가 전에 집필했던 책, 『종교개혁의 역사』(*The Reformation: A History*, CLC 역간, 2011)를 좀 더 발전시켰다. 나는 이 책에서 다룬 보다 포괄적인 이야기의 일부를 그 책에서 다루고자 했었는데, 그 작업의 결과, 이 책에서 보다 커다란 그림에 형태를 부여하는 작업을 시도하게 된 것이다. 나의 목적은 엄청나게 복잡하고 다양한 이야기를 가능한 한 분명하게 이야기하는 것이다. 다른 사람들이 설득력 있다고 생각하며 즐길 수 있는 방식으로 말이다. 더욱이 비록 현대 역사가들이 종교의 진리를 판단할 특별한 능력은 갖고 있지 않지만 여전히 하나의 도덕적 과제를 지닌다고 주장하는 것이 내게는 부끄럽지 않다. 그들은 분별력을 증진시키고 광신주의를 조장하는 말장난에는 재갈을 물려야 한다. 나쁜 역사만큼, 즉 과도하게 단순화된 역사만큼 광신주의를 위한 확실한 토대도 없다.

나는 역사가로서 엄청난 특혜를 누려왔는데, 이제 그 대가를 치러야 할 때가 되었다. 나는 캠브리지와 옥스퍼드라는 세계적 수준의 대학들이 제공한 이해와 평온한 환경에서 연구, 교육, 토론의 소중한 기회들을 마음껏 누려왔다. 많은 이들은 그런 환경을 현실과 동떨어진 상아탑의 휴식쯤으로 생각할 수도 있다. 그리고 대학 안에 거하는 사람들이 담장 너머로 토론을 확장하지 않으면, 비판하는 사람들의 생각이 어느 정도 정당성을 획득할 것이다. 바로 그것이 내가 여기서 하려는 것이다. 비슷하게 나는 전문역사가로 훈련 받은 것이 큰 특권이었다고 생각한다. 내가 받은 훈련은 내 자신의 유산에 대한 애정과 분노의 감정 모두를 통제하는 것이었기 때문이다. 그런 훈련 덕택에, 나는 독자들이 공정하고 동감할 수 있다고 생각하는 이야기를 들려줄 수 있게 되었다. 비록 그들이 기독교의 의미와 그것의 가치에 대해 매우 상이한 개인적 관점을 지닌다고 해도 말이다. 나의 목적은 다양한 형태의 기독교 신앙 안에서 (내 생각에) 멍청하고 위험해 보이는 것을 분명히 지적할 뿐만 아니라 선이라고 생각되는 것을 찾는 것이었다. 종교적 신앙은 광신으로 쉽게 변질될 수 있다. 그것 덕택에 인류는 선, 창조성, 관용이라는 최고의 성취뿐만 아니라 범죄를 저지르기도 했다. 나는 양 극단의 이야기를 모두 말할 것이다. 만약 대단히 야심찬 이 프로젝트가 어리석음을 부추기는 신호와 오류를 추방하는 데 도움을 줄 수 있다면, 내 작업이 어느 정도 가치 있다고 말할 수 있을 것이다.

용례와 고유 인칭에 대해 주의할 점

영어로 된 대부분의 일차자료 인용문은 현대적 철자로 표기했으나, 다른 사람들이 다른 언어에서 번역한 것들을 인용한 곳에서는 1980년대까지 영어용법에 일반적 관행이었던 성차별적 언어를 고치지 않았다. 나는 현재의 일반적 관행보다 훨씬 더 대문자 사용을 지지하는 사람이다. 영어의 관례에 따르면, 대문자들은 특별하거나 다른 것, 이 책의 맥락에서는 세속의 세계와 거룩한 세계를 연결하는 것의 상징들이다. 미사(the Mass)와 그리스도의 십자가상(the Rood)은 대문자가 필요하다. 그것들을 소중하게 생각하는 사람들과 싫어하는 사람들 모두 그 점에 대해서는 동의할 것이다. 성경(the Bible), 성만찬(the Eucharist), 구원자(the Savior), 성모 마리아(the Blessed Virgin), 삼위일체의 위격들(the Persons of the Trinity)도 마찬가지다. 초대교회의 특정 도시에 모인 신자들 공동체나 교회(the Church)라고 불리는 세계적인 조직 모두 대문자로 표기될 자격이 있다. 물론 교회(a church)라고 불리는 건물은 그렇지 않지만 말이다. 엑스터의 감독(the Bishop of Exeter)이나 솔즈버리의 백작(the Earl of Salisbury)도 대문자로 표기될 필요가 있지만, 다른 모든 감독이나 백작이 그렇게 해야 하는 것은 아니다. 이 문제에 대한 나의 결정은 독단적이다. 하지만 그 결정이 내적으로 일관성이 있길 바란다.

장소 이름과 관련해서 나의 일반적 습관은 가장 도움이 될 만한 용례를 따르는 것이다. 옛것이든 최근의 것이든, 때로는 괄호 속이나 색인에 대안적인 현대, 혹은 고대의 용례를 표기했다. 외국의 장소 이름에 대해선 일반적인 영어식 표기가 사용되었다(Brunswick, Hesse, Milan, 혹은 Munich처럼). 잉글랜드, 아일랜드, 스코틀랜드, 웨일스를 포함한 섬들이 일반적으로 영국 제도(the British Isles)로 알려져 있다. 하지만 이런 명칭은 그곳에 거주하는 모든 사람을 더 이상 만족시키지 못하고 있다. 특히 아일랜드공화국의 사람들은 더 그렇다(이것은 스코틀랜드 개신교인들의 후예들에게 민감한 문제다). 보다 정확할 뿐만 아니라 보다 중립적인 표현은 "대서양 제도"(the Atlantic Isles)이며, 이 책의 여러 곳에서 이 명칭이 사용되고 있다. 나는 포르투갈어 사용자들이 그 명칭을 전혀 다른 섬을 묘사하기 위해 사용해 왔으며, 정말로 스페인 사람들이 지금도 그것을 제3의 집단(collection)을 위해 사용한다는 것도 잘 안다. 그래서 나는 나의 독단적 선택에 대해 그들이 함께 면죄부를 발행해주길 간절히 바란다. 자연적으로 1707년부터 1922년 사이에 존재했고 후에는 수정된 형태로 존재했던, 대영제국(Great Britain)이라고 불리던 정체(the political entity)는 적절한 맥락에선 그렇게 언급될 것이며, 다른 곳에선 "영국 제도"를 사용한다.

개인들의 이름은 일반적으로 그들이 사용했을 모국어로 표기했다. 그들의 부하나 동료들 내의 여러 그룹에 의해 여러 언어로 언급되었을 성직자나 통치자들(황제 줄리안과 찰스 5세, 폴란드-리투아니아 왕국의 왕들, 혹은 존 칼빈 같은 이들)의 경우는 예다. 많은 독자들은 'Pieterszoon'과 같은 이름들을 'Pietersz'라고 쓰는 네덜란드의 관습을 잘 알고 있을 것이다. 그래서 다른 이들의 혼동을 피하기 위해 내가 이런 방식을 사용할 때에는, 독자들의 양해를 구한다. 비슷하게 헝가리어 이름들에 관해서, 성 다음에 이름을 배열하는 헝가리의 전통을 따르지 않는다. 그 결과 나는 Horthy Miklos가 아닌, Miklos Horthy라고 말할 것이다. 또한 개인의 이름에 대한 다른 문화의 관습을 존중할 것이기에, Mao Zedong(마오쩌둥)으로 표기한다.

각주와 참고문헌에서 가능한 한 나는 원래 다른 언어로 집필된 저서들의 영어 번역본을 인용하려고 한다. 언급된 사람들의 생몰연대를 너무 많이 삽입함으로써 논문을 엉망으로 만드는 일은 피하고자 한다. 물론 도움이 되는 부분은 예외다. 그렇지 않은 경우, 독자들은 색인에서 그것들을 찾아볼 수 있다. 연대를 표기할 때, 서력기원(Common Era)을 사용한다. 다른 신앙체계와 비교하여 기독교의 지위에 대한 가치판단을 피하기 위해 말이다. 다른 특별한 언급이 없으면 연대는 서력기원(CE)를 뜻하는 것이다. 이 체계는 기독교인들이 서기(Anno Domini 혹은 A.D.)라고 불러온 것이다. 1세기 이전의 시대는 BCE(before the Common Era, 서력기원 이전)으로 표기된다. 이것은 B.C.에 해당된다. 나는 그 이름이 적용되는 사람들을 불쾌하게 만들 수 있는 이름들은 가능한 한 피했다. 그 결과 독자들은 익숙하지 않은 이름들을 만날 것이다. 예를 들면, 나는 단성론자(Monophysites)나 네스토리우스파(Nestorians) 대신 단성론자(Miaphysites)와 양성론자(Dyophysites)를, 혹은 어빙파(Irvingites) 대신 가톨릭사도교회(Catholic Apostolic Church)라고 부른다. 어떤 이들은 이런 시도를 '정치적 올바름'(political correctness, 말의 표현이나 용어의 사용에서, 인종·민족·종교·성차별 등의 편견이 포함되지 않도록 하자는 주장을 나타낼 때 쓰는 말-역주)이라고 비웃을지도 모르겠다. 내가 어렸을 때, 나의 부모님은 다른 사람들의 의견에 대해 공손하고 존중한 태도를 보이는 것의 중요성을 반복적으로 강조하셨다. 나는 이렇게 평범한 미덕이 비판적인 정신에서 재해석되는 것에 슬픔을 느낀다. 내가 간편함을 위해 기독교의 신약에 병행하여 타나크(Tanakh)를 구약이라고 부를 때, 비기독교인 독자들의 용서를 구한다. 성경인용의 경우 16세기까지 기독교인들이 발전시킨 장-절의 형태로 제시한다. 그래서 요한복음 3:14은 요 3:14로 표기되고, 바울이 고린도교인들에게 보낸 편지의 2장 10절은 고전 2:10이 된다. 성경인용은 특별히 다른 언급이 없다면 RSV를 사용한다(번역서에서는 개역개정을 사용한다-역주).

A History of Christianity

제 7 부

피고석의 하나님
(God in the Dock)

1492-현재

피고석의 하나님

1492-현재

제21장

계몽주의: 기독교의 동료인가 적인가?
1492-1815

1. 자연철학과 형이상학: 1492-1700

1926년 독일 초현실주의 화가인 막스 에른스트(Max Ernst)는 아주 놀라운 소년 예수의 이미지를 그려 발표하였다(그림 65). 그는 본래 가톨릭교도였으나 자신의 신앙을 버리고 무신론자가 되었다. 당시 그는 제1차 세계대전의 참전자로 악몽에 시달리고 있었다. 이 그림은 아주 똑똑한 현대주의자(Modernist)가 만들어낸 불경스럽고 파격적인 이미지이다. 에른스트는 이 그림에서 성모 마리아가 발가벗은 어린 예수를 자기 무릎 위에 거꾸로 눕히고 체벌하며 훈육하는 모습을 그리고 있는데, 아기 예수의 머리 위에 있던 후광은 불경스럽게도 바닥에 굴러 떨어져 있었다. 지난 3세기 동안의 서구 근대 문화를 돌이켜볼 때, 에른스트의 이 위험한 작품은 고전적 기독교 전승을 반영한 것이라고 볼 수 있다. 중세 유럽의 성화들 가운데는 작품의 후원자들이 그림 속에 자신들이 아기 예수와 성모를 경건히 우러러보는 모습을 연출하는 작품들이 많았다. 하지만 1926년 에른스트는 작품 속에 자신과 함께 작가였던 두 친구 앙드레 브르통(Andre Breton)과 폴 엘뤼아르(Paul

Éluard)가 창문 너머로 은밀하게 매맞는 아기 예수의 모습을 냉소적으로 관망하는 모습을 삽입해 그려 놓았다.

　에른스트는 그의 초현실주의 동지들과 더불어 중세시대에 공식적 기독교 신앙 이면에 전승되어 온 비행소년 예수에 대한 이야기를 잘 알고 있었던 것 같다. 이 그림은 초기 몇 세기 동안의 기독교 교회들에 떠돌던 외경 "복음서들"(Gospels)에 그 기원을 두고 있다. 이 외경들은 신약의 정경에 기록된 예수님의 어린 시절에 대한 아주 소소한 정보를 확대하여 기록하고 있으며, 그 이야기는 중세의 시가문학을 통해 전승되었다. 일부 외경 속에서 우리 주님의 유아기 비행들은, 비록 이후 자기 생명의 희생을 통해 그 허물을 덮을 수 있다손 치더라도, 상당히 불경스런 일들로, 어린 시절 친구를 살해한 내용까지 포함하고 있다.[1] 따라서 성모 마리아는 어린 예수를 벌하는 것이 부모로서의 당연한 도리로 여겼을 것이며, 이런 모습이 새겨져 있는 돌판과 나무판이 발견된 바 있다. 이와 유사한 이미지는 교회의 스테인드글라스에는 결코 나타나지 않는다. 스테인드글라스는 주로 거룩한 '하나님의 어머니'(Mother of God)의 시각적 이미지를 표현하는 도구로 사용되었다(그림 30). 스테인드글라스는 조각물에 비해 보다 교리적 내용을 충실히 표현하는 숭고한 도구였는데, 이는 아마도 보다 지속적으로 감상될 수 있었기 때문일 것이다. 기독교 음악 역시 이러한 주제를 담고 있다. 17세기 경 잉글랜드와 미국의 애팔래치아 산악 지역(Appalachian Mountains)에서 불린 것으로 추정되는 "쓰디쓴 버들가지"(The Bitter Withy Tree)란 제목의 민요가 그 일례이다. 이 노래는, 예수의 어머니가 아들의 거칠고 오만한 태도를 벌하기 위해 버들가지로 회초리를 만들었는데, 소년 예수가 그 버드나무를 저주하는 내용을 담고 있다.

---

[1] 소년 예수의 비행 이야기에 대해서는 다음 글을 참조. J. Nelson Crouch, "Misbehaving God: The Case of the Christ Child in MS Laud Misc. 108 'Infancy of Jesus Christ'" in B. Wheeler (ed.), *Mindful Spirit in Late Medieval Literature: Essays in Honor of Elizabeth D. Kirk* (Basingstoke, 2006), 31-43.

예수가 그의 어머니에게 말하길,
"오 그 버들가지여! 오 그 버들가지여!
나를 깨우쳐 주는 쓰디 쓴 버들가지,
오! 버들가지, 이는 그 첫 번째 나무라.
뿌리까지 말라죽을!"

유럽의 계몽주의는 기독교인들과 성직자들의 단순한 종교적 시각으로 본다면 세속화된 이성의 진보과정에 대한 옛 이야기쯤으로 회자되기도 하지만, 그 이면에는 신앙과 회의, 신앙적 경건과 신성모독 사이에서 보다 더 흥미롭고 복잡한 이야기들로 가득하다. 그리고 이러한 모습은 기독교 역사 속에 항상 있어왔던 것들이다. 아마도 서방기독교는 그 신앙의 친족들이라 할 수 있는 정교회나 다른 비칼케돈주의자들(non-Chalcedonians)에 비해 계몽주의로 인한 여러 문제들에 더 많이 접촉하고 부딪혀 왔다. 따라서 서방기독교는 계몽주의에 많은 부담과 고난의 여정을 걸어왔다. 이 시기에는 과거 전통을 계승한다고 자부하는 보다 보수적인 기독교인들도 있었다. 하지만 그들 역시 계몽주의의 후예라고 볼 수 있다. 에른스트의 그림은 전통적 기독교를 조롱하는 것처럼 보일 수도 있지만, 이는 또한 기독교 옛 전통 안에서 발견될 수 있는 것이다. 이제 우리는 종교개혁과 반종교개혁(Counter-Reformation) 이야기로 돌아가기 전에 당시의 이런 복잡한 단상들이 어떻게 발전해나갔는지 먼저 살펴볼 것이다.

사실 서구 라틴교회의 분열을 가져온 신학적 폭풍은 중세 유럽인들의 세계관을 전복시킨 새로운 사상들로 인해 파생된 결과이다. 인문주의자들과 그들의 학문은 이러한 추세를 불러온 중심 세력이었다. 그들은 고대부터 잔재해온 비기독교 문학 유산을 새롭게 부활시켰으며, 이는 전통적 기독교의 신학사상과는 동떨어진 것이었다. 르네상스 시대의 인문주의자들과 개신교 종교개혁자들은 모두 구시대적 사고방식에서 벗어나려고 하였다. 하지만 양자의 목표는 서로 전혀 다른 것이었다. 루터와 츠빙글리는 당시 많은 인문주의자들의 주 관심은 외부로부터 임하는 구속의 은혜의 절대성을 강조한 스콜라주의와는 다른 것이라고 간주하였다. 따라서 보다 전통적인 인문주의자들과 츠빙글리는 탁월한 학문적 자질을 가지고 있는 루터와 루터가 존경했던 인문주의자인 에라스무스가 1524년 인간의 자유의지의 문제로 충돌했을 때 루터를 지지하였다. 한편 가톨릭교회는 개신교도들과의 신학적 전쟁을 위해 인문주의 학자들을 등용하며 맞섰다. 그들은 문헌학(philology)과 역사비평(historical criticism)과 같은 학문적 기술을 펼쳤지만, 그리 객관적인 학문적 가치를 나타내지는 못했다. 그들은 젊은이들에게 인문주의자들의 창의적 토의 방법을 강조하는 듯했으나, 실상은 보다 효과적으로 자신들의 사상을 선전하는 것에 불과했다. 인문주의자들의 회의는 일시적으로는 금기시되었으나, 학자들은 스스로 더 깊은 의혹에 빠져들었다.

1520년대 이러한 변화의 분위기 속에, 일부 인문주의자들은 내부적으로 추방되거나 출판금지 처분을 받기도 했다. 또 다른 학자들은 당시의 신학적 논쟁에 말려들지 않기 위해 고전 역사 같은 영역으로 그 연구 관심을 옮기기도 하였다. 따라서 마르텐 반 도르프(Maarten van Dorp), 베아투스 레나누스(Beatus Rhenanus), 빌리발트 피르크하이머(Willibald Pirckheimer)와 같은 뛰어난 학자들은 스스로 은둔적인 삶을 살았고, 이로 인해 이들의 명성은 이제 소수의 지성사 연구의 전문가들에게만 알려지게 되었다.[2] 이들은 비록 종교적인 논쟁점들에 침묵을 지키고 있었음에도 불구하고, 마틴 루터나 가톨릭교회가 주로 다루고 있는 주제들과는 구별된 종교에 대한 또 다른 접근 방법을 보여주는 문서들이 있음을 상기시켜 주었다. 이러한 제3의 관점들은 여러 밀서들, 신플라톤주의 서적들, 유대교 신비주의를 반영한 카발라

---

2 E. Rummel, *The Confessionalization of Humanism in Reformation Germany* (Oxford, 2000), 90-101.

(Cabbala)와 같이 성경과는 별도로 은밀히 전해져 온 고대 문서들로부터 유래된 것이다.

파라켈수스(Paracelsus)는 독일의 학자로서 아주 박식했을 뿐 아니라 16세기의 가장 독특하고 기괴한 사상가로 알려져 있다. 그는 카발라를 찬미하였고, 이후 보편적으로 지칭되는 "파라켈수스적" 탐구의 상징적 존재가 되었다. 이는 불경한 주술적 시도와 연계된 위험한 것이었다. 그는 비전통적인 개신교인들, 특히 종교개혁을 오랜 거짓으로부터의 해방으로 간주했던 급진적 개신교 학자들에게 매료되었다.[3] 또한 많은 주류 개혁주의 개신교인들도 파라켈수스의 비전과 열정을 공유하였다. 개혁주의 신학은 언약 개념처럼 유대교 경전 타나크(Tanakh)의 주제들에 많은 영향을 받았다. 이는 히브리 지혜 전승에서 유래된 것으로 새로운 개념을 논리적으로 조명하기에 적합하였다. 이는 종교개혁의 공통된 주된 관심사인 종말의 시기, 또는 종교개혁 당시의 많은 치명적 논쟁을 불러온 신학적 문제들을 조명하기에 도움이 되었을 것이다.

아마도 개신교 개혁주의에서 파생된 가장 놀라운 현상은 프리메이슨(Freemasonry)일 것이다. 전 세계에 매우 다양한 형태로 번져간 프리메이슨은 오늘날 종종 그 기원이 고대로부터 기인하였다는 신화적인 풍문이 많이 떠돌지만, 실상 이들의 의식은 16세기 말 스코틀랜드의 개혁주의 기독교 분파에서 시작되었다. 제임스 6세(James VI)는 스코틀랜드에 이전보다 평화로운 시대를 열었던 현명한 군주였다. 이런 새로운 상황 가운데 제임스 6세는 많은 건물들을 건축하였다. 곧이어 많은 스코틀랜드의 귀족들과 지주들도 안락하고 웅장한 외형을 가진 새로운 저택들을 차례로 건축하였다. 예술의 후원자였던 이들 귀족들은 자연스럽게 자신들의 건물을 위한 건축 계획에서 고풍스런 건축양

---

3 C. Webster, *Paracelsus: Medicine, Magic, and Mission at the End of Time* (New Haven and London, 2008).

식을 새롭게 강조하였다. 이들은 높은 수준의 학식을 갖추고 있었고, 고전의 지혜를 재발견하는 르네상스의 열정에 사로잡힌 사람들이었다. 이런 움직임의 중심에 윌리엄 쇼(William Schaw)가 있었다. 그는 왕궁의 건축 책임자이며 또한 비밀 가톨릭파(crypto-Catholic) 회원이었다. 1590년대부터 스코틀랜드의 여러 저명인사들은 윌리엄 쇼와 접촉하며 석공들(Masons)과 건축업자들이 회합하는 '오두막'(lodges)에 합류하게 된다. 스코틀랜드의 종교개혁자들이 불과 약 10년 전에 이미 파기했던 종교적 길드(devotional guilds)가 회복되었다.

곧 그 오두막에는 밀서를 통해 자신의 사회활동의 도움을 받으려는 상류층 사람들이 몰려들었다. 사실 중세 말기부터 석공들은 자신들의 기술적 전통과 고대 비법들을 통한 자랑스러운 역사를 구축하고 있었다. 스코틀랜드 교회는 처음에는 각종 주술에 대한 점차적 관심에 대해 특별히 경계하지 않았다. 또한 많은 교회의 성직자들도 이와 유사한 지성적 추세에 매료되어 있었다. 스코틀랜드의 석공들은 아주 오래전부터 전 유럽에 걸쳐 또한 이후 전 세계를 여행하며 그 활동 영역을 넓혀갔던 인상적인 역사를 가지고 있다. 이들의 모임은 자신들의 오두막을 통해서 교회의 권위자들의 눈을 피해 비밀스럽게 회합하였고, 남성들의 우정을 나누며 번져나갔다. 부분적으로 프리메이슨의 개혁주의 유산은 가톨릭교회의 공권력에 대한 적개심에서 비롯되었다. 이런 경향은 프리메이슨이 개혁주의를 넘어 가톨릭 국가들에 퍼졌을 때에도 동일하게 나타났다. 그들은 가톨릭 영향이 큰 지역에서는 어디든 반교권주의(anticlericalism)를 그들의 가장 두드러진 강조점으로 삼았다.[4]

파라켈수스주의, 헤르메스주의(hermeticism), 카발라가 함께 부상하면서 유럽 개신교 지역은 낙관주의 정서가 점차 팽배하게 되었다. 흥

---

4 D. Stevenson, *The Origins of Freemasonry: Scotland's Century, 1590-1710* (Cambridge, 1988), esp. 76 and Ch. 3.

미롭게도 당시 개신교 신학은 히포의 아우구스티누스가 공고히 세웠던 인간 능력의 비관주의를 다시 강조하고 있었다. 고대의 밀서들은 17세기 내내 그 영향이 줄어들기는커녕 특히 중유럽 지역의 대학에서 그 중요성이 더욱 강조되었다. 이 지역 에큐메니칼적 학자들은 루터교와 개혁주의의 신학적 차이를 연결시킬 수 있는 신학적 방법을 찾으려고 노력하였다. 또한 그들은 다른 여러 영역의 지식을 탐구하였고, 종종 당시의 연구들은 종말을 지혜롭게 대비하기 위해 인간의 한계를 극복하기 위한 것이었다. 이러한 학문적 노력은 오늘날 전문화된 영역인 천문학, 생물학, 물리학, 화학을 포함한 '자연철학'(natural philosophy) 전반에 걸쳐 연구되었다. 이는 세상을 바라보는 신학적 관심과는 달리, 탐구의 증거를 눈에 보이는 이 세상의 자연현상 속에서 찾으려 하였다. 오늘날 우리는 이러한 탐구를 "과학"(Science)이라고 정의하며, 16세기와 17세기에 획기적으로 발전했던 자연철학 이야기는 후대에 종종 "과학혁명"(Scientific Revolution)이라고 불리기도 한다. 근대 서구에서 '과학'은 철저히 합리적 연구의 형태로 반이성주의 세력인 기독교와 사상적으로 대립관계를 형성하고 있다고 여겨져 왔다.

'과학'이라는 단어는 실상 종교개혁과 르네상스 시대에는 정당한 표현이라 말할 수 없다. 이 당시에 과학은 모든 영역에서 단순히 지식(knowledge)을 지칭한다. 당시 자연철학은 하나님의 피조세계를 깊이 탐구함으로 일종의 신학작업을 수행한 것이며, 종교와 의도적으로 충돌하려는 의도나 목적을 가지고 있지는 않았다. 파라켈수스주의나 신플라톤주의적 관점에서 보자면 피조세계 안에서 발견되는 과학적 증거는 그 자체로 신비로운 현상이며, 직접적으로 종교나 정치적 문제와 깊은 연관성을 갖는다. 그 일례가 "장미십자회"(Rosicrucians)에 관한 흥미있는 일화에서 나타난다. 프리메이슨과는 달리 장미십자회는 이전부터 존재하지 않았다. 1614년부터 1616년 사이 루터교 목사인 요한 발렌틴 안드레아(Johann Valentin Andrea)가 쓴 책에 "장미십자가"(Rosy Cross)라고 불리는 고대 철학자들의 비밀 단체에 대한 기록

이 나온다. 그는 아마도 오랜 시간 연금술의 지혜와 파라켈수스주의에 대해 깊이 탐구해왔던 것으로 추정된다. 안드레아의 이 기이한 이야기는 수십 년이 지나 마침내 공식문서로 기록되었다. 이 문서는 곧 전 유럽에 걸쳐 열광적인 반응과 기대를 받았다. 이는 또한 신성로마제국의 선제후, 프리드리히(the Elector Palatine Friedrich)가 합스부르크 왕조(Habsburgs)에 대항하여 조직한 개혁주의 개신교 십자군(Reformed Protestant crusade)과 정치적인 연관성이 있다. 이것이 곧 '30년 전쟁'(the Thirty Years War)의 발단이 되었다.[5]

당시 개신교인들 사이에는 임박한 종말에 대한 비전이 지속되었는데, 이들에게 프리드리히의 몰락은 매우 실망스러운 일이었다. 저명한 개혁주의 개신교 학자였던 요한 하인리히 알스테드(Johann Heinrich Alsted)는 하나님이 예비한 마지막 때를 계산해내고 이를 발표하였다. 그는 그 날짜가 1694년이 될 것이라 예측하였는데, 주목할 것은 그의 이론은 실상 성경으로부터 도출되었다기보다는 헤르메스주의 문헌으로부터 산출된 것이었다.[6] 이러한 가능성은 당시 유럽에서 활발히 활동했던 두 명의 창의적인 학자들의 묵시문서에서 제기되었다. 한 사람은 오랫동안 유배 생활을 했던 체코(Czech) 출신의 요하네스 코메니우스(Johannes Comenius)였고, 다른 한 사람은 역시 오랜 시간 각처를 여행했던 스코틀랜드 목사, 존 듀리(John Dury)였다. 알스테드는 이들에게서 수학하였다. 그들은 1650년 당시 공화국이었던 영국의 상황은 새로운 학문이 만개하고, 많은 분야의 자연철학이 활성화되면서 인문 지식이 급격하게 발전하게 되었다고 생각했다. 이 두 사람은 모두 고대의 밀서들이 단지 구시대의 지식에 그치는 것이 아니라, 오랫동안 잊혀진 참된 지식의 세계로 안내하는 열쇠라고 생각하였다. 그

---

5 F. Yates, *The Rosicrucian Enlightenment* (London, 1972), esp. Ch. 4.

6 H. Hotson, *Johann Heinrich Alsted, 1588-1638: Between Renaissance, Reformation and Universal Reform* (Oxford, 2000). esp. Ch. 5; H. Hotson, *Paradise Postponed: Johann Heinrich Alsted and the Birth of Calvinist Millenarianism* (Dordrecht, 2000).

들은 올리버 크롬웰(Oliver Cromwell)이 통치했던 영국과 네덜란드의 개신교 정부는 전 유럽을 새롭게 통합하고 안정적으로 이끌 수 있는 가능성을 제시했으며, 곧 다시 오실 구세주를 영접하게 될 것이라고 기대하였다.[7] 그들의 광신에는 1290년 쫓겨났던 유대인들을 다시 영국 땅에 들여놓아야 한다는 생각도 있었다. 그들은 이것이 예수님의 재림을 앞당기는 일이라고 여겼고, 물론 유대인들은 그에 앞서 회심하게 될 것이라고 생각하였다. 이러한 시도는 1656년 주님의 재림에 대해 동감하고 갈구했던 크롬웰의 도움으로 마침내 실현되었다. 크롬웰은 영국 법정의 사유재산권 통과를 묵인하며 허용한 것처럼 매우 개혁적인 지도자로 스스로를 위장한 인물이었다.[8]

이 임시정부(Interregnum) 시대의 낙관주의자들이 원했던 대로 모든 일이 이루어지지 않았다. 알스테드의 시한부 종말론은 개혁주의 지역인 트란실바니아(Transylvania)가 정치적 야욕으로 얼룩져버리게 된 불행한 사태를 초래하게 된다. 예측되었던 그리스도의 재림은 역설적으로 1650년대 말 대영제국에 스튜어트 왕조가 다시 도래하게 된 것으로 끝나 버렸다. 하지만 이 시대에 아주 중요하고도 실제적인 두 가지 결과가 뒤따르게 된다. 그 중 하나는 유대인들의 영국 재입국이 이루진 것이며(비록 암스테르담 유대인들로부터 자금을 대출한 것으로 추정되는 찰스 2세(Charles II)가 마지못해 허가한 것이지만), 다른 하나는 찰스 황제의 후원으로 자연철학 연구와 토의가 지속적이고 신사적으로 수행될 수 있도록 영국의 왕실연구재단이 설립된 것이다. 이 "왕실학회"(Royal Society)는 임시정부 시대에 활동했던 여러 뛰어난 전문적 학자들로 구성되었다. 아이작 뉴턴 경(Sir Isaac Newton)은 바로 이 학회의 가장 뛰어난 초기 회원 중 한 명이었다. 그는 의문스러운 과거를 혁신적인 관

---

[7] S. Mandelbrote, "John Dury and the Practice of Irenicism", in N. Aston (ed.), *Religious Change in Europe 1650-1914: Essays for John McManners* (Oxford, 1997), 41-58.

[8] D. S. Katz, *Philosemitism and the Readmission of the Jews to England, 1603-1655* (Oxford, 1982), esp. 235-8, 241.

찰과 추상적인 사고를 통해 현대적 방식으로 멋지게 재구성했던 인물이다. 그는 중력의 법칙(Theory of Gravity)을 담고 있는 자연과학 서적(Book of Nature)뿐 아니라, 동시에 요한계시록(Book of Revelation)에 대해서도 저술하였다. 사실상 뉴턴의 관점에서 그의 모든 연구 업적은 종교개혁의 일반적 과업의 일부라 할 수 있다. 그의 종교적 연구들은 삼위일체론과 같은 의문스런 교리에 대한 문제점을 해결하는 것을 포함한다. 즉 뉴턴의 과업의 주 목적은 잃었던 합리성을 회복하는 것이다. "최초의 종교는 무엇보다 합리적인 것이었다. 세속 국가들이 이를 망쳐버렸다. 하나님에 대한 참된 지식을 얻으려면 자연의 법칙을 통해서만 가능하다"(이 문장에 대한 그의 필사본 부록에는 "자연의 법칙을"이라는 구 앞에 "계시 없이"라는 표현이 삽입되어 있다).⁹

또 다른 합리성의 유형은 프란시스 베이컨(Francis Bacon)에게서 발견된다. 그는 뉴턴이 태어나기 약 20년 전에 사망한 철학자이며 이후 정계에 입문하였다가 실패하고 만 인물이었다. 베이컨의 저작들은 유럽의 자연철학자들에게 아주 큰 영감을 주었다. 베이컨의 유작, 『신 아틀란티스』(*New Atlantis*)에서 그가 보다 나은 인간 사회를 증진시키기 위해 실질적이고 '경험적인' 실험과 관찰을 할 수 있는 철학자들의 '연구재단'을 고안했는데, 그 꿈의 실현이 바로 영국 왕실학회였다. 왕실학회는 베이컨이 사용한 용어를 빌려 그 회원들을 "특별회원"(Fellows)이라고 불렀다. 베이컨은 인간 지식의 증진을 위한 그의 작업을 신학적 토대 위에 세우고자 하였다. 베이컨은 1603년 그가 꿈꾸던 자연철학의 "대혁신"(Great Instauration) 작업을 위해 첫 번째 선언문, 『남자에게서 온 시간의 기원』(*Temporis Masculus Partus*)을 발표했다. 여기

---

9 Newton이 1680년대에 기록한 출판되지 않은 필사본 *Theologiae gentilis origines philosophicae*, 245에서 인용함. S. D. Snobelen, "'The true frame of nature': Isaac Newton, Heresy and the Reformation of Natural Philosophy", in J. Brooke and I. Maclean (eds.), *Heterodoxy in Early Modern Science and Religion* (Oxford, 2005), 223-62; 또한 다음 책을 참조. R. S. Westfall, *Never at Rest: A Biography of Isaac Newton* (Cambridge, 1980).

에서 베이컨은 아담의 타락으로 상실한 인간의 피조물들에 대한 통치권, 즉 잃어버린 인간에게 주어진 하나님 형상의 회복을 천명하고 있다.[10] 이는 알슈타르와 코메니우스의 사상과 매우 유사한 상상이다. 하지만 베이컨은 이런 생각을 신플라톤주의(Neoplatonism), 또한 아리스토텔레스적 스콜라주의(Aristotelian Scholaticism)와도 결합시키고자 하였다. 또한 그는 그의 연구재단 안에서 장미십자회가 부흥하는 것에 대해 매우 부정적이었다. 사실 베이컨은 당대의 여러 중요한 발견들을 정확하게 이해하지 못했다. 그는 그것들이 단지 진부한 방법론에 불과하다고 여겼다. 대신 그는 자연과 인간의 한계에 대해 탐구함으로써, 당시 엄격한 기독교의 가르침을 부정하려 했던 많은 학자들을 회피하는 편리한 방법을 선택하였다. 하나님에 대한 지식은 오직 신의 계시를 통해서만 가능하다고 주장하며, 베이컨은 자신의 질문을 신학과 분리시켰다. 그는 양자는 서로 다른 성격의 문제라고 여겼다. 그는 다음과 같이 말한다. "하나님은 무신론자들을 설득하기 위해 기적을 베풀지는 않는다. 그분은 단지 일상적인 역사(Ordinary Work)를 통해 설득하신다."[11] 그렇다면 이 말은 성경의 기적들에 대해서는 어떻게 설명할 수 있을까?

자연철학자들에게 베이컨이 우선적으로 고려한 경험적 탐구를 개혁주의 개신교에 적용해보는 것은 충분히 가능한 일이었다. 베이컨은 그 자신이 개혁주의 개신교도였으며, 1559년 엘리자베스 1세의 종교적 화의령을 고안했던 니콜라스 베이컨 경(Sir Nicholas Bacon)의 아들이었다. 인류는 그 타락으로 말미암아 추상적이고 관념적인 사고를 할 수 있는 능력을 상실하게 된다. 따라서 인간이 할 수 있는 것은 오직

---

10 H. Horton, "The Instauration of the Image of God in Man: Humanist Anthropology, Encyclopaedic Pedagogy, Baconianism and Universal Reform", in M. Pelling and S. Mandelbrote (eds.), *The Practice of Reform in Health, Medicine and Science, 1500-2000* (Aldershot, 2005), 1-21, at 4.

11 F. Bacon, *Essays*, "Of Atheism" (London, 1879, 초판은 1625년), 64.

'자연'이라는 서적(Book of Nature)을 주의 깊게 관찰할 수 있을 따름이다. 하지만 세밀한 관찰을 요하는 자연철학의 여러 영역은 신학과 오랫동안 마찰을 빚어온 것이 사실이다. 그 한 예는 바로 의학이다. 오랫동안 의사들은 그들 자신의 눈으로 하는 임상적 관찰을 교과서의 설명보다 더 중요하게 생각하는 경향이 있다. 하지만 신학자들은 인간의 신체에 대해 아리스토텔레스나 갈레노스(Galen)와 같은 과거의 권위있는 대 학자들의 가르침을 진지하게 고려하는 것이 더 중요하다고 여겼으며, 이를 바탕으로 신학적 결론을 주장해왔다. 그 한 예는 여성은 신체적으로만이 아니라 다른 영역에서도 남성에 비해 열등하다는 선입견이다.[12] 역설적으로 인본주의적 의사들은 의학에 있어 중세 스콜라주의의 영향 아래 훈련받은 학자들에 비해 대체로 더 보수적이었다. 왜냐하면 그들은 고대 문서들에 대해 새로운 가치를 부여했기 때문이다. 예를 들어, 인본주의자들이 제기한 문제들은 과거에는 알려지지 않았던 매독과 같은 질병을 이해하고자 노력할 때 발생했다.[13]

자연철학과 신학 사이의 보다 더 어려운 영역은 점성술(astrology)과 천문학(astronomy) 사이의 상호관계에 대한 문제였다. 자연철학자들은 천체나 별들을 연구하는 것은 신학적 작업에 속한다고 생각했다. 왜냐하면 성경은 가시적 우주의 창조에 대해 너무나 분명하게 선포하고 있기 때문이다. 양자의 분리는 갑작스런 계기로 이루어졌다. 필립 멜랑히톤(Philipp Melanchthon)과 칼빈은 점성술의 가치에 대해 아주 분명한 의견 차이를 보였다. 멜랑히톤을 필두로 16세기 루터교 성직자들은 보다 신앙고백적 입장에서 칼빈의 견해를 반대하였다. 그들은 점성술이 하나님의 뜻을 살피기 위한 훌륭하고 유용한 지침이 될 수 있

---

12 MacCulloch, 610-11.

13 J. Arrizabalaga, J. Henderson and R. French, *The Great Pox: The French Disease in Renaissance Europe* (New Haven and London, 1997), Ch. 4.

다고 주장하였다.¹⁴ 적어도 점성술은 아주 오랫동안 학문적 연구 대상이었던 것은 사실이다. 하지만 보다 심각한 문제는 16세기 초부터 점차 제기되어 온 코페르니쿠스(Copernicus) 학설로 인해 성경이 말하는 우주의 모습에 오류가 있다는 의문을 불러온 것이다. 가장 큰 이슈는 천동설에 대한 문제 제기였다. 이러한 문제로 인해, 우리가 이미 살펴본 대로(『3천년 기독교 역사 II』 제18장 5.참고), 로마교황청 인사들과 갈릴레오 갈릴레이(Galileo Galilei)의 과학적 연구 사이에 심각한 충돌이 발생하기도 하였다.

많은 개신교도들 역시 코페르니쿠스의 주장에 반대하였지만, 가톨릭 종교재판소(Inquisition)가 갈릴레오에게 취했던 경우처럼 엄격하지는 않았다. 실상 로마교황청은 유럽 각처의 다양한 종교재판을 통해 이전 세기의 불온하다고 여겨지는 많은 문서들을 폐기하는 데 전력을 쏟았다. 의심할 여지 없이 자연철학은 당시 분열되어 있었고 여러모로 복잡했던 개신교 세계에서는 보다 관대한 환경 속에 그 활동 영역을 은밀히 확대해갈 수 있었을 것이다. 이후 17세기 말에 이르러서 자연철학은 북부 유럽 개신교권에서 보다 큰 영향력과 신뢰를 구축할 수 있었다. 대다수의 자연철학 연구자들은 점차 자신들의 합리적 연구 작업을 위해 베이컨이 주장한 '관찰'(observation)의 중요성을 강조하게 되었다. 즉 자연철학에서 과거의 주술적 지혜를 수용했던 것은 점차 사라지고, 주류 기독교 권위자에 대해 의문을 제기하게 된 것이다. 베이컨의 경험주의 이외에도 또 다른 여러 요소들이 이러한 추세에 합세하게 된다.

---

14 C. S. Dixson, "Popular Astrology and Lutheran Propaganda in Reformation Germany," *History*, 84 (1999), 403-18; 점성술에 대해서는 다음 글을 참조. E. Cameron, "Philipp Melanchthon: Image and Substance," *JEH*, 48 (1997), 705-22, at 711-2. 이에 대해 Calvin의 다음 저서를 참조. J. Calvin, ed. J. T. McNeill and F. L. Battles, *Institutes of the Christian Religion* (2 vols., Philadelpia: Library of Christian Classics XX, XXI, 1960), 201 [*Institutes* I. xvi. 3].

2. 유대교, 회의주의, 이신론: 1492-1700

　의심은 신앙의 근본적 요소이다. 우리 인간은 특정 인물, 사물, 장소에서 거룩함의 체험을 하게 된다. 그렇다면 그런 체험의 진정성에 대한 증거는 무엇인가? 구약성경은 의심을 용인하지 않는다. 구약성경에서 종종 의심하는 자들은 하나님의 진노를 받게 된다고 기록한다. 예를 들어, 아담과 하와는 선악을 알게 하는 나무의 실과를 먹지 말라는 하나님의 계명을 의심하였다가 하나님의 진노를 샀다. 하지만 신약성경에서 예수 그리스도는 의심하는 자들에 대해 매우 관대하셨다. 그는 자신의 부활을 의심하는 도마에게 직접 자신의 몸을 만지게 하며 확신에 이르게 하였다. 근대 서구 문화와 바로 그 서구 문화 가운데서 발전한 기독교의 가장 두드러진 특징은 이전 시대의 종교중심적 문화에서 기인한 어떤 명제들에 대해 회의적으로 반응하는 경향이다. 또한 특정 종교적 진리가 특별한 권한이 있다는 주장도 거부한다. 이런 특별한 변화의 양상을 어떻게 설명할 수 있을까?

　종교개혁과 반종교개혁에 대한 가장 큰 의문점은 늘 기독교 세계 안에서 불이익을 당해왔던 유대인들이 지속적으로 존재해 왔다는 데 있다. 1490년대는 유대인들에게 70년 예루살렘 멸망 이후 가장 극심한 고난의 시기로 기억될 것이다. 이때 유대인들은 이베리아 반도에서 공식적으로 추방당했으며, 이들은 "세파르딕 디아스포라"(Sephardic diaspora)라고 알려져 있다. 이베리아 반도 안에서 포르투갈은 처음에는 유대인들을 추방하거나 기독교로 개종할 것을 스페인처럼 엄격하게 대하지는 않았지만, 1536년경에 이르러 포르투갈 왕조는 스페인과 유사한 종교재판소를 설치하고 유대인들을 핍박하였다. 이후 포르투갈 출신의 유대인들은 포르투갈 언어와 문화를 유지하면서 유럽 각처를 떠돌아다니다가, 안전하다고 여겨지는 지역에 정착하여 비밀 유대교 공동체(crypto-Jewish community)를 형성하게 된다. 포르투갈 출신의 세파르딕 유대인들은 대개 무역업을 통해 번창해나갔고, 일부는 주류 직업은 아니었지만 사회에 꼭 필요한 의료업에 종사하거나, 때로는 당시에 비교적 덜 배타적이고 비공식적인 대학에서 교수로 일하기도 하였다. 특히 프랑스의 큰 항구도시인 보르도(Bordeaux)에 위치한 기옌시립대학(municipal Collège de Guyenne)은 16세기 중반 경에 유대인들의 활동이 두드러진 학교였다.[15] 포르투갈 정부는 재주 많고 유동적인 유대인 집단을 항상 엄격하게 감시하였고, 기독교 신앙과 규정에 따라 이들을 불경스런 종교집단으로 간주하는 경향이 있었다.

종교개혁이 점차 확장되어 가면서, 유대인들은 이 기독교 내부의 심각한 분열을 유대인들을 핍박하는 기독교도들에 대한 하나님의 진노하심의 증거로 간주하고 풍자적으로 비꼬았다.[16] 유대인들은 곧 개신교 지역에서도 가톨릭 지역과 마찬가지로 그들의 운명이 결코 순탄하지 않을 것을 잘 알고 있었다. 하지만 유대인들이 기독교인들의 편견 속에서도 꿋꿋하게 생존해올 수 있었던 자신들의 오랜 경험은 그때마다 어느 지역이 그들에게 가장 덜 위험한지를 감지할 수 있는 능력을 가지게 되었다. 폴란드-리투아니아 연방(Polish-Lithuanism Commonwealth)은 전통적으로 다문화 국가였으며 1573년 이래 비교적 종교적 관용정책을 시행해왔다. 따라서 이곳에 많은 유대인들이 몰려들기 시작하였다. 이들은 주로 독일어 계통의 이디시어(Yiddish)를 사용하였고, 동유럽 도시 지역의 독일계 지식인들과 매우 유사한 면이 많았다. 당시 중유럽의 프라하는 이베리아, 동유럽, 오스만제국 등 다양한 문화권 출신의 유대인들이 모여 있는 '혼합지역'(melting pot)이었다. 이는 보헤미안 정권보다는 합스부르크 왕조의 상황에 더 큰 원인이 있다. 그들은 자신들의 종교적 자유에 대한 문제가 보다 시급했기

---

15 기옌시립대학의 세파르딕 유대인들의 주도적 위치와 역할에 대해서 다음의 글을 참조. P. J. McGinnis and A. H. Williamson (eds.), *George Buchanan: The Political Poetry* (Edinburgh, 1995), 6-7, 16-8, 313.

16 J. Friedman, "The Reformation in Alien Eyes: Jewish Perceptions of Christian Troubles", *SCJ*, 13/1 (Spring 1983), 23-40.

때문에, 그 지역까지 관심을 가지지 못했다.[17]

　무엇보다 중요한 지역은 개혁주의 개신교 연합국이었던 네덜란드의 항구 도시 암스테르담(Amsterdam)이었다. 암스테르담은 스페인으로부터의 독립전쟁 이후 큰 상업적 성취를 이루면서, 유대인들 특히 이베리아에서의 옛 영광을 상실하고 새로운 안전 지역을 갈망했던 세파르딕 공동체에게는 천국과 같은 곳이었다. 네덜란드의 '통치자들'(regents)은 대다수 개혁교회 성직자들의 입장과는 달리, 일반적으로 종교적 관용정책을 유지하였다. 특히 암스테르담은 더욱 포용적이었다. 매우 큰 도시였던 암스테르담에는 17세기 말경 매우 웅장한 유대교 회당이 세워졌다. 이와 같은 사실은 많은 여행객들의 주목을 받으며, 전 유럽을 경악시키기도 하였다. 동시에 이 도시에는 런던 대화재 이후 크리스토퍼 렌 경(Sir Christopher Wren)의 주도로 재건된 화려하고 웅장한 개신교 교회당도 있었다. 이곳에서 유대인들의 문화는 크게 발전할 수 있었다.

　1490년대 스페인과 포르투갈에서 일어난 여러 사건들은 16세기 기독교 안에 대격변을 가져왔다. 특별히 종교적으로 엄격했던 이베리아 기독교는 매우 다양하고 서로 다른 종교적 표현들 가운데 공식적인 가톨릭교회의 표준을 세워야 한다는 압박을 받았다. 스페인은 자국 영토 안에서 이슬람과 유대인 문명을 파괴하고, 유대인들을 축출하였다. 이후 스페인에는 신비주의가 부상하였다. 당시 스페인 신비주의는 공식적 교회 안에 머물며 영성운동을 펼친 아빌라의 테레사(Teresa of Avila)와 십자가의 요한(John of the Cross)이 이끈 갈멜 수도원(the Carmelite)뿐 아니라, 알룸브라도파(*alumbrado*)라고 알려진 무교회주의 영성운동도 있었다. 한편 이탈리아에서도 신비주의 신학자인 후안 데 발데스(Juan de Valdés)를 통해 스페인으로부터 유입된 알룸브라

---

[17] Z. David, "Hajek, Dubravius and the Jews: A Contrast in Sixteenth-century Czeck Historiography", *SCJ*, 27 (1996), 997-1013, esp. 998, 1009.

도파 유형의 영성파가 일어났다. 이러한 추세는 이후 뜻밖에도 이그나티우스 로욜라(Ignatius Loyola)에 의해 예수회(Society of Jesus)를 탄생시키게 된다. 1540년대에 이탈리아 안에서 이런 수도회들이 해산되면서, 이들 수도회들은 유럽의 거의 모든 개신교 지역에 자신들의 디아스포라를 확산시키게 되었다. 이들 중 다수는 특히 삼위일체론에 대해 자신들만의 독특한 사상을 가지고 있었다. 이들은 이후 동유럽에서 "소키누스주의"(Socinianism)라 불리는 그룹이 되었다. 스페인 출신의 미카엘 세르베투스(Michael Servetus)는 자신의 고향에서 경험한 종교체험과 영감을 토대로 기독교를 재구성하려고 시도했다. 하지만 그는 칼빈의 주도로 이단으로 정죄되고 처형되었다. 이 모든 사건은 정통 기독교에 대한 도전이었고, 이제 기독교는 암스테르담의 세파르딕 유대인들 가운데 정통 기독교 신앙에 대해 의심하는 새로운 세력을 만나게 된다.[18]

당시 의심(doubt)이란 단어는 무신론을 대표하는 용어였다. 이는 마치 그 당시 사회가 금기시하지만 공공연히 행해지던 동성 간의 성행위를 지칭하는 "소도미"(sodomy)란 용어와도 같은 부정적 의미를 내포하고 있었다.[19] 종교개혁과 반종교개혁 당시 기독교 신앙에 의심을 제기한 사례들은 우리에게 잘 알려져 있지 않다. 이 시대에는 의심이나 불신(unbelief)을 언급하는 사람은 자살행위와도 같았기 때문이다. 당연히 당시 사제들과 목회자들은 대개 성도들이 불신적 요소들에 노출되어 위험에 빠지지 않도록 그들의 의심을 억제시켰다. 물론 16세기 지식인들과 유력자들은 신앙의 의심에 대해 진지하게 언급하곤 하였다. 하지만 이런 담론은 단지 중세시대의 관용적 대화 정도에 그치는 것이었고, 그들의 질문이 납득할 만한 것이라도 단지 하나의 의견 정도로 이해되는 데서 그쳤다. 따라서 당시 회의적 지식인들에

---

18 J. Friedman, "Unitarians and New Christians in Sixteenth-century Europe", *ARG*, 81 (1996), 9-37.

19 Sodomy에 대한 더 자세한 내용은 MacCulloch, 620-9를 참조.

게 최선의 방법은 고전 문학을 탐독하면서 그들의 지적 안식처를 삼는 것이었다. 당시 암호로 자신의 작품을 표현한 라틴 시인 루크레티우스(Lucretius)와 그리스 작가 루키아노스(Lucian)의 종교와 철학에 대해 풍자한 작품들은 널리 읽혔다. 또한 16세기에는 회의론자였던 섹스투스 엠피리쿠스(Sextus Empiricus)가 재발견되기도 하였다. 이후 그의 이름을 따서 "경험주의"(empiricism)란 용어가 생겼다.

당시 기독교 지도자들은 주기적으로 '무신론적' 저작들에 대한 불온성을 경고했지만, 이런 고전 작품을 읽는 것 자체를 처벌하기는 매우 어려웠다. 이후 17세기에 이르러서는 의심의 조류는 보다 조직화되었고, 서구 문화와 관습의 중심이었던 종교전통에 대항하는 세력을 형성하게 된다. 마침내 매우 충격적인 사건이 발생하게 되는데, 이는 이베리아 종교재판소가 사람들에게 자신이 충성되고 완전한 신앙을 가지고 있음을 표명할 것을 강요한 것이다. 이들 중 많은 이들이 실제로 이미 깊은 신앙심을 가지고 있었다. 하지만 이런 강제적 압박의 결과는 오히려 점차 모든 종교 행태에 대한 회의주의를 양산하게 되었다.[20] 유사한 경우가 네덜란드에서도 나타났다. 서로 다른 종교를 가지고 경쟁하던 두 지역에서 상대편을 제거하려고 시도하며 서로 분쟁하였다. 먼저 한 지역에서 가톨릭교도들이 개신교도들을 박해하자, 다음에는 개신교도들이 그 지역을 점령하고 가톨릭교도들을 살육하였다(그림 17).

16세기 말 네덜란드에는 개혁교인들에게 멸시와 조롱을 당했던 꽤 많은 '자유파'(Libertines)들이 있었다. 이들은 당시 여러모로 종교적인 골칫거리 중 하나였다. 이들은 위대한 네덜란드의 인문주의자 에라스무스의 관용과 자비에 대한 많은 가르침을 자랑스럽게 기억하고 있었다.[21] 그들은 1620년대에 당시 양심적인 화란 개혁교회 성직자들과 신

---

[20] J. Edwards, "Portugal and the Expulsion of the Jews from Spain", in *Medievo Hispano: Estudios in memoriam del Prof. Derek W. Lomax* (Madrid, 1995), 121-39, esp. 137.

[21] B. J. Kaplan, "'Remnants of the Papal Yoke': Apathy and Opposition in the Dutch

자들의 모임에 합류하였다. 이 그룹은 바로 개혁교회에서 추방된 야코부스 아르미니우스(Jacobus Arminius)의 추종자들이었다. 아르미니우스는 1618-9년에 걸쳐 진행된 도르트회의(Church synod at Dordt)를 통해 이단으로 정죄되었다. 이 회의는 매우 중요한 의미를 갖는데, 이때 참석한 영국을 포함한 다른 여러 지역의 개혁주의자들에게 많은 영향을 주었다. 이 회의는 최초로 여러 개혁주의 교회들이 연합한 총회로 평가된다. 이 회의를 통해 아주 엄격하고 지속적인 개혁주의 정통(Reformed Orthodoxy)이 확립되게 된다. 이들은 비록 여러 지역에서 그 지역의 국가교회를 거부한 비주류 기독교인들이었지만, 그들이 주류 교회 밖에서 자신들의 미래를 위한 중요한 결정을 내려야 했다. 이들 중 "콜레지안트파"(Collegiants)라고 알려진 그룹은 어떤 형태로든 성직의 필요성을 거부한 그들 자신만의 합리적 종교를 형성하게 된다.[22]

세파르딕 유대인들이 이 논쟁적인 지역에 들어와 암스테르담에 자신들의 공동체를 형성했을 때, 그들 안에도 매우 다양한 형태가 공존했고, 서로 다른 자기 정체성을 가지고 있었다. 일부는 이미 그들의 옛 종교로부터 완전히 제명되어, 그들의 오랜 신앙을 새로운 종교활동과 전통으로 재구성해야 했다. 그들은 네덜란드에서 매우 다양한 기독교 그룹들과 만나게 된다. 그들은 황량한 폴란드를 떠나온 자유파(Libertines), 아르미니우스파(Arminians), 콜레지안트파(Collegiants), 소키누스파(Socinians)등이었다. 이들은 기독교도들이지만 세파르딕 유대인들과 거의 유사한 상황 속에 있었던 사람들이다.[23] 이러한 사상의 다원성과 상호영향의 중심에 스피노자(Baruch or Benedict de Spinoza)가 있었다. 그는 암스테르담의 포르투갈 출신 유대인 상인의 아들로

Reformation", *SCJ*, 25 (1994), 653-68.

22 A. Fix, *Prophecy and Reason: The Dutch Collegiants in the Early Enlightenment* (Princeton, 1991).

23 D. M. Swetschinki, *Reluctant Cosmopolitans: The Portuguese Jews of Seventeenth-century Amsterdam* (London, 2000).

서 정규 대학교육을 받기에는 부적격한 인물이었다. 그는 암스테르담에서 경험할 수 있는 많은 다양한 지식을 스스로 독학하였다. 그는 청소년기에 당대의 위대한 수학자이며 철학자였던 르네 데카르트(René Descartes)를 만났다.

1656년 그가 스물셋 되던 해에 스피노자는 논란 속에 암스테르담의 포르투갈계 유대인 회당에서 공적으로 저주받고 추방당하게 된다. 이런 치명적 처벌을 받은 순간, 스피노자는 모든 셈족 계열 종교들의 근본적 가르침들에 대해 의문을 가지기 시작한 것 같다. 그 의문은 "인간이 영혼불멸한 존재인가?", "하나님은 실제로 인간사에 개입하시는가?" 등에 관한 것이다.[24] 이후 스피노자는 그가 세상을 떠나기까지 약 20년 동안 두 편의 혁명적 논문을 저술하였다. 그의 추방의 결정적 원인이 되었던 논문인 "신학적 정치학에 대하여"(*Tractatus Theologico-Politicus*, 1670)에서 스피노자는 성경을, 특히 성경에 등장하는 기적들에 대해 다른 모든 문서와 마찬가지로 비평적으로 연구해야 한다고 피력하였다. 그는 또한 종교경전은 인간의 산물이며, 거룩한 종교기관들은 "인간을 구속하는 오랜 족쇄의 유산"(relics of man's ancient bondage)일 뿐이라고 주장하였다. 이 모든 그의 논점의 의도는 인간의 자유를 극대화하기 위한 것이다.

> 독재주의가 지속적으로 유지되는 가장 큰 이유는 사람들을 무지상태로 몰아넣기 때문이다. 이는 특정 종교의 이름으로 사람들을 통제하며 두려움에 쌓이게 만든다. 그 안에서 사람들은 자신들의 비참한 노예상태를 벗어나 구원을 얻으려고 죄책감도 느끼지 못하고 전쟁에 나서게 된다. 그들은 자기 피와 생명을 다할 테지만 최고의 영예는 언제나 한 사람에게 돌아가게 된다.[25]

---

24 J. I. Israel, *Radical Enlightenement: Philosophy and the Making of Modernity 1650-1750* (Oxford, 2001), 159-74.

25 B. Spinoza, tr. S Shirley, with introd. by B. S. Gregory, *Tractatus Theologico-Politicus* (2nd edn, Leiden, 1991), 51 [Preface].

그의 저서 『윤리학』(*Ethics*, 1677)에서 스피노자는 하나님은 자연법칙이나 우주의 상태로부터 완전히 분리된 존재라고 보았다. 따라서 그런 하나님은 선하지도 악하지도 않은 단지 초월적 존재일 뿐이다. 그분은 인간이 만든 어떤 도덕적 기준에 구속받지 않는다. 칼빈은 이런 스피노자의 주장 가운데 아마도 후자에는 동의하나, 전자는 단호히 거부했을 것이다. 칼빈이 강조한 하나님과 인간에 대한 "이중지식"(double knowledge)의 표현대로라면, 창조주와 피조물 사이에는 어떤 거대한 간극(vast separation)은 존재하지 않는다. 한편 스피노자의 상상 가운데 "인간의 정신"(human mind)이라고 말하는 그 무엇은 하나님의 영원한 지성(intellect)의 일부이며, 따라서 하나님의 생각이 옳다면, 인간 정신의 분명하고 명백한 생각들도 마찬가지로 옳은 것이라고 주장하였다.[26] 곧 스피노자는 불신의 공식적인 대표자로 여겨지며 비난받았다. 하지만 그의 널리 알려진 심오한 저작물에는 이 세상에 거하는 하나님의 신성에 대한 사상과 신비에 대한 깊은 경외심이 분명하게 나타나 있다. 이런 평가는 네덜란드 공화국의 권위자들의 너무 과장된 판단이었고, 그들은 1674년 스피노자의 논문, "신학적 정치학에 대하여"를 불태워 버렸다. 이후 1679년 이 논문이 불어로 번역되어 널리 읽혀지자 로마의 종교재판소 역시 예상대로 스피노자를 고소하였다.

스피노자의 시대에는 "무신론자"(atheist)라는 호칭은 저주받을 대상을 지칭하는 것으로 인식되었다. 일반적으로 그런 사람들은 자기 방종적인 삶을 즐기는 천박한 사람들이고, 비관적 태도와 생각을 가지고 있으며, 공식적인 신앙을 부정하는 사람들이라고 여겨졌다. 스피노자는 사실 이런 자유분방한 삶의 태도에 대해 강한 거부감을 가지고 있었으며, 매우 단순하고 정적인 생활을 한 사람이었다. 그의 삶 가운데 부도덕한 일이라고 말할 수 있는 것은 당시 네덜란드인들

---

26 B. Spinoza, ed. M. L. Morgan and tr. S. Shirley, *The Essential Spinoza: Ethics and Related Writings* (Indianapolis, 2006), 53 (Pt II, Proposition 43).

이 일상적으로 즐기던 흡연 정도일 것이다. 스피노자는 44세의 짧은 생을 마감한 것의 이유가 될 만큼 스스로 너무나 검소하고 청빈한 삶을 살았던 사람이다. 그는 성 제롬(St Jerome)을 연상시킬 만큼 금욕적인 삶을 살면서, 그에게 찾아오는 많은 지적 탐구자들과 당대의 설교에 대해 토론하는 것을 즐겼다.[27] 스피노자가 사망한 지 불과 몇 해가 지나지 않아, 프랑스 위그노(Huguenot) 목사의 아들이며 낭트 칙령(the Edict of Nantes)의 철회 이후 네덜란드에서 영구 추방된 피에르 벨(Pierre Bayle)은 스피노자가 남긴 저작의 한 결론적 문구에 대해 공개적으로 언급하곤 하였다. 그것은 이전에는 결코 공개적으로 회자될 수 없는 내용이다. 그 문구는 다음과 같다. "무신론자협회(a Society of Atheist)는 다른 협회가 그러하듯이 모든 시민의 도덕적 의무에 대해 주의 깊게 감찰해야 한다. 범죄는 엄하게 처벌되어야 하며, 어느 정도까지 상벌의 원칙이 주어져야 한다." 벨은 기독교 사회가 다른 어떤 종교 사회와 마찬가지로 관습화되어 가는 경향이 있음을 주의 깊게 관찰하였다. 스피노자의 문구는 기독교 윤리가 반드시 기독교 교리의 부산물이라는 통념을 급진적으로 공격한 것이다. 이는 아마도 기독교에 대한 계몽주의의 가장 도전적인 문구일 것이다.[28]

스피노자 외에도 당시에는 성경에서 비롯되지 않은 전통적 종교 사상에 도전하는 많은 목소리가 있었다. 이는 이전 세기 이미 에라스무스가 많은 부분 세심하게 지적한 내용이다. 이러한 급진적 인물 가운데 영국인 토마스 홉스(Thomas Hobbes)처럼 음험한 재능을 가진 사람은 거의 없었지만, 그들은 세속권력을 탐하는 유력한 성직자들에게 일타를 가하고, 대담한 신학적 개정을 통해 하나님이 물질적인 본성 없이 존재할 수 있다는 것을 부정하고, 아주 미묘하게 삼위일체론을

---

27 M. Stewart, *The Courtier and the Heretic: Leibniz, Spinoza and the Fate of God in the Modern World* (New Haven and London, 2005), esp. 58-60, 65-7.

28 P. Bayley, *Miscellaneous Reflections, Occasion'd by the Comet which appear'd in December 1680*··· (2 vols., London, 1708 [first French edn 1680]), II, 349-351.

조롱한 홉스에게 환호를 보냈다. 그는 그의 독자들에게 믿을 만한 교리는 하나도 없다고 조언하였다.[29] 홉스의 사상을 추종했던 다른 반삼위일체론자들에게 기독교 정통주의에 대항하기 위한 가장 중요한 무기는 바로 성경 그 자체였다. 당시 성경은 그 사본들 사이에 아주 많은 차이점이 있다는 사실이 급속히 알려지고 있었다. 1707년 영국의 권위 있는 성경신학자 존 밀(John Mill)은 그의 분석 결과 성경 안의 이런 차이점들이 3만개 정도 될 것이라고 발표하였다. 이런 사본들 중 일부는 삼위일체 교리를 뒷받침하기 위해 후대에 삽입된 것이라고 볼 수도 있었다.

이러한 중요한 질문은 초기 퀘이커교도들(Quakers)에게도 있었다. 퀘이커교도들은 성경의 권위보다는 그들 가운데 임하시는 성령의 조명에 더 큰 신적 권위가 있다고 여기며 자신들의 종교성을 추구하였기 때문에, 이러한 질문은 자연스럽게 제기될 수 있었다. 사실 마틴 루터는 이미 구약성경 가운데 외경이란 카테고리를 만들어 구별하기도 했었다. 이는 유대인들과 종교개혁 이전의 교회에선 적용하지 않았던 구분이다. 당시 퀘이커교도들은 여러 학자들이 성경과 연관된 기독교 외경들의 사본들을 재발견하는 것에 주목하고 있었다. 이들 중 상당수는 성경만큼이나 중요하게 다루어지던 것들도 있었다. 뛰어난 히브리어 학자이며 퀘이커교도였던 사무엘 피셔(Samuel Fisher)는 스피노자의 초기 논문들을 히브리어로 번역하여 사용하였고, 네덜란드의 유대인들을 개종시키기 위해 암스테르담의 회당들과도 접촉하고 있었다. 그는 1660년 바울이 라오디게아교회에게 보낸 편지가 교회가 인지하지 못해 역사 속에 사라져버린 것에 주목하였다. 그는 이 문서는 바울이 교회의 예배에서 봉독하도록 요청했던 것으로 충분히 정

---

29 J. Overhoff, "'The Theology of Thomas Hobbes's *Leviathan*", *JEH*, 51 (2000), 527-55. 홉스의 독창적인 연구와 그의 신학적 수정 및 반교권주의(anticlericalism)에 대해서는 다음 책을 참조. J. A. I. Champion, *The Pillars of Priestcraft Shaken: The church of england and Its Enemies 1660-1730* (Cambridge, 1992).

경에 포함될 수 있는 가치가 있다고 여겼다. 피셔는 또한 예수 그리스도가 에데사의 아브가르 왕(King Abgar of Edessa)에게 보내신 것으로 추정되는 서신에도 주의를 기울였다. 그는 빌레몬서는 정경에 포함되면서 왜 이러한 중요한 문서들이 누락되었는지 의문을 가졌다.[30]

유럽인들은 아메리카 대륙을 발견하면서, 이곳에 또 다른 많은 인간이 거주하고 있음을 알게 되었다. 이러한 사실은 곧 모든 인류가 에덴동산의 아담과 하와의 후손이라는 성경의 증언에 의구심을 불러일으키게 되었다. 보다 야심차게 코페르니쿠스의 천문학을 신봉한 여러 사람들은 인간이 거주하는 또 다른 세계가 존재할 것이라고 주장하기도 하였다. 스피노자가 암스테르담 회당과 충돌했던 그 해에, 이러한 질문을 심각하게 제기한 인물은 프랑스 출신 위그노였던 이삭 라 페이레르(Isaac La Peyrère)였다. 프랑스풍의 이름을 가진 그는 사실 이베리아 디아스포라 출신이었다. 그는 1655년 암스테르담과 다른 여러 지역에서 『아담 이전의 인간』(Prae-Adamitae)이란 제목의 서적을 출판하였고, 이 책은 곧 많은 곳에서 센세이션을 불러 일으켰다. 라 페이레르는 당시 매우 열광적인 종말론자 중 한 명이었다. 그는 유대인과 기독교인이 마지막 때를 앞당기기 위해 재결합해야 한다고 강력히 요청하였다. 이 책에서 그는 제목이 시사해주는 것처럼 창조 이야기는 양자의 화합을 위한 장면이며, 아담과 하와 이전의 에덴동산에는 다른 인류가 존재했고, 아담과 하와는 오직 유대인들만의 조상이라고 주장하였다.

---

30 N. Keene, "'A Two-edged Sword': Biblical Criticism and the New Testament Canon in Early Modern England", in Hessayon and Keene (eds.), 94-115, at 104-6, and on Mill, 109. 라오디게아에 대해서는 다음의 골 4:16을 보라. "이 편지를 너희에게서 읽은 후에 라오디게아인의 교회에서도 읽게 하고 또 라오디게아로부터 오는 편지를 너희도 읽으라." 이 문서에 대한 당혹스러움이 있겠지만 대부분의 이 편지 역본에는 "라오디게아로부터 오는 편지"라는 골로새서의 언급이 모두 포함되어 있다. 하지만 이 인용 구문이 라오디게아에게 보낸 바울의 편지에 대한 정경성의 문제를 완전히 해결하기에는 무리일 것이다. 이 문제에 대해 Eduard Schweizer의 주석을 참조. E. Schweizer, *The Letter to the Colossians* (London, 1982), 242 and n. 18.

라 페이레르의 주장은 사실상 유대인들에게 아주 특별한 위치를 부여한다. 하지만 그의 주장은 서방기독교 교리의 중심인 '원죄론'의 근간을 무너뜨리는 것이었다. 만약 이방인들이 아담 이전의 인류의 자손들이라면, 그들은 마땅히 아담의 타락과 아무런 연관성이 없게 되는 것이다. 라 페이레르는 곧 가톨릭교회에 의해 정죄되고 투옥되었으며, 프랑스의 한 수도원에서 생을 마감하였다. 하지만 그의 운명은 프라하의 그리스 망명자였던 야곱 팔레오로고스(Jacob Palaeologos)에 비하면 아주 불행한 것만은 아니었다. 그는 한 세기 전 아담에 대해 라 페이레르와 거의 유사한 주장을 제기하였고, 1585년 로마에서 처형되었다. 하지만 『아담 이전의 인간』은 계속 팔려 나갔다. 왜냐하면 이러한 질문을 가졌던 사람은 그 저자뿐만이 아니었기 때문이다. 만약 또 다른 세상이 존재한다면 이는 단지 원죄론에 대한 도전일 뿐 아니라, 교회가 어떻게 성경 계시의 절대성을 주장할 수 있느냐는 문제를 야기시킨다.[31]

1680년경에는 네덜란드에서 또 다른 파격적 저술이 발표되었다. 이 책은 익명의 저자가 쓴 『세 명의 사기꾼에 대한 보고서』(*Treatise of the three impostors*)인데 그 내용이 너무나도 충격적이어서 1719년까지는 출판되지 못했다. 하지만 그 사본은 유럽 전역에서 널리 읽혀졌고, 그 저자가 스피노자라고 잘못 알려지기도 하였다. 이 책은 불어로 쓰였고, 아마도 그 저자는 프랑스로부터 추방된 위그노 배교자인 것으로 추정된다. 이 책에는 스피노자의 논문, "신학적 정치학에 대하여"의 메시지를 보다 반종교적인 색깔로 서술하여 널리 알리고자 하는 의도가 드러난다. 또한 그 저자는 홉스(Hobbes)와 다른 여러 회의적 작가들의 사상을 수용하고 이를 소개하고 있다. 이 책의 제목이 가리키는 '세 명의 사기꾼'은 바로 모세, 예수, 모하메드이다. 즉 유대교, 기

---

31 P. Almond, "Adam, Pre-Adamites and Extra-terrestrial Beings in Early Modern Europe", *JRH*, 30 (2006), 163-74, esp. p.164와 p.167; R. H. Popkin, *Isaac la Peyrére (1596-1676): His Life, Work and Influence* (Leiden, 1987).

독교, 이슬람교, 이 모든 셈족 계열 종교를 비판하며 부정하고 있는 것이다. 이 책은 다음과 같이 주장한다. "이 세상에는 하나님도 악마도 없고, 천국이나 지옥도 없다. 물론 영혼이라는 것도 존재하지 않는다…(신)학자라는 사람들은 거의 대부분 천하의 악당들이며 자신들이 가진 권세로 무지한 사람들을 부당하게 현혹하는 자들이다."[32]

지금까지 논의한 스피노자와 라 페이레르, 『세 명의 사기꾼에 대한 보고서』의 저자와 같은 회의주의자들의 이야기 이면에는 매우 주목할 만한 두 종교공동체가 있음을 알 수 있다. 이들은 곧 유대교와 위그노이다. 이들은 기존 종교에 대한 재평가를 시도했던 급진적 정신을 파생시켰다는 공통점이 있다. 위그노는 국제적 개혁주의의 한 분파였으며, 당시 유대교와 마찬가지로 묵시적이며 종말론적인 열망을 가지고 있었다. 이들은 17세기 중반 영국에서 트란실바니아에 이르기까지 정치적인 좌절을 겪었다. 1685년 루이 14세가 낭트칙령(the Edict of Nantes)을 무효화한 후, 위그노들은 자국에서 핍박을 받으며 유대인들처럼 유럽 각 지역을 떠도는 신세가 되었다. 그 이전에도 위그노들은 성경 본문에 대한 역사비평을 시도했던 에라스무스를 추종했던 최초의 그룹 중 하나였다. 특별히 이런 작업들은 루이 14세가 폐쇄시키기 전까지 소뮈르(Saumur)의 왕실개신교신학회(Royal Academy for Protestant Theology)를 통해 시도되었다(한편 루이 14세는 소뮈르가 이 재단의 한 분파인 갈보리 연구소를 시작하는 것을 막지는 않았다). 그 첫 번째 주요 논쟁은 17세기 초에 소뮈르학회의 한 학자인 루이 카펠(Louis Cappel)에 의해 발생하였다. 그는 타나크 본문에 나오는 정교한 히브리어 모음부호가 실제로 그 책의 알려진 연도보다 훨씬 이후의 것이라고 주장하였다. 많은 사람이 상대적으로 아주 사소한 이 문헌학적 교정조차도 성경의 통일성과 영감의 권위에 대항한 위험한 시도로 인식하였다. 하지만 카펠의 결론은 정확한 것이었고 그의 연구는 17세기 말에

---

[32] Israel, *Radical Enlightenment*, 695-700.

이르러 개신교계의 정설로 인정받았다.

이것은 이후 구약성경과 신약성경에 대한 보다 많은 학문적 연구의 시발점이 되었다. 소뮈르는 이런 학문적 방향의 길을 개척했지만, 전반적으로 성경 본문에 대한 조직적인 비평 연구는 같은 프랑스 내의 반종교개혁 운동의 산물이기도 하였다. 17세기 프랑스의 베네딕트 수도회 회중은 성 마우어(St Maur)를 추종하던 그룹이다. 성 마우어는 성 베네딕트의 제자로 그 수도회의 '규율'(the Rule)을 프랑스에 소개한 인물이었다. 이들은 고대의 베네딕트 수도회의 학문적 열심을 특별한 방향으로 계승하였다. 그것은 교회사에 대한 관심이었다. 전반적으로 이들은 성경 자체에 대한 민감하고 복잡한 작업은 회피하면서, 결코 간과될 수 없는 여러 역사적 문서들에 대해서 아주 주의 깊고 세밀하게 분석하였다. 그들은 이 연구에서 결코 감상적이거나, 단순히 신성시하는 태도로 자료를 대하지 않았다. 모든 문서와 고대의 이야기는 역사적인 사료의 일부로 연대기와 같은 공식적인 자료나 다른 역사적 문서들과 더불어 세밀하게 분석되었다.

비록 마우어의 추종자들(the Maurists)이 성경 자체에 대해 이 연구 방법을 따른 것은 아니지만, 다른 사람들은 이를 성경 연구에 적용했음에 틀림없다. 교황은 라 페이레르를 무시했을지 모르지만, 성경에 대한 의문은 개신교회뿐 아니라 가톨릭교회에도 많은 문제들을 야기하였다. 중국에서 활동하던 예수회 선교사 마르티노 마르티니(Martino Martini)는 중국의 문명에 매료되었고 중국의 역사서를 연구하면서, 성경의 연대기의 여러 문제점들을 발견하였다. 그의 연구서는 라 페이레르의 베스트셀러보다 3년 후에 출판되었다.[33] 하지만 개신교는 이런 성경에 대한 의문으로 인해 가톨릭교보다 더 심각한 타격을 받았다. 왜냐하면 개신교는 일반적으로 꼭 필요한 경우가 아니라면, (에스

---

[33] M. Martini, SJ, *Sinicae Historiae Decas Prima* (1658), W. Poole, "The Genesis Narrative in the Circle of Robert Hooke and Francis Lodwick", in Hessayon and Keene (eds.), 41-57. esp. 48.

겔의 비전들과 같은), 성경 본문을 알레고리적으로 해석하는 것을 거부하고 문자적으로 해석하는 경향이 있었기 때문이다. 개신교 학자들은 문자주의적 입장에서 그때의 일을 현재로 적용하는 것을 경계하였다. 라 페이레르는 홉스나 스피노자의 입장을 따라 보다 역사적인 관점에서 성경을 해석하여야 한다고 생각했다. 따라서 모세가 오경 전체의 저자는 아니라는 결론을 내리게 된다.

　이러한 세밀한 연구로 말미암아, 일부 서구의 기독교인들은 정통 기독교뿐 아니라 여러 기독교 종파들이나 유대교, 심지어 다른 세계의 많은 종교들이 모두 진리에 이르는 중요한 통찰을 제공할지도 모른다고 생각하기 시작하였다. 한편 이러한 생각은『세 명의 사기꾼에 대한 보고서』의 껄끄러운 내용들을 반박하는 것이다.[34] 이러한 새로운 개방적 정신은 1700년경 전 세계에 미친 서구의 영향력과 교역활동과 직접적인 연관성이 있다. 오스만제국과 이란 그리고 몽골제국의 몰락으로 이제 이슬람 세력은 더 이상 정치적인 위협이 되지 못했다. 이제 유럽의 지식인들은 이슬람과 같은 유일신교에 대해 보다 균형있는 이해를 도모하게 되었다. 프랑스 외교관이었던 앙드레 뒤 리에(André du Ryer)는 그의 대부분의 삶을 알렉산드리아에서 보냈고, 무엇보다 그의 가장 중요한 업적은 1647년 꾸란(Qur'an)을 불어로 번역한 것이다. 그의 도움으로 많은 유럽 학자들이 터키어의 문법을 라틴어와 불어로 해독할 수 있었고, 터키와 페르시아의 문서들을 유럽어로 연구할 수 있었다. 이는 전례 없는 매우 혁신적인 일이었다. 앙드레 뒤 리에의 번역은 곧 라틴어와 다른 거의 모든 유럽의 언어로 꾸란을 번역하는 원판이 되었다. 영어판 꾸란이 제일 먼저 1649년에 출판되었고, 이는 곧 모든 방면에 많은 공격의 대상이 되었다. 영국 의회는 곧 영어판 꾸란의 출판인을 투옥하였고 어느 한 고교회주의 지도자들은 팸

---

[34] Almond, "Adam, Pre-Adamites and Extra-terrestrial Beings in Early Modern Europe", 163-74.

플릿을 통해 이는 악마의 소행이라고 맹렬히 비판하였다. 매우 역설적이게도, 주요 번역자들은 로드(Laud) 대주교의 비호 아래 있을 때는 코페르니쿠스, 스피노자, 데카르트를 맹렬히 비난했다.[35] 예수회 선교사들은 이미 중국에 대한 유럽인의 호기심을 자극했었고, 프랑스와 영국의 인도에서의 제국주의 경쟁 역시 아시아 대륙의 문화와 종교에 대한 그들의 관심을 증폭시켰다. 그들은 세상의 수많은 문화의 분포는 하나님의 계획에 따라 세워진 한 문명권에서 파생되었으며 노아의 홍수 이후 여러 지역으로 흩어진 것이라는 결론을 내리게 되었다. 아이작 뉴턴도 그들 중 한 명이었다.[36]

1640년과 1700년 사이 성경에 대한 회의주의와 열린 시각이 지식인들과 특권층 사이에서 점차 부상하였다. 이는 종교개혁의 성경에 대한 열정의 결과이기도 하다. 다른 한편 평민들 사이에선 매우 다양한 신앙 형태들이 나타나기도 하였다. 신약성경과 타나크를 관통하는 기독교 신앙은 하나님이 천지를 창조하셨고, 창조 이후에도 당신의 창조물들과 매우 친밀하게 관계하시는 그분의 섭리 가운데, 하나님은 지속적으로 이 땅의 일상에 관여하신다는 것이다. 하지만 일각에서는 창조주에 대한 또 다른 사상이 부상하고 있었다. 하나님은 분명히 세상 만물을 창조하셨고 인간의 이성으로 이해될 수 있는 자연법칙을 세워 놓으셨다. 그러나 그 이후에는 창조 세계의 일상에 관여하지 않으시며 각 피조물들이 스스로 살아가도록 만드셨다. 이 과정에 하나님은 인간에게 이성을 은사로 부여하셔서 만물을 다스리게 하셨다는 것이다. 이 신학사상은 흔히 "이신론"(Deism)이라고 알려져 있다. 이후 이신론자들은 하나님의 계시를 강조하는 기독교인들에게 많은 비판을 받아왔다. 이런 비판 속에도 18세기 초 영국의 이신론자, 조셉

---

35 A. Hamilton and F. Richard, *André du Ryer and Oriental Studies in the 17th Century France* (Oxford, 2004), 111-2.

36 D. Gange, "Religion and Science in Late 19th Century British Egyptology", *HJ*, 49 (2006), 1083-104, esp.1090.

애디슨(Joseph Addison)의 목소리는 경청할 필요가 있다. 그는 잉글랜드 국교회 대성당 책임자의 아들로 시인이며 극작가이자 주목받는 정치인이기도 하였다. 그는 많은 실망과 격동의 시대 속에서도 평점심을 유지하며 많은 사람들에게 존경받는 인물이었다. 애디슨은 시편 19편에서 영감을 얻어 다음의 시를 통해 만물에 깃든 창조주 하나님의 자애에 대한 자신의 신앙을 표현하였다.

> 높은 창공과 푸르고 영묘한 하늘,
> 찬란한 천상과 빛나는 세계가
> 조물주의 위대함을 선포하는도다.
> 날마다 새롭게 비치는 태양이
> 창조주의 능력을 나타내며
> 온 땅에 그분의 광채를 비친다.
> 전능자의 손길의 능력이여.
>
> 곧 어둠의 그늘이 땅을 덮고
> 월광이 놀라운 이야기를 시작하네.
> 땅은 밤의 소리를 귀 기울이며
> 그 탄생의 이야기를 계속한다.
> 모든 별이 그 빛을 발하며
> 하늘 이 끝에서 저 끝까지 운행하며
> 진리를 드러내고 있구나.
>
> 장엄한 정적이 온 땅을 뒤덮고
> 이 어두운 지구를 휘감아 도는구나!
> 그 무엇이 음성도 소리도 내지 않고
> 이 빛나는 천지의 궤도에 자신을 나타내는가?
> 이성의 귀를 기울이면 만물의 기쁨을 느낄 수 있으리라.
> 만물이 사방에서 영광의 소리로
> 빛을 발하며 영원한 노래를 부르네.

"하나님의 손으로 우리를 만드셨도다.'"[37]

극심한 폭력으로 얼룩진 종교개혁시대 이후 물려받은 전통적 신앙고백에 기대고 있던 기성교회의 성직자들에게도, 이신론의 합리성과 지성적이고 도덕적인 우월성은 큰 유혹이 될 수밖에 없었다. 이러한 분위기는 1660년 이후에도 잉글랜드국교회 안에 '자유주의적'(Latitudinarian)인 경향을 불러일으키는 데도 영향을 주었다. 한편 이러한 지성적 엘리트 사이에서는 이성주의자들이나 이신론자들에 대해 경계하며 염려하는 또 다른 목소리도 형성되었다. 이들은 하나님이 개인들에게 개인적이고 친밀하게 관여하신다고 믿는 사람들이었다. 이들은 독일의 경건주의(Pietism)부터 북미 동부 지역의 조나단 에드워즈(Jonathan Edwards)까지 다양한 개신교 복음주의 대각성운동의 주도자들이었다. 우리는 복음주의운동의 발흥을 이러한 17세기부터 18세기의 합리주의(기독교 내와 비기독교 모두에서)의 배경을 심도 있게 고려하지 않고는 결코 온전히 이해할 수 없을 것이다. 그러나 복음주의자들은 이런 사상적 배경 외에도 유럽의 또 다른 폭넓은 사회적 변동 요소들에도 불편한 심경을 가지고 있었다.

3. 네덜란드와 영국의 사회적 격동(1650-1750)

유대교와 개신교 개혁주의는 기독교 신앙과 형이상학에 새로운 사상적 정신을 불러 일으킨 두 주요 요인이었다. 하지만 또 다른 요소가 당시 여러 차례 갈등에 시달렸던 두 개신교 국가, 네덜란드와 영국에서 발생하였다. 개신교 개혁주의와 유대교에는 공통적으로 묵시적 종

---

[37] The Spectator, no. 465 (1712)에 최초로 출판됨. 시 19:1-6의 본문은 Tanakh의 '지혜' 문학(wisdom literature) 전승을 상기시켜 준다. 자연스럽게 Addison의 시는 이를 반영한 것으로 보인다.

말 신앙의 사조가 있었다. 그들은 종말 신앙을 통해 또 다른 양상으로 자신들의 미래를 개척하기 원했다. 17세기 말을 지나며 네덜란드와 영국에서는 자신들의 기독교 교리와 실천을 단지 묵시적 신앙과 개인적 선택에만 머무는 것이 아니라, 이를 유럽인들 일상의 주요 원리로 승화시키고자 하는 움직임이 있었다. 그 배경은 북해(North Sea)를 공유하며 마주하고 있는 양국의 정치적, 사회적, 경제적 특수성에 있었다. 영국과 네덜란드에서 일반 국민들은 종교적으로 매우 다양한 양상을 보였고, 이에 대해 국가는 매우 수동적인 관용 정책을 취하고 있었다. 한편 양국에서 경제적 부의 분배는 17세기 유럽의 다른 어떤 국가들보다 훨씬 잘 이루어지고 있었다. 양국은 농경 기술의 발전과 더불어 매우 왕성한 제조업과 교역의 발전을 통해 상당한 부를 축적할 수 있었다. 그 결과 양국은 유럽에서 가장 먼저 빈곤에서 벗어난 지역이 되었고, 흉작으로 인해 집단적 기근에 빠지게 되는 지속적 위험에서도 벗어날 수 있었다.[38]

이것은 매우 중요한 결과를 가져오게 된다. 영국과 네덜란드는 점차 증가한 국가의 부를 일반 국민들에게 분배할 수 있었다. 또한 1700년경, 이 두 국가는 아시아와의 무역의 주도권을 가지며 그 교역량이 크게 증가되었다. 상인들은 수많은 상품들을 매우 저렴한 가격으로 각 가정에 공급했으며, 이에는 여러 직물과 도자기 그리고 전례 없이 고급스러운 벽지 등의 사치품들을 포함한다. 국내의 제조업자들도 이런 수입품뿐 아니라 많은 새로운 제품을 생산하여 공급하였다. 17세기 말 경에, 이런 물질적 풍요는 상류층뿐 아니라 일반 사람들에게도 확장되면서, 이전까지 굳이 필요하지 않던 항목들에 대한 소비가 점차 증가되었다. 그 결과 사람들은 상당한 풍요를 누리며 자신들의 삶 가운데 식량의 문제에 대한 염려에서 벗어날 수 있었다. 이러한 풍요

---

38 A. Cunningham and O. P. Grell, *The Four Horsemen of the Apocalypse: Religion, War, Famine and death in Reformation Europe* (Cambridge, 2000), 205, 243.

와 여유는 현대적 기준의 재산 증식으로 이해될 수 있다. 이전까지 이러한 여유로운 삶은 오직 일부 상류층에게만 허용되었던 현상이다. 이러한 대중적 부의 민주화는 이후 정치적 민주화로 확장되게 되는 계기를 마련하였다.[39] 기독교는 이런 상황 가운데 여러 면에서 새로운 국면을 맞이하게 된 것이다.

이런 상황 속에 17세기 유럽의 매우 두드러진 변화는 음악에 있어 종교적 주도권이 개인적인 취미 활동으로 확장된 것이다. 의심할 여지 없이 기독교 전 역사 속에 사람들은 종교음악을 들으면서 예술적 만족을 얻었다. 하지만 이러한 음악 감상은 오직 종교적 예배 형식 안에서만 이루어진 것이었다. 17세기 동안 네덜란드인들은 오르간 리사이틀이라는 새로운 음악 활동을 발전시켰다. 이러한 공연은 교회당 안에서 특별한 종교적 경건의식 없이도 진행되었고, 이는 곧 다른 모든 서방기독교 지역에도 퍼져 나가게 되었다. 교회에서 이러한 리사이틀은 주로 예배와는 별도로 열렸다. 당시 대부분의 네덜란드 내 각 지역 교회들은 훌륭한 파이프 오르간을 구비하고 있었다. 성직자들이 실상 교회당 안에 오르간을 설치하는 것을 허용하지 않았음에도, 시민사회의 권위자들은 교회 안에 오르간을 설치하고 관리하였다. 이런 의미에서 오르간은 네덜란드 통치자들이 성직자들에 의해 자신들의 권위가 침해당하는 것에서 벗어나고자 했던 지속적 노력의 전조라고 말할 수 있을 것이다(그림 35). 당시 네덜란드와 독일 북부 지역의 음악가들은 그들 모두의 위대한 스승이었던 얀 피에테르손 스베일링크(Jan Pieterszoon Sweelinck)의 주도하에 오르간의 장엄한 선율을 강조한 매우 복잡한 작품들을 작곡하였다. 이는 이전에는 오직 예배의 한 부분으로만 사용되었던 개혁교회의 보편적인 시편찬송가(metrical psalm)

---

39 J. de Vries, *The Industrious Revolution: Consumer Behavior and the Household Economy, 1650-Present* (Cambridge, 2008), esp. 40-58. 17세기 네덜란드의 유사한 상황에 대해서는 다음의 훌륭한 연구서를 참조. S. Schuma, *The Embarrassment of Riches: An Interpretation of Dutch Culture in the Golden Age* (London, 1987), esp. Ch.5.

선율에 아주 독창적인 변형을 시도한 것이었다.

　이러한 사회적, 음악적, 종교적 변화의 물결에 대한 중요한 일례는 바로 오라토리오(Oratorio)라는 음악 형식의 부상이다. 그 이름이 암시하는 것처럼, 오라토리오는 본래 이탈리아어에서 유래한 것이며, 따라서 가톨릭 수도회 연합이 무대에서 종교적 주제에 대해 합창과 오케스트라 합주의 형태로 발전시킨 음악 형식이었다. 1700년경 유럽의 개신교 지역에선 오라토리오 형식의 음악회를 교회당이 아닌 세속 극장에서도 공연하기 시작하였다. 또한 간혹 이들 작품 중에선 종교적 주제가 아니라 세속적인 주제의 작품이 공연되기도 하였다. 이 현상은 유럽 남부의 가톨릭 지역에서는 절대 일어날 수 없는 현상이다. 오라토리오는 이후 또 다른 새로운 합창 중심 음악 형식인 오페라(Opera)로 발전하게 되는데, 이는 본래 가톨릭교회가 사순절 의식을 대신하며 고안된 종교적 공연이었다. 1712년 영국은 독일 할레(Halle) 출신으로 개신교 신앙인이며, 당대 최고의 오라토리오와 오페라 작곡가인 게오르크 프리드리히 헨델(Georg Friedrich Händel, 영어식으로는 George Frideric Handel)을 초빙하게 된다. 1742년 헨델은 영국에 정착하면서 영국인들에게 그의 최고의 오라토리오 작품인 "메시아"(Messiah)를 선물하였다. 이 작품은 예수 그리스도의 탄생, 삶과 죽음, 부활과 재림이라는 전 생애를 주제로 담고 있으며, 곧 영국을 대표하는 음악으로 많은 찬사를 얻었다. "메시아"는 사람들에게 도덕적 도전을 주었고, 이로 인해 자선콘서트에서 자주 공연되었다.[40] 하지만 "메시아"가 초연된 곳은 아일랜드, 더블린(Dublin)의 한 대중 극장이었다. 이 극장은 더블린의 개신교 예배당이 아니라, 한 일반 극장이 새롭게 시설을 개조하면서 그 기념작으로 본 공연을 준비한 것이다. 하지만 본

---

[40] 당시 헨델의 메시아 공연에 대한 주목할 만한 일례는 가사에서 예수님의 어머니 마리아에 대한 내용이 완전히 삭제되어 공연되기도 한 것이다. 물론 이러한 생략은 당시 반가톨릭 개신교 국가인 영국에선 충분히 가능한 일일 것이다. 19세기 메시아는 특히 개신교 지역에서 큰 대중성을 얻게 되었다.

공연을 위해 두 개신교회 성가대가 참여하였다. 이러한 사례는 음악의 주도권이 교회와 예배에서 세상과 취미로 전환된 것을 의미한다. 즉 어떤 의미에서 당시 음악 공연이나 감상은 많은 유럽인들에게 문자중심의 지성적 기독교 신앙에 대한 대안적 영성의 기초가 되기 시작한 것을 의미한다.

이 시기에는 심지어 유럽의 여러 개신교 국가들의 종교기관들은 계시와 성경 이야기에 기초한 전통적 신앙과 예배에 있어 이와 같은 사회적 변화의 흐름을 받아들이기 시작하였다. 1740년경 잉글랜드국교회, 스웨덴의 루터교, 네덜란드의 개혁교회에서 성직자들의 설교 메시지에는 이런 변화의 흐름이 나타나기 시작하였다. 영국에서 가장 즉각적인 반응이 나타났고, 고백적 신앙과 종교적 일치가 두드러졌던 스웨덴에서도 곧 이와 같은 흐름을 받아들였다. 이스라엘의 선민의식 또는 인간의 죄악에 대한 하나님의 심판과 그에 대한 두려움과 같은 주제들은 현격히 감소되었고, 대신 성직자들은 국가의 부와 영광, 시민의 자유를 강조하였으며, 개인의 행복에 대한 메시지를 전했다. 물론 그들은 국가의 선한 행위에 임하는 하나님의 축복과 보상에 대해서는 계속 언급했지만, 이는 하나님의 직접적인 관여에 의한 것이라기보다는 자연스런 시대의 축복으로 간주되었다. 로마나 이스라엘은 설교자 자신의 국가의 영광을 이야기하기 위한 상징적인 수사학적 도구로 사용되었다. 이런 중요한 전환점들을 계기로, 이들 국가들은 지난 수십 년 동안 이룬 자국의 업적의 결과에 자부심을 갖게 되었고, 국왕과 성직자들 또한 자신들이 보다 넓은 사회의 대표자라는 인식을 갖게 되었다. 이 모든 새로운 강조점은 창조주 하나님과 피조물을 구별하는 이신론 사상에 큰 영향을 받았다.[41]

서유럽에서 영성이 전통적인 계시와 예배로부터 분리되는 징조

---

[41] P. Ihalainen, *Protestant Nations Redefined: Changing Perceptions of National Identity in the Rhetoric of the English, Dutch, and Swedish Public Churches, 1685-1772* (Leiden, 2005), esp. 579-99.

가 나타나면서, 많은 사람들은 그들의 사회를 구성하는 근본은 기독교 성경이 아니라 또 다른 원천에 의해 형성된다고 생각하기 시작하였다. 서구 유럽의 정신적 가르침은 영적인 것과 물질적인 것을 철저히 분리하는 철학 사상에 기초하고 있었다. 르네 데카르트는 프랑스의 경건한 가톨릭교도였지만, 1628년 이후 다원주의적 개신교 지역인 북부 네덜란드에서 자신의 철학적 사상을 솔직하고 진솔하게 연구하고 표현할 수 있는 피난처를 찾게 되었다. 그는 동료 사상가들과 자신의 추종자들에게 인간을 물질적인 것과 비물질적인 것의 두 본성을 가진 존재로 바라볼 수 있도록 도전하며, 그들에게 결정적인 영향을 주었다. 이후 데카르트주의(Cartesianism)는 인간의 이 두 본성이 어떻게 결합될 수 있는지에 대한 문제를 진지하게 고려하였다. 1949년 옥스퍼드의 철학자, 길버트 라일(Gilbert Ryle)은 이 문제를 "기계 안의 유령"(ghost in the machine)이라는 풍유적 표현으로 기술하였다. 즉 인간의 물질적 요소에 속하는 도구 속에 숨겨져 있는 영혼은 잠재의식으로부터 행동의 동기를 유발하며 하나로 결합한다는 것이다.[42]

라일이 지적한 것처럼, 데카르트는 기독교 역사 가운데 오랜 논쟁점이라 할 수 있는 인간 영혼(soul)의 문제를 인간성 안에 있는 이중성을 기초로 인식하고 있었다. 이런 데카르트의 이해와 논지는 그가 예수회 안에서 훈육 받은 그리스도의 인성과 신성의 두 본성에 대한 전통적 가르침에 영향을 받은 것으로 보인다. 전통적인 칼케돈 기독교가 그리스도의 인성과 신성에 대한 문제를 "완전한 하나님이며, 동시에 완전한 인간"이라는, 양자의 균형을 강조하는 표현을 통해 해결하였다면, 데카르트주의 이원론은 토마스 홉스(Thomas Hobbes)의 규정적 물질주의(relentless materialism)와 아이작 뉴턴이 주장한 우주의 기계적 운동론을 결합한 것으로, 영혼보다 물질에 특권을 줌으로써 그 어려움을 해결하려는 시도이다. 결국 물질적 본성은 영적인 요소보다

---

[42] G. Ryle, *The Conception of Mind* (London, 1949), 17-24.

훨씬 접촉하고 정의하고 관찰하기에 용이하다는 것이다. 인간의 의식에 대한 데카르트주의의 난해한 질문과 데카르트주의의 영향 가운데 발전한 베이컨 경험주의는 모두 인간의 정신(mind)은 물질적인 요소를 통해 이해될 수 있다는 주장을 피력하고 있다. 존 로크(John Locke)는 인간의 의식(Consciousness)에 대해 다음과 같이 기술하였다. 인간의 정신은 "다른 직접적 대상을 가지지 않는다. 정신의 직접적인 대상은 '관념들'(ideas)이다. 명백히 우리의 지식은 오직 그 관념들에만 익숙하다."[43] 그렇다면 그 관념들의 원천(source)은 무엇인가? 이 질문은 데카르트의 후예들에게 여전히 풀리지 않은 문제이다.

4. 계몽주의 시대의 성(性) 역할론

데이비드 흄(David Hume)은 철학과 경제가 어떻게 상호 연결되어 있는지 날카롭게 관찰하며 분석한 18세기의 천재적인 회의론자였다. 흄은 자신 주변의 소비혁명(consumer revolution)을 관찰하면서 다음과 같이 기술하였다. "낯선 사람들과의 상업적 활동은 인간을 나태함에서 벗어나게 해준다. 그런 다음에는 이전의 사람들이 누렸던 것보다 훨씬 더 호사스러운 삶을 누리고자 하는 욕망을 부추기게 된다."[44] 즉 다양한 소유품들은 인간의 선택 욕구를 자극하면서, 이러한 호사스러운 삶에 대한 상상을 불러일으키는 것이다. 마찬가지로 인간에게 주어진 여가 역시 유사한 상상을 부추기면서, 다른 사람의 소유와 자신의 것을 비교하며 자기 정체성을 형성하고, 더 심오한 개인의 선택을

---

43 J. Locke, *An Essay Concerning Human Understanding* (Oxford, 1975; first published 1690), 525, [Bk IV, Ch. 1].

44 D. Hume, "Of Commerce" (1752), qu. M. Berg, "In Pursuit of Luxury: Global History and British Consumer Goods in the Eighteenth Century", *PP*, 182 (February 2004), 85-142, at 130.

강화하는 기회를 제공하게 된다는 것이다. 이 말은 로크가 복잡한 인간의 정신에 대한 원리를 아주 실제적으로 적용한 것이다. 개인의 고유한 영역과 인간의 성(性)의 문제에 있어 17세기 후반에는 남성성과 여성성에 대한 이해의 방식에 많은 변화가 있던 시기이다. 실상 이런 변화의 원인에 대해서는 아직까지도 정확하게 알려지지 않았다. 이 기간에 남녀의 성 역할론은 더욱 분명하게 구분되었다. 당시 선택의 주도권은 주로 남성들의 몫이었다. 이전에 여성에 대한 편견은 타락한 하와처럼 자제력이 부족한 욕망의 존재로 여겨졌다면, 이 시기에는 여성이 본성적으로 연약하고 수동적이며 남성의 보호가 필요한 존재로 인식되었다.[45] 무엇보다 가장 놀라운 일은 암스테르담과 런던에서 일어난 새로운 현상일 것이다. 1690년 이후 이 두 도시에서는 사회적 혐오감에도 불구하고 남성 동성애자들이 술집과 클럽을 중심으로 연계된 하위문화(subculture)를 형성하기 시작한 것이다. 이후 18세기 초 "레즈비언"(lesbians)이란 단어가 만들어지고 여성들 사이에서도 동성애적 현상이 있었지만, 남성들의 경우처럼 대중적 주목을 받지는 못했고 활성화되지도 않았다. 게이 남성들이 주목을 받으며 두 도시에서는 주기적으로 이들을 추방하기도 했으며, 사람들은 도덕적 혼란에 빠지게 되었다. 따라서 예절개혁협회(the Society for the Reformation of Manners)와 같은 기구가 발족하게 된 것은 당연한 일일 것이다.[46]

---

[45] A. Fletcher, *Gender, Sex and Subordination in England 1500-1800* (New Haven and London, 1995), esp. Pt. III.

[46] 예절개혁협회(the Society for the Reformation of Manners)에 대해서는 『3천년 기독교 역사 II』 제20장 4. 참조. 이에 대한 일반적 연구는 다음 서적들을 참조. R. Norton, *Mother Clap's Molly House: The Gay Subculture in England 1700-1830* (London, 1992); T. van der Meer, "The Persecutions of Sodomites in Early Eighteenth Century Amsterdam: Changing Perceptions of Sodomy", in K. Gerald and G. Hekma (eds.), *The Pursuit of Sodomy: Male Homosexuality in Renaissance and Enlightenment Europe* (Birmingham, 1989), 263-309. 이 시기에 영국과 네달란드 양국에서 정치적인 주도권을 가지고 있던 William III 역시 그의 성적 정체성에 대해 많은 소문과 음모설이 제기되기도 하였다. 이에 대해 다음 자료를 참조. ODNB s.v. William III and II (1650-1702): "Marriage and Sexuality".

이 모든 상황과 변화 가운데 기독교의 도덕적 가르침이 미친 영향은 매우 미미하였다. 이 시기에 변화하는 새로운 사회와 새로운 사고방식 가운데 전통적 기독교의 도덕성이 점점 더 무시되었다. 세속적 관심이 더욱 주도하게 되는 흐름과 마주하면서, 기독교적 삶의 방식은 점차 함몰되어가고 있었다. 이런 추세는 사람들의 교회 출석에도 많은 영향을 미치게 된다. 17세기 동안 네덜란드와 영어권 개신교계에는 현대적 서구 종교의 아주 중요한 현상이 자리를 잡아가고 있었다. 그것은 기독교가 남성보다는 여성이 훨씬 더 적극적으로 참여하는 종교가 되었다는 사실이다. 여성들이 주도하는 종교공동체가 놀라운 급성장을 한 것도 주목할 만한 현상이다. 반종교개혁 가톨릭 전통 속에 세워진 우르술라 수녀회(Ursulines)는 이러한 흐름의 대표적 전조라 할 수 있다. 개신교 권에서는 이런 독립적인 수녀회 형태와는 달리, 교회에서보다 근본적인 변화가 두드러진다. 즉 교회에 출석하는 구성원이 남성보다는 여성이 대다수를 차지하게 된 것이다.

다시 강조하자면 이런 변화는 개인 선택권의 강화로 인한 결과라고 말할 수 있으며, 이는 곧 자발적 종교 선택의 가능성이 열렸음을 의미한다. 상당수의 사람들이 급진적 종교개혁 분파인 메노나이트파(Mennonites)에 참여하였던 네덜란드 북부 프리슬란트(Friesland) 주에 대한 연구서들은 메노나이트파뿐 아니라 공교회 안에서도 그 구성원 가운데 남녀의 수적 불균형 양상을 잘 보여주고 있다.[47] 1640년대 영국 내전 당시, 강요적인 국교회 세력이 현저히 약화되면서, 침례교(Baptists), 퀘이커교(Quakers), 독립교회(Independents)와 같은 분리파 자발적 교회들(voluntary churches)의 성도가 급증하였다. 대부분의 경우 교회에 출석하는 여성 신자의 수가 남성들보다 거의 두 배 정

---

[47] 수적 통계는 다음의 자료에서 참조함. James D. Tracy, in review of W. Bergsma, *Tussen Gideonsbende en publieke kerk: een studie over gereformeerd Protestantisme in Friesland, 1580-1610* (Hilversum, 1999), in *SCJ*, 32 (2001), 893.

도 많았다.[48] 같은 시기의 대서양 맞은 편 북미주에서도 매사추세츠(Massachusetts)의 공식적인 회중교회(Congregational Church) 지도자들 역시 이러한 교회 출석 성도의 성비 불균형 현상을 발견하고 있었다.

영국의 분리파 교회에 자발적으로 참석하게 된 다수의 여성들은 국교회에 비해 분리파 교회가 그들에게 더 많은 권한과 참여의 기회를 부여하였기 때문에 이러한 선택을 한 것으로 보인다. 이러한 현상은 초기 퀘이커교와 같은 급진적 분파들에게서 더욱 분명하게 나타난다. 1650년대에 퀘이커교 여성들은 교회 안에서 예언자적 역할을 누릴 수 있었다. 이는 1520년부터 1530년대까지 일부 급진적 분파들에게서나 가능했던 불가능한 일을 재현해낸 것이다. 하지만 얼마 후 퀘이커교의 남성 지도자들은, 16세기 급진주의가 그랬던 것처럼, 점차 여성들의 활동을 제한해가기 시작하였다.[49] 18세기 초반부에 들어서면서 퀘이커교가 여성들에게 더 큰 호응을 얻게 되었고, 퀘이커교 자체의 분위기는 크게 달라진다. 이들은 고요하게 하나님의 임재를 기다리는 영성을 추구하였다. 이는 오늘날 전형적인 형제단 예배의식으로 알려진 더욱 오랜 영성 전통이며, 여성적 종교성을 더욱 반영한 것이다. 경건주의 운동의 "경건한 모임"(*collegia pietatis*)에서는 하나님과의 내면적 만남을 강조하는 영성 수련을 발전시켰다. 이들은 공식적인 루터교 예배에 참여하면서, 이러한 영성 수련을 별도로 수행하였다. 흥미롭게도 이러한 경건주의자들은 이전의 종교개혁시대부터 존재했던 여성 지도자들의 문서들에 깊은 관심을 가지고 있었다. 사실 이런 관심은 이전에는 매우 극소수의 사람들에게만 있었던 일이다. 그들이 재발견한 대표적인 여성 지도자 중 한 명은 1520년부터 1530년대까지 자신의 메시지를 전하며 활동했던 아르굴라 폰 그룸바흐(Argula von

---

48 P. Crawford, *Women and Religion in England, 1500-1720* (London and New York, 1993), 143.
49 MacCulloch, 167-8, 657-9.

Grumbach)이다. 그 전까지 그녀의 위치는 실상 오랫동안 잊혀져왔다.[50]

교회 안에 여성의 수적 증가는 이미 17세기 후반에 두드러졌으며, 이는 여성에 대한 기독교의 새로운 이해에 큰 영향을 미쳤다. 영국의 성직자이며 윤리학자인 리처드 알레스트리(Richard Allestree)와 메사추세츠의 저명한 목회자였던 코튼 매더(Cotton Mather)는 여성이 욕정에 사로잡혀 있는 남성보다 더 영적이라고 주장하였다. 알레스트리는 다음과 같이 기술하였다. "경건은 부드러운 옥토에 자라나는 식물과 같다. 따라서 여성의 온유하고 성실한 성품은 경건에 더 적절하고 유용하다. 나는 수많은 경건한 여인들을 알고 있으며 그들의 모범은 남성들에게 큰 도전이 된다. 남성들은 점차 교회를 멀리하고 있으며 여성들이 그 빈 자리를 채우고 있다." 옥스퍼드의 개신교 학자인 알레스트리는 종교개혁이 가톨릭교에 저항하며 수녀원을 함께 폐기한 것을 아쉬워하기도 하였다. 매더 역시 여성이 남성보다 더 도덕적인 민감성을 가지고 있다고 생각했다.[51] 그는 그 이유가 여성이 출산의 위험을 겪으며 남성보다 더 죽음의 위기의식을 가지며 살기 때문이라고 지적한다. 히포의 아우구스티누스는 여성이 본성을 절제하지 못하는 존재라고 주장하며 신학적으로 비판했었다.[52] 매더의 주장은 그 사실성과 상관없이 성별에 대한 전통적인 의학적 소견과 보편적 성 인식을 완전히 뒤집는 것이다. 당시 여성들은 실제로 남성들보다 경건한 삶을 살았고, 성직자들의 노고에 보다 감사하며 순종하는 모습을 보였다. 따라서 여성이 막연히 남성보다 무절제하고 사탄의 유혹에 더 노출되어 있다는 전통적 선입견은 점차 사실이 아닌 것으로 이해되기 시작하였다. 이로 말미암아 당시의 여러 지성인들은 마녀사냥에 대해

---

50 P. Matheson, *The Imaginative World of Reformation* (Edinburgh, 2000), 130.

51 Mather에 대해 다음 책을 참조. P. Bonomi, *Under the Cope of Heaven: Religion, Society and Politics in Colonial America* (New York and Oxford, 1986), 113. 저자 미상(아마도 R. Allestree), *The Ladies Calling* (12nd edn, 1727, first published 1673), 107, 126, 152.

52 MacCulloch, 609-11.

혐오감을 갖게 되었다.

여성들은 이런 변화 가운데 교회 안에서의 그들의 위치에 대한 재정립을 추구하였다. 매리 애스텔(Mary Astell)은 고교회적 잉글랜드국교회의 독신주의 여성으로, 정치적으로는 보수적 토리당원이었고 당대의 철학에 많은 관심을 가지고 있었다. 그의 토리주의 정치관은 존 로크와 같은 개량주의 기독교에 치중했던 진보적 휘그당의 한계를 분명하게 지적하며 비판하였다. 존 로크는 인간의 자유에 대해 강조했지만 실상 이 인간의 자유는 오직 남성에 국한된 것이며 여성에겐 적용될 수 없었다. 또한 로크의 견해 속에는 노예가 된 아프리카인들의 자리도 주어지지 않았기 때문에, 이는 절반의 인간에도 못 미치는 제한된 자유라는 것이다. 1690년대에 애스텔은 자신의 비전을 담은 글을 출판하기 시작했다. 이는 새로운 기독교 페미니즘(Christian feminism)의 기초가 되었다. 그녀는 다음과 같이 서술한다. "세상의 관습은 일반적으로 여성들을 종속 상태로 몰아넣어 왔다는 사실을 부인할 수 없다. 부도덕이 여성의 종속 상태를 정당화할 수 있는 한, 현실이 그렇다는 것을 보여주는 것 외에 할 수 있는 것이란 없다." 그녀는 남자 아이들에 비해 여자 아이들이 적절한 교육의 기회를 박탈당하고 있음에 매우 분개하였다. 애스텔은 알레스트리와 다른 유사한 생각을 가진 학자들의 주장을 인용하고, 자신의 풍자를 함께 담아 다음과 같이 기술하였다. "모든 방면에 현명한 감독자는 여성들이 얼마나 부당하게 자기 발전을 위한 기회를 박탈당한 채 아무 것도 부여받지 못하고 있는지 그 상황을 직시해야 한다. 따라서 여성들에게 내면적 성숙과 미덕의 자질을 갖출 수 있는 교육적 보상이 부여되어야 한다."[53] 이와 같은 초기 페미니즘은 복음주의운동의 일환으로 흡수되었다. 복음주의운동은 그 열정적 행동주의를 통해 20세기까지 서구 문화 속에

---

[53] M. Astell, *Some Reflections Upon Marriage* (4th edn., London, 1730; first published 1700), Appendix, 139; M. Astell, *A Serious Proposal to the Ladies* (4th edn., London, 1697; first published 1694), 14. 나는 이 본문들을 함께 읽고 토의한 Sarah Apetrei에게 깊이 감사한다.

중요한 자원을 제공하며 이어졌다. 복음주의 개신교는 여성의 재발견의 중요한 근원이 되었지만, 이후 서구 문화 속에 구체적인 형태의 페미니즘을 발전시키지는 못했다.

5. 18세기 계몽주의

계몽주의 역사는 주로 18세기 문화에 큰 연관성을 가지고 있다. 따라서 1700년 당시의 전반적 상황을 생생하게 주목해야 할 것이다. 특히 구약성경과 신약성경에 대한 의문과 그 경전을 만들어낸 두 종교인 기독교와 유대교에 대한 여러 가설이 큰 주목을 받았다. 17세기와 18세기 유럽에서는 서로 상반된, 그러나 여러모로 깊게 연관된 두 운동인 계몽주의와 부흥운동이 발흥하였다. 또한 이 두 운동은 그 발생지인 북해 연안의 국가들을 넘어, 전 세계로 확장되어 나갔다. 계몽주의는 성경이 과연 공정한 분석 없이도 절대적인 진리로 받아들여질 수 있는지에 대한 회의주의에 개방되어 있었다. 또한 어느 특정 종교가 다른 종교에 대한 절대권위를 행사할 수 있는지에 대해서도 의문을 제기하였다. 즉 계몽주의의 낙관주의, 진보에 대한 열정, 더욱 물질적이며 세속적인 성격은 전통적으로 히포의 아우구스티누스가 주장한 인간의 원죄에 대한 반감과 의문을 제기하였다. 반면 계몽주의와는 달리 이 기간 중 일어난 일련의 개신교 대각성운동은 아우구스티누스에게서 또한 그에 대한 종교개혁자들의 해석으로부터 큰 영감을 받아 확장되었다. 주로 개신교 종교개혁자들은 인간 이해의 핵심으로 원죄론을 주장하였고, 이는 오직 하나님의 은혜로만 해결될 수 있다고 선포하였다. 이런 주장은 성경 본문의 절대 권위와 초월성에 근거하며, 성경이야말로 세상이라는 난파선으로부터 구원에 이르게 하는 구조선이라는 창조적인 풍유를 강조하며 그 사상을 발전시켰다. 따라서 개신교 부흥운동은 초기 계몽주의의 사회적 지성적 격변에 충격을 받아 그 반동으로 일어난 운동이라고 말할 수 있다.

계몽주의와 부흥운동은 서로 상반된 성격을 가지고 있다. 하지만 양자의 관계는 매우 복잡한 양상을 보여 왔으며, 지속적인 접촉과 함께 서로 연관되어 있다. 복음주의 각성 운동의 주요 지도자들은 계몽주의로 인해 강화된 이성의 역할을 중요시했으며, 지성적 격동과 지식의 확장에 매료되어 있었다. 조나단 에드워즈는 계몽주의 철학자들이 강조한 이성적 사유가 인간 의지의 한계에 대한 종교개혁자들의 주요 메시지를 다시 강조하는 데 필수적인 요소라고 생각했다. 또한 영국의 존 웨슬리(John Wesley)는 수많은 분야의 다양한 지식을 습득한 인물로서, 할레의 경건주의자들이 그랬듯이 자신들의 회중에게 지성의 기쁨을 강조하고, 당시 급부상한 자연철학을 소개했다. 이를 위해 그는 방대한 양의 서적을 저술하고 출판하였다. 웨슬리의 메소디스트(Methodism) 운동이 대중에게 많은 호응을 받은 요인에는 회중들에게 배움을 통한 자기개발을 독려했던 것도 한몫했다. 주목할 만한 웨슬리의 베스트셀러 중 하나인 『기초의학』(Primitive Physick)은 그의 실용적 의학에 대한 지속적인 관심 가운데 저술된 소책자이다. 웨슬리는 광범위한 민간 도서와 개인적 관찰을 토대로 본서를 출판하였다. 그는 이 책에서 질병 치료의 오랜 역사를 탐구하면서 "인간의 학습은 경험에서 시작되었다. 따라서 의학은 가설을 토대로 발전된다"고 주장하였다. 여기에서 그는 베이컨의 경험주의를 따르며 효율적인 치료법을 제시하고 있으며, 이런 경험을 토대로 "오래된, 그러나 지속적으로 유효한 치료법인 기도" 역시 함께 강조하고 있다.[54]

사실 북유럽의 계몽주의를 주도했던 사람들은 기독교에 반감을 가진 인물들이 아니었다. 그들은 오히려 전통적 기독교 조직에 의해 탄

---

54 J. Wesley, *Primitive Physick: or an easy and natural Method of curing most Diseases* (London, 1747), Preface, ix-x, xviii. 아울러 다음 책을 참조. J. Cule, The Rev. John Wesley M. A. (Oxon), 1703-1791: "'The Naked Empiricist' and Oxford Medicine", *Journal of the History of Medicine and Allied Science*, 45 (1990), 41-63.

압받았던 기독교도들이었다. 어떤 의미에서 이들 계몽주의자들의 노력은 인간의 전반적인 삶의 질을 향상시키고자 했으며, 아울러 이를 통해 기독교를 재정립하고자 하는 목표를 가지고 있었다. 이를 위해 이들은 복음주의운동의 복지 프로젝트와 교류하며 지속적인 관계를 맺고 있었다. 이런 분위기와는 달리 스코틀랜드의 철학자 데이비드 흄(David Hume)은 도덕성이 인간의 감정과 도덕적 감상주의에 전적으로 기초하고 있다고 결론지었다. 따라서 인간의 경험은 그가 가진 지식에서 벗어날 수 없다고 주장하였다. 그는 이전에 벨(Bayle)이 앞서 주장한 바와 같이, 계시종교는 문학적 의미에서 결코 믿을 만한 것이 될 수 없으며, 도덕성의 문제는 종교활동과는 완전히 별개의 문제라고 생각했다. 에딘버러(Edinburgh)에 살았던 흄의 일상생활을 잘 알고 있는 경건한 기독교인들의 고민은 그가 매우 훌륭한 인격자라는 사실이다. 흄에 대해 비판하는 사람들은 일반적으로 그를 만난 적도 없고 잘 알지도 못하는 사람들이었다. 존슨(Johnson) 박사를 칭송하며 그의 전기를 저술한 제임스 보스웰(James Boswell)은 경건한 스코틀랜드장로교인(the Kirk)이었으며, 흄에게 죽음의 공포를 자극하며 위협했던 인물이다. 그러나 그의 위협에도 흄은 명랑하고 담담하게 반응하였다. 보스웰은 흄이 "잠시의 의심에도 흔들리지 않으며, 죽음과 멸망의 공포에도 두려워하지 않는 강인한" 인물임을 인정하였다.[55] 결국 일부 지성적 기독교 비평가들은 흄의 사상은 "종교가 가진 많은 문제점을 제거하는 데 기여하고 있으며, 오히려 종교가 많은 반대에도 힘을 얻을 수 있도록 자극하고 있다"는 생각을 가지기도 했다.[56]

이 시기에 유럽의 가톨릭 지역은 아직 계몽주의 열기가 뜨겁지 않았다.[57] 18세기 중엽 예수회는 잘 알려지지 않았지만 최대 규모의 교

---

55 C. McC. Weis and F. Pottle (eds.), *Boswell in Extremes 1776-8* (London, 1971), 12-3.

56 I. Rivers, "Responses to Hume on Religion by Anglicans and Dissenters", *JEH*, 52 (2001), 675-95; 인용문은 695페이지에 기록된 Rev. Joseph Priestley의 말이다.

57 18세기의 가톨릭 계몽주의와 교회 개혁에 대해서는 다음 책을 참조. O. Chadwick, *The*

육시스템을 구축하고 있었다. 이들은 주목할 만한 지식적 연계성을 가지며, 과학적 탐구와 문화적 연구를 체계적으로 수행하였다. 의심할 여지 없이 이들의 연구 풍토는 계몽주의의 중요한 지류를 형성하고 있었다. 1773년 예수회가 폐지되던 당시에도 이들의 개혁의지는 계속되었다. 피우스 6세(Pius IV)는 1775년 교황으로 추대된 후 곧바로 로마의 성 베드로 성당 완공 계획을 추진하였다. 이 성당은 종교개혁의 발단이 되었던 바로 그 건축물이며, 이후 동일하게 프랑스 대혁명으로 인해 교회의 권위가 도전받게 되는 발단이 되기도 하였다. 그는 당시 교황권이 점차 약화되던 시점에, 역대 교황들의 박물관을 세워 이전 바티칸의 영광을 재현하고자 하였다. 한편 그는 1783년 남부이탈리아에서 심각한 지진이 발생했을 때, 유럽 각지에서 그를 따르는 군주들에게 작은 수도원들을 억압할 수 있도록 허가하기도 하였다. 이러한 행위의 명분은 가난한 사람들을 돕는다는 것이었지만, 실제로는 가난한 사람들에 대한 관심보다 그들의 경제적인 이익을 위한 것이었다.[58]

반기독교 정서를 형성한 계몽주의는 개신교 지역보다는 가톨릭 지역에서 더욱 두드러졌다. 이들은 자신들이 미신 집단에 대항하고 계시종교의 억압에서 인류를 해방하는 사람들이라고 선포하기도 하였다. 이러한 움직임은 특히 프랑스에서 두드러졌는데, 그들의 주장은 반기독교적이라기보다는 반가톨릭적이라고 보는 것이 보다 정확할 것이다. 이러한 움직임의 원인 규명을 위해서는 특별히 당시 프랑스 가톨릭교회의 상황을 잘 이해할 필요가 있다. 프랑스 가톨릭교회는 루이 14세(Louis XIV)가 1685년에 이루어진 낭트칙령(the Edict of Nantes)을 일방적으로 깨고 개신교도들을 배신하면서 완전한 승리를 거머쥘 수 있었다. 이로 인해 가톨릭교회는 다시 부흥하는 것처럼 보

Pope and European Revolution (Oxford, 1981), Ch.6.
58 Ibid., 247-8, 256.

였다. 모든 크고 작은 수도원들은 당시 프랑스의 샤토(chateaux)풍의 대저택을 본떠 재건축되었고, 대성당에서는 최신 오르간을 구비하며 아름다운 프렌취 오르간 연주와 합창의 선율이 울려 퍼지고 있었다. 또한 교회의 내부 인테리어는 중세의 오래된 가구들을 치워버리고 반종교개혁의 기치 하에 펼쳐지는 장엄 미사(High Mass)의 드라마를 연상시키듯 호화롭게 재단장되었다.[59]

이러한 환호 이면에 프랑스 가톨릭교회는 종교개혁 당시처럼 첨예하게 분리되어 있었다. 16세기 내전 동안 프랑스 가톨릭교회는 두 극단으로 나뉘어져 있었다. 한 극단은 개신교파와 협력하여 프랑스 국민을 위한 교회의 성스러운 사명을 유지하고자 했던 그룹이다. 이들은 소위 "갈리아주의"(Gallican) 가톨릭교회인데, 그 반대자들은 그들을 냉소적으로 "정치꾼들"(politique)이라고 부르기도 했다. 또 다른 그룹은 반종교개혁을 신실히 추종하고, 교황과 긴밀히 협력하여 프랑스의 굳건한 안정성을 도모하였다. 이런 상황 속에 심각한 신학논쟁이 제기되었다. 이는 종교개혁 당시 지속적으로 서방기독교를 들쑤셔놓은 신학논쟁에도 늘 등장했던 천의 얼굴을 가진 신학자, 성 아우구스티누스와 관련된 것이었다. 루터 이후 개신교인들은 아우구스티누스가 주장한 은총의 신학을 강조했다. 하지만 로마가톨릭교를 신실하게 추종하던 여러 신학자들도 은혜를 떠난 인간의 비참한 현실에 대해 동일한 사상을 가지고 있었다.

이 새로운 가톨릭 아우구스티누스주의는 스페인계 네덜란드 지역의 루뱅대학교(University of Leuven)에서 태동하였다. 이 사상의 주도자는 코넬리우스 얀센(Cornelius Jansen, 1585-1638)이다. 그는 북부 네덜란드의 개신교 지역 출신으로 아우구스티누스 신학에 기초한 개혁주의 구원론에 깊은 관심을 가지고 있었다. 이프르(Ypres)의 주교가 된 얀

---

[59] B. Chedozeau, *Choeur clos, choeur ouvert: de l'église médiévale a l'église tridentine* (France, XVIe-XVIIIe siécle) (Paris, 1998).

센은 인간의 자유의지를 규명하기 위한 아우구스티누스 해석의 문제로 예수회 신학자들과 심한 대립관계에 있었다. 얀센은 칼빈의 저술과 거의 유사한 예정론을 주장했으며, 이와 관련된 논문을 저술하였다. 그 책은 그가 죽은 후 그의 유지를 따른 사람에 의해 『아우구스티누스』(Augustinus)란 제목으로 출판되었다. 이 책은 1641년 교황의 허가를 받아 예수회 사제들에 의해 정죄당했다. 하지만 많은 프랑스 신학자들이 지속적으로 이 책을 읽었으며 그로부터 많은 영향을 받았다. 이 "얀센주의"(Jansenist) 신학은 예수회에 불만을 가진 다양한 사람들을 결집시키는 역할을 하였다. 이들은 지난 세기 프랑스 내전 당시 교육의 도구로 극장과 춤을 장려하거나 중국과 인도 종교에 심취했던 가톨릭 극단주의자들로부터 자신을 구별하기 원했다. 그들은 또한 신앙과 삶의 엄숙함(seriousness)을 요청하였다.

17세기 중엽부터 얀센주의에 대한 논쟁은 프랑스 교회의 본질에 대한 문제로 심화되었고, 결국에는 프랑스 내의 개혁주의 개신교도들에 대한 억압이 다시 시작되는 계기가 되었다. 얀센주의는 특별히 파리에서 경건하고 존경받는 수녀원을 중심으로 확장되었다. 이 수녀원은 당시 새롭게 부상한 시토 수도회(Cistercian)에 그 기원이 있으며, 한적한 시골에 위치한 포르-르와얄(Port-Royal) 인근에 새로운 수도원 두 곳을 세울 때 사용했던 이름을 따랐으며, 자체적으로 독립적 자율권을 가지고 있었다. 포르-르와얄의 얀센주의 지지자들과 예수회와의 갈등은 곧 프랑스 법정 문제로 심화되었다. 이런 갈등 요인 중 일부는 가톨릭교회 자체의 미래에 대한 이견을 나타내고 있었다. 그것은 종교개혁의 폭풍 이전에 가톨릭교 안에서 부상했던 공의회주의자(Conciliarists)들이 제기했던 옛 질문들을 재점화하는 것이었다. 그들이 제기한 주요 질문들은 다음과 같다. 가톨릭교회는 로마에 있는 교황의 가르침을 따라야 하는가? 가톨릭 신학은 소르본느대학의 신학자들처럼 더 넓은 관점으로 교회론을 새롭게 재구성해야 하는가? 이런 논쟁이 발생했을 때 교회의 결정은 강력한 교황권을 따라야 하는가, 아니면 교회 주교들의 의견을 모아 협의하에 이루어져야 하는가?

루이 14세는 그의 측근이었던 맹뜨농 부인(Madame de Maintenon)에게서 많은 영향을 받았다. 그로 인해 그는 점차 얀센주의자들과 적대관계에 있었던 교황주의자(papists)들을 더 가까이 하게 되었다. 논쟁은 포르-르와얄 수도원을 박해하는 데 그치지 않고, 1710년 그 수도원을 해산하고 신성모독으로 정죄하면서 그 정점에 이르게 된다. 1713년 교황주의자들은 교서 "우니게니투스"(*Unigenitus*)를 통해 얀센주의 운동을 정죄하였다. 루이 14세는 교황으로부터 얀센주의 박해에 대한 재가를 얻었고, 이는 프랑스 교회의 가장 끔찍한 재난이었다. 하지만 얀센주의자들은 이로 인해 결코 사라지지 않았다. 1727년부터 많은 군중이 얀센주의 집사의 무덤이 있던 파리의 생-메다르(St-Médard) 공동묘지에 운집하기 시작하였는데, 그곳에서 특별한 기적이 일어났다고 한다. 6년 후 수많은 군중이 그곳에 모여 광신적인 체험을 하며 데굴데굴 구르거나, 나라의 재난에 대해 예언하는 자들이 많아지면서 그 공동묘지는 폐쇄되었다. 상황은 매우 악화되었으며, 이런 저항은 약 20년 전 무력투쟁을 전개하여 진압되었던 프랑스 개신교도에게서 나타났던 현상이었다. 저항하는 군중 가운데는 유력한 법률가들도 합세하였으며, 그들의 투쟁은 중앙집권적 왕권에 대해서도 정치적 운동과의 연계 속에 진행되었다.[60] 얀센주의 군중 가운데는 교회와 국가에 대한 반체제인사들이 다수 포함되어 있었다. 예수회가 이후 탄압 받아 해산되었을 때, 그들을 공격한 사람들은 계몽주의 불신자들이 아니라, 프랑스에서 부당하게 해산된 얀센주의와 연관된 사람들이었다. 그들은 예수회를 부도덕한 무리로 정죄하며 큰 타격을 가했다. 하지만 실상 이 두 부류는 모두 가톨릭교회에 대한 나름대로

---

60 J. Swann, "Disgrace without Dishonour: The Internal Exile of French Magistrates in the Eighteenth Century", *PP*, 195 (May 2007), 87-126, at. 99.

의 충성심을 표명했던 그룹들이다.[61]

　얀센주의가 프랑스 계몽주의에 직접적인 연관성이 있다는 것은 분명치 않다. 왜냐하면 얀센주의 신학과 철학은 교육기관과의 연계를 통해 체계적으로 수행되었던 예수회와는 전혀 다른 특성을 지니고 있기 때문이다. 생-메다르에서 일어났던 사건은 마치 영국과 미주를 휩쓴 개신교 신앙 부흥운동, 또는 당시 프랑스 남부의 억압받던 위그노 공동체의 예언 운동을 연상시킨다. 하지만 얀센주의를 추종하는 법률가들이 자신들의 종교적 열정에 근거해 그 반대자들을 정치적으로 대항했던 것은 아주 특별한 일이었다. 이후 얀센주의 논쟁은 계속 교회 안에 상대편을 서로 비방하며 상처와 분열을 야기하였다. 프랑스 교회는 계속 자신의 교리의 정당함을 주장하는 승리주의(triumphalism)와 무질서가 불안정하게 혼합된 형국이었다. 프랑스 교회는 유럽의 다른 지역 가톨릭교회보다 더 엄격한 반종교개혁을 신봉했으며 이를 주도했다. 정확하게 말해 그들은 국가에 의해 더 엄격하게 통제되는 교회가 되길 바라고 있었다. 하지만 얀센주의 운동은 일상생활에서 더 순수하고 엄격한 종교성을 요청하였다. 세속주의에 대한 얀센주의의 저항은 1650년대의 영국 청교도와 맞먹는 수준이었다. 1690년대 파리 대주교는 성직자들이 극장산업에 관련된 사람들의 결혼예식 집례를 금지시켰다. 또한 배우들은 성례전에 참여하지 못했고, 교회묘지에도 장사될 수 없었다.[62]

　당연히 이에 대한 많은 반발이 개인의 자유라는 기치 속에 일어났다. 교권에 대한 비판은 얀센주의자들과 법률가들, 억압받던 개신교인들과 프리메이슨 단원, 결혼을 원하는 배우들 모두에게서 일어

61　D. G. Thompson, *A Modern Persecution: Breton Jesuits under the Suppression of 1762-1814* (Oxford, 1999), and D. Van Kley, *The Jansenists and Expulsion of the Jesuits from France, 1757-1765* (New Haven and London, 1975).

62　J. McManners, *Church and Society in Eighteenth-century France* (2 vols., Oxford, 1998), II, 314, 320-23, 337-41.

났다. 교회에 대한 회의와 증오는 더 나아가 무신론으로까지 발전하게 된다. 이러한 논쟁은 스스로 지식인이라고 자부하던 사람들에게서 집단적으로 나타났으며, 이들은 서로보다 끈끈한 동지애를 나누지는 않았지만, 긴밀한 연계 속에 저항했다. 종종 이들은 스스로를 진정한 "철학자"(philosophes)라고 미화하기도 하였다. 이런 칭호는 영어권에서는 자주 사용되지 않았지만, 프랑스에선 많은 사람들에게 애용되었다. 이들 중 대표적 인물이 바로 볼테르(Voltaire)와 루소(Rousseau)였으며, 이들은 이후 혁명기 새로운 프랑스 사회에서 세속적 형태로 성인으로서 추앙받았다. 당시 생뜨 쥬느비에브 성당(Ste-Geneviève)은 현 정권 직전의 왕조에 의해 재건되었던 대표적 교회였지만, 이제는 새롭게 형성된 세속사회에서 존경받던 두 지성적 영웅들을 기리는 만신전(Pantheon)으로 변질되었다. 두 철학자는 비기독교적 축제의 향연이 열렸던 1790년대에, 많은 사람들의 존경과 애도 가운데 이 교회에 장사되었다.

당시 프랑스 계몽주의의 가장 저명한 저술가는 프랑수아-마리 아루에(François-Marie Arouet)였다. 그의 명성은 그의 필명이었던 볼테르(Voltaire)로 우리에게 더 잘 알려져 있다. 볼테르는 아주 심오한 작가는 아니었고, 대학교육도 받지 못했다. 하지만 아주 매혹적이고 재치와 기지가 풍부했던 사람이었다. 또한 돈을 버는 데 천부적인 재능이 있어서 경제적으로도 충분히 넉넉하게 살면서, 자신이 원하는 것을 마음껏 저술할 수 있었다. 1778년 그가 죽었을 때 볼테르는 아마도 유럽에서 가장 유명한 인물이었을 것이다. 그는 당대의 에라스무스 같은 인물로서, 책을 읽을 때 가능한 다양한 번역본을 비교해보는 것을 좋아했다. 또한 왕족들과 사회 유력한 사람들과도 매우 실용적이며 계산적인 인간관계를 영위했다. 가톨릭교회에 대한 그의 비판은 에라스무스보다 훨씬 파격적이었으며, 그 영향력 또한 매우 즉각적이고 지대하였다. 그는 스스로 평생에 걸쳐 반가톨릭운동의 주도자가 되었다. 볼테르는 바스티유(Bastille) 감옥에 두 차례 투옥되기도 하였는데, 이후 프랑스 관청의 감시를 피해 2년 동안 영국으로 피신하기도 했다. 이로 인해 그는 영국을 아주 좋아했다. 그곳에서 볼테르는 존 로크의 철학과 아이작 뉴턴의 과학 유산이 인간의 삶에서 미신적 요소를 제거하고 있음을 느낄 수 있었다. 볼테르는 가톨릭교회가 사람들을 미신에 빠지게 하는 이기적 음모자라고 여겼다.[63]

볼테르는 엘리트 의식을 가진 계몽주의자였다. 그는 스스로 자신의 필명 앞에 귀족을 상징하는 'de'라는 전치사를 삽입해서 사용하였고(프랑수아 마리 아루에 드 볼테르), 또한 자국 내의 위험을 피해 스위스 연방의 페르네이(Ferney)에 거주하며 영주와 같은 삶을 누리며 살았다. 그는 프랑스 국경 바로 너머의 안전지대에서 프랑스 가톨릭교회가 위그노들과 다른 신성모독의 명목으로 정죄당했던 사람들에게 행한 부정을 고발하며 비판하였다. 하지만 그가 가장 혐오한 것은 교회가 자신들의 권위로 지식인들의 정신을 매도하고 조정하는 것이었다. 볼테르는 그가 매우 자주 쓰는 표현대로, 이제 종교는 "폭도(canaille)의 길로 들어서게 되었다"고 통렬히 비난하였다. 그는 예수회에서 받은 교육을 통해 당대의 어떤 철학자들보다도 성경에 대한 깊은 지식을 가지고 있었다. 그가 쓴 문서의 13퍼센트는 성경에서 인용한 문장인 것으로 알려져 있다. 하지만 그 대부분은 풍자적인 논조를 위해 인용된 것이다. 그는 예수님에 대해서도 종종 냉소적으로 "교수 당한 자"(the hanged man) 또는 "첫 번째 유신론자"(the first theist)라고 표현하기도 하였다.[64] 볼테르는 죽음을 목전에 두고 다음의 유명한 말을 남겼다. "만일 신이 존재하지 않았다면, 신은 발명이라도 되어야 했을 것이다." 주목할 만한 사실은 이 문구는 볼테르보다는 탁월하지 않지만 매우 파격적이었던 『세 명의 사기꾼에 대한 보고서』의 저자가 쓴 시를 인용한 것이었다. 이 말은 그가 즐겨 사용하는 은근한 위트를 더

---

63 이와 연관된 최근의 연구로 다음 책을 참조. R. Pearson, *Voltaire Almighty: A Life in Pursuit of Freedom* (London, 2005), esp. 404-5.

64 F. Bessire, *La Bible dans la correspondance de Voltaire* (Oxford, 1999), esp. 10-3, 226-8.

해 기성 종교를 비판한 것이지만, 『세 명의 사기꾼에 대한 보고서』처럼 "급진적인 무신론"(coarse atheism)을 의미하는 것이 아니라, 단지 상상 속의 신을 통해서도 사회의 도덕성을 유지할 수 있다고 말하고 있는 것이다.

볼테르는 매우 신중한 사람이었다. 이에 반해 프랑스 계몽주의의 가장 핵심적이며 급진적인 작업은 신학대학 교수였고 저명한 소설가인 드니 디드로(Denis Diderot)가 편집하고 스스로 많은 항목의 글을 썼던 『백과사전』(*Encyclopédie*)일 것이다. 이 안에 볼테르의 글은 매우 적었다. 디드로는 그의 저술에서 볼테르의 은근하고 온건한 풍자에 비해 훨씬 더 직설적인 무신론적 사고를 표출하였다. 지식에 대한 디드로의 견해는 철저히 물질적인(material) 영역에 있었다. 그에 따르면 세상은 분자(molecules)로 이루어져 있으며, 인간의 지식은 감각을 통해서 이루어진다. 그는 맹인은 자신이 벌거벗어도 부끄러움을 느끼지 못하는 것과도 같이 감각은 곧 도덕성의 기초라고 주장한다. 백과사전 작업은 당대의 가장 각광받는 작업이었다. 하지만 디드로의 작품은 많은 지식에 대한 광범위한 항목을 보유하고 있으며, 그 편집도 존재의 서열이 아닌 당시 유행하는 방식대로 알파벳 순서로 배열했다는 점에서 매우 돋보이는 과업이다(하지만 알파벳 순서는 그의 작품이 무려 28권에 이르는 대작업이었음을 고려할 때 매우 혼란스러울 수도 있을 것이다). 18세기에 본격화된 알파벳 순서 배열은 이전의 아리스토텔레스나 토마스 아퀴나스의 분류방식을 뒤엎는 것으로서, 당대의 계급구조를 타파하고자 하는 목적을 가진 시도였다. 백과사전의 각 항목의 글에서도 그 주제에 대해 매우 생소하고 기형적인 소수 의견으로 시작해서 공식적 의견에 대한 설명으로 마무리하는 방식을 따르고 있었다.

디드로가 편찬한 『백과사전』의 기본적 논조는 이신론적이었다. 또한 프랑스가 공식적으로 자연종교를 금기시하고 있었음에도 불구하고 『백과사전』의 배후에 놓인 가정은 자연종교의 것이다. 베이컨의 논리대로 엄연한 사실은 말 그대로 엄연한 사실이라는 것이다. 『백과

사전』기고자에는 단 한 명의 예수회 학자도 없었고, 얀센주의자들에 대해서도 비판적으로 기술하고 있다. 종교적 항목들은 매우 현학적이고 극단적 보수주의 성직자 에드메 프랑수아 말레(Edmé-François Mallet)가 주로 기고하였다. 그는 예수회나 얀센주의자도 아니었고 파리의 나바르대학(Collége de Navarre)의 신학교수로 봉직하고 있었다. 하지만 그의 글은 지독하게도 상상력이 결여되어 있었다. 예를 들어, 지옥의 정확한 위치나 노아의 방주와 연관된 문제들에 대한 설명에서 그의 글은 오히려 종교를 우습게 만들었던 것 같았다. 『백과사전』은 각 항목의 상호참조(cross-reference)의 경우에도 서로 모순적이었다(이런 상호참조는 소설에서 각 주제를 연결시키는 것과 같은 혁신적인 방식이기는 하다). 예를 들어, "식인풍습"(Anthropophages)이란 항목을 보면 다음과 같은 엉뚱한 참조 안내가 나온다. "성만찬, 또는 영성체 항목을 참조"(see Eucharist, Communion). [65]

만약 하나님이 우리 의식 밖에 있고 비인격적인 추상적 존재에 불과하다면, 세상은 매우 냉정하고 허무한 공간이 되어 버리고 말 것이다. 디드로의 절친한 친구이며 『백과사전』의 주요 기고자 중 한 사람인 장 자크 루소(Jean-Jacques Rousseau)는 이와 같이 기독교 복음을 기초로 자연종교를 갱신하고자 했다. 여기에서 기독교 복음이란 왜곡된 전통적 기독교 신앙을 강조하는 교리주의를 의미하는 것이 아니다. 프란시스 베이컨이 "회복"(instauration)이라고 명명했던 것과 같이 인간의 의식(Consciousness)을 기초로 지성의 체계를 세우려 했던 것을 본받아, 루소는 인간 잠재력의 낙관성에 의거하여 자신의 주장을 펼쳤다. 한 세기 이전 토마스 홉스가 인간 본성을 야만성(brutality)이라고

---

[65] P. Blom, *Encyclopédie: The Triumph of Reason in an Unreasonable Age* (London, 2004), esp. 54, 94-8, 143, 151-4. *Encyclopédie*의 편집자 역시 Mallet를 극단적 보수주의자로 이해하고 있었으며, 그로 인해 그들은 본서로 인한 문제로 야기될 수 있는 교회의 억압을 피할 수 있었다. 이에 대해 다음 책을 참조. W. E. Rex, "'Arche de Noé' and Other Religious Articles by Abbé Mallet in the *Encyclopédie*", *Eighteenth Century Studies*, 9 (1976), 333-52.

주장한 데 반하여, 루소는 인간은 본래 선하게 태어났으나 사회기관의 문제가 인간을 부도덕과 이기심에 빠지게 만들었다고 믿었다. 루소에 따르면, 전통적인 예술과 과학 지식은 인간으로 하여금 참된 자유에 대한 지식을 망각하고 타락하게 만든 원인이다. 루소는 전통적 기독교처럼 이전의 황금기를 주목하면서, 인간의 타락은 단지 잘못된 선택이며 실수이지, 비극적 파국(catastrophe)은 아니라고 주장한다. 사랑의 힘을 통해서, 또한 일상생활을 잘 정돈함으로써, 인간은 과거의 실수를 바로 잡을 수 있을 것이라고 보았다.

루소의 주장은 대부분 낭만적 소설을 연상시킨다. 1789년 실제로 세상을 바로잡을 수 있는 기회가 찾아왔을 때, 많은 사람들이 그들의 미래가 사랑으로 모든 과거의 잘못을 바로잡고 인간의 잠재력을 극대화시키는 세상이 될 것이라고 기대하였다. 하지만 결과는 정반대로 이루어졌다. 그 원인은 루소가 주장한 보편적 사회가 동의하는 "일반 의지"(General Will)의 원리가 자체적으로 매우 모순된 것이라는 것을 이해한다면, 쉽게 알 수 있을 것이다. 루소는 '일반의지'가 보편적 평등과 정의의 구체화를 추구한다고 주장하면서 다음과 같이 말한다. "일반의지를 따르기를 거부하는 사람들도 결국은 모두 그 원리를 따르게 되어 있다. 이는 결국 모든 사람이 자유롭게 될 것이라는 말이다…이것은 개인이 국가를 따르고, 국가는 모든 사람을 얽매임으로부터 보호하는 체계이다."[66] 루소 자신의 개인적 삶 역시 그가 주장한 사랑의 윤리와 모순된 문제점을 보여준다. 루소는 그의 다섯 자녀들을 무책임하게도 고아원에 위탁해버리고, 자신은 데이비드 흄을 만나기 위해 영국으로 떠났다. 그곳에서도 루소는 흄의 친절과 우정을 교묘하게 이용하였고, 결국 그를 평온한 철학자의 길에서 벗어나게 만들었다.[67]

---

[66] J.-J. Rousseau, ed. M. Cranston, *The Social Contract* [*Contrat social ou Principes du droit politique*] (London, 1968; originally published 1763), 64 [Bk 1, Ch.7].

[67] D. Edmonds and J. Eidenow, *Rousseau's Dog: Two Great Thinkers at War in the Age of*

교회와 기독교에 대한 철학계의 영향력 있는 비판은 북부에 위치한 쾨니히스베르크대학교(University of Königsberg) 교수인 임마누엘 칸트를 통해 더욱 학술적으로 전개되었다. 그는 루소와는 대비되는 견해를 가지고 있었다. 그는 개인적으로는 어떤 추문에도 연루된 적이 없었고, 독실한 루터교 경건주의 부모의 영향으로 탈선과도 거리가 멀었다. 그는 이후 19세기와 20세기를 관통하는 서구 사조의 방법론을 제시해주었다. 그의 저술은 서구 문화에 미친 역사적 기독교 신앙과 교회의 영향력을 축소시키는 결과를 가져왔다. 칸트가 1784년에 저술한 짧은 논문은 베를린(Berlin)에 거주하던 그의 동료가 제기한 문제에 대한 가장 명확한 해답을 제시하고 있다. 그 질문은 당시 부상하는 새로운 사조로서 "계몽주의란 무엇인가?"에 대한 것이다. 칸트는 다음과 같이 대답하였다. "계몽주의는 인간이 스스로 초래한 미숙함(immaturity)으로부터의 탈출구였다."[68]

칸트는 뉴턴의 기계적 방법론(mechanist method)을 통해 철학을 재구성하고자 하였다. 명확한 정의를 만들기 위해 보이는 현상을 세심하게 관찰 분석하였다. 그의 사상은 데카르트처럼 인간에게 주어진 하나님의 계시보다는 인간 의식의 존재로부터 추론하였다. 그는 데이비드 흄이 제기한 인간 의식의 문제를 발전시켰다. 칸트는 자기 존재의식을 데카르트의 유명한 명제인 "나는 생각한다, 고로 나는 존재한다"로부터 증명할 수 있다는 가능성을 부정하였다. 그는 인간 정신(mind)은 모든 경험을 정돈하며 그러한 경험들을 판단할 수 있는 어떤 자체 규율을 가진다고 본다. 이 규율이 인간 정신으로 하여금 우주의 시간과 공간 속에서 주어진 정보를 정돈할 수 있게 한다. 하지만 이 규율 자체는 시간과 공간 안에서의 경험에 선행하며, 그 규율이 실제인지 스스로 증명하는 것은 불가능하다. 다만 그 규율은 우리가 인지

Enlightenment (London, 2006), esp. 221-3, 335-42.
68 Text in J. Schmidt (ed.), *What is Enlightenment? Eighteenth-century Answers and Twentieth-century Questions* (Berkeley, CA, 1996), 58-64, at. 58.

하는 것을 규명하고, 그것이 과연 객관적인 것이라고 말할 수 있는 기준을 위해 필수적이라고 할 수 있다.

따라서 칸트는 그에 앞선 철학 전통의 기준을 뒤엎고 있다. 그가 발견한 것은 실로 코페르니쿠스적 전환이라고 할 수 있다. 철학은 각 개인의 정신이 그 정신 외부에 있는 실제 세계의 구조에 대한 밑그림을 제공한다는 전제에서 출발하였다. 하지만 칸트는 정신은 세상의 경험을 해석하는 것이라고 주장했다. 이러한 것들이 바로 '관념들' (ideas)이며 경험의 가능성을 벗어나므로 전통적으로 증명된 것들, 즉 신, 자유 의지, 영혼불멸 등은 이성으로 증명할 수 있는 한계를 넘어선다고 말한다. 비록 이것들이 이성을 통해 인지될 수 없더라도, 우리는 개개인 안의 양심(conscience)을 통해 접근할 수 있다. 양심은 우리의 행동을 통제할 수 있게 명령을 내림으로 우리를 압박한다. 그의 사상은 신앙과 이성의 충돌을 중재하는 새로운 신앙(faith)이며, 칸트는 다음의 명제로 이를 설명한다. "나는 신앙의 자리를 만들기 위해 지식을 부정해야만 한다."[69]

따라서 칸트의 사상 체계 안에 신은 존재한다. 그 신은 어떤 인격체가 아니라 개인의 회심을 위한 "궁극적 목표"(the ultimate goal)이며, 우리의 불완전한 세상을 초월하여 영혼불멸에 이르는 목표로 기대할 수 있다. 하지만 하나님의 존재는 결코 증명될 수 없다. 하나님과의 접촉은 베들레헴과 십자가에 나타난 계시로도 아니며 성경을 통해서도 아니다. 오직 초월적 존재를 향한 내재된 양심(inner conscience)을 통해서만 가능하다. 칸트는 믿음에 대한 관심과 지식을 부정함으로써 기독교 교리를 약화시켰다. 하지만 칸트의 사상은 교회사 전반에 나타난 많은 기독교 신비를 인정하고 또 이 문제를 설명하는 것에는 큰 문제가 없었다. 사실 이러한 많은 신비는 거의 대동소이했기 때문이

---

69 I. Kant, ed. P. Guyer and A. W. Wood, *Critique of Pure Reason* (Cambridge, 1998), 117 [Preface to 2nd edn, 1787].

다. 칸트는 종교개혁의 가장 난해한 인물이었던 안드레아 오시안더(Andrea Osiander)의 저작들을 잘 알고 있었고, 그에게 영향을 받은 것 같다. 오시안더는 당시 같은 루터교도들에게도 외면당했고, 칼빈에 의해 비판 받았던 인물로, 개신교 체계 안에서 신비주의 신학을 시도하였다. 칸트가 재직 중이던 쾨니히스베르크대학교는 그 초창기에 이성가시고 완고한 종교개혁 주동자의 마지막 은신처였다. 하지만 칸트는 오시안더의 신비주의적 루터교에 기초가 되는 계시종교는 부정하였다.[70]

칸트는 계몽주의적 낙관주의자였다. 그의 낙관주의는 프랑스대혁명으로 인한 폭력사태에도 완전히 흐려지지 않았다. 그는 또한 그의 대학이 위치한 쾨니히스베르크가 프러시아(Prussia)의 계몽군주, 프리드리히 대제(King Freidrich 'the Great')에 의해 합병되는 시대 상황을 목도하였다. 칸트를 비롯한 많은 계몽주의 철학자들은 프리드리히 대제처럼 중부와 동부 유럽의 여러 왕조들이 계몽주의의 물결 속에 변화의 주도자가 되어 줄 것이라는 소망을 가지고 있었다. 이런 변화의 물결은 프리드리히 외에도 엘리자베스 여제(Empress Elizabeth), 러시아의 캐서린 여제(Catherine the Great), 오스트리아의 레오폴드 황제(Leopold), 다른 지역의 여러 '계몽 군주들'(Enlightened Despots)에 의해 주도되었다. 이들은 철학을 신봉하면서 계몽주의 사상을 자신들의 통치 정책에 반영하였다. 이들의 주요 관심은 국가의 근대화와 이익이었다. 따라서 자신들의 통치권을 강화하고, 영토를 넓히기 원했다. 이를 위해 강력하고 거대한 군대를 양성하는 것은 필수적이었다. 중세 기관들은 시대에 맞추어 변화되지 못하면 점차 소멸되어 갔다. 이는 결코 변화를 위한 변화인 것은 아니다. 개인의 이익과 국가의 이익이 상호 병행되기를 모두 희망하였고, 만일 양자가 충돌한다면 혁명이 발발할 수

---

[70] D. G. Steinmetz, *Reformers in the Wings: From Geiler Von Kaysersberg to Theodore Beza* (Oxford, 2001), Ch. 8.

제21장 계몽주의: 기독교의 동료인가 적인가?   117

도 있었다. 하지만 국가는 경쟁적 권력이 부상한다면 모두 처단하려 하였고, 교회의 권력 역시 그 대상 중 하나였다.

이런 물결은 포르투갈의 황제 호세 1세(Jose I)를 시작으로 가톨릭 왕조에도 나타나기 시작했다. 1759년 이래, 호세 1세와 다른 가톨릭 국가 황제들은 예수회를 해산시키기 위해 계속 교황들을 압박하였다. 왜냐하면 예수회의 비전은 황제들의 희망보다 더 포괄적이었고, 자신들의 비전을 더 우선하였으며, 특히 황제보다는 교회에게 더 충성하였기 때문이다. 여러 국가에서 황제들은 예수회를 개별적으로 압박하였고, 마침내 1773년 예수회를 완전히 해산시키라고 교황을 위협하였다. 예수회의 폐지는 곧 다른 예수회와 연계된 학교와 대학의 붕괴로 이어지게 된다.[71] 이런 무자비한 문화적 만행은 당시 이들 국가들의 종교적 분위기가 종교개혁과 가톨릭의 신앙적 차이에 따른 갈등과는 거리가 있음을 말해준다. 1772년부터 1775년 사이 가톨릭, 개신교, 동방정교에 대한 냉소적 분위기가 점차 심화되어 갔다. 특히 오스트리아, 프러시아, 러시아에서 더욱 두드러졌다. 또한 한때 강성한 한 국가였던 폴란드-리투아니아(Poland-Lithuania)의 가톨릭 왕조는 상트페테르부르크(St Petersburg)로 쫓겨나게 된다. 더 분명하고 역설적인 사실은 예수회가 해산된 뒤에 그들이 잔재하며 은신한 곳은 유럽의 가톨릭 국가 지역이 아니라 개신교 지역인 프러시아와 정교회 지역인 러시아였다. 당시 이들 국가의 강력한 군주는 프리드리히와 캐서린이었으며, 이들의 신앙은 그리 열정적이지 않았다. 그들은 예수회가 자신의 영토에 은신하는 것을 묵인하였지만, 자국 내 가톨릭 교육 기관은 폐쇄시켰다.[72] 마찬가지로 당시 종교적 소수자들은 이들 국가에서 점차 약화되어 갔다. 1731년 잘츠부르크(Salzburg)의 대주교가 그의 개

---

71 이에 대해 다음의 탁월한 소책자를 참조. D. Beales, *Prosperity and Plunder: European Catholic Monasteries in the Age of Revolution, 1650-1815* (Cambridge, 2003), 143-68.

72 Chadwick, *The Pope and European Revolution*, 385-90. 개신교 영국 등지에서의 예외의 경우와 비교해보라. Ibid., 377.

신교도 신하들을 추방했을 때, 다른 많은 통치자들의 반대에 직면하였다. 이 중에는 가톨릭 통치자들도 포함되어 있다. 18세기 말 일종의 관용령을 통해 아일랜드와 영국, 프랑스와 오스트리아, 러시아에서 이전에 억압받던 종교적 그룹들이 점차 회생하기 시작하였다.

따라서 18세기 유럽은 정부가 주도하는 여러 변화와 이전부터 존재해 온 열성적 종교그룹이 대조적으로 공존하는 양상을 보였다. 가톨릭교회는 많은 비판을 받았고 심지어 가톨릭 왕조로부터도 공격을 받았지만, 그 안에는 또한 많은 활력소도 가득하였다. 중유럽의 수도원들은 프랑스의 경우처럼 화려한 모습으로 재건축되었고, 많은 감독들이 트리엔트공의회 이후 두 세기 동안 진행되어 온 교회 개혁을 위한 노력에 여전히 매진하고 있었다. 이런 개혁의 조짐은 합스부르크 지역 안에서 가톨릭교회의 개혁을 꿈꾸며 추진했던 오스트리아의 조셉 2세(Joseph II)의 경우에 잘 드러난다. 한편 신성로마제국의 황제는 영토 내에 많은 수도원들을 해산시키고 새롭게 종교기금을 만들고, 교구 내 교회 기부금을 직접 관장하였다. 그는 실상 교회의 모든 재산을 완전히 몰수하여, 교회 자체를 황제의 손에 종속시키고자 하였다. 하지만 이런 계획은 곧 그에게 큰 재난이 되었다. 1789년 오스트리아가 지배한 네덜란드 지역(지금의 벨기에)에서 거대한 시민 폭동이 일어났고, 이들은 죽어가는 황제에게 네덜란드에서 헝가리에 이르는 그의 영토의 대부분을 포기하도록 굴욕적으로 몰아붙였다. 이는 같은 시기 점차 쇠퇴한 프랑스 가톨릭교회와는 아주 대비적인 현상이며, 19세기 다시 부상한 가톨릭교회에 대한 하나의 전조라 할 만하다.[73]

이 시기 유럽의 기독교 국가들에게 가장 충격적인 사실은 가톨릭교와 개신교, 정교회 모두 교회의 자치권과 그 세력이 국가의 주도적 압박으로 현저하게 약화되었다는 것이다. 예를 들어, 콘스탄티노플 세계총대주교(Oecumenical Patriarchate)의 몰락, 왕권에 종속되어 버린

---

[73] Beales, *Prosperity and Plunder*, 210-28.

제21장 계몽주의: 기독교의 동료인가 적인가?   119

러시아정교회, 예수회의 해산으로 인한 교황권의 몰락, 개신교의 경우에도 잉글랜드국교회 심의회(deliberative body)의 무력화 등이 교권의 심각한 약화를 대변해준다. 영국의 하노버 왕조의 군주들(Hanoverian monarchs)은 안건처리를 위한 감독회의(Convocations)를 위한 모임을 캔터베리(Canterbury)와 요크(York) 모두에서 불허하였다. 이로 인해 1717년 이후 거의 한 세기 반 동안 영국의 감독들은 합의해야 할 문제를 위한 토론의 기회를 박탈당했다. 존 웨슬리 개인의 절대적인 주도로 발전해온 메소디스트 운동 역시 그의 사후 급격한 분열과 쇠퇴에 직면하게 된다. 18세기 말엽의 급격한 사회 변동은 이런 현상을 가속화시켰다. 가톨릭교회는 이제 사분오열되는 위기를 맞게 된다. 새로운 권력 관계가 부상하면서, 서구 사회에서 기독교가 가지고 있는 권위에 대한 논쟁이 심화되었다. 이것은 오늘날까지도 지속적으로 제기되는 문제일 것이다. 이런 시점에서 1789년의 결정적 사건은 프랑스인들이 의심과 혼동 속에 중세의 잔재와 계몽주의 사이에서 갈등하며 현 사회를 정확히 바라보고, 불어로 "구체제"를 의미하는 "앙시앵 레짐"(ancien régime)에 대해 토론하도록 자극하였다.

6. 프랑스대혁명: 1789-1815

1789년 당시 누구도 프랑스가 대혁명의 장소가 될 것이라고는 예견하지 못했을 것이다. 프랑스대혁명은 필경 서구 유럽의 가장 큰 동력이었으며, 당시 혁명의 언어들은 어느 곳에서나 지성인들 사이에 언급되어 왔다. 18세기 초 위그노 반란이 진압된 이후 프랑스는 여러 모로 비슷했던 라이벌 국가인 영국과 비교해볼 때, 훨씬 덜 폭력적이며 덜 격동적인 국가였다.[74] 반면 영국과는 달리 프랑스가 가진 문제점

---

[74] P. Higgonet, "Terror, Trauma, and the 'Young Marx' Explanation of Jacobin Politics'", *PP*,

은 정부의 재정에 있었다. 당시 프랑스는 국가적 차원에서 설립된 효과적인 은행과 신용조합 구조를 갖추지 못하고 있었다. 또한 너무 중앙집권적인 정부로 인해, 증가하는 재정을 책임 있고 효과적으로 관리할 수 있는 국가 기관을 갖추지도 못했다. 프랑스는 1776년 이래 영국의 북미주 식민지가 독립전쟁을 일으켰을 때 미국을 지지했고, 또한 전쟁에서도 승리했지만 경제적인 문제는 점점 더 악화되어 갔다. 1783년 4년에 걸친 파리 평화조약(Treaty of Paris)을 거쳐 미국이 독립하게 되었을 때, 프랑스 정부는 거의 파산 상태였다. 프랑스는 자국의 낡은 재정 관리 시스템을 개선할 수 있는 어떤 효과적 방법을 세우지 못했다. 더욱이 최악의 흉작과 이에 따른 기아의 문제는 정치적 분위기를 더욱 악화시켰다. 1787년 프랑스명사회(Assembly of Notable)는 재정위기를 해결하기 위한 협조 제안을 거부하였고, 성직자연합 역시 자신들의 고유권한인 면세권을 포기하지 않았다. 성직자들은 자신들의 면세권은 이전 국가의회(State General)의 봉토협의회 이후 지속되어 온 자신들의 권리임을 강력하게 주장하였다. 또한 이때 프랑스의 성직자 또는 교구사제(curé)의 수는 전국에 걸쳐 엄청나게 많았다.[75]

따라서 당시 나라의 재무를 담당할 기구를 재건하고자 하는 노력들이 많은 기대 속에 착수되었다. 만약 루이 16세(Louis XVI)와 그의 각료들이 이를 슬기롭게 수행했다면 프랑스는 큰 재난 없이 본질적 개혁을 이루어냈을지도 모른다. 하지만 불행히도 루이 16세는 결단력이 없었다. 1789년 국가의회가 중지된 지 한 세기 반 만에 다시 열리게 되었지만, 왕은 중요한 의제에 대해 스스로 확고한 의견도 없었고, 회의도 잘 진행하지 못했다. 희망적 기대가 가득했지만, 대의원들의 반발적 의문과 분노가 일어나면서 왕은 곧 자신의 권위를 상실하게 되었다. 1789년 6월 17일 성직자도 귀족도 아닌 '제3 계급'

---

191 (May 2006), 121-64, at 155-6.

75 McManner, *Church and Society in Eighteenth-century France*, 698-701, 726-7.

(Third Estate)의 대표들이 자신들을 스스로 국가의회(National Assembly)라고 선포하였다. 이들은 곧 제1 또는 제2 계급에 속한 몰락한 성직자와 귀족들과 합세하게 된다. 더욱이 왕이 보낸 무능한 중재자들은 상황을 더욱 불안정하게 만들었고, 프랑스의 농촌 지역은 큰 혼란에 빠지게 되었다. 마침내 1789년 8월 26일 시민의회는 13년 전에 공포된 미국의 독립선언서(Declaration of Independence)를 본떠 작성한 인권선언문(Declaration of the Rights of Man)을 통과시켰다. 여기에서 우리는 과거와는 다른 중요한 사실, 즉 계몽주의적 낙관주의의 극치라 여겨지는 문구에 주목할 필요가 있다. 그것은 이 선언문이 바로 인간의 의무(duties)를 동반하지 않고 단지 그 권리(rights)를 천명하였다는 사실이다. 이후 약 5년 동안의 잔혹한 전쟁과 혁명의 고통을 겪은 후, 비로소 의무 규정들이 권리와 함께 선언서에 포함되었다.

프랑스는 사실 헌법을 기초로 왕권을 발전시켜왔다. 프랑스의 헌법은 영국의 헌법보다 더 잘 정돈되어 있었다. 한편 혁명기에 종교적 문제는 사건을 또 다른 국면으로 몰아가고 있었다. 시민의회는 교회 역시 다른 모든 것과 마찬가지로 개혁의 대상으로 여기고 있었다. 즉 영국처럼 국교회(national Church)를 세우기 원했던 것이다. 그들은 영국 교회의 명백한 문제점을 재고하면서, 교리적으로는 가톨릭을 유지하고자 하였다. 사실 프랑스의 교황권을 제한하고자 하는 갈리아주의(Gallican) 가톨릭교회는 이전부터 이런 시도를 해왔고, 또한 이미 15세기부터 프랑스 왕조는 간헐적으로 이런 변화를 지원하였다. 하지만 의회가 제안하는 가장 파격적인 부분은 교회의 부분적인 개혁이 아니라, 그 자체를 국교회로 다시 세우고자 했다는 사실이다. 즉 교회의 주교를 국민투표(남성들에 한한)로 선출하는 계획이었다. 이들 중에는 새롭게 프랑스로 이민해온 개신교도들과 유대인들도 포함된다.[76] 교회의 봉토는 모두 몰수되었다. 이 과정에서 지방의 노동자 계층은 부유

---

[76] Burleigh, 58.

한 상인들과 사무관들 그리고 이전의 관료들에 대해 점차 반감을 가지게 되었다. 이들은 노동자들을 해고하고 그 봉급으로 새로운 토지 소유권을 구축하는 데 사용하였기 때문이다.

1790년 "성직자 공민헌장"(Civil Constitution of the Clergy)이 국민의회에 의해 통과되었다. 이는 교황에 대해 공식적인 존중을 유지하지만, 그의 권력으로부터는 결별하는 것을 의미한다. 하지만 이 새 법령이 간과한 사실은 교황이 이 개혁안을 따르는 성직자들을 위협하게 될 것이라는 것이다. 하지만 1791년 1월 의회는 경솔하게도 모든 성직자에게 시민법(Civil Constitution)에 순종서약을 할 것을 강요하였다. 프랑스 성직자들의 절반은 이 서약을 거부하였다. 이들의 문제는 매우 심각했다. 왜냐하면 교구사제의 경우 그들의 거부는 곧 교구의 회중들도 함께 이 법안을 거부하는 결과를 낳았기 때문이다. 따라서 프랑스 국민 중 상당수는 시민의회의 반대편에 투표하였다. 이것은 곧 교회문제뿐 아니라 혁명 자체의 위기였다. 곧이어 교황이 공식적으로 시민법을 정죄하면서 저항은 더욱 거세게 일어났다." 독실한 가톨릭교도인 국왕은 점점 이런 반발들에 동조하였다. 그는 나라를 떠나 망명하고자 했으나 실패하였고, 모든 권력을 박탈당했다.

사태는 피할 수 없는 국면으로 접어들면서 시민의회는 유럽의 전통적 세력과 전쟁을 선포하게 된다. 1792년 유럽의 옛 전통의 보루라 할 수 있는 신성로마제국 황제와의 전쟁이 시작되었다. 그는 프랑스 국왕의 매부이기도 하다. 교황 역시 의회의 대적 가운데 하나였다. 의회는 경솔한 성품을 가진 로마의 사절, 니콜라 장 위공 드 바스빌(Nicholas Jean Hugon de Basseville)을 처형하였다. 전쟁은 혁명 정국에 가혹한 결과를 초래하였다. 1792년 국왕과 가톨릭교회의 이름으로 일어난 지방의 반란에 자극받은 시민 정부는 파리에 거주하는 정치적-종교적 대적들을 향해 대규모 살육을 자행하였다. 처음에는 그 수가

---

77 D. Andress, *The French Revolution and the People* (London, 2004), esp.139-41.

현대의 국가 테러의 기준으로 볼 때 아주 많지는 않았다. 하지만 그들은 공포에 사로잡혀 있었다. 혁명세력의 처단 대상목록에는 국왕과 왕비를 포함한 프랑스의 거의 모든 왕족이 있었다. 그들은 결국 드 바스빌보다 일주일 후에 처형되었다. 낭트에서는 다수의 죄수들과 사제들이 익사당했고, 방데(Vendée)에서도 수많은 사람이 살육되었다. 이후 방데에서의 살육은 반인륜적인 대량학살을 자행한 유럽인들의 만행을 언급하는 하나의 기준이 되기도 하였다. 그들은 시민의 이름으로 일어난 유럽의 첫 번째 일당 독재정부였다. 모든 사람이 해방되어야 한다는 계몽주의의 장엄하고 신사적인 정신은 혁명가들에 의해 전혀 다른 방식으로 이루어졌다. 이는 루소의 섬뜩한 울림대로 사람들의 자유에 대한 열망을 부정적으로 자극한 것이다.

프랑스대혁명 정부만의 특별한 점은 사보나롤라(Savonarola)의 피렌체 공화국(Republic of Florence)이 지닌 순수한 열정과 뮌헨에서 패망한 재세례파교도들의 민중왕국(popular kingdom)의 악몽과는 달리, 자코뱅파(the Jacobins)에게서 찾을 수 있다. 이들은 프랑스 공화국의 가장 급진적인 혁명가들로서 기독교의 모든 메시지에 대한 여러 프랑스 철학자들의 냉소적 회의주의를 극단적으로 신봉한 사람들이었다. 그들은 기독교 신앙의 모든 요소는 단지 그들이 제거해야 할 "앙시앵 레짐", 즉 구체제의 잔재에 불과하다고 간주하였다. 그들은 스스로 자신들이 열망하는 자유(liberty), 평등(equality), 박애(fraternity)를 일종의 종교적 가치로 인식하고 있었다. 혁명은 처음에는 교회의 개혁을 위한 신실한 노력으로 시작했지만, 이제는 교회를 고전적 상징주의와 18세기 인간 이성의 찬미가 어우러진 혼합적 종교로 대치하고자 했다. 기독교 전통에 따른 연간 그리고 월간 절기 행사는 폐지되었고, 종교적 건물도 폐쇄됐으며, 교회는 신성모독의 수치를 당했다.

교회를 향한 많은 폭력과 교회의 전통적 권위에 대한 공격이 대중적 공감 속에 일어났다. 이런 탈기독교화 현상(de-Christianization)은 정부의 법령에 의해 주도되었다. 하지만 이 정부가 새롭게 만들어낸 세속종교(manufactured religion)에 입각해, 새로운 공중의례(public ceremonies)를 조잡하지 않고 세련된 형태로 만들어 내는 것은 결코 쉽지 않았다. 때로는 오페라 가수가 파리의 노트르담 대성당(Notre-Dame de Paris) 앞에서 자유의 여신상의 자세를 취하기도 하였다. 매우 냉철한 반기독교적 혁명 지도자인 막시밀리앙 로베스피에르(Maximilien Robespierre)는 무분별한 혁명주의 예식을 자제시키고 새롭게 구성하고자 하였다. 하지만 그의 노력은 자신을 단두대로 가게 만드는 결과를 초래하였다.[78] 비록 이런 적극적인 탈기독교 캠페인은 1790년대 말 점차 약화되었지만, 프랑스대혁명은 기독교 기관뿐만 아니라 기독교 그 자체가 신세계 건설의 대적이라는 정서에 오랜 영향을 미쳤다. 혁명정부가 주도한 국가교회(Constitutional Church)는 곧 소멸되었다. 이 혁명의 동반자인 국가교회는 비참하게도 탈기독교화 주도자와 혁명의 전사들 사이에 사로잡혀 있었다.

프랑스가 이웃 국가들과의 전쟁을 지속하면서 프랑스 국민들은 점차 그들의 지도자들에게 환멸을 느끼기 시작하였다. 교회는 점차 힘없이 무너져 갔다. 혁명 전부터 교회는 실질적으로 가난한 자와 어려움에 처한 사람들을 돌볼 수 있는 유일한 기관이었다. 따라서 교회가 무너지자 제일 고통을 당한 사람들은 이런 힘없는 사람들이었다. 혁명군의 장교 중 가장 성공을 거둔 사람은 코르시카 출신의 나폴레옹 보나파르트(Napoleon Bonaparte)였다. 혁명 정부가 점차 대중의 원망을 받은 것과는 반대로, 그는 점점 더 대중적 지지를 받았다. 1799년 나폴레옹은 쿠데타(coup d'état)를 일으켰고, 이어진 국민투표(plebiscites)에서 부분적인 조작을 통해 대다수의 지지를 얻었고, 마침내 공화국의 초대 총통(Consul)으로 당선되었다. 곧이어 그는 프랑스의 황제로 즉위하였다. 이후 나폴레옹은 1813-4년의 대규모 정복이 결국 실패할 때까지, 프랑스 전역에서 폭넓은 국민적 지지를 누릴 수 있었다.

---

[78] Burleigh, 87-8, 102-5.

아주 기민한 정치가요 뛰어난 장수로서 나폴레옹은 종교에 큰 중요성을 부여하였다. 이것은 그가 개인적으로 종교심이 있어서가 아니라, 많은 사람들이 종교문제를 중요하게 생각한다는 사실을 알았기 때문이다. 이전에 공화국은 교회를 공격하는 큰 실수를 범했다. 하지만 나폴레옹은 프랑스의 연합을 위해서는 인간의 감정을 사로잡고 있는 교회를 잘 이해하고 활용해야 한다고 여겼던 것 같다. 그는 프랑스뿐 아니라 유럽의 가톨릭 전 지역을 프랑스의 통치 가운데 귀속시키고자 하였다. 그가 그 모든 지역을 통솔하는 합의를 이끌어내기 위해서는 교황과 접촉해야만 했다. 결국 1801년 나폴레옹과 교황 피우스 7세(Pius VII)는 이에 대한 의견을 함께 하며 협약(Concordat)을 맺기에 이른다. 이는 이후 19세기와 20세기에 걸쳐 교황과 다양한 정부 사이에 유사한 협약들의 모델이 되었다. 나폴레옹은 교황과의 이 협약이 자신의 인생의 가장 어려운 과업이었다고 언급하기도 했다.[79]

이 협약은 매우 중요한 의미를 갖는데, 그것은 단지 프랑스 교회가 국가의 협력자로서 폭넓게 재정립되었다는 외형뿐 아니라, 이 협약이 교황의 위치에 대해 중요한 결과를 불러왔기 때문이다. 교황권은 '계몽주의 전제군주'가 부상하면서 점차 약화되었고, 마침내 1799년 프랑스대혁명군이 피우스 6세를 프랑스로 체포하여 압송하고 죽음을 맞게 하면서 최악의 상태에 빠지게 되었다. 이제 새 교황은 프랑스 교회와 협약하면서, 그 독립적 지위를 마련하게 된 것이다. 이 협약을 통해 성직자의 임명과 서열 결정에 있어 교황의 권위는 공고해졌다. 특별히 낮은 계급의 성직자는 이를 매우 반겼다. 왜냐하면 이러한 변화는 곧 서열상 그들의 바로 위에 위치한 주교들의 권력에 제동을 거는 일이었기 때문이다. 교황의 새로운 권위는 상징적으로 1804년 교황의 동의 가운데 나폴레옹이 파리의 노트르담 대성당에서 황제

---

[79] 이에 대한 탁월한 해설은 다음 책을 참조. E. E. Y. Hales, *Napoleon and the Pope: The Story of Napoleon and Pius VII* (London, 1961).

즉위식을 집전하는 것에서 효과적으로 드러낼 수 있었다. 즉 시민군이 쟁취한 왕관이 나폴레옹의 머리에 쓰이는 순간, 전통적 교회와 새로운 시민 국가 사이에 의외의 재결합이 이루어졌던 것이다. 나폴레옹은 그의 새로운 동지인 교황이 고대 로마의 한 순교자를 새롭게 발견하여 성인으로 추대하도록 설득하였다. 아주 신령하고 공교롭게도 그 성인의 이름은 나폴레옹이었으며, 그의 성일은 황제의 생일과 동일한 8월 15일이었다. 또한 이 날은 교회가 일반적으로 성일로서 지키는 성모승천축일(Feast of the Assumption of Our Lady)이기도 하다(그림 39). 이후 나폴레옹이 몰락한 이후에도 성 나폴레옹 기념일(Feast of St Napoleon)은 보나파르트 추종자들(Bonapartist)을 결집시키며 19세기 내내 지속되었다. 이는 황제에 대한 기억을 지우고 그날을 성모를 기념하는 것에만 집중하기 원했던 가톨릭교회에겐 아주 성가신 장애물이었다.[80]

나폴레옹은 대중 선동의 천재였다. 서기 481년 클로비스(Clovis)의 아버지이며, 프랑스의 전신 국가에서 최초의 기독교인 황제였던 킬데릭(Childeric)는 현재 투르네(Tournai)라고 불리는 도시에 장사되었다. 1653년 킬데릭의 화려하게 장식된 무덤이 로마 주위에서 발견되었는데, 이는 유럽 최초의 고고학적 발굴로 기록되어 있다. 무덤 안에 있던 수많은 보물 가운데는 금과 석류석으로 장식된 많은 벌 문양이 있었다(어떤 이들은 그것이 사실은 잔인하게 찢겨진 독수리라고 주장하기도 한다). 이 문양은 아마도 화려한 망토나 안장을 장식하는 문양이었을 것이다. 이 가운데 대부분은 19세기 도굴범에 의해 유실되었다. 나폴레옹은 이 벌 문양에 영감 받아 그의 왕조의 상징물로 차용하였다. 그는 이를 통해 대혁명으로 무너진 프랑스의 직접적 전신이라 할 수 있는 고대 기독교 국가와 자신의 왕조를 연결시키고자 했다. 보나파르

---

80 S. Hazareesingh, *The Saint-Napoleon: Celebration of Sovereignty in 19th-century France* (Cambridge, MA, and London, 2004), esp. 3-4, 7-11, 179-200, 227-8.

트의 벌 문양은 옛 프랑스 왕가의 상징을 현재 자신의 것으로 삼아 스스로의 명예를 높이고자 한 것이다. 이는 나폴레옹이 교황과의 협약을 통한 방법보다는 전통적 기독교를 교묘히 개조하여, 자신의 권위를 세우는 행동이었다. 하지만 나폴레옹은 혁명주의자들이 간과한 중요한 진리를 잘 알고 있었다. 혁명가들은 과거를 파괴함으로 계몽주의의 이상을 실현하려고 했지만, 전통과 역사는 그 자체로 중요한 권위를 갖고 있으며, 변화의 중요한 동반자라는 사실이다. 그리고 서구 유럽 전통의 핵심은 다름 아닌 바로 기독교였다.[81]

1804년 피우스 7세가 파리를 방문했을 때, 대중들은 열렬히 그를 환영하였다. 교황이 프랑스대혁명의 맹렬한 저항의 대상이었음을 생각한다면, 이는 아주 놀라운 일이다. 이 사건은 곧 대중적 가톨릭 행동주의(activism)의 시발점이 되었으며, 이후 카리스마적 교황권을 지향하며 나아갔다. 하지만 이런 대중적 공감은 오래가지 못했다. 1809년 나폴레옹은 이탈리아의 교황령을 점령하였고, 피우스 7세를 4년간 투옥시켰다. 대혁명으로 인한 교황의 지속적 수모는 교황이 이탈리아의 실질적 군주라기보다는 단지 믿음의 지도자라는 인식을 유럽 전역에 심어주었다. 당시 주목할 만한 사실은 이 시기에 반교황주의 정서가 오히려 약화되었다는 것이다. 심지어 개신교 국가인 영국도 그들의 적의 적이었던 교황에 대한 동정심을 표명하였다. 많은 가톨릭 사제와 수도사들이 대혁명의 희생을 피해 영국으로 피신하였고, 영국은 그들을 따뜻하게 영접해주었다. 이는 1789년 이전에는 상상할 수 없는 일이었다.

계속된 교회의 재해는 간접적으로 교황에게 이득이 되었다. 1803년 주교와 수도사들이 다스렸던 교회령 신성로마제국에 세속 정부가 들어서면서, 교회의 막대한 재산은 국가에 의해 몰수당했다. 또한 독

---

81 P. S. Wells, *Barbarians to Angels: The Dark Ages Reconsidered* (New York and London, 2008), Ch. 4.

일 가톨릭교도의 절반은 개신교 통치 가운데 들어가게 되었다.[82] 자신들의 오랜 권리를 수호해온 고위 성직자들은 종종 국가의 숭고함을 존중하는 데 인색했다. 하지만 이제 그들은 몰락하고 말았다. 1806년 신성로마제국의 황제 프란시스 2세(Francis II)는 자신의 호칭을 스스로 오스트리아의 황제 프란시스 1세(Francis I)로 바꾸었다. 교황 역시 이때 신성로마제국 안에서조차 왕권과 신권의 전통적 균형이 끝나버렸음을 알게 되었다. 1814년 교황은 별다른 소동 없이 예수회를 재건했다. 이후 가톨릭교회는 모든 왕조를 전복시키고자 했던 대혁명을 계기로, 왕조 편에 서는 쪽으로 방향을 선회하게 된다. 이는 나폴레옹이 몰락한 1815년부터 제1차 세계대전의 발발까지 한 세기 동안 있었던 많은 모순 중 하나이다. 많은 사회변동 속에서도 교회의 구조는 그대로 유지되었다. 이 기간 서구의 정치제도와 의식에 더 발전된 변화와 혁명이 있었지만, 전 세계의 기독교는 여전히 계몽주의적 가치에 머물러 있었다. 프랑스대혁명은 계몽주의가 꿈꾸던 이상이 갑작스럽게 그리고 폭력적으로 이루어진 실험이었다.

7. 혁명의 여파: 민족국가로 재편된 유럽

유럽의 막강 권세자들로 이루어진 반혁명 연합은 마침내 승리했다. 그들은 아직 생존한 프랑스의 원로, 부르봉(Bourbon)을 프랑스의 새로운 국왕, 루이 18세(Louis XVIII)로 추대하였다. 하지만 옛 왕조를 회복하는 것은 이제 불가능한 일이었다. 두 가지 특별한 이유에서 승리를 쟁취한 반혁명 연합은 비엔나회의(Congress of Vienna)에서 유럽의 영토 정비를 하지 않았다. 첫째, 합스부르크 왕조가 더 이상 그들의 최근 국가명인 신성로마제국을 원하지 않았고, 둘째, 유럽의 국가에

---

[82] Beales, *Prosperity and Plunder*, 282-90.

서 교회령은 이제 사라져 버렸기 때문이다. 오직 교황만이 이탈리아에서만 일시적 통치권을 유지할 수 있었다. 그나마도 영토는 약간 축소되었다. 탁월한 통치자 중에는 성직자들도 있었고, 그들의 평판도 대체로 좋았지만 계몽주의 물결 속에 그들은 정치적으로 그 신뢰를 상실하였다. 즉 지난 1,000년간 유지되어 온 기독교의 정치권력이 무너져버린 것이다. 이후 한 세기 동안 유럽은 큰 전쟁을 피하고 평화를 유지할 수 있었다. 하지만 1914년 제1차 세계대전이 발발하면서 기독교 국가라는 개념은 돌이킬 수 없는 몰락을 고하고 만다. 이 한 세기 동안 서방기독교는 1790년대의 격동으로 인해 그 신앙과 근본들에 대해 총체적인 갱신과 도전 모두를 경험하였다.

전 유럽에 걸쳐 혁명의 언어와 전쟁의 상처는 사람들을 일깨워 새로운 가능성을 지향하게 만들었다. 특히 평범한 사람들도 자신의 운명은 스스로 만들어 갈 수 있다는 가능성을 발견하게 되었다. 증기기관의 동력을 토대로 일어난 산업혁명은 영국에서 시작되었고, 러시아에 이르기까지 경제적 여지가 있는 모든 지역에 번져나갔다. 많은 사람들이 산업 지역으로 몰려들었고, 이 지역은 곧 전통적인 대도시에 맞먹을 만큼 번성해갔다. 사람들은 가난과 결핍으로 인한 어려움 속에서도, 점점 더 자신의 삶을 전통적인 가족이나 관습에 매이지 않고 독립적으로 세워가게 되었다. 이러한 삶의 모습은 오늘날까지 전 세계로 확대되고 있다. 시민운동(movements of peoples)의 사상과 활동은 그들 상호간의 대화를 통해 점점 더 확대되었다. 이러한 조류는 1830년대 영국을 시작으로 유럽 전역이 증기기관차로 연결되면서 더욱 용이해졌다. 이것은 인류가 말을 타는 법을 익힌 이후, 가장 큰 운송과 속도에서의 대혁신이었다. 속도혁명은 이에 그치지 않았다. 19세기에 전신과 전화가 차례로 발명되면서, 아주 먼 거리에 떨어진 사람과도 쉽게 소통할 수 있는 길이 열리게 되었다. 물론 이런 장비를 갖출 수 있는 경제적 여유가 있는 사람들에게만 주어진 것이지만 말이다. 기독교 역사는 이전부터 비칼케돈 기독교, 서방 칼케돈 기독교, 동방 칼케돈 기독교의 세 조류로 구분되어 이어져 왔지만, 이제는 이 세 그룹이 서로 상호관계 속에 연합하고 더 가까워질 수 있는 환경이 시작된 것이다.

유럽의 국가 교회와 또한 그로부터 파생된 다른 많은 교회들이 이러한 새로운 조류에 적응해야 했다. 혁명의 시대는 고상한 철학 논문 속의 사상을 일반 대중도 공유하게 만들었고, 이 새로운 시대적 메시지를 완수해야 한다는 공감을 불러 일으켰다. 절대 간과할 수 없는 중요한 사실은 프랑스대혁명의 슬로건인, "자유, 평등, 박애"의 정신이 사람들에게 깊이 각인되었다는 것이다. 프랑스 국회(French National Assembly)는 자국인들로 구성된 시민군을 조직하였다. 따라서 이들은 스스로 자기 의견을 말할 수 있는 권리를 가지게 되었다(일부는 이 병사들의 부인들도 같은 권리를 가지고 있다고 주장하기도 하였다). 여기에는 새로운 형태의 정치가 요청된다. 이는 전통적인 정치적 견해와는 분명 다른 것이다. 물론 사회적 특권과 부가 왕국의 정사에 중요한 목소리를 낼 수 있는 자격이라는 전통적 정치 관념은 여전히 남아 있었다. 19세기 초 영국의 의회제도가 그 예이다. 프랑스대혁명은 영국처럼 국왕이 다스리는 국가, 또한 그것은 신성한 것이라는 전통적 이데올로기를 전복시켰다. 그 대안으로 제기된 것이 곧 민족국가(nation-state)의 탄생이다. 이 제도는 통치권을 왕의 심복이나 지방 영주가 아닌 중앙집권적 정부에 두고, 모든 국민은 한 국어를 사용하며 국가를 따르는 이상을 추구한다. 프랑스 국민들에게 이 제도는 그들의 유일한 대안이라는 생각이 보편화되었다. 그것은 바로 민족주의(nationalism)라고 불리는 이데올로기이다.[83]

민족국가라는 사상은 19세기 유럽의 가장 중요한 정치적 원동력이었다. 여기에는 많은 어려움이 있었다. 왜냐하면 유럽 각지는 이전

---

[83] 다음 책은 민족주의에 대해 매우 날카롭게 분석하고 있다. E. English, *Irish Freedom: The History of Nationalism in Ireland* (Basingstoke and Oxford, 2006), 1-21.

에 이와 유사한 정치적 장치가 존재하지 않았고, 국민들에게 이를 위한 어떤 공유문화(common culture)나 집단의식(mass consciousness)이 아직 준비되지 못했기 때문이다. 또한 이런 민족주의 국가 형성을 저지하고자 했던 전통적 정권과도 갈등을 겪어야 했다. 많은 사람들에게 19세기의 민족주의는 정서적으로 종교를 대치하는 것이었다. 많은 유럽 국가들이 프랑스의 정치적 모델을 따르게 된다. 한편 1790년대 프랑스대혁명군이 침공했던 지역에서는 이들의 폭력을 혐오하면서, 일종의 민족적 연합이 구축되었다. 이런 토대 위에 벨기에, 이탈리아, 독일은 19세기 동안 전통적 정치 구조를 전복시키고, 그들의 민족적 정체성을 공고하게 세웠다. 이후 20세기에 민족주의적 저항은 유럽의 민족주의 국가에 대항하는 비유럽 식민지 국가들의 중요한 모델이 되었다.

민족주의와 함께 산업혁명은 신흥 엘리트 계층과 이전의 귀족 계층과의 갈등을 초래하였다. 프랑스대혁명과 마찬가지로 산업혁명은 자신들의 부와 권력의 기초를 토지와 농업에 두었던 귀족사회에 도전했다. 산업혁명 이전 프랑스의 경우에도, 앙시앵 레짐 전복의 주축 세력은 토지를 소유한 계층이 아니었다. 그들은 변호사, 언론가, 사업가, 전문적 기술을 가진 도시 노동자를 중심으로 한 소위 중산층(middle class) 시민들이었다. 유럽 본토와 마찬가지로 보다 평온했던 영국의 정치 상황도 이제는 중산층 계급들이 국가 정책에 자신들의 부와 재능을 적절한 정책에 반영하기 위해, 자신들의 주장을 대변할 정치적 기관을 마련하는 법령을 제정하기 위해 투쟁하였다. 적어도 그들은 토지를 소유한 귀족들과 권력을 공유하기 원했다. 그들은 출생이 아니라 자신의 노력과 성취를 보상받는 사회구조를 만들고자 하였다. 또한 그들은 자신들이 생각하는 정치적, 종교적 발언의 권리를 얻고자 노력했다. 이것이 바로 정치적 자유주의(Politics of liberalism)이다.

자유주의자들은 혁명의 모토였던 자유와 평등을 열망하였다. 하지만 그것만으로는 부족했다. 19세기 초반 계몽주의의 이상은 행동으로 실천되었다. 이 기억은 많은 유럽인들 가운데 새로운 사조를 공감하도록 이끌어주었다. 이에 부상한 사조는 낭만주의(romanticism)였다. 1789년부터 1815년 사이의 사건들을 통해 자극 받아, 유럽을 새롭게 재편하고자 했던 사람들은 계몽주의의 합리성보다는 개인의 성취를 추구하는 감성적 표현을 더 선호하였다. 낭만주의는 유럽 정치운동의 중요한 요소로 자리 잡았다. 즉 정치적으로 과거를 회상하거나 미래를 희망하는 데 정서적인 영향을 제공한 것이다. 나폴레옹이 몰락한 후 낭만주의는 유럽인들이 삶을 재정비하는 데 다양한 기회를 제공하였다. 혁명의 삼위일체적 모토의 마지막 요소인 박애는 모든 억압받는 자들을 향한 형제애를 공유하고 나누기 원했던 그룹들의 슬로건이 되었다. 이들은 잔재한 유럽의 귀족들이나 산업혁명으로 인해 부상하게 된 부유한 엘리트들을 포함한, 모든 신구 억압세력에 대해 저항하였다. 1830년대 아주 갑자기 영국과 프랑스에서는 이 급진적 정치세력에 대한 새로운 호칭을 사용하기 시작하였다. 그 새로운 명칭은 바로 "사회주의"(socialism)였다.

사회주의자들(socialists)은 인간은 모두 날 때부터 차별과 빈곤의 뒤틀림이 아니라, 서로가 서로를 형제로 대해야 한다고 주장했다(이들에게 '자매들'(sisters)은 그다지 큰 관심이 아니었다). 이것은 곧 계몽주의적 낙관주의의 재현이라 할 수 있다. 하지만 사회주의자들은 예수 그리스도의 사랑의 윤리(love ethics)를 차용하여 강조하였고, 종종 교회라는 개념도 사용하였다. 하지만 이들이 교회의 권위에 공감했던 것은 아니다.[84] 이 운동의 주요 주창자 가운데 로버트 오웬(Robert Owen)은 1816년부터 스코틀랜드의 뉴래너크 목화가공 공장(New Lanark cotton mills)에서 사회주의 이론을 실제로 실천에 옮겼던 특별한 인물이다. 그는 국가교회에 대한 혐오감을 가지고 있었다. 하지만 그는 진지한 기독교 신자였고, 인간의 완전주의를 강조하는 시대에도 열정적 신앙

---

[84] Burleigh, 261-3.

심을 계속 유지했다.[85] 그의 사회사업의 열정을 흠모한 사람들 중 일부는 오웬과는 달리 산업화사회 자체를 거부하기도 했다. 그들은 타락한 산업사회의 비참함을 바라보며, 농업을 중심으로 하는 새로운 공동체를 지향하였다. 그들은 자신들의 이상을 북미주에서 펼치길 원했다. 하지만 그들은 이곳에서 오웬의 원시적 사회주의(proto-socialism)를 시도하다가, 인디애나 주민들의 강한 개인주의 성향으로 인해 그 꿈이 좌절되고 말았다. 미국에는 원주민들의 인구가 감소하면서 토지의 여유가 있었고, 이민자 가운데는 유럽에서 사회적 차별을 받았던 사람들이 많았다. 하지만 이런 시도들은 사람들에게 너무 낭만적이고 시대역행적 사고라고 무시당하기 쉬웠고, 오웬의 경우처럼 대개는 실패로 끝나버렸다. 따라서 19세기 초 유럽의 정부들은 이러한 공동체적 그룹들을 더 급진적인 자유주의자들에 비해 그다지 위협적으로 보지 않았다.

그것은 잘못된 판단이었다. 원시적 사회주의의 이상은 다음 세대에 더 구체적인 실천적 사회주의로 발전되었다. 프랑스에서 루이 블랑(Louis Blanc)은 사회주의 정책을 적용하여 민중이 주도하는 국가의 비전을 주장하였다. 1848년 그는 매우 짧았지만 "제2 공화국"(Second Republic)의 일원으로 활약하였다. 그때 블랑은 사회의 진정한 현실을 직시할 수 있었다. 1840년대 프리드리히 엥겔스(Friedrich Engels)는 당시의 영국 사회의 부조리를 정확하게 파악하기 위해서, 영국의 산업기관과 개인적 관계를 가지고 있었다. 그는 이를 통해 계급 갈등의 원인과 해결방안을 모색하려 하였다. 그의 동지 칼 마르크스(Karl Marx)는 사회주의의 역사와 미래를 분석하면서, 그 이론과 표현들을 새로운 체계와 철학으로 적용해나갔다. 마르크스는 그가 꿈꾸는 사회주의의 궁극적 비전을 "프롤레타리아의 정권"(dictatorship of the proletariat)이라고 명명하였다. 사실 이것은 지난 2천년 동안 기독교 안에서 일어

---

[85] Ibid., 235-41.

난 예언적이고 묵시적인 비전과 크게 다르지 않았다.

　마르크스가 유대-기독교 전통과 유사한 예언자적 주장을 하였지만, 이 새로운 사회주의 사상의 특별한 점은 유물론적 사상을 강조하고 계시종교를 거부했다는 사실이다. 이는 마르크스에게 가장 큰 영향을 주었던 루드비히 포이에르바하(Ludwig Feuerbach)가 자신의 저작들에서 사람들에게 종교의식을 거부하라고 주장한 것을 연상시킨다. 1844년 이전 경부터, 마르크스는 사회에서 종교를 몰아낼 필요성에 대해 저술하고 있었다. 그는 종교가 억압받는 노동자들을 환상에 빠뜨리면서, 자신들의 자유를 위한 과업을 망각하게 만든다고 생각했다. 마르크스와 엥겔스는 1847년 "정의 연맹"(Leagues of the Just)이라 불리는 사회주의적 기관을 인수하였다. 그들은 이 기관의 이름을 "공산주의 연맹"(Leagues of Communists)으로 새롭게 명명하고, 그 슬로건도 "모든 인류는 한 형제다"(All men are Brothers)에서 "만국의 프롤레타리아들이여, 단결하라!"(Proletarians of all Countries – Unite!)로 바꾸었다.[86] 이후 많은 사회주의자들이 마르크스의 예언자적 사회주의 건설의 미래를 위해 기독교는 동지라기보다는 장애물로 인식하게 되었다. 그들은 또한 자유주의와 민족주의, 여전히 남아있는 앙시앵 레짐과도 대립하였다. 이제 기독교는 누가 자신들의 진정한 대적인지 분별하여야만 했다.

---

86 Ibid., 247-8.

제22장

유럽, 깨어났는가? 다시 잠들었는가?
1815-1914

1. 가톨릭교의 재부상: 마리아의 승리와 자유주의의 도전

　유럽의 교회들은 혁명전쟁의 상흔과 나폴레옹의 몰락을 경험하며, 이에 대해 아주 다양한 반응을 보였다. 제1차 세계 대전 전후의 격변 상황까지 가시적으로 유럽의 모든 지역에서는 전통적인 국가교회와 역시 전통적인 왕조 정부가 지배하고 있었다. 그 결과로 왕조가 다스리는 정부의 권력을 재편하고자 했던 사람들은 교회 역시 그들의 대적으로 인식하고 있었다. 하지만 종교적으로 일치되지 않은 국가에서는 상황이 더 복잡했다. 같은 문화와 언어를 공유하고 있기는 하지만, 외부 권력에 의해 지배당하고 있던 지역은 대부분 같은 종파의 교회로 일치되기를 선호하였다. 즉 교회는 민족주의적 자기 정체성의 중심으로 자리 잡고 있었던 것이다. 특히 이런 상황은 정부와 국민 모두 로마가톨릭교를 신봉하는 지역에서 보다 복잡한 양상으로 나타나고 있었다.
　한편 가톨릭교와 개신교를 막론하고 당시 서구 기독교의 가장 중요한 구조적 변화는 유력한 성직자들이 좋은 가문 출신보다는 개인의 능력이 뛰어난 사람들로 이루어져 있었다는 사실이다. 이는 전통적 사회의 각 기관들에서는 보기 드문 현상이었다. 이제 신성로마제국 내에서 귀족 출신의 무능력한 대주교와 수도원장, 성당의 주임신부들은 모두 가톨릭교회에서 퇴출되었다. 그리고 이런 현상은 점점 더 두드러져 갔다. 오랜 시간에 걸쳐 성직자들의 리더십에 찾아온 변화는 세속 정부의 전문화와 관료정치(bureaucracy)의 부상과 맞물리면서, 서구 기독교가 점차 자유주의적인 경향으로 치닫게 만들었다. 하지만 로마가톨릭교회에서 이런 현상의 즉각적 결과는 더욱 집중된 교황의 권력과 이에 대한 충성의 정서가 강화되었다는 것이다. 즉 성직자들은 이전과는 달리 귀족 계급 권력자들에게서 돌아서서, 로마의 궁극적인 지도자인 교황을 따르고자 했다.

이러한 추세는 "교황권지상주의"(ultramontanism)로 알려진 오랜 전통에 근거해 구체화되었다. 교황권지상주의란 말은 중세시대 교황과 신성로마제국과의 심각한 갈등 속에서 파생하였으며, 그 어원적 의미는 북유럽인들의 관점에서 '알프스 산 너머를 바라본다'는 의미를 갖고 있다. 따라서 교황권지상주의자(Ultramontanes)는 알프스 산 너머의 이탈리아에 거하고 있는 교황의 권위를 경외한 사람들이라고 할 수 있다. 교황권지상주의는 가톨릭교회 안에서 프랑스의 교황권제한주의(Gallicanism)와 같이 각 지역의 정서를 강조하는 그룹과 마찰을 빚어왔다. 이들은 알프스 너머의 지도자를 추종하기보다는 자신들 지역의 권위를 먼저 존중하는 사람들이었다. 교황권지상주의는 대체로 교회 안에서 보수주의 세력으로 여겨질 수 있지만, 1815년 이후에는 어떤 형태로든 교회의 재건과 부흥을 도모하는 갱신운동으로 볼 수 있다. 당시 교황은 사실상 유럽에서 마지막(선출된) 제왕이었다. 그런 의미에서 교황은 '앙시앵 레짐'을 상징하는 존재였으며, 중앙집권적 가톨릭교회를 추구하였다. 이는 가톨릭교회의 오랜 전통이지만, 당시에는 새로운 운동처럼 여겨졌다. 교황권지상주의는 그레고리 7세와 이노센트 3세 시대의 영화를 회복하고자 하는 야심을 드러냈다. 교황은 자신의 권력을 유지하는 것이 결코 쉽지 않았지만, 유럽의 왕조들과 계속 연계해 나갔다. 또한 이들 왕조는 자신들의 상속받은 권익을 교회의 도움을 통해 유지하고자 하였다. 그들은 주로 나폴레옹의 사례와 같은 형태로 교황과 협약을 맺기 위해 협상하였다. 그들은 이런 협약을 통해 자신들의 영토에서 교회 업무에 관여하는 기회를 얻고자 하였다. 그들은 더 나아가 교황에 의해서가 아니라 자신들의 힘으로 주교직에 대한 임명권을 갖기 원했다.[1] 오스트리아의 황제는 종교적 서약을 통해 왕위에 오른 합스부르크 왕조의 후예로, 여전히 자신이 유럽의 가톨릭 왕국들을 대표하는 리더라고 생각하였다. 1903년경 가톨릭 국가인 오스트리아-헝가리(Austria-Hungary)의 황제, 프란츠 요제프(Francis Joseph)는 교황 선출을 위해 추대된 후보자에 대해 거부권을 행사하기도 하였다.[2]

프란츠 요제프는 서방교회 역사의 해산권을 다시 발의하고자 했다. 하지만 이는 당시 불가능한 일이었다. 교황권지상주의는 당시 급부상한 대중적인 가톨릭 부흥운동과 연합하며 교황의 정서적 권위를 새롭게 세우고 있었다. 이는 18세기 가톨릭교회의 모든 일에 사사건건 간섭했던 정부와 혁명가들에게 대항했던 대중 운동을 연상시킨다. 이 새로운 신앙적 대중들의 분파(cults)와 수도회들은 이전의 교회에 대한 세속적 억압을 반전시키며 발전해갔다. 하지만 이들은 16세기 말 유럽의 가톨릭교회가 그러했듯이, 단지 과거의 복원에 그치는 것은 아니었다. 남성 민족주의자들의 폭력으로 대변되는 약 20년 동안 이어진 프랑스대혁명에 반해, 교회는 전 세계적으로 점차 여성들이 주도해가는 양상이 두드러졌다. 현대 사회학에선 이 반전된 가톨릭교회의 현상에 대해 "교황권지상주의 페미니즘"(ultramontane feminism)

---

1 N. Akin and F. Tallett, *Priest, Prelates and People: A History of European Catholicism since 1750* (London, 2003), 91.

2 Duffy, 320. Pius X는 교황 선거에서 이런 사례가 다시 발생할 수 있는 가능성 자체를 금지시켰다. Ibid., 321-2.

이라는 어색한 말로 표현되기도 한다.[3] 17세기 유럽에서는 가톨릭교와 개신교 모두 여성이 남성보다 종교적 활동에 더 활발하게 참여하였다. 멀리 멕시코에서도 남성들은 점점 교회의 종교활동에서 멀어진 반면 평신도 여성들의 연합은 교구 활동에 있어 전례 없이 많은 역할을 수행했다.[4]

수녀들의 소용돌이가 갑자기 모든 교회를 덮친 것이다. 예를 들어, 지금의 벨기에 지역에서 1780년부터 1860년까지 남성에 비해 여성 수도사들의 비율은 40대 60에서 60대 40으로 역전되었다. 이런 추세가 심화되면서 트리엔트공의회(Council of Trent)의 주교들은 모두 경악하고 있었다. 당시 벨기에에서 수녀들 중 불과 10퍼센트만이 공식적으로 수도회에 소속되어 있었다. 그들은 대부분 교육, 간호, 빈민 구제의 역할을 감당하고 있었다.[5] 또한 많은 여성들이 예비 수도사로 자원하며 열심히 자신의 일을 수행하였다. 노르망디(Normandy) 리지외의 테레즈 마르탱(Thérèse Martin of Lisieux)은 세상을 부인하고 철저하게 자신을 엄히 다스리는 경건한 십대 소녀였다. 그녀는 1887년 로마 방문에 매우 고무되어 있었고, 교황 레오 13세(Leo XIII)에게 자신이 아직 어리지만 갈멜 수도회(Carmelite Order)에 입적할 수 있게 해달라고 직접 탄원하려 하였다. 하지만 근무하던 교황의 친위대에 사로잡혔고, 고위 성직자는 그녀를 타이르며 거절하였다. 테레즈는 그의 무릎에 매달려 애원했지만 결국 경비대에 의해 쫓겨나고 말았다. 이후 테레즈는 결핵으로 일찍 세상을 떠날 때까지 자신의 길을 걸으며, 비공식적으로 수사의 삶을 살았다. 반세기 이후 그녀는 사후에 시성의 영예를 얻을 수 있었다.[6]

---

3 V. Viaene, "The Second Sex and the First Estate: The Sisters of St-André between the Bishop of Tournai and Rome, 1850-1886", *JEH*, 59 (2008), 447-74, at. 46.

4 B. Hamnet, "Recent Work in Mexican History", *HJ*, 50 (2007), 747-74, et. 757.

5 Viaene, "The Second Sex and the First Estate", 449.

6 K. Harrison, *Saint Thérèse of Lisieux* (London, 2003), 71-3, 186.

인류 역사상 가장 권위 있는 여성은 성모 마리아일 것이다. 19세기는 12세기 이후 서방교회 역사에서 성모 마리아의 활동이 가장 두드러졌던 시기이다. 성모 현현은 모든 유럽 지역과 남미에서 유례없이 자주 일어났다. 성모 현현 사건은 주로 가난하고 힘없고 외딴 지역에 사는 여성들에게, 또한 정치적 격동과 경제적 위기로 사회에 큰 변화가 도래했을 때 일어났다.[7] 이때 성모는 사람들에게 다양한 자신의 메시지를 전하기도 했다. 1830년 파리에서 성모 마리아는 이제 막 입교한 젊은 수녀, 카트린 라부레(Catherine Labouré)에게 세 번에 걸쳐 나타났다. 첫 번째 현현은 7월에 발생했는데, 그때는 부르봉 왕조(Bourbon monarchy)가 무너지고 오를레앙 왕조의 루이 필리프(Orleanist Louis Philippe)가 정권을 쟁취한 2주 동안의 격동기였다. 그때 성모는 카트린에게 자신의 형상이 새겨진 메달을 주었다. 이후 12년간 이 메달은 신자들 사이에 1억 개 이상 복제되었다. 그들은 혁명 세력과 타협해 자신들의 권리를 침해한다고 여기던 프랑스의 오를레앙 왕조보다 이 메달에서 더 큰 마음의 위안을 찾았다.[8]

또다시 성모는 독일의 마핑엔(Marpingen)에서 세 명의 시골 소녀에게 나타나, 당시 정치적 상황에 대한 자신의 견해를 말했다. 이런 일은 이미 프랑스에서 자주 있었던 일이다. 마핑엔은 새로운 독일 연방 제국의 개신교에 완강하게 저항하였던 가톨릭교도들과의 문화전쟁(*Kulturkampf*) 지역이었다. 성모의 출현은 마핑엔의 사람들이 바라던 가톨릭교 재건의 결과를 불러오진 못했다(이전에 로데(Lourdes)에서는 성모 현현을 통해 성공했었다). 하지만 성모 현현은 독일의 가톨릭교도들의 도덕성을 전반적으로 강화하였다. 성모는 이러한 일을 수행하며 라인란트(Rhineland) 주교회의 어떤 도움도 받지 않았다. 가톨릭 주교들

---

7 D. Blackbourn, *Marpingen: Apparitions of the Virgin Mary in Bismarckian Germany* (Oxford, 1993), 1-57.

8 J. Garnett, "The Nineteenth Century", in Harries and Mary-Harting (eds.), 192-217, at 199-201.

은 개신교 정부의 강한 압박을 받고 있었다. 그렇지 않았다면 주교들은 최선을 다해 마리아 숭배의식을 그 지역에 즉각적으로 불러올 수 있었을 것이다.⁹ 하지만 성모에게 아주 중요한 두 기술적 동반자가 있었다. 그것은 사람들의 소통에 놀라운 속도의 변화를 가져온 값싼 인쇄기와 증기기관차였다. 증기기관과 인쇄술은 일반적으로 사회변혁을 불러오는 중요한 동력이었다. 그녀가 유례없이 자주 여러 지역에 현현했다는 소문은 인쇄물을 통해 급속히 퍼져나갔다. 이전부터 있던 성모 기념 성지(shrines)에 수많은 사람들이 모여들었고, 여기저기 새로운 성모 기념 성당들이 생겼다. 수많은 사람이 이 지방 성당에 모일 수 있었던 것은 증기기관차의 도움이 컸다. 가톨릭교도들은 이 성소에 촛불을 켰고, 순례자들의 여정은 결코 쉽지 않았지만 그들은 큰 환희를 경험하였다.

약 20회 이상의 성모의 잦은 현현은 그 현현과 함께 일어난 성흔(stigmata) 현상과 더불어 극심한 논쟁을 불러일으켰다(성흔은 이미 오래전 아시시의 성 프란시스에게 나타난 바 있다. 현대에 나타난 이 현상은 거의 모두 여성에게 일어났다).¹⁰ 이러한 이적들은 같은 가톨릭교회 안에서 일반적으로 회의적인 남성 성직자들과 대담하게 이 일을 증언하는 여성들의 대결구도를 형성하였다. 이러한 여성들은 자신의 경험에 대해 일부 성직자들과 평신도 여성의 지지를 받았다. 이러한 현상은 20세기까지 유럽 전역의 가톨릭 지역에서 위기가 찾아왔을 때에 계속 일어났다. 1917년 포르투갈의 파티마(Fatima)에서 세 명의 아이들에게 성모가 현현한 경우가 대표적 사례이다. 그때는 제1차 세계대전 중이었고 포르투갈 왕조가 몰락한 지 7년이 지난 시점이었다. 비슷한 경우로

---

9 Blackbourn, *Marpingen*, esp. 278-81, 400-1, 405. *Kulturkampf*에 대해서는 Ch.11을 참조.

10 가장 두드러진 성흔의 사례들은 다음과 같다. Anna Katherina Emmerich (1813년 독일의 서북 지방), Maria Dominica Lazzari (1835년 오스트리아의 티롤 지방), Maria de Moerl or von Merl (1839년 오스트리아의 티롤 지방), Louise Lateau (1868년 벨기에). 이후 오랫동안 나타나지 않다가 이탈리아인 Francesco Forgione or Padre Pio (1887-1968)에게 다시 나타난 바 있다.

서 1981년 가톨릭교가 특별히 강성한 크로아티아(Croat)의 마을인 메주고리에(Medjugorje)에서 성모 현현이 있었다. 그때 유고슬라비아 연방(Yogoslav Federation)의 정치적 힘을 상실하기 시작했었고, 지역 내의 여러 민족들이 연합한 폭동 전야의 긴장된 순간이었다. 바로 직후 유고슬라비아 내전이 발발하였고, 헤르체고비나(Herzegovina)에서 성모를 따르는 가톨릭 유격대는 극단적인 반이슬람 민족주의자들이었다. 또한 그들은 모스타르(Mostar)의 주교들이 하늘의 비전에 대한 의심을 거두지 않는다면 모스타르 성당을 파괴하겠다며 위협하기도 하였다.[11]

사람들은 이런 종교적 에너지의 출현에 열광하였기 때문에, 가톨릭 교황권지상주의는 계몽주의 파괴자들에 대항하는 통합된 이데올로기로 자리 잡게 된다. 그리고 교황은 혁명의 시기에 교회가 당한 수난과 궁극적 승리의 상징이 되었다. 프랑스 최고의 논객으로 알려진 조제프 드 메스트르(Joseph de Maistre)는 교회와 국가의 전통적인 절대왕조를 대변하는 예언자였으며, 프랑스대혁명이 주장한 모든 것에 맹렬히 대항한 인물이었다. 1819년 그는 다음과 같이 선포하였다. "기독교는 교황의 절대적인 권위 가운데 평화를 누린다." 그리고 "교황의 주권은 본질적으로 무오하다(infallible)."[12] 교황권지상주의자들의 과격한 언어 표현은 교황의 분노를 대변하는 것이며, 중부 이탈리아의 임시정부에 대한 도전이었다. 민족주의자들과 자유주의자들은 역사 속에 사라진 로마제국 이후 처음으로 이탈리아 반도를 통일하려고 노력했다. 카리스마 있고 창의적인(또한 고지식하고 자기중심적인) 교황 피우스 9세(Pius IX)는 1846년 교황에 오르게 된다. 그는 교황령으로 철도를 준설하는 등 놀라운 근대화 작업을 수행하였다. 이와 같은 작업은 바티칸을 발칵 뒤집어 놓을 수 있는 갑작스럽고 자유주의적

---

11 M. A. Sells, *The Bridge Betrayed: Religion and Genocide in Bosnia* (Berkeley and Los Angeles, 1996), 98-9, 105-13.

12 J. de Maistre, *Du Pape, Discours prelim*, 24 and 7-8: F. Oakley, *The Conciliarist Tradition: Constitutionalism in the Catholic Church, 1300-1870* (Oxford, 2003), 202에서 재인용.

인 발상이었으며, 어쩌면 교황 자신이 유럽 전역을 자유주의적 가치로 재건하는 운동에서 로마가 리더십을 가질 수 있도록 이끄는 계기가 되었는지도 모른다. 하지만 1848년 민족주의자들의 혁명이 발발하면서 교황은 혼란에 빠지게 된다. 그는 이러한 혁명이 교황령의 상실로 이어질지도 모른다는 염려 속에 이탈리아의 통일을 강력히 반대하였다.

1864년 교황은 한때 신실한 교황주의자였던 사보이가(House of Savoy)의 주도로 집권한 이탈리아 왕조에게 몇 차례에 걸쳐 굴욕적으로 영토를 상실하게 되자, 상심 가운데 각 교회에 한 통의 편지를 보냈다. 그 편지에는 교황의 최근 발표를 모아놓은 "오류요목"(Syllabus of Errors)이 첨부되어 있었다. 일부는 별 문제가 없었다. 하지만 그 목록에는 몇 가지 난해한 사항들이 포함되어 있었다. 예를 들면, 사회주의에 대한 정죄와 가톨릭 영토 안에 비가톨릭 신앙의 자유에 대한 내용이 그것이다. 이 목록은 교황이 "스스로 자유주의와 근대화 물결에 동조할 수 있고 또한 동조해야 한다"고 믿는 것은 잘못이라는 부분에서 그 극에 달한다.[13] 당시 유럽의 가톨릭 지역에는 많은 사람들이 여전히 교황을 칭송하였다. 그들은 자유주의와 근대화의 전조인 프랑스 대혁명의 잔악무도함을 기억하고 있었고, 스페인, 포르투갈, 이탈리아와 남미, 심지어 스위스에서 자유주의자들이 수도원을 폐쇄하고 가톨릭 학교들을 몰수하는 자유주의자들의 만행을 목도하였다. 스페인에서는 1829년에서 1834년까지 자유주의자들이 국왕을 압박하여 스페인가톨릭 정체성에 충실한 근위대였던 스페인 종교재판소(Spanish Inquisition)를 해산하였다. 스페인 자유주의자들에게 나라를 위한다는 것이란 도대체 무엇인가?

가톨릭교도들은 자유주의자들의 폭력에서 스코틀랜드 종교개혁의 산물인 프리메이슨을 연상하였다. 18세기에 프리메이슨 단원들은 많

---

[13] O. Chadwick, *A History of the Popes 1830-1914* (Oxford, 1998), 174-76.

은 스코틀랜드 개신교도들이 그러했듯이, 계몽주의의 양자가 되었다. 프랑스대혁명보다 훨씬 이전에 볼테르, 존 듀이, 요한 하인리히 알스테드와 같은 프리메이슨 주도자들은 분명하게 자신들의 소리를 내고 있었다. 이제 특별히 가톨릭권이었던 남부 유럽과 중남미, 카리브지역(Caribbean)에서는 가톨릭교를 대신할 대중적 개신교 세력이 존재하지 않았는데도, 프리메이슨 오두막은 교회 권력을 혐오하는 사람들의 회합장소로 자리를 잡아가고 있었다. 이곳에서 프리메이슨 단원들은 자신들의 의식에 열중하며(그리 대중적인 집회는 아니었지만), 종종 남성 중심의 폐쇄적 신분제도와 가톨릭 성직자들에 대항하는 자유주의 정치학을 표방한 주요 세력이 되었다. 우리 시대 이런 프리메이슨의 잔재는 격동의 땅, 피델 카스트로(Fidel Castro)의 나라, 쿠바(Cuba)에서 발견할 수 있다. 21세기에도 쿠바의 여러 마을을 산책하다 보면, 확고한 반가톨릭주의의 모습을 공산주의와 함께 발견할 수 있을 것이다. 지역 공산당 본부와 함께 거리에서 가장 잘 정돈된 건물은 프리메이슨 오두막의 기념관이다. 그 외곽에는 19세기 자유주의의 영웅이며 해방자인 호세 마르티(José Martí)의 흉상이 놓여있다. 마르크스처럼 카스트로 대통령은 실로 19세기 반교권주의를 표방한 자유주의자들의 후예라고 말할 수 있을 것이다.[14]

한편 1864년 자유주의는 모든 가톨릭 지역에서 덜 부정적인 의미로 다르게 인식되고 있었다. 심지어 프랑스에서도 대혁명을 칭송하는 세력과 혐오하는 세력 사이에서 고통당했던 일부 유력한 주교들은 "오류요목"의 잠재적 영향에 개인적으로 거부감을 느꼈다. 그들 중 오를레앙의 주교, 펠릭스 뒤팡루(Félix Dupanloup)는 '자유주의'를 '가톨릭'과 연결시키는 것을 주저하지 않았다. 그는 과격한 표현을 자제

---

[14] 한 가지 주목할 사항은 프리메이슨의 정치적-종교적 입장을 외부인의 시각으로 바라본다면 그들이 19세기 미국 개신교나 나치주의, 공산주의 국가처럼 매우 배타적이고 비밀스러움을 발견하게 될 것이다. 바로 그 점에서 카스트로의 쿠바에서 프리메이슨주의가 놀랍게도 잔재하고 있는 이유이다.

하고 간접적으로 "오류요목"을 변증하는 소책자를 저술하였고, 이 책은 베스트셀러가 되었다.[15] 마찬가지로 영국에서도 가톨릭교는 자유주의적 원리로 인해 보다 확장될 수 있었다. 1774년, 영국의 왕실은 새로운 프랑스 제국의 가톨릭 엘리트와의 협력을 통해 캐나다에 대한 자국의 통치권을 계속 유지하기 위해 역사적인 결정을 내린 선례가 있었다. 이를 통해 영국은 미국혁명을 원조한 프랑스의 선동으로부터 캐나다의 가톨릭 프랑스인들의 참여를 막을 수 있었다. 캐나다 가톨릭교도들의 결정은 10년 뒤 프랑스대혁명에서 나타난 반교권주의 재앙을 살펴볼 때, 올바른 결정이었다는 것이 입증되었다. 사실 퀘벡(Quebec)의 가톨릭교회는 이전의 프랑스 정부보다 영국 정부가 자신들의 일에 훨씬 덜 개입하는 것에 만족하고 있었다.[16] 이후 영국과 아일랜드에서는 가톨릭교도의 정치참여 금지법이 점차 폐지되었다(하지만 21세기까지도 이 법안이 완전히 폐지된 것은 아니다. 가톨릭교도가 영국 왕실을 계승할 수 없다는 1701년의 법안에 대한 폐지안은 여전히 계류 중에 있다). 아일랜드 가톨릭교도들에게 부여된 이런 새로운 자유에도 불구하고, 로마의 권위자들은 아직도 트리엔트공의회 이전 형태에 머물러 있었고, 평신도 중심으로 이루어진 아일랜드 가톨릭교회를 다른 유럽의 가톨릭교회처럼 종교적으로 잘 정비될 수 있도록 만드는 총체적인 개혁을 시도조차 하지 못했다.[17]

영국 왕실의 통치를 받는 가톨릭교회는 현대적으로 재정비되는 이득을 얻을 수 있었다. 개신교 공화국인 미국에서도 계몽주의는 교회와 국가를 자연스럽게 분리시키는 원동력이 되었다. 미국에서 가톨릭 계급제도는 자체적인 독립성과 자유를 얻을 수 있었고, 밀려드는

---

15 Atkin and Tallett, *Priests, Prelates and People*, 136.

16 Handy, 121-24.

17 E. Larkin, *The Pastoral Role of the Roman Catholic Church in Pre-Famine Ireland, 1750-1850* (Dublin and Washington DC, 2006), 5-6, 259-69. 영국에서의 가톨릭교도 해방에 대해서는 본서 제22장 4. 참조.

가톨릭 이민자들을 목양하는 데 특별한 사회적 제약은 없었다. 일반적으로 개신교인들은 가톨릭교에 대한 적개심을 가지고 있었지만, 종교적 자유를 보장하는 미국의 헌법은 가톨릭을 보호해줄 수 있었다 (이 적개심은 역설적으로 가톨릭 사제들의 권력에 대항한 자유주의자들의 보편적 정서였다). 루터교 지역인 북유럽은 국경의 재정비를 위해 개신교 왕조의 주도로 제정된 새 헌법에 자유주의적 정서인 '평등'(Parität)의 가치를 그 기초로 삼았다. 즉 개신교와 가톨릭 사이의 공정한 경쟁(fair play)을 보장하는 것이다. 이 정책은 이전의 신성로마제국에서 자국의 가톨릭교도들을 새로 유입된 개신교 영주들로부터 보호하기 위해 마련되었던 전례가 있다.[18] 1830년 남부 네덜란드 지역에서 일어난 혁명 역시 명백하게 자유주의적 성격이 강했다. 이들은 무능하고 차별을 행하는 네덜란드의 개신교 정부에 대항해 새로운 국가인 벨기에를 세웠다. 네덜란드와 벨기에는 언어적으로 불어를 쓰는 북부와 플랑드르어(Flemish)를 쓰는 남부로 확연히 구분되어 있었고, 무엇보다 남부는 찬란한 가톨릭 유산으로 가득한 지역이었다. 비록 이후 독일 루터교 왕조에 의해 다스려졌지만, 벨기에가톨릭교는 다른 유럽의 가톨릭 국가에 버금가는 자유를 누릴 수 있었다. 이 점에서 당시 벨기에는 영국의 지배 아래 있던 캐나다 퀘벡과 유사하다고 할 수 있다. 이는 실험적인 자유주의를 통해 만들어진 벨기에의 새 헌법에 많은 도움을 받았다. 당시 벨기에 자유주의자들은 자신들의 자유를 어떤 정권의 침해로부터 보호할 수 있도록, 현명하게도 교황의 편에 충실히 서서 그의 도움을 호소할 수 있었다.[19] 벨기에인들에 비해 가톨릭 폴란드인들과 리투아니아인들은 불행히도 로마와 호의적 관계를 가지지 못했다. 그들은 1830년, 1848년, 1863년 러시아 황제(tsar)에 저항하며 봉기를 일으켰지만, 바티칸으로부터 냉정하게도 어떤 도움도 받을 수 없었다

---

[18] Hope, 316-21.
[19] Burleigh, 137; Viane, "The Second Sex and the First Estate", esp. at 450.

(오히려 바티칸의 진노를 사기도 했다). 이 일은 프랑스의 교황권지상주의자들을 포함한 유럽의 많은 지성인들을 충격에 빠뜨렸다.[20]

이런 다양한 상황 가운데 "오류요목"은 치명적 실수였다. 교황 피우스 9세는 절대 그렇지 않다고 생각했지만 말이다. 피우스 9세는 1848-9년에 일어난 열광적 신앙운동을 인정하지 않았음에도, 자신 스스로 너무나 신망하는 성모를 경배하는 무리들과 대중적 가톨릭신앙운동의 부흥을 기뻐했다. 그는 점차 이전에 불확실하게 느꼈던 이 운동의 진위성을 인정하게 된다. 1854년 교황은 이와 같은 마리아 숭배의 눈부신 부흥에 대한 반응으로, 자신의 권위를 통해 성모 마리아의 완전무오함을 공포하였다. 마리아 무오설은 12세기 초 영국의 수도사들에 의해 처음으로 주장되었던 이래 마침내 공식화된 것이다. 이는 위대한 신학자인 토마스 아퀴나스의 의견을 따라 도미니크 수도회가 오랫동안 주장해온 마리아의 무흠잉태(Immaculate Conception) 주장을 공식적으로 수용한 것으로, 가톨릭교가 범한 시대역행적 결정적 오류였다. 1860년 도미니크 수도회의 후원으로 마리아 신앙을 강조하던 폴란드에서 '무흠잉태 도미니크 수녀회'(Order of Dominican Nuns of the Immaculate Conception)가 설립되기도 하였다.

4년 뒤인 1858년 교황의 결정을 찬동하면서 성모는 프랑스의 피레네 산맥에 위치한 마을, 루르드(Lourdes)에서 시골 소녀인 베르나데트 수비루(Bernadette Soubirous)에게 나타나 그 지방의 언어로 다음과 같이 말했다. "나는 무흠잉태자이니라"(I am the Immaculate Conception).[21] 몇 달 후 성모는 또다시 나타나 루르드의 다른 신비주의자들에게 나타나 사람들의 열광적인 반응을 불러일으켰다. 마을의 많은 여인들과 소녀

---

20 S. Scholz, *Der deutsche Katholizismus und Polen (1830-1849): Identitätsbildung zwischen konfessioneller Solidarität und antirevolutionärer Abgrenzung* (Osunabrück, 2005), 154-63, 240-9.

21 1876년 성모는 또다시 Marpingen 신비주의자에게 나타나 그 지역의 언어로 "나는 무흠잉태하였느니라"(I am the Immaculately Conceived)고 말하며 이를 재확인하였다. Blackbourn, *Marpingen*, 2.

들에게 나타났는데, 그들은 신비한 빛을 보았고, 자기도 모르게 강물이나 바위산에 자신들의 몸을 던졌다. 오랜 민속 신앙을 따라 성모가 위와 같이 현현하는 것은 각 지역의 회의주의자들에는 충격적인 일이었다. 베르나데트에게 의심스러운 질문을 던졌던 관료들은 알 수 없는 소음이나 폭풍 가운데 곤란을 겪었고, 아무 곳에나 배변을 보는 술 주정뱅이들로 인해 골치를 썩기도 하였으며, 밤새 극심한 설사로 고통을 당하는 등의 어려움을 당했다. 1858년에 일어난 두 차례의 성모 현현은 대중들에 의해 열정적으로 묘사되었는데 시간이 흐르면서 성당의 공식 문서로 편집되었다. 루르드에 나타난 성모는 이를 통해 좀 더 점잖게 묘사된 것이다.²² 루르드는 아마도 기독교의 지방 성당들 가운데 가장 많은 사람들이 방문한 장소일 것이다. 이 장소는 이제 기독교인들의 메카(Mecca)로 여겨지고 있었다(그림 44). 이러한 사건으로 크게 증가한 마리아 숭배자들은 성모의 무흠잉태를 공식화하는 것에 이의를 제기하는 사람들에게 반격을 가하는 큰 세력이 되었다.

교황 피우스 9세가 행한 가장 극단적 처사는 교황의 권위에 대한 새로운 결정을 내린 것이다. 이는 트리엔트공의회에서 논의되긴 했지만, 결정하는 것에는 주저했던 주제였다. 이 결정은 전 세계에서 총 700여 명의 주교들이 참석한 공의회를 통해 이루어졌다. 특히 대서양 서편으로부터 100명 이상의 주교들이 참석하였다. 이들은 1869년 12월 바티칸에 도착하였고, 이후 약 10개월에 걸쳐 논의를 지속하였다. 이 공의회의 주요 결정은 역설적으로 공의회주의에 대한 전면적 부정이었다. 교황은 또 한 번 그의 주변 정치적 문제에 영향을 받았다. 이탈리아 군대는 회의 기간 중 교황의 마지막 영토인 로마시를 포위하고 있었다. 외부 정치적 상황으로 프랑스 방위군이 성급히 철수하자, 이탈리아 군대는 바티칸 시의 성문을 봉쇄하고 철저한 방위망을 구축

---

22 T. Taylor, "'So many extraordinary things to tell': Letters from Lourdes, 1858", *JEH*, 46 (1995), 457-81, at 464, 472-7.

하였다. 이에 따라 제1차 바티칸공의회에서 주교들은 논제에 대해 시급히 결정을 내리고 돌아갔다. 일부는 공의회가 열린 1870년 7월 이전에 이미 자리를 떠났다. 공의회에서는 다수의 주교들이 강력하게 교황의 "영원한 목자"(Pastor aeternus)의 강령을 회복할 것을 공포하였다. 교황의 권위가 점차 약화되어 가던 시기에, 공의회는 오히려 교황의 절대적 권위를 고양하는 결정을 내린 것이다. 불과 두 명의 주교만이 이 결정에 반대표를 던졌고, 57명의 주교들은 이런 비겁한 결정에 표를 던지는 고통을 덜고자 투표를 포기하고 철수하였다. 이들 중 다수는 그리스 가톨릭교회 혹은 '합동'가톨릭교회('uniate', 모든 것은 동방정교회를 따르지만 교황의 수위권을 인정했다는 다소 경멸적인 의미-역주)의 주교들이었다. 이들은 당시 대중들에게 호감과 존경을 받았던 이 노 교황이 불행한 결정을 내리고 있는 모습을 바라볼 수 없었다.

여러 세부 논의와 주교들의 거친 논쟁을 거쳐, 교황은 성 베드로 성당에서 다음과 같이 공포하였다. "교황은 하늘의 구원자께서 원하시는 당신의 교회에 신앙과 윤리에 관한 모든 교리의 결정에 대해 무오성(infallibility)을 부여받았다."[23] 이후 교황이 자신의 무오한 권위를 사용한 것은 1950년 성모 마리아에 관한 논의에서 마리아의 육신적 승천 교리를 공포했을 때 한 번 더 있었다. 결국 이것은 교황권지상주의의 승리로 이해할 수 있다. 1819년 조제프 드 메스트르가 교황무오성을 주장했을 때, 바티칸에서도 이를 인정하는 것을 주저하였고, 가톨릭 자유주의자들은 오히려 크게 분노했었다. 하지만 이제 교황무오성은 로마가톨릭교회의 중심 원리가 된 것이다. 한편 이는 로마가톨릭교회 안에서 공의회주의 전통(conciliarist tradition)이 이제 완전히 몰락하게 되었다는 것을 의미한다. 가톨릭 공의회주의는 14-5세기 서방교회에서 번창하였고, 18세기 이후에도 교회 안에서 여전히 비중 있게 주장되어 온 바 있다. 역설적으로 당시 유럽 국가들은 대부분 입

---

[23] Atkin and Tallett, *Priest, Prelates and People*, 136-9.

헌주의(Constitutionalism)에 따라 정권의 절대 권력이 축소되고 있을 때였다. 이는 교황권지상주의자들이 자유주의 원리가 잠재적으로 자신들의 모든 계획을 전복시킬 수 있는 얼마나 위험한 사상인지 인식하고 있었다는 증거일 것이다.[24]

적어도 교황무오성은 수사학적으로 19세기 말 당시의 자유주의자들에 대항하면서, 주변 상황과는 상관없이 가톨릭의 계급질서를 스스로 구축하기 위한 것이었다. 실제로 교황은 자유주의자와 민족주의자들에 의해 자신의 도성에서 굴욕을 당하기도 하였다. 반교권주의를 주장하던 이탈리아의 새 정부는 16세기 자유사상가이며 독립적 도미니크회 수도사인 지오르다노 브루노(Giordano Bruno)의 동상을 이전에 교회가 그를 화형에 처했던 장소인 로마광장에 건립하도록 후원하였다(그림 45). 또한 그들은 이탈리아 제국의 초대 황제인 비토리오 에마누엘레 2세(Vittorio Emanuele II)를 기리는 거대한 기념물을 건립하였다. 이 기념물은 매우 풍자적으로 제작되어 만신전(Pantheon)에 왕의 무덤을 만들고, 이전에 바티칸 바로 옆에 위치한 교황의 산탄젤로 성(Castel Sant'Angelo)을 방어하는 대포의 구리 장식물로 꾸며져 있다. 이후 해가 지날수록 독실한 가톨릭교도들이 증기기관차를 타고 이 영원한 도성으로 몰려들었다. 그들 중에는 앞서 언급한 어린 리지외의 테레즈(Therese of Lisieux)도 포함돼 있었다. 그들은 새로 발굴된 카타콤을 방문하며 초대교회 성도들의 고통을 체험했다. 방문자들이 이런 옛 성지를 순례하며 돌아간 후에, 그들은 당시 '사슬에 묶인 베드로'(Peter in Chains)처럼 고난 받는 교황을 지지하는 여론을 형성하였다. 이들은 종종 수십 년간 다른 나라와의 축구시합 결과에 광분하는 이탈리아 민족주의자들의 폭동을 자극하기도 하였다.[25]

---

24 Oakley, *The Conciliarist Tradition,* 16-9, 195.

25 B. Brennan, "Visiting 'Peter in chain': French Pilgrimage to Rome, 1873-93", *JEH*, 51 (2000), 741-765, at 759-60. 교황과 Bruno에 대해서는 다음 책을 참조. Chadwick, *A History of the Popes 1830-1914,* 303.

이러한 대결구도는 유럽의 가톨릭 지역 전역에서, 자유주의자들과 여전히 신앙적 열심을 가지고 있었던 일반 대중 사이에 심각한 충돌이 있었음을 상징적으로 말해준다. 가톨릭교는 여전히 교회를 지지하는 가난한 자들을 위한 사회개혁을 강조하고 천명했다는 점에서 자유주의적이었다. 당시 유럽의 대중들은 점차 자유주의를 넘어 사회주의적 입장에 동조하고 있었고, 유럽 각국의 의회에서는 사회당에게 투표하였다. 영국에서 교황권지상주의자이며 웨스트민스터 사원의 대주교였던 핸리 매닝(Henry Manning) 추기경은 1889년 런던 포구에서의 심각한 노동 분쟁을 종식시킨 핵심 인물이었다. 바로 이 순간 영국의 노조(trade union)는 자신들의 권리를 확인하는 전환점이 되었다. 또한 이것은 종교개혁 이후 개신교 지역이었던 영국에서 가톨릭 사제가 중요한 역할을 감당한 첫 번째 사례이다. 매닝은 당시 다수의 성공회 사제들보다 훨씬 더 뛰어난 역할을 수행하였다.[26] 매닝의 성공적 역할은 1891년 교황 레오 13세(Leo XIII)가 "새로운 사태"(*Rerum Novarum*) 개정의 중요한 배경이 되었다. 이 헌장은 가톨릭교회가 가난한 자들을 위한 사회 정의에 우선적 사명이 있음을 공식적으로 천명한 것으로, 가톨릭 입장에서도 노조의 결성을 확장할 수 있다는 파격적 내용이다. 다음에 제시한 문구와 같이 이 회칙의 논조는 매우 열정적이고 단호하였고, 피우스 9세가 공포했던 "오류요목"의 내용과는 많은 차이가 있다.

> 노동자 계급의 절대 다수가 처해 있는 비참하고 안타까운 상황을 위한 뭔가 적절한 구제정책이 신속히 진행되어야 한다. 지난 수세기 동안 예전의 노동자조합(guilds)은 폐기되었고, 그들을 보호해줄 수 있는 새로운 조직은 아직 결성되지 못한 실정이다. 공공기관과 법률은 전통적 종교를 배제하고 있다. 이로 인해 이제 노동자들은 무한 경쟁의 탐욕에 빠져있는 고용자들의 완악한 탐욕에 사로잡힌 채 소외되어 비참한 지경에 빠져 있다.

---

26 한 가지 예외가 있다면, Durham의 주교, Brooke Foss Westcott이 1892년 Durham 광부들의 노동쟁의를 성공적으로 중재한 사례일 것이다.

레오 13세의 "새로운 사태"는 당시 가톨릭교회의 공식적 신학의 틀이 된 토마스주의(Thomism)적인 중세사상(medievalism)이 엿보인다. 이 회칙은 중세시대의 길드와 같은 노동자 조합을 창설할 것을 권고하고 있으며, 각 이익 단체들 사이에 유기적 협력을 기초로 계급 갈등을 방지하고자 제안되었다. 비록 이 헌장이 사회 분석에 대한 깊이가 결여되어 있고 정치적으로 매우 신중한 입장을 표명하고 있지만, 이후 중요한 역할을 수행할 수 있었다. 즉 이 헌장이 자유주의자들과 연계를 통해 사회개혁을 추진하거나, 때로는 사회주의와 공통적 관심을 표명했던 가톨릭교도들에 대한 교황들의 적개심으로부터 그들을 보호하는 방패막이가 된 것이다.

교황 레오 13세의 현실주의는 스스로를 프랑스의 공화당 지도자들과 뜻을 같이 하도록 이끌었다. 1880년대 부르봉가(Bourbon), 오를레앙파(Orleanist) 혹은 보나파르트파(Bonaparts)도 이에 동조하며, 프랑스는 제3 공화국(Third Republic) 시대로 접어들고 있었다. 하지만 그의 후임 교황들은 그들과 좋은 관계를 유지하지 못했다. 1790년대 프랑스 대혁명 당시처럼, 많은 공화당 정치가들은 정서적으로 여전히 가톨릭교회와의 투쟁을 계속하고 있었다. 이는 1890년대 중반부터 많은 가톨릭 인사들이 유대인 장교였던 알프레드 드레퓌스(Alfred Dreyfus)를 가혹하게 투옥하는 것을 지지했던 이유가 된다. 먼 훗날 드레퓌스가 군사기밀을 누설하는 반역을 저질렀다는 범죄 혐의에 대한 그의 결백함이 입증되었다. 이러한 '반-드레퓌스파'(Anti-Dreyfusards)의 만행은 프랑스 가톨릭교회의 큰 오점이 되었다. 그들은 '예수님을 죽인'(deicidal) 유대인들을 무조건적으로 증오했으며, 그들이 기독교 사회에 대항하는 프리메이슨 단원과 단합해서 음모를 꾸미고 있다고 의심했다. 이러한 편집증적 강박관념 가운데 가톨릭교회는 반교권주의적인 공화국에 대항하는 음모를 후원하였다. 이와 같은 사실은 루르드(Lourdes) 지방의 반-드레퓌스파였던 '성모승천 아우구스티누스 수도회'(Assumptionist Order of Augustinians)와 예수회에 의해 주도되었다.[27] 이러한 치열한 대결 속에 1906년 가톨릭교회와 나폴레옹이 맺은 협약(Concordat)은 결국 폐기되었다. 19세기 중엽부터 약 100년간 프랑스의 모든 마을에서는 교회와 학교 사이에 치열한 전쟁을 치렀다. 즉 프랑스의 각 교구 사제들(curé)과 국가가 고용한 교사들이 다음 세대의 마음을 얻기 위해 대결한 것이다. 교회와 혁명 사이에서 프랑스 정치의 긴장은 1960년대까지 지속되었다. 그때까지 프랑스는 시대착오적인 정당 구조를 형성하며, 사회적으로 해결해야 할 많은 문제를 위해 사용해야 할 정치적 에너지를 허비하고 있었던 것이다.[28]

2. 19세기 개신교: 성경과 제1세대 페미니즘

가톨릭교회와 마찬가지로 개신교 역시 새로운 운송과 통신의 발전에 많은 혜택을 받았다. 이를 통해 개신교는 가톨릭교회처럼 조직을 잘 정비하고 기관적으로나 종교적으로 유사한 활기를 얻게 된다. 값싼 인쇄술의 발전은 자연스럽게 성경 중심 종교인 개신교에게 아주 중요한 의미를 갖는다. 이 시기에 발행된 성경의 양은 실로 엄청났다. 단적으로 1808년과 1901년 사이 영어권의 단일 개신교 기관인, 국내외 성서공회(British and Foreign Bible Society)를 통해, 모두 4천 6백만 권의 신구약성경이 보급되었다. 게다가 그 세 배가 넘는 신약성경과 성경 각 권의 쪽복음을 포함하면 그 수는 더욱 방대해진다. 인쇄 기술의 발전은 이전부터 성물과 종교적 이미지에 대해 부정적이었던 개신교에 큰 변화를 불러오게 된다. 성경은 접근이 용이해진 성지 화보를 포

---

[27] R. Harris, "The Assumptionists and the Dreyfus Affair," *PP*, 194 (February 2007), 175-212, esp. 177, 192.

[28] 이에 대한 유용한 입문서로 다음 책을 참조. J. McManners, *Church and State in France 1870-1914* (London, 1972), esp. Ch. 6.

함한 삽화를 넣으면서 풍성해졌고, 가정용 성경은(마치 영어권의 킹 제임스 성경처럼) 성공적인 가정의 상징이 되었다. 성경은 20세기의 백과사전처럼 판매원들의 가정 방문을 통해 팔려나갔다. 고급 양장 표지와 페이지마다 금박 장식과 어린이들을 위한 성경 인물들의 삽화와 성지 화보가 실려 제작되기도 하였고, 생일, 결혼, 장례 행사 등 가정의 특별한 행사에 맞춘 특별한 페이지로 멋지게 장식되어 출판되기도 하였다. 이와 같이 개신교 신자들에게도 특별한 의미로 받아들여지는 그림과 이미지들이 보편화되고 있었다. 당시 이들 중 가장 대표적인 작품은 영국 '라파엘로 이전'(Pre-Raphaelite) 화풍의 대표적 화가이며, 독실한 잉글랜드국교회 신자였던 윌리엄 홀맨 헌트(William Holman Hunt)가 1853년에 발표한 예수님의 이미지였다. "세상의 빛"(the Light of the World)란 제목의 이 그림에서 구세주는 매우 따뜻하고 친근한 모습으로, 침침하고 우울해 보이는 문 앞에 서서, 빛과 열기를 가져오시는 상징적 이미지로 묘사되어 있다. 비평가들은 이 그림에 대해 혹평했지만, 이후 전 세계에 영토를 넓혔던 대영제국의 영향으로 곳곳에 계속 퍼져갔다. 1905년의 한 전시회에서 이 그림은 동방정교회와 서방교회의 다른 고전적 아이콘과 맞먹는 큰 영향력을 확인시킬 수 있었다.[29]

또한 가톨릭교회와 마찬가지로 전 세계 개신교계에서도 기독교 페미니즘이 왕성하게 부상하였다. 이는 여성들의 신앙적 삶에 헌신하는 소명의식에서 기인하였다. 종교개혁 이후 개신교는 수도원을 발전시키지 않았다. 바로 이 점이 개신교 여성운동과 가톨릭교회와의 차이점이라 할 수 있다. 하지만 1845년 이후 많은 수의 열성적 여성들이 자신들의 수녀회를 창설하며, 잉글랜드국교회 안에서 남성 지도자들을 압도하고 있었다. 여성들은 이를 통해 감독의 권위를 고양하였기

---

[29] Garnett, "The Nineteenth Century", 205, 209 and Fig. 8 (217). 이 그림의 두 가지 버전이 런던의 St. Paul 성당과 옥스퍼드대학교의 Kebel College 예배당에 전시되어 있다.

때문에, 남성 감독들은 수도회 창립을 허가하였다. 이들 여성들은 많은 고난 가운데도 관조적 삶과 자선 행위에 전념했다.[30] 반면 신비주의적인 영성은 마리아 신앙에 근거한 가톨릭교회에 비해 개신교의 구조적 성격으로 인해 그다지 두드러지지 않았다. 개신교에서는 성모마리아처럼 자신들의 메시지를 중재해줄 대상이 존재하지 않았기 때문이다. 따라서 개신교 신비주의자들은 구약성경의 선지자에게서 그들의 의미를 찾아가는 경향이 있었다. 이들 중 일부는 그 결과 국교회에서 출교당하는 경우도 있었다.

당시 가장 저명한 여성 선지자는 데본(Devon) 출신의 귀부인이었던 조안나 사우스코트(Joanna Southcott)였다. 그녀는 처음에는 열광적인 감리교 운동에 참여하였다가, 점차 독립적으로 활동하였다. 사우스코트의 첫 비전은 1792년 그녀의 중년기에 나타났다. 이는 곧 큰 규모의 묵시운동으로 번져나갔다. 그녀는 일부 남성들의 교묘한 개입에도 불구하고, 평생 이 운동의 확고한 여성 지도자가 되었다. 그녀의 예언이 담긴 상자는 24명의 성공회 주교들의 입회 가운데서만 공개되었다. 이런 신령한 과정은 곧 남성 중심의 교회 구조에 큰 도전이 되었다. 같은 시기 이와 매우 유사한 형태로 영국의 베드포드(Bedford)에서는 파티마(Fátima) 성모의 숨겨진 마지막 예언을 기다리고 있었다.[31] 또한 신령함을 추구하던 스코틀랜드 클라이드사이드(Clydeside) 출신의 이사벨라 캠벨과 매리 캠벨(Isabella and Mary Campbell) 자매의 신비적 체험은 오랫동안 많은 영향을 미쳤다. 이사벨라는 이미 자신의 뛰어난 신앙과 성품으로 많은 사람들에게 신망을 얻고 있었다. 이사벨라가 젊은 나이에 사망했을 때, 수많은 군중이 그녀의 집을 둘러싸고

---

30 S. Mumm, "'A Peril to the Bench of Bishops': Sisterhood and Episcopal Authority in the Church of England, 1845-1908", *JEH*, 59 (2008), 62-78.

31 J. Hopkins, A Women to Deliever Her People: Joanna Southcott and English Millenarianism in an Era of Revolution (Austin, 1982), esp. 272-3. 이에 대한 Panacea Society of Bedford의 Christopher Rowland와 Jane Show의 연구 프로젝트가 출간될 예정이다.

교구목사의 주재로 그녀가 출판한 글을 상기하며 깊이 애도하였다. 이런 상황 가운데 이사벨라의 동생 매리는 알 수 없는 언어로 예언하기 시작하였고, 곧 다른 사람들도 같은 경험을 할 수 있도록 이끌었다. 또한 불치병에 걸린 환자들을 기적적으로 치유하기도 하였다. 스코틀랜드에서 일어난 '성령의 은사'(gifts of the Spirit)에 대한 소식은 아름다운 시골마을, 앨버리(Albury)에서 정기적인 집회를 통해 많은 영향력을 가지고 있던 복음주의 신자들 모임에도 큰 영향을 미쳤다. 스코틀랜드 교회의 저명한 활동가인 에드워드 어빙(Edward Irving)은 성령의 영감을 받아 앨버리 집회의 정기적 참여자가 되었는데, 그는 곧 예언활동을 하며 영적인 순례의 삶을 시작하였고, 이후 이 운동은 전 세계에 크리스찬 처치(Christian Church)란 이름으로 확장되었다. 캠벨 자매와 어빙의 체험과 사역은 현대 오순절운동(Pentecostal movement)의 숨겨진 전조일 것이다.[32]

당시 많은 여성들의 활동은 대체로 매리 애스텔(Mary Astel)과 같은 영국 개신교의 초기 페미니스트의 모범을 따랐다. 그렇게 하는 것이 교회의 의사 결정에 막강한 힘을 가지고 있는 지도자들을 자극하지 않으면서, 더욱 용이하게 활동하는 데 유익했을 것이다. 런던에서 시작된 제7일침례교도들의 모임(a congregation of Seventh Day Baptists)은 매우 흥미있는 사례라고 할 수 있다. 이들의 모임은 입회의 까다로움과 회원의 사망으로 인해 그 회원 수는 목회자 없이 7명의 여성으로 축소되었다. 이후 이 모임의 주도권은 남성 이사들과의 오랜 갈등과 논쟁 끝에, 남성들에게 넘어갔다. 그들은 침례교 신학전통의 회중 중심적 교회론을 수용하였고, 여성들이 교회를 구성하고 (남성) 목회자를

---

[32] C. G. Flegg, "Gathered under Apostles": A Study of the Catholic Apostolic Church (Oxford, 1992), 41-51. 이후 영국의 신비주의 여성, Mary Ann Girling의 희비극적인 이야기에 대해서 다음 책을 참조. P. Hoare, *England's Lost Eden/Lost Edens: Adventures in a Victorian Utopia* (London, 2005). 미국에서 예언 활동을 하며 교회를 창립한 여성들의 사례에 대해서는 본서 제23장 참조.

초빙할 수 있는 구성원을 19명에서 11명으로 수정하기로 결정하였다.[33] 1853년 미국의 뉴욕 주, 사우스 버틀러(South Butler)의 한 회중교회에서 앤트워네트 브라운(Antoinette Brown)이라는 여성이 목사로 안수받았다. 이와 같은 여성 목사 안수는 사회의 지배적인 문화에 도전하는 반문화적(countercultural) 교파인 퀘이커교를 제외하곤 현대 기독교 역사에서 최초의 사건이었다.

당시 복음주의 기독교는 후천년설(Postmillennialism)에 입각한 낙관적인 세계관 가운데 적극적인 사회개혁을 추구하였기 때문에, 이러한 제1세대 페미니즘(first wave feminism)에 동조하고 있었다. 많은 여성이 해외 선교에 헌신하였다. 사역에 있어 여성들은 문화적인 장점이 있었다. 즉 남성들이 이성에게 가까이 다가가 접촉하고 소통하기 힘든데 반해, 여성들은 더 친밀한 만남이 가능했다. 국내 사역에 있어서도, 여성들은 노예해방과 음주문제와 같이 당시 교회와 사회가 직면하고 있던 사회문제에 대한 개혁에 적극적으로 참여했다. 이들 여성들은 여성을 바라보는 당대의 남성 중심적 선입견에 대해 저항하였다. 즉 여성들의 역할을 가정 안에서 조용한 저녁시간과 알뜰한 가정경제를 책임지는 역할에만 국한하는 전통적 사고를 전복하고자 했다. 또한 여성들은 남성들이 개인적 이윤을 위해 불의에 쉽게 타협해 버림으로 발생하는 사회문제에 대해서도 적극적으로 저항하였다. 가장 두드러진 부분은 극심한 가난에 찌들어 매춘에 빠져가는 수많은 젊은 여성들을 위한 복지 문제였다. 영국에서 조세핀 버틀러(Josephine Butler)는 복음주의 신앙을 가진 여성이었다. 그녀의 아버지는 자유주의적 사고를 가진 휘그당 하원의원이었고, 노예제도를 혐오하며 이 문제를 런던의 거리에서 펼쳐 나간 바 있다. 조세핀은 자신의 안락한 옥스퍼드 자택의 창문 너머로 한 여인의 울부짖음을 듣게 되었고, 그

---

33 T. Larsen, "'How many sisters make a brotherhood?' A Case Study in Gender and Ecclessiology in Early 19th-century English Dissent", *JEH*, 49 (1998), 282-92.

것을 다음과 같이 이야기하였다. "천국을 바라보던 한 여인이 지옥으로 떨어졌다. 나의 마음은 찢어지듯 아프다. 나는 창문에서 뛰쳐나가 그녀와 함께 안식처로 피하고 싶다." 그녀는 단지 안식처로 그 여인을 인도하기보다는, 여성들을 치욕적인 매춘에 빠지게 만드는 남성들의 성차별에 대항해 더욱 조직적이고 효과적인 캠페인을 펼쳐가는 활동에 집중하였다. 또한 조세핀은 유복하게 성장한 기혼 여성들에게 성병(venereal disease)에 대해 공개적으로 토론하게 하여, 그 위험을 상기시켰다. 이러한 조세핀의 적극적 활동을 바라보던 옥스퍼드의 고교회주의 성직자인 헨리 리든(Henry Liddon)은 그녀에 대해 "저 무시무시한 여인, 버틀러 여사"(That dreadful woman, Mrs Butler)라고 표현하기도 하였다.[34]

3. 개신교 계몽주의: 슐라이에르마허와 헤겔, 그들의 유산

서방기독교는 가톨릭과 개신교로 나뉘어져 있었지만, 서로 유사하고 중복된 발자취를 남겼다. 그럼에도 양자는 한 가지 측면에서는 분명한 차이점을 보이고 있었다. 개신교는 로마가톨릭교회처럼 계몽주의와 크게 충돌하지는 않았지만, 모호한 상관관계 가운데 있었다. 개신교회들은 자신들의 신학적, 학문적 프로젝트에 있어, 새로운 지성적 흐름을 정죄하기보다는 보조를 맞추고자 하였다. 이러한 흐름을 잘 대변해주는 북유럽의 중심지는 베를린(Berlin)이었다. 이 도시는 나폴레옹에 맞서 성공적으로 독일의 저항을 이끌었던 프러시아의 호엔촐레른(Hohenzollern) 왕조의 수도이기도 하다. 호엔촐레른 왕조는 성스러운 사명감 가운데 국가 갱신을 위해 노력했고, 그 중요한 요

---

[34] H. Mathers, "The Evangelical Spirituality of a Victorian Feminist: Josephine Butler, 1828-1906", *JEH*, 52 (2001), 282-312, at 299, 302.

소로 1810년 새로운 대학을 설립하였다. 경건주의의 전통을 간직하고 있었던 프로이센의 황제, 프리드리히 빌헬름 3세(Friedrich Wilhelm III)는 예수회의 해산과 혁명가들이 주요 가톨릭 대학들을 폐쇄한 것이 유럽의 교육에 큰 손실을 가져왔다는 사실을 잘 알고 있었다. 또한 그는 개신교 대학 시스템 역시 전반적으로 쇠퇴하고 있음도 인지하고 있었다. 당시 '대학교'(university)라는 중세적이며 전-계몽주의적(pre-Enlightenment)인 용어로 불린 기관이 국왕의 직속 기관 중 하나인가에 대한 의문이 제기되고 있었다. 그러나 빌헬름 폰 훔볼트(Wilhelm von Humboldt)는 국왕을 설득해서 국가의 교육기관을 담당할 부서의 명칭을 놀랍게도 "교회업무와 공공교육"(Ecclesiastical Affairs and Public Education) 기관이라고 명명하였다. 그는 개신교 문화에선 이러한 명칭이 기관의 효율적 역할을 위해 적절하다고 생각했다. 국왕의 삼촌이었던 프리드리히 대제 역시 그 이전에 이런 개념을 적극적으로 수용한 바 있다.[35]

베를린대학교는 교육과 연구 모두에 새로운 기준을 세우려는 목적의식이 있었으며, 그 설립 때부터 이 목표를 성공적으로 수행하였다. 그리고 전 세계 유사한 기관들에게 하나의 모델을 제시해줄 수 있었다. 아주 멀리 떨어진 메이지 유신 이후의 일본(post-1868 Japan)은 개신교 가치를 부분적으로 수용하며 창조적으로 적용하였는데, 그곳에서도 베를린대학교는 중요한 모델로 수용되었다. 베를린대학교는 프로이센개신교에 충실하였고, 이는 많은 사람들에게 기독교가 계몽주의에 좋은 방법론을 제시할 수 있는 가능성을 제시해주었다. 루터교 국가를 다스리는 개혁주의 개신교에 속한 호엔촐레른 왕가 황제는 신앙고백적 가르침을 의도적으로 학문의 우선순위로 두지 않았다. 그들은 신학을 새로운 교육기관의 기초과목으로 지정하는 것에 잠재적인

---

[35] T. A. Howard, *Protestant Theology and the Making of the Modern German University* (Oxford, 2006), 143, 151-4.

의문을 가지고 있었다. 이러한 염려는 할레대학교(University of Halle)에서 봉직하다가 옮겨온 위대한 사상가, 프리드리히 슐라이에르마허(Friedrich Schleiermacher)에 의해 극복될 수 있었다. 슐라이에르마허는 신학이 더 이상 대학교 교육에서 가장 중요한 학문이라고 주장할 수 없다고 생각했다. 하지만 그는 신학교육의 중요한 두 목적을 열정적으로 강조하였다. 첫째, 그는 신학은 기독교 사회 안에서 전반적 목회능력(pastoral care)을 향상시키는 실용적 학문(practical discipline)이 되어야 한다고 주장했다. 둘째, 그는 신학이 다른 어려운 과학적 탐구 및 분석과 마찬가지로 동등하게 잠재력이 풍부한 하나의 학문 영역으로 자리 잡아야 한다는 것이다. 이는 이후 자유주의적 개신교 신학연구의 기초가 되었으며, 점차 신학적 방향은 고백적 태도로부터 벗어나게 되었다. 이러한 방향은 서구에서는 오늘날까지 가톨릭 대학교를 포함한 모든 대학교육의 이상적 모습으로 이어져 오고 있다.[36]

이러한 상황 가운데 신학적 과제는 계몽주의를 더 강화하였으며, 임마누엘 칸트를 개신교 갱신을 위한 중요한 사상적 원천으로 재발견하도록 이끌었다. 슐라이에르마허에게 칸트가 주장한 인간 '양심'(conscience)의 개념은 인간이 자신에게 솔직해지기 위해 마땅히 따라야 할 도덕적 경로에 대한 지식 영역에 그치는 것이 아니라, 종교의식으로 그 영역을 확장하였다. 슐라이에르마허는 19세기 초 유럽 낭만주의 사조에 매료되어 있었고, 이를 그 자신이 어린 시절과 학창시절의 모라비아 교단에서의 체험과 접목하였다. 하지만 젊은 슐라이에르마허는 자신의 모든 신앙을 잃어버리게 된다. 그는 이러한 의심의 문제를 할레대학교에서 철학 수업을 통해 씨름하였다. 당시 할레대학교는 본래의 경건주의 뿌리에서 절제된 계몽주의적 합리주의로 전환되던 시기였다. 이후 슐라이에르마허는 다시 믿음을 회복한 후, 합리주의로부터 돌아서서 이를 비판하였다. 그는 느낌(feeling)과 정서

---

36 Ibid., 166-72.

(emotion)를 이성을 지도하는 파트너라고 주장하였다. 하나님을 향한 영적 순례를 통해 그는 이성을 넘어 절대자와 조우하는 믿음의 도약을 얻게 된 것이다.

슐라이에르마허는 죽음을 앞두고 부인에게 다음과 같이 고백했다. "나는 가장 훌륭한 사상들을 연구해왔소. 그것들은 내게 가장 친밀한 종교적 감정(sensation)과도 같구려."[37] 따라서 인간은 뭔가에 대해 단지 추상적인 형태로 이해하려 해서는 안 되고, 모든 만물의 궁극적 근원을 의식적으로 찾아나가야 한다. 그 근원은 바로 거룩하고 신실하신 사랑의 하나님이다. 슐라이에르마허는 17세기 이후 서방기독교에서 부상하여 전 세계의 신앙운동이 공유한 하나님에 대한 새로운 이해를 종합하였다. 그것은 하나님의 계시의 열매로 모든 종교성의 근원이 된다. 이 기독교 고유의 신앙적 특성은 바로 예수님의 인격으로, 스스로 자신의 신성을 완전한 하나님 인식으로 드러낸 모범을 따르는 것이다. 즉 하나님에 대한 인식에 있어 성경적 구문보다는 예수 그리스도의 신 인식에 더 중요한 의미를 부여한 것이다. 슐라이에르마허는 다음과 같이 자신의 확신을 표현하였다. "하나님에 대한 절대적이고 완전한 의식은 그리스도에 기인한다. 그분은 자신 안에 유일하고 동일한 하나님의 존재를 나타내신다."[38]

베를린대학교에서 슐라이에르마허의 동료였던 인물이 게오르크 빌헬름 프리드리히 헤겔(Georg Wilhelm Friedrich Hegel)이었다. 헤겔은 슐라이에르마허의 절친한 동지는 아니었고, 칸트와도 매우 다른 학문적 노선을 걸어갔다. 헤겔은 결코 슐라이에르마허처럼 경건주의 유산으로 회귀해 구축한 개인의 감정을 강조하지 않았다. 헤겔은 지식과 존재의 구조를 구축하기 위해 아리스토텔레스가 간과해버린, 칸트의

---

37 G. Spiegler, *The Eternal Covenant* (New York, 1967), 128, qu. J. Macquarrie, *Thinking about God* (London, 1975), 161.

38 B. A. Gerrish, *A Prince of the Church: Schleiermacher and the Beginning of Modern Theology* (London, 1984), 39.

회의주의를 넘어서는 또 다른 영역을 추구하였다. 헤겔도 칸트처럼 인간의 의식을 자신의 사상의 출발점으로 삼았다. 그러나 그는 인간 정신이 뭔가를 이해할 수 있다는 가능성에 대해 부정하였다. 대신 헤겔은 지속적으로 인간 역사(human history)의 중요성을 강조하였다. 이 인간 역사(그에 따르면 전문적 학자들에 의해 적절히 연구되고 이해되어야 할 필요가 있다)는 그 상호반응(reflection)의 드라마를 위한 무대인 것이다. 모든 만물은 역사 안에서 끊임없이 발전해나가거나 변화된다. 그리고 이 변화과정은 변증법적 원리(dialectic principle)에 의해 진행된다. 즉 어느 **정**(thesis)에는 그에 대한 **반**(antithesis)이 따르며, 정과 반은 조우하게 되고, 곧이어 양자는 더 높은 단계로 발전하여 하나의 **합**(synthesis)을 이끌어내게 된다. 더 높은 차원의 해결책으로서의 이 합론은 철학적인 엘리트들에 의해서만 판단될 수 있다. 따라서 모든 종교는 고차원적인 진리와 이를 이해하기에는 부족한 자들 사이의 매개체(mediation)인 것이다. 여기에는 창조주 하나님과 피조물 사이의 관계가 따르며, 이 양자는 서로 분리될 수 없이 서로 연결되어 있다. 즉 헤겔에 따르면, "세상 없이는 하나님은 하나님일 수 없다"[39] 인간의 의식은 홀로 진실한 영이신 절대자에 대한 절대적 지식을 향한 과정이다.

헤겔에게 이 영이신 절대자는 루터와 신비주의 종교개혁자들이 기술했던 초월적 하나님과 동일시하는 데는 아무런 문제가 없었다. 하지만 만물의 본질(essence)이며 실재(reality)이신 그의 하나님은 전적 타자인 플라톤주의(Platonism)의 하나님이나 열정적이고 개인적인 유대주의(Judaism)의 하나님과는 거리가 있었다. 헤겔은 유럽인들의 사상에 다양하고 광범위한 영향을 미쳤다. 하지만 그의 제자들 대부분은 그의 사상 체계 안에서 어떤 하나님도 발견할 수 없었다. 그의 제자 중 루드비히 포이에르바흐(Ludwig Feuerbach)는 헤겔의 저작을 읽으며

---

[39] G. W. F. Hegel, ed. E. Moldenhauer and K. M. Michel, *Werke* (20 vols., Frankfurt am Main, 1969-1971), XVI, 192, qu. P. Kennedy, *A Modern Introduction to Theology: New Questions for Old Beliefs* (London, 2006), 99.

스스로 '젊은 헤겔학파'(Young Hegelians)의 일원이 되었다. 그는 기독교는 '잘못된 인식'(false consciousness)을 대표하는 것이기 때문에 폐기되어야 한다는 결론을 내렸다. 그는 인간이 신과 친밀감을 느끼게 되는 것은 자신이 상상하는 이미지에 따라 스스로 신을 만들어낸 것이기 때문이라고 주장하였다. 그에 따르면, "어떤 주체(subject)가 상상하는 하나의 객체(object)는 그 주체 자신의 본성을 객관화시킨 것에 불과하다. 그것은 인간의 사상과 기질을 반영한 것이고 그것이 바로 그 사람의 신이다. 인간이 가진 가치 이상의 가치를 가진 신은 존재하지 않는다."[40] 신적 계시라고 불리는 것은 단지 인간이 스스로에게 계시한 것에 불과하다. 이런 사상은 이후 마르크스와 그의 추종자들이 극단적으로 기독교를 거부하게 만드는 배경이 되었다. 물론 일부 마르크스주의자들은 마르크스주의와 기독교를 함께 수용하는 것이 가능하다고 여겼지만 말이다.

개신교 철학이 칸트에서 헤겔로 발전하는 과정 속에 가장 특별한 반응은 덴마크 루터교인인 쇠렌 키에르케고르(Søren Kierkegaard)에 의해 이루어졌다. 그는 장구한 서방기독교 역사에서 가장 두드러진 인물이었다. 키에르케고르는 사업가인 아버지의 재산과 저작활동을 통한 수입으로 인해 경제적으로는 매우 풍족하여 생활에 아무런 부족함이 없었다. 그는 30여 권의 출판물 이외에도 그의 사망 당시 출판되지 않은 엄청난 양의 원고를 집필하였다. 유명한 이야기이지만 그는 사랑했던 약혼자와 파혼하는 경험을 가지고 있었다. 그리고 너무나 자주 자신의 저작 속에서 파혼의 경험을 인생의 비극과 무상함을 해석하는 토론의 주제로 삼았다. 그는 자주 자신이 몸담은 세상을 떠나 자기만의 고요한 시간을 가지곤 했다. 그는 또한 정기적으로 책상

---

[40] L. Feuerbach, *The Essence of Christianity* (London, 1981; first published 1841), 12. 이 책의 영문 번역판은 Strauss가 저술한 *Neben Jesus*를 번역한 기독교 자유사상가인 Mary Anne 또는 Marian Evans에 의해 번역 출판되었다(그녀는 자신의 소설에 사용하는 George Eliot라는 필명으로 더욱 잘 알려져 있다).

에서 벗어나 '사람들의 침소'인 거리와 극장을 배회하며 저급하고 냉혹한 인간의 경험과 마주하고 싶어 했다. 그는 이 경험을 바탕으로 다양한 필명을 통해 저술활동을 하면서, 때로는 소위 신사적이라는 기독교를 조소하고 비판하였다. 그가 바라본 당시의 기독교는 코펜하겐(Copenhagen)의 루터교도들이 좋은 교육과 매일의 미덕, 헤겔에 대한 명확한 해석을 통해 세워놓은 겉모양만 그럴듯한 종교였다. 키에르케고르는 그의 아버지를 존경했지만 그 이면에 놓인 소년 시절 하나님을 원망하는 아버지의 모습과 아버지가 혼전임신으로 인해 가정부(키에르케고르의 어머니)와 결혼한 것을 알게 되었고 자신의 죄에 대한 실망과 두려움을 떨치지 못했다(키에르케고르는 아버지의 죄뿐만 아니라 자신의 죄로도 괴로워했다-역주).⁴¹

이와 같이 키에르케고르는 겉으로는 화려한 도시의 삶 속에서 번민하며 개인의 내면 의식을 탐구했다. 그는 절대자에게 이르는 헤겔의 변증법적 과정이 개인을 무시하는 이론이라고 비판하였다. 인간의 죄악 역시 헤겔의 과정 속에서는 단지 비인격적인(impersonal) 요소에 불과하지만, 키에르케고르는 이를 부정하고 그것이 그리스도를 고통의 길로 이끌 수밖에 없게 만든 인간 실존의 어두운 면이라고 주장하였다. 이런 선택의 기로에서 키에르케고르에게 중도의 길이란 있을 수 없었다. 따라서 그는 타협점을 찾으며 타락해버린 당시 덴마크 교회의 대다수의 명망 있는 성직자들을 혐오하고 경멸했으며, 그들을 날카롭게 비판하였다. 키에르케고르는 범죄적 혐의로 운 없이 기소된 (하지만 운 좋게 병에 걸린) 마인스터(Mynster) 주교를 맹렬히 비난하며 다음과 같이 말했다.

> 본래 기독교는 이 세상에 맞서 치열하게 싸우며 저항하였다. 이 세상 풍조를 즐거워하고 쉽사리 그 안으로 빠져들지도 않았고, 세상으로부터

---

41 J. Garff, *Søren Kierkegaard: A Biography* (Princeton, 2005), esp. 5-6, 102-3, 134-6, 308-16, 517-9.

자신을 지켜나갔다…또 다른 세상이 있다. 그곳은 바로 천국이다. 따라서 이 세상에는 두 길이 있다. 한편에는 마인스터처럼 살아가는 인생관(이는 결국 세상에 속하여 금생의 쾌락을 좋아하는 에피큐로스적 가치관이다)이 있고, 다른 한편에는 기독교 가치관이 있다. 이는 또 다른 세상 천국에 속한 삶을 살아가며 고난과 죽음도 기꺼이 감내하는 인생이다.[42]

이와 같은 통렬한 비판은 곧 그가 기독교계에 대항해 전쟁을 선포한 것이며, 동시에 당대의 교조적 지성체계에 대한 선전포고이기도 하다. "그 어떤 세대도 다른 사람을 어떻게 사랑해야 하는지 배우지 못했다. 또한 다음 세대가 이생보다 결코 짧지 않다는 가치를 처음부터 세우지 않는다면 그 어떤 세대도 새로운 출발을 꿈꿀 수 없을 것이다."[43]

키에르케고르의 열정은 해학적 요소와 절묘하게 혼합되어 있었다. 그는 당대의 종교와 철학을 비판하면서 자신이 소크라테스에게서 발견한 은근한 질문과 조소의 수사법을 지속적으로 사용하였다. 키에르케고르와 동시대 사람들은 그를 재판과 죽음으로 몰아넣지 못했다. 마치 오래전 아테네 사람들이 소크라테스에 대해 당혹해했던 것처럼, 그들은 키에르케고르의 모호함을 이해할 수 없었다. 그는 이러한 익살스러운 기행을 통해 당시의 기독교의 행태를 풍자적으로 나열하며 조소하였다. 이런 면에서 키에르케고르가 19세기에 신속한 반향을 불러일으키지 못했던 것은 아주 자연스러운 결과일 것이다. 더욱이 그는 유럽에서 보편적이지 못했던 언어를 사용하고 있었다. 20세기에 들어 인간의 자존감에 대해 강조하면서, 키에르케고르가 지속적으로 집중했던 십자가에 달린 하나님이며 인간이신 분(God-Man)의 고통과

---

42 S. Kierkegaard, ed. H. V. and E. H. Hong, *The Moment, and Late Writings* (Princeton, 1998; first published 1855), 206 [*The Moment*, no. 6].

43 S. Kierkegaard, tr. A. Hannay, *Fear and Trembling* (London, 2005; originally published pseudonymously 1843), 150 [Epilogue].

고독에 대한 심오한 사상은 서방기독교의 당혹스러운 상황을 정확하게 지적해주는 것이었다. 잠잠히 포기할 수 있는 마음, 고통에서도 피어나는 웃음과 감사는 그가 가르쳐준 소중한 해답이었다.

키에르케고르의 목적은 여전히 북유럽의 주도권을 가지고 있었던 기독교계를 개혁하는 것이었다. 슐라이에르마허와 헤겔은 모두 프랑스의 침략과 그 이후 독일의 승리에 많은 영향을 받았으며, 프러시아의 국가갱신 프로젝트의 중요성을 깊이 인식하고 있었다. 하지만 그들은 프러시아를 넘어 더 큰 그림을 바라보고 있었다. 즉 단지 통일된 독일의 건립뿐 아니라 전 세계를 위한 원대한 목표가 있었다. 헤겔이 바라본 인류의 진보는 세상이 완전한 평화를 이루는 것이었다. 그는 이를 위해 모든 정치적 기관들과 주도적 문화, 그 밖의 모든 것을 압도할 수 있는 초강대국(superior state)이 필요하며, 이것이 역사 속 하나님의 뜻이라고 생각했다. 이러한 초강대국에 대한 계획은 베를린대학교에서 진행되고 있었다. 칸트 역시 세계 평화에 대한 구상이 있었지만 이런 정치적 계획을 고려하지는 않았다. 하지만 나폴레옹의 몰락 이후 자유주의적 독일 개신교는 이러한 민족주의적 성격을 띠게 되었다. 또한 이들은 1848-9년에 걸쳐 독일의 통일을 위한 의회의 노력이 실패로 돌아가자 대부분 왕정주의의 지지자들이 되었다. 이후 1867-70년 사이, 프러시아의 호엔촐레른 왕조는 오스트리아와 프랑스의 왕위를 차례로 차지하였다. 1871년 독일 제2 제국(Reich) 탄생이 선포되었고, 스스로 자국이 이전의 신성로마제국의 후신으로 자부하였다. 이는 개신교 세력이 합스부르크 왕조의 가톨릭 제국을 대체한 것이다. 신학자들을 포함한 독일의 대부분의 학자는 이를 찬동하고 적극적으로 참여하였다.

50년간 프러시아 왕조와 베를린대학교의 뛰어난 교수들을 연구한 위대한 역사가, 레오폴드 폰 랑케(Leopold von Ranke)는 이 새 독일 황제를 "하나님과 친밀한"(*unmittelbar zu Gott*) 사람이라고 묘사하였다. 이는 민족주의와 왕권신수설(divine right theory)의 혼합으로 자유와 평등의 가치가 제국의 왕실에 종속되게 된 것이다."⁴⁴ 이 사상의 필수적 토대는 개신교의 신권(divine right) 의식에 대한 비전이다. 랑케는 자신의 연구 초기부터 스스로 북유럽의 모든 '튜튼계'(Teutonic) 국가들의 통일 의식이 필요하다고 생각하며 이를 희망했다. 그에게 이러한 일치를 위한 필수요소는 종교개혁이다. 이러한 생각을 가진 사람은 랑케만은 아니었다. 북유럽의 개신교 국가들은 대다수 일찍 산업화에 눈을 떴고, 점차 몰락하는 스페인과 포르투갈과는 달리 급속하게 제국주의적 팽창을 이루어낸 영국과 미국을 주의 깊게 바라보고 있었다. 따라서 이들 국가들은 자신들의 부와 국력이 점차 성장해가는 것은 전 세계 가톨릭교의 퇴보와 더불어 하나님의 뜻이라고 생각하고 있었다. 이러한 생각은 19세기 말 영국의 한 복음주의 작가가 자신의 베스트셀러에서 하나님의 선택받은 국가(God's chosen nations)가 된 기쁨을 찬양하는 송가에 그 정점을 나타내고 있다. "우리는 교황을 따르는 국가와는 달리 개신교 영토에 산다. 이제 더 이상 어떤 종교가 국가의 부(National Prosperity)를 더욱 신장시킬 수 있는지 의심할 필요가 있겠는가?"⁴⁵ 이는 막스 베버(Max Weber)가 자신의 저서 『프로테스탄트 윤리와 자본주의 정신』(*The Protestant Ethics and the Spirit of Capitalism*)에서 제기한 학설을 잘 반영해주는 것으로 당대 사람들의 일반적 정서를 대변해주는 말이다.

19세기 전반에 걸쳐 복음주의자들은 경건주의가 탄생했던 첫 날부터 범대륙적 연계를 유지하고 있었다. 이제 그 동맹은 영국 왕조와 독일 왕조를 지속적으로 친밀하게 연결시키고자 하였다. 프로이센 왕조는 이를 아주 중요하게 생각하고 있었다. 프리드리히 빌헬름 3세는 그다지 종교심이 깊지 않았기 때문에, 오히려 이 문제를 많은 반대자들을 물리치고 진행시켜 나갔다. 우선 그는 루터교와 개혁교회의 연

---

44 J. A. Moses, "'Dietrich Bonhoeffer's Repudiation of Protestant German War Theology", *JRH*, 30 (2006), 354-70, esp. 356.

45 W. Walsh, *The Secret History of Oxford Movement* (5th edn, London, 1899), 362.

합을 추진하였다. 그는 잉글랜드국교회의 고교회주의에 막연한 관심을 가졌고, 이로 인해 몇몇 기괴하고 심지어 더 불경한 예식적 실험을 시도하기도 하였다.⁴⁶ 더 심각한 문제는 1841년 프리드리히 빌헬름과 같은 이름으로 그 후계자가 된 그의 아들이 후원하여 진행된 프로젝트였다. 그것은 예루살렘에 영국과 프러시아의 공동 주교를 주재시킨 것이다. 이것은 북유럽의 전 세계를 향한 야망을 가장 잘 대변해주는 상징이라 할 수 있다. 그러나 이 프로젝트를 적극적으로 추진했던 프러시아 지도자들은 당시 잉글랜드국교회의 복잡한 정치적 상황을 잘 이해하지 못하고 있었다. 이 프로젝트는 영국과 프러시아가 함께 공동 주교를 예루살렘에 주둔시키는 것이었지만, 영국 고교회주의자들의 고집으로 인해 대부분의 주교들은 잉글랜드국교회 소속 사제들이었다. 이 연합 사업은 점차 변질되었다. 결국 예루살렘 주교직은 잉글랜드국교회 소속 사제들이 독점하고 말았다. 하지만 이 프로젝트는 오늘날의 에큐메니칼운동과 갈등 지역에서의 종교간 대화 노력에 대한 큰 전례로서 공헌한 것으로 평가할 수도 있다.⁴⁷

또 다른 연합기관이 팔레스타인 지역에 깊은 관심을 가지며 전 세계를 향한 유사한 과업을 수행하고자 하였다. 이 기관은 1846년 영국과 독일의 복음주의 개신교도가 함께 설립한 복음주의연합(Evangelical Alliance)이다. 이 연합기관은 꽤 오래 지속되었고, 보다 더 순수한 동기를 가지고 있었다. 복음주의연합의 관심사 중 하나는 유대인들을 팔레스타인 지역으로 복귀시키고 그들을 그곳에서 개종시키는 것이었다. 이것은 개신교인들의 지속적인 관심사인 종말을 앞당기고자 하는 획기적이고 구체적인 시도였다. 예루살렘 주교를 세우는 프로젝트

---

46 Hope, 340-3.
47 독일 루터교회의 기념탑이 1893년과 1898년 사이 성묘교회 인근에 세워졌다. 이곳은 1869년 프러시아 황태자가 정복한 지역이었다. 이는 당시 독일인들의 성지에 대한 깊은 관심에서 기인한 또 다른 결과이다. 이 기념탑은 그 자체로 그리 높지는 않았지만 예루살렘에서는 아주 독보적인 고층 건물이다.

를 지지하는 많은 사람들은 복음주의연합과 유사한 과업을 수행하는 것이라고 생각했다. 특별히 그 첫 번째 주교로 선출된 인물은 마이클 솔로몬 알렉산더(Michael Solomon Alexander)였는데, 그가 이전에 유대교 랍비였다가 기독교로 개종한 인물이라는 점에 큰 기대를 가졌다. 알렉산더는 유대인들의 회심이 곧 임박하였으며, 이는 종말을 준비하기 위한 필수적 요소라고 주장하였다. 복음주의연합은 자신들의 복음주의적 세계관을 위협하는 새로운 적대세력이 있음을 인식하고 그들과 싸워나가고 있었다. 그들이 우선 예루살렘 프로젝트와 연합하는 것은 국제적인 복음주의 개신교가 다른 많은 유대인이 관심을 갖고 회심하기 전에 팔레스타인 지역의 운명과 조우하게 되는 전조가 될 것이라고 여겼다.[48]

이와 같이 승리감에 도취된 개신교 이데올로기를 배경으로, 1871년 독일의 제2 제국이 출범하였다. 이를 주도한 인물은 오토 폰 비스마르크(Otto von Bismarck) 수상이다. 개신교 학자로 베를린대학교의 병리학 교수였던 루돌프 피르호(Rudolf Virchow)는 비스마르크에 대해 혹독하게 비판하였다. 그는 어느 곳에도 속하지 않고 독립적인 노선을 따르는 인물이었다. 그는 당시의 상황을 "문화전쟁"(Kulturkampf)이라고 적절하게 명명하였다. 여기에서 문화란 무엇을 지칭하는 것일까? 이는 자유주의와 독일 개신교가 연합하여 국제적이며 보수적인 로마 가톨릭교에 대항한 것을 의미한다. 비스마르크는 개신교 제국의 새로운 힘을 연합하여 교황무오성과 같은 교리를 공포한 교황 피우스 9세를 압박하고자 하였다. 그는 또한 독일제국에 일부 분할되어 있던 폴란드 가톨릭교도들에 대한 독일의 민족주의적 감정을 자극하였다. 비스마르크 수상은 북유럽에서 중요한 정치적 위력을 가지고 있던 가톨릭교를 제거함으로 새로운 독일제국 안에서 힘의 균형을 한쪽으로

---

[48] N. M. Railton, *No North Sea: The Anglo-German Evangelical Network in the Middle of the Nineteenth Century* (Leiden, 2000), esp. Ch. 8. 두 번째 예루살렘 주교로 선출된 Samuel Gobat 역시 종말론적 사건들에 대해 큰 관심을 가지고 많은 글을 썼던 사람이었다.

완전히 기울게 만들고자 한 것이다. 하지만 그는 결국 성공하지 못했으며, 1887년 이러한 정책을 포기해야 했다. 그가 거둔 약간의 항구적 성과는 좀 더 강해진 정부가 가톨릭 교육과 성직자 임명에 개입할 수 있게 된 것이다. 부분적으로 비스마르크는 과거에 패배한 것이다. 1648년 베스트팔리아 평화조약(Peace of Westphalia)이 독일에게 부여한 종교적 지형은 1806년 신성로마제국의 몰락 이후 세워진 그 어떤 정부보다 더 강력했다. 또한 대중적 가톨릭신앙운동은 고난당하는 성직자들을 열렬히 지지하였고, 이는 국가가 감당하기에는 너무나 거대한 것이었다. 또한 자유주의적 양심은 국가의 독재적 정책을 성공시키기 위해 필수적인 극단적 폭력을 사용하는 것을 허락지 않았기 때문이기도 하다. 또한 새 독일제국의 관할구역이 뒤엉키면서, 가톨릭교도들의 저항을 지속적으로 억누르는 것을 불가능하게 만들었다.[49]

독일제국의 정부가 가톨릭교를 완전히 억압할 수 없었던 데는 더욱 근본적이고 새로운 이유가 있었다. 당시 독일 내 국민 대다수를 차지하는 비가톨릭교도들은 기독교 신앙 활동에 열심히 참여하지 않았으며, 비스마르크 정권에 반감을 가지고 있었다. 이미 18세기 독일의 도시권에서는 상당수의 사람들이 교회에 출석하지 않았다. 이후의 양상은 더욱 심각했다. 사람들이 종교의식에서 멀어진 현상은 비단 도시에서뿐만 아니라, 시골에서도 비슷한 양상이 나타나게 된 것이다. 이러한 결과는 국교회에서 주관하는 성만찬 참여자들의 통계에서 잘 드러난다. 1910년 독일의 시골 지역인 헤세-카셀(Hesse-Kassel)에서는 교인 100명이 1년 동안 참여한 성만찬의 횟수가 140회로 이전처럼 높은 수치를 보이고 있었지만, 또 다른 비슷한 규모의 북서쪽 시골마을 예퍼(Jever)에서는 100명 당 불과 연 7회에 그친 것으로 기록되어 있다. 이러한 통계는 북부 독일의 항구도시 킬(Kiel)에서 기록한 100

---

[49] R. J. Ross, *The Failure of Bismarck's Kulturkampf: Catholicism and State Power in Imperial Germany, 1871-1887* (Washington, DC, 1998), esp. 180-90.

명 당 연 6회와 거의 비슷한 수치이다. 그렇다면 여기에는 한 가지 분명한 사실이 있다. 상당수의 노동자 계층 사람들은 보수적인 제국의 정권에 귀속되어 있는 개신교회에서 점점 멀어져 갔다는 것이다. 대신 이들은 사회주의에 더 매료되었는데, 당시 사회주의자들은 노동자들에게 교회가 제공해줄 수 있는 것과는 대조적으로 레저 활동과 복지 혜택을 제공하며 그들을 위한 대안적 하위문화(alternative subculture)를 구축하고 있었다. 독일 사회민주당(Social Democratic Party)은 유럽 최초의 본격적 사회주의 정당이었다. 이들은 가톨릭교회와 마찬가지로 정부가 주도한 억압의 주 대상이었다. 따라서 당시 독일 개신교는 가톨릭교와 사회주의 사이에서 압박당하고 있었다. 1869년 불과 1퍼센트의 노동자 계층이 베를린 교구 교회에 참여하고 있었으며, 그 수치는 1914년 제1차 세계대전 발발 당시에는 절반으로 축소되었다.[50]

4. 영국 개신교와 옥스퍼드운동

북유럽의 또 다른 주요 개신교 국가인 대영제국(Great Britain)은 모든 면에서 독일과는 많이 달랐다. 영국 교회의 복잡한 양상은 17세기에 있었던 영국 개신교의 분열로 거슬러 올라간다. 1801년 이후에도 스코틀랜드와 잉글랜드(아일랜드)에 각각의 개신교회가 양립하고 있었고, 양자는 서로 다른 교리와 교회 구조로 인해 심각한 갈등관계에 있었다. 또한 잉글랜드와 웨일스에는 잉글랜드국교회로부터 분리되어 독립적으로 세워진 비국교도들(Dissenters)과 감리교 회중이 점차 더 큰 규모로 성장하고 있었다. 영국에서는 아주 특별하게도 공식적 '교

---

50 Burleigh, 263-67. 이에 대한 요약된 토의는 다음 두 책에 실린 H. McLeod의 글을 참조. *JEH*, 54 (2003), 787-9. L. Hölscher et al. (ed), *Datenatlas zur religiösen Geographie im protestantischen Deutschland. Von der Mitte des 19. Jahrhunderts bis zum Zweiten Weltkrieg* (4 vols., Berlin and New York, 2001).

회'(church)를 대신하여 비공식적인 '채플'(Chapel)을 개신교 신앙생활을 위한 요소로 발전시켜 갔다. 아일랜드에서는 다수의 로마가톨릭교도들이 소수였던 개신교 정권 아래 억눌려 있었다. 그들은 국가정책에 대한 발언권을 거의 가지지 못하는 것에 불만을 가지고 있었다. 잉글랜드국교회 성직자들은 스코틀랜드에는 장로교회가 공식적인 교회로 존재하고 있다는 사실에 그다지 관심을 두지 않았다. 그들은 자신들의 교회가 곧 국가의 정체성과 동일하다고 믿고 있었다. 한편 잉글랜드국교회 내의 복음주의자들은 토리당 소속의 성공회 고교회주의자들에 비해 다른 개신교 동료들에게 비교적 관대하였다.[51] 토리당이 선호했던 잉글랜드국교회가 주도권을 계속 유지하기는 점차 어려워졌다. 당시 영국의 개신교는 유럽의 다른 어떤 지역의 개신교보다 더 분열되어 있었다. 이는 네덜란드 왕국과도 전혀 다른 양상이었다. 역설적으로 바로 이 이유 때문에 영국은 독일에 비해 교회 출석자의 비율이 훨씬 더 높았다. 영국에서 신앙적 열정을 가진 비국교도들의 전통은 잉글랜드국교회에 대해 불만을 가지고 있었지만, 이를 반교권주의나 기독교 자체에 대한 반감으로 돌리지는 않았다. 단지 그들은 대안적인 신앙생활을 선택한 것이었다. 영국의 사회주의는 마르크스보다 오히려 감리교로부터 더 많은 영향을 받았다는 것은 잘 알려진 사실이다. 20세기에도 영국 사회주의는 이념보다는 일반대중에 대해 더 많은 관심이 있었다. 또한 새롭게 선거권을 획득한 가톨릭 노동자 계층은 주로 노동당(Labour Party)에 표를 던졌다.[52]

영국 정부는 미국 독립전쟁에서의 패배와 프랑스대혁명으로 인한

---

51 1873년부터 영국의 빅토리아 여왕과 왕실 가족들은 자신들이 스코틀랜드에 있을 때에는, 스코틀랜드 교회의 일원으로서 행동하였다. 이는 순전히 여왕의 개인적 선택이었으며 성공회 고교회주의자들은 이에 대한 유감을 가지고 있었다. 다음 책을 참조. O. Chadwick, "The Sacrament at Crathie, 1873", in S. J. Brown and G. Newlands (eds.), *Scottish Christianity in the Modern World* (Edinburgh, 2000), 177-96.

52 종교와 사회주의의 초기 연관성에 대해서 다음 책을 참조. G. Johnson, "British Social Democracy and Religion, 1881-1911", *JEH*, 51 (2000), 94-115.

두려움 가운데, 국교회에 대한 후원을 더 증가시켰다. 1818년 의회는 점점 활기를 잃어가는 많은 도시 교회들을 위한 기금안을 통과시켰다. 1780년 후반부터 약 40년 동안 영국의 식민지에 있는 성공회 교회들을 재정적으로 후원하는 것은 정부의 보편적 정책이었다. 하지만 상황은 갑자기 변했다.[53] 1828년 토리당 정부는 개신교 비국교도들이 영국과 웨일스에서 공직을 가질 수 없도록 한 법안을 폐지하였다. 상황은 보수적 국교회에서 더 악화되었다. 바로 다음 해, 모든 개신교 전통주의자는 의회가 가톨릭 교도들에 대한 모든 제한을 철폐한 사실에 경악할 수밖에 없었다. 더 나아가 가톨릭교에 대한 규제가 완화되면서, 가톨릭 교인들은 영국 의회 의원으로 선출될 수 있는 자격을 획득하였다. 따라서 이제 국가정책 결정에 더 이상 국교회 소속 지도자들이 모든 권한을 독점할 수 없게 된 것이다. 전통적 토리당을 배반하고 이러한 변화를 주도한 사람은 당시 영국의 수상, 웰링턴 공작(Duke of Wellington)이었다(그는 나폴레옹과의 힘든 전쟁을 승리로 이끈 인물이다). 그는 일반적 통념을 깨고 이 법안을 통과시켰다. 왜냐하면 그들이 더 이상 아일랜드의 가톨릭 불만세력의 문제들을 해결하기 힘들다고 생각했기 때문이다. 정부의 휘그당원들은 토리당원들처럼 국교회에 의한 의회 독점을 간절히 원하지 않았다. 오히려 그들은 더 큰 변화를 원했다. 1833년 휘그당원들은 아일랜드의 개신교 정부의 부조리를 개혁하기 위한 법안을 상정하였다. 실상 아일랜드 개신교는 종교개혁 이전 아일랜드 교회를 계승했다고 하는 명목상의 교회에 지나지 않았다. 즉 당시 아일랜드 개신교는 아주 극소수의 사람들만이 추종하던 유령 기관에 불과했다.

이는 잉글랜드국교회의 심각한 정체성 위기였다. 이런 상황 가운

---

53 R. Strong, *Anglicanism and British Empire c. 1700-1850* (Oxford, 2007), 118-9, 194-7, 211. 1818년 이후의 정부가 후원하여 설립된 교회에 대해서는 다음 책을 참조. M. H. Port, *Six Hundreds New Churches: The Church building Commission 1818-1856* (rev. edn, Reading, 2006).

데 1833년 옥스퍼드대학교에서 행해진 한 설교는 당시의 심각한 위기가 전국적으로 확산되는 것을 염려하며 행해진 중요한 사건이다. 성공회 고교회주의 성직자였던 존 키블(John Kible)은 옥스퍼드 평의회(Oxford Assizes)의 개막 설교자로 초청되었다. 이는 웨스트민스터 의원들의 주도로 1년에 두 번씩 정기적으로 진행되는 행사였다. 그는 자신의 설교를 통해 웨스트민스터 평의원들과 수많은 옥스퍼드 청중 및 지방 유력자들을 각성시키고, '국가적 배교자들'에게 경고할 수 있는 기회로 삼았다. 키블은 아일랜드 성공회 감독권 억압은 이전에 누렸던 화합을 붕괴시키며 국가가 교회를 향해 자행한 교묘한 공격이라고 생각했다. 그는 휘그당 정권이 아일랜드 감독들을 무시해버린 행동은 "그들에게 사명을 주신 분에 대한 반역"이라고 여겼다.[54] 키블의 동료 성직자들은 그의 생각에 전적으로 동의했다. 키블은 옥스퍼드대학교회 주임사제인 존 헨리 뉴먼(John Henry Newman)의 적극적인 지지를 받았다. 그는 복음주의 신앙 속에 성장했지만, 이후 복음주의에서 벗어나 고교회주의 성공회로 개종하였다. 그는 더욱 열심히 잉글랜드국교회의 본질에 대해 깊이 고민하였고, 곧 분명한 결론을 찾을 수 있었다. 뉴먼은 본래 비범한 카리스마를 가진 탁월한 설교자였다. 특히 젊은이들이 그의 설교를 흠모했고, 그의 설교를 듣기 위해 교회는 늘 많은 청중으로 가득 찼다. 그가 평생에 걸쳐 해왔던 탁월한 산문체의 설교는 사람들의 마음을 움직이는 강한 힘이 있었다.[55]

이후 1830년대에 키블과 뉴먼, 그들의 많은 옥스퍼드 소속 동료들이 잉글랜드국교회에 대한 새로운 비전을 일련의 『시국 소책자』(Tracts for the Times)를 통해 발표하였다(이들이 발표한 소책자들의 영향으로 이들의 활동은 옥스퍼드운동으로 불렸을 뿐 아니라 "소책자운동"〈Tractarianism〉으로도 불렸다). 그들의 목표는 잉글랜드국교회가 탄생할 수 있는 계기가 되

---

54 Extracts in Bettenson (ed.), 316-8.
55 Newman에 대한 좋은 입문서로 다음 책을 참조. I. Ker and T. Merringan (eds.), *The Cambridge Companion to John Henry Newman* (Cambridge, 2009).

었던 종교개혁의 영향을 최소화하고, 국교회와 전 세계의 그 파생 교회들이 일종의 가톨릭성(Catholicity)을 회복하게 하고자 했다. 이를 위해 그들은 다양하게 나뉘어져 있는 종교개혁 분파들을 포괄하는 감독직의 사도적 계승을 강조하고, 그 탁월한 영성과 아름다운 예식을 발전시키기 원했다. 1830년대에 그들이 발표한 소책자의 영향으로 제임스 6세의 초상이 그려져 있던 동전에 "성공회"(Anglican)란 단어가 삽입되었다. "성공회"(Anglicanism)는 프랑스에서 교황권의 제한을 주장한 갈리아주의의 가톨릭 정체성을 연상시킨다. 이것은 교회가 그 국가에 중점을 두고 순전한 가톨릭 성격을 함께 결합시키고자 하는 것이다. 그들은 이런 구조 속에 아마도 잘 정돈된 교황직(papacy)의 중요성도 인정했을지 모른다(이는 단지 추측일 뿐이다). 옥스퍼드운동가들(Tractarians)은 또한 새로운 동전발행을 주도하였고, 자신들을 스스로 "앵글로-가톨릭"(Anglo-Catholic)이라고 불렀다.

옥스퍼드운동의 지도자들은 잉글랜드국교회의 새로운 이름을 다시 만들고자 했다. 이는 17세기 초 로드 대주교(Archbishop Raud)와 그의 동료들이 시도한 바 있었다. 하지만 여기에는 또 다른 중요한 요소가 있다. 만일 국가가 더 이상 교회를 지원하지 않는다면 교회는 마땅히 자신의 길을 모색해야 한다는 것이다. 이에 대한 영국에서의 선례는 1689년 국교에 반대하고 고교회를 신봉한 무리들이 '배은망덕한' 제임스 2세(James II)에게 충성하며, 자신들의 '불복종 교회'(Non-Juring Church)를 설립했던 경우이다. 높은 계급의 유력한 지식인들이 가세한 이 불복종자들은(Non-Jurors) 국가의 강제적 명령을 거부하고 재량권을 발동하며 자신들의 사상을 펼쳤다. 그들은 로마가톨릭의 실책에 빠지지 않으면서, 국가로부터 얽매이지 않는 사도교회(Church of the Apostles)의 권위 있는 감독직(episcopate)을 지속시키고자 하였다. 예배와 교회에 대한 그들의 급진적 결론(이는 교회의 본질에 대한 그들의 신학이었다)은 동방정교회에 대한 관심과 종교개혁에 대한 비판을 함께 반영하고 있었다. 이제 이 정신은 옥스퍼드운동의 지도자들의 영적 탐구에도 풍성하게 나타나 있다. 이를 통해 그들은 점점 사라져 간 불복종 교회에 대해 무관심했던 구고교회주의 성직자들(old high Churchmen)과 자신들을 분리시키고자 하였다.[56]

옥스퍼드운동은 교회개혁을 위한 여러 훌륭한 의견들을 발표했을 뿐 아니라 그 자체가 하나의 좋은 의견이었다. 자연스럽게 옥스퍼드의 많은 젊은 미혼 학자들이 주도적으로 이 운동에 적극 참여하였다.[57] 하지만 이 운동의 문제점은 그들의 훌륭한 의견들을 그들이 이론적으로 그 권위를 강조했던 교회의 감독들과 공유하지 못했다는 것이다. 1841년 뉴먼은 제90호 소책자를 발행하였다. 이 소책자에서 그는 1563년 제정된 잉글랜드국교회의 교리문서인 "39개 신조"(the Thirty-Nine Articles)가 로마가톨릭교회가 제정한 교리들과 근본적으로 크게 다르지 않다고 주장하였다. 그는 소책자에서 이러한 의견을 자극적이라기보다는 아주 진지하게 토의하며 발표하였다. 뉴먼은 이로 인한 많은 비판에 짐짓 당황했다. 이 일로 인해 뉴먼의 감독은 그에게 소책자 발행을 중단하라고 시급히 요청하기도 했다.[58] 같은 해 말 뉴먼과 그의 동조자들이 염려했던 충격적 사건이 발생했다. 그것은 예루살렘에 앵글로-프러시안 연합 주교를 파송하는 프로젝트가 추진된 것이다. 그들은 영국 교회의 가톨릭 정신의 순수성이 깨어질 것을 염려하

---

56 Non-jurors에 대해서는 『3천년 기독교 역사 II』 제20장 2. 참조. 이들에 대한 훌륭한 연구가 다음 글에 잘 기술되어 있다. C. D. A. Leighton, "The Non-Jurors and their history", *JRH*, 23 (2005), 247-57. 구고교회운동(Old High Church movement)에 대해서는 다음 책을 참조. P. Nockles, *The Oxford Movement in Context: Anglican High Churchmanship, 1760-1857* (Cambridge, 2006).

57 G. Faber, *Oxford Apostles: A character Study of the Oxford Movement* (London, 1933). 이 책은 옥스퍼드운동 지도자들에 대한 냉소적 설명을 담고 있는 명저이다.

58 39개 신조에 대해서는 『3천년 기독교 역사 II』 제17장 6. 참조. *Tract XC*에 나타난 Newman의 지성적 힘에 대해서는 다음 글에 잘 나타나 있다. A. O. Cockshut, *Religious Controversies of the Nineteenth Century: Selected Documents* (London, 1966), 74-90. Newman의 주장은 다음 책에 담겨 있는 그의 동료 E. B. Pusey와 옥스퍼드 주교, Bagot에게 보낸 편지를 참조. C. S. Dessain et al. (eds.), *Letters and Diaries of John Henry Newman* (31 vols., Oxford, 1968-2006), VIII, 97, 100.

였고, 이 와중에 첫 번째 상임주교로 임명된 마이클 솔로몬 알렉산더와 그의 유대인 혈통을 반기는 복음주의자들의 환호를 바라보며 경멸했다. 뉴먼은 이 일을 회고하며 예루살렘 주교에 대해 다음과 같이 풍자적으로 조롱하며 비판하였다. "나는 이 일에 대해 좋든 나쁘든 어떤 소식도 듣지 못했다. 단지 이 일은 나에게 많은 영향을 주었다. 많은 사람이 불행한 일에 대해 생각할 것이다. 이 일로 인해 나는 궁극적 결단을 내리지 않을 수 없다."[59]

이 말의 의미는 뉴먼이 이제 더 이상 그가 체계화했던 잉글랜드국교회에 대한 우유부단한 태도를 취하지 않겠다는 것이다. 로드와 '불복종자들'(Non-Jurors)이 로마가톨릭교회에 대해 아주 단순한 결론을 내렸던 것에 반해, 뉴먼은 가톨릭교회에 대해 다른 견해를 가지고 있었다. 이는 그가 몇 년간 초대교회 역사를 깊이 상고하면서 내린 결론이었다. 이러한 경험은 그에게 큰 힘이 되었다. 그는 자신의 감독과 캔터베리 대주교에게 보낸 아주 진지한 편지에서 루터교와 칼빈주의는 이단이라고 단호하게 비난하였다. 이미 2년 전 뉴먼은 개인적으로 잉글랜드국교회가 5세기 이단인 단성론자들(Monophysites)과 별반 다를 것이 없으며, 이제는 진정한 의미의 교회가 아니라고 피력한 바 있다.[60] 그는 점차 잉글랜드국교회로부터 멀어지다가 1845년 마침내 탈퇴하였다. 많은 사람이 이로 인해 크게 당혹스러워 하였다(하지만 옥스퍼드운동이 점차 그 영향력을 상실해가는 것을 목격한 대부분의 사람들에게 이것

---

59 J. H. Newman, ed. M. J. Svaglic, *Apologia Pro Vita Sua* (Oxford, 1967; first published 1864), 136. Newman이 이 논문과 예루살렘 프로젝트 당시 다른 사람들과 보낸 서한들에 나타난 그의 반유대주의적(anti-Semitism) 비판에 대해서 다음 글들을 참조. Ibid., 133, and Dessain et al. (eds.), *Letters and Diaries of John Henry Newman*, VIII, 295, and cf. Ibid., 299, 307, 314, 340.

60 Newman, ed. Svaglic, *Apologia Pro Vita Sua*, 133-5, 108. 1841년 그가 단성론에 대한 생각을 갖게 된 2년 후 뉴먼은 여전히 공식적으로는 Bagot 주교가 성공회의 일원으로서 '성스러운 특권'(inestimable privilege)을 가지고 있음을 확신하고 있었다. Dessain et al. (eds.), *Letters and Diaries of John Henry Newman*, VIII, 140. 이상하게도 이런 그의 확신은 *Apologia*에서는 언급되지 않았다.

은 결코 놀라운 일이 아니었다). 더욱 심각한 위기는 두 명의 매우 극성스런 성직자 사이의 논쟁에 대해 추밀원(Privy Council)에서 내린 법적 선고에서 기인하였다. 이 두 성직자는 복음주의 목사인 조지 코넬리우스 고함(George Cornelius Gorham)과 극단적인 고교회주의자로 추후 감독직에 오르게 되는 엑스터(Exeter) 주교, 헨리 필포츠(Henry Phillpotts)였다. 이 논쟁은 그들의 신학적 차이뿐 아니라 개인적인 감정도 함께 부딪히며 발생하였다. 필포츠는 고함의 새로운 교구 기획안을 거부하였다. 왜냐하면 그는 고함의 세례론이 '칼빈주의적'이라고 생각했기 때문이다. 고함은 감독들에게 더 편향되어 있었던 캔터베리 대주교의 최고법원에 이 문제를 상소하였다. 이후 약간 망설였지만, 자기에게 더 유리하다고 여긴 추밀원에도 상소하였다. 사실 추밀원은 복잡한 신학적 문제에 대해서는 그다지 확신을 가지지 못했다.[61]

당시 고교회의 많은 횡포로 인해, 세속법정은 교회안의 치열한 논쟁들에 개입해야만 했었다. 그 결과 뉴먼은 그를 따르는 성직자와 유력한 평신도들과 함께 로마가톨릭교로 개종하였다. 이 중에는 많은 사람들이 뉴먼을 이어 옥스퍼드운동의 지도자가 될 것이라고 여겨졌던 부주교(Archdeacon) 헨리 매닝(Henry Manning)도 포함되어 있다. 이후 매닝은 웨스트민스터 대주교에 오르게 된다.[62] 이런 결단은 라우드 추종자들과 불복종자들에게는 일어나지 않았던 사건이다. 이후에도 이런 개종은 여러 법정 소송으로 인해 앵글로-가톨릭주의자들(Anglo-Catholics)에게 반복해서 일어났다. 뉴먼은 열성적인 복음주의 신앙을 가졌다가 노선을 변경한 개인적 경험을 가지고 있다. 뉴먼의 이런 개인적 배경으로 인해, 그가 트랙운동가로 활동하던 시기에도 그에게는

---

61 Gorham이 추진했던 일에 대해서는 다음 책을 참조. O. Chadwick, *The Victorian Church* (2 vols., 2nd edn, London, 1970-1972), I. 250-71. 이 사건 이전에 1844년 Phillpotts 주교가 개입했던 교회 분열과 소규모의 복음주의적 '영국자유교회'(Free Church in England)의 창립에 대해서는 다음의 글을 참조. G. Carter, "The Case of the Reverend James Shore", *JEH*, 47 (1996), 478-505.

62 Manning과 1889년 런던 포구 파업 사건에 대해서는 본서 제22장 1. 참조.

스스로 다른 곳으로 전환할 수 있는 가능성이 이미 열려 있었는지도 모른다. 그러나 풋풋한 트랙운동가들이 자주 '높고도 황폐한' 집단이라고 희화화했던 영국의 주류 고교회주의 추종자들은 쉽사리 로마에 발을 대기는 어려웠다. 이런 와중에 영국을 넘어 또 다른 세력이 점차 부상하고 있었다.

미국 감독교회(Episcopal Church)의 고교회주의자들은 자신들의 교회가 영국에서처럼 국교회로 자리 잡을 수 없었음에도 불구하고 그들의 중심은 여전히 성례전 중심의 신앙생활과 감독제 정치를 유지했다. 존 헨리 호바트(John Henry Hobart)는 1811년부터 뉴욕의 감독으로 봉직했다. 그는 미국 교회사의 저명한 학자들로부터 "미국 감독교회 역사상 가장 훌륭한 지도자"라는 찬사를 받았다.[63] 호바트는 감리교 설교자들처럼 감상적인 설교 능력을 가지고 있었다. 그는 뉴욕에 제너럴신학교(General Theological Seminary)를 설립하는 데 큰 영향을 주었다. 이는 가톨릭트리엔트신학교(Catholic Tridentine Seminary)와 유사한 감독교회 교육기관이었다. 이 신학교는 이후 잉글랜드국교회와 더불어 감독교회의 세계 선교를 위한 전초기지가 되었다. 호바트의 특별한 공헌은 그의 탁월한 목회적 능력뿐 아니라 감독제도에 대한 그의 논리적이고 열정적인 변증에 있었다. 그는 감독제가 콘스탄티누스의 기독교 공인 이전에 로마 제국에 의해 자행한 극심한 고난을 견뎌 냈던 초대교회를 계승하는 가장 적절한 제도라고 확신하였다. 호바트는 초대교회가 당시 미국의 감독교회를 위한 최선의 모델이라고 여겼다. 미국에서 감독교회는 더 이상 국교회도 아니고 그 영향력도 미미한 위치에 있었다. 호바트에게 미국 감독교회는 국법으로 세워진 영국과 아일랜드 연합교회(United Church of England and Ireland)와는 사뭇 다른 환경에 놓여 있었다.[64]

---

63 Ahlstrom, 625.

64 다음 저술들은 이에 대한 아주 훌륭한 연구를 담고 있다. R. Mullin, "Finding a Space, Defining a Voice: John Henry Hobart and the Americanization of Anglicanism", in

미국인들이 잉글랜드국교회와 스코틀랜드장로교회를 바라보면서 부딪친 첫 번째 문제는 그들과 그들의 교회가 어떤 기성 교단에 소속되어야 하는지 스스로 결정해야 한다는 것이었다. 16세기 이후 파생된 다른 유럽의 급진적 교파들이나 영국의 분리주의자들도 그들에겐 고려의 대상이었다. 이런 면에서 옥스퍼드운동은 이런 갈등 속에 있던 교회 상황 가운데 적절한 조화를 이루어낼 수 있었으며, 그들의 보편적 문제에 대해 긍정적인 해답을 제공할 수 있었다. 이 운동은 감독이 초대교회의 사도들에게 그 기원적 계승을 주장했을 뿐 아니라, 감독의 역할이 성례전을 집례하는 것이라고 잘 규정하고 있었다. 즉 감독은 어떤 사람이고 그들의 구체적 역할이 무엇인지에 대해 분명한 해답을 제시한 것이다(물론 고교회에 속한 사람들에게 감독직은 자신들이 원하는 것을 하지 못하도록 통제하는 사람들이라는 느낌을 갖고 있기는 했지만 말이다). 고교회에 속하지 않은 사람들도 이런 문제에 대해 교회의 허가를 받아 다양한 포럼을 통해 토의하기도 하였다. 이를 위해 1852년과 1861년 캔터베리와 요크에서는 회의와 부흥집회가 열리기도 하였다. 이후 점차 평신도들의 의견을 더 많이 수용하는 교회가 차례로 설립되었다.

고교회주의의 성례전과 감독제도는 영국의 제국주의적 팽창과 미국혁명 이후 전 세계로 확장되어 세워진 많은 신흥 교회들에 하나의 통일성을 제공했다는 것은 분명하다. 이 교회들은 그때까지는 특정한 교파명을 가지고 있지 않은 경우가 많았다. 뉴질랜드에서는 최초로 평신도들이 교회 정책에 참여하는 실험적인 성공회 교회가 세워졌다. 이를 주도한 사람은 조지 셀윈(George Selwyn)이었다. 그는 저명한 고교회주의자이며 이후 영국으로 돌아와 주교관으로 복위했던 인물이다. 이 교회는 잉글랜드국교회의 새로운 선례가 되었다.[65] 옥스퍼드운

M. Dutton and P. Gray (eds.), *One Lord, One Faith, One Baptism: Studies in Christian Ecclessiology* (Grand Rapids, 2006), 129-43.

65 Breward, 101-2.

동 지도자들이 자신들의 목적을 위해 강조했던 '성공회'(Anglicanism) 란 단어는 이제 전 세계에 퍼져있는 새로운 교회들에게 '성공회연합' (Anglican Communion)이라는 의식을 불러오며, 가장 보편적이고 적절한 용어가 되었다. 1867년 전 세계 성공회 소속 감독들은 램버스 궁전(Lambeth Palace)이 주최한 최초의 비공식적인 회합을 가졌다. 그들은 이 회의를 통해 잉글랜드국교회의 일반적 성경 해석 방법에 다른 견해를 제시하며 도전했던 남아프리카 감독, 존 윌리엄 콜렌조(John William Colenso)의 문제를 해결하기 원했다.[66]

교회론에 대한 각자의 상반된 주장은 곧 영국과 스코틀랜드 국교회들을 둘러싸고 옥스퍼드운동이 미친 영향보다 더 심각한 긴장상태를 야기했다. 스스로 종교개혁의 자랑스러운 후예이며 장로교 신학을 강조했던 열성적 스코틀랜드 교인들은 영국 정부와의 협약이 있었음에도, 자신들의 목회자를 자의대로 청빙할 수 없게 되자 점차 격분하게 된다. 하지만 잉글랜드국교회는 자신들이 임명한 목회자를 받아들일 것을 강요하였으며, 그것은 자신들의 고유권한이라고 여겼다. 복음주의자들은 이것이 자신들에 대한 폭력행위라고 생각하며 더욱 크게 반발하였다. 이런 소요가 있은 지 몇 년 뒤 사태 해결이 미진하자, 삼분의 일 이상의 교구 목회자들은 대다수의 성도들을 이끌고 스코틀랜드 교회를 탈퇴하였다. 이것은 19세기 유럽의 개신교 역사에서 가장 주목할 만한 시위였으며, 이들은 대안적으로 '스코틀랜드자유교회'(Free Church of Scotland)를 설립하였다. 이는 사실상 탈퇴라기보다는 편의상 잠재적인 대안적 교회를 설립한 것으로 해석하는 것이 더 적절할 것이다. 이들 교회는 스코틀랜드 전역에 확장되었고 새로운 교구 네트워크를 형성하였다. 이를 위해 이전 기관과는 별도로 목회자들의 센터와 연합기관들을 설립하였다. 이들은 계속 종교개혁 원리를 유지하였을 뿐 아니라, 실질적으로 그 지역의 산업혁명으로 인해 벌

---

66 Colenso 주교의 특별한 견해에 대해서는 본서 23장 3.을 참조.

어들인 막대한 자금을 동원하였다. 이러한 분열의 상처는 1929년 잉글랜드국교회의 성직 임명권의 문제가 마침내 해결되어 많은 분파가 다시 재결합될 때까지 계속되었다. 이러한 문제는 오늘날까지도 여러 주요 국가교회에서 지속적으로 발생되고 있고, 그로 인해 교회가 분열되고 있다는 것은 실로 놀라운 일이다. 이와 같은 기독교인들의 편견은 지금도 계속되고 있다.

영국에서 옥스퍼드운동은 사람들에게 많은 호응을 얻을 수 있는 심미적이고 감상적인 강점을 가지고 있었다. 잉글랜드국교회는 종교개혁 이전부터 물려받은 수많은 아름다운 중세시대 교회 건물들이라는 유산을 가지고 있었다. 지난 3세기 동안 이 교회 건물들은 다방면으로 잘 개축하여 개신교회에도 적절하게 사용되었다. 당시 영국 사회는 여전히 중세 문화에 대한 낭만적 호의를 가지고 있었고, 자신들의 아름다운 건축물들을 복원하여 고교회와 연계시키고자 하였다. 따라서 이 교회 건물에 걸맞는 중세식의 예식을 지속적으로 발전시키기 원했다. 이러한 노력은 로마가톨릭 방식을 따르는 것이 아니라 성공회 자체 예배 방식대로 장엄하고 기품 있게 발전시킨 것이다. 이러한 추세는 스스로 자신을 앵글로-가톨릭이라고 생각하지 않는 사람들도 중도적인 입장에서 호의적으로 수용한 것으로 여겨진다.

많은 대중의 반발, 특히 앵글로-가톨릭 예식의 '교황종교'(Popery)와 같은 모습에 대한 소동 이후, 고교회주의 성직자들은 영혼을 구원하기 위한 진정한 사명을 실제적으로 감당하기 시작하였다. 1860년대 이후 교회가 대중의 존경을 다시 받게 된 가장 중요한 사례는 도시의 비참한 환경 속에 놓여있는 사람들을 위한 사역을 시작한 것이었다. 이를 위해 앵글로-가톨릭주의자들이 선택한 모델은 감리교나 복음주의자들의 감정적 부흥운동 방식이 아니라, 유럽의 로마가톨릭교회가 취한 다양한 예수회의 전통적인 사역방식이었다. 그들의 시도는 매우 성공적이었다. 사실 도시 빈민들은 가톨릭적 예식에 감명을 받지는 못했지만, 훌륭한 교육을 받은 기독교 신사들이 보여준 사랑과

봉사는 그들의 마음을 호의적으로 움직였다. 그 결과 앵글로-가톨릭 도시 선교센터가 설립되었다. 런던에 있는 성 알바누스 홀번(St Alban's Holborn)과 성 마리아 소머스 타운(St Mary's Somers Town)이 그 대표적 사례라 할 수 있다.[67]

그 결과 빅토리아 시대의 잉글랜드국교회는 앵글로-가톨릭주의와 복음주의 양편으로 나뉘어져 있었다. 또한 양자 사이에는 양 극단에 치우치기를 거부하는 중도적 위치의 '의회 교회'(Board Church)가 있었다(그림 63). 19세기 잉글랜드국교회는 로마가톨릭 신학교처럼 중앙에서 공식적으로 운영하는 신학교육기관을 세우지 않았다. 따라서 위의 앵글로-가톨릭주의, 복음주의, 중도파는 모두 각자 자신들의 신학교를 설립할 수 있었다. 이러한 신학교들은 각 그룹의 정신을 지속시킬 수 있는 가장 효과적인 기관이 되었다. 이런 교육기관을 통해, 각 그룹은 성공회 안에서 간혹 경쟁적 팀 스포츠와 같은 열정을 나누었다. 그 초창기 중앙에서 모든 성직자의 교육과 훈련을 담당했던 감리교와는 대조적으로 교육에 집중했다. 당시 감리교 교육기관은 여전히 군대 훈련소와 같은 모습이었다.

1896년 교황 레오 13세는 교서 "사도적 관심"(*Apostolicae Curae*)을 통해 성공회 교회론을 성급하게 정죄하였다. 이는 앵글로-가톨릭주의의 난제를 풀어보고자 노력했던 성공회 고교회주의자들을 크게 실망시켰다. 복음주의적 국교회 교인들은 로마가톨릭과 이러한 연계를 시도하는 것 자체에 대해 반대하였다. 앵글로-가톨릭주의자들은 이에 대한 해결을 위해 보다 온건한 '중앙통제적인' 교회 구조 스타일과 교황보다는 로마교회 구조를 따르고자 했던 보다 극단적인 앵글로-가톨릭주의 사이에서 고민하였다.[68] 이를 통해 항상 혼동과 긴장관계에 있었

---

67 J. Kent, *Holding the Fort: Studies in Victorian Revivalism* (London, 1978), Ch. 8.
68 매우 감정이입적인 세심한 관점으로 앵글로-가톨릭주의와 로마교회 사이의 관계를 잘 기술한 다음 책을 참조. M. Yelton, *Anglican Papalism: An Illustrated History 1900-1960* (Norwick, 2005).

던 국교회에 아주 좋은 결과를 낳을 수 있었다. 성공회 지지자들은 자신들의 국교회가 어떤 모습이어야 하는지에 대해 진지하게 궁리했으며, 교회에서 하나님의 임재를 경험하기 위해 어떻게 예식을 아름답게 구성해야 하는지 고민하였다. 이 문제는 사실 아주 역설적이며 모호한 것이었다. 키에르케고르는 아마도 이런 시도에 부분적으로 동의했을 것이다. 바로 이 점이 옥스퍼드운동과 이후의 지속된 일들을 통해 진행된 가장 중심된 주제이다. 그들은 과거 유산을 강조하며, 자신들의 교회의 기원과 이후에 수용한 유산들을 모두 중세적 가치로 재편하려고 하였다. 이 과정에서 그들은 성공회 내의 복음주의자들보다는 계몽주의자들과 대화하는 것이 더 용이했음을 알게 되었다.

한편 고교회주의 성공회에는 문제점이 있었다. 많은 앵글로-가톨릭 성직자와 평신도들은 로마가톨릭교회의 예식을 차용하기 위해서는 값비싼 대가를 치러야 했다. 이로써 많은 감독이 큰 고민에 빠지게 된다. 앵글로-가톨릭주의는 로마가톨릭교에게서 잉글랜드국교회 전통과는 다른 성직자 독신제도까지 차용하였다. 성직자의 독신 서약은 이전에는 제기되지 않았던 오직 빅토리아 시대의 영국에서만 잠시 있었던 일이다. 이로 인해, 빅토리아 시대의 많은 가장들이 자신의 부인과 딸들의 고해성사에서 타락한 독신 사제에게 유혹될 것을 염려하기도 하였다. 그들은 지난 중세 절정기에 실제로 이런 사례가 많이 있었음을 잘 알고 있었기 때문이다. 하지만 이러한 염려는 기우에 불과했다. 오히려 이전에는 없던 많은 앵글로-가톨릭 독신 성직자들에게 있어 문제는 다른 곳에 있었다. 옥스퍼드운동 내부에는, 옥스퍼드대학교에서 시작할 때부터 동성애자들의 하위문화가 있었다. 보수적인 옥스퍼드대학교는 심지어 1970년대 이후에도 성적 소수자들의 인권운동을 인정하지 않는다.[69]

---

[69] 이 주제에 대한 고전적 연구로 다음 글을 참조. D. Hilliard, "UnEnglish and Unmanly: Anglo-Catholicism and Homosexuality", *Victorian Studies*, 25 (1982), 181-210.

5. 정교회: 러시아와 오스만제국의 쇠퇴

19세기 로마가톨릭교회가 새로운 중앙집권적 권위를 회복시킨 동안, 정교회의 갱신은 서로 다른 환경의 두 지역에서 일어났다. 하나는 이미 완전히 하나로 통제된 러시아였고, 다른 하나는 그보다 남쪽 오스만제국이었다. 오스만제국은 점점 쇠락해가면서 나라의 각 기관들이 분열되어 있는 실정이었다. 1768년에서 1774년 사이에 일어난 러시아와 터키 간의 전쟁(Russo-Turkish War)에서, 승리한 러시아 황제(tsar)는 스스로 술탄(sultan)의 통치하에 있던 모든 정교회의 통치자임을 천명하였다. 또한 캐서린 대제(Catherine the Great)는 1780년대에 그루지야(Georgia) 왕국을 점령하여 그 영토를 확장하였고, 그 지역에서 고대부터 순수한 형태로 이어져오던 독립 교회들을 주교 회의(Holy Synod)를 통해 자신의 보호 아래 두게 되었다. 오스만제국이 점차 더 쇠퇴해 가면서, 러시아정교회 황제가 이전에 정교회를 지배했던 비잔틴 황제들처럼, 현재의 술탄의 통치권을 빼앗고, 궁극적으로 이 지역을 되찾을 수 있을 것이라는 유쾌한 전망이 부상하기도 했다. 즉 이제 오스만제국의 통치하에 있던 정교회 지역에 표면적으로 다시 기독교 왕조가 세워지게 되었다는 희망이다.

결국 이 두 대안적 기로에서 다양한 국가의 연합으로 이루어진 정교회의 세계총대주교(Oecumenical Patriarch)의 권위는 급속히 몰락하게 되었다는 것을 의미한다. 정교회 총대주교는 오랫동안 총대주교기관이 위치한 콘스탄티노플의 파나르(Phanar)에서 모든 그리스 문화권에 영향력과 책임을 누려왔었다. 그래서 정교회 총대주교는 종종 그에 대한 경의의 의미로 "파나르의 주인"(the Phanar)이라고 불리기도 했다. 정교회 총대주교의 몰락은 이 도시를 점령한 이후 그 주교권을 감찰하던 오스만제국의 쇠퇴와 그 걸음을 같이 했다. 이런 내적 위기가 시작된 1789년에는 당시 흔들리고 있었던 서방교회가 정교회의 유일한 경쟁자였다. 그리스정교회에서는 1204년 이래 자신들을 억압해온 가톨릭교에 대한 오랜 상처와 그 투쟁의 역사는 결코 쉽게 사라질 수 없었다. 1798년 나폴레옹은 오스만 통치하의 이집트를 침공하고 인도의 영국을 압박하고 있었다. 또한 이 지역에도 자유와 평등과 박애라는 혁명의 언어를 선포하고 있었다. 그때 예루살렘의 정교회 주교는 콘스탄티노플에서 출판한 책에서 하나님은 당신의 교회를 라틴의 이단들과 프랑스대혁명으로부터 보호하려고 오스만제국을 세우셨다고 주장하였다. 따라서 그는 모든 신실한 그리스도인들이 술탄에게 충성하는 것이 하나님의 뜻이라고 강조했다.[70]

마찬가지로 러시아 황제(tsar)는 하나님께 그의 통치권 아래에 있는 사람들이 자신에게 충성하게 해달라고 지속적으로 기도했다. 러시아에서 황제의 중앙집권적 관료정치 아래 교회기관들을 종속시키면서, 정교회는 많은 모욕감을 느끼고 있었다. 하지만 18세기 이래 동, 서, 남으로 이어진 황제의 정복사업에 대해 비판하는 사람들은 거의 없었다. 왜냐하면 러시아의 정복과 함께 정교회 문화가 함께 팽창할 수 있었기 때문이다. 러시아가 폴란드-리투아니아 지역의 대부분을 정복하고, 계속해서 동쪽으로 팽창해나갔을 때, 러시아정교회는 유럽과 아시아의 이웃들이 하나로 연결되는 동질감을 느꼈다. 19세기 초반에는 러시아의 군대가 파리로 진격했으며, 심지어 콘스탄티노플과 테헤란에까지 향해 나가고 있었다. 캐서린 여제와 그 후임 황제들은 중앙아시아에서 정교회의 관할 방식을 그대로 차용하여 이슬람을 통제하고자 하였다. 그들은 이슬람 지도자들(mullahs)들을 연합한 중앙 '이슬람 총회'(Muhammadan Assembly)를 조직하였고, 정교회의 교구제도를 그들에게 접목시켰다. 1820년에서 1830년대에 피터 대제(Peter the Great)는 관료주의적 기록 방식과 기독교의 성만찬 예식 같은 종교적 예법에 따라 무슬림 장례 규정을 제정하기도 하였다.[71]

---

[70] P. Walters, "Eastern Europe since the Fifteenth Century", in Hastings (ed.), 282-327, at 305.

[71] R. D. Crews, *For Prophet and Tsar: Islam and Empire in Russia and Central Asia*

캐서린 대제 이후의 황제들은 그녀를 매료시켰던 계몽주의적 가치와 결별했다. 하지만 그들은 피터 대제가 교회를 관료제에 종속시켰기 때문에 스스로 교회의 절대적 지도자로 서약하는 것에는 별 문제가 없었다. 알렉산더 1세(1801-25년 재임)는 신비주의에 사로잡혀 있었다. 한번은 그가 오스트리아의 영주이며 위대한 정치가인 메테르니히(Metternich)와 식사하며 네 개의 좌석을 준비하여 그를 기쁘게 한 적이 있었다. 이들 둘 이외에 한 좌석은 예언자로서의 역할을 감당해오던 발트해 연안(Baltic) 출신의 귀부인을 위한 자리였으며, 다른 빈 좌석은 예수 그리스도를 위한 자리였다. 알렉산더는 또한 신비주의자 쥴리안 폰 크뤼데너 남작부인(Baroness Juliane von Krudener)이 그가 나폴레옹 황제를 격퇴하는 데 중요한 역할을 감당할 것이라고 예언한 것에 크게 고무되기도 하였다. 그녀의 예언은 적중했다. 하지만 알렉산더는 그녀가 그리스의 혁명과 독립을 옹호하는 것에는 불쾌해했다. 그리고 이것이 그들의 관계가 돌이킬 수 없는 결별의 길을 가게 만든 원인이 되었다.[72] 알렉산더에게 종교는 자신의 절대 권력을 위한 필수적 요소였다. 따라서 그는 1815년 오스트리아의 가톨릭 황제와 프러시아의 개신교 황제 프리드리히 빌헬름 3세와 소위 '거룩한 연합'(Holy Alliance)을 형성하였다. 당시 영국 정부는 이런 전례 없는 전세계적 폭력(ecumenical despotism)에 거리를 두고 참여하지 않았다. 하지만 이 연합은 알렉산더 1세의 죽음과 함께 공식적으로 끝나버렸다. 그의 후임이었던 동생, 니콜라스 1세(Nicholas I)는 그의 형처럼 신비주의에 별다른 관심이 없었지만, 알렉산더가 세운 이러한 정치-종교적 원리들은 매우 유용하다고 생각했다. 즉 러시아의 정체성은 곧 정교회(Orthodoxy), 전제정치(autocracy), 민족의식(nationality)이라는 삼원적 원칙으로 성립된 것이다. 니콜라스의 후임들에게도 종교적 성향과 상

(Cambridge, MA, and London, 2006), esp. 33-4, 52-60, 67-71. Peter 대제와 종교예법에 대해서는 『3천년 기독교 역사 II』 제15장 5. 참조.

[72] Burleigh, 119-21.

관없이 이 세 원칙은 1917년까지 러시아에서 지속되었다. 이 원칙은, 특히 유럽 러시아(European Russia)에서 모든 황제의 권속들이 마땅히 따라야 했다. 그렇지 못하면 그에 상응하는 책임을 져야 했다. 따라서 러시아에서 다른 종교적 정체성을 가진다는 것은 곧 국가를 반역하는 것으로 간주되었다.

유대인들과 그리스 가톨릭 교인들은 이런 정책으로 말미암아 최악의 고통을 받았다. 그리스 가톨릭교는 1839년 공식적으로 자신들의 신앙을 금지당했고, 그들의 교회 재산들은 모두 정교회로 귀속되었다. 유대인들은 차르 정부의 주도로 또다시 극심한 핍박을 당해야만 했다. 러시아에서 이러한 반유대주의의 최악의 결과는 1903년에 출판된 선언문인 『시온 장로의 의정서』(*The Protocols of the Elders of Zion*)였다. 이 책자는 러시아 황제의 프랑스 주재 비밀경찰 요원인 마트베이 골로빈스키(Matvei Golovinskii)가 순전히 자신의 상상으로 기록한 것이다. 이 책자에서 전 세계 유대인들의 사악한 음모에 대한 날조된 기록은 오늘날까지도 최악의 음모이론으로 알려져 있다. 이 책은 예카테린부르크(Ekaterinburg)에 있는 러시아 마지막 황후의 방에 남아있던 세 권의 책 중 하나였다. 그녀는 1918년 볼셰비키 혁명가들(the Bolsheviks)에게 살해당했다.[73]

유대인들과 그리스 가톨릭교도들 외에도 외국의 기원을 가지고 있는 옛 신앙을 고수했던 사람들도 정부에겐 골칫거리였다. 그들 역시 곧 의혹과 감시의 대상이 되었다. 결국 사람들은 정권에 대한 강한 분노를 조직적으로 표출하였고, 이는 점차 정권의 몰락을 가져오게 만들었다.[74] 러시아 전제정치는 점차 정교회 내의 일부 양심적이고 뛰어난 평신도들과 성직자들에게도 환멸의 대상이 되었다. 하나의 상징적 사건은 1896년 공포된 금주령이었다. 금주운동은 19세기 사방과 동

---

[73] H. Ben-Itto, *The Lie That Wouldn't Die: "The Protocols of the Elders of Zion"* (London, 2005), esp. 21, 77-83, 125-6, 160.

[74] Snyder, 25, 45.

방의 개혁가들 모두에게 우선적 관심사였다. 정교회는 제국 내 강력한 금주운동의 최전선에 있었다. 하지만 국가는 겉으로는 이 운동을 후원하는 것처럼 행동하면서, 결국 국가가 주류 판매의 독점을 선포하며 최대 이익을 얻으려는 부도덕한 모습을 보였다. 이에 대한 소문은 많은 사람들을 술렁이게 만들었다.[75]

교회의 세력에 대한 황제의 질투심에서 비롯된 많은 도덕적 정치적 손실에도 불구하고, 러시아 교회는 여러모로 성도들을 돌보는 데 최선을 다하고 있었다. 이러한 열정적인 목회사역의 결과로 러시아 정교회는 서방교회의 저조한 결과와는 달리 현저하게 높은 교회출석률을 기록하였다. 1900년 당시 약 87퍼센트의 남성 신자와 91퍼센트의 여성 신자가 예배와 성례에 참여하고 있었다. 이는 1797년의 기록보다도 훨씬 더 높은 수치이다.[76] 모스크바 대주교 필라레트(Filaret, the Metropolitan of Moscow)는 그의 자유주의적 사상으로 명망이 높았고, 이로 인해 1836년부터 1855년에 이루어진 주교 회의(Holy Synod)에서 제외되기도 했던 인물이었다. 그는 19세기 러시아 황제에 의해 내려진 가장 이상적인 개혁법령의 초안을 작성했는데, 그것은 1861년에 공포된 알렉산더 2세의 러시아 농민해방령이다.[77] 당시 사회적 빈곤과 어려움은 전통적인 수도회의 자선사업이 감당할 수 있는 규모를 훨씬 넘어서고 있었고, 정교회는 오래전 폴란드-리투아니아 지역의 심각한 기근의 때에 주민을 잘 돌보았던 브레스트연합(Union of Brest)과 같은 자선사업단체를 새롭게 재현시켰다. 이 단체는 러시아 각 도시의 가장 심각한 빈곤 지역을 돕기 위해 창설되었다.

---

75 D. Beer, "Russia in the Age of War and Revolution, 1880-1914", *HJ*, 47 (2004), 1055-68, at 1056-7.

76 G. L. Freeze, "Russian Orthodoxy: Church, People and Politics in Imperial Russia", in D. Lieven (ed.), *Cambridge History of Russia: II: Imperial Russia, 1689-1917* (Cambridge, 2006), 284-305, at 298-9.

77 Walters, "Eastern Europe since the Fifteenth Century", 299-300.

수도사들과는 달리 19세기 러시아의 세속적 성직자들은 전반적으로 매우 나쁜 평판을 가지고 있었다. 그러나 이런 부정적 모습은 전체 성직자들 가운데 극히 일부였을 뿐이다. 이런 부정적 묘사는 주로 러시아의 소설가들과 작가들이 바라본 비판적 시각으로부터 기인된 것이지만, 실상 그들은 제국 내 수많은 시골 지역의 실제 삶의 모습을 제대로 다 파악하지 못했다. 아버지가 성직자였던 인물들이 기록한 각종 자서전들을 보면, 이들 작가들과는 전혀 다른 이야기를 하고 있음을 발견할 수 있다. 비록 그들이 자신의 배경을 미화했다고 할 수 있지만, 그들은 대체로 성직자들의 지극히 청빈한 삶과 소명의식, 배움과 목회에 대한 열정을 묘사하고 있다. 이들의 모습은 마치 서방개신교가 이상적으로 바라본 목사들의 검소한 사택과 경건한 생활을 연상시킨다.[78] 러시아 교회에는 당대 서방기독교와 매우 유사한 또 다른 면이 있었다. 그것은 교회가 사회봉사와 교육, 국내선교와 제국 내 오지선교 등에 몰두하던 와중에, 여성들의 왕성한 활동이 새롭게 부상했다는 것이다. 이런 여성들의 활동은 주로 수도회를 중심으로 이루어졌다. 계몽 군주였던 캐서린 대제의 정권은 교회 활동을 엄격하게 제한하였지만, 그녀가 죽은 후 기독교는 다시 크게 부흥하였다. 1850년과 1912년 사이 남성 수도사들의 수는 두 배 정도가 증가한 21,000명이었지만, 같은 기간 여성 수도사들의 수는 8,533명에서 70,453명으로 급격히 증가하였다.[79]

거대한 제국 사회의 일상적 삶 가운데 교회가 부딪히게 된 피할 수 없는 문제는 교회가 어떻게 이 사회를 이끌어 갈 수 있을까에 대한 것이다. 이것은 교회의 정체성에 대한 심각한 논쟁이었다. 알렉산더 2세는 1789년 대혁명의 원리를 수용했던 전제군주였다. 그는 1861년

---

[78] L. Manchester, *Holy fathers, Secular Sons: Clergy, Intelligentsia and the Modern Self in Revolutionary Russia* (DeKalb, IL, 2008), esp. Chs. 3, 4.

[79] S. Dixon, "Russian Orthodox Church in Imperial Russia 1721-1917," in Angold (ed.), 325-347, at 339.

그의 모든 국민에게 개인적인 자유를 부여했다. 그는 진정 러시아의 유일한 자유주의 이상을 가진 인물이었을까? 고등교육이 확대되면서 러시아 사회에서 기득권이 없지만 뚜렷한 주관과 야망을 가진 젊은이들의 무리가 부상하게 되었다. 그들 중 다수는 당시 과도하게 많이 설립된 신학교에서 교육받은 젊은 성직자 지망생들이었고, 당시 사회에서 어정쩡한 위치에 놓여 있었다. 그들은 스스로 자신들의 사회적 역할을 찾아야만 했다. 이들 중 다수는 철저히 교회에서 소외될 수밖에 없었고, 다른 일부는 교회의 정체성에 대한 깊은 고민에 빠져 들었다. 이런 양 극단 가운데 한편은 스스로 러시아에 대한 자부심을 극대화하고 슬라브 중심주의(Slavophilism)에 빠져들게 되면서, 이에 반대하는 모든 것에 대해 증오심을 가졌다. 다른 한편은 혁명적 허무주의(nihilism)에 빠져들며, 간혹 잔혹한 복수심에 범죄와 정치적 암살을 도모하게 되었다. 따라서 당시 러시아 사회에서는 고귀하고 성스러운 것을 위한 자리가 상실되어 버린 것이다. 1881년 인류 최초의 자살 폭탄 테러가 발생하였다. 이것은 알렉산더 2세를 살해하기 위한 무정부주의자들의 소행이었고, 그들은 이에 성공했다.[80]

교회는 이러한 자기 시험을 치러야 했다. 교회가 영적인 영역을 넘어 어디까지 바라보아야 할 것인가? 이 질문은 결코 새로운 것이 아니다. 1917년 포로기 이후에 태어난 어느 정교회 사제이며 신학자는 다음과 같이 현명한 대답을 해주었다. "만약 기독교에 대한 비잔틴적 인식과 대조되는 것으로 볼 수 있는 '러시아' 정교회의 모습이 있다면, 러시아인들이 '그리스'로부터 받은 전통을 **있는 그대로** 지키는 것을 불안해 하는 것이다."[81] 역설적으로, 러시아를 넘어 교회의 전통에 출실해야 한다고 주장하면서 많은 성직자들이 오히려 슬라브 민족주의 운동에서 중요한 역할을 수행하였다. 슬라브주의는 그 자체로 외부로부

---

80 Burleigh, 299-305.

81 J. Meyendorff, *Byzantium and the rise of Russia: A Study of Byzantino-Russian Relations in the 14th Century* (Cambridge, 1981), 25.

터 영향 받아 고안된 근대의 산물이었다. 알렉세이 호미아코프(Aleksei Khomiakov)는 귀족 출신으로 러시아정교회를 주창한 최초의 인물인 동시에 러시아정교회 최초의 평신도 신학자 중 한 명이었다. 그는 서유럽의 역사를 깊이 연구하였고 독일 낭만주의에서 많은 영향을 받았다. 그는 당시 러시아 상류층이 경멸하는 수염을 대담하게 길렀고, 그의 동료 슬라브인들에게 서방의 패션을 모방하지 말고 슬라브 전통 복장을 착용하도록 권장하였다. 그의 사상의 핵심은 현대 러시아정교회가 교회의 가장 이상적 형태로 강조하는 '소보르노스트'(Sobornost), 즉 공동체란 말에 잘 드러나 있다. 이는 곧 자유는 공동체적 연합과 결코 분리될 수 없다는 전제이다. 호미아코프는 이런 관점에서 서방의 두 기독교인 가톨릭교와 개신교 모두를 비판하였다. 그의 관점에서 가톨릭교회는 '자유 없는 연합'(unity without freedom)이고, 개신교는 '연합 없는 자유'(freedom without unity)의 오류에 빠져 있다. 러시아정교회가 위임받아 추구해야 했던 신적 사명은 이 땅에 범슬라브 공동체를 세우는 것이다. (호미아코프가 명확히 밝히지는 않았지만) 이 역사적 사명은 곧 전 세계를 그 '지붕' 아래 연합시키는 것으로 확대된다.[82]

러시아정교회의 또 다른 사람들은 서방의 자유주의와 사회주의를 금기시하지 않고 관대하게 바라보고 있었다. 러시아 최대 도시인 상트페테르부르크(St Petersburg)에서는 놀랍게도 그 중심가에 다양한 유럽의 기독교를 대표하는 교회들이 들어서 있었다. 많은 정교회 성직자들이 사회적 진보를 언급하며 황제의 독재정치에 의문을 제기하기도 하였다. 이는 미국 복음주의 개신교의 개혁적 분위기보다 더 진보적인 상황이었다. 이런 분위기의 절정은 아마도 성직자들이 사회개혁을 위해 주도한 1905년 대규모 시위 사건이었다. 그 중심에 대중적이

---

[82] L. Murianka, "Aleksei Khomiakov: A Study of the Interplay of Piety and Theology", in V. Tsurikov (ed.), *A. S. Khomiakov: Poet, Philosopher, Theologian* (Jordanville, NY, 2004), 20-37, at 34. 또한 이 책 안에 다음 글도 참조. P. Valliere, "The Modernity of Khomiakov", ibid., 129-44.

며 카리스마 넘치는 상트페테르부르크의 젊은 교구 사제, 게오르그 가폰 신부(Fr Georgii Gapon)가 있었다. 그는 또한 매우 완고한 사람으로도 알려져 있었다. 그는 이 도시의 비무장 노동자들을 이끌고 정치적 그리고 사회적 개혁을 외치며 대규모 시위를 벌였다. 이에 대해 정부는 비무장 시위대를 향해 발포하며 대응하였다. 이 어리석은 한 발의 총탄은 이 시위를 혁명으로 확대시키게 된다. 대중들의 분노는 마침내 폭발했고, 그들을 억압하는 정권을 파괴해나가기 시작하였다. 결국 12년 뒤 러시아 왕정은 완전히 몰락하고 만다. 가폰 신부가 대중 연설을 통한 캠페인을 벌이는 동안 많은 교회 지도자들이 그를 지지했다. 하지만 1905년의 피를 흘린 희생을 치른 후 교회는 정부의 지속적 억압과 검열 속에 안타깝게도 분열되고 말았다. 성직자들 중 급진적인 개혁가들은 기독교의 회복을 위해 러시아의 성난 도시 노동자들을 점차 시민군으로 무장화시키며 계속 저항해나갔다.[83]

러시아정교회의 이러한 역동적 상황은 지난 4세기 동안 오스만제국 통치하에서 열등 계급으로 억압받으면서 버텨온 다른 정교회 국가들의 역사와 그 궤도를 함께해왔다. 그런 가운데 세르비아(Serbia)와 그리스는 마침내 자신들의 자유를 되찾은 첫 번째 지역이었다. 하지만 콘스탄티노플 너머에서 그들의 서로 다른 발자취는 현대 유럽의 정치 상황 가운데 기나긴 어둠 가운데로 내던져지는 운명을 맞게 된다. 1815년부터 1817년까지 세르비아는 외부의 도움이 거의 없는 상태에서 독립을 위한 투쟁을 성공적으로 수행했다. 이들의 성공은 1878년에 가서야 완전한 독립에 대한 국제적인 인지를 얻게 된다. 이후 세르비아 왕조는 세르비아 정교회의 창립과 깊은 연계 속에 세워졌다. 세르비아 정교회는 자신들의 자주적 에큐메니칼 총대주교 체제로 자신들의 독립교회(autocephalous)를 세웠다. 이 체제는 역사적 전례

---

83 St Petersburg 교구에 대해서 다음의 탁월한 연구서를 참조. J. Hedda, *His Kingdom Come: Orthodox Pastorship and Social Activism in Revolutionary Russia* (Dekalb, IL, 2008), esp. 145-52, and Ch. 8.

를 따른 것으로, 총대주교는 이것이 자신들이 이전에 누렸던 완전한 독립을 회복한 것이라고 여겼다. 이를 위해 그는 콘스탄티노플과 긴밀한 논의를 거쳤다. 세르비아인들에게 정교회는 지난 수세기 동안 외세의 지배를 받던 자신들의 어려움을 버틸 수 있게 해준 중요한 의미를 가지고 있었다. 따라서 세르비아 정교회는 점차 부상하는 세르비아 민족주의와 서로를 동일시하는 데 전혀 주저하지 않았다. 이들은 지난 시간을 인고해낸 영웅적 고난의 역사의식을 공유하였다. 또한 그들은 1830년부터 세르비아의 독립을 공식적으로 지지해준 러시아의 원조를 계속 기대하고 있었다.

반면 그리스 반도에 찾아온 독립은 유럽 서방과 깊은 연관 속에 이루어졌다. 이 과정 가운데 정교회 전통의 그리스에는 서구 자유주의의 유입이 두드러졌다. 그리스는 오랫동안 서방과 상업적 무역활동과 여행을 통한 접촉이 다른 정교회 지역들에 비해 두드러졌었다. 여기에서 주목할 만한 일은 그리스에서 정교회는 계몽주의 사상을 자국어로 접하며 이에 깊은 영향을 받은 사람들과 마주해야 했다는 것이다. 이로 인해 1793년 총대주교 크리스토둘로스 팜블키스(Christodoulos Pamblekis)는 파문당하게 된다. 곧이어 프랑스대혁명으로 인해 파리에서 망명해온 성직자들도 같은 운명에 놓이게 된 것으로 추정된다.[84] 그리스 민족주의자들은 서방 계몽주의 사상의 영향으로 교회 권력에 대한 적개심을 가지고 있었다. 이러한 적개심은 1820년대 그리스 반도에서 많은 터키인들을 학살한 그리스인들에 대한 오스만제국의 잔인한 보복으로 인해 종결되었다. 이때 총대주교는 파나르에 있는 자신의 관저 입구에서 교수형 당했고, 연이어 수천 명의 성직자들이 살해되었다. 오스만 군대는 유럽의 다른 모든 기독교 국가들까지 침략하게 되자, 영국과 프랑스, 러시아 연합군은 오스만제국의 술탄을 군

---

[84] P. M. Kitromilides, "Orthodoxy and the West: Reformation to Enlightenment", in Angold (ed.), 187-209, at 205.

사적으로 압박하였다. 이로 인해 그리스는 마침내 독립을 얻게 된다.[85]

공화국으로서 그리스는 그 초대 지도자로 이오아니스 카포디스트리아스(Ioannis Kapodistrias)를 선출하였다. 그는 독실한 정교회 신자였으며, 1830년 새로운 총대주교 자리를 계승하였다. 하지만 그 다음 해에 카포디스트리아스는 암살당했고, 이로 인해 그리스는 큰 혼란에 빠지게 되었다. 그리스 독립에 도움을 주었던 유럽의 세 강국은 새로 독립한 벨기에에서 시도했었던 방법을 편의적으로 그리스에 적용하였다. 1833년 그들은 독일 영주를 그리스의 황제로 영입하였다(이러한 황제의 영입은 19세기 후반 독립을 얻게 된 다른 정교회 국가들에도 적용되었다. 그 결과는 국가들에 따라 다양했다). 바바리아의 오토(Otto of Bavaria)는 가톨릭교도였고, 그의 모사들은 루터교 신자였다. 총대주교는 새 정권이 일반적으로 오토 황제를 수장으로 한 전례 없는 독립적 국가교회를 설립한 것에 격노하였다. 세르비아의 경우와는 달리, 그리스에는 이런 독립교회 형식의 역사적 전례가 없었다. 총대주교는 1850년대까지는 이를 인식하지 못했다. 그리스에 설립된 독립교회는 피터 대제에 의해 세워진 러시아 교회의 축소형이라 할 수 있다(이 체제는 루터교를 모델로 하고 있다).

이런 교회 체제가 외국에서 유입된 왕조에 의해 고안된 것이지만, 그리스 주교들은 이를 수용하게 된다. 여기에는 한 가지 이유가 있었다. 그것은 좁은 영토를 가진 국가로서 그리스가 발칸반도 남부와 터키지역(Anatolia)에 널리 퍼져있는 자국민들을 연합해서 더 확장되어 나가고자 하는 열망을 불러일으키기 위해서였다. 자연스럽게 지난 4세기의 국가적 굴욕을 극복하고, 새롭게 쟁취한 그리스 국가 교회의 자유와 사명은 이제 철저히 민족주의적 성격을 띠게 되었다. 이는 곧 다른 정교회 국가들인 세르비아, 불가리아, 루마니아와 갈등을 불러일으키게 된다. 이들 국가에서 교회는 오랫동안 그리스정교회에 의해

---

[85] Burleigh, 165-8.

독점되어 온 콘스탄티노플 총대주교 체제에 강한 불만을 가지고 있었다. 오스만제국의 몰락으로 그리스 왕국은 이후의 전쟁을 통해 그 영토를 확장하였다. 하지만 그리스인들의 야망은 여기에서 끝나지 않았고 더 많은 이득을 쟁취하고자 했다. 이는 모든 동방 기독교인들에게 큰 재앙이 되었다.

이와는 또 다른 상황 가운데 불가리아(Bulgaria)의 독립교회와 이후 그들의 독립왕조가 형성되었다. 불가리아인들은 자신들의 정치적 독립을 매우 늦게 이루어낼 수 있었다(그들은 1909년에 가서야 그들은 완전한 독립을 쟁취할 수 있었다). 따라서 그들은 우선 교회의 위치에 모든 관심을 쏟았다. 불가리아 교회는 오랫동안 그리스인들과 불가리아어를 사용하는 사람들 사이에 깊은 분쟁이 있었다. 특별히 불가리아어를 사용하는 사람들은 총대주교가 계속 그리스인들에게만 호의를 베푼 것에 대해 분노했다. 이런 갈등의 결과로 1860년 한 유력한 불가리아어권 주교는 불가리아 독립교회의 설립을 공포하게 된다. 오스만제국의 권위자들은 기독교 안의 분열을 기뻐했고 이를 더욱 조장하였다. 10년 뒤 불가리아 교회는 공식적으로 총주교 체제를 확립하게 된다. 불가리아 독립교회의 총주교는 다른 주교들을 총괄하는 권위를 가지고 있으며 고대의 6명의 총대주교가 가진 직권과 유사한 직책이다. 불가리아 교회의 총주교와 정교회의 파나르 사이의 갈등은 매우 심각했다. 이런 상황 가운데 불가리아 교회의 회중들과 교구에서는 자신들의 불가리아 언어와 문화를 기초로 한 총주교 체제를 선언하였다. 따라서 정교회 총대주교는 주목할 만한 주장을 천명하게 된다. 1872년 총대주교는 콘스탄티노플 회의를 통해 불가리아 교회를 "민족중심주의"(ethnophyletism)라고 규정하고 그들을 이단으로 정죄하였다. 이 논쟁 가운데 불가리아 독립교회는 자신들의 정당성을 주장할 구실을 얻을 수 없었다. 그들은 여전히 종주국 오스만의 통치하에 있었고, 당시 독립 국가였던 세르비아와 그리스와는 달리 그들을 대변해줄 강력한 통치자도 없었기 때문이다.

민족중심주의를 포기한다는 것은 곧 자국민의 민족주의나 그들의 국가교회를 세우는 것을 표명하지 않고, 정교회의 공통된 비전을 공유하는 것을 의미한다. 정교회가 발칸 지역에 처음 퍼져갔을 때부터 이와 같은 공동의식은 정교회의 가장 두드러진 특징이었다. 1872년 불가리아 교회의 선언은 이후 이들 교회의 미래에 매우 중요한 전환점이 되었다. 이 선언의 실질적이고 직접적인 목표는 불가리아 독립교회가 자신들의 총주교 체제를 지속하는 것이며, 또한 더 나아가 총주교의 주도하에 불가리아 왕국의 독립을 쟁취하는 것이었다. 이것은 교회와 민족주의가 서로 매우 특별하게 연계되어 있는 형국이다. 불가리아에서 이 과정은 러시아에서 피터 대제와 이후 그의 계승자들이 그랬던 것처럼 왕조가 교회와의 연계를 주도해가는 방식을 따르게 된다(1908년부터 1944년까지 불가리아 왕조는 실제로 러시아의 황제〈tsar〉를 자신들의 모델로 모방하였다). 결국 이런 방향은 불가리아 교회가 철저히 정치화되도록 만들었고, 이로 말미암아 교회는 수많은 평신도들의 반감을 사게 되었다. 또한 이로 인해 20세기 동안 불가리아 정교회의 활동은 점차 쇠퇴하게 되었다. 근대 불가리아 건국에 교회가 결정적 역할을 수행했음에도, 공산화 이후 불가리아는 동유럽 모든 정교회 국가들 가운데 신자들의 종교적 참여율이 가장 저조한 국가가 되었다.[86]

오스만제국은 자신들의 기독교 정체성을 강조하며 독립을 정당화했던 새로운 기독교 국가들에 의해 자신들의 영토를 상당 부분 상실하는 굴욕을 당했다. 따라서 오스만제국의 술탄은 점차 다른 기독교 속국들 역시 자신들의 존속에 대한 잠재적 위협으로 경계하였으며, 자신들의 이슬람 정체성을 중심으로 그 권위를 강조하게 되었다. 오스만제국이 아바스 칼리프(Abbasid Caliphate) 체제 속에 이집트를 정복했을 때부터, 술탄들은 자신들이 모하메드의 직계로서 칼리프의 권위

---

86 Walters, "Eastern Europe since the Fifteenth Century", 305-6; P. M. Kitromilides, "The Legacy of the French Revolution", in Angold (ed.), 229-75, at 242.

를 가지고 있다고 주장하였다. 하지만 술탄이 자신을 모든 이슬람교도의 보호자로서의 역할을 강조했던 것은 오직 19세기 말 압둘 하미드 2세(Abdul Hamid II)의 통치 기간뿐이었다(그는 매우 개혁적이었으며 때로는 이를 위해 폭력도 전횡했던 인물이다). 하지만 오스만 왕조가 그 지배력을 상실해가던 시기에 영적인 권위를 증진시키는 것은 무모한 집착이었다. 이는 마치 교황이 교황령을 상실했던 시기에 오히려 교황무오주의를 주장했던 것과 매우 유사하다.[87] 19세기 말엽, 오스만제국의 술탄은 여전히 다국적이며 다종교적인 제국을 관장하고 있었다. 하지만 그들이 전통적으로 이런 다종교적 그룹들을 효율적으로 연결시켰던 그물망은 상당 부분 붕괴된 상태였으며, 오스만제국의 종교적 성격은 이슬람이 더욱 강화되었다.

19세기 초반 오스만 통치자들은 1839년과 1856년에 공표한 칙령을 통해 탄지마트(*Tanzimat*), 즉 일련의 근대적 개혁을 위한 국가 '재편'을 시도하였다. 이 두 차례의 칙령은 제국 내 다양한 종교적 정체성을 가지고 있던 여러 그룹들을 구별하고 통제하기 위한 종교공동체 시스템인 밀레트(*millet*)를 해체한다는 선언이었다. 이 조치는 제국 내 이슬람교도들의 극심한 분노를 불러 일으켰다. 왜냐하면 이를 통해 이전의 열등 계급이었던 여러 그룹들이 자신들과 동등한 권리를 누리게 되었기 때문이다. 반면 이것은 중동 지역에 대해 많은 관심을 가지고 있었던 유럽의 기독교 강국들로부터 경제적 혜택과 호의를 얻을 수 있는 계기가 되기도 했다. 이로 인해 기독교 소수민족들은 큰 위험에 빠지게 되었다. 1860년 레바논(Lebanon)과 시리아(Syria)에서 발생한 폭력사태 이후 오스만제국 내 아랍 지역에선 각 공동체 간의 분쟁은 거의 없었다. 당시 이슬람교도와 기독교인과 유대인들은 모두 오스만 통치 속에 아랍 정체성을 공유하고 있었다. 문제는 더 북쪽에서

---

[87] C. Finkel, *Osman's Dream: The Story of the Ottoman Empire 1300-1923* (London, 2005), 492-9.

일어났는데, 러시아는 종교적 포용을 허용하지 않았기 때문에 몇십 년간 수십만 명의 이슬람교도를 러시아 국경 밖 오스만제국으로 추방하였다. 이로 인해 기독교도들에 대한 불신과 질투가 심화되었다.[88] 이런 갈등은 1843년에 끔찍한 전례가 있었다. 이는 현재의 이란-아제르바이잔(Iranian-Azerbaijan) 지역에 거주했던 쿠르드인들(Kurds)이 양성론주의(Dyophysite) 산악 기독교 공동체를 대량 학살했던 일련의 사건들이었다. 쿠르드인들은 서방기독교 선교사들의 포교활동과 러시아의 군사적 압박에 분노하여 이와 같은 일을 자행하였다. 1890년대에는 남쪽 카프카스(Caucasus) 지역에서 아르메니아 기독교인들이 대량 학살당하는 무시무시한 사건들이 발생하였다. 심지어 1895년에 우르파(Urfa)에서 수천 명의 아르메니아인들이 그들의 교회 안에서 산채로 불에 타 죽어간 일도 있었다. 우르파는 바로 유서 깊은 고대 기독교 중심지였던 에데사(Edessa)였다.[89] 이러한 사건들은 이후 기독교가 그 발생지역에서 그 존립을 위협받은 극심한 박해의 전조였다.

6. 의심의 대가들: 지질학, 성경비평, 무신론

오스만제국에서 기독교가 박해 당하던 시기에 계몽주의로 인한 회의주의는 또 다른 차원에서 기독교인들의 하나님이 과연 신빙성이 있는가에 대한 문제로 발전해나갔다. 18세기 동안 뉴턴의 역학구조와 이신론은 적어도 창조주 하나님에 대한 위치는 공고히 할 수 있는 사상 체계였다. 또한 이 시기에는 우주의 창조주에 대한 성경적 가르침

---

[88] N. Doumanis, "Durable Empire: State Virtuosity and Social Accommodation in the Ottoman Mediterranean", *HJ*, 49 (2006), 953-66, at 963-4; B. Clark, *Twice a Stranger: How Mass Expulsion Forged Modern Greece and Turkey* (London, 2006), 7.

[89] 쿠르드인들의 만행에 대해서는 다음 책을 참조. Baumer, 255-6. 1890년대 우르파(Urfa)와 다른 지역에서의 학살 사건에 대해서는 다음 책을 보라. P. Balakian, *The Burning Tigris: The Armenian Genocide* (London, 2004), Chs. 1-10 and esp. 113-5.

을 뒤엎는 획기적인 과학적 발견 역시 거의 없었다. 당시 영국의 지성적 기독교인들의 분위기는 캠브리지대학교의 수학자이며 신학자인 윌리엄 페일리(William Paley)가 1794년 출판한 『기독교에 대한 논증』 (*View of the Evidences of Christianity*)을 통해 대변될 수 있었다. 이 책은 당시 엄청난 대중적 반응을 얻은 바 있다. 이 책에서 페일리는 창조주에 대해 "시계공이신 하나님"으로 묘사하였다. 이러한 이미지는 이미 오래전 기독교 이전의 철학 전통에서도 발견될 수 있다. 그의 논증은 하나님의 존재를 단지 오래전 모든 창조물을 디자인한 분이라는 데 그 기초를 둔다. 즉 복잡한 구조를 가진 시계처럼 세상은 결코 우연히 발생할 수 없으며, 본질상 스스로 그 복잡한 적응과정과 변화를 만들어 낼 수도 없다는 것이다.[90]

이런 생각과는 달리, 당시 지구에 대한 체계적이고 열정적인 물리적 탐구가 발전하고 있었다. 이런 학문적 탐구에 대한 신조어가 바로 '지질학'(geology)이다. 이를 통해 성경적인 창조의 시기가 잉글랜드국교회의 주교였던 제임스 어셔(James Ussher)가 주장한 기원전 4004년 정도일 거라는 전통적 주장은 지구의 엄청난 존재적 현실과는 전혀 맞지 않다는 것을 발견하였다. 18세기 말엽부터 프랑스에서는 이러한 탐구가 본격화되기 시작하였다. 그 개척자는 동물학자인 조르주 퀴비에(Georges Cuvier)였다. 그는 오랜 시간, 심지어 대혁명의 위험 속에서도, 인내심을 가지고 파리 강변 퇴적구조의 지층을 측량하였다. 그는 인간 제국의 역사가 존재하듯이 지구의 바위들과 멸종한 생물들에게도 동일한 역사가 있다고 말했다.[91] 영국의 학자들도 이런 연구에 동참하였는데, 그들의 다수는 경건하고 전통적인 잉글랜드국교회의 성

---

[90] 1800년경부터 천문학에 관심을 가진 사람들 가운데는 이런 일반적 입장을 받아들이지 않는 경우도 나타났다. R. Holmes, *The Age of Wonder: How the Romantic Generation Discovered the Beauty and Terror of Science* (London, 2008), esp. 163.

[91] M. J. Rudwick, *Bursting the Limits of Time: the Reconstruction of Geohistory in the Age of Revolution* (Chicago and London, 2005), esp. 353-88, 403-15.

직자들이었다. 영국에서 이런 연구를 주도했던 인물은 박식하고 다방면에 호기심을 가지고 있었던 윌리엄 버클랜드(William Buckland)였다. 그는 특이하게도 자신의 집에서 하이에나를 키우고 있었고, 모든 종류의 창조물 연구를 즐거워했다. 또한 그는 모든 동물을 식용으로 쓸 수 있다고 주장하기도 하였다. 이런 학자들에게 지질학적 연구는 그들의 신앙에 큰 문제가 되지 않았다. 그들은 창세기에 나오는 창조 이야기는 하나님의 계획과 역사에 있어 단지 상징적으로 표현된 것이라고 생각했다. 버클랜드는 멸종된 종(species)의 화석은 시간의 흐름에 따른 자연스러운 변화이며 이는 하나님의 섭리에 대한 또 다른 증거라고 주장하였다. 즉 지구상의 모든 만물은 창세의 타락으로 인해 소멸될 수 밖에 없으며, 하나님은 새로운 종의 생물들을 창조하셔서 그들의 자리를 대신하신다는 것이다. 그는 또한 먼 옛날 지구의 빙하기 이후 일부 암반들에 기반암과는 '이질적인' 표석(erratic rock)이 자리하고 있는 현상에 대해, 이것이야말로 성경에 나오는 대홍수의 보편적 증거를 제시하는 것이라고 주장하였다.

이런 생각들은 찰스 다윈(Charles Darwin)의 연구에 의해 그 신뢰가 손상되었다. 다윈은 한때 성직자가 되려고 했었던 인물로, 1835년 태평양 갈라파고스(Galapagos) 제도의 외딴 섬의 자연현상을 탐구하면서 지질학에 관심을 가지게 되었다. 실상 그가 이곳을 여행하게 된 주 목적은 기독교 선교사역에 있었다. 그는 이곳의 동식물의 종들이 다른 곳과는 매우 상이한 것에 주목하였다. 또한 각 섬들 사이에도 서로 차이가 있었다. 처음에 다윈은 이것이 하나님의 창조의 원형일 것이라는 생각 속에 깊은 감명을 받았다. 하지만 1837년 그가 발견한 것을 분석하면서 아주 새로운 영감이 그에게 찾아왔다. 그것은 아마도 이러한 새로운 종들은 에덴동산의 생명체가 아니라 다른 세상과 고립된 지역에서 아주 오랜 발전 과정 가운데 나타난 산물일 것이라는 가설이었다. 이후 2년에 걸친 연구 가운데 다윈은 그 자신도 권위 있게 신봉하였던 페일리의 세계관과는 전혀 다른 진화론(theory of evolution)으로 자신의 생각을 발전시켰다. 다윈의 정보의 근거는 각 종들이 생존을 위해 투쟁하면서 어느 한 종은 다른 종에 비해 보다 성공적으로 자연환경에 적응하며 진화되어 생존 경쟁에서 살아남게 되었다는 것이다. 이 과정을 그는 "자연선택설"(natural selection)이라고 명명하였다. 모든 것을 지켜보며 역사하는 하나님의 자애로운 섭리에 대한 신앙은 이러한 자연의 변화 과정에서 고려의 대상이 될 수 없었다. 오직 이성만이 기독교 계시의 시녀로서 작용할 수 있을 따름이었다.

어쨌든 다윈은 진화론을 대중화시킨 첫 번째 인물이었다. 1844년 스코틀랜드의 출판인이며 아마추어 지질학자였던 로버트 챔버스(Robert Chambers)는 익명으로『창조에 대한 자연사의 흔적들』(Vestiges of the Natural History of Creation)이라는 책을 발표하였고, 대중적으로도 큰 성공을 거두었다. 이 책은 챔버스의 탁월한 문학성을 반영하기는 하지만, 매우 기이하고 믿기 힘든 이야기들로 가득했다. 챔버스는 여섯 개의 손가락과 발가락을 가진 기형적 신체를 가지고 있어서, 그 자신이 독특한 진화의 산물이라 할 수 있었다. 하지만 그는 거의 무신론을 신봉했던 인물이어서 다윈보다는 더 공격당하기 쉬웠다(정확히 말해서 챔버스는 이신론자였다). 다윈은 1859년 마침내『종의 기원』(On the Origin of the Species)을 발표하였다. 이 책은 '태초의 아주 단순했던' 만물에 스며든 하나님의 '장엄한' 숨결을 묘사한 서정적 논문이었다.⁹² 이 책의 이후 개정판들과 1871년 저술한 또 다른 주요 연구서인『인간의 혈통』(The Descent of Man)에서 다윈은 자신의 자연선택설에 대한 주장을 재고하게 되었다. 이 책들에는 오스트리아의 수도사인 그레고르 멘델(Gregor Mendel)의 유전학에 대한 다윈의 생각이 반영되어 있었다. 이 책에서 다윈은 그의 이전 통찰을 계속 고집하고 있다. 그러나 다윈은

---

92 J. A. Secord, *Victorian Sensation: the Extraordinary Publication, Reception and Secret Authorship of Vestiges of the Natural History of Creation* (Chicago and London, 2001), 85, 96. C. Darwin, *On the Origin of Species by Means of Natural Selection*··· (London, 1902; original publication 1859), 441.

인간이 하나님의 특별한 창조물이 아니라, 단지 진화 과정의 산물이라는 그의 논지는 변하지 않았다. 다윈의 가계는 복잡한 역사가 있었지만 대체로 1780년대 이후 윌리엄 윌버포스(William Wilberforce)와 토마스 클락슨(thomas Clarkson)이 노예제도 폐지를 위해 투쟁할 때 그 중심에 있었다. 다윈도 예외는 아니어서 이에 대한 열정을 가지고 있었다. 다만 그는 많은 친척들에게서 물려받은 복음주의적 기독교 신앙과는 결별하였다. 다윈은 자신의 실험과 연구발표에서 인종적 차별을 넘어 모든 인류가 하나가 되어야 한다는 선언과 함께 모든 생명이 본질적으로 연합되어야 함을 선언했다. '과학적' 인종주의자들(Scientific racists)의 주장과는 달리, 다윈의 진화론의 목적은 그의 저서 『인간의 혈통』에 나오는 다음의 선언에 잘 드러나 있다.

> 모든 각 인종은 신체적 구조에 있어 그리 중요하진 않지만 많은 차이점들이 있고, 또한 정신적 특성에 있어서도 매우 다양하다. 이 모든 차이는 결국 공통의 뿌리에 근거하고 있다. 그 공통된 선조에서 지금의 인간이 나타나게 된 것이다.[93]

다윈 시대 이후 지금까지 그의 학설에 대한 지성적이고 과학적인 반론은 아직 제시되지 못했다. 현대 보수적인 기독교인들과 이슬람교도들은 창조론을 주장해왔지만 그들의 주장은 그저 논리적인 반론 주변에 머물 뿐이었다. 소위 창조 '과학'(Creationist 'Science')은 과학적 체계를 갖춘 현대적 열망을 보여주지만 이를 뒷받침해줄 원형적 발견은 전혀 없었다. 1860년대 이후 진화론은 여전히 기독교적 외형과 신앙이 지배적이었던 서방 사회에서 지성인들을 중심으로 광범위하게 수

---

93 C. Darwin, *The Descent of Man, and Selection in Relation to Sex* (2 vols., London, 1871), II, 388, qu. A. Desmond and J. Moore, *Darwin's Sacred Cause: Race, Slavery and the Quest for Human Origins* (London, 2009), 367: Desmond와 Moore는 이 책의 제1장에서 Darwin이 매우 열정적인 노예폐지론자였으며, 그의 가문이 이 운동에 오랫동안 참여해왔음을 흥미롭게 기술하고 있다.

용되었다. 다윈의 이론은 헤겔의 변화해가는 우주 속의 변증법적 구조를 반영하고 있다. 당시 진화론은 냉혹한 생존경쟁의 반복이란 부정적 느낌보다는, 산업혁명으로 인해 왕성하게 확장되어 가는 사회 속에 만연한 인간의 진보에 대한 낙관주의 가운데 수용되었다. 많은 개신교 신학자들이 진화를 하나님의 섭리가 점진적으로 이루어지는 것으로 이해하며, 이를 바탕으로 새로운 자연신학(natural theology)의 체계를 세우기 시작했다(그림 42, 43). 1868년 북아일랜드(Ulster) 출신의 제임스 맥코쉬(James McCosh)는 개혁주의 개신교계의 가장 유력한 기관인 프린스턴대학교의 총장으로 선출되었다. 그는 북아일랜드와 미주 지역의 부흥운동에 대한 열정을 가지고 있었지만, 다윈의 연구를 매우 호의적으로 수용하였다.[94] 프레데릭 템플(Frederick Temple)은 19세기 말 캔터베리 대주교로서 잉글랜드국교회를 이끌었던 인물이다. 그는 이전에 옥스퍼드대학교에서 종교와 과학의 상관관계에 대한 일련의 강좌를 진행한 경력이 있었다. 놀랍게도 당시 그의 강의는 진화론적 주장을 근본적 진실로 수용했다.[95]

기독교 교회 지도자들에게 19세기 과학적 발견보다 더 근본적인 도전은 성경에 대한 재평가에 있었다. 이런 사고는 이전에 급진적 기독교 회의주의자들과 서방 주류 교회 안의 계몽주의자들에만 국한되었지만, 이제는 더욱 넓게 퍼져나가게 된다. 17세기 프랑스 모르회(Maurist) 수사들과 프랑스 위그노 사이에는 중세와 고대 문서들의 정확한 연도와 그 문서의 진위를 가리기 위해 특별한 학문적 방법을 사용하였다. 독일의 성경학자들은 이런 학문적 방법론을 계승하며 이후 100년 이상 동안, 집요하고 꼼꼼하게 또한 새로운 시각으로 성경

---

94 D. N. Livingstone and R. A. Wells, *Ulster-American Religion: Episodes in the History of a Cultural Connection* (Notre Dame, IN, 1999), 49.

95 Chadwick, *The Victorian Church*, II, 23. Chadwick은 당대의 다윈과 다른 과학적 발견의 영향에 대해 매우 치밀하게 연구하였다. 다음 책을 함께 참조. O. Chadwick, *The Secularization of the European Mind in the Nineteenth Century* (Cambridge, 1975), 161-88.

을 분석해왔다. 이들은 또한 인간사에 대해 진화론적으로 접근했던 헤겔에게 많은 영향을 받았다. 헤겔은 기독교의 하나님을 절대정신(Absolute Spirit)을 대변하는 하나의 이미지로 보았기 때문에, 성경 안의 하나님 이야기들 역시 그 안에 담긴 포괄적 진리에 대한 이미지라고 생각했다. 즉 성경의 이야기들은 하나의 신화로 기술된 것이며, 다른 세계 종교들의 신화들과 연속선상에 있는 것으로 간주한 것이다.

이런 사상은 젊은 루터교 목사이며 튀빙엔대학교(the University of Tübingen) 교수였던 데이비드 프리드리히 스트라우스(David Friedrich Strauss)에 의해 본격화되었다. 스트라우스 이전에 성경에 대한 대부분의 비평적 분석은 구약성경에 집중되어 왔다. 헤겔이 기독교를 상징적으로 접근했던 방식을 적극 수용했던 스트라우스는 이런 비평적 분석을 신약성경에도 적용하기 원했다. 그 결과로 그는 1835년 독일어로 축약된 제목으로 더 잘 알려진 『예수의 삶』(Leben Jesu)을 출판하게 된다. 이 책의 영역본은 자유주의 사상가이며 소설가인 매리언 에반스(Marian Evans)에 의해(우리에겐 그녀의 필명인 조지 앨리엇〈George Eliot〉으로 더 잘 알려져 있다) 『비평적으로 분석한 예수의 일생』(The Life of Jesus Critically Examined)이란 제목으로 출판되었다. 스트라우스가 묘사한 예수님은 위대한 유대 랍비였다. 하지만 예수님의 추종자들은 구약성경의 주제들을 적절히 수용하며, 더 영웅적인 인물로 예수님의 삶을 재구성하였다고 주장하였다. 이를 위해 그들이 의도적으로 예수님의 삶을 왜곡시켰다는 것은 아니다. 하지만 신약성경의 이야기들은 역사적 사실이라기보다는 신학적 상징주의(theological symbolism)로 기록된 것이라는 것이다. 『3천년 기독교 역사 I』 제3장에서 분석한 예수님의 삶은 기본적으로 스트라우스의 통찰에 기초한 것이다. 또한 이는 오늘날 서구 기독교 성경신학에서는 아주 일반적인 방법론이지만, 당시에는 엄청난 충격을 불러일으켰다. 스트라우스는 이로 인해 튀빙엔대학교 교수직을 상실하게 된다. 그가 취리히에서 다시 교수직을 제안 받았을 때, 거리에서는 이를 반대하는 시위가 벌어지기도 하였다. 이로 인해 그는 이 직책을 감당할 수 없었다. 하지만 우리가 그를 동정할 필요가 없는 것은 그가 남은 여생 동안 봉급은 계속 지급받았기 때문이다. 이후 그는 기독교 신앙의 환상에서 점점 더 멀어져 가게 된다. 많은 사람이 그로 인해 신앙을 버렸다. 프리드리히 엥겔스도 스트라우스의 『예수의 삶』에 나타난 헤겔주의(Hegelianism)에 깊은 영향을 받아 스스로 루터교 신앙에서 벗어났다.

이후에도 많은 사람들이 이런 비평적 분석을 추종하였다. 튀빙엔 대학교에서 이런 새로운 성경신학 접근방식은 스트라우스에서 끝나지 않았다. 페르디난트 크리스티안 바우르(Ferdinand Christian Baur)는 성경을 하나의 역사적 문서로 간주하며 분석하였다. 그는 신약성경이 지속적으로 유대주의를 신봉했던 베드로 및 구세대 사도들과 이방인들을 향한 선교에 전력한 바울 사이의 치열한 갈등의 산물이라고 주장하였다. 이 연구는 곧 '역사적 예수'에 대한 탐구로 이어졌다. 이는 실제 예수님과 교회가 믿는 예수님 사이에 큰 차이가 있음을 주장한다. 즉 첫 번째 기독교인이 추종한 예수님은 당시의 19세기 기독교인들의 신앙과는 구별된다는 것이다. 신학자이며 의료선교사로 유명한 알버트 슈바이처(Albert Schweitzer)는 알자스(Alsace) 지역의 루터교 목사의 아들로 태어났다. 그는 1906년 『역사적 예수의 탐구』(The Quest of the Historical Jesus)를 출판하였다. 이 책에서 슈바이처는 앞선 자유주의 학자들의 연구가 잘못되었다고 주장하였다. 그가 바라본 복음서 안의 역사적 그리스도는 임박한 세상의 종말을 믿었던 인물로, 예루살렘에서 그분의 희생을 통해 대환란(tribulation)의 시기를 앞당기길 원하셨다는 것이다. 따라서 그분의 사역은 실패 속에 이루어진 것이다. 즉 복음서 안에서 발견할 수 있는 역사적 예수님은 실패와 비극의 삶을 사셨으며, 이로써 그분은 현대 사회에 실패와 비극을 말할 수 있는 유일한 분이시다.[96] 키에르케고르는 또 다른 방식으로 이 비전을 바라보

---

96 A. Schweitzer, ed. J. Bowden, *The Quest of the Historical Jesus* (London, 2000).

았다. 이와 같은 기독교 신앙은 교리체계에 갇혀있는 전통적 기독교와는 상관이 없고, 마찬가지로 19세기 이성적인 자유주의 기독교와도 다른 것이다.

당시 성경 본문 분석과 더불어 새로운 과학적 분석 방법인 고고학(archeology)도 부상하고 있었다. 이를 통해 성경 이야기의 실제 무대인 중동 지역에 대한 탐구가 본격화되었다. 기독교인들은 이를 적극적으로 실행하였다. 그들은 많은 재원을 모아 고고학적 탐구에 착수하였고, 이를 통해 성경적 진리들을 명확히 확인할 수 있을 것이라고 기대하였다. 하지만 이는 아주 모호한 결과를 낳게 된다. 고고학적 탐구를 통해 고대 이스라엘이 실상 성경이 증언하는 것만큼 역사적으로 그다지 중요하지 않았음을 알게 되었고, 또한 다른 문화권의 문서들이 발굴되면서 성경 저자들이 다른 지역의 문서들에 나타난 사상에서 상당 부분을 차용하여 성경을 기록하였다는 것도 밝혀지게 된 것이다.[97] 새로운 대학교를 중심으로 활성화된 과학적 역사탐구와 고고학의 첫 번째 황금기는 자유주의 개신교인들의 기세를 그들이 다윈에 의해 충격 받은 것만큼 꺾지는 못했다. 당시의 가장 대표적인 자유주의 역사가는 아돌프 폰 하르낙(Adolf von Harnack)이었다. 그는 폰 랑케(von Lanke)와 더불어 그 학문적 업적에 대한 공로를 인정받아 독일제국으로부터 작위를 받았던 인물이었다. 하르낙은 당대의 연구를 통해 종교개혁의 과업이 비로소 완성되었다고 확신하며 스스로 자긍심을 가졌다. 이에 대해 잉글랜드국교회의 추기경 매닝(Manning)은 다음과 같이 언급하기도 했다. "이제 우리는 교리로 점철된 역사를 극복하게 되었다." 하지만 이는 그 반대로 평가할 수 있다. 즉 역사를 통해 교리가 정화된 것이다. 개신교 신자로서 우리는 역사적 작업을 통해 역사를 해체하는 아니라, 오히려 역사를 바로 세우는 것임을 명심해야 한다.[98]

---

[97] D. Gange, "Religion and Science in Late Nineteenth-century British Egyptology", *HJ*, 49 (2006), 1083-104.

[98] Memorandum to Ministerialdirektor Althoff, 1888, qu. W. H. C. Frend, "Church

그럼에도 불구하고, 많은 사람들이 과학과 역사가 불경스럽게도 계시종교의 기초를 흔들어버렸다고 여길 것이다. 헤겔은 존재와 사상의 세계를 계속적인 투쟁과정으로 묘사했었다. 그 투쟁, 어리석음, 부도덕함, 이기적인 태도는 자연 세계에도 동일하게 나타난다. 도덕적 원리에 따라 살아야 한다고 생각하는 현대 사회에서 이런 생각을 접한다면, 창조주는 도무지 인간 사회 안에 도덕적인 것에 관심을 두지 않는다는 회의 속에 절망할지 모른다. 이런 회의 속에 인간은 그 안에 가장 신성한 성품, 즉 최고의 도덕으로서의 사랑의 마음에서 점차 자기중심적인 모습으로 진화되어 간다. 이는 곧 도덕성과 자애심을 상실하게 되는 것이다. 우리는 하나님이 여전히 모든 **기원**(Origin)의 최초 동자라고 선포한다 해도, 물리학적 원리(axiom)를 하나님으로 예배하는 것이라고 결론지어버릴 수는 없을 것이다.[99] 인간이 점차 이기적이고 부도덕한 세상에 함몰되어버린다는 생각은 위대한 서구 사상가인 지그문트 프로이트(Sigmund Freud)에게 이어졌다. 프로이트는 다윈이 사망한 지 13년 후에 그의 첫 번째 심리학적 연구서를 발표하였다. 그는 그의 선조인 유대인들의 신화들에 매료되었고, 그것이 기독교 안에 수용된 역사에도 관심이 많았다. 그는 인간의 의식과 공적 행동 너머의 부도덕한 내면적 동기에 대해 연구하였다. 또한 그는 인간에게 성적 취향은 그 행동 양식 이면에 가장 중요한 동력이라고 주장하였다.[100]

다윈의 첫 번째 출판 도서는 갈라파고스 제도에서 기독교 선교의 정당성을 주장하는 글을 공저한 것이었지만, 이제 그 스스로 우주에

Historians of the Early Twentieth Century: Adolf von Harnack (185-1930)", *JEH*, 52 (2001), 83-102, at 91.

99 Chadwick, *The Secularization of the European Mind in the Nineteenth Century*, Pt. II.

100 M. Mack, "The Savage Science: Sigmund Freud, Psychoanalysis, and the History of Religion", *JRH*, 30 (2006), 331-53.

어떤 특별한 목적이 있다는 믿음을 잃어버리게 된다.[101] 그는 1882년 사망하기 몇 달 전에 이런 의문에 대해 정중하게 답변하며 다음과 같이 말했다. "나는 마흔 살이 되던 때까지는 결코 기독교 신앙을 포기한 적이 없다…그것은 단지 증명될 수 없는 것일 뿐이다." 그는 여전히 웨스트민스터 사원에 묻히는 영예를 누릴 수 있었는데, 그의 무덤 옆에는 비범한 그리스도인이었던 아이작 뉴턴이 묻혀있었고, 그의 관을 나르는 사람 중에는 두 명의 공작과 한 명의 백작이 포함되어 있었다.[102] 1864년 런던에서 발간된 『더 타임스』(The Times) 기사에서는 과학과 종교의 치열한 갈등에 대해 보도하고 있다. 즉 과학과 종교 사이의 논쟁은 당시 서방 세계의 가장 흔한 공론 중 하나였다. 마르크스는 다윈의 주장을 신봉했었고, 그에 대한 존경의 표시로 자신의 저서인 『자본론』(Das Kapital)에 직접 서명하여 다윈에게 선물하기도 하였다(이 책은 다윈의 서재에 지금도 잘 보존되어 있다).[103] 다윈처럼 당시 많은 사람들이 종교적 신앙 문제에 대한 자신의 입장을 공식적으로 명확하게 밝히는 것을 주저하였다. 그들은 자신들을 "불가지론자"(agnostics)라고 자칭하기도 했고, 다른 사람들은 또 다른 신조어로 자신의 입장을 표현하기도 하였다. 이는 19세기 후반이 그만큼 전례 없는 논쟁으로 치열했음을 말해준다. '불가지론'이라는 용어는 1869년 매우 적극적이고 외향적이었던 다윈의 친구 토마스 헉슬리(Thomas Huxley)에 의해 고안되었다. 한편 일부 사람들은 자신들을 "무신론자"(atheist)라고 지칭하기도 했는데, 이 말은 이전에는 매우 부정적인 언어였지만 이제는 새로운 의미로 사용된 표현이었다. 또한 학문에 대한 태도로 사용되었던 "인본주의자"(humanist)는 이제 무신론자를 지칭하는 새로운 의미로 다시 사용되게 되었다. 무신론자와 인본주의자들은 서로 연합

---

101 M. W. Graham, "'The Enchanter's Wand': Charles Darwin, Foreign Missions, and the Voyage of H. M. S. Beagle", *JRH*, 31 (2007), 131-50, at 131.
102 J. Browne, *Charles Darwin: The Power of Place* (London, 2002), 484-5, 497.
103 Ibid., 403.

하여 더욱 적극적인 공적 활동을 펼쳐갔다. 이들은 개신교 자유교회들(Protestant Free Churches)과 같이 주일학교를 조직하고 강연과 사회활동에 참여하였고, 심지어 자신들의 신앙을 담은 찬송가(hymn) 책자를 발간하기도 하였다. 여러모로 당시 이들의 모습은 개신교 분리주의자들과 거의 흡사했다.

어떤 사람들은 과학이 기독교와의 논쟁에서 승리했다고 생각하며, 동아시아 종교들에 큰 관심을 가지고 탐구하기도 하였다. 이러한 종교적 관심을 "신지학"(Theosophy)이라고 새롭게 지칭하였는데, 이는 영적인 지혜에 대한 탐구를 강조했기 때문이다. 신지학은 1890년대 이후 영어권 사회의 중산층들에게 많은 호응을 얻었다. 신지학은 오늘날 서구 사회의 중요한 종교적 형태인 소위 '뉴에이지'(New Age) 영성의 모태가 된다고 할 수 있다. 19세기 여러 종교적 회심 가운데 가장 충격적이고 극적인 변화를 보여준 인물은 전 잉글랜드국교회 교구 목사의 아내였던 애니 베전트(Annie Besant) 여사일 것이다. 그녀는 전국세속주의협회(National Secular Society)의 회장이었으며, 1889년 자신의 세속주의 동료들과 더불어 신지학으로 개종하였다. 뛰어난 리더십을 가지고 있었던 베전트 여사는 신지학협회의 회장으로 추대되었으며, 뉴에이지 영성의 이국적 정서에 더 많은 관심을 가지고 있던 블라바츠키(Blavatsky) 부인과 더불어 신지학 협회를 새롭게 이끌어 나갔다.[104] 이와 같이 19세기 일부 물리학자나 화학자들이 영성주의에 심취했던 기이한 현상은 우연히 일어난 일이 아니라 미국으로부터 유입된 운동이었다. 이 운동은 과학적 탐구 방법을 통해 물질과 영성 사이의 상호 관련성을 밝히고자 했으며, 자신들의 '집회'(seances)를 통해 더욱 확장시켜 나갔다. 다윈은 이러한 영성주의를 경멸하였다. 왜냐하면 이런 시도는 전통적 기독교와 마찬가지로 증명될 수 없는 것에 기반

---

[104] M. Bevir, "Annie Beasant's Quest for Truth: Christianity, Secularism and New Age Thought", *JEH*, 50 (1999), 62-93, esp. 62-3, 83-92.

을 두고 있다고 여겼기 때문이다. 한번은 그가 간곡한 요청으로 인해 이들 집회에 참여하였다가, 모임에 대해 혐오하며 중간에 퇴장해버린 적도 있었다(이후 당시 집회 중의 영매술들은 사기행각이었던 것으로 밝혀졌다). 반면 알프레드 러셀 월리스(Alfred Russel Wallace)와 같은 그의 동료 진화론 연구자들은 이러한 실망스러운 사건이 있었음에도 이 운동을 칭송하는 글을 쓰기도 하였다.[105]

로마가톨릭교회는 이러한 과학과 역사적 연구에 대해 주류 개신교보다 더 적대적인 관계에 있었다. 이런 사례는 조제프 에르네스트 르낭(Joseph Ernest Renan)의 경력 가운데 잘 드러난다. 그는 프랑스의 브레타뉴 출신으로 사제가 되려 했던 인물이었다. 그는 독일 성경신학자들의 서적들을 접하면서, 또한 파리에서 접하게 된 미신적 신앙에 대한 경멸을 느끼면서 기독교 신앙을 저버리게 된다. 1863년 르낭은 『예수의 삶』(Life of Jesus)을 출판하였다. 이 책에서 그는 예수님이 단지 유대 랍비로서 아무런 신성도 지니고 있지 않으셨다며 전통적인 기독교 신앙을 부정하였다. 당시 독일에서는 자유주의 개신교인들이 활발하게 활동하였고, 프랑스에서는 급진적 세속주의가 만연하고 있던 시기였다. 이런 배경 가운데 로마교황청은 이런 학문적 탐구에 대해 강력하게 저항하였다. 교황 레오 13세는 교회 안에 있는 '현대주의'(Modernism)를 몰아내려고 하였다. 후임 교황 피우스 10세는 이를 더욱 강화하였으며, 로마가톨릭교는 20세기에 들어서까지 성경과 신학에 대한 이런 새로운 학풍을 받아들이는 것을 철저하게 금하였다.

이와 같은 분위기는 교황과 가톨릭교에 적대적이었던 개신교계에도 있었다. 당시 모든 복음주의 기독교인이 프린스턴대학교의 맥코쉬 총장처럼 다윈에게 긍정적인 태도를 취했던 것은 아니다. 1870년대부터 미국에서는 복음주의자들이 일련의 연합 모임을 가졌다.

---

105 Browne, *Charles Darwin*, 403-6. 또한 다음의 글도 참조. P. Lamont, "Spiritualism and a Mid-Victorian Crisis of Evidence", *HJ*, 47 (2004), 897-920.

그 중 대표적인 것은 온타리오 주의 나이아가라에서 열린 총회였다. 이 모임에서는 다윈주의와 튀빙엔 성경비평 방법에 대한 반대를 공고히 했다. 이러한 운동은 아이라 생키(Ira Sankey)와 드와이트 무디(Dwight L. Moody)에 의해 전 세계로 확장되었다. 이들은 극장과 오락적 요소를 접목한 19세기 미국의 대중적인 부흥운동을 표방하며 많은 호응을 얻었다. 생키는 많은 새로운 스타일의 음악을 작곡하여 회중 찬송을 인도하였고, 무디는 진취적인 카리스마를 가졌던 설교자였다. 이들의 집회 활동은 모든 영어권 지역을 다니며 엄청난 영향을 미쳤다. 그들의 집회는 당시 복음주의 세계에서 급부상하던 '세대주의'(dispensationalist) 종말론에 큰 영향을 받았고 인간 역사 속의 하나님의 섭리를 강조하였다. 세대주의는 곧 '근본주의'(Fundamentalism)라 불리는 또 다른 '사조'(ism)를 태동하게 만들었다. 근본주의란 용어는 1910년에서 1915년 사이 12편의 에세이를 엮어서 발행된 「근본적인 것들」(*The Fundamentals*)이라는 잡지의 타이틀에서 유래하였다. 이 잡지에 실린 에세이들은 영국과 미국의 보수적 작가들에 의해 저술되었다. 이 에세이들은 다음과 같은 다섯 개의 주요 내용을 강조하였다. 1) 성경의 모든 텍스트는 문자적으로 전혀 오류가 없다는 '성경무오성'(Verval inerrancy) 2) 예수님의 신성 3) 동정녀 탄생 4) 죄인들을 위한 그리스도의 십자가 죽음을 통한 대리적 속죄 5) 예수님의 육체적 부활과 재림에 대한 신앙이다. 이러한 5대 강령을 중심으로 1919년 근본주의자들은 세계기독교근본주의연합(World's Christian Fundamentals Organization)이란 기관을 창설하였다. 이 기관은 침례교를 중심으로 진행된 근본주의 운동을 대다수의 개신교권으로 확장시키기 위해 대규모 집회를 개최하였다. 근본주의는 절대적으로 개신교적인 사조라고 할 수 있다. 이들은 종교개혁자들처럼 성경을 그 신앙의 중심으로 삼았으며, 성경을 문자적으로 읽으며, 고대의 상징적이고 시적이며 풍유적인 해석방법을 재강조하였다. 성경을 문자적으로 수용하면서, 근본주의자들은 사도 바울처럼 성경을 대속적 속죄를 강조하는 구원론적인 관점으로 해석하였다. 이런 면에서 근본주의자들은 19세기 지성적 흐름 가운데 많은 지성인들에게 강한 비판의 대상이 되었다. 하지만 그들의 5대 강령에 얽힌 수많은 논쟁 가운데서도 근본주의자들은 20세기 동안에도 지속적으로 존재해왔다.

1914년경 서방기독교계는 두 극단적 주장으로 극명하게 나뉘어 있었다. 한편은 전통적 신앙에 대한 확고한 확증을 주장하였고, 다른 한편은 기독교 진리에 어떤 절대적 권위나 실재가 있다는 것을 부정하였다. 포이에르바흐와 마르크스의 유물론과 함께 기독교에 대한 적대적 반감 사상을 발전시켰던 인물은 루터교 목사의 아들로 태어났던 프리드리히 니체(Friedrich Nietzsche)였다. 그는 1881년 8월 특별한 계시를 체험하였다. 그때 그가 발견한 감격스러운 진리는 인간의 삶에 대한 신의 특별한 목적과 섭리를 부정하고 스스로 진정한 자유를 찾는 것이었다.[106] 이를 통해 인간은 자신의 진정한 존재의식을 확증할 수 있으며, 자아를 완성하기 위한 내적 자유(internal freedom)를 얻게 된다는 것이다. 이를 위한 필수적 요소는 초월적인 신은 마땅히 '죽어야 한다'는 것이다. 왜냐하면 우리의 삶을 구성하는 절대원리란 결코 존재하지 않기 때문이다. 하나님의 죽음을 강조한 것은 니체가 처음은 아니었다. 니체는 루터교의 논리체계 안에서 성장했으며, 그 체계의 배경에는 아우구스티누스와 바울이 있다. 니체 이전에 헤겔은 하나님 안에서 절대적으로 인간이셨던 예수님 안에서의 하나님의 죽음을 강조하였다. 헤겔은 자신의 주장을 위해 다음과 같은 17세기 루터교 찬송가의 한 구절을 인용하였다. "하나님 자신이 죽으셨다"(God himself is dead). 이 찬송의 제목은 "오 슬프도다. 눈물이 흐르네!"(*O Traurigkeit, O Herzeleid!*)이며, 루터교 목사의 아들이었던 바흐(J. S. Bach)가 작곡하였고, 이후 브람스(Brahms)가 오르간을 위한 전주 부분을 추가하여 창

---

106 D. Cupitt, *The Sea of Faith: Christianity in Change* (London, 1984), 204-6.

작된 고전적 작품이다.[107] 니체는 바울-아우구스티누스-루터로 이어지는 전통적 논리체계를 뒤집으며 자신의 주장을 전개하였다. 그는 그리스도께서 자신이 세상을 부인하셨기 때문에, 세상에서 거절당한 사례로 보았다. 하나님은 단지 피고석에 있는 분이 아니라 심판하고 처벌하시는 분이다. 니체는 여기에서 또 다른 죽음에 대한 사고를 이끌어낸다. 이런 영감은 그가 다윈의 진화론에서 힌트를 얻었던 것이다. 그것은 곧 "도덕성도 이제 점차 사라질 것이며, 이제 수많은 다양성의 행위들이 인간사에 엄청난 일들을 만들어 나갈 것에 대한 생각이다. 이는 유럽의 다음 두 세기를 때로는 아주 끔찍하게, 또한 아주 의문스럽게, 그럼에도 모든 일에 큰 희망을 제시하면서 지배한 사상이다."[108]

철학자 폴 리꾀르(Paul Ricoeur)는 니체를 그 이전의 칼 마르크스와 이후의 지그문트 프로이트와 함께 "의심의 대가들"(the masters of suspicion)이라고 표현하며 당대의 3대 주요인물로 기술하였다. 이들은 그 이전 기독교 권위에 대해 제기되어 온 모든 의문을 통합하였고, 이후 서방 사회에 많은 사람들이 절대적 권위라는 것은 존재하지 않는다는 사실을 추종하도록 이끌었다. 또한 이 세 사람 모두의 배경에는 포이에르바흐가 있다. 그는 신에 대한 생각은 결국 인간이 고안해낸 산물일지 모른다는 주장을 최초로 제기했었다.[109] 따라서 19세기는 깊은 혼돈과 모순이 가득했으며, 이와 같은 의심의 대가들이 주도했던 시기였다. 과학의 시대에 사람들은 기독교와 초자연에 대한 믿음에서

---

[107] Johann von Rist가 이 찬송의 작시자였다. "The Consummate Religion"(1827), G. W. F. Hegel, ed. P. C. Hodgson et al., *Lectures of the Philosophy of Religion* (Berkeley, Los Angeles and London, 1988), 468 and n. 내가 이런 연관성에 관심을 갖도록 이끌어준 Philip Kennedy에게 깊이 감사한다.

[108] F. Nietzsche, Genealogy of Morals, III, 27, qu. R. Schacht, *Nietzsche, Genealogy, Morality: Essays on Nietzsche's Genealogy of Morals* (Berkeley, CA, 1994), 420.

[109] P. Ricoeur, *Freud and Philosophy* (New Haven and London, 1970), 32-6; ch. Kennedy, *A Modern Introduction to Theology*, 98.

점차 벗어나게 되었으며, 유럽의 기독교 신앙은 급격히 쇠퇴하였다. 반면 가톨릭교와 개신교 모두에서 많은 신비주의자가 일어났고, 종말에 대한 기대가 가득하기도 하였다. 이로 인해 새로운 교회와 수도회가 일어났으며 기독교를 갱신하기 위한 최선의 방법에 대한 치열한 논쟁과 소음이 넘쳐났다. 한편 기독교의 발생지에서 그 명맥을 유지해 오던 비칼케돈 기독교 세력은 점차 소멸되어가기 시작했으며, 이들 동방 기독교도인은 서방기독교의 지배적 권위에 대해 깊은 의문을 제기하였다. 또한 우리가 다음 장에서 살펴보겠지만, 이 시기에 기독교 신앙은 모든 대륙에 걸쳐 성공적으로 확장되어갔다. 이런 전례 없는 선교 열정은 기독교 정부로부터 많은 지원을 받았다. 기독교는 이전에 십자군 원정에서 그리스도의 이름으로 신성하게 펼쳐진 대규모 전쟁과는 사뭇 다른 모습으로 세계를 향해 나아갔다.

제23장

개신교 세계 선교운동
1700-1914

A History of
Christianity

1. 노예제도와 그 폐지운동: 기독교인의 시대적 금기

미국에서는 20세기 미국 국회가 인정한 국가인 "성조기여 영원하라"(The Star-Spangled Banner)보다 더 오래전부터 또 다른 국가로서 불리던 노래가 있었다.

> Amazing grace, how sweet the sound
> That sav'd a wretch like me!
> I once was lost, but now am found,
> Was blind, but now I see.
>
> 'Twas grace that taught my heart to fear,
> And grace my fears reliev'd;
> How precious did that grace appear,
> The hour I first believ'd!

놀라운 은혜 얼마나 달콤한 말인가
그 은혜 나 같은 죄인 구원했네!
잃었던 생명 이제 찾았고,
눈멀었던 나 이제 눈뜨네.

나의 심령을 깨우친 그 은혜,
그 은혜로 내 두려움 사라졌네.
내게 찾아온 은혜 얼마나 귀한지
내가 처음 믿었던 그 순간에!

이 노래의 감미로운 선율은 작자 미상으로 미국 동부 지역에서 가장 널리 알려진 대표적인 찬송이다. 이 찬송은 흑인과 백인, 원주민들의 교회 회중 모두에게 사랑받으며, 미국 개신교를 대표하는 찬송이 되었다. 한편 이 노래를 사랑한 여러 인종의 개신교 신자들은 서로 다른 상황 가운데 있었고, 결코 동질적인 그룹이 아니었다. 하지만 그들 모두는 이 찬송에 매료되었다. 이 찬송의 가사는 런던 서부 버킹엄셔(Buckinghamshire) 교구에서 탄생하였다. 그 저자는 전직 노예상인이었지만, 이후 올니(Olney) 교구의 목사가 된 인물이다.[1] 여러 면에서 "어메이징 그레이스"는 영미권 개신교 확장의 한 시대를 가장 잘 대변해 주는 송가(anthem)라 할 수 있다. 당시 영미 개신교 신자들은 노예를 소유하였고, 노예무역에도 참여하고 있었다. 하지만 동시에 같은 영미 개신교 사회는 노예제도의 철폐를 부르짖었다.

사실 존 뉴턴(John Newton)이 '처음 믿은 그 시간'에, 그대로 그는 새롭게 깨닫게 된 기독교 신앙과 서아프리카에서 같은 인간을 미국으로 팔아넘기는 행위 사이의 모순을 인식하지 못했었다. 뉴턴에게 노예무역은 그의 혼란스러운 젊은 시절을 극복하고 재정립할 수 있게

---

1 J. Julian, *A Dictionary of Hymnology* (London, 1892), 55. 이 책은 "Amazing Grace"가 실상 John Newton의 가장 대표적인 작품이라고 말할 수는 없다고 간결하게 설명하고 있다.

해주는 계기와 도움이 되었다. 그가 중년에 기록한 자서전에 따르면 뉴턴은 자신의 전직에 어떤 죄책감도 느끼지 않았고 다음과 같이 기록하고 있다. "나는 이 일에 만족하고 있으며, 이는 내게 주어진 섭리라고 생각한다."[2] 그에게 노예무역은 일종의 새로운 삶을 위한 훈련이었고, 1747년 그가 복음주의적 회심을 경험하는 데 중요한 동기가되었다. 이 환희의 경험 이후에도 뉴턴은 자신에게 새로운 삶을 허락해준 노예무역을 계속하였다. 1754년에 뉴턴은 그의 오랜 바다에서의 생업에 종지부를 찍었다. 이는 뉴턴이 양심의 가책을 느끼며 결정한 결과는 아니었다. 그가 자신의 옛 직업에 대해 급격한 반전을 표현한 것은 그의 회심 이후 30년이 지나고 난 때였으며, 그때부터 그는 비로소 노예제도 폐지를 위해 노력하였다. 이는 당시 영국 내에서 한 경건한 그룹에 의해 본격화된 노예제도 폐지운동으로 인한 결과였다. 1788년 이 용감한 노인은 다음과 같이 고백하였다. "나는 선한 양심에 사로잡혀 있다. 이렇게 공개적으로 나의 부끄러움을 고백한다. 하지만 이제라도 신실하게 내가 범했던 잘못과 그 비참한 관습을 폐지하고 바로잡고자 한다."[3] 뉴턴의 뒤늦은 심경 변화는 기독교 안에서 일어난 새로운 변화의 시작을 대변한다고 할 수 있다. 이는 지난 2세기 이상을 지속해온 노예제도가 이제 하나님의 뜻에 반하는 일이라는 생각이 기독교인들에게 보편적 정서가 되었음을 의미한다.

물론 오랫동안 노예제도는 잘못된 관습이라는 의견이 제기되어 왔다. 많은 기독교인들에게 기독교 신앙과 노예제도는 서로 어울릴 수 없다는 정서가 강했고, 노예에게 자유를 주는 것은 기독교적 자선행

---

2 J. Newton, *An authentic narrative of some remarkable and interesting particulars in the life of ********** communicated in a series of letters* (9th edn. London, 1799; first published 1764), 114.

3 J. Walvin, *The Trader, the Owner, the Slave: Parallel Lives in the Age of Slavery* (London, 2007), 5, 26-7, 51, 66-7, 94-5 (quotation). John Newton의 칼빈주의적 성격에 대해서는 다음 책을 참조. B. Hindmarsh, *John Newton and the English Evangelical Tradition between the Conversations of Wesley and Wilberforce* (Oxford, 1996), 119-68.

위로 여겨져 왔다. 그러나 이런 기독교인들의 입장이 노예제도 자체를 부정했다고 말할 수는 없다. 이는 기독교 성경이, 신약성경과 타나크 모두에서 노예제도를 인정하고 있다는 사실에 기인한다.[4] 특히 술에 취한 노아(Noah) 이야기는 노예제도를 지지해주는 가장 대표적인 성경의 기록이다. 술에 취해 치부를 드러낸 채 자고 있던 노아는 이를 목격한 그의 아들 함(Ham)에 의해 모욕을 당했다. 이후 노아는 함의 아들 가나안(Canaan)에게, 그의 후손이 함의 형들인 셈(Shem)과 야벳(Japhet)의 후손들의 노예가 될 것이라고 저주하였다.[5] 중세 설교자들에게 이 이야기는 자주 그리스도의 수난과 인간의 구속에 대한 풍유로서 설파되기도 하였다(미켈란젤로는 시스티나 성당 천정화에 이 해석을 담고 있다). 하지만 이후 이 이야기는 기독교와 이슬람 노예상인들이 함의 후손인 아프리카인들을 잡아 노예로 삼는 것을 정당화하는 데 인용되었다.[6] 초기 이슬람 문서들은 성경에 기록된 함의 후손들 중 많은 흑인들이 노아의 저주 사건에 그 기원이 있다고 기록하고 있다. 초기 이슬람교도들은 홍해 너머 아프리카의 흑인 노예에 대해 잘 알고 있었다. 하지만 이러한 해석은 성경이 실제로 저주한 대상은 가나안이지 실제로 잘못한 그의 아버지, 함이 아니었다는 것을 간과하고 있다(그 이유에 대해서 창세기는 설명하지 않고 있다). 또한 더 나아가 실상 가나안의 후손들은 고대 세계에서 흑인이 아니었다는 사실이다.[7]

---

4 J. A. Harrill, *Slaves in the New Testament: Literary, Social and Moral Dimensions* (Minneapolis, 2006), 114-6.

5 창 9:20-27.

6 노아 이야기에 대한 풍유적 해석에서 벌거벗은 노아는 무력하게 고난당하는 그리스도를 상징한다. 또한 함은 거짓되고 위선적인 그리스도인을 상징하며, 셈과 야벳은 복음을 전해 받은 유대인과 희랍인을 상징한다. CF. H. Betttenson and D. Knowls (eds.), *Augustine: Concerning the City of God against Pagans* (London, 1967), 650-3 [XVI, 2].

7 D. M. Goldenberg, *The Curse of Ham: Race and Slavery in Early Judaism, Christianity and Islam* (Princeton and Oxford, 2003), 168-77. 술에 취한 노아와 구원론에 대한 풍유에 대해서는 다음 책을 참조. R. Viladesau, *The Beauty of the Cross: The Passion of Christ in Theology and the Arts, from the Catacombs to the Eve of the Renaissance* (New York and

흑인과 노예에 대한 연계는 이후 서방기독교 세계에 보편적으로 인식되었다. 역설적으로 이러한 인식은 유대인들을 통해 퍼졌다. 15세기 말 포르투갈이 아프리카인들을 대상으로 노예무역을 시작했을 때, 포르투갈 유대인 철학자였던 이삭 벤 아브라바넬(Isaac ben Abravanel)은 가나안의 후손이 흑인이며, 그의 삼촌들인 셈과 야벳은 백인이라고 언급하면서, 흑인은 모두 노예가 되어 마땅하다고 주장하였다. 창세기 9장은 이러한 주장에 대한 어떤 근거도 제시하고 있지 않지만, 아브라바넬의 혁신적 성경 해석은 이베리아 반도의 기독교인들과 이후 다른 모든 지역의 기독교인 노예상인들이 아프리카인들을 억압하는 데 아주 편리하게 수용되었다.[8] 또 다른 기독교인들은 흑인 노예에 대한 정당성을 또 다른 자료에서 찾았다. 이는 서방기독교 성경에서는 나타나지 않으며, 창세기 4:1-16에 대한 시리아어 역본인 페쉬타(Peshitta)에서 기인한다. 이 시리아어 역본에서 흑인들은 가인의 후손들이며 하나님이 가인이 아벨을 살인한 것에 대해 벌하시며, 그의 몸에 새긴 살인자의 '표징'은 그의 피부를 검게 만들었다고 기록하고 있다. 이 표징은 이후 자연스럽게 그의 후손들 모두에게 나타나게 된다.[9] 하지만 이러한 성경적 접근은 모두 흑인들을 지칭하는 것으로 간주될 수는 없다.

이와 같은 해석은 곧 성경에 대한 무지와 잘못된 해석에서 기인한다. 우리는 우선 노예제도가 잘못된 것이라는 판단은 양심에서 출발하여야 한다. 그리고 (노예제도 등의) 목적이 정당한지 다시 성경을 통

Oxford, 2006), 116. 성경과 인종문제에 대한 일반적 개론은 다음 책을 보라. C. Kidd, *The Forging of Races: Race and Scripture in the Protestant Atlantic World, 1600-2000* (Cambridge, 2006).

8 D. B. Davis, *Inhuman Bondage: The Rise and Fall of Slavery in the New World* (Oxford, 2006), 55.

9 Goldenberg, *The Curse of Ham*, 178-82. 페쉬타 구약본은 아마도 유대인들에 의해 기록된 것으로 추정된다. 가인과 가나안의 후손이 흑인이라는 성경 해석이 모두 유대인들에게서 기인하였다는 것은 인종주의에 대한 역사적 아이러니라고 할 수 있다.

해 점검을 받아야 한다. 이것이 성경의 의도와 의미에 대한 근대 비평적 고찰의 초기 형태라고 할 수 있다.[10] 이와 같은 모습은 청교도 전통에서도 동일하게 나타난다. 살렘 재판의 잘못을 공개적으로 시인했던 새뮤얼 시월의 경우도 그 중 하나이다. 1700년 그가 출판한 팜플렛은 이전에 그리 자주 언급되지 않았던 출애굽기 21:6에 기록된 모세의 율법을 강조하며 주해하였다. "상전이 그를 데리고 재판장에게로 갈 것이요 또 그를 문이나 문설주 앞으로 데리고 가서 그것에다가 송곳으로 그의 귀를 뚫을 것이라 그는 종신토록 그 상전을 섬기리라." 시월은 이 팜플렛에서 아주 냉정하게 노예제도에 대한 당대 기독교인들의 표준적 생각에 대항해 공격하였다.[11]

당대 유럽의 계몽주의 사상가들은 노예제도를 폐지하기 위해 논쟁하고 사람들에게 호소했다. 이전 확신들에 대해 의문을 제기하는 것이 계몽주의의 일반적 태도임을 고려할 때, 이는 매우 자연스러운 일이다. 당시 출판된 『백과사전』(*Encyclopédie*)에서 '상업'(Commerce) 항목의 저자는 노예무역에 대해 통렬하게 비판하고 있다. 당대 프랑스 계몽주의의 가장 대표적인 작가인 바롱 드 몽테스키외(Baron de Montesquieu)는 대규모의 노예무역 항만이 있던 보르도(Bordeaux)에 거주하고 있었다. 그의 대표작, 『법의 정신』(*De l'Espirit des Lois*, 1748)에서, 몽테스키외는 시월처럼 노예제도를 옹호하는 성경적이며 전통적인 논의들이 얼마나 부적절한지를 냉철하게 분석하였다.[12]

반면 다른 계몽주의 지성인들 가운데는 노예제도에 대한 논리적 옹호론을 펼친 인물들이 많았다. 그들은 새로운 '과학적' 방법을 통해 세계의 인종 분포를 연구하기 시작하였다. 이 연구를 통해, 이들은 특정 인종이 다른 인종에 비해 더 열등할 수 있다고 분석하며, 이들

---

10 Harrill, *Slaves and in the New Testament*, 191.

11 E. Lamplante, *Salem Witch Judge: The Life and Repentance of Samuel Sewall* (New York, 2007), 225-30.

12 *Encyclopédie*에 대해서는 Koschorke(eds.), 179.

은 노예가 될 수 있다는 결론을 유출해냈다. 특별히 이런 주장을 펼치는 계몽주의자들은 모든 인류가 공통적으로 아담과 하와의 후손이라는 창세기의 기록을 인정하지 않았다. 따라서 기독교인들과 계몽주의자들은 모두 서로 상반된 접근과 해석을 함으로써 서구인들이 노예제도를 인정하도록 이끌었던 것이다. 펜실베니아 퀘이커교도들은 프랑스 계몽주의 철학자들보다는 좀 더 모호한 입장에 서 있었다. 그들의 전통에 있어서는 성경적 권위에 대한 경외감이 다른 기독교인들에 비해 좀 더 유연했다. 그들은 1688년 펜실베니아 주에서 일부 네덜란드 퀘이커로부터 노예제도를 금지시키도록 청원서를 제출하였다. 이를 위해 그들은 시월에게 12년간이나 간절히 호소하였다. 하지만 그들의 발의안은 무시되고 말았다. 이후 18세기 초 펜실베니아 퀘이커교도들은 다른 이민자들과 협력하여 자신들의 지역이 많은 노예에게 안식처가 될 수 있도록 노력하였다. 1758년이 되어서야 완고했던 펜실베니아 권위자들이 비로소 어떤 종류이든 노예제도를 반대하는 입장을 표명하였다. 이는 노예제도 폐지를 위해 기독교인들이 협력해서 이뤄낸 첫 사례이다.

이러한 토의 중심에 있는 인물은 펜실베니아 퀘이커교도인 안토니 베네제(Anthony Beneze)였다. 그는 펜실베니아의 결정을 출판하는 데 힘을 다했고, 대서양 양편의 범세계 개신교계에 이를 널리 전파하였다. 베네제의 메시지는 오랫동안 서신을 교환하며 친밀한 관계를 가져왔던 한 잉글랜드국교회 신사를 통해 그의 모국 영국에도 알려지게 되었다. 그의 이름은 그랜빌 샤프(Granville Sharp)이다. 샤프는 노예제도뿐 아니라 로마가톨릭교에 대해서도 심한 적대감을 가지고 있었다. 그의 눈에는 양자 모두 영국 안에서 자유에 대한 큰 위협적 존재로 여겨졌다. 샤프는 영국 내에서 양자 모두를 반대하는 캠페인을 조직하는 데 그의 천재성을 발휘하였다.[13] 그의 조부는 요크(York)의 국

---

13 N. A. M. Rodger, "Queen Elizabeth and the Myth of Sea-power in the English History",

교회 대주교였으며, 존 웨슬리의 아버지인 사무엘 웨슬리와는 절친한 동료였다. 샤프는 열심있는 성경 비평가였고, 그의 성경에 대한 학문적 관심과 초점을 그때까지 일반적으로 성경이 옹호한다고 여겼던 노예제도를 반박하는 데에 맞추었다. 그는 성경 안에서 평등과 자유를 강조하는 부분을 선정하여 정리하였다. 이와 같은 성경 연구는 과거 성경학자들이 사회 안에 불평등을 합리화하기 위해 적용했던 방식이기도 하다. 하지만 샤프의 위대한 승리는 그의 성경적 논쟁을 통해 얻은 것은 아니다. 그의 성공은 1772년 영국에서 소위 "서머셋 사건"(Somersett's Case)이라고 알려진 한 재판을 통해 이루어졌다. 대법관 맨스필드(Mansfield)는 이 재판에서, 보스톤 세관이었던 그의 주인으로부터 탈출한 노예였던 제임스 서머셋(James Somersett)의 손을 들어주었다. 맨스필드는 이 판결에서 18세기 영국에 존재하는 노예제도를 이전의 농노 신분에 대한 영국 헌법의 입장과 연결시켰다. 따라서 농노제도와 마찬가지로 당시의 노예제도 역시 어떤 법적 근거가 없다는 것이다.[14] 그 결과로 영국 헌법에 대한 전통에 근거하여, 반 노예제도 캠페인이 광범위하게 확산되었다. 이는 350년 전인 1656년에 있었던 유대인의 복귀를 위한 캠페인을 연상시키는 큰 사건이었다.

서머셋 재판에 대한 맨스필드의 판결은 노예제도에 관련해 영국 의회가 관련법을 제정해야 한다는 이슈로 이어졌다. 이제 이 과업은 샤프의 동료이며 복음주의자였던 윌리엄 윌버포스(William Wilberforce)의 목표가 되었다. 그는 먼저 영국 내 노예무역을 금지하고, 더 나아가 점차 확산되어가던 노예제도 자체를 대영제국 내에서 폐지하고자 하였다. 이 캠페인을 이끌면서 윌버포스는 자신의 열정과 카리스마를

TRHS, 6th ser., 14 (2004), 153-74. at 169. Beneze에 대한 훌륭한 연구로 다음 책을 참조. M. Jackson, *Let Their Voice Be Heard: Anthony Beneze, Father of Atlantic Abolitionism* (Philadelpia, 2009).

14 S. M. Wise, *Through the Heavens May Fall: The Landmark Trial that Led to the End of Human Slavery* (London, 2006), esp. 15-16, 128, 135-6, 143, 151-2, 156, 166, 172, 180, 182.

통하여 "클래펌 파"(Clapham Sect)라는 별칭으로 알려진 복음주의 개혁가들의 가장 중요한 지도자가 되었다. 런던 남부에 위치한 아름다운 전원마을, 클래펌은 윌버포스와 여러 부유한 복음주의자들의 거주지였다. 윌버포스의 투쟁은 길고 힘든 여정이었다. 1808년 그는 마침내 그의 첫 번째 목표를 실현하였다. 하지만 윌버포스와 그의 동료들은 영국 내 노예무역 금지 법안이 그들이 바라던 만큼 노예제도를 근절하는 데 한계가 있다는 것을 깨달았다. 따라서 그들은 이제 영국의 회를 설득하여 노예제도 자체를 그 뿌리부터 없애버리기 위해 캠페인을 더 확장해나갔다. 마침내 이 노력은 윌버포스가 의회에서 은퇴한 직후 결실을 맺었다. 1833년 그들의 두 번째 목표인 노예제도 완전폐지는 마침내 의회를 통과하였고, 이 노인은 그의 동료들로부터 이 소식을 전해 들었다. 그때는 그가 사망하기 불과 3일 전의 일이었다. 이후 찰스 다윈이 그랬던 것처럼, 이 논쟁적인 개혁가는 이제 웨스트민스터 사원에 장사되는 국가적 영예를 얻게 된다.[15]

복음주의자들은 대부분 정치적으로 매우 보수적이었으며, 계몽주의자들은 대체로 기독교에 대해 부정적이었다. 하지만 흥미롭게도 노예제도 폐지를 위한 오랜 투쟁은 열정적인 복음주의자들과 급진적인 계몽주의들의 협력을 통해 전개되었다. 계몽주의자들 가운데 일부는 소키누스주의자를 포함한 적극적인 유니테리언주의자들이었다.[16] 이들 급진주의자들은 노예제도 폐지를 프랑스대혁명의 경우처럼 인권 투쟁의 일부로 여겼다. 1791년 프랑스대혁명이 가시화되기 시작할 때, 영국의 급진주의자들도 이에 동조하고 있었다. 그 해 대담한 휘그당원이었던 찰스 제임스 폭스(Charles James Fox)는 의회에서 이전에 윌버포스가 "인간을 사고 파는 이 부끄러운 행동"에 대항하며 취했던 주장과 행동들을 강력하게 피력하였다. 실상 그는 도덕적으로 매우

---

15 W. Hague, *Wilberforce: The Life of Great Anti-Slave Trade Campaigner* (London, 2007), 488-90, 502-4.

16 Socinians에 대해서는 『3천년 기독교 역사 II』 제17장 5. 참조.

엄격했던 복음주의자들과 협력하기에는 너무나 자유분방한 삶을 살았던 인물이다. 폭스는 의회에서 다음과 같이 강력하게 주장하였다. "개인의 자유는 모든 인간이 마땅히 누려야 할 가장 중요한 목적이며 권리이다. 우리와 똑같이 창조된 인간에게서 그 자유를 박탈하는 것은 엄연한 범죄이다."[17]

당시 유럽에서 노예제도는 경제적인 책임에 관련된 문제라고 여겨지고 있었고, 노예제도 폐지는 단지 이러한 마키아벨리주의적(Machiavellian) 정치 술수에 지나지 않는다는 비판과 논쟁이 한 세기 이상 지속되고 있었다. 노예가 되어버린 아프리카인들의 후손들은 자신들의 자유에 대한 희망적 소문에 의존하며 지쳐가고 있었다. 유럽의 경제적 변화에 대해 연구한 당대의 저명한 역사가, 렉키(W. E. H. Lecky)는 "영국이 노예제도에 대항해 아무 대가 없는 순순한 마음으로 지속한 투쟁은 영국 역사상 가장 도덕적인 행동 중 손에 꼽을 수 있는 의미있는 일이다"라고 주장하였다. 이러한 그의 평가는 많은 사람들에게 잘 알려졌고, 이후에도 계속 인용되었다. 결국 이 모든 논쟁은 렉키의 주장이 더 정당하다는 입장으로 귀결되어갔다. 노예제도 폐지는 유럽인들과 영어권 국가들의 극심한 경제적 야욕에 대한 도덕적 혁명이라 할 수 있다.[18] 이런 큰 역사적 의미보다는 과소평가되었지만, 노예제도 폐지운동은 기독교 역사의 가장 주목할 만한 전환점이라 할 수 있다. 이는 당대 노예제도에 대한 성경적 확신을 뒤집는 사건이었고, 그 선봉에 선 사람들은 성경을 자신들의 삶의 가장 중요한

---

17 *The Speech of the Right Honourable Charles James Fox in the House of Commons* (London, 1853), 367-8, (1791년 4월 19일). 노예제도 폐지를 위해 주도적 역할을 감당했던 급진주의자, John Thelwall에 대해서는 다음 책을 참조. F. Felsenstein, "Liberty Men", *TLS*, 8 September 2006.

18 W. E. H. Lecky, *A History of European Morals from Augustus to Charlmagne* (London, 1869), I, 161. 노예제도 폐지와 연관된 경제적 상황에 대한 문서들에 대한 탁월한 분석이 다음 글에 잘 나타나 있다. D. Richardson, "Agency, Ideology and Violence in the History of Transatlantic Slavery," *HJ*, 50 (2007), 971-89.

원리로 확신하는 영국의 복음주의자들이었다. 당시 또다른 복음주의자들은 그들이 성경적 진리에 역행한다고 비판하기도 했다. 실상 노예제도 폐지 사업을 주도한 영국 복음주의자들에게 공감을 가졌던 유럽 본토 개신교도들은 극소수에 불과하였다.

다른 도덕적 이슈들도 렉키의 판단과 유사한 양상으로 전개되었다. 샤프와 윌버포스 진영이 제기한 도덕적 규범은 영국 내에서 새로운 확신과 시대적 요구를 반영하고 있다. 이는 북미주에도 큰 영향을 주면서 미국이 이 문제로 양분되는 계기가 되었다. 노예제도 폐지운동의 직접적 결과는 서아프리카의 시에라리온(Sierra Leone)으로 확장되었다. 이 지역은 대영제국이 북미주와 인도 외에 제국주의적 영토 확장을 지향하며 건설한 해변 식민지였다. 시에라리온 사업은 1787년 졸렬한 계획이 수립된 지 5년 후인 1792년에 시작되었다. 이는 지속적인 노예제도 폐지운동가였던 복음주의자, 토마스 클락슨(Thomas Clarkson)과 그의 동생이며 퇴역 해군 장교였던 그의 동생 존 클락슨, 그리고 서아프리카 출신의 한 인물의 협력 가운데 이루어졌다. 이 서아프리카인은 본래 나이지리아 서쪽의 한 부족인 애그바(Egba) 부족의 왕자였으나 노예로 팔려갔다가, 미국 독립전쟁 당시 영국군의 편에서 전투에 참여한 후, 다시 자유를 얻은 인물이다. 그는 노예 신분이었을 때 토마스 피터스(Thomas Peters)란 이름으로 불렸다. 이 새로운 건설 계획은 1775년 중앙아메리카의 모스키토 코스트(Mosquito Coast)라는 불길한(우연히 얻은) 이름을 가진 해안에서의 식민지 건설사업 실패로부터 교훈을 얻으려 했다. 이 사업에는 또 다른 파트너들이 있었다. 그들은 한 영국인 사업가와 노예였다가 자유를 얻은 아프리카계 미국인, 올로다 에퀴아노(Olaudah Equiano)이다. 올로다 에퀴아노의 자서전은 영국과 미국 모두에서 베스트셀러가 되었는데, 특히 복음주의 기독교인들에게 선풍적이었다. 그는 시에라리온 계획의 중요한 자문인 역할을 하였다. 이전의 모스키토 코스트 사업은 그 상업적 성공을 위해 아프리카 노예들을 적극 활용하였다. 그것은 이 사업을 통해 노예들이 경제적인 수익을 얻어서 스스로 자유를 살 수 있다는 다소 애매한 제안이었다. 이 전략은 노예제도 폐지 정신과는 거리가 멀었고, 많은 노예들이 이곳에서 탈출을 시도하였지만 대부분은 익사하고 말았다.[19]

분명한 사실은 1792년 이후 시에라리온에 도착한 식민주의자들은 대부분 노예였다가 해방된 아프리카인이었다는 것이다. 그들 중 일부는 서아프리카 현지에서 자유를 얻었고, 다른 한 편은 북미주에서 자유를 얻고 다시 돌아온 사람들로 모두 개신교 신앙을 가지고 있었다. 토마스 피터스(Thomas Peters)는 동료 흑인 정착민들이 곧 본국으로 돌아가게 될 영국인들보다 이 새로운 식민지에서 더 많은 정치적 권리를 가져야 한다는 무모한 계획을 가지고 있었다. 하지만 시에라리온 사업의 영국인 책임자는 이에 대해 반대하였다. 그는 모스키토 코스트 사업에서 그랬던 것처럼 '진정한 상업적 원칙'을 '기독교와 문명의 소개'와 연계하여 시에라리온 사업을 진행하고자 하였다. 그는 토마스 피터스가 요절한 후 그 정신을 계승하고자 했던 흑인 정착민들과도 충돌하였다.[20] 하지만 피터스가 제시한 독립과 자주 정신을 계승한 흑인 정착민들은 열대 기후가 주는 이득을 얻을 수 있었다. 즉 영국인 관리자들은 아프리카 출신 미국인들보다 더 오래 일할 수 없었다. 이 새로운 사업은 곧 그 신분에 있어 세 부류의 상하구조로 발전하게 된다. 최상위 그룹은 북미주에서 복귀한 기독교인들이었고, 그 다음은 현지에서 해방된 아프리카인들이다(이 두 그룹은 함께 크리오인 〈the Krio〉이라고 지칭되었다). 최하위 그룹은 현지의 원주민들이다. 이들은 3천 년 전 가나안 거민들이 그랬던 것처럼, 새로운 이스라엘 자손

---

19 Walvin, *The Trader, the Owner, the Slave*, 233-6. Equiano의 진짜 출신지에 대해서는 많은 의문이 있다. 그의 자서전에 나오는 주인공은 젊은 시절 서아프리카에 살았다고 기록되어 있다. 하지만 아마도 그는 Carolina에서 태어난 것으로 추정된다. Ibid., 250-1.

20 Hastings, 284. Peters에 대해서는 다음 책을 참조. S. Schama, *Rough Crossing: Britain, the Slaves and the American Revolution* (London, 2005), 326-30, 332-8, 377-83.

들로부터 어떤 땅도 분배받지 못했다. 이는 매우 불합리한 차별이었으며, 오늘날에도 시에라리온에서 일어나는 심각한 갈등의 씨앗이 되었다. 이후 1822년 이 지역은 미국의 주도로 라이베리아(West African State of Liberia)라는 국명으로 완전한 독립을 얻었다. 하지만 불평등한 신분 구조로 인한 갈등은 계속되었다.

시에라리온은 자국의 사업으로 많은 경제적 성과를 거두지는 못했지만 계속 유지될 수 있었다. 또한 그 지역에 유입된 많은 개신교 교단으로 인해 서아프리카 기독교의 주도적 위치를 갖게 되었다. 시에라리온의 언어인 크리오어(Krio language)는 영어를 창의적으로 활용한 언어로, 곧 전 지역에서 불어(lingua franca)를 대체하게 되었다.[21] 시에라리온 사업은 유럽의 아프리카 식민지 확장에 있어 해변에 산발되어 있는 식민 기지들을 뛰어 넘는 매우 효과적인 제국주의 전략의 상징이 되었다. 1808년부터 시에라리온은 대영제국의 식민지로서 노예무역을 금한다는 의회의 결정을 충실히 이행하였다. 영국의 해군 함대는 노예상선을 붙잡아 포로가 된 노예들을 모두 풀어주기도 하였다. 영국 정부는 이러한 행동이 나폴레옹 제국의 교역에 대항한 효과적인 전술이 될 수 있다는 것을 잘 알고 있었다. 이러한 영국 정부의 정책은 나폴레옹의 패배 이후에도 계속 지속되었다. 영국의 함대는 이제 대영제국의 지속적인 영토 확장과 더불어 도덕적 캠페인을 함께 수행하게 된 것이다. 복음주의자들은 이러한 결과를 가져오는 데 결정적 역할을 하였고, 그들의 지속적인 여론몰이는 영국의 결단을 계속 유지할 수 있도록 만들었다. 그리고 이러한 과정은 놀랍게도 영국 정부가 교황청을 압박하여, 1839년 교황 그레고리 16세(Gregory XVI)가 "사도적 교서"(Apostolic Letter)를 반포하도록 이끌었다. 이 교서는 당시 노예무역을 정죄하는 영국의 입장을 그대로 반영하고 있다.[22] 이러한 도

---

21 Sundkler and Steed, 179-92.

22 Hastings, 248.

덕적 캠페인은 대영제국이 그들의 식민지들과 더불어 기독교 문명을 전 세계에 전파한다는 잠재적 사상을 불러일으켰다. 이러한 정서는 제국주의 정부와 식민지 모두에서 매우 유용하게 적용되었다.[23]

2. 개신교 세계 선교: 호주와 오세아니아

당시 노예제도 폐지운동과는 별도로, 영어권 복음주의 기독교인들이 주도한 또 하나의 중요한 움직임은 바로 세계 선교를 향한 그들의 헌신과 열정이었다. 개신교의 세계 선교의 전조는 모라비아교도들이었다. 그들은 노예제도 폐지운동에는 관여하지 않았지만, 그들의 선구적 역할은 곧 모든 영국의 주류 개신교회들이 선교 열정에 몰입하는 결과로 이어지게 되었다. 선교운동은 영국과 미국 모두에서 거의 동시다발적으로 신속하게 시작되었다. 열정적인 토마스 콕(Thomas Coke) 목사는 1790년 웨슬리안 총회에서 감리교세계선교회(Methodist World Missions)의 총감독으로 임명되었다. 1792년 침례교선교회(Baptist Missionary Society), 1795년 회중교회가 주도한 런던선교회(London Missionary Society), 1799년 복음주의적 성공회선교회(Church Missionary Society)가 연이어 창립되었다. 다음 세기에 접어들어서도 선교기관의 설립은 계속되었다. 1804년에 영국과 세계성서공회(British and World Bible Society)가 창립되었고, 미국에서도 1810년, 미국세계선교회(American Board of Commissioners for Foreign Missions)가 창설되었다.

이러한 선교운동에 대한 열정과 각 그룹들 간의 상호협력 관계는 유럽에서 영국 개신교의 특별한 위치를 보여준다. 더욱이 이들 기관들의 대부분은 국교회 소속이 아니었다. 영국에서 이들 비국교회들의

---

23 D. R. Peterson, "Culture and Chronology in African History", *HJ*, 50 (2007), 483-97, at 491.

놀라운 성장은 곧 세계 선교운동으로 이어졌다. 각 선교기관들은 그 창립을 위해 1783년부터 1792년 사이 10년 동안 선교에 대한 사상과 다양한 계획을 통한 치밀한 준비가 있었다. 이 기간 중 많은 기독교인들이 아프리카, 영국령 인도, 카리브지역(Caribbean) 선교를 위한 여러 교회 지도자들의 선언들에 깊은 관심을 가지게 되었다. 대표적인 지도자들은 존 웨슬리와 그보다는 덜 알려져 있지만 캘커타(Calcutta)의 성공회 파송 목사였던 데이비드 브라운(David Brown), 전혀 신학교육을 받지 않은 구두 수선공이었던 침례교인인 윌리엄 캐리(William Carey)를 꼽을 수 있다.[24] 이들과 더불어 선교에 대한 관심은 제임스 쿡(James Cook) 선장의 태평양 항해를 통해 더욱 가속화되었다. 쿡 선장은 자신의 태평양 항해와 지도 작업 등의 놀라운 행적이 잘 담겨진 저널을 출판하면서 더 큰 관심을 불러일으킬 수 있었다. 이후 1799년 그의 세 번째 태평양 항해 도중 쿡 선장은 하와이 섬에서 극적인 죽음을 맞았고, 이는 그의 명망을 더욱 높일 수 있는 또 하나의 사건이 되었다.

한편 1790년대에는 또 다른 중요한 사건이 부상하게 된다. 프랑스 대혁명은 지난 한 세기 동안 복음주의자들 사이에 보편적으로 이야기되어 온 세상의 종말이 마침내 임박하게 되었다는 인식을 가져오게 된다. 조안나 사우스코트(Joanna Southcott)의 선풍적인 대중적 활동은 이러한 분위기를 잘 대변해주는 일례이다. 사우스코트의 사역은 침례교선교회가 창설되던 해에 시작되었는데, 그녀는 프랑스대혁명을 맹렬하게 비난하며 맞선 인물이다.[25] 1798-9년 혁명가들은 교황을 투옥하였고, 교황은 결국 유배 중 사망하였다. 이는 당시의 묵시적 열기를 냉각시키는 사건이었다. 다른 선풍적인 운동들처럼, 복음주의자들의

---

24 I. Copland, "Christianity as an Arm of Empire: The Ambiguous Case of India under the Company, c. 1813-1858", *HJ*, 49 (2006), 1025-54, at 1026.

25 J. Hopkins, *A Woman to Deliver Her People: Joanna Southcott and English Millenarianism in an Era of Revolution* (Austin, 1982), 195-7.

묵시운동은 1800년이 지나면서 상대적으로 하나님의 섭리로 여겨질 두드러진 사건은 없었지만, 그 열기는 결코 식지 않았다. 분명한 사실은 개신교 내에 복음주의자들의 세력이 크게 확장되었다는 것이다. 당시 유럽은 낭만주의가 급부상하며 감정적 표현 양식들이 급증하고 있었다. 이는 복음주의자들의 종교적 헌신을 약화시키지는 못했다. 신뢰할 만한 근거에 따르면, 1830년경 영국 개신교인들의 약 60퍼센트는 다양한 복음주의적 그룹들의 종교활동에 참여하고 있었다. 1800년부터 1840년 사이 종말의 징조에 관련된 100여 종 이상의 영어권 서적이 출판되었으며, 「더 모닝 왓치」(The Morning Watch)와 같은 정기 간행물들에서도 열띤 토론이 전개되었다. 또한 예언연구회(Prophecy Investigation Society)와 같은 기관들이 창설되었고, 종말과 연관된 주제를 위해 많은 복음주의 강연회가 개최되었다.[26] 이러한 묵시적 열풍은 공식적인 국교회에서는 흔하지 않은 일이었다. 따라서 잉글랜드국교회 감독들은 당대의 선교운동에 매우 소극적으로 참여하였고, 조아나 사우스코트 진영을 초청하는 것을 매우 꺼려하였다. 이러한 흐름은 1841년 캔터베리 대주교, 윌리엄 하울리(William Howley)가 마침내 성공회선교회(Church Missionary Society)와의 비공식적 협력관계를 받아들이면서, 새로운 전환 국면에 들어서게 된다. 그는 매우 전통적이며 연로한 고교회주의자였고, 그의 결정은 그가 캔터베리 대주교로 선임된 지 13년만의 일이었다.

당시 모든 잉글랜드국교회의 수장이 영어권 기독교인들의 세계 선교에 결코 무관심할 수는 없었다. 왜냐하면 기독교의 세계 선교는 전세계로 확장된 영국의 정치적 그리고 경제적 확장과 상호 병렬적인 관계에 있었기 때문이다. 세계 모든 곳에 파병된 영국 함대와 산업혁명으로 인해 폭발적으로 증대된 생산과 기술력으로 인한 상업적 시

---

26 R. Brown, "Victorian Anglican Evangelicalism: The Radical Legacy of Edward Irving", *JEH*, 58 (2007), 675-704, at 676, 678. 이런 복음주의 회합의 한 예로 Albury Conference가 있다.

장 확장으로 인해 당시 전 세계에 미친 영국의 영향력은 그야말로 최전성기였다. 이런 영국의 국력은 한 세기 이상 지속되었고, 이후 1920년대에 쇠퇴의 국면에 접어들게 된다. 이처럼 선교와 제국주의는 복잡한 상관관계가 있었다. 최근 들어 선교사역과 식민주의 사이의 상관관계에 관한 주제는 역사가들 사이에 매우 보편적인 주제이다. 특히 영국 제국주의 역사에 있어서는 더욱 중요하다.[27] 당시 대다수의 영국 선교사들은 비국교도들과 감리교인들이었고, 그들은 영국의 제국주의적 야심에 자발적으로 공감하고 있지는 않았다. 하지만 수십 년 동안 거의 모든 지역에서 개신교 선교사들은 그들의 교단 배경과 상관없이 영국의 식민주의와 연관되어 있었다. 국교회뿐 아니라 다른 교파 출신 선교사들은 각 지역에서 영국이 이미 세워놓은 미묘한 식민정책의 틀에 관여하는 것을 꺼려했다. 분명한 사실은 거의 모든 지역에서 영국 개신교의 선교사업이 왕성한 곳에서는 영국 제국주의 식민통치의 영향력도 점차 증대되었다는 것이다.[28]

기독교 선교와 연계된 식민통치의 전형적 사례는 남태평양 오세아니아 지역에서 잘 나타난다. 이 지역은 성공적인 기독교 선교가 이루어진 대표적 장소였으며, 뒤이어 거의 모든 지역이 유럽 또는 미국의 식민지로 전락하였다. 쿡 선장의 놀라운 모험과 순교로 간주될 수 있는 죽음에 자극 받아, 런던선교회는 1790년대 남태평양 도서 지역들을 자신들의 선교사업의 최우선 지역으로 삼았다. 이곳에서 선교사들의 주요 관심사는 계몽주의적 성격과 매우 유사했다. 이곳에서 선교사역의 지도자는 분리주의자들 중에서 특별이 지성적으로 탁월하

---

27 다음의 연구서들을 참조. B. Stanley, *The Bible and the Flag: Protestant Missions and British Imperialism in the Ninteenth and Twentieth Centuries* (Leicester, 1990), 58-9; A. Porter, *Religion versus Empire? British Protestant Missionaries and Overseas Expansion, 1700-1914* (Manchester, 2004), esp. 324, 330.

28 이러한 충돌이 두드러진 사례가 오늘날 나이지리아 지역에서 있었다. 다음 책을 참조. J. H. Darch, "The Church Missionary Society and the Governors of Lagos, 1862-72", *JEH*, 52 (2001), 313-33, esp. at 331.

고 당대의 과학적 진보에 관심과 열정이 있던 인물들이었다. 이들은 조셉 뱅크(Joseph Bank)와 전원적 작가인 아서 영(Arthur Young) 같은 잉글랜드국교회 안의 계몽주의 지도자들과 같은 노선을 따르고 있었다. 특히 뱅크는 자연주의자(naturalist)였고, 쿡 선장의 동료로 함께 항해에 동참했던 인물이다. 당시 자연과 신학을 연계시키는 사상은 보편적이었기 때문에, 이는 전혀 문제가 되지 않았다. 즉 신자들은 세상을 창조한 창조주의 놀라운 손길을 기뻐하며, 다가올 그분의 천년왕국을 기대하였다. 따라서 사람들은 이러한 신비로운 세상을 탐험하고 싶어 했고, 이는 종말의 때에 일종의 경건 행위로 여겨질 수 있었다.[29]

하지만 런던선교회의 복음주의적 관점은 뱅크가 이곳을 대양의 낙원으로 바라보았던 것과는 전혀 다른 시각을 가지고 있었다. 런던선교회의 지도자들은 남태평양 지역을 태고의 에덴이 아니라, 동성애를 포함한 문란한 성 관계와 비도덕적 관습에 젖은 원시적 타락으로 가득한 곳으로 보았다. 따라서 그들은 이곳에 개신교 선교를 통한 긴급한 치료가 필요하다고 생각했다. 반면 이런 모습은 다른 유럽인들에겐 아주 매혹적으로 비춰질 수도 있었다.[30] 따라서 런던선교회는 1796년 타히티(Tahiti)를 포함한 이 지역 선교를 위한 창의적이고 야심찬 계획을 수립하였다. 30명 이상의 신실한 영국인들로 구성된 선교회는 청교도들이 뉴잉글랜드에서 행했던 방식과 같이 이곳을 식민지화 하는 것이 아니라, 미개한 원주민들을 선한 개신교 가치관을 통해 개화시키기 위한 선교사업을 구상하였다. 이는 모라비아교도들의 공동체적 이상과 유사한 것이다. 이 항해에 참여한 사람들은 모두 영국의 주요 지방에서 존경받는 인물들이었다. 그들의 직업은 네 명의 성직

---

29 S. Sivasundaram, *Nature and Godly Empire: Science and Evangelical Mission in the Pacific, 1795-1850* (Cambridge, 2005), esp. 38-9, 99-102, 150-4.

30 Joseph Bank는 남태평양을 여행하며 원주민들의 자유로운 성생활에 긍정적이었던 사람들 중 한 명이었다. R. Homes, *The Age of Wonder: How the Romantic Generation Discovered the Beauty and Terror of Science* (London, 2008), Ch. 1.

자 외에 직조업자들, 재단사들, 구두수선공들, 한 명의 정원사였다(하지만 이에 동참한 일부 대지주들은 유럽인들의 비도덕성을 이 지역으로 가져오기도 했다). 이들은 의심할 여지 없이 자신들의 선교를 통해 원주민들에게 기독교 복음뿐 아니라, 유럽 문명의 실용적인 기술과 고차원적 윤리관을 전파할 수 있을 것이라고 기대하였다.[31]

그러나 이 항해를 통해 정착한 사람들은 곧 큰 실망에 빠지게 된다. 식민주의자들이 경건한 삶에서 벗어나 타락해버린 것이다. 따라서 런던선교회는 그들의 실험을 중단하고, 공들여 사회적 기반을 세우기보다는 토착민에게 직접 접근하는 방식을 택하게 되었다. 선교훈련과 기도로 준비된 젊은 남성들은 원주민 지도자들에게 친근하게 접근하여, 그 지도자들이 백성에게 그리스도인이 될 것을 명령할 수 있도록 동기를 유발하는 선교방법을 사용했다. 사실 이 방법은 1200년 전 영국의 앵글로–색슨족에게 기독교 복음을 전파할 당시 사용했던 방식이었다. 이후 많은 선교 단체가 이 방법을 자신들의 선교정책으로 따르게 된다. 여기에는 많은 희생이 따르기도 했다. 여러 선교사들이 처음에는 가능성이 높은 지역에서 활동하다가, 지역 상황이 악화되면서 쿡 선장의 최후처럼 고난과 죽임을 당하게 된 것이다. 하지만 유럽인들보다 훨씬 더 많은 원주민들이 죽음을 당했다. 이러한 불행은 다른 유럽인들이 이곳에 도착한 후, 다양한 문화와 유흥시설들을 건립하면서 일어난 음주 문제와 성병 등으로 인해 발생했다. 초기 북미주에서 그러했듯이, 유럽인들이 가져온 질병은 많은 원주민들을 사망에 이르게 하였고, 그들의 전통적 종교도 근본적으로 무너져 갔다. 그리고 유력한 원주민 지도자들은 자신의 부족들에게 이주자들의 새로운 종교를 받아들이도록 후원했다. 남태평양 선교 초기, 일부 원주민 개종자들은 기독교의 선지자들이 되었다. 그들은 자신들의 부족에

---

31 R. Lansdown, "Dark Parts: The Voyage of the Duff, 1796-1798", *TLS*, 27 August 2004, 12-3.

게 유럽인들이 가져온 신기한 물건 일체를 얻게 될 것이라고 약속했다. 이로 인한 원주민들의 '화물 숭배'(cargo cults)는 지금도 멜라네시아(Melanesia) 군도에서 계속되고 있다.[32] 이를 통해 원주민들은 선교사들의 메시지를 수용하게 되었고, 선교사들은 런던선교회가 선교를 위해 우선적으로 강조했던 유용한 기술을 전하는 것도 잊지 않았다. 원주민들은 단순히 무역을 통해 물건을 들여오는 것에 그치는 것이 아니라, 유럽에서 찾아온 정착민들로부터 그 기술을 전수 받았다.

타히티는 남태평양에 성공적으로 첫 번째 대규모 기독교 공동체가 세워진 곳이다. 이후 남태평양 전 지역은 타히티에서의 사례를 모델로 삼으며 발전하였다. 선교사들은 원주민들에게 발달된 선박 운항 기술을 가르쳐주었고, 그들은 기독교 신앙으로 개종한 사람들을 옛 항로를 따라 다른 도서 지역에 파송하였다. 그들은 세부적인 기독교 신학을 강조하기보다는, 원주민 지도자들이 기독교의 진리체계를 더 잘 수용하고 자신들의 전통적인 신앙체계를 파기할 수 있도록, 카리스마적인 선교를 수행하였다. 유럽 이주민들과의 접촉으로 인해 남태평양 전 지역에서 원주민들의 전통적 사회 관습은 점차 붕괴되어 갔다. 이는 선교사들이 원했던 성공적 결과였다. 이와 함께 유럽의 많은 정치적 지도자들이 선교사업을 통해, 다른 라이벌 국가들보다 현지에서 더 많은 이익을 얻을 수 있을지에 깊은 관심을 가졌다. 간혹 상당수의 기독교 개종자들이 생긴 지역에서 치열한 무력 전투가 발생하였고, 서로 라이벌 관계에 있던 선교사들도 이 싸움에 연계되었다. 원주민들은 이러한 정치적 다툼에 자신들이 이용당하고 있다는 것을 잘 인식하지 못했다. 그런 가운데, 웨슬리안 감리교도들과 런던선교회는 그들의 라이벌 관계를 종식시키기 위해, 1830년대에 자신들의 선교 관할 지역을 현명하게 분배하였다. 그들은 사모아(Samoa)는 런던선교회의 관할로 하고, 통가(Tonga)와 피지(Fiji)는 웨슬리안 감리교가 담당

---

[32] Breward, 31, 236.

하는 지역으로 분배하였다. 하지만 사모아의 웨슬리안 감리교도들은 이에 반발하였다. 그들은 런던선교회가 같은 성경과 찬송가를 사용한다 해도 웨슬리안으로서의 순수성을 양보할 수 없었다. 이후 20년 동안 적의와 동요로 충돌하다가, 유럽과 호주의 웨슬리안 선교사들은 당혹감을 안고 사모아로 돌아갔다.[33]

두 개의 큰 섬으로 이루어져 있고 유럽인들에게 뉴질랜드(New Zealand)로 더 잘 알려져 있는 아오테아로아(Aotearoa)의 마오리(Maori)족은 다른 오세아니아 지역 부족과 같은 문화권에 속해 있었다. 그들은 유럽의 문명에 깊은 관심을 보였고 이를 잘 습득하였다. 하지만 그들은 유럽의 모든 발달된 문명이 그들에게 꼭 유익한 것만은 아니라는 교훈을 얻게 되었다. 그들이 유럽인들에게서 많은 소총을 얻게 되었고, 이로 인해 종종 발생하는 부족 간의 다툼에서 엄청난 사상자가 발생한 것이다. 그들은 이 사실에 큰 충격을 받았다. 다양한 선교회로부터 파송된 기독교 선교사들은 이곳에서 유럽과 현지의 상황을 잘 반영하며 훨씬 더 좋은 성과를 얻을 수 있었다. 약 50년의 선교사업 후, 1845년경에는 적어도 전체 마오리족 인구의 절반이 기독교 신앙을 받아들이고 예배에 참여하였다. 이는 아오테아로아 전 지역에서 교회에 출석하는 유럽인들의 수를 훨씬 능가하는 수치이다.[34] 마오리 부족민들은 특별히 성경에 깊은 관심을 가졌다. 1840년 성공회선교회 선교사들의 도움으로 마오리족은 와이탕기(Waitangi)에서 영국 황실과 조약을 체결하게 된다. 마오리족 지도자들은 이 조약을 성경에 나타나는 언약(Covenant)으로 이해하였다. 식민주의자들이 이 조약의 정신을 자주 어겼지만, 이 조약은 최근까지 마오리 부족의 정당한 거주권의 근거가 되었다.

와이탕기 조약이 체결된 후 다음 세대에 가장 뛰어난 지도자는

---

33 Ibid. 32-5.
34 Ibid., 45-6.

마오리족장의 아들로 경건한 국교회교도가 된 윌리엄 톰슨(William Thompson)이었다. 그의 마오리어 본명은 위레무 타미하나(Wiremu Tamihana)이다. 타미하나는 유럽에서 온 선교사들을 자신의 멘토로 삼고 그들의 가르침을 잘 따랐다. 선교사들은 타미하나가 마오리족의 전통적인 문신을 새긴 것에 대해 관용을 베풀었다. 1850년대에 타미하나는 성경 본문을 주의 깊게 연구하면서, 성경이 문신에 대해 아무런 금지를 하지 않는다는 것을 깨닫고, 자기 동족들에게 이 사실을 기쁘게 선포했다. 사실 문신은 마오리 부족원들에게 아주 중요한 자기 정체성을 확립하고 표시하는 것이었다. 이를 통해 타미하나는 와이탕기 조약 이후에 점차 악화되어가는 관계를 회복하기 위해 성경에 호소하며 정치적 중재 역할을 하였다. 그의 공헌으로 마오리족은 뉴질랜드 북섬에 각 부족들을 하나로 연합하여 한 왕조를 세우게 되었다. 이 과정에 그들은 구약성경의 이스라엘의 건국에서 큰 영감을 받았다. 1860년경에 영국과 마오리족 사이의 관계는 점차 악화되어 전쟁의 조짐까지 나타났다. 타미하나는 이를 안타깝게 바라보면서 영국 총독에게 다음과 같은 내용의 서신을 보내 관계를 중재하려고 하였다.

> 나는 이 섬에서 일어나는 유혈사태를 잠재울 방법이 있을까 고민하고 있습니다. 나는 당신들의 책에 깊은 감명을 받았습니다. 나는 **당신들의 책에서** 이스라엘 백성이 자신들을 다스릴 왕이 필요하다고 요청하는 장면을 주의 깊게 읽었습니다. 왕이 세워지자마자 유혈사태는 곧 멈추었습니다. 나는 최근에 우리가 흘린 피를 상기하고 싶지는 않습니다. 하지만 이 피를 부른 것은 당신의 경솔한 일 때문입니다.[35]

당시 이 섬에 이주한 많은 식민주의자들과 유럽 출신의 교회 지도

---

[35] L. S. Rickard, *Tamihana the Kingmaker* (Wellington and Auckland, 1963), 65, 72-3. 인용문은 118-9에 있다.

자들이 그의 의견에 공감하지 못했다. 이주민들의 대다수는 마오리족의 열망을 제압하기 위한 무력적 압박을 지원하였다. 이러한 끔찍한 일에 동조한 교회들은 대부분 성공회 교회였다. 이러한 갈등의 골은 마오리 전통종교와 기독교 경건행위를 혼합하는 모습으로 완충되었다. 이 과업은 타미하나보다 더 급진적인 기독교 예언자들과 모르몬교와 같이 영국에서 들어온 대안적 종교들을 통해 이루어졌다.[36]

　기독교와 원주민들 간의 접촉에 있어 가장 비극적인 사건이 호주에 거주하던 원주민들에게 발생했다. 1788년 이래 영국의 식민주의자들은 호주에 정착하면서, 이 화창한 기후를 가진 땅에 영국의 문화와 생활 그리고 종교를 재창출하기 원했다. 따라서 원주민들은 이 대륙의 광대한 영역에서 점차 밀려나 영국인들이 탐내지 않는 외진 지역으로 쫓겨나고 말았다. 일반적으로 선교사들은 마오리족의 경우에서 효과를 보았던 것처럼 원주민들에게 새로운 사회 풍토를 접목하여 유럽 문화를 받아들일 기회를 제공하려 했다. 선교사업은 마오리족이 정착해 거주하게 된 외진 지역의 땅을 부여받아 이루어졌다. 하지만 원주민들의 전통적 반유목생활 방식과 기독교인의 정착문화 사이에는 거대한 차이가 있었다. 원주민들의 전통적인 리더십과 문화 관습은 유지될 수 없었다. 실상 선교사들은 일반적으로 그들의 삶의 방식은 폐기되어야 한다고 판단했다. 원주민들은 이제 사라져가는 인종이 되었다. 그들이 자신들의 언어를 계속 유지하면서 현대적 세계 안에 공존하며 살기는 불가능했다. 원주민들의 전통적 관습과 문화는 새로운 세계의 통합적 삶에 큰 장애물로 여겨졌다. 따라서 원주민들이 그들의 전통적 사고와 삶에서 벗어나도록 하기 위해, 한 세기 반 동안 수많은 어린이가 부모에게서 분리되어 선교사들의 양육을 받게 되었다. 이러한 분리 양육은 결코 기독교적 가정생활의 이상에 부합될 수도 없거니와, 지금까지도 호주 사회 안에서 풀리지 않는 문제가 되고

36　D. Hilliard, "Australasia and the Pacific," in Hastings (ed.), 508-35;

말았다.[37]

　결국 호주와 남태평양 지역에서 통가만이 유일하게 유럽과 미국의 직접적 통치를 벗어날 수 있었다. 통가에서 새롭게 세워진 왕조는 영국과 긴밀한 관계를 유지하며 다른 국가들의 통치를 피할 수 있었고, 그들 스스로의 정통성에 기초한 특별한 사회구조를 세웠다. 감리교는 이 지역의 종교가 되었으며, 고교회주의 토리당 일원이었던 존 웨슬리도 이와 같은 사실에 매우 흡족해 했을 것이다. 기독교 선교의 기초는 1820년대에 런던선교회가 타히티 선교에서 영감을 받아 이루어졌다. 하지만 10년 뒤 그 주도권은 감리교에게 넘어갔다. 타우파하우(Taufa'ahau)는 통가의 하파이(Ha'apai) 군도에 거주하는 투포우(Tupou)족의 일원으로 야심 있고 유능한 인물이었다. 그는 우스터(Worcester)의 대장장이였던 감리교 사역자 존 토마스(John Thomas)와 친밀하게 교제하였다. 타우파하우는 통가의 왕이 되어 존 토마스의 선교사역을 격려하며 도왔다. 이들은 통가의 전통적 종교의식에 대항한 야심찬 캠페인을 시작하였고, 이 사업은 통가 군도 전체에 타우파하우 정권이 강성해지는 시기에 맞물려 있었다. 1845년 토마스는 타우파하우의 왕권을 위해 영국 황실의 즉위식을 본받아 조지 1세(King George I)라는 이름으로 그를 왕좌에 앉혔다. 토마스는 이를 매우 흡족해했으며, 이 왕조는 지금까지 통가의 왕위를 계승하고 있다.

　30년 후 통가 왕조의 헌법이 제정되었다. 이 헌법은 호주 감리교 목사, 셜리 베이커(Shirley Baker)에 의해 작성되었다. 베이커는 자제력을 상실한 거대한 야심가였으며 이후 통가 정치에 뒤틀리고 엽기적인 결과를 초래하게 만든 인물이었다. 그는 통가의 수상 자리에 올랐으며 자신에게 계속 경고해 온 호주 감리교의 목사직을 사임하고 그 통제에서 벗어났다. 이후 그는 왕을 설득하여 독립통가감리교회

---

[37] S. Morgan, "'Upon past Ebenezers we build our Jehovah-Jireh: The Vision of the Australian Aborigines' Mission and Its Heritage in the China Island Mission", *JRH*, 31 (2007), 169-84, at 179-81; Hillard, "Australasia and the Pacific", 511; Breward, 265-7.

(Independent Tongan Methodist Church)를 창설하게 만들었다. 이로 인해 이전 감리회에 충실하고자 했던 사람들과의 마찰은 불가피해졌으며, 1885년부터 1887년까지 많은 감리교도들이 같은 감리교도들에게 극심한 박해를 당하는 초유의 사태가 발생하였다. 결국 이 사건은 영국 총사령관의 개입으로 종결되었다. 조지 1세가 그의 오랜 통치를 마칠 무렵인 1893년 베이커 역시 모든 권력을 상실했고, 투포우 왕조의 국가교회는 이제 그 폭력적인 모습에서 벗어난 감리교회의 모습으로 돌아올 수 있었다. 1900년에 세워진 한시적인 영국보호령의 위엄있고 균형잡힌 상속녀로서, 살로테 여왕은 1953년 동료 여왕인 엘리자베스 2세의 즉위식에 영국 황실의 귀빈으로 초대받기도 하였다.[38]

3. 19세기 아프리카: 이슬람 선교 vs 개신교 선교

남태평양에서 기독교 선교는 식민지 확장에 직접적으로 관여하며 진행되었지만, 다른 지역에서는 이처럼 극심한 모습이 두드러지지는 않았다. 왜냐하면 다른 지역에서는 원주민들의 전통적인 사상이 보편적으로 뿌리를 내리고 있었기 때문이다. 특히 유럽인들은 이슬람, 불교, 힌두교, 도교와 같은 그 지역 종교사상과 문화를 마주하며 접촉해야 했다. 이 중 이슬람교는 가장 넓은 지역에 퍼져 있었고, 그 양태도 매우 다양했다. 이미 살펴본 대로, 기독교에 대한 반감과 대결 구도가 19세기 오스만제국에서 부상하고 있었다. 하지만 이보다 한 세기 반 이전에 이슬람 세계에는 큰 종교적 부흥의 물결이 있었다. 이는 오스만제국과 인도의 무굴(Mughal) 왕조의 몰락과 굴욕으로 인한 반동이었다. 18세기 말 유럽인들의 강력한 무력 정복에 맞서, 무굴제국의 샤, 왈리-알라(Shah Wali-Allah)는 역사상 처음으로 이슬람 사회가

---

[38] Ibid., 54-9.

어떻게 몰락해가는 정치적 위상과 잘 연계되어야 하는지 고려하기 시작하였다. 그는 이슬람 사회의 재구축과 이슬람 안의 수니파(Sunni)와 시아파(Shīʻa)의 화합을 설득력 있게 호소하였다. 그의 아들 압둘 아지즈(ʻAbdal-ʻAziz)는 그 운동을 계승하고 발전시켰다. 그는 자신들의 전통과 인도를 장악한 영국의 힘의 현실을 잘 연계하고자 하였다.[39] 아라비아에서 오스만 세력의 급진파 가운데 알-와합(Muhammad ibn ʻAbd al-Wahhaāb, 1703-87)의 주도로 엄격한 이슬람 부흥운동이 시작되었다. 그는 사우드 가문(Saʻud Family) 종족 지도자들의 지원을 받았다. 알-와합은 천 년 이상 발전해온 다양한 이슬람 분파들의 역사를 거부하고, 그 최초의 경전으로 돌아가야 한다고 주장하였다. 이는 많은 면에서 개신교 종교개혁과 매우 유사한 성격을 가지고 있다. 1803년 사우드 가문은 일시적으로 거룩한 도성 메카를 정복했다. 이후 그들은 결국 메카의 통치자가 되면서 아라비아 정치에 강력한 힘을 발휘하게 된다.

19세기에 이 와합파(Wahhabite) 부흥운동은 사막을 중심으로 아라비아 반도를 휩쓸었다. 정치-경제적 영향력은 이 운동에 그리 중요하지 않았다. 이 운동의 여파는 이슬람 개척자들을 통해 아프리카 대륙 북부와 서부에까지 미쳤다. 한편 이 지역의 이슬람 전파자들은 수피(Sūfī)라고 불리는 독특하고 신비스러운 분파였다. 기독교 선교사들은 이 지역 어디에서든 이러한 이슬람 부흥의 흔적을 발견할 수 있었다. 아프리카에서 기독교 확장이 군사적 힘과 연계되어 서서히 진행된 반면 이 개혁적인 이슬람교는 18세기 후반 서아프리카에서 그 확고한 위치를 차지하고 있었다. 이는 서아프리카 유목 부족인 풀라니(Fulani) 족 사람들을 향한 이슬람교의 강력한 선교 열정에서 기인하였다. 그들은 이 지역의 이전 왕국에 일련의 토후국(emirates)을 세웠고, 이는

---

[39] C. A. Bayly, *The Birth of the Modern World 1780-1914: global Connections and Comparison* (Oxford, 2004), 77, 127, 142, 338, 471.

성전(聖戰)이란 의미를 가진 지하드(Jihad) 운동으로 진행되었다. 지하드 운동의 중심인물은 1820년부터 이 운동을 이끈 행동하는 수피 학자 세후 우스만 단 포디오(Shehu Usman dan Fodio)이다. 19세기 초 당시에 아프리카 대륙은 곧 압도적으로 이슬람 대륙이 될 것이라는 전망이 지배적이었다. 그리고 예상대로 19세기 동안 아프리카에서 이슬람교는 폭발적인 성장을 이루었다.[40] 기독교 역시 이슬람처럼 아프리카 선교를 위해 이 지역에 도착했다. 기독교 확장의 우선적 목표는 선교에 있었고, 국가의 도움 없이 스스로의 힘으로 복음을 전하고자 하였다. 기독교 선교가 유럽의 군사력의 보호를 힘입은 것은 차후의 일이다. 그 이전에 기독교 선교사들은 매우 무력한 상태였다. 즉 아프리카인들에게 기독교 선교사역은 강요가 아닌 선택으로 전해진 것이다.

아프리카에는 분명히 새로운 메시지에 대한 요청이 있었다. 아프리카 전역에서 사람들은 각 지방의 내전과 최근의 유럽인들과 접촉을 통해서 조지 왕조 시대의 영국의 산업 노동자들만큼이나 그들의 삶의 새로운 방식과 목적을 찾고자 열망하였다. 19세기 초 영국의 선교회들은 이 지역 선교를 위해 자원자들을 파송했다. 이들은 비교적 형식에 치우치지 않으면서 기독교 복음을 전파하는 데 열정을 가지고 있었고, 영국이 점령하고 있는 서부와 남부 아프리카 해변 지역을 왕래하였다. 그때까지 이 지역에는 공식적으로 선교사들의 활동이 없었다. 아프리카 많은 지역에서는 쉽게 황폐해져 버리는 토양과 목축지로 인해 유목민들과 농민들, 교역을 원하는 사람들이 원거리를 떠돌아다니고 있었다. 많은 젊은이들이 일자리를 얻기 위해 내륙 본토를 떠나 해변 지역으로 찾아왔다. 그들은 다시 집으로 돌아갈 때, 그들이 접한 새로운 종교로 개종하고 그 종교의 찬송을 부르는 경우가 많았다. 서아프리카에서 교역 활동은 여성들의 주업이었다. 시에라리온에서 장사에 훌륭한 능력을 가지고 있었던 많은 크리오 여성들이 열성

---

40 Hastings, 188-94.

적인 기독교 신자가 되었다. 그들은 시에라리온을 떠나 다른 지역으로 여행하면서 자신들이 가져간 물품을 파는 것만큼이나 기독교 신앙도 훌륭하게 전파하였다. 그들의 활동은 아주 오래전 중앙아시아에서 시리아 상인들이 기독교 선교에 맹활약했던 것을 연상시킨다.

그 결과 19세기 아프리카에서 유럽의 선교사들이 방문한 대부분의 외진 지역에서도 주민들은 그들이 전하고자 했던 메시지를 이미 알고 있었다. 그곳에서 선교사들과 주민들 사이에는 인격적인 공감이 마련되어 있었다. 이미 새로운 가르침을 알고 있던 사람들은 자연스럽게 기독교 복음의 교사가 되었다. 그들은 유럽인이 전한 복음을 아프리카의 방식으로 재해석하여, 아프리카인들에게 전할 수 있는 준비가 되어 있었다. 이는 선교에서 기독교 교리 교사의 효과적인 역할을 재발견한 것이다. 이런 사례는 이전 세기에 가톨릭교 선교사들이 라틴 아메리카와 중앙아프리카, 중국에서 실험했던 방식이다. 같은 시기에 남태평양 개신교 선교에서도 같은 방법이 시행되고 있었다. 선교사들이 전파하고자 했던 가르침은 선교지의 목소리를 통해 더욱 효과적으로 전파될 수 있었다. 선교지는 유럽 출신 기독교 선교사들에게는 낯선 현지인인 아프리카인들의 문화적 양식을 담고 있었다. 그 문화적 양식은 바로 '환희'였다. 영국 '형제단'(Brethren) 운동에서 파송된 선교사인 댄 크로포드(Dan Crawford)가 20세기 초 아프리카를 방문하였다. 그는 매우 세심한 관찰력을 가지고 있었다. 그는 자신의 선교사역에 있어 형제단의 전통을 따라, 어떤 형태로든 공동체 안에 계급구조를 세우는 것을 원하지 않았다. 그는 무엇인가 가르치기보다는 그저 보고 듣기 원했다. 그는 이곳에서 기독교 신앙을 가진 한 여인이 춤을 추는 것을 목격했다. 그는 이전에 그가 전혀 접하지 못했던 그 여인의 춤에 매료되어 감탄하였다. 그 광경에 대해 그는 다음과 같이 기록하였다.

나 같은 새로운 방문자에게 그것은 너무나 황홀한 광경이었다! 놀라웠다!

그녀의 가슴은 열광적인 기도에 사로잡혀 있었고, 그녀의 발은 기뻐 춤추고 있었다! 나는 그녀에게 이것이 도대체 무엇을 의미하냐고 물었을 때, 그녀는 기묘하게 대답했다! "이것은 내 발에서 뿜어져 나오는 찬양이랍니다." [41]

아프리카 기독교인들의 이 생소한 몸짓이 의미하는 것은 무엇일까? 이 광대한 대륙의 다양한 사람들을 판단하는 것은 매우 어리석은 위험이 될 수 있다. 선교사들은 복음을 전하며 원주민들 가운데 많은 사람들을 기독교 신앙으로 개종하길 기대하고 원했지만, 이러한 새로운 광경은 예상하지 못했을 것이다. 이는 매우 중요한 의미를 담고 있다. 기독교 신앙의 중심은 책이다. 그 책은 바로 살아계신 하나님의 능력을 증거하는 기사와 이적이 가득한 성경이다. 아프리카인들에게 그러한 기적을 바라보는 것은 일상적이다. 그들에게 신앙은 영적인 언어를 말하고 세상의 기원과 창조의 신비에 대해 증언하는 것으로, 이는 그들에게 매우 자연스러운 것이다. 기독교 성경을 대하는 그들의 태도도 마찬가지다. 성경에는 많은 족보들이 나온다. 대부분의 아프리카 공동체는 그러한 반복된 이야기를 좋아한다. 경건한 유럽인들은 이를 매우 지루하게 여길 수 있다. 또한 많은 선교사들 중에는 고국에서 귀족 사회가 자신들의 가문을 자랑하는 풍토에 좌절하면서, 아프리카로 향한 이들이 많았다. 하지만 아프리카인들은 성경을 전해준 선교사들보다 오히려 그 책을 더 진지하게 받아들였는지도 모른다. 그들은 하나님의 능력으로부터 나오는 구체적 결과를 그들의 삶 가운데 진심으로 기대하였다. 이것은 유럽 출신의 복음주의자들에게는 큰 도전이었다. 그들 역시 하나님이 당신이 창조한 세상에 기적을 이루신다고 확신하고 있기는 하지만, 계몽주의의 영향으로 고착화

---

[41] D. Crawford, *Thinking Black: 22 Years without a Break, in the Long Grass of Central Africa* (London, 1912), 55, M. S. Sweetnam, "Dan Crawford, Thinking Black, and the Challenge of a Missionary Canon", *JEH*, 58 (2007), 705-25, at 721에서 재인용. 그녀의 대답 부분은 인용문을 따름. "형제단"에 대해서는 본서 제23장 6. 참조.

된 그들의 합리주의적 사고는 현세의 삶의 정황과 다른 성경의 기록을 문자적으로 해석하고 적용하는 것을 경계했었다.

성경은 마법사 또는 무당에 대해 동정의 여지를 남겨두지 않으며, 특히 "너희는 무당을 살려두지 말라"고 기록하고 있다.[42] 아프리카 사회에서 무녀는 친숙한 존재였으며, 그래서 많은 사람들이 무녀 사냥에 힘을 기울였다. 하지만 유럽인들은 이러한 무녀사냥을 장려하지 않았는데, 무녀사냥꾼들이 무녀들을 살해하려 했기 때문이다. 이처럼 유럽선교사들이 무녀사냥에 대해 회의적인 태도를 보였음에도 불구하고 열심이 넘치는 현지인들은 선교사들을 무시하고 그 문제를 스스로 해결하기를 원했다. 20세기에 들어 일부 아프리카 촌락에서 이 문제는 점차 매우 심각한 결과를 초래하였다. 아프리카 교회들은 (African-initiated churches) 자신들의 지역에서 무녀를 찾아내 살해하는 심각한 문제가 발생한 것이다.[43] 아프리카 기독교인들은 선교사들의 기대와는 달리 하나님이 그들에게 직접적으로 명하셔서 무녀들에 대해 구체적인 행동을 요구한다고 받아들인 것이다.

사막 지역에서는 선교사들이 비가 오지 않아 극심한 가뭄에 빠졌을 때, 하나님이 비를 내려주시기를 지속적으로 기도하였다. 이 선교사들은 주로 성경적인 능력을 설교하는 순회 전도자였다. 그들은 그 지역에서 간혹 은사주의적 기사를 일으켜온 전통적인 기우사(rainmakers)보다 더 뛰어난 능력을 보여주어야 할 필요가 있었다. 하지만 가장 엄격한 유럽의 복음주의자들조차도 실제로 하나님의 역사가 그런 식으로 임한다는 것을 신뢰하지는 않았다. 이 문제로 인해 여러 마을을 순회하며 설교하던 웨슬리안 감리교 선교사인 윌리엄 쇼(William Shaw)는 큰 시험대에 오르게 된다. 그는 그 지역의 이교도 주

---

42 출애굽기 22:8.

43 Hastings, 329-30. 아프리카 기독교는 종종 AIC라는 영어 약자로 표기되는 경우도 많다. AIC는 다른 용어의 약자로서도 자주 쓰이는 표현이다. 예를 들면, 다음과 같다. African Independent Church, African Indigenous Church, African Instituted Church.

술사와 대결하며 하나님이 고통당하는 사람들을 위해 긍휼의 비를 내려 주시기를 기도해야만 했다.[44]

기우제의 문제는 스코틀랜드 출신의 선교사이며 탐험가였던 데이비드 리빙스톤의 선교사역에 종지부를 찍게 만들기도 하였다. 그의 전도로 개종한 유일한 인물이었던 세켈레(Sechele)는 바크웨나(Bakwêna)의 왕이었다(이 지역은 오늘날 보츠와나(Botswana)라 불리는 곳이다). 그는 매우 탁월한 인물로 뛰어난 지적 능력과 훌륭한 언변을 가지고 있었다. 하지만 그 역시 그의 백성을 위한 주술적인 기우사 역할을 하였다. 그가 세례를 받고 기독교로 개종하면서, 그의 권력에 심각한 위기가 찾아왔다. 기독교인으로서 더 이상 기우사 역할을 할 수 없었기 때문이다. 리빙스톤에게 이 문제는 매우 사소한 것이고 큰 염려거리가 아니었지만, 세켈레에겐 아주 심각한 문제였다. 결국 그들은 갈등 속에 서로 갈라서게 된다. 하지만 그 갈등의 결정적 이유는 기우제가 아니라 그에게 많은 아내들이 있었기 때문이다. 양자는 이에 대해 서로 너무나 다른 견해를 가지고 있었다. 바크웨나에서는 일부다처는 아주 일반적인 관습이었다. 리빙스톤은 이에 대해 분노했고 결국 그곳을 떠났다. 그는 이후에도 지치지 않는 열정으로 아프리카를 탐험했지만, 더 이상의 사람들을 기독교 신앙으로 개종시키지는 못했다. 리빙스톤이 떠난 후 세켈레의 사역은 더 발전하였다. 그는 유럽인의 간섭 없이 계속해서 기독교 복음을 백성에게 탁월하게 설교했고, 비도 내리게 했으며, 자신의 모든 아내로부터 존경 받았다.[45]

일부다처의 문제는 서방기독교 선교의 가장 큰 고민거리 중 하나였다. 이는 아주 오래전 에티오피아 교회에서 겪었던 문제였다. 그러나 이번에는 그때처럼 명확한 결론을 내리지 못했다. 여기엔 선교사와 아프리카인 사이에 성경해석에 대한 차이에서 비롯된 문제가 있었

---

[44] Sundkler and Steed, 354-5.
[45] Hastings, 313-5, 320-1.

다. 일부다처제 사회에서 아프리카 남성 기독교인들은 성경을 읽으며 자신들의 결혼관습이 성경적으로 합당하다고 생각했다. 그들은 특히 구약의 족장들의 생활에서 그 근거를 발견했다. 한편 유럽인들은 이 문제에 대해 신약 바울 서신에 기록된 구절들을 강조하며 정반대의 견해를 가졌다. 영국 콘웰 지방(Cornish) 출신 성직자이며 학식이 풍부했던 존 윌리엄 콜렌조(John Wiliam Colenso)는 남아프리카 나달(Natal)의 초대 성공회 주교가 되었다. 그는 현지 주민인 줄루(Zulu)족에 대한 현명한 시각을 가지고 있었고 많은 칭송을 받았다. 그는 오경 안의 변칙들에 대한 그들의 의문으로 인해 불안해 했다.[46] 줄루족의 의문을 만족시키기 위한 그의 노력으로 인해 콜렌조는 성공회로부터 출교당하고 만다. 그는 성경에 대한 비판적 분석의 대가로 악명이 높았다(이 부분에 있어 그는 현명하게 대처하지 못했다는 평가를 받았다). 그는 줄루족 사람들이 그들의 전통적인 일부다처제를 지속하는 것이 별 문제가 없다고 생각했다. 그는 이러한 자신의 의견을 1862년 캔터베리 대주교에게 보낸 서한에서 밝히고 있다. 하지만 동료 주교들은 콜렌조를 이단적인 문제아라고 여기며 그의 의견에 동의하지 않았다. 마침내 1888년 람베스(Lambeth) 성공회 감독회의에서 일부다처제는 정죄당했다. 이 회의에 참석한 유일한 아프리카인 주교인 사무엘 아자이 크로더(Samuel Ajayi Crowther) 역시 이러한 결론에 동의하였다.[47] 같은 해 시에라리온에서도 같은 이슈로 인해 성공회교도들의 논쟁이 있었다. 여기에서 한 연사는 일부다처제는 우리를 "솔직한 사람이 되도록 만든다"고 강력하게 주장하였다. 그러나 이 문제에 대한 논의를 제안한 출판

---

46 Colenso의 성경에 대한 견해에 대한 더 상세한 내용은 다음 책을 참조. O. Chadwick, *The Victorian Church* (2 vols., 2nd edn, London, 1970-1972), II, 90-7. Colenso의 성경비평에 대한 긍정적 평가와 사례는 다음의 책에 나타나 있다. A. O. J. Cockshut, *Religious Controversies of the Nineteenth Century: Selected Documents* (London, 1966), 217-40.

47 Hastings, 313-5, 319.

업자는 교회 회계위원회에서 사임하라는 압박을 받았다.[48]

콜렌조는 성공회와 가톨릭교 신자들이 일반적으로 지켜오는 삶의 방식에서 벗어나 아프리카인들에게 자신이 생각하는 적절한 방식들을 가르쳤다. 콜렌조는 편견 없는 자유로운 성품을 가지고 있어서 기독교를 받아들인 아프리카인들이 굳이 여러 부인들과 이혼할 것을 강요하지 않았다. 그는 이것이 더욱 잔인하고 "주님의 분명한 가르침에 위배된" 것이라고 생각했다(그는 성경의 어느 곳에서도 이혼을 정당화하는 구절은 찾을 수 없다고 확신했다). 콜렌조의 실용주의적 관점은 북아프리카 가톨릭교회의 대주교이며 위대한 선교사였던 샤를 라비제리(Charles Lavigerie) 추기경도 동일하게 느끼고 있었다. 그는 아프리카인들의 중요한 결혼관습과 연관된 또 다른 문제점에 대해 고민했다. 그는 가톨릭교회가 모든 사제에게 보편적으로 적용되는 독신제도로 말미암아 현지인 중 가톨릭교 사제를 등용하는 데 난항을 겪었다. 라비제리는 교회사의 오랜 역사를 깊이 연구하면서, 교황에게 아프리카에서는 결혼한 사제를 인정해달라고 요청하였다. 이와 똑같은 문제로 동유럽의 그리스 가톨릭교회는 교황청으로부터 결혼한 성직자들의 용인을 얻은 바 있다.[49] 이처럼 교회는 성(性)과 결혼제도의 문제로 곤란을 겪으며 아프리카 현지 사역을 지속했다. 그리고 1917년 65명의 요루바(Yoruba)족 성직자들이 일부다처제의 문제로 나이지리아 감리교회에서 축출되었다. 요루바 지역은 기독교가 이슬람과 경쟁하던 곳이다. 이곳에서 기독교와 그들의 전통종교는 그들의 신앙적 문제에 있어 매우 영적인 신비를 갈구하였다. 그 지역 주민들은 외부 권위에 대해 온순하게 순종하는 사람들이 아니었다. 추방된 성직자들은 아프리카연합교회(United African Methodist Church)를 창립했다. 이 교회는 이전에 영국에서 창립된 '연합감리교회'(United Methodist Church)와 같이

---

[48] Sundkler and Steed, 190.
[49] Hastings, 313-5, 318, 297.

말 그대로 '연합된'(united) 성격이 두드러지며, 웨슬리안 감리교회에 종속되기보다는 내부적으로 끈끈하게 연합해 독립적인 특성을 보이고 있었다.[50]

이와 같은 시기에 아프리카 전역에서는 유럽인의 간섭에서 벗어난 독립적 교회를 창립하고자 하는 강력한 움직임이 일어나고 있었다. 콜렌조는 남아프리카 수도인 케이프타운(Cape Town) 주교에 의해 파면되었지만, 계속 줄루족 지도자들을 상대로 사역했다. 그가 사망한 지 50년이 지난 후 여전히 존재하는 대다수의 콜렌조 추종자들은 비로소 주류 성공회에 복귀할 것을 종용받았다.[51] 한편 아프리카인의 독립교회를 창설하고자 하는 운동은 아프리카 기독교를 더 분열시키는 계기가 되었다. 이는 보다 이상주의적인 초기 선교사들의 사상에 그 분명한 원인을 찾을 수 있다. 그들 가운데는 런던 출신의 뛰어난 지도자였던 헨리 밴(Henry Venn)이 있었다. 그의 조부는 '클래펌파'의 최초 회원 중 한 사람이었으며, 1841년부터 30년 이상 성공회선교회의 서기관으로 일했었다. 밴은 처음으로 중요한 선교 정책을 발표했던 인물 중 한 명이었다. 이 정책은 가톨릭교회보다는 개신교에 더 적합한 모델로서 '삼자' 원칙(three-self principle)에 기초한 아프리카 교회를 세우기 위한 제안이었다. 그 세 가지 원칙은 자립(self-supporting), 자치(self-governing), 자전(self-propagating)이었다. 성공회 성직자였던 밴에게 이 원칙은 자동적으로 교회가 독립되어야 한다는 것을 의미하지는 않지만, 가능한 한 단시간 안에 현지인 지도자를 세워야 한다는 필

---

50 Sundkler and Steed, 232. 요루바족의 종교 문화에 대해 다음 책을 참조. J. D. Y. Peel, *Religious Encounter and the Making of the Yoruba* (Bloomington, 2000), esp. 121-2, 213-4, 275-7, 286-9, 295-7.

51 하지만 여전히 독립적인 '남아프리카 성공회'(Church of England in South Africa)로 남기를 주장했던 소수의 사람들은 역설적으로 매우 복음주의적인 특성을 강조하며, 보다 자유주의적인 성향을 지닌 남아프리카의 주류 성공회에 대해 반감을 가지고 있다. 20세기 대부분 지역의 성공회 교회에는 유사한 움직임이 어디에나 발생하였다(본서 제25장 5. 참조).

요성을 요청한 것이다. 1841년 서아프리카에서는 성공회선교회가 밴의 선교원리를 실행하다가 비극적 사건이 발생하였다. 그것은 야심차게 니제르 강(the River Niger) 유역을 탐험하던 145명의 유럽인 중에 130명이 열병에 걸려서 그 중에 40명이 목숨을 잃은 사건이었다.

니제르 대참사는 아프리카인들이 그 지역의 자연환경을 견뎌내기에 더 적절하다는 것을 잘 보여준 사건이었다. 니제르 참사에서 생존한 아프리카인 중 한 명인 사무엘 아자이 크로더(Samuel Ajayi Crowther)는 매우 뛰어난 리더십을 갖추고 있었으며, 그가 영국에 방문했을 당시 헨리 밴과 개인적으로 친밀한 교제를 나누었던 인물이다(그의 영국에서 얻은 세례명은 성공회선교회의 주요 지도자였던 사무엘 크로더〈Samuel Crowther〉의 이름을 따른 것이다). 크로더는 요루바족 출신으로 자신의 저술 활동을 통해 그의 동족들의 고유한 사회적 속성을 널리 알리는 데 큰 역할을 하였다.[52] 그는 노예가 되어 미국으로 가는 도중에 영국 해군에 의해 자유의 몸이 되었고, 다른 많은 요루바족 사람들과 같이 시에라리온에 정착했었다. 이후 크로더는 1864년 캔터베리 대성당에서 주교로 임명받았다. 그의 사역은 점차 현지인 리더십을 강조하였고, 매우 희망차고 예언적인 성격이 두드러졌다. 하지만 그의 사역은 스스로 별다른 흠이 없었음에도 몰락하고 말았다. 크로더는 노예제도와 무지에 대해 과도한 적개심을 가지고 있었지만 이를 부주의하게 표출하지는 않았다. 크로더는 아프리카인들을 혹독히 비판했는데, 이는 그가 그들을 비참한 빈곤에서 일으켜 세우기 원했기 때문이다. 그는 노예상인만큼 아프리카인들을 무지하고 가난하게 만드는 그들이 지금까지 섬겨온 것은 미신이라고 생각했다.[53] 그는 1888년 람베스 회의에 참석하였고, 일부다처 문제에 대한 위원회의 정죄 결정에 동의했다. 그는 당대의 페미니스트들이 일부다처제가 철저히 남성중심적인

---

[52] Peel, *Religious Encounter and the Making of the Yoruba*, 284.
[53] M. Vaughan, "Africa and the Birth of the Modern World", *TRHS*, 6th ser., 16 (2006), 142-62, at 148.

관습이라고 비판하기를 기대하였다. 그는 이 문제를 여성의 인권이란 주제로 접근하며 비판하였다. 즉 여성들은 일부다처제를 결코 선택하지 않았으며, 실제로 여성들이 남성들보다 더 힘든 노동을 하고 있지만, 많은 아내들을 소유한 남편으로부터 아무런 혜택을 받지 못한다는 것이다. 크로더는 성공회선교회에 보낸 한 비망록에서 그의 논점을 잘 설명하기 위해 그 안에 유머 있고 외설스런 이야기를 삽입하기도 하였다.[54]

크로더를 주교로 임명하는 혁신적인 결정 이후에도, 그는 실제로는 밴의 '삼자' 원칙을 실천하지 않았던 성공회 사제단으로부터 그다지 존중받지 못했다. 그는 그의 출신지인 요루바가 아닌 니제르 지역 교구을 할당받았다. 이는 요루바에서 사역하던 유럽 출신 선교사들이 그를 시기했기 때문이다. 크로더는 자신과 다른 언어를 사용하는 낯선 문화 환경의 니제르 지역에서 최선을 다했고 좋은 성과를 얻을 수 있었다. 그러던 중에 그는 왕실 니제르 회사(Royal Niger Company)에 의해 자행되는 무자비하고 폭력적인 교역 실태를 목도하게 된다. 그는 니제르인들이 식민주의자들로부터 독립하기 위해 열심을 다했고, 이는 영국 왕실과 무역의 방식에 대항하는 아프리카인의 분노와 반감에 깊은 영향을 끼치게 되었다. 결국 크로더의 교구에 젊은 선교사들이 파송되어 부임하였다. 그들은 자신들이 받은 영국식 공교육에 큰 자부심을 가지고 있었고, 후기 빅토리안 복음주의의 엄격함과 더불어 당대의 보편적 인종주의 정서를 가진 젊은 선교사들이었다. 그들은 크로더의 포용적인 선교 방식에 동의하지 않았다. "그는 매력적이고 정직하며 겸손한 노인이다…하지만 그는 분명히 하나님으로부터 감

---

54 P. R. McKenzie, *Inter-religious Encounter in West Africa: Samuel Ajayi Crowther's Attitude to African Traditional Religion and Islam* (Leicester, 1976), 37, 84-5. 어느 저명한 나이지리아의 역사가는 Crowther가 Lambeth에서 일부다처제가 매우 비상식적인 행위라고 선포하여 동료 감독들을 혼동시켰다며 강력히 비판하기도 하였다. E. A. Ayandele, *The Missionary Impact of Modern Nigeria 1842-1914: A Political and Social Analysis* (London, 1966), 266.

독으로 부름받은 적절한 인물이 아니다." 이것은 이제 24살의 신참내기 선교사, 그래함 윌모트 브룩(Graham Wilmot Brooke)이 자신보다 50년 이상 연상의 노련한 선배에 대해 내린 오만한 평가였다. 크로더는 1890년 사임을 종용받았고, 2년 뒤 세상을 떠났다.[55] 크로더는 자신에게 내려진 평가와 처분에 너무나도 관대하게 반응하였다. 이와 관련된 일부 선교사들과 위원들은 이후 자신들이 그에게 내린 처분이 얼마나 어리석은 일이었는지 깨달았다. 하지만 1939년까지 아프리카 흑인 가운데 그 누구도 교구 감독으로 임명되지 못했다. 이후 아프리카인들의 리더십에 대한 변화를 수용한 것은 로마가톨릭교회였다.[56] 2009년에 우간다 출신의 존 센타무(John Sentamu)는 요크 대주교로 서임되었다.

물론 남태평양의 경우처럼 아프리카 현지의 통치자가 기독교 수용에 대한 결정을 내리고 교회 지도자를 임명하는 것은 가능했다. 영국이 점령했던 아프리카 국가의 많은 왕들이 성공회를 그들의 국가 종교로 선택했다. 성공회 선교사들이 로마가톨릭교와 이슬람과 치열하게 경쟁하며 마침내 국교가 된 가장 대표적인 지역은 오늘날 우간다 공화국(the Republic of Uganda)에 해당되는 부간다 왕국(kingdom of Buganda)이다. 이 과정에서 많은 사람들이 목숨을 잃었다. 이는 그들이 우간다 성공회를 거부했고, 당대 서구의 성 윤리에서 벗어나 동성애를 즐기던 국왕(kabaka)의 명령을 따르지 않았기 때문이다.[57] 결국 왕권과 교회 사이에서 부간다의 정체성은 매우 심각한 국면을 맞게 된다. 1953년 우간다 주재 영국 총독은 부간다 국왕을 정치적 이유로 추방하였다. 성공회어머니연합(Mothers' Union of the Anglican Church)은 이에 대해 가장 맹렬히 반대하였다. 그들은 부간다 국왕의 추방은 왕

---

55 Ibid., 213.
56 Hastings, 392-3.
57 Koschorke et al. (eds.), 201-2.

국 내 모든 기독교인의 결혼을 위협하는 것이라고 주장했다. 왜냐하면 우간다 성공회 감독은 국왕의 즉위식에서 그에게 반지를 수여하면서 국왕과 그의 국민 사이의 결혼식을 주재한 바 있기 때문이었다.[58]

또 다른 사례는 마다가스카르(Madagascar) 섬에 위치한 강력한 아프리카 국가(오늘날 말라가시〈Malaghasy〉라 불리는)이다. 부간다와 마찬가지로, 이 왕국도 다양한 기독교 분파들에 대해 핍박과 수용의 양면성을 보였다. 1869년 여왕 라나발로나 2세(Queen Ranavalona II)는 성공회가 아닌 영국 회중교회(Congregationalism)를 수용하였다. 이와 유사한 감리교의 승리가 통가에서 있었는데 이런 일련의 사건들은 런던선교회의 치밀하고 끈질긴 사역의 결과였다.[59] 당시 미국에서 그 주도권을 상실한 회중교회는 이번에는 강력한 국왕 체제하에서 국교로서의 지위를 얻게 되었다. 그러나 그 결국은 통가의 경우와는 매우 다른 이야기로 전개되었다. 1895년 왕궁을 지배하며 이곳을 식민지로 삼은 국가는 영국이 아니라 프랑스였다. 이후 10년간 마다가스카르에서는 매우 역설적인 결과들이 나타나게 되었다. 반교권주의를 강조한 프랑스 공화정부는 그곳에서 프랑스 자국 내에서는 매우 제한되어 있던 권위를 가톨릭 사제들에게 부여했다. 또한 프랑스 정부는 현지에서 개신교를 철저히 압박하고, 그들의 교회와 학교를 폐쇄하였다. 이는 마다가스카르 안에 모든 영어권 문화를 억제하고, 그 지역을 프랑스 언어권으로 재편하기 위한 정책이었다.[60] 이는 식민주의와 기독교 선교가 서로 연계되어 있던 아주 특별한 사례라 할 수 있다. 이후 회중교회는 많은 압박을 견뎌냈고, 지금까지 이 섬에서 굳건히 존재하고 있다.

사무엘 크로더의 불명예스러운 주교직 상실은 아프리카 전역에서 아프리카의 토착 교회를 형성하도록 자극하였다. 19세기 말 아프리카

---

[58] Peterson, "Culture and Chronology in African History", 496.
[59] Koschorke et al. (eds.), 198-200.
[60] Sundkler and Steed, 502-9.

에서는 단순히 사제가 아니라 구약성경에 활약한 선지자직을 계승하며 카리스마를 강조하는 지도자들이 급부상했다. 이 운동의 선구자적 인물 중 한 명으로 오늘날까지 서아프리카 전역에 큰 영향을 미친 인물은 윌리엄 웨이드 해리스(William Wade Harris, 1865-1929)이다. 그는 그레보(Grebo)족으로 라이베리아(Liberia) 출신이었다. 그레보족은 매우 소외된 지역민이었고, 따라서 아프리카계 미국인들에게 무시를 당했다. 그의 경력은 라이베리아를 영국에 식민지로 넘겨주고자 했던 정부의 실정에 대항한 정치적 활동으로 시작되었다. 반정부주의자로 체포되어 투옥된 뒤, 해리스는 하나님의 명을 전하며 개인에게 예언 활동을 시작하게 하는 가브리엘 천사장의 계시를 받고 신령한 환상을 보게 된다. 그에게 내려진 명령 중 하나는 유럽인의 의복을 벗으라는 것이었다. 이는 그때까지 그를 이끌어 온 서구 문화와의 관계를 종식하는 것을 의미한다. 그는 곧 아이보리 코스트(Ivory Coast)와 지금의 가나(Ghana)에 해당되는 골드 코스트(Gold Coast)의 모든 마을을 맨발로 활보하였다. 그는 호리병을 차고 커다란 십자가형 지팡이를 짚고 다녔다(해리스 이후 지팡이는 모든 아프리카 선지자의 필수품이 되었다). 그는 곧 오실 그리스도를 증거하며, 아프리카의 전통적 이교도 물건들을 반드시 파기해야 한다고 설교하였다. 그는 두세 명의 여인과 함께 팀을 이루어 사역하였다. 그들은 호리병을 두드리고 춤을 추면서 성령의 임재를 기도했다.[61] 그가 천사의 환상을 본 것과 그의 독특한 스타일 외에 해리스의 메시지는 주류 기독교와 그다지 차이가 없었다. 그는 이전에 수년간 성공회에서 교리를 수학하기도 했다. 그럼에도 매우 고지식했던 식민 정부는 그가 방문한 지역에서 그가 남긴 모든 흔

---

[61] Hastings, 443-7., 지팡이에 대해서는 Ibid., 535.; Sundkler and Steed, 197-201. 호리병을 울리는 것과 그들의 영적인 능력은 해리스파 교회들(Harriest Churches)에게 너무나 특별한 의미였고, 이로 인해 그들이 서로 분열되는 이유가 되기도 하였다. 1938년 설립된 영국오순절사도교회(British Pentecostal Apostolic church)에서는 영국인 지도자가 호리병 울림을 탬버린으로 교체할 것을 주장하기도 했다. Anderson, 116.

적과 미술품을 파괴하도록 명령했다. 해리스는 회심자들에게 되도록 감리교에 입교할 것을 권면하였다. 한편 그는 스스로 여러 명의 부인을 두고 있었는데, 이는 큰 문제를 야기하였다.

해리스는 지치지 않는 열정으로 설교하며 많은 지역을 순회하였다. 그는 일반적으로 한 지역에 오래 머물지 않았다. 예를 들어, 1914년 그는 불과 몇 주 동안 골드 코스트에 머물렀다. 하지만 그는 탁월한 능력으로 그가 방문한 지역을 각성시켜 항구적 교회를 세워 나갔다. 그의 선교적 영향력은 조지 휫필드(George Whitefield)보다는 존 웨슬리를 연상시킨다. 로마가톨릭 국가이며 프랑스 식민지였던 아이보리 코스트에서는 개신교 사역이 우후죽순처럼 증가했다. 해리스가 남긴 다양한 교회의 가장 두드러진 특징은 그가 권고한 교훈 그 이상으로 원주민 리더십을 고양하여 그들의 고유한 특성을 토대로 한 교회 구조를 강화한 것이다. 예를 들어, 오늘날의 가나 지역에 세워진 열두사도교회(Twelve Apostle Church)는 압도적으로 여성 리더십을 통해 발전하였다. 여성 예언자들은 '들판'을 옥외 교회로 삼아 설교하였다. 그것은 수도원이라기보다는 들판에 세워진 예배당이며 동시에 그들의 숙소였다. 이 예언하는 여성들의 가장 각광받는 사역은 신유다. 그들은 특별히 금요일에 신유집회를 열었다(시장에서 일하는 여성들은 그날 하루를 스스로 휴일로 정하였다). 이 날에는 모든 회중이 그리스도의 보혈을 기념하면서 붉은 가운을 입었다(그림 66). 이 모든 사례는 해리스의 사역과는 별개의 독립적인 것이었다. 하지만 해리스의 호리병 울림은 이들의 예배에 있어서도 매우 중요하게 쓰였고, 회중은 모든 병마를 물리치기 위해 함께 큰소리로 외쳤다. 또한 이와 함께 북치는 소년, 소녀들은 그들의 집회 중 능숙하게 장단을 맞추었다. 성경 역시 중요한 성례적 도구가 되었다. 성경을 만질 때 그들은 요란스러움을 멈추고 고요해진다. 예언 여성들은 해리스의 것과 유사한 지팡이를 지녔다. 열두사도교회는 스스로 그들의 회중이 이 고통스런 세상의 마지막 안식처임을 자랑스럽게 여겼고, 질병에 대한 그들의 지극히 순진

한 접근방식에도 불구하고 그 영향력은 대단했다.[62]

해리스는 초기부터 영국의 영향력에서 벗어나고자 라이베리아 권세자들에게 대항했다. 이후 해리스는 모든 예배에서 유럽인들의 스타일을 거부하였다. 이는 19세기 마지막 20년간 아프리카에서 광범위하게 유럽에게 저항했던 당대의 정치적 상황을 반영한 것이다. 당시 유럽의 강력한 영향력은 1884-5년에 열린 베를린 의회를 통해 아프리카를 완전하게 분할하였다. 이는 아프리카의 각 지역의 대다수의 자체 권력 구조를 분해시키는 결과를 낳았다. 당시 아프리카에서 스스로의 자율적 통치가 가능했던 국가는 에티오피아와 라이베리아뿐이었다. 그나마도 라이베리아는 매우 불안정한 상태였다. 또한 벨기에 황제 레오폴드(Leopold)는 콩고 자유국(Congo Free State)의 광대한 영토를 자신의 개인 봉토로 만들어버렸다. 이는 매우 비도덕적인 행동이었다. 그런 가운데 1890년대에 이런 변화의 정세를 반영하는 상징적 사건으로 매우 비참한 일이 발생하게 된다. 침례교 선교사들은 자신들의 새 교회를 세우기 위해 한때 빛나는 위치를 차지했던 왕실의 상살바도르(Sao Salvador) 가톨릭 성당을 파괴해버렸다. 그들은 이에 대해 전혀 양심의 가책을 느끼지 않았다.[63] 기독교 선교단체들은 이와 같은 새로운 상황을 전적으로 환영했다. 아프리카의 식민 정부는 1857-8년에 발생한 인도 대폭동(Great Indian Rebellion)을 염두에 두면서, 광대한 아프리카 각 지역 문화를 대체로 존중해주었다. 이들 지역의 상당 부분은 이슬람권이었기 때문에 열심 있는 기독교 전도자들은 이를 매우 불쾌하게 여겼다.

여전히 기독교는 많은 이점을 가지고 있었다. 당시 식민 정부들은 현지인들에게 정기적인 세금징수와 공문서 작성을 요구했는데, 이

---

62 C. G. Baëta, *Prophetism in Ghana: A Study of Some 'Spiritual' Churches* (2nd edn, Achimota, 2004), Ch. 2. 내가 Accra에 방문했을 때 열두사도교회 성도들이 나를 따뜻하고 친절하게 영접해준 것에 깊이 감사하는 바이다.

63 Hastings, 385-6.

를 위해 서구식 교육을 필요로 했고, 서구식 교육은 오직 교회만이 제공할 수 있었다. 남아프리카의 코사족(Xhosa)에게 기독교는 '학교'라는 의미를 갖는다.[64] 한편 일부 교회들은 새로운 제국주의를 대변하는 기관으로 인식되었다. 가톨릭교, 잉글랜드국교회, 스코틀랜드장로교, 감리교, 네덜란드 개혁교회, 심지어 구세군까지 거의 모든 교회가 오늘날의 짐바브웨와 잠비아 지역인 '로데시아'(Rhodesia)에서 자신들의 땅을 무상으로 제공받았다. 이는 그들의 선교사역에 대한 현지인들의 분노를 야기하고 확대시켰다.[65] 영국의 식민 총독 세실 로즈(Cecil Rhodes)가 카이로 운하를 개발한 사건처럼, 이러한 일방적인 과정도 기독교가 아프리카 대륙을 찬탈하는 것처럼 여겨지기에 충분했던 것이다. 이런 부정적인 이미지에도 불구하고, 아프리카 대륙을 가로지르며 선교의 연계망이 구축된 것은 분명했고 사슬의 각 부분은 특정 기관이나 교회에 속해있었다. 유럽인들의 비전이 아프리카인의 독립교회들(African-initiated Churches)이 원했던 것과는 전혀 다른 열정과 모습으로 성취된 것이다.

아프리카에는 유럽 주도로 이루어진 선교 외에도 더 오래된 두 고대 기독교 전통이 있었다. 이들은 노예 상인들과 함께 아프리카에 도착한 무리들이 아니다. 그 두 고대 기독교 전통은 이집트의 콥트인(Copts)과 에티오피아인들의 기독교 신앙이며, 모두 단성론자들(Miaphysite)이었다. 콥트 기독교는 지난 삼 세기 동안 이슬람교 세력에 억눌려 있다가 새로운 번성의 기회를 맞게 되었다. 이는 나폴레옹 시대에 이집트를 둘러싼 영국과 프랑스의 충돌 당시, 자국의 문이 서방 국가들에 의해 열리면서 유입된 서구 기독교의 영향으로 이루어진 것이다. 따라서 이집트에서는 전통적 콥트 기독교와 서구 복음주의 선교사들(특별히 성공회선교회 소속의), 1805년 이후 이집트의 통치자가 된

---

64 Sundkler and Steed, 358.

65 Ibid., 450, 559-61.

알바니아 오스만 용병 출신의 무하마드 알리(Muhammad Ali) 사이의 삼각관계가 본격화되었다. 무하마드 알리는 새로운 이집트 왕조의 창시자로, 그의 왕조는 20세기 중반 이집트 내에서 오스만이 몰락할 때까지 그 나라를 통치하였다.

이 모든 그룹에 나름대로의 이득이 있었다. 콥트인들은 오랜 고립의 시간을 지나, 이제 외부로부터의 큰 도움을 기대할 수 있게 되었다. 영국인 선교사들은 영혼 구원을 위한 열정을 가졌을 뿐 아니라, 가톨릭에 물들지 않은 순전한 교회와의 만남을 기뻐했다. 이슬람 무하마드 왕조는 서방의 힘과 행정 조언을 수용하여 이집트 백성의 기술과 능력을 고양시킬 수 있을 것이라고 기대하였다. 성공회선교회 소속 선교사들은 유럽식 교육시스템을 소개하고 제공하였다. 콥트인들은 그런 교육의 기회를 적극적으로 열망하였고, 이를 자신들의 것으로 조심스럽게 수용했다. 그 중심에 콥트총대주교대학(Coptic Patriarchal College)의 설립이 있다. 그 이름이 의미하듯 이 학교는 콥트 교회의 수장이었던 키릴로스 4세(Kyrillos IV)의 주도로 세워졌다. 그는 상당수의 성도들이 여전히 잔재하고 있던 콥트 교회에서 개혁의 물결을 시작하였다. 그는 불과 7년 만에 그 개혁을 성공적으로 이끌었다. 성공회선교회는 많은 이집트 이슬람교도들을 기독교로 개종시키려던 계획은 성공하지 못했지만, 의도하지 않았던 고대 기독교 유산의 르네상스를 도울 수 있었다. 19세기와 20세기를 거치며 수많은 환란을 겪었지만, 오스만 기독교인들은 모든 동방 기독교 가운데 가장 성공적인 성과를 이루어냈다.[66]

에티오피아의 지속적인 생존은 기독교가 본래부터 아프리카인들의 신앙유산이었음을 분명하게 알려준다. 콥트 기독교의 부흥과는 달리 에티오피아 교회의 재건에 식민주의적 성격이 강했던 서구 기독교

---

[66] P. D. Sedra, "John Lieder and His Mission in Egypt: The Evangelical Ethos at Work among Nineteenth-century Copts", *JRH*, 28 (2004), 219-39.

는 교회의 재건에 큰 영향을 주지 못했다. 9세기 초 에티오피아 제국은 총체적으로 분열되어 있었다. 그러다가 19세기에 이르러 에티오피아는 그들의 운명적인 지도자였던 카사(Kassa)에 의해 재건될 수 있었다. 그는 야심가였으며, 1855년 테오드로스(Tewodros 혹은 Thodore)라는 이름으로 에티오피아의 황제(Negus)로 즉위하였다. 이 메시아적 황제의 운명적 귀환은 이미 16세기부터 에티오피아의 선지자들에 의해 예언되었다. 그는 "그리스도 없이는 나도 없다"라고 선포할 만큼 철저히 경건한 신앙의 삶을 살았고, 스스로 왕실의 일부다처 관습도 종결시켰다. 그는 선진 제조 장비와 기술을 얻기 위해 이집트에서 내려온 개신교 선교사들과도 현명하게 교류하였다. 하지만 이전에도 에티오피아의 가장 열정적인 군주들이 그러했듯이, 테오드로스 역시 편집증적 집착과 치명적인 복수심에 사로잡혀 몰락하고 말았다. 이는 그의 정신적 건강에도 영향을 주어 자신이 다윗 왕의 직계 자손이라고 주장하기도 하였다. 급기야 에티오피아 백성도 그의 폭력성으로 말미암아 테오드로스에게 등을 돌리게 되었고, 1868년 영국의 긴급 군대는 마그달라(Maqdala)에서 그의 군대를 격침시키면서 테오드로스의 왕좌는 몰락하고 말았다. 결국 그는 선교사들이 제조해준 총으로 스스로 목숨을 끊었다.[67]

에티오피아는 이 난국 속에서도 살아남았고, 교회는 여전히 단성론적 신앙을 유지했다. 요하네스 4세(Yöhannes IV)는 또 다른 운명적 통치자로 황제(Negus)가 되었다. 그는 기독론에 대한 오랜 논쟁을 종식시키기 위해 콘스탄티누스를 모방해 1878년 교회 회의를 소집하여 주재하기도 하였다. 하지만 자신의 결정에 반대하는 사람들의 혀를 뽑아 버리라는 그의 명령은 니케아 교리를 강요한 콘스탄티누스를 넘어서는 것이었다.[68] 그의 후임자인 메네릭 2세(Menelik II)는 보다 온건

---

[67] Hastings, 229-34; P. Marsden, *The Barefoot Emperor: An Ethiopian Tragedy* (London, 2007).

[68] Sundkler and Steed, 358.

한 인물로서, 에티오피아의 역사상 가장 넓은 영토를 이루어냈다. 그는 1896년 아두와(Adwa) 전투에서 이탈리아 군대를 격퇴함으로써 19세기 유럽의 식민주의 세력을 종식시키는 위대한 승리를 이끌었다. 이 사건은 아프리카 전역에서 많은 환호를 받았다. 또한 이 사건은 9년 뒤, 일본의 러일전쟁에서의 승리와 함께 유럽의 세력은 절대로 극복할 수 없는 막강 세력은 아니라는 상징이 되었고, 실제로 아프리카 기독교의 승리이기도 했다. 이후 에티오피아는 더욱 큰 영적 부흥을 맞게 된다.

이미 1892년 멀리 떨어진 트랜스발(Transvaal)에서 페디(Pedi)족 감리교 사역자인 망게나 마악 목코네(Mangne Maake Mokone)는 그의 교만한 백인 동료들에게 분노했다. 그는 스스로 에티오피아 교회(Ethiopian Church)를 창립했다.[69] 그는 이 교회 이름에 감리교, 성공회, 가톨릭과 같은 타이틀을 붙이는 것을 거부하였다. 그는 "에티오피아 교회"가 성경에서 직접적으로 유래한 이름이라고 생각했다. 목코네는 시편 68:31에 나오는 다음 구절에 주목하였다. "구스인은(에티오피아인은) 하나님을 향하여 그 손을 신속히 들리이다." 그는 이 구절과 사도행전 8:26-40의 빌립과 에티오피아 내시의 이야기를 연결하여 하나님이 다음 세기에 아프리카 대륙에 큰 부흥을 일으키실 것이라고 확신했다. 하지만 잉글랜드국교회의 능숙한 중재력으로 인해 목코네의 에티오피아 교회는 주류 남아프리카성공회연합의 "에티오피아 교구"(Order of Ethiopia)로 편입되고 만다. 하지만 에티오피아의 위대한 승리가 가져온 도전의식은 아프리카 전 지역에서 다양한 현지인 교회들에게 널리 퍼졌다. 이와 함께 진정한 아프리카 교회의 역사적 전통을 계승하고자 하는 열망으로, 일부 아프리카 기독교인들은 알렉산드리아의 그리스정교회의 통치에서 벗어나, 그들만의 주도권을 가진 작은

---

[69] Ibid., 391, 407-8. 누가 진정한 최초의 에티오피아 교회 창시자인지에 대한 논쟁이 있다. 이에 대해 다음 글을 참조. Koschorke et al. (eds.), 219-20.

교회들을 설립하고자 하는 열망이 일어났다. 하지만 에티오피아에서는 그때나 지금도 이에 대한 상징적 의미만이 전수되고 있을 뿐이다.[70]

이후 1935년 이탈리아 파시스트(Fascist) 정권은 아두와에서의 치욕에 대한 보복으로 에티오피아를 침공하여 점령하였고, 역사적인 교회 건물들을 포함해 그 지역을 철저히 파괴하였다. 이탈리아의 만행을 비판하며 아프리카 전역에서는 강한 저항이 일어났다. 멀리 떨어진 나이지리아에서는 기독교인들이 이탈리아의 만행을 정죄하지 않는 교황을 조롱하며 다음과 같이 비판하였다. "결국 교황도 다른 평범한 사람들과 똑같은 인간이다. 아무리 전통적으로 교황이 무오하다고 주장한다 해도 교황은 흠많은 인간의 후손에 불과하다."[71] 또한 에티오피아는 카리브 흑인들(Afro-Caribbeans)과 아프리카계 미국인들 사이에서 아프리카 복귀를 열망했던 라스파타리파(Rastafari)에게 큰 영감을 주었다. 이 혼합주의적 종교운동은 에티오피아의 마지막 황제인 하일레 셀라시에(Haile Selassie)를 메시아로 신봉하는 집단이다. 이 집단의 명칭은 셀라시에 황제가 즉위하기 전 본명인 라스타파리(Ras Tafari)에서 유래하였다. 이 신흥종교는 수세기 동안 아프리카 교회 안에 신약성경과 구약성경에 대한 철저한 신뢰를 토대로 하는 신앙운동이었다.

---

70 Binns, 14; Koschorke et al. (eds.), 226-7.

71 "Back to the Land or Nationalism in Religion", *African Church Chronicle*, October-December 1935, 4f., qu. Koschorke et al. (eds.), 235-6.

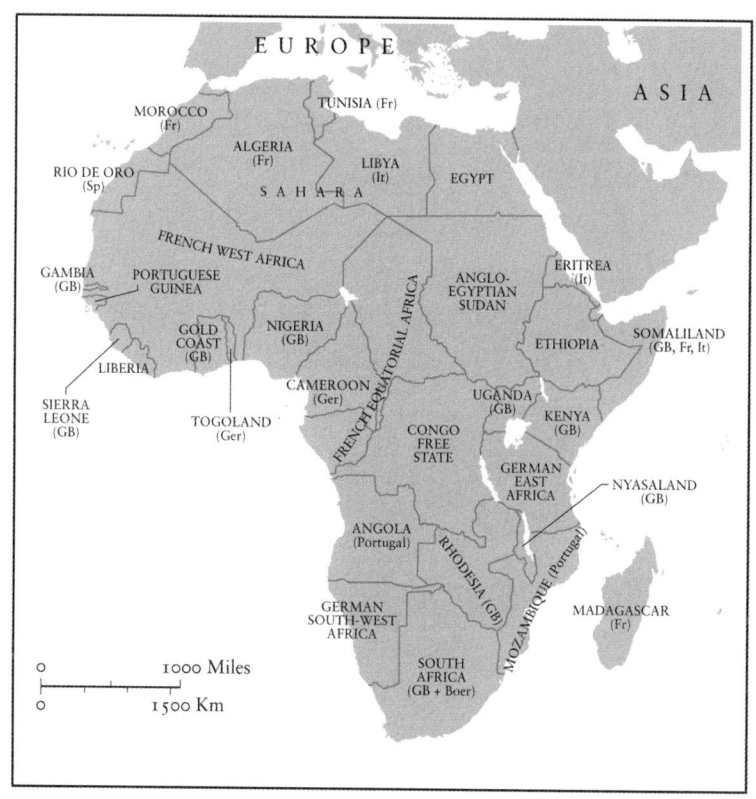

지도 1. 19세기 말 아프리카 전도

4. 인도: 대폭동과 식민주의 선교의 한계

이 거대한 아시아 국가에서 일어난 이야기는 기독교 선교와 제국주의 확장 사이의 밀접한 연관성을 보여준다. 기독교 역시 그 과정에서 분열되는 결과를 가져왔다. 1790년대부터 영국의 대부분의 개신교 선교는 런던선교회의 남태평양 선교와는 거의 독립적으로 이루어졌다. 그들은 인도의 무굴 왕조를 선교의 전초기지로 여겼다. 왜냐하면 이 지역은 가장 급속하게 선교활동이 진행되고 있었고 가장 넓은 영국의 식민지였기 때문이다. 18세기 가장 유력한 고교회주의 감독이었던 사무엘 호슬리(Samuel Horsley)는 인도 선교를 반대하였다. 그는 인도 선교에 있어서 타지역의 종교를 바꾸는 것이 하나님이 영국에 주신 사명은 아니라고 믿었다. 특히 당시 인도 대부분의 지역이 조지 3세(George III)의 관료들에 의해 통치되고 있지도 않았었다. 그는 이전에 복음전파협회(Society for the Propagation of the Gospel)에서 열심히 활동하며 영국의 카리브지역 선교를 지지하고 있었다.[72] 아마도 복음주의자들은 그때 호슬리의 충고에 귀를 기울였다면 좋았을 것이다. 그러나 그들은 그렇게 하지 않았다. 결국 인도는 유럽의 선교사업에 있어 가장 실패한 지역이 되었기 때문이다.

호슬리는 인도 선교에 회의를 표명한 유일한 목소리는 아니었다. 동인도회사(East India Company)는 처음에는 힌두교와 이슬람교와의 민감한 관계를 매우 신중하게 대하였다. 동인도회사는 개혁적인 이슬람 신학자인 샤 왈리-알라(Shah Wali-Allah)의 추종자들이 영국의 인도 점령을 마지못해 협조했다는 사실을 고려하며 그들을 존중하였다. 동인도회사는 대체로 힌두 관습을 존중하였지만, 한 가지 예외는 과부를 불태워 죽이는 관습이었다. 이는 유럽인들의 눈에 너무나 잔인한 행동이었기 때문이다. 이후 복음주의자들은 동인도회사가 선교사들이 인도에 진입하는 것을 허용하도록 영국 의회를 압박하였다. 이러한 정치적 압박은 1813년의 승리로 그 힘의 정점에 이르렀던 윌리엄 윌버포스에 의해 진행되었다.[73] 곧 한 명의 성공회 감독이 캘커타(Calcutta)에 주둔하며 30년 이상 그곳에서 선교사역을 감당하였다. 그는 국가 재정으로 고딕 스타일의 성당을 건립하였는데, 그 설계는 군 기술자가 담당했다. 복음주의자들은 점차 영국이 점령하는 지역의 동

---

[72] R. Strong, *Anglicanism and the British Empire c. 1700-1850* (Oxford, 2007), 15-6.
[73] Copland, "Christianity as an Arm of Empire", 1031-3.

인도회사 업무에 많은 영향력을 행사하게 되었다. 1805년부터 동인도회사의 영국인 행정관들은 헤일리버리(Haileybury)에 세워진 영어 교육 대학에서 자신들의 행정업무를 위한 교육을 받았다. 그 대학의 유력한 교원들은 대부분 복음주의 기독교인들이었다. 1830년대에 이 대학을 졸업한 학생들은 동인도회사의 업무에 중요한 역할을 감당하게 되었다. 동시대의 신뢰할 만한 자료에 의하면 그들은 1815년에 이미 4천만 명이 넘는 인구를 통솔하는 행정기관의 관료들이었다. 이는 대영제국 인구의 65퍼센트에 달하는 규모이다.[74] 이처럼 기독교 선교의 미래는 매우 낙관적인 것처럼 보였다.

동인도회사의 정책은 점차 기존 인도 종교보다 기독교에 훨씬 더 편파적인 입장에 서게 되었다. 개신교 선교사들은 고등교육기관에 많은 자금을 투입하며 전념하고 있었다. 그들과 동인도회사의 유력한 행정관들은 점차 이런 교육사업이 더 협조적이며 서구화된 엘리트들을 양성하는 방법이라고 여겼다. 1858년 로드 스탠리(Lord Stanley) 교수는 다음과 같이 회고하였다. "외형적으로 이 학교에서는 종교적 중립을 가르쳤지만, 실상 우리는 그런 중립적 태도에서 철저히 벗어나 있었다." 그는 자신의 글에서 1857년 영국의 인도 통치에 큰 위기가 일어난 후, 지난 시간들에 대한 회상의 형식으로 자신의 의견을 기록하고 있다. 그 치명적 위기는 인도인들의 대폭동(Great Indian Rebellion), 또는 제1차 인도 독립전쟁(First Indian War of Independence)이라고 불리는 사건이다.[75] 이 사건은 19세기에 서방 식민주의 세력에 대항해서 일어난 가장 위협적인 저항이었다. 이 사건은 어떤 의미에선 인도에서 기독교를 확장하는 시도로 인해 유발된 것이기도 하다. 이를 위해 이슬람교도들과 힌두교인들은 서로 연합하였다. 잘 알려진 이야기로 이 폭동의 발생과 힌두교와 이슬람교도들이 연합하게 된 또 다른 원

---

[74] H. V. Browen, *The Business of Empire: The East India Company and Imperial Britain*, 1756-1833 (Cambridge, 2005), 3.

[75] Copland, "Christianity as an Arm of Empire", 1037, 1042-4.

인은 당시 널리 알려진 소문으로 인한 것이다. 즉 인도 군인들을 향해 발사된 탄환에 소와 돼지의 기름을 발라놓았다는 풍문이다. 이는 힌두교와 이슬람교 모두를 모독하는 행동이었다. 인도의 독립을 위해 투쟁한 가장 상징적 인물은 바하두르 샤 자파르 2세(Bahadur Shah Zafar II)이다. 그는 델리(Delhi) 지역을 통치했던 인도의 이슬람 왕조인 무굴 제국의 마지막 관료로서, 별로 사랑받지 못하는 지도자였지만 그럼에도 불구하고 그는 극단적 이슬람교도들이 공개적으로 소를 살육하는 행위 등을 통하여 힌두교도들과의 공존을 거부하고 그들을 소외시키지 못하도록 설득하는 데 최선을 다했다.[76]

그럼에도 인도 주둔 영국군은 반란을 부분적으로 진압하였다. 이는 상당수의 힌두와 이슬람 엘리트 집단들이 갈등 속에 중립을 지켰기 때문이다. 물론 그들 가운데도 기독교 선교에 대한 반감을 나타내는 목소리도 있었다. 이로 인해 인도의 새로운 영국 총독부가 기독교 선교에 대한 적극적 지원을 회피하는 중요한 계기가 되었다. 빅토리아 여왕은 1858년 동인도회사의 인도 통치를 종식시킨다고 선포했다. 이후 성립된 인도의 새로운 지도부는 "어떤 종교적 신앙이나 종교적 숭배행위에 대해 공권력이 간섭하는 것을 금지하였다." 이는 절대적인 신앙에 근거했던 기독교 국가인 영국이 이제 새로운 방향으로 나아가게 되었음을 의미하는 중요한 정책을 내포하고 있다. 또한 이제부터 영국 내 어떤 종류의 기독교인들에게도 법적인 차별을 금지하는 법안을 통과시켰다. 이러한 본국의 정책 변화와 이로 인한 혼돈 가운데, 이제 기독교 선교사들은 세계에서 가장 넓은 식민지를 보유한 국가로부터의 공식적인 지원이 끊기게 되었다.[77]

19세기 말엽 현실을 통찰력 있게 판단한 여러 선교사들은 자신들의 기독교 선교사역이 인도에서 결코 성공적인 성취를 이루지 못했음

---

76 W. Dalrymple, *The Last Mughal: The Fall of a Dynasty, Delhi, 1857* (London, 2006), 80-2, 229, 267, 295.

77 Copland, "Christianity as an Arm of Empire", qu. at 1045.

을 자각하였다. 이전 16세기와 17세기 가톨릭 선교사들처럼 개신교 선교사들도 인도의 두터운 카스트 장벽을 뚫지 못했다. 특히 카스트 제도는 그리스도를 따르는 모든 사람에게 그 어떤 신분적 장벽도 없다고 외친 그들의 메시지에 장애물이 되었던 것이다. 영국인들이 설립한 학교들은 계속 번성하였다. 그러나 그들은 많은 개종자나 현지인 기독교 지도자들을 배출하지는 못했다. 즉 그들은 교육을 통해 현지인들의 집단적 개종을 이루어내지 못한 것이다. 인도인들은 유럽식 학교에서 교육받기를 원했으며, 이로 인해 미션스쿨들 역시 크게 발전하였다. 그러나 그 결과는 이집트에서 성공회선교회에 의해 설립된 복음주의적 학교들의 성취와는 전혀 다른 양상이었다. 이집트에서 선교사들이 세운 학교에 다닌 학생들은 그 사회의 엘리트들이었다. 그러나 그들은 입학 전에 이미 기독교인들이었다. 반면 인도에서는 학생들 가운데 기독교 가정에서 자란 학생들은 극히 드물었다. 또한 그들은 이 학교에서 서구 문화를 학습하고자 하는 목적만 있을 뿐, 기독교 신앙을 받아들이려고 하지 않았다. 인도에서 기독교인들의 침략과 종교적 위협은 힌두교도들이 스스로를 점검하고 자신들의 전통과 유산에 대해 더욱 자긍심을 갖게 만드는 계기가 되었다. 역설적으로 기독교 대학에서의 훌륭한 교육은 서방기독교 세계 안에서 인도인들이 더욱 스스로의 정체성과 자부심을 키우도록 독려하는 계기를 마련해 준 것이다.

19세기 초부터 외향적인 힌두교 지도자들과 유럽과 미국의 유니테리언주의자 사이에는 서신교환과 만남이 지속되었다. 그들은 이러한 만남을 통하여 자신들이 속한 종교에 대한 전통적 이해를 벗어나, 보다 보편적이고 심오한 종교적 진리를 추구할 수 있는 가능성을 발견하고 서로 깊은 영향을 주고 받았다. 그들은 특히 자신들 문화권의 종교적 압박감에서 벗어나고 싶어했다. 이러한 접촉은 벵골(Bengal) 출신의 매우 개혁적인 인물이었던 람모한 로이(Rammohan Roy, 1772-1833)에 의해 처음 그 물꼬를 텄다. 그는 바다 건너 영국에 가서 위도우-버닝(죽은 남편과 함께 그의 부인을 불태우는 관습)과 같은 힌두교의 악습에 대한 개혁을 변증하기도 했다. 그는 이후 브리스틀(Bristol)에서 사망하였다. 이 도시의 중심부에는 부유한 유니테리언 상인들이 건립한 고풍스런 대성당이 서 있는데, 그 안에는 람모한 로이의 삶을 기념하는 명판이 새겨져 있다.[78] 1880년대 힌두교도들 가운데는 자신들의 종교에 대한 자긍심이 점차 증대되어 보다 확장된 '힌두교 르네상스'를 주도하였다. 기독교인들 가운데도 상당수가 힌두교로 다시 개종(reconversions)하는 사례도 증가하였다. 당시 서구에서 반교권주의를 주장한 '실증주의자'(positivist), 오귀스트 콩트(Auguste Comte)도 현대적으로 재정립된 힌두교 신앙에 깊은 영향을 받은 인물 중 하나이다. 이 새로운 힌두교 사상은 기존의 카스트 시스템은 정당화하였지만, 성직자들의 권력에 의존하지는 않았다.[79] 이로 인해 기독교 선교사들은 기독교인들 가운데 이 새로운 겸양의 정신(new spirit of humility)이 퍼져가는 것에 큰 타격을 받아 고심하게 되었다. 따라서 인도 안의 개신교는 각 교단 간의 역사적 차이점을 배제하고 하나가 되고자 하는 움직임이 처음으로 일어났다. 이는 새로운 구조(new settings)를 만드는 것이 아니라, 새로운 화합(new unity)을 이루고자 했던 운동이다. 바로 이 움직임이 20세기 에큐메니칼운동(ecumenical movement)의 기원이라 할 수 있다.

---

78 G. Beckerlegge, "The Hindu Renaissance and Notions of Universal Religion", in Wolffe (ed.), 129-60. at 134-8. Lewins Mead 유니테리언 성당은 이제는 더 이상 예배의식을 행하지는 않는다. 하지만 Lammohan Roy를 위한 기념판은 지금까지도 운영 사무실 앞에 자리 잡고 있다.

79 실증주의와 힌두교의 관계에 대해서 다음의 글을 참조. Bayly, *The Birth of the Modern World, 1780-1914*, 308.

5. 중국, 일본, 한국

아시아에서 가장 강성한 제국은 당시 청(Qing) 왕조가 통치하는 중국이었다. 중국의 청 왕조는 19세기 내내 무너지지는 않았지만 그 세력이 크게 약화되었고, 처음에는 영국, 이후 다른 유럽 국가들과 미국이 그 광대한 영토를 탐내며 접근해오는 상황 속에 근근이 버텨내고 있었다. 기독교의 유입과 유럽 열강의 간섭은 중국에 큰 민란이 일어나게 하는 결과를 초래하였다. 기독교 신앙은 이 부분에 결정적인 영향을 미쳤다. 이후 청 왕조가 1911년 몰락하기까지 한 세기 동안 이러한 갈등은 지속되었다. 이런 상황 속에 교회들은 왕조의 몰락에 자신들이 연관되는 것을 회피하였다. 18세기 말부터 시작된 중국의 침체는 가톨릭과 개신교 모두에게 새로운 기회를 제공하였다. 가톨릭교는 이전의 선교로 세워진 회중들을 재건하고자 하였고, 개신교는 처음으로 중국에 선교사업을 시작했다. 그때까지 중국의 공식적 입장은 천주교를 이후의 '기독교'(개신교)와는 서로 다른 종교로 인식하였다. 왜냐하면 이 두 종교는 중국 역사에 있어 서로 다른 시대에 유입되었기 때문이다. 개신교의 유입은 유럽 열강과의 일련의 조약들의 결과로 시작되었다. 그 시초는 영국과의 전쟁으로 이루어진 1842년의 조약이다. 이 사건에서 렉키(Leckey)가 노예제도 폐지를 선포하던 모습과는 전혀 다른 영국의 또 다른 얼굴을 발견할 수 있다. '완벽한 도덕적' 행동으로 이루어진 영국의 정책과 중국과의 무역 적자를 메꾸기 위해 인도에서 재배한 아편을 중국에 수출한 영국의 제국주의적 부도덕성이 동시에 일어난 것이다.

아편무역의 규모는 상당했고, 중국 전역에서 그 중독현상의 위기를 초래하였다. 중국 정부는 아편무역을 금지하고, 밀수하다 발각된 아편은 모두 폐기하는 등 필사적으로 이를 저지하려고 노력했다. 1839년 영국은 자신들의 이익을 지키기 위해 전쟁을 일으켰고, 기술적으로 우월했던 영국 육군과 해군은 승리하였다. 기독교 선교사들은 이 부도덕한 행위의 결과로 인해 중국 선교를 시작할 수 있었다. 1842년 체결된 난징 조약(Treaty of Nanjing)에서 영국은 아편무역을 재개하고 한 세기 전 중국이 기독교 신앙을 금지했던 칙령을 개정하고 선교를 허용하도록 요구했다. 상당수의 개신교 선교사들이 이 아편무역의 통로를 통해 중국에 도착했다. 또한 선교 기금도 아편무역상의 재정 연결망을 통해 조달되었다. 물론 아편무역 회사를 통해 직접 기금을 공급받기도 하였다(사실상 당시의 중국을 상대로 한 거의 모든 서구 무역기관들은 아편 공급에 참여하고 있었다).[80] 중국인들과 그 정부 모두에게 기독교 선교사들은 세상에 대한 그들의 야심을 반영한 공격적인 세력이 되고 만 것이다. 아편무역으로 인한 사회적 고통과 중국군의 패배 소식은 중국 국민들이 선교사들에 대한 적개심뿐 아니라 중국 정부에 대한 반감을 낳았다. 중국의 많은 백성은 만주에서 기원한 청 왕조도 영국과 프랑스의 침략자들과 마찬가지로 사실상 외국인들임을 상기하게 된 것이다.

1850년 대중들의 분노와 서구 문화에 대한 매료가 역설적으로 혼합된 '태평천국의 난'(Taiping Rebellion)이 발발하였다. 이 운동의 창시자이며 지도자였던 홍수전(洪秀全, Hong Xiuquan)은 이전에 네 번이나 과거에서 낙방하였다. 전통적으로 이 시험은 중국 사회에서는 성공을 위해 절대적인 위치로 인식되는 관료가 되기 위한 관문이다. 낙방으로 인해 깊은 절망에 빠져있던 그는 한 젊은 미국 선교사의 권유로 기독교 관련 서적을 읽게 되었다. 그는 자신이 하나님의 특별한 지도자로 선택받았음을 확신하기에 이르렀고, 그가 본 환상과 예수 그리스도의 구속의 능력을 설교하기 시작했다. 그가 일으킨 운동은 국가의 부패를 종식하고자 하는 분노와 중국의 옛 명(Ming) 왕조에 대한 그리움, 사회적 평등사상을 포함한 기독교 사상이 함께 혼합된 성격을 가

---

[80] R. G. Tiedemann, "China and Its Neighbours", Hastings (ed.), 369-415, at 392.

지고 있었다. 이 모든 것이 홍수전이 하나님께 받은 환상에 반영되어 나타났다.[81] 19세기 중엽, 세계 모든 지역에서는 이와 같은 혼동이 그 지역의 전통문화 안에 이식된 서구의 영향으로 인해 야기되는 경우가 급격히 증대되었다. 특히 기독교인들의 종말론은 그 직접적인 계기를 제공하였다. 하지만 대부분의 경우 이러한 새로운 운동은 매우 파괴적인 결과로 귀결되었다. 태평천국의 난이 일어났던 같은 시기에 남아프리카의 코사족은 자신들의 가축을 모두 살육하는 일이 발생하였다. 그들은 농가우세라는 한 소녀의 예언을 믿고서, 예전에 코사족을 이끌던 지도자가 현재 크림전쟁에서 러시아군을 이끌고 영국군을 무찌르고 있으며, 그가 돌아와서 그들에게 풍요를 가져다줄 것인데, 그를 맞이하기 위해서는 모든 부정한 것을 제거해야 한다고 여겼기 때문에 그런 일을 자행한 것이다. 그러나 코사족은 그들의 망상적 헌신의 결과로 끔찍한 굶주림과 죽음을 당하게 되었다. 이와 유사한 결과가 태평천국의 난에서도 일어났다.[82]

중국의 거대한 영토에 태평천국의 묵시 상상이 확대되어 나갔고, 반란군은 중국 중부의 거의 모든 지역을 점령하였다. 하지만 그 결과는 인도 대폭동의 결과보다 훨씬 더 깊은 상처를 남겼다. 태평은 '큰 평화'를 의미한다. 그러나 태평천국의 난은 세계 역사상 가장 파괴적인 내전이었다. 이는 같은 시기의 미국 남북전쟁을 훨씬 뛰어넘고, 심지어 한 세기 이후 발생한 제2차 세계대전의 피해에는 약간 못 미치는 대참사였다. 태평군의 세력은 완전한 정부조직을 구성하면서 급속하게 막강한 세력과 군사력을 형성할 수 있었다. 하지만 홍수전은 쉽게 무너질 수 있는 나약한 성품을 가지고 있었다. 그는 자신이 좋아하는 개신교계의 고전적 문학작품인 존 번연(John Bunyan)의 『천로역

---

81 J. D. Spence, *God's Chinese Son: The Taiping Heavenly Kingdom of Hong Xiuquan* (London, 1996), esp. 30-2, 76-7, 115-6, 160-1.

82 J. Peires, *The Death Will Arise: Nonqawuse and the Great Xhosa Cattle Killing Movement of 1856-57* (Johannesburg, 1989), esp. 124-38.

정』(Pilgrm's Progress)을 탐독하면서 점차 혁명에 소극적으로 회피하는 자세를 취하게 된다. 1859년 그의 사촌이며 개신교도였던 홍인간(洪仁玕, Hong Rengan)이 영국령이었던 홍콩에서 거주하다 난징에 도착했다. 그는 외세에 대한 반감을 가지며, 이 운동을 보다 합리적인 조직체로 끌어올리기 위해 노력했다. 이를 위해 그는 전통적인 실력중심주의(meritocratic) 정부와 자신이 유럽 문화 가운데 매료된 요소들을 결합한 최선의 구조를 세우기 원했다. 이는 태평군의 혼합주의적 신앙과 중국판 킹 제임스 성경에 기초하여 전적으로 현대화된 중국을 의미했다. 태평군의 세력은 1864년 홍수전이 치명적 병에 걸리며 급격히 쇠퇴하였고, 홍인간 역시 정부군에게 체포되었다. 그럼에도 홍인간은 자신의 사촌형에 대한 자부심과 지난 14년간 태평천국 운동을 이끌었던 '하나님의 권능으로 받은 계시'(display of the divine power)에 대해 확신했다. 저항의 불길은 꽤 오래 지속되었다. 태평천국과 같은 반란을 진압하는 과정에서, 강력한 지방군의 연합이 중앙군보다 더 효율적이라는 것이 증명되면서, 중국 정부의 권력은 더 이상 이전의 힘을 회복할 수 없었다. 전쟁이 격렬하게 진행되던 1858년부터 1860년 사이 중국은 외세에 의해 새로운 불평등 조약의 국면을 맞게 된다. 이 조약들은 중국 안에서 선교사역에 새로운 자유를 부여하게 되었다.[83]

1842년 이후 선교사역을 시작한 많은 선교사들이 중국 문화에 대해 많은 오해를 가지고 있었다. 이전의 가톨릭 선교사들처럼 개신교 선교사들도 그들에게 너무나 어려운 중국어로 인해 혼란을 겪었다. 선교사들은 중국 문화 안의 사탄의 역사를 직접적으로 비판하지는 않았다. 그들은 메시지를 중국어로 설명하는 데 있어서 스스로의 무능함보다는 난해한 개념을 표현하기 어려운 중국어의 부적절함에 문제 삼는 경향이 있었다. 개신교 선교사들은 가톨릭 선교사들보다 중국 문화 속의 종교들에 대해 훨씬 더 부정적인 견해를 가지고 있었다.

---

[83] Spence, *God's Chinese Son*, esp. 141-2, 168-9, 173, 274-7, 280-1, 287, 330에서 인용함.

그들은 중국인들의 종교가 우상숭배로 가득하다고 여겼다(그들은 중국의 종교는 교황주의자들만큼이나 사악하다고 여겼다). 선교사들이 알게 된 중국의 불교는 채식주의와 승려의 독신주의를 강조했는데, 이는 특별히 가톨릭교회가 그 신자들을 학대하는 그릇된 서약을 연상시켰다. 영웅적인 서구 남자들은 선교지에서 많은 위험과 싸워야 했다. 따라서 그들은 자신들의 전형적인 힘 있는 남성상을 요청하였다. 이러한 남성상은 육식을 하는 것이 당연하다고 여겼으며, 채식주의는 나약한 여성의 모습을 대변하는 것으로 간주하는 경향이 있었다.[84]

한편 일부 선교사들은 초기부터 이전의 가톨릭 선교의 성공과 실패 사례를 배우려고 노력하였고, 이 광대한 외국 문화 속에 자신들의 사역에도 같은 문제가 있음을 발견하였다. 미국 개혁교회 목사, 존 탈마지(John Talmage)는 일찍이 중국 남서 해안에 위치한 후진성(Fujian)의 영국령 아모이(Amoy)에 입성하였다. 탈마지와 그와 뜻을 같이하는 소수의 동료들이 설립한 중국 개신교회(Chinese Protestant Churches)는 중국 내 최초의 자립적인 교회였다. 그들은 중국 최초의 개신교 예배당을 건립하기도 하였다. 그러나 탈마지의 사역에는 이런 모든 '최초' 이상의 요소가 있었다. 1848년 이래 그는 너무 많은 외국 선교사들이 있는 것은 불필요하다고 여기며, 그의 교회는 보다 현지인 중심이어야 한다고 생각했다. 이는 핸리 밴이 그리 성공적이진 못했지만 아프리카에서 '삼자' 원칙을 주장한 것과 같은 시기였다. 탈마지는 소란스럽지 않게 이 원칙을 아모이에서 시도했다. 이와 같은 시도는 원주민들이 보다 쉽게 외부인들에게 마음을 열 수 있도록 만들었다. 아모이는 3세기 전부터 유럽인들이 들어올 수 있는 최초의 입구 중 하나였다. 당시 이 도시는 1847년 난징 조약으로 인해 공식적으로 개방된 무역항 중 하나가 되었다. 곧 그의 교회는 미국과 영국 장로교회 연합

---

[84] E. Reinders, *Borrowed Gods and Foreign Bodies: Christian Missionaries Imagine Chinese Religion* (Berkeley and London, 2004), esp. 71-8, 109-16, 159, 161, 166, 169.

을 통해 더욱 강화되었다. 그들은 스스로 재정을 마련하고, 그들만의 새로운 회중을 이루기 위해 노력하였다. 또한 고전적인 장로교 스타일의 중국인 장로들을 선출하기도 하였다.[85]

탈마지의 토착화 전략은 영국 선교사 허드슨 테일러(Hudson Taylor)에 의해 훨씬 더 대중적인 형태로 시도되었다. 테일러는 젊은 시절 영국 감리교도였지만, 중국에서 차후 자신이 직접 선교기관을 창립할 때까지 어떤 교회에도 소속되지 않았으며 어떤 선교기관의 통솔도 받지 않았다. 당시 중국에서 기독교 선교회는 흔들리고 있었고, 이는 허드슨 테일러가 중국에 들어오는 계기가 되었다. 1865년 선교의 침체기에서 벗어나고자 테일러는 직접 '중국내지선교회'(China Inland Mission)를 설립하였다. 이 선교회는 중국 본토가 그 본부이며 어떤 외부의 지원도 요청하지 않았다. 다만 오직 하나님으로부터만 도움을 기대하였다. 테일러는 자신의 선교회가 끔찍한 아편무역에 동조하지 않을 것을 천명하였다. 그의 선교회는 선교사역을 위해 절대 빚을 지지 않을 것이며, 모금을 위해 구차한 캠페인도 하지 않을 것이라고 선언했다. 또한 소속 선교사들은 중국 현지인의 의복을 입었다. 특히 유럽 여성들에게 중국 여성복은 매우 불편한 복장이었지만 그들은 진정한 선교를 위해 불편함을 감수하였다. 이 선교회의 학교들은 병원과 함께 오늘의 옌타이(Yentai)라 불리는 치푸(Chefoo)에 건립되었다. 이 학교들은 기독교 신앙 안에서 중국을 위한 새로운 세대들을 양성하고자 하였다. 이 아이들은 당시 중국 본토에서 교육받은 선교사 가정을 통해 양육받았다. 당시 선교사들과 그 가족들은 보편적으로 유럽에 돌아가 교육받는 것이 일반적이었음을 고려할 때, 테일러의 학교는 매우 이례적인 일이었다.[86]

---

85 D. Cheung, *Christianity in Modern China: The Making of the First Native Protestant Church* (Leiden, 2004), esp. 55, 309-49.

86 R. A. Semple, *Missionary Women: Gender, Professionalism and the Victorian Idea of Christian Mission* (Woodbridge, 2005), 154-89.

하지만 실제 사역에서 테일러의 이상은 유지되기가 쉽지 않았다. 치푸학교와 같은 기관들은 다른 선교기관들과 본질적으로 크게 다르지 않는 사회적 기반을 필요로 하였다. 특히 그의 중국내지선교회가 세계에서 가장 큰 선교 단체라는 그럴듯한 주장이 제기될 시점에는 더욱 그러했다. 기이하게도 치푸학교는 1917년까지 학생들에게 중국어로 수업을 제공하지 않았다.[87] 테일러는 그의 많은 시간을 선교사와 선교 기금 마련을 위해 직접 영국의 많은 지역을 다니며 호소하였다. 여기에서 그의 연설 기법은 매우 중요하다. 그 이면에는 테일러의 관용 정신이 있었다. 예를 들어, 1900년 중국인들의 외세에 대한 분노로 대규모의 의화단 사건(Boxer Rebellion)이 발발하면서, 테일러의 선교회 역시 다른 중국인들과 함께 많은 고통을 겪었다. 하지만 이후 유럽 기관들이 중국정부로부터 강탈한 배상금을 배당받을 때 그는 그 돈을 거부하였다. 그의 선교사들은 가톨릭 선교의 모범을 따라 도시보다는 주로 중국의 시골 지역을 주 선교 목표로 삼으며 확장되어 나갔다. 사실 당시 대부분의 개신교 선교사들은 도시 지역에 집중되어 있는 상황이었다. 테일러의 선교회는 매우 독특한 모습으로 유지되고 있었다. 그 소속 선교사들은 정규적 급료를 기대할 수 없었지만, 선교회는 개인의 역량이 아닌 자연스러운 팀 활동에 충실한 일꾼들을 지속적으로 충원할 수 있었다.[88]

중국 북동부에 인접한 두 국가, 한국과 일본은 17세기까지 철저히 고립되어 가려져 있다가, 외세의 강압으로 마침내 국경을 열게 된 나라들이다. 양국은 역사적으로 늘 긴장 관계에 있었다. 한국인들은 일본을 지속적으로 자국을 침범하는 국가로 여겼다. 이런 역사를 고려할 때 양국 모두에게 기독교 수용 과정은 매우 특별하다. 미국의 페리(Perry) 제독은 1853년 그의 함대를 몰고 강압적으로 일본의 문을 열

---

[87] Ibid., 187.

[88] J. Cox, *The British Missionary Enterprise since 1700* (New York and London, 2008), 184, 206-7.

었는데, 이는 일본 사회에 혁명적인 변화를 가져오는 계기가 되었다. 일본은 1868년 지난 두 세기 동안 이어져오던 도쿠가와 막부(Tokugawa Shoguns)의 권력 독재를 종식시키고 왕정 체제를 복구하였다. 미국인들은 일본에 도착한 후 놀랍게도 이 구석진 곳에 기독교인들이 모든 역경을 극복하며 살아남아 있다는 사실에 놀랐다. 이 기독교인들은 바로 오래전 한때 일본 군도에서 번성했다가 극심한 박해를 받으며 억압당했던 가톨릭교도들이었다. 하지만 이러한 과거 유산의 재발견에도 불구하고 기독교는 그 이후 일본에서 새로운 꽃을 피우지는 못했다. 일본은 열정적으로 서구 개신교권 문명을 수용했다. 그들의 수입 물품에는 엄청난 양의 일본어 번역본 성경도 포함되어 있다. 그럼에도 일본에서는 기독교로 개종한 사람은 극소수에 불과하였다. 성경이 일본에서 대중적으로 보급되었다는 증거는 사무엘 스마일즈(Samuel Smiles)의 저명한 책, 『자조론』(Self-Help)이 일본에서 백만 부 이상 팔린 것에서 추정할 수 있다. 이는 영국과 미국에서의 판매량을 훨씬 능가하는 수치였다. 이러한 책들은 일본의 속성 근대화를 위한 교본이 되었다. 일본 관료들은 일상 업무에서 서구식 의복을 수용했고, 불교식 채식주의를 폐기하고 육식을 즐기게 되었다. 그들은 육식을 즐기는 식습관이 서구인이 강성한 제국을 세우는 데 큰 도움이 되었다고 여긴 듯하다.[89]

한국 기독교의 기원은 종교개혁 이후 전 세계로 퍼진 기독교 확장의 역사에서 매우 특이한 경우이다. 한국은 상대적으로 기독교와의 접촉이 매우 늦은 나라이다. 그때는 가톨릭 선교가 현격하게 퇴조의 길에 들어선 시기였고, 개신교가 그 뒤를 이어 선교에 눈뜬 시기는 한국선교가 시작된 지 약 10년 뒤인 1790년대였다. 한국의 기독교는 그 시초부터 스스로 복음을 접하고 전하는 모습이 두드러지며 매우 토착적인 성격을 지닌다. 그 근원지는 가톨릭 선교가 어느 정도 허용되었

---

89 Bayly, *The Birth of the Modern World 1780-1914*, 319.

던 중국의 수도, 베이징(Beijing)으로부터였다.[90] 한국에서 가톨릭교회는 극심한 박해와 고난을 겪었다. 17세기 일본과 캐나다를 통해 가톨릭 선교가 이루어지긴 했지만, 가톨릭교는 한국에서 전혀 알려진 바 없었다. 같은 시기 프랑스에서도 가톨릭교는 가혹한 프랑스혁명 정부의 독재 아래 비참한 처지에 놓여 있었다. 당시 한국에서 불교와 혼합된 샤머니즘이 융성했고, 오래전 중국에서 유입된 유교가 통치 이념으로서 굳건히 자리 잡고 있었다. 18세기 후반 한국 사회는 극심한 곤경에 빠져 있었다. 여러 차례 자연재해를 겪었고, 지속적인 정부의 혼란과 무능으로 백성은 큰 어려움을 겪었다. 바로 그때 한국의 종교는 이 대내지향적인 왕국을 위해 어떤 일을 할 수 있을까? 바로 이것이 한국의 양반 계층(Yangban, scholar-bureaucrat elite) 가운데 개혁적 인물들이 던진 질문이었다. 이들은 개혁파 유학자들이었고, 자신들이 이 난국을 위해 하늘의 선택을 받은 사람들이라는 시대적 소명의식을 가지고 있었다.

이러한 개혁적 양반 중 한 명이었던 이승훈은 이 위기 상황에서 새로운 해답을 제공하였다. 이승훈이 외교 업무로 베이징에 머무는 동안, 그는 가톨릭 신자가 되어 영세를 받았고, 그가 전해 받은 복음을 전하기 위해 고국으로 돌아왔다. 고향에서 그는 그의 사회적 지위를 망각하고 조상님들을 경외하지 않는다는 이유로 그의 부친을 포함한 많은 사람들의 비난을 받았다. 하지만 그는 이러한 가족 관계와 사회적 친분을 통해 자신의 신앙을 전파하였다. 그들은 대부분 개혁정신을 공유하고 있던 사람들이었다.[91] 한국 정부는 처음에는 가톨릭교를

---

90 이에 대해 다음 글을 참조. A. J. Finch, "A Persecuted Church: Roman Catholicism in Early Nineteenth-century Korea", *JEH*, 51 (2000), 556-80. 다음 글도 함께 참조. A J. Finch, "The Pursuit of Matyrdom in the Catholic Church in Korea before 1866", *JEH*, 60 (2009), 95-118.

91 J. K. Choi, *The Origin of Roman Catholic Church in Korea: An Examination of Popular and Governmental Response to Catholic Mission in the Late Chosôn Dynasty* (Cheltenham, 2006), esp. 25-6, 62-89, 364-70.

'불교의 한 분파' 정도로 여겼고, 단지 그 경전을 불태우는 것으로 대응하였다. 그러나 한국 정부는 이후 한국 개신교를 바라보며 같은 반응을 보였던 것처럼 가톨릭교 사상에 큰 충격을 받았다. "어떻게 예수라 불리는 인간을 절대자(the Divine Being)로 숭배할 수 있다는 말인가? 이보다 더 끔찍한 죄악이 어디 있다는 말인가?"라며 탄식하였다.[92] 한국 정부는 가톨릭교에 대한 즉각적인 탄압에 들어갔다. 이승훈이 고국에 돌아온 1784년부터 첫 번째 큰 박해가 시작된 1801년까지, 한국의 가톨릭교는 처음에는 한국의 양반 계급의 지식인들을 통해 전파되었고, 그때까지 약 1만 명 정도의 신자가 있었다. 당시 한국에는 1795년에 입국한 단 한 명의 중국인 사제만이 있었을 뿐이나, 그도 1801년에 순교하였다. 즉 한국의 가톨릭교는 아주 특별하게도 철저히 평신도 중심이었다. 그 다음 사제는 한국 입국의 어려움 때문에 1833년까지 단 한 명도 없었다. 로마교황청은 한국을 프랑스의 파리외방선교회(Etrangères de Paris) 관할지로 지정하였다. 그때까지 프랑스는 극동 지역에 군대를 주둔하고 있지 않았기 때문에 프랑스 가톨릭교회가 한국에 진출하는 데 큰 어려움이 없었던 것 같다.

한국에서 기독교는 계속된 나라의 어려움으로부터 구원을 간구하며 많은 사람들에게 전파되었고, 왕조는 이 이방 종교를 철저히 파괴하기 위해서 계속 박해하였다. 가장 극심한 박해는 1866년부터 1871년 사이 이루어진 최후의 박해로 수천 명의 신자들이 모진 고문을 당하고 목숨을 잃었다. 이 모진 고난 가운데 한국의 가톨릭교도들은 초기 기독교 신자들이 세상을 부인하고 순교당한 이야기를 상기하며 용감하게 버텨냈다. 아프리카의 경우처럼, 한국 가톨릭교도들에게 독신주의는 크게 권장할 만한 요소가 아니었다. 한국의 사회적 구조는 이를 수용하기도 실천하기도 어려웠다. 일례로 한국의 기해년(1839-1840)에 이루어진 박해에서 순교하거나 체포된 63명의 성인 여성 가

---

[92] Ibid., 107. 인용문은 1785년의 기록임.

운데 불과 9명만이 미혼여성이었다.[93] 1871년까지 한국 가톨릭교 안에는 성직자가 거의 없었다. 따라서 대부분의 신앙교육은 평신도들의 몫이었다. 라틴계 가톨릭 회중에서 이런 경우는 극히 드문 일이다. 평신도가 집전하는 영세는 가톨릭 역사에서 이론적으로는 수용될 수 있었어도 실제로는 거의 이루어진 바 없었지만, 한국에서는 매우 일반적이고 필수적인 일이었다. 교회 권위자들이 이전에 허용하였는지 알 수 없지만, 이와 상관없이 일부 평신도 영세 집전자는 곧 죽음이 임박한 비기독교인 부모의 아이들에게도 영세를 베풀었다.

일찍부터 한국의 기독교인들은 자신들의 고유한 문화유산에 대한 자긍심을 강조하였다. 이는 왕궁이 중국에서 유입된 사상과 문화에 의해 주도되고 있던 것과는 대비되는 모습이었다. 자신들의 신앙 메시지를 더 널리 전파하기 위해서 한국 기독교인들은 15세기 한국 왕조가 발명한 독특한 문자인 한글(han'gul)을 널리 사용하였다. 또한 그들은 이 한글로 자신들의 인쇄물을 발간하며 자신들의 문학을 발전시켰다. 이 한글은 중국의 상형문자 체계와는 전혀 다른 표음문자였고, 오랫동안 한국의 지식인들에게 무시되어 왔다. 기독교인들이 자신들의 문자를 적극적으로 활용한 것은 20세기 들어 이루어진 전반적인 한글 부흥의 전조가 되었다. 1870년대 한국 왕조는 뒤늦게나마 원치 않는 개항을 허용하였고, 많은(주로 미국인) 개신교 선교사들이 한국에 입국하였다. 그들은 이전의 가톨릭 선교 사례를 학습하며, 교회 건립에 현지인들의 역할을 강조하였다. 1907년 한국의 여러 장로교인들은 독립적이고 자치적인 하나의 연합 장로교를 형성하였다. 한국 기독교는, 중국의 경우처럼, 외세에 의해 흔들리며 몰락해가는 국운의 상황에 깊이 관여하였으며, 일찍부터 매우 토착적인 성격으로 세워졌다. 이런 의미에서 한국의 기독교가 가톨릭교와 개신교 모두 1910년 일본군에 의해 강제적으로 국권을 상실하고 점령당한 수십 년 동안에

---

[93] Finch, "A Persecuted Church", 568.

도 한국의 민족적 정체성을 강하게 지속했던 것은 그리 놀랄 만한 일이 아니다. 그들은 1945년 해방될 때까지 일본에 저항하였고 이로 인해 많은 고난을 겪었다. 한국인들은 이 사실을 결코 잊지 않고 있다. 한국인들의 지난 역사 속에서 기독교의 위치는 국가의 고난과 영광을 상기시킨다. 이곳에서 기독교는 오히려 식민주의에 대한 동조가 아니라 저항의 상징이었다. 이런 의식이 한국 기독교가 지난 반세기 동안 엄청난 역동성 가운데 성장하게 된 가장 큰 동력일 것이다.

6. 미국: 새로운 개신교 국가

동아시아의 기독교 선교를 돌아보면 영국의 주도적 역할이 새로운 개신교 세력인 미국으로 이동되는 모습을 발견할 수 있다. 19세기 초 미국은 영국의 지배에서 벗어나고자 분투했고, 마침내 1812년 전쟁에서 압승을 거두었다. 그리고 19세기 말 미국은 북미 대륙 전체로 확장되었고 태평양 전반에(trans-Pacific) 막강한 세력을 가지게 되었으며, 그 영향력은 오늘까지 지속되고 있다. 연방정부가 서부로 영토를 확장해 가면서, 기독교 역시 19세기 내내 지속적인 열정으로 발전하였다. 독립전쟁 당시 제1차 대각성운동의 요란함이 있긴 했지만, 기독교인은 미국 인구 중 불과 10퍼센트에 불과했고, 대다수의 사람들은 공식적으로 교회 활동에 참여하고 있지 않았다.[94] 1815년에 들어 적극적인 교인의 수는 전체 인구의 25퍼센트까지 늘어났고, 1914년에는 거의 절반으로 증가하였다. 같은 시기 미국의 인구는 자연적 증가와 이민을 통해 8백 40만 명에서 1억 명으로 급증하였다. 이러한 성장은 미국 사회의 역동성, 자유, 높은 교육열, 사회적 기회의 가능성 등이 반영된 결과였다. 기독교 신앙은 그 부흥의 역사에 있어 이러한 미국

---

[94] Handy, 145.

의 경제와 산업을 이끌어온 경쟁과 혁신의 정신에 많은 혜택을 받았다.⁹⁵ 미국인들에게 자신들의 성취는 분명 스스로 자긍심을 가질 만한 것이다. 이러한 미국인의 자긍심은 특히 그들의 종교적 언어들에서 더욱 잘 표현될 수 있다(이는 미국인들이 원주민들에게 행했던 일들에 대한 양심을 외면하면서, 그들이 이 땅에서 이루어낸 성취가 하나님의 섭리와 축복이 었다는 믿음이기도 하다). 그들에게 심지어 미 대륙 횡단 철도를 놓는 일까지도 하나님의 위대한 계획이었다. 이러한 믿음은 북미지역(Yankee) 부흥사에서 성공회 사제로 전향한 칼빈 콜튼(Calvin Colton)이 1850년에 지은 다음의 찬가에 잘 나타나 있다.

> 아주 오래전 한 가족이었던 우리 인류는 바벨탑으로부터 세계 각지로 흩어지고 말았다…이후 서로 다른 언어로 분리된 사람들은 이제 또 다른 영원한 기념비 앞에 한데 모이게 되었다. 이는 하나님의 뜻을 거스르는 인간의 교만으로 말미암은 것이 아니라, 전제정부의 압제로부터의 자유를 열망하며 이루어진 것이다. 이제 이 일을 완성하기 위해 우리는 이 대륙을 횡단하는 강철의 끈으로 연결되어야 한다.⁹⁶

미국의 교인 대부분과, 또한 권력의 중심에 있던 인물의 절대 다수는 다양한 교파 소속의 개신교인들이었다. 물론 로마가톨릭교회 역시 19세기 동안 가톨릭 이민자의 유입으로 그 인구가 크게 증가하였고, 1850년경에는 미국 내 단일 교파로는 최대 그룹이 되었다. 독립혁명으로 인해 미국에는 새로운 교회들이 설립되었다. 사실 1776년 이전

---

95 통계는 다음 자료에서 인용하였다. M. A. Noll, "'Christian America' and 'Christian Canada'", in Gilley and Stanley (eds.), 359-80. 현대 미국 종교 안의 상업적 정신에 대한 토의는 다음 책에 잘 나타나 있다. J. Micklethwait and A. Woodbridge, *God is Back: How the Global Revival of Faith is Changing the World* (London, 2009), 170-91.

96 C. Colton, *A Lecture on the Railroad to the Pacific* (New York, 1850), 5. James D. Bratt, "From Revivalism to Anti-revivalism to Whig Politics: The Strange Career of Calvin Colton", *JEH*, 52 (2001), 63-82. at 82에서 재인용.

에는 미국 안에서 새로운 교회를 창설하는 것이 거의 불가능했다.[97] 미국 감리교는 이러한 영향 가운데 새롭게 세워진 첫 번째 사례이다. 미국 감리교는 존 웨슬리의 반대를 냉정하게 외면하고 1787년 스스로 자신들의 감독제도(episcopal structure)를 창립하였다. 1787년 미국 감리교 총회에서 그들의 위대한 지도자의 명령을 의제에서 의도적으로 누락시켰다. 감리교도들은 침례교인들과 함께 수십 년간 이 새로운 개신교 국가에서 가장 많은 성장을 이루어냈다. 이들이 이 기간 이뤄낸 부흥은 이후 '제2차 대각성운동'(Second Great Awakening)으로 기억되고 있다. 같은 기간, 미국 감독교회(Episcopalian)는 사람들에게 외면당했고, 미국 북동부의 청교도 교회들도 부분적으로 침체되었다.

독립혁명에서 절대적인 역할을 감당했던 뉴잉글랜드 회중교회(Congregationalism)는 그 선도적 위치와 문화적 주도권을 상실하며 큰 혼란을 경험하였다. 또한 이들은 개혁주의 신학의 후예이지만, 서로 다른 신학적 입장으로 양분되었다. 회중교회 성도의 상당수는 계몽주의의 후예들이었고, 새로운 국가를 위해 보다 합리적인 신앙을 추구하였다. 이들의 회중은 점차 유니테리언주의적인 성격으로 전이되었다. 다른 한 편은 이러한 흐름에 저항하였다. 그들은 자신들의 개혁주의 예정론을 더욱 온건하게 재정립하기 원했다. 또한 그들은 미국의 독립선언의 이상을 기독교적으로 적용하기 위하여 다양한 형태의 도덕적 그리고 사회적 캠페인을 전개하였다. 이들에게 그것은 하나의 각성(Awakening)이었다. 이들은 미국의 모든 지역에서 많은 캠페인을 전개했다. 남부에서는 특히 노예제도에 대한 반대운동이 두드러졌고 (북부의 경제적 관심은 노예제도를 필요로 하지 않았다), 금주운동도 중요한 이슈였다. 특히 금주운동은 모든 지역에서 여성들에게 많은 지지를

---

[97] 제7일침례교 분파(a Seventh-day Baptist sect)인 로저파 퀘이커교(the Rogerenes)는 예외의 경우이다. 이 교회는 1674년 코네티컷(Connecticut)에서 John Rogers에 의해 창립되었다. 이 교회는 이후 한 세기 정도 지속되었다. Handy, 48. (미국 내 가톨릭교회에 대해서는 본서 제24장 6. 참조하시오).

받았고, 복음주의자들에 의해 주도되었다. 복음주의자들은 이를 위해 예수님이 가나의 혼인잔치에서 베푸신 놀라운 기적 사건에 대한 주해를 의도적으로 회피하기도 하였다. 금주운동은 이후에도 미국에서 계속 중대한 문제로 전개되었다.[98]

부흥의 물결은 남부에서 그리 고상하지 않은 요란한 모습으로 시작되어 점차 애팔래치아 산맥(Appalachian Mountains) 서쪽 주민들과 연계되며 증폭되었다. 이곳에서는 지난 세기의 첫 번째 대각성의 모습이 재현되고 있었다. 하지만 이전 회중들은 집회 중 침묵해야 했지만, 이번에는 예식적인 형식이 무너지고, 매우 소란스런 반응을 보이는 모습으로 나타났다. 이전의 회중들은 자신들의 성례에서 17세기 스코틀랜드와 북아일랜드 얼스터(Ulster)의 양식과 전통을 따르는 개척자들의 잠잠한 '캠프 모임'(camp meeting)을 표방했지만, 19세기 회중들에게서는 요란스럽게 노래하고, 펄펄 뛰고, 심지어 짐승 소리를 내는(barking) 현상들까지 나타났다. 개신교는 지난 두 세기 동안 설교자의 말씀과 성가대의 준비된 찬송에 의존했지만, 이제 성도들의 몸짓(physicality)과 자발적 참여를 재발견한 것이다. 이러한 새로운 열정적 스타일의 예배와 인간의 죄악과 그리스도의 구속에 대한 선포를 강조한 부흥운동은 복음주의 정서 안에 잘 수용되었다. 그것은 지난 역사 가운데 두드러졌던 고백주의적 경건을 뛰어 넘는 것이었다. 부흥운동은 감리교와 침례교, 장로교 안에 폭넓게 퍼졌다. 목회자들은 이런 현상을 기꺼이 허용했을 뿐 아니라, 회중들이 자신들의 감정을 외향적으로 표출할 수 있도록 이런 부흥의 기법들을 적극적으로 활용하였다. 이런 부흥운동의 그 첫 번째 발흥은 1800년 켄터키(Kentucky) 주 개스퍼 강(Gasper River) 주변에서 일어났다. 그 회중의 담임목사는 장로교 소속이었지만, 그 집회에서 불을 뿜어낸 사람은 감리교 설교자

---

[98] 가나의 기적에 대한 복음주의자들의 주해적 어려움에 대해서는 다음 책을 참조. P. J. Gomes, *The Good Book: Reading the Bible with Mind and Heart* (New York, 1996), 78-83. (금주운동에 대해서는 본서 제24장 6. 참조하시오).

였다. 개혁주의와 아르미니우스주의의 상이한 전통 안에 있던 두 사람이 함께 울부짖는 군중 앞에 선 것이다. 칼빈과 멜랑히톤이 이 광경을 본다면 아마 경악했을 법한 '놀라운 은혜'였다.[99] 이신론자들이었던 미국 건국 시조들(Founding Fathers)의 목소리는 사람들의 관심에서 점점 사라지는 분위기였다. 워싱톤과 필라델피아, 보스톤의 주요 인사들은 이런 열광적인 회중들에 대해 많은 관심을 가지고 주목하기 시작했다. 왜냐하면 이들 가운데 선거에 참여할 수 있는 성인 남성들의 수도 크게 증가했기 때문이다. 즉 미국의 정치가들은 처음으로 복음주의 유권자들에게 큰 관심을 기울이게 된 것이다.

무법천지의 거친 농장 지역에서도 교회의 확산은 두드러졌다. 이 지역에는 백인들에 의해 쫓겨난 성난 원주민(Native Americans)들이 도사리고 있어서, 사람들에게는 언제라도 그들이 공격해올지 모른다는 두려움이 있었다. 이들 교회는 엉성한 가건물로 예배당을 지은 경우가 대부분이지만, 그럼에도 사람들에게 거듭남과 제자도를 강력하게 외쳤고, 점차 가장 원초적인 형태의 기독교의 모습으로 발전해나갔다. 이 시점에 미국의 복음주의 기독교는 다시 종말에 대한 예언들이 나타나기 시작했다. 과연 어느 지역이 가장 순수한 기독교의 모습을 간직하고 새로운 시대를 여는 개척자들의 땅이겠는가? 그들은 아마도 하나님의 마지막 드라마의 무대는 낡은 유럽이 아니라 미국일 것이라고 생각했다. 위대한 조나단 에드워즈가 이미 이 땅에 이러한 소망의 축복을 하지 않았던가? 이러한 질문에 단호하고 확신에 찬 대답을 제공한 사람은 윌리엄 밀러(William Miller)였다. 밀러는 당대 많은 미국의 신자가 지향하던 '개신교 국가, 미국'(Protestant America) 건립의 영적 비전을 잘 대변해주는 한 사례를 주도했다. 그는 뉴잉글랜드 버몬트(Vermont)의 외딴 농장 지역 출신으로 이신론적인 이성적 신앙을 강조하던 침례교회에서 자라났다. 이후 밀러는 자신의 교회를 탈퇴하

---

99 Handy, 166.

고, 종말의 징조를 찾고자 열망하며 부흥운동에 참여하였다. 그는 자신의 킹 제임스 성경 여백 부분에 어서 대주교(Archbishop Ussher)의 연도를 적어가며 성경을 깊이 탐독하였다. 그는 침례교에서 안수를 받고 전국을 돌며 1843년 그리스도의 재림(Advent of Christ)을 설교하였다. 많은 사람들이 이에 열광적으로 반응하였지만 예언이 불발되자, 그는 다시 1844년에 재림할 것이라고 외쳤다. 이때에는 더 많은 사람들이 그의 예언을 추종하였다. 하지만 예언은 이루어지지 않았고 사람들은 크게 실망하였다.

밀러는 침례교인들의 비난을 사게 되었지만, 진정한 종말론자는 결코 포기를 모르는 법이다. 그는 소수의 추종자들을 이끌고 버몬트로 물러가서 분을 삭이고 있었다. 19세기 미국에서 환상을 보며 예언하는 많은 소녀들 가운데 앨런 하몬(Ellen G. Harmon)이 있었다. 그녀는 얼마 후 재림주의자(Adventist) 제임스 화이트(James White)의 아내가 되었다. 그녀는 10년 이상 미국 안에 어수선한 논쟁을 불러일으킨 인물이다. 저렴해진 인쇄 비용은 화이트 여사의 시급한 캠페인을 널리 알리는 데 큰 도움이 되었다. 그녀가 본 2천 회 이상의 환상에 대한 기록은 모두 출판되어 사람들에게 보급되었다. 여기에는 그녀의 두드러진 식이요법은 언급되지 않았다. 그 추종자들은 곧 제7일안식일예수재림교(Seventh-Day Adventism, 우리나라에서는 간단히 안식교라고 불린다-역주)란 이름으로 알려지며, 다시 한 번 미국에 묵시론이 널리 퍼지게 되었다. 이전의 제7일침례교(Seventh-Day Baptists)처럼, 이 운동도 유대교의 안식일을 따라 일요일이 아닌 토요일을 성일로 지켰다. 이전에 영국의 급진적 복음주의자들이 준수했던 채식주의를 지키는 사람들은 오늘날 화이트 여사의 후원자이며 동업자인 존 켈로그(John H. Kellogg)에게 많은 식품을 구입하고 있다. 그의 아침 식사용 시리얼과 자선사업을 통해 안식교는 전 세계에 번져나가 오랫동안 지속될 수 있었다.[100] 밀러의 예언은 자신과 같이 대중적인 흡입력을 가진 인물들을 통해 계속 지속되었다. 밀러파에서 나온 한 세력은 여호와의 증인(Jehovah's Witnesses)을 형성하였다. 이들은 주로 수혈에 대한 거부와 함께 천년왕국 신봉자(millenarian), 또한 평화주의자(Pacifist)로 대중에게 인식된다. 이런 예언적 종말론자 중에 최근의 중요한 사례로 버논 하웰(Vernon Howell)을 꼽을 수 있다. 그는 스스로 자신의 이름을 데이비드 코레쉬(David Koresh)로 개명하였다(그의 새로운 이름은 바벨론 포로에서 유대인들을 구원한 페르시아의 왕 고레스(Cyrus)에서 따 온 것이다). 그는 1933년 텍사스 주 와코 시(Waco)에서 그를 신봉하는 사람들과 더불어 아주 끔직한 종말 사건을 일으켰다. 이 사건 이후 코레쉬의 추종자들과 연방정부 사이의 미숙한 처리로 인한 충돌이 일었고, 티모시 멕베이(Timothy McVeigh)는 2년 후 코레쉬에 대한 복수로 오클라호마시티(Oklahoma City)에서 끔찍한 폭발 사건을 일으켰다. 이 사건 역시 콘플레이크(corn flakes)와 더불어 밀러가 남긴 유산이다.[101]

미국은 매우 부지런하고 창의적인 서구권 사회였다. 이곳에서 기독교는 매우 창의적으로 재구성되었다. 강신술(Spiritualism)과 예언적 여성에 의해 창립된 크리스천 사이언스(Church of Christ Scientist)는 둘 다 미국과 서구권, 그 너머 지역으로 퍼져 나갔다. 제2차 대각성운동 기간 중에 새롭게 시작된 종교기관 가운데 가장 극단적인 경우는 조셉 스미스(Joseph Smith)가 창립한 모르몬교(Mormonism)였다. 이는 가시적으로 19세기 불황과 사회적 불확실성을 벗어나고자 했던 재능있는 젊은이들의 연합체였다. 모르몬교는 당대의 다채로운 종교적 격동에

---

100 Ahlstrom, 479-81. 오늘날의 채식주의의 기원이 된 영국의 급진적인 Lancashire 비국교도(Dissent)에 대해서는 다음 글을 참조. S. J. Calvert, "A Taste of Eden: Modern Christianity and Vegetarianism", *JEH*, 58 (2007), 462-81.

101 안식교도들(Adventists)은 자신들을 코레쉬파의 신학적 선조로서 언급하는 것에 대해 마땅히 격노할 것이다. 하지만 양자의 사상적 계보나 그 기관인적 역사적 연계성은 부인하기 어렵다. 다음 책을 참조. K. G. C. Newport, *The Branch Davidians of Waco* (Oxford, 2006), esp. 11-2, 25-46, 216-21, 325-6.

영감을 얻었고, 또한 다른 곳에 없는 새로운 모습을 개척하면서 발전하였다.[102] 모르몬교는 스미스보다 아홉 살 연하의 홍수전과 여러모로 유사했다. 스미스가 이루고자 했던 천국은 태평천국보다 더 오래 지속되었고 덜 폭력적이었다. 하지만 이 두 사람은 모두 젊은 나이에 비참한 죽음을 맞이했다. 스미스는 버몬트의 가난한 시골에서 태어났다(그 지역은 밀러가 새롭게 결혼 생활을 시작했던 곳과 매우 가까운 곳이다). 이후 그는 가난에서 벗어나고자 뉴욕으로 이주하였다. 그곳에서도 스미스는 가난했고 좋은 교육을 받지 못했다. 어린 시절 스미스는 미국 원주민들이 땅 속에 숨겨놓은 보물찾기에 깊은 관심을 가졌다. 또한 그는 기회가 되는 대로 많은 사람들과 대화를 나누었고, 많은 책들을 탐독했다(성경 역시 당연히 그가 즐겨 읽은 책이었다). 그 소년은 몽상가였고 외향적인 매력이 있었으며, 자신이 마주한 수많은 문화(복음주의, 자기계발, 대중적 고고학, 프리메이슨 등) 가운데 잃어버린 세계에 대한 아이디어를 구상했다. 이는 홍수전이 바라본 미래의 천국만큼이나 놀라운 비전이었다.[103]

1827년 조셉 스미스가 결혼한 지 얼마 지나, 그에게 흰옷을 입은 천사, 모로니(Moroni)가 신비하게 방문하기 시작했다. 스미스에 따르면, 모로니는 오래전 미 대륙의 거주자였으며, 그에게 금판에 새겨진 물건을 가져다주었다. 사실 이 금판을 실제로 본 사람은 오직 스미스뿐이었다. 그 금판이 이후 사라지게 된 것은 그것을 발굴한 것만큼이나 신비로운 일이다. 그 금판에 새겨진 메시지는 반문맹인 22살의 스

---

[102] 모르몬교의 기원과 발전에 대한 균형 있고 비교적 호의적인 설명은 다음 책에 잘 요약되어 있다. Ahlstrom, 501-9.

[103] Smith와 프리메이슨과의 연관성에 대해서는 다음 글을 참조. D. Davies, "Moron History, Text, Colour, and Rites", *JRH*, 31 (2007), 305-15. at 312-4. 스미스는 시각에 문제가 있던 것으로 추정된다. 이에 대해서는 다음 책을 참조. F. M. Brodie, *No Man Knows My History: The Life of Joseph Smith* (New York, 1945), 405-6. 모르몬교 공동체 안의 인물들에 대한 학술적 전기는 다음 책을 보라. R. L. Bushman, *Joseph Smith and the Beginnings of Mormonism* (Urbana and Chicago, 1984).

미스에 의해 킹 제임스 성경과 유사한 문체의 영어로 번역되었다(매우 경건했던 그의 두 번째 부인과 이후의 두 친구들은 커튼 뒤에서 스미스의 구술을 받아 적었다). 그 책의 양은 꽤 길었고, 1830년에 출판되었다. 이 책은 아주 오래전 모로니의 아버지였던 모르몬(Mormon)에 의해 기록되었다. 그 책의 내용은 하나님의 백성과 그들의 적들 그리고 4세기 경 그들이 점차 사라지게 되었다는 것이다. 이 사람들은 이스라엘 백성이나 팔레스타인 거주자가 아니라 미국에 살던 사람들이며, 그들을 파괴한 대적들은 스미스의 마을 사람들이 붉은 인디언들(Red Indians)이라고 부르는 미국 원주민들이었다.[104] 이제 모르몬교의 영적인 후손들은 마지막 때에 그들의 유산을 복원하게 될 것이다. 폰 브로디(Fawn M. Brodie)는 스미스의 삶에 대한 고전적 전기를 썼는데, 그녀는 이로 인해 모르몬교 교회에서 출교당하고 말았다. 브로디는 모르몬경(Book of Mormon)을 다음과 같이 평가한다. 이 책은 "당대 유행하던 다른 영문학 작품들에게 아무런 영향도 받지 않은 가장 오래된 프론티어 소설(frontier fiction)이며 가장 오래된 양키 이야기이다."[105] 당시에는 '잃어버린 종족'(lost race)과 관련된 장르의 소설들이 있었다. 한 세기 후 톨킨(J. R. R. Tolkien)의 『반지의 제왕』(The Lord of the Ring) 이야기는 의도적이든 그렇지 않든 스미스의 작품과 유사한 영국 가톨릭 판타지이다. 오늘날 대부분의 사람들에겐 톨킨의 문장이 훨씬 흥미있고 쉽게 읽혀지긴 하겠지만, 톨킨의 이야기는 그 전개에 있어 모르몬경과 많은 부분에서 동일한 성격을 지니고 있다.

그리하여 모르몬교는 스미스가 받은 영감에 의해 설립되었다. 그들의 공식적 명칭은 말일성도예수그리스도의교회(Church of Jesus Christ of Latter-Day Saints)이다. 어떤 의미에서 모르몬교는 잃어버린 진정한 기독교의 회복(restoration)을 지향하였다. 많은 유토피아 그룹들이 그

---

104 모르몬경(Book of Mormon)에 대한 호의적인 해설은 Ibid., Ch. 4를 참조.
105 Brodie, *No Man Knows My History*, 67.

러하듯, 모르몬교도들은 다함께 새로운 이상 사회를 찾아 개척자의 길을 나서게 된다. 그 첫 번째 정착지는 오하이오(Ohio)였다. 이후에도 그들은 여러 장소로 옮겨 다니게 된다. 스미스와 또한 그와 함께한 지도자들은 국가 정치와 경제에 깊게 관여하길 원했다. 그리고 그들의 야망은 그들의 이웃들을 위협하고 진노하게 만들었다. 마침내 스미스는 1844년 대선에서 미국의 대통령 후보로 입후보하였다. 그로 인해 그는 반모르몬교 사람들과의 대결 가운데, 자경단원에 의해 사살되었다. 그의 동생은 모르몬교에 적개심을 가지고 있던 지방 신문사를 협박했다는 이유로 수감되어 재판을 기다리는 동안, 일리노이 (Illinois) 형무소에서 사망하였다. 하지만 이것이 모르몬교의 끝이 아니었다. 홍수전에게 홍인간이 있었듯이, 스미스의 오랜 보좌관 중 한 명이었던 브리검 영(Brigham Young)은 모르몬교의 지휘권을 이어 받아 비난받는 무리들을 신실하게 이끌고 마지막 순례의 길을 나섰고, 이로 인해 그들의 운동은 위기에서 살아남게 된다. 그들은 서쪽을 향해 백일 이상을 마차로 이동하여 유타(Utah)에 당도하게 된다. 그 지역은 태평천국 반란군이 한때 점령했던 영역과 맞먹는 광활한 땅이었다. 그들은 미국 정부가 허용해준 그 광야 지역에 정착하였다. 그들은 더 넓은 미국 사회가 신중하게 자신들을 받아들여주기까지 길고 험한 길을 걸어야 했다. 이는 스미스가 사망한 이후인 1852년에 출판된 그의 마지막 계시 중 하나로 인한 것은 아니다. 이 책에는 전쟁과 개신교의 아프리카 선교에 대한 흥미로운 암시가 담겨 있다. 또한 그는 미국이 일부다처제를 인정해야 한다고 주장하였다.

　　브리검 영은 말년에 자신이 "무덤을 염원했다"(desired grave)고 회고하였다. 그는 1843년에 처음 이에 대해 언급한 바 있다. 그는 이후 자신의 삶을 통해 이를 충실하게 이행하였다. 그에 대해 중립적 입장에서 기록한 한 전기 작가는 솔트레이크시티(Salt Lake City)에 위치한 "그의 집은 겉보기에 험악한 무채색의 옷을 입은 한 명의 부인 대신에 19명의 아내가 있었다는 것을 빼고는 뉴잉글랜드의 대가족 집안과 다를 것이 없었다"고 기록하고 있다. 스미스의 생전에 그의 비밀스런 많은 부인들을 용납하며 참아냈던 엠마 스미스(Emma Smith)는 남편을 잃은 후 비모르몬교도와 재혼하였다.[106] 1890년 모르몬교의 중심교회들이 일부다처제를 폐지했지만, 많은 모르몬교도들은 이러한 결정에 대해 전혀 알지 못했다(일부는 지금도 이런 사실을 모르고 있고, 그들은 여전히 유타와 애리조나에서 은둔적인 삶을 살고 있다. 유타는 1896년에 미국의 공식적인 주가 되었다).[107]

일부다처제가 19세기 사회정서에 맞지 않는 문제로 여겨졌다면, 20세기 말에는 또 다른 모르몬교 고유의 관습에 파격적인 변화가 생겼다. 1978년 모르몬교는 모든 성인 모르몬교도들의 제사장 정신에 입각해 흑인 자손들도 백인들처럼 사제직에 임명될 수 있다는 계시를 전했다. 본래 흑인들은 백인들처럼 사제가 될 수 없었지만, 이러한 논쟁적인 문제가 시대에 따라 폐기된 것이다.[108] 젊은 스미스가 희망했던 대로 모르몬교는 전 세계로 확장되어 번성해나갔다. 또한 그들의 메시지를 전하고 확장하는 조직적인 접근은 복음주의 기독교를 능가한다. 모르몬교는 교리적으로 족보를 강조한다. 이는 조상에 대한 사후세례(posthumous baptism)에 대한 그들의 믿음의 동기가 되었다. 이것은 특히 다른 나라로부터 미국으로 이민 온 사람들에게 강력한 선교의 동기로 작용하였다. 미국 내에서 모르몬교의 성장은 괄목할 만한 것이다. 이제 모르몬교는 미국에서 네 번째로 큰 기독교 교파가 되었다고 주장할 만큼 크게 성장했다.[109]

---

[106] M. R. Werner, *Brigham Young* (New York, 1925), 136, 350, 195; Brodie, *No Man Knows My History*, 399.

[107] 오늘날 일부다처제를 수용하는 분파에 대한 매우 다양하고 상세한 설명은 다음 책을 참조. J. Krakauer, *Under the Banner of Heaven: A Story of Violent Faith* (London, 2003), esp. 10-40, 259-76, 334-9.

[108] Davies, "Mormon History, Text, Colour, and Rites", 309-11; Krakauer, *Under the Banner of Heaven*, 330-1.

[109] 이러한 수치는 다음의 책에서 근거한 것이다. E. W. Lindner (ed.), *Yearbook of American*

개신교 신앙이 전국에서 폭발적으로 부흥하던 미 공화국의 이면에는 어두운 그림자가 드리워지고 있었다. 영국 의회는 이미 1833년 노예제도 문제를 해결한 바 있다. 하지만 미국에서는 이로 인해 내전(Civil War)의 고통을 감내해야 했다. 남북전쟁 이전에 복음주의 국가인 미국은 모든 지역에서 같은 메시지를 나누고, 같은 찬송을 불렀다. 이제 이들은 다음의 세 그룹으로 분열되었다. 첫 번째는 북부에 거주하던 백인들이다. 이들은 점차 더욱 강한 분노 가운데 18세기 노예제도 폐지론자들의 주장을 반복하였다. 두 번째는 마찬가지로 분노에 차있던 남부 백인들이었다. 이들은 성경과 계몽주의 자료를 총동원하며 노예제도의 정당함을 주장하였다. 마지막은 미국의 흑인들이었다. 그들은 자유의 몸이 된 사람들과 여전히 노예신분으로 사는 사람들 모두를 포함한다. 그들은 북부 백인들과 같이 노예제도 폐지를 옹호했다. 남부 백인들 가운데는 노예제도가 백인들의 우월성을 대변한다고 여긴 사람들이 많았다. 또한 그들은 노예제도가 백인들을 같은 이데올로기 가운데 연합할 수 있는 근거라고 여겼다. 하지만 대다수의 남부인들은 실제로 노예를 소유하고 있지 않았고, 그 제도를 강력하게 고집해야 할 필수적인 이유도 없었다.[110]

1840년대 가장 큰 규모의 감리교와 침례교를 포함한 일부 미국 교회들은 노예제도 문제로 인해 양분되었다.[111] 그 경계는 각 주의 경계와도 일치했다. 예를 들어, 노예제도 폐지를 주장하는 퀘이커교의 본거지인 펜실베니아는 노예를 소유하고 있는 메릴랜드 주와 극명하게 나뉘어 있었다. 이러한 갈등은 1861년 미국 연방정부와 남부연합

---

and Canadian Churches 2008, compiled by the National Council of Churches.

[110] E. Fox-Genovese and E. D. Genovese, *The Mind of the Master Class: History and Faith in the Southern Slaveholders' Worldview* (Cambridge, 2005), 특별히 백인의 우월성에 대해서 215-24를 참조. 다음 책도 참조. M. A. Noll, *The Civil War as a Theological Crisis* (Chapel Hill, 2006), Ch. 4.

[111] Handy, 189-90.

(Confederate Southern States)과의 전쟁으로 치달았다. 그 표면적 이슈는 노예제도 자체가 아니라, 노예제도 문제를 자치적으로 결정할 수 있는 각 주의 권리에 대한 것이다. 공화당 소속 대통령이었던 에이브러햄 링컨(Abraham Lincoln)은 연방 정부군을 통솔하였다. 그는 어릴 때의 엄격한 칼빈주의 침례교 신앙에서 벗어나, 주요 미국 건국시조들의 냉정한 교리를 따르는 이성적인 유니테리언주의자였다. 그가 전쟁에 나서게 된 결심은 엄밀하게 독실한 기독교 도덕관에 따른 것은 아니다.[112] 하지만 이 전쟁은 이미 기독교적 도덕성에 입각한 투쟁이라는 수사학적 명분을 가지고 있었다. 이러한 명분은 집안 대대로 노예제도 폐지를 주장해온 엄격한 칼빈주의자, 존 브라운(John Brown)의 용감하고 단호한 행동에서 기인하였다.

브라운은 조셉 스미스와 비슷한 연배로 그와 같이 많은 논쟁을 불러일으킨 인물이다. 하지만 조셉 스미스에 비해 그는 사람들에게 보다 잠재력 있는 구약성경의 예언자로 인식되었다(그림 64). 그는 뉴잉글랜드 청교도 출신임에 깊은 자부심을 가지고 있었다. 그는 다른 노예제도 폐지론자와는 달리 중서부에서 자행되고 있던 폭력에 폭력으로 맞선 인물이다. 그의 행동은 예수님의 처형을 판결한 대제사장 가야바(Caiaphas)의 결정을 그대로 받아들이지 않고, 이를 뒤집어버리는 모습처럼 보였다. 그는 다음과 같이 선포했다. "캔자스를 노예제도가 없는 자유주(Free State)로 만들고자 찾아온 사람을 내모는 것보다는 차라리 악한 사람을 죽이는 것이 더 옳다." 1856년 그는 5명의 친노예주의 활동가들을 납치해 살해했다. 사실 이 사건은 용인되기 어려운 범죄였지만, 그럼에도 불구하고 그는 3년 뒤 하퍼스 페리에 위치한 연방 무기고를 탈취한 사건으로 북부에서는 노예제도폐지를 위해 목숨을 버린 순교자로 인식되었다. 그러나 그의 무기고 점령이 흑인들

---

112 Lincoln의 신앙의 성격에 대해서는 다음 책을 참조. R. J. Carwardine, *Lincoln: A Life of Purpose and Power* (New York, 2006), 7-8, 32-44, 226-7, 276-7.

의 폭동을 불러일으키는 데 실패하자, 그는 무기고에 반듯이 앉아 순교자가 되기를 기다리고 있었다. 브라운을 체포한 버지니아 주는 그가 일으킨 운동의 광적인 성격을 일시적으로나마 잊게 만들 목적으로, 결국 그를 사형에 처했다. 매사추세츠의 한 신문사 편집자는 그 광경을 다음과 같이 보도하였다. "이 집행은 자유주 주민들을 노예로 만들어버리는 것만큼 도덕적으로 끔직한 적개심을 불러일으켰다."[113] 북부군은 자발적으로 존 브라운의 시신을 두고 시를 지었고, 잊을 수 없도록 야외 집회의 쾌활한 선율을 붙였다. 이후 이 노래는 전쟁 기간 중 노예폐지론자 줄리아 워드 하우(Julia Ward Howe)를 통해 더 엄숙한 그러나 활기있는 공화국 찬가(Battle Hymn for the Republic)가 되어 북부군 사이에 널리 불리게 되었다. 본래는 그리스도와 연관된 가사의 일부가 브라운에게 적용되었다. "그가 죽을 때 인간은 깨끗하게 되었네, 이제 우리가 죽는다면 우린 사람들을 자유롭게 할 수 있다네."[114]

본격적으로 전쟁의 국면에 접어들면서, 대통령은 노예해방을 선포했다. 남부연합 소속 주들은 북부에 대해 강력하게 저항하였다. 노예해방 결정은 남부군이 최종적으로 패배한 이후 의회의 승인을 받아 미국 헌법 제13조에 삽입되었다. 4백만 명의 노예가 해방되자 남부 사회는 갑작스럽게 많은 변화가 찾아왔다. 하지만 전쟁 자체로 인한 폐허와 죽음이 그들에게 더 큰 상처로 자리 잡았다. 1861년에 종식된 남부연합은 이후에도 계속 번성하고 확장되는 듯했다. 남부연합이 항복한 뒤 많은 성난 남부 주민들은 그들과 같은 복음주의 신앙을 공유한 흑인 기독교인들에게 복수를 자행하였다. 그들은 여전히 흑인들을 백인들에 비해 열등한 존재로 여겼고, 이에 대한 성경과 계몽주의가 제시했던 논증을 계속 주장하였다. 그들은 또한 자신들의 곤경을 무고한 희생으로 여겼다. 이러한 정서 가운데 사우스캐롤라이나

---

113 *Springfield Republican*, qu. A. Nevins, *The Emergence of Lincoln* (2 vols., New York, 1950), II, 100.
114 Reynolds, *John Brown, Abolitionist*, 465-70.

(South Carolina)와 앨라배마(Alabama) 주에서 목회했던 저명한 남침례교 목사, 윙클리(E. T. Winkler)는 1872년 북 침례교도들에게 그가 KKK단 (Ku Klux Klan)를 옹호하는 것을 다음과 같이 정당화했다. 이것은 "참을 수 없는 슬픔에 대한 보상으로 존재하는 임시적 조직이다."[115] 아프리카계 미국인들은 계속 백인들이 지배하는 남부에서 열등 계급으로 살아갔으며, 이 문제는 1950년대까지도 별다른 변화가 없었다. 그러다가 이에 대한 많은 도전들이 흑인 교회를 중심으로 일어나기 시작하였다. 오늘날까지도 남부 흑인들에게 교회는 그들을 위한 정치적 투쟁과 노력의 유일한 기관이다. 이러한 인종문제는 지금도 미국 사회에 깊이 남아있는 상처이다.

남북전쟁이 끝나고 몇십 년 뒤, 미국의 종교와 문화가 하나로 연계되어 나타난 새로운 운동이 부상하였다. 그것은 바로 오순절주의 (Pentecostalism)이다. 오순절주의자들이라는 명칭은 사도행전에 기록된 한 사건에서 기인한다. 그것은 유대인들의 주요 절기인 오순절에 사도들과 많은 제자들에게 성령이 강림하여 그들이 방언을 말하기 시작한 사건이다. 예루살렘에 모인 다양한 지역 출신의 많은 군중은 이들이 자신들의 출신지의 언어를 말하는 것을 듣고 크게 놀랐다.[116] 하지만 미국의 오순절운동의 뿌리는 너무나 다양한 미국 개신교 신앙으로부터 복합적으로 기인한 것이지, 어느 하나의 기원을 꼽을 수는 없다. 오순절운동은 켄터키 야외 집회에서 벌어졌던 경련과 울부짖음, 펄펄 뛰는 '행위들'을 연상시키며 자신의 감정을 외향적으로 분출했던 모라비아교도들도 떠올릴 수 있다. 하지만 오순절운동에는 훨씬 더 많은 요소들이 내재되어 있다.

---

115 이에 대해 다음 글들을 참조. P. Harvey, "'Yankee Faith' and Southern Redemption: White Southern Baptist Ministers, 1850-1890", and H. Stout and C. Grasso, "Civil War, Religion, and Communications: The Case of Richmond", in R. M. Miller et al. (eds.), *Religion and the American Civil War* (New York and Oxford, 1998), 167-86. (quotation at 180) and 313-59, at 346-9.

116 행 2:1-21.

1800년경 미국에서 부흥운동이 일어나던 때에, '성결운동'(Holiness movement)이 초기 감리교의 가르침을 강조하며 급부상하였다. 이 운동은 성령이 모든 신자의 일상생활 가운데 거룩(holiness) 또는 성화(sanctification)의 깊은 경험을 불러올 수 있다는 메시지를 강조하였다. 18세기 존 웨슬리는 그리스도인의 완전(Christian perfection)을 가르친 반면 존 플레처(John Fletcher)는 처음으로 그리스도인들의 삶에 임하는 성결의 은혜를 '성령세례'(baptism of the Holy Ghost)의 결과로 임한다는 가르침을 대중에게 전파하였다. 그는 스위스 출신의 성공회 사제였고, 존 웨슬리가 신임하며 자신을 이어 영국 감리교의 지도자로 염두에 뒀던 인물이다. 다음 세기에 미국에서 활발하게 순회 설교를 다녔던 여성 부흥사, 피비 팔머(Pheobe Palmer)는 이러한 가르침을 교리적으로 발전시켰고, 성령세례를 통해 신자들은 '전적으로'(entire) 그리고 '즉각적으로'(instant) 성화될 수 있다는 극적 표현을 사용하였다. 미국 감리교의 주류는 성결운동을 적극적으로 수용하지 않았지만, 이 운동은 그 자체로 한 기관을 넘어서는 현상으로 확대되었다.[117]

조나단 에드워즈의 후예라 할 수 있는 개혁주의 교회들 역시 '성령세례' 또는 '두 번째 은총'(Second Blessing)의 아이디어에 매료되었다. 그러나 개혁주의 전통은 기독교인의 삶에 즉각적 성화의 가능성을 가르치는 웨슬리안-성결운동의 가르침을 수용하는 것에 부담을 가졌다. 따라서 그들은 다른 방향으로 이를 발전시켰다. 에드워즈처럼 많은 설교자들은 그리스도께서 완전한 천년왕국과 함께 곧 재림할 것이라고 선포하였다. 하지만 이들은 당대 영국 복음주의의 한 흐름을 반영하면서 천년왕국 사상에 중요한 수정을 가했다. 이 흐름은 이미 우리가 살펴본 에드워드 어빙(Edward Irving)의 가톨릭사도교회(Catholic Apostolic Church)이다. 앨버리(Albury)에서 개최된 가톨릭사도교회 총회

---

117 Anderson, 26; E. W. Gritsch, *Born Againism: Perspectives on a Movement* (Philadelphia, 1982), 22-3; J. Kent, *Holding the Fort: Studies on Victorian Revivalism* (London, 1978), Ch. 8.

에서는 세계사를 일련의 '세대들'(dispensations)로 구분해 재구성하는 시도가 진행되었다. 이 구분은 요아킴 피오레(Joachim Fiore)가 주장했던 것처럼 매우 정교하였다. 그 세대가 정점에 이른 시점(따라서 조만간)에 그리스도께서 재림하시고 그 이후 천년왕국이 도래할 것이라는 사상이다. 이런 세대주의적 구분에 큰 관심을 가졌던 사람은 아일랜드의 성공회 사제였던 존 넬슨 다비(John Nelson Darby)였다. 그는 그의 교회를 탈퇴하고 교단적 규제가 좀 더 자유로운 형제단(Brethren)에 참여하였고, 이후 그는 그 그룹의 가장 중요한 지도자가 되었다.

성공회에 대한 깊은 실망감을 가졌던 다비는 다가올 역사의 미래 모습을 묵시적으로 또한 긴박한 갈등으로 보았다. 그는 천년왕국 사상에 두 가지 중요한 내용을 추가하였다. 첫 번째는 아주 중요하고 혁신적인 변화로서, 다비가 마태복음 24:36-44에 기록되어 있는 예수님의 예언에서 한 사람은 남게 되고 한 사람은 데려간다는 부분을 강조하여, 소위 '휴거'(Rapture) 사상을 강조한 것이다.[118] 두 번째는 이 세대들이 끝나면서 그리스도께서 재림하실 때, 성도들은 그리스도에 의해 모두 신비롭게 들림 받고, 이후 천 년간 그리스도께서 성도들과 함께 다스리시는 마지막 천년의 시대가 시작된다는 것이다. 이는 앨버리 총회에서 토의한 내용이다. 다비가 그려낸 예수 재림에 관한 사상은 '전천년주의'(premillennial)라 불린다. 이는 에드워즈의 종말사상을 후천년주의(post-millennial)라 부르는 것과 대비적으로 구별된 명칭이다. 전천년주의 종말론은 계몽주의 낙관론과 인간의 잠재성을 부추기지 않으며, 인간의 노력이 아니라 오직 그리스도만이 세상을 궁극적으로 변화시킬 수 있다고 주장한다. 따라서 전천년주의는 계몽주의적인 '자유주의' 사회개혁에 냉담하게 반응하였다. 여기에서 '자유주의'는 미국에서 남용된 용어로 유럽에서의 의미와는 사뭇 구별된 단어가 되

---

[118] "그때에 두 사람이 밭에 있으매 한 사람은 데려가고 한 사람은 버려둠을 당할 것이요. 두 여자가 맷돌질을 하고 있으매 한 사람은 데려가고 한 사람은 버려둠을 당할 것이니라"(마 24:40-41).

어 왔다. 또한 전천년주의는 선택된 자를 불러 모아 이 사회 안에 신실한 신자와 그렇지 못한 자들로 구별하여 양자가 서로 분리될 것을 강조한다. 1870년대부터 이러한 종말론을 강조한 신학이 일련의 사경회를 통해 캐나다의 나이아가라와 북부 잉글랜드의 케직(Keswick)에서 강조되었다. 그 외에도 이 주제와 연관된 많은 다양한 회합들이 개최되었다(전천년주의자들 사이에는 서로 분열되는 경향이 많았다).[119] 이 움직임을 통해 이후 보다 방어적 태도를 강조한 근본주의 운동(Fundamentalist movement)이 태동하였다.

당시 이러한 복음주의의 내부적 충돌 가운데, 흑인 개신교도들은 미국 사회 안에 완전히 수용될 수 있기를 갈망하였다. 이들은 교단적인 장벽에 대해 염증을 내고 있었고, 복음주의자들의 종교적 표현을 공유하고 있었다. 이들은 또한 개신교가 전통적으로 강조한 설교와 하나님의 말씀에 대한 지성적인 이해가 인간 감정의 모든 것을 충족시켜 줄 수 없다고 여겼다. 그런 가운데 1900년경, '방언'(tongues) 사건이 시작된 것은 중요한 계기가 되었다. 이는 사도행전 2장에 기술된 첫 번째 오순절 방언 역사가 재현된 것이다. 이는 기독교 공동체 안에서 찬양과 예배 가운데 평범한 사람들은 분별할 수 없는 특별한 메시지를 전하는 사건이었다. 그 전조적 사건이 역시 어빙의 가톨릭 사도교회에서 나타난 바 있다. 이 교회 안에서 스코틀랜드의 이사벨라와 매리 캠벨(Isabella and Mary Campbell) 자매는 방언을 말하기 시작했고, 회중 가운데 놀라운 반응을 일으켰다. 처음에는 방언에 대해 내부적으로 매우 조심스러웠지만, 어빙이 스코틀랜드 교회와 결별한 이후, 새롭게 시작한 교회에서도 방언은 1870년대까지 지속적으로 나타났다. 공개적인 방언 행위는 이후 가톨릭사도교회가 예상과는 달리 성례와 예전 중심으로 발전해가면서 점차 사라졌다. 그들이 만들어낸

---

119 Gritsch, *Born Againism*, 17-9.

예식은 서방교회 역사상 가장 정교한 구성으로 이루어져 있다.[120]

이후 가톨릭사도교회는 점차 소멸되어 갔다. 이는 첫 세대 성직자들이 다음 세대들에게 안수하는 것을 묵시적 이유로 거부한 데 그 큰 요인이 있다.[121] 하지만 가톨릭사도교회 안에 있었던 여러 사례들은 잊혀지지 않았고, 방언 사역은 그 분파들에서 계속 수행되었다. 놀라운 방언 현상은 전 세계 곳곳에서 일어났다. 예를 들어, 러시아 제국에서 1850년대, 크림 전쟁 가운데 나타난 바 있다. 이는 기독교가 이전의 정적인 지형에서 벗어나 급격한 변화를 이루면서 범세계화 되어가는 것에 대한 하나의 반증이다.[122] 오순절주의 안에는 서로 상반된 두 세력의 불안한 균형을 이루고 있었다(개혁주의와 아르미니우스주의보다 더 상극 관계가 있을 수 있을까?). 오순절주의는 성결운동과 케직 사경회 전통과 같은 다른 복음주의 전통으로부터 성령세례론을 차용하여, 이를 두 번째가 아닌 회심과 성화 이후의 **세 번째** 은총(Third Blessing)으로 강조하였다. 그 세 번째 은총은 반드시 방언의 기사와 함께 나타난다고 주장했다. 오순절주의자들이 방언의 은사를 설명하며 자주 사용하는 이미지는 '왕의 깃발'(royal flag)이다. 이 깃발은 왕이 강림할 때에 펄럭인다.[123]

1900년경에 미국에서 나타난 초기 오순절운동의 다양한 정신과 그 안에 나타난 현상들을 단순하게 규정하고 설명하는 것은 적절하지 못할 것이다. 그 가운데 우리는 한 특정 사건을 집중해서 살펴볼 것이

---

120 C. G. Flegg, *"Gathered under Apostles": A Study of the Catholic Apostolic Church* (Oxford, 1992), 86, 102, 178, 235, 362, 434-5, 438.

121 1973년 대학원생 시절에, 나는 리버풀에 위치한 작은 교회에 자주 방문하여 그들의 저녁 집회에 참여하곤 했다. 이 교회는 빅토리아 양식의 아름다운 그러나 미완성된 예배당이었다(이 건물은 초창기 성직자가 받은 계시를 따라 디자인되었다고 한다). 이 교회의 현판에는 '리버풀교회'(The Church in Liverpool)란 표지가 자랑스럽게 새겨져 있다.

122 Anderson, 24.

123 G. Wacker, "Travail of a Broken Family: Evangelical Responses to Pentecostalism in America, 1906-1916", *JEH*, 47 (1996), 505-28, at 509.

다. 이 사건은 1906년 로스앤젤레스(Los Angeles)의 아주사 거리(Azusa Street)에서 흑인 감리교회였던 건물을 빌려 회집한 회중 가운데 일어났다. 인종적으로 혼합된 아주사 회중에서 흑인과 여성에게 더 많은 리더십의 기회가 주어졌다. 아주사 부흥운동에 대해 많은 오순절운동 역사서들은 성경의 첫 번째 오순절 사건처럼 하나의 기원 신화처럼 기록하고 있다. 아주사 부흥의 엄청난 성공을 온전하게 설명하기 위해서는 우선 그 설립에 결정적 역할을 감당한 찰스 파함(Charles Parham)을 언급해야 할 것이다. 그는 1901년 방언을 '세 번째 은총'의 핵심이라고 강조했던 첫 번째 교회 지도자였다. 그의 사역은 이후 오순절운동 지도자들의 이면에 큰 자취를 남겼다. 그는 공공연한 인종주의자였고, 점차 아주사 사건에 대해 반감을 표명하였다. 파함은 자신의 마지막 10년간 그가 동성애자라는 비난이 일어나면서 몰락했고, 대중의 관심에서 사라졌다.[124] 우리는 또한 이 사건과 거의 동시에 일어난 당시의 상황에 대해서도 살펴볼 필요가 있다. 아주사 부흥운동에서 처음으로 방언 현상이 나타난 지 12일 후, 미국에서 가장 빠르게 성장하고 역동적인 주였던 캘리포니아에서는 샌프란시스코 대지진과 대화재가 발생하였다. 이 사건은 미국인들에게 큰 상처를 남겼다. 또한 당시는 이전 시대가 결코 상상할 수 없었던 엄청난 문명적 혁신이 전 세계에서 일어나고 있었다. 전신과 전화 그리고 증기기관선이 바로 그 대표적 예이다. 이로 인해 전 세계에서 일어난 일들을 즉각적으로 알 수 있게 된 시대가 된 것이다. 그 첫 번 사례로 1883년 인도네시아의 크라카토아(Krakatoa) 화산 폭발은 불과 몇 시간 뒤에 미국의 신문에서 보도되었다.[125]

---

[124] 아주사 사건에 대한 균형있는 평가는 다음 책들에 잘 나타나 있다. J. Creech, "Visions of Glory: The Place of the Azusa Street Revival in Pentecostal History", *CH*, 65 (1996), 405-24. Parham의 말년에 대해서는 다음 책을 참조. Anderson, 35; Wacker, "Travail of a Broken Family", 516.

[125] 1883년 8월 28일 *Fitchburg Sentinel, Reno Evening Gazett, New York Times*에 모두 같은 날 보도된 기사. http://themassmedia.newspaperarchive.com/DailyPerspectiveFullView.asp

이처럼 오순절주의는 기존 교회에도 큰 변혁을 가져왔다. 오순절 운동에 심취한 여러 신자들은 굳이 그들이 소속되어 있던 기존 교회들을 탈퇴하지 않았고, 그 가운데 '은사주의'(charismatic) 그룹을 형성하였다. '카리스마'란 단어의 의미는 은혜로운 선물을 뜻하는데, 이 경우에는 성령의 은사를 의미한다. 오순절운동의 중요한 요소는 성령을 특별히 강조한 것이다. 이는 사상 처음 성령이 삼위일체 교리에서 신데렐라처럼 부각된 것이다. 역사적으로 성령론은 동방정교회와 서방교회가 분열되는 계기가 되었고, 기독교 안에서 간혹 신비와 황홀경(ecstasy) 사건과 연관되어 왔다. 하지만 제도권 교회는 성령론을 순화시켜 지성적으로 추구해왔다. 성령은 말씀을 넘어 인간의 감정을 해방한다. 이제 오순절운동은 그 성령을 해방시켰다. 이로 인해 간혹 끔찍한 결과를 가져오기도 했지만, 스스로 결정을 내리기에는 너무나 오류가 많은 인간들은 역사 속에 성령을 의지해 말했고, 그 성령의 능력을 사모하였으며, 때로는 자기 자신의 목적을 성령의 뜻으로 대변하기도 하였다. 하지만 오순절운동과 이후에 파생된 은사주의는 20세기 기독교의 가장 놀라운 사건 중 하나이다. 한편 20세기에 일어난 다른 큰 사건들은 대부분 그리 즐거운 사례들은 아니었다.

---

x?viewdate=08/26/2008, 메사추세츠대학교 부설 보스톤 신문 아카이브에서 웹사이트를 통해 2008년 9월 17일 접속함.

제24장

평화가 아닌 폭력으로
1914-1960

1. 제1차 세계대전(1914-1918): 기독교를 죽인 전쟁

나의 부친이 교구목사로 봉직했던 교회는 고풍스런 중세 스타일의 교회당이었는데, 20세기 중반 아주 멋진 가구 두 점이 교회 안에 새로 들어왔다. 하나는 훌륭한 파이프 오르간이고, 다른 하나는 울타리 모양의 아주 높은 구조물이다. 그 구조물에는 16명의 남성들의 이름이 알파벳 순서로 새겨져 있었다. 둘 다 제1차 세계대전에서 사망한 위더든(Wetherden) 씨의 유품이다. 이는 영국 동부 서퍽(suffolk)의 작은 지역 교회에겐 매우 특별한 경우이다. 이 작은 교회에 그 지역의 기념물이 설치된 것이다. 마찬가지로 내 부친의 이웃 교구인 하울리(Haughley) 교회 앞뜰에는 돌 십자가가 놓여있다. 거기에는 십자가에 달린 그리스도와 마리아와 요한의 그림이 있고, 그 아래로 29명의 전사자들의 이름이 알파벳 순서로 새겨져 있다. 이 마을이 아주 작은 지방임을 고려할 때, 그 수는 실로 상당한 것이다. 이러한 기독교적 양식 외에도 영국의 거의 모든 마을과 오래된 회사와 학교, 대학에는 이러한 기념물이 한 점씩 있으며, 지금까지 조심스럽게 관리되며,

매년 한 차례씩 영국에서 추모 예식이 있을 때마다 주목을 받고 있다. 이 모든 것은 대중들의 기부금으로 제작된 것이며, 아마도 '사상 최대 규모의 공동 제작 미술품'일 것이다.[1] 비록 영국보다는 작은 규모이지만, 이러한 기념물과 추모의식은 유럽의 다른 모든 지역에도 널리 퍼져 있다. 이는 모든 국가가 끔찍한 전쟁으로 말미암아 수많은 군인들이 실종되고, 포로가 되고, 큰 상처를 입었기 때문이다.[2] 하지만 이런 많은 고난과 전쟁의 희생자들 가운데 가장 큰 피해자는 기독교 그 자체일지 모른다. 왜냐하면 그 전쟁은 기독교와 세속 권력의 제휴로 발발한 전쟁이었기 때문이다. 콘스탄티누스 이후 성립된 황제와 교회 사이의 밀착관계는 1960년대 말에 사실상 종식되었다. 지난 1500년 간의 긴 모험이 마침내 끝난 것이다.

 이 전쟁은 1914년 두려움과 야망이 뒤엉킨 복잡한 외교관계로 인해 유발되어 시작되었다. 이 전쟁의 동기는 다른 전쟁들의 양상과 유사하다. 이 전쟁은 네 국가의 기독교인 통치자와 연관되어 있다. 그들은 독일과 오스트리아의 황제들(kaisers)과 러시아의 차르(Tsar), 영국 국왕(King-Emperor)이다.[3] 이 통치자들은 서로 전쟁하면서 자신들의 공통된 믿음을 무시해버리곤 했다. 그들은 오스만제국이 이전의 발칸 정복자들끼리 주도권을 다투다 점차 분열되어갔다. 내부적으로 불안정한 상황이 지나가자, 이제는 유럽 국가들 간에 전쟁에 임하게 된 것이다. 오스트리아-헝가리(Austria-Hungarian)의 왕족인, 프란시스 페르디난트(Francis Ferdinand) 대공 부부는 독실한 가톨릭교도로 역

---

1 A. Borg, *War Memorial from Antiquity to the Present* (London, 1991), ix.
2 각 국가에 따른 추모 문화의 차이에 대해서는 다음 글을 참조. C. Moriarty, "Private Grief and Public Remembrance: British First World War Memorials", and W. Kidd, "Memory, Memorials and Commemoration of War in Lorraine, 1908-1988", in M. Evans and K Lunn (eds.), *War and Memory in the Twentieth Century* (Oxford and New York, 1997), 125-62.
3 빅토리아 여왕은 1876년 자신을 인도의 여제(Empress)로 공포하였다. 이후 그녀의 후계자들은 1948년 인도가 독립할 때까지 공식적으로 황제(Emperor)로 지칭되었다.

사적 교회당의 복구에 많은 관심을 가졌다. 이들 부부는 현재의 보스니아-헤르체고비나(Bosnia-Herzegovina)에 해당하는 합스부르크의 수도 사라예보(Sarajevo)에서 살해당했다. 그 암살자들은 더 강대한 세르비아(Servia)를 세우기 위해 정교회 신앙으로 일어난 단체에 소속되어 있었다. 그 지역은 종교적으로 매우 다원화되어 있는 곳이다. 이곳에서는 이러한 종교적 상황 이외에 정교회 신자인 러시아 황제, 니콜라스 2세(Nicholas II)와 인종적으로 독일인이며 개신교도인 조지 5세(George V) 사이의 정치적 권력 다툼도 뒤엉켜있었다. 또한 반교권주의 성격이 짙었던 프랑스의 제3 공화국(Third French Republic)과의 외교 협상에도 난항을 보이고 있었다. 그들은 제국주의적 팽창주의를 표방했던 독일제국의 야망에 대항해 국가 방위 체제를 발효하였다. 당시 독일제국은 세르비아를 압박하며, 그 후견 국가였던 러시아와 대결하기 위해 합스부르크와 제휴관계를 형성하고 있었다. 여기에 그들의 종교 문제도 예측할 수 없는 방향으로 잠재적 영향 가운데 있었다. 독일 황제는 프랑스-러시아 동맹(Franco-Russian alliance)을 분쇄하고자, 1830년대 중립국가를 표방하며 세워졌던 벨기에(Belgium)를 침공하였다. 벨기에 국민은 대부분 가톨릭 신앙을 가지고 있었다. 영국은 명목상으론 1839년 벨기에에 세워진 중립권 보장을 수호하고자 전쟁에 참여했다.

이 위기 상항에서 1914년 제2차 사회주의 인터내셔널(Second Socialist International)은 국경을 초월한 노동자들의 결속을 위해 모든 노력을 기울였지만, 그 노력은 허사가 되고 말았다. 이들은 강력한 민족주의 정서와 이를 드러내는 언어 표현에 압도되었고, 그 배후에는 기독교 기관들이 있었다. 결국 이러한 정서는 대륙 전체에 전쟁을 향한 대중적 열망을 부추겼다. 이 모든 차원에서 기독교 신앙과 민족 연합은 한데 어우러져, 자신들의 군대를 발족시켜 전쟁에 참여하게 된다. 이 과정에 독일의 황제이자 프러시아 복음주의교회(Prussian Evangelical Church)의 총감독이었던 빌헬름 2세(Wilhelm II) 정부의 역할은 가장 두드러졌다(그림 47). 그는 다음과 같이 선포했다. "우리에게 전쟁보다 더 다급한 열망은 없다. 하나님이 우리에게 또한 우리의 자손들에게 주신 이 땅을 수호하는 것은 결코 흔들릴 수 없는 결정이며, 이는 하나님이 우리에게 요청하시는 것이다. 신사들이여, 내가 성곽에서 백성에게 연설한 것을 이미 읽었을 줄 안다. 나는 이제 거듭 말한다. 나는 이제 각 정당에 대해서는 더 아는 바가 없다. 내가 아는 것은 오직 내가 독일인이라는 사실이다!" 황제가 1914년 8월에 독일 국회의사당(Reichstag)에서 행한 이 연설은 왕실고문 베트만-홀베크(Bethmann-Hollweg)가 당대 가장 뛰어난 자유주의 개신교 역사가이자 베를린대학교(Berlin University)의 주임목사와 왕실 도서관장을 역임한 아돌프 폰 하르낙(Adolf von Harnack)의 도움을 받아 작성한 원고를 그대로 차용한 것이다. 하르낙의 동료들인 독일 개신교 신학자들과 연구원들은 1870-1년 벌어진 호엔촐레른(Hohenzollern) 전투에서 승리한 후, 아주 신속하게 이 새로운 제국의 이상을 내면화하였다. 1914년 그들은 아주 특별하게도 "문명세계를 향한 93명 독일 교수들의 선언"(Proclamation of Ninety-three German Professors to the Cultural World)을 발표하였다. 이 선언문은 그들이 진지하게 받아들인 독일의 정치가 빌헬름 폰 훔볼트(Wilhelm von Humboldt)의 유산에 대해 많은 언급을 하고 있다.⁴

일부 성공회 감독들도 유사한 발언을 했다. 런던 주교였던 아서 위닝톤-잉그램(Arthur Winnington-Ingram)은 1915년 대강절(Advent) 설교에서 영국군을 향해 다음과 같이 말했다. "악한 사람이나 선한 사람이

---

4 G. Besier (ed.), *Die protestantischen Kirchen Europas im Ersten Weltkrieg: ein Quellenund Arbeitsvuch* (Göttinggen, 1984), 11. 원작자에 대해서는 다음 책을 참조, P. Porter, "Beyond Comfort: German and English Military Chaplains and the Memory of the Great War", *JRH*, 29 (2005), 258-89, at 267; W. H. Frend, "Church Historians of the Early Twentieth Century: Adolf von Harnack," *JEH*, 52 (2001), 83-102, at 97-8. Harnack과 93명의 교수들에 대해서는 Hope, 91; 그들이 선포한 본문은 다음 책에 나와 있다. Beiser (ed.), *Die protestantischen Kirchen Europas im Ersten Weltkrieg* 78-83.

나 모두 죽여라. 젊은이든 노인이든 모두 죽여라." 영국 수상, 허버트 애스퀴스(Herbert Asquith)만은 학자들과 성직자들을 향한 황제의 호전성에 동조하지 않았다. 그는 우아하지만 혐오스러운 위닝톤-잉그램을 "너무나 어리석은 사람"이라고 평했다. 그러나 모든 지역에서 대규모 살육은 불행하게도 런던 주교의 말대로 이루어졌다.[5] 이 4년간의 살육은 민족주의와 종교권력이 있는 모든 곳에서 자행되었다. 교황 베네딕트 15세(Benedict XV)는 1917년 자신의 중립적 입장을 이용해 평화를 중재하고자 하였다. 하지만 그의 탁월한 외교 노력에도 불구하고 양측은 모두 그의 제의를 무시했다.[6] 점차 포위되어 패색이 짙던 독일 정부가 교회들에게 전쟁을 위해 소중한 물품들을 희생하며 내놓을 것을 요청한 사실은 이 전쟁의 황폐함에 대한 상징이다. 독일 교구목사들은 그들의 강단 종들이 탈취되는 것을 비참하게 바라보아야 했다. 그 종들이 경쾌하게 낸 마지막 소리는 전쟁 알림음이 되었다.[7]

한편 1917년 한 기독교 제국이 전쟁이 발발한 후 몰락하는 사건이 발생했다. 그곳은 오랫동안 스스로 제3의 로마(Third Rome)라고 자부하던 러시아정교회의 본부가 있던 곳이다. 러시아 황제 니콜라스 2세(Nicholas II)는 온화하고 경건하며 선한 성품을 가진 인물이었지만, 다른 한편에서 그는 명석하지 못한 독재자였다. 제임스 조이스(James Joyce)는 그가 몰락하기 전에 그에 대하여 "술에 취한 그리스도의 얼굴"이라고 묘사한 바 있다.[8] 황제는 자신이 직접 러시아 군대 총사령관에 취임하는 어리석음을 범했다. 그로 인해 그는 전쟁에서 점차 큰 실수를 저지르고 말았다. 따라서 로마노프(Romanov) 왕조와 함께 러

---

5 Winnington-Igram과 Asquith에 대해서는 다음 책을 참조. A. Hastings, *A History of English Christianity 1920-1985* (London, 1986), 45.

6 N. Atkin and F. Tallett, *Priests, Prelates and People: A History of European Catholicism since 1750* (London, 2003), 197-9.

7 Hope, 601.

8 J. Joyce, *Portrait of the Artist as a Young Man* (New York, 1916), 227.

시아의 몰락이라는 대재앙을 가져왔다. 러시아 제국 내정은 황후 알렉산드라(Tsarina Alexandra)가 주도하고 있었는데, 이 역시 참혹한 결과를 남겼다. 대중의 격분은 치유의 성자, 그리고리 라스푸틴(Grigorii Rasputin)에게 향했다. 그는 왕실의 후손이 앓던 혈우병을 치유하면서, 황제와 왕후의 신임을 받아 큰 권력을 얻을 수 있었다. 그는 매우 선풍적인 대중적 주목을 받는 인물이었다. 이는 1916년 그가 격분한 귀족에 의해 암살당한 것 때문이 아니라, 그의 양면적인 행적으로 인한 것이다. 그는 도보로 시베리아(Siberia)에서 아토스 산(Mount Athos)까지 순례하였고, 사회적 지위를 자랑하며 오만한 행동도 보였다. 일부 나이 든 성직자들이 그를 존경한 데 반해, 대부분의 사람들은 그를 혐오하였다. 심지어 그는 술주정꾼에 성 문제에 있어서도 난봉꾼이었다. 그는 영락없이 지중해 동부로부터 먼 여행에 나섰던 '거룩한 바보들'(Holy Fools)의 모습과 같았다. 이런 가운데 러시아 민속종교는 다시 부활하여, 피터 대제의 주교회의(Holy Synod)가 열렸던 교회를 탈취하고 독재자에 대한 보복을 감행하기도 하였다.⁹

라스푸틴 살해사건은 러시아의 황폐한 상황을 종식시킬 수 없었다. 지역의회, 경제인 대표, 적십자 등의 '준 국영' 기관들(parastatal organizations)은 점차 정부의 실정으로 인한 행정 공백을 메워갔다. 그리고 전쟁으로 인한 수많은 사망자들과 이들 기관 지도자들의 압박 속에 황제는 1917년 3월 권좌에서 물러나게 되었고, 임시정부가 들어서게 된다.¹⁰ 정교회에게 이런 상황은 오히려 좋은 기회였다. 그것은 지난 수십 년 동안 요청되어 온 교회갱신에 대한 열망을 새롭게 시작할 수 있었기 때문이다. 러시아 민중을 대표하는 기관으로 발전해 온 교회 지도자들은 신속하게 새로운 비전을 실천에 옮겼다. 같은 해 8월 경, 주교, 성직자, 평신도들은 모스크바(Moscow)에서 의회를 열

---

9 Bins, 141; A. Ivanov, *Holy Fools in Byzantium and Beyond* (Oxford, 2006), 358.

10 M. von Hagen, "The First World War, 1914-1918", in R. G. Suny (ed.), *The Cambridge History of Russia III: The Twentieth Century* (Cambridge, 2006), 94-113, at 104-7.

어, 러시아 교회 역사상 유례없는 중대한 결정을 내렸다. 그들은 피터 대제에 의해 종식된 총대주교제(patriarchate)를 두 세기 만에 복원했고, 최초로 총대주교를 직접 선출하였다. 티콘 벨라빈(Tikhon Bellavin) 주교는 9년 동안 정교회의 국제적 조직을 마련하고자 미국에서 지냈다. 그가 마련한 제안들은 이 의회에서 러시아의 새로운 대표 교회를 위해 반영되었다. 참가자들이 동의한 개혁안을 통해 평신도 여성들은 교회 활동과 행정에 전례 없는 기회를 부여받았다. 또한 그 의회는 영국성공회에 우호의 메시지를 작성하여 보내는 시간도 마련하였다."

그러나 티콘이 총대주교로 선출될 당시, 러시아는 화염과 폭음에 쌓여있었다. 크렘린(Kremlin) 궁전은 볼셰비키(Bolshevik) 사회주의자들에 의해 공격받았다. 옛 러시아에서 페트로그라드로 불리던 상트페테르부르크(St Petersburg)의 임시정부는 전쟁을 종식시킬 만한 노력을 수행하지 못했고, 1917년 10월 곤경에 빠진 대중들은 국가의 권력을 볼셰비키 당에게 넘겨주었다. 볼셰비키 정부는 반대파 연합에 맞서 자신들의 권력을 공고히 하고자 중유럽 국가 황제들과 평화협정을 체결하였다. 볼셰비키 당원들은 사실 황제의 독재에 대항해 싸운 것은 아니다. 황제는 이미 몰락했다. 그들은 스스로를 새로운 사회질서에 걸맞은 기관으로 인식하고 있었다. 그들의 비전은 과거 전통은 물론 그들과 다른 의견들도 거의 수용하지 않았다. 그들의 태도는 당시 러시아 문호, 보리스 필냐크(Boris Pilnyak)의 발언에 잘 요약되어 있다. 그는 이후 스탈린이 권력을 잡으면서, 다른 볼셰비키혁명의 이상주의자들과 함께 숙청되었다. 그는 볼셰비키혁명에 대해 다음과 같이 주장하였다.

---

11 B. Geffert, "Anglican Orders and Orthodox Politics", *JEH*, 57 (2006), 270-300, at 271; C. Chulos, "Russian Piety and Culture From Peter the Great to 1917", in Angold (ed.), 348-70, at 367; M. Bourdeaux and A. Popescu, "The Orthodox Church and Communism", ibid., 558-79, at 558.

우리의 혁명은 저급하고 어리석은 태생주의(biological automism)적 삶에 대항해, 이성적인 의식과 목적 있는 역동적 삶의 원리를 찾고자 하는 열망 가운데 이루어진 것이다. 즉 농사 밖에 모르던 우리의 구 러시아 역사에 대한 혁명이며, 희망 없는 무능함에 대한 혁명이고, 아울러 톨스토이(Tolstoy)의 『전쟁과 평화』(War and Peace)에 등장하는 농민병사, 카라타예프(Karataev)의 선하지만 어리석은 철학에 대한 혁명이다.[12]

볼셰비키 당원들에게 교회는 그들이 해체하고자 했던 구체제 사회의 한 부분이었다. 교회에 대한 그들의 혐오는 프랑스대혁명 당시의 자코뱅파(Jacobins)만큼이나 극단적이었다. 1918년 1월 공식적으로 교회와 국가의 분리가 이루어졌다. 이는 교회의 죽음과 파괴의 첫 단계였다. 로마노프(Romanov) 일가족 살해사건은 다른 많은 일들의 상징적 사례이다. 격렬한 내전은 1922년에 마침내 볼셰비키 군의 승리로 끝나는데, 이 해가 바로 이후 70년간의 러시아정교회의 원년이다. 기독교 역사에서 이 교회는 기독교가 희망이 없어서 몰락하게 된 것을 대변하는 최악의 사례라고 할 수 있다. 이 혹독한 시기에 교인들과 함께 아름다운 교회 건물 및 기독교 예술품들이 파괴되었다. 이러한 파괴는 몽골제국의 침략 이후 처음 벌어졌다. 수세기 동안 정교회의 신자들이 애써 이루어 놓은 문화가 사라져 버린 것이다. 티콘 총대주교는 교회를 수호하고자 최선을 다했지만, 그가 할 수 있는 것이라고는 대적들을 용서하는 것 이외에 아무 것도 없었다. 그는 결국 1925년 가택연금 중에 사망하였다. 아마도 실제로는 그가 볼셰비키 지도자가 보낸 자객에 의해 암살된 것으로 추정된다. 그를 죽인 지도자는 교회 사제의 사생아로 알려져 있으며, 젊은 시절 불량한 신학교 학생이었다. 그의 어머니는 그가 주교가 되길 간절히 소망했지만, 그는 그 꿈을 저버렸다. 티콘이 사망하기 오래전, 이 그루지야(Georgian) 출신의 악당은 자신의 새로운 필명(pseudonym)을 만들었다. 그 이름이 바

---

12 B. Pilnyak, qu. D. Nicholl, *Triumphs of the Spirit in Russia* (London, 1997), 213-4.

로 이오시프 스탈린(Josef Stalin)이다.[13]

볼셰비키 정부의 종교에 대한 혐오는 국교회 이외의 교회들에게도 미쳤다. 1917년 이후 러시아에서 기독교 박해의 많은 사례들 가운데 메노나이트교도들은 폭력을 거부하는 그들의 특별한 윤리적 딜레마로 인해 더욱 큰 고통을 받았다. 메노나이트교는 1530년대 네덜란드에서 메노 시몬스(Menno Simons)에 의해 시작되었다. 그는 프리슬란트(Frisian) 출신의 가톨릭 사제였다. 그는 뮌스터 성에서의 폭력과 그 결과로 인한 대참사에 환멸을 느꼈다. 이후 메노나이트교도들은 세상과의 구별됨을 강조하였다. 그들은 군대 징집을 포함한 모든 종류의 폭력과 억압을 거부하였다. 이후 러시아에 이주한 메노나이트교도들은 그 근면성과 정돈된 평화적 삶으로 인해 러시아 황제들의 호의를 얻을 수 있었다. 볼셰비키혁명 당시 러시아에는 수십만 명의 메노나이트교도들이 볼가(Volga) 지역을 중심으로 거주하고 있었다. 볼셰비키당원들과 다른 무정부주의자들(anarchists)은 그들의 풍요로움을 탐내며, 그들의 공동체를 침략하여 파괴하였다. 이들의 침략은 '부르주아'(Bourgeois) 농장주에 대한 이데올로기적 증오 때문이며, 또한 그들의 탐욕과 필요를 위한 것이기도 했다. 하지만 그들의 광기어린 행동에는 또 다른 이유가 있었다. 그것은 메노나이트교도들이 폭행을 당해도 저항하지 않는 도덕관 때문이었다. 수많은 남성들이 살해되었고 여성들은 능욕당했으며, 모든 소유를 빼앗겼다. 이는 너무나 가혹한 일이었다. 그들은 결국 더 이상 참을 수 없어 반격하여 폭력으로 복수하였다. 하지만 이번에는 그들이 메노나이트 이상을 저버렸다는 이유로 다른 재침례교 공동체와 형제회 신자들의 분노를 샀다. 결국 러시아 메노나이트교도들은 북미주로 이주할 기회를 얻어, 그곳에서 그들

---

13 Bourdeaux and Popescu, "The Orthodox Church and Communism", 559. Stalin의 젊은 시절의 교회와의 연관성에 대해서는 다음 책을 참조. S. Sebag, Montefiore, *Young Stalin* (London, 2007), esp. 20-2, 26, 57-63, 그는 1912년부터 스스로 자신의 이름을 Stalin으로 사용하였고, 1917년 이를 자신의 성으로 삼았다. Ibid., xxxvii.

의 새로운 공동체를 이루게 되었다. 그러나 그들은 이 논쟁을 잊을 수 없었다. 러시아 내전으로 인한 악감정과 논쟁은 캐나다의 조용한 목장지에 지금도 남아있다.[14]

1918년 말 전쟁의 종결은 유럽의 다른 전장지에서 세 제국의 몰락을 가져왔다. 첫 번째 몰락은 신성로마제국의 두 후신인 오스트리아-헝가리이다. 여기는 종교적으로도 개신교와 가톨릭교로 나뉘어져 있었는데, 동유럽 민족주의로 인해 분열되었다. 두 번째 몰락은 독일의 왕위이다. 서방에서 독일의 갑작스런 항복이 이어지면서 빌헬름 황제는 권좌에서 물러나게 되었다. 세 번째 몰락은 오스만제국의 술탄이다. 그는 오스트리아와 독일의 편에서 전쟁에 참여했었다. 전쟁이 끝난 후 1922년 그는 자신의 궁전에서 추방되었고, 칼리프 제도 역시 2년 후 공식적으로 사라졌다. 이제 유럽의 모든 제왕 가운데 계속 그 자리를 지킨 제왕은 오직 영국 황제뿐이었다.[15]

---

14 J. B. Toews, *Lost Fatherland: The Story of the Mennonites Emigration from Soviet Russia*, 1921-1927 (Scottdale, 1967), esp. 26-42, 46-7, 53-5, 68-71. 나는 또한 캐나다 메노나이트교도인 Mark Schaan과 그의 젊은 시절의 교회에 대한 대화를 통해 많은 도움을 받았다.

15 나는 목록에서 한 명의 황제를 생략하였다. 그는 불가리아의 황제(Tsar), 보리스 3세(Boris III)인데, 다른 황제들과 비교하기에는 매우 미미한 세력을 가지고 있었다.

지도 2. 1914년 제1차 세계대전 발발 당시 유럽 지도

　오스만제국의 몰락은 정교회와 고대 동방의 단성론 교회들에 더 큰 재난이 되었다. 19세기 새롭게 자기 정체성을 강화하며 자행된 오스만 이슬람교도의 살육보다 훨씬 더 큰 규모의 박해가 아나톨리아(Anatolia)와 카프카스(Caucasus) 지역에서 발생하였다. 전쟁이 시작되면서부터, 콘스탄티노플의 '젊은 터키'(Young Turk) 정권은 그 지역의

기독교인들을 러시아 편에 선 반역자들이라고 생각하였고(어떤 의미에서 이는 사실이었다), 이들을 중립화시키고자 하였다. 터키 정부는 점차 극단적인 만행을 보이며, 1915년부터 1916년 사이 백만 명 이상의 아르메니아(Armenian) 기독교인들을 살육하였다. 사실 이 사건에 대해 더 많은 지식을 가지고 있는 비터키인 역사가를 발견하기는 매우 어렵다. 터키 내부의 역사가들은 아직 이 사건을 민족말살(genocide)이란 용어와 함께 기술할 준비가 되어 있지 못하다. 1914년 아르메니아인의 거주지였던 밴(Van)은 터키에게 점령당하고, 아예 지도에서 사라져 버렸다.[16] 전쟁 중, 영국, 러시아, 프랑스는 터키 정부에게 이러한 만행을 중단할 것을 요청하였다. 그들은 터키인들의 만행을 '인간과 문명에 대한 터키인의 신종 범죄'라고 표현하면서 맹렬히 비난하면서, 이 만행에 참여한 자들에 대해 보복할 것이라고 경고하였다(이 공문의 '인간과 문명'이라는 문구의 초안은 본래 '기독교와 문명'이었다). 하지만 평화협정이 체결된 후에 이 안타까운 기독교 희생자들에 대한 어떤 보상이나 위로는 이루어지지 않았고,[17] 아르메니아인 대학살에 대한 어떤 공식적 입장은 어느 곳에서도 표명되지 않았다.

이러한 대재앙 이면에 메소포타미아와 터키 동부 산맥 지역에 거주하던 단성론 기독교인들은 19세기 중엽부터 자신들의 명칭을 '아시리아 기독교인'(Assyrian Christians)이라고 새롭게 명명하였다. 이 지역은 같은 시기 유럽 근동 지역 고고학자들이 탐사해온 곳이다. 전쟁이 격렬해지고 터키인들과 쿠르드인들에 의한 대학살이 자행되면서 이

---

16 D. Bloxham, "Armenian Genocide of 1915-1916: Cumulative Radicalization and the Development of a Destruction Policy", *PP*, 181 (November 2003), 141-92. 이 사건에 대한 여러 기록 가운데 최근의 탁월한 연구서로 다음 책을 참조. P. Balakian, *The Burning Tigris: The Armenian Genocide* (London, 2004), Chs. 14-22. 매우 용감한 터키인의 연구서로 다음 책을 참조. T. Akçam, *A Shameful Act: The Armenian Genocide and the Question of Turkish Responsibility* (London, 2007, first published in Turkish 1999).

17 M. Mazower, "The Strange Triumph of Human Rights, 1933-1950", *HJ*, 47 (2004), 379-98, at 381.

들은 자신들의 새로운 정체성을 강화하며 그 본거지를 새롭게 이주하고자 하였다. 제1차 세계대전 중, 그들은 뛰어난 아시리아 군대 지도자 아그하 페트로스(Agha Petros)의 지휘 아래 터키군을 상대로 승리를 거두며 더욱 강성해졌다. 하지만 전쟁이 끝난 후, 영국은 이전 약속을 취소해버렸다. 아시리아인들은 새롭게 영국의 속국으로 건립된 다인종 국가 이라크의 일부로 편입되었다. 이라크는 이슬람교도들이 주도권을 가지고 있었고, 아시리아인들은 요르단의 하심(Hashemite) 왕조와 이후의 공화정부에 의해 점점 더 부당한 대우를 받았다. 20세기와 21세기 벽두에 일어난 두 번의 걸프 전쟁(Gulf Wars)은, (특히 두 번째 전쟁에서 더욱), 그들에게 비참한 결과를 가져다주었다. 그들은 전쟁의 희생양이 되어 이라크 영토 밖으로 쫓겨나 난민으로 전락하고 말았다.[18]

승전국에 속해 있던 아르메니아가 외면당하고 아시리아가 버려진 이유는 세계대전 이후 벌어진 일련의 전투에서 터키가 승리했기 때문이다. 이는 동방 기독교의 또 다른 재앙이 되었다. 이번에는 그리스정교회가 그 피해자였다. 오스만제국이 항복하자, 그리스 군대는 상당 부분의 아나톨리아(Anatolia) 또는 소아시아라 불리는 지역을 점령하였다. 이와 함께 발칸반도에 거주하던 오스만인들도 몰아냈다. 그리스는 의기양양하게 1920년 패전국인 오스만제국과 세브르 조약(Treaty of Sèvres)을 체결하여 이들을 압박하였다. 이를 통해 아나톨리아 서해안 주요 지역은 강대해진 그리스의 영토로 귀속되었다. 하지만 터키는 무스타파 케말(Mustapha Kemal)의 지휘 아래 그리스와 투쟁하였다. 그는 곧 자신의 이름을 '터키의 아버지'란 의미의 케말 아타튀르크(Kemal Atatürk)라 자칭하였다. 1922년 9월 그의 군대는 퇴각하던 그리스인들의 은신처인 서머나(Smyrna)를 공격했다. 그리스어권의 가장 위대한 도시 중 하나인 서머나는 화염에 쌓여 완전히 소멸되었다(그림

---

18 Baumer, 260-3.

51). 1900년 동안 기독교 문화의 중심지였고, 그 이전에도 1000년 동안 그리스 문명을 꽃피웠던 도시가 이제 불타버린 것이다. 1923년 체결된 로잔 조약(Treaty of Lausanne)은 이전의 세브르 조약에서의 협약을 뒤집어버렸다. 이로 인해 수많은 난민들이 에게 해(Aegean Sea)를 따라 두 갈래로 흩어졌다. 흥미롭게도 그들은 언어가 아니라 종교에 따라 나뉘어졌다. 이는 그들의 종교적 정체성이 국가 정체성보다 우선하였음을 의미한다. 기독교인들은 그들의 언어에 상관없이 그리스로 귀속되고, 마찬가지로 모든 이슬람교도가 터키로 편입되었다. 그 후 몇 년 안에 아테네에 있던 거의 모든 이슬람 모스크는 허물어졌고, 소아시아에 있는 교회들도 마찬가지로 무너지고 말았다. 이와 같은 역사는 양국에서 지금까지도 자신들의 난민 조상들에 대해 자유롭게 이야기하는 것이 불가능할 만큼 깊은 상처로 남아있다.[19]

이러한 상호 교환에서 제외된 도시는 1930년대까지 콘스탄티노플이라고 알려져 있던 이스탄불(Istanbul)이다. 그리스인들과 정교회 신자들은 계속 이 도시에 남아있을 수 있었다. 도시는 신속하게 재건되었다. 이는 1930년 터키 공화국의 새로운 지도자가 된 아타튀르크와 그리스의 수상, 엘레프테리오스 베니젤로스(Eleftherios Venizelos)에 의해 체결된 조약에 따른 것이었다. 양국 사이의 또 다른 분쟁 지역은 이후 인종에 따라 분열된 키프로스(Cyprus)였다. 1950년대 영국군이 식민지였던 키프로스에서 다급히 철수했을 때, 그리스는 이 지역을 자국의 영토라고 주장하였다. 터키는 이에 대해 분노했다. 1955년 터키의 아드난 멘데레스(Adnan Menderes) 정부는 이스탄불의 그리스인들에게 자행된 이틀간의 사악하고 교묘한 말살(pogrom)을 묵인하였다. 여기에는 근거없는 소문이 결정적 역할을 하였다. 그것은 아타튀르크의 출생지인 테살로니키(Thessaloniki, 고대의 데살로니가)가 그리스인들에 의해

---

19 B. Clark, *Twice a Stranger: How Mass Expulsion Forged Modern Greese and Turkey* (London, 2006), esp. 203.

불살라졌다는 것이다. 도시에서 수많은 그리스인들이 살해되고, 여성들은 강간당했으며, 남아있는 대부분의 정교회 교회당들이 파괴되었다. 이 일로 인해, 1924년 약 300,000명, 1934년 111,200명이었던 그리스인 인구는 2,000명 이하로 감소되었다. 정교회 세계총대주교는 이제 자신의 파나르에 고립된 신세가 되었다. 그는 존경받는 국제 정교회의 수장이었지만, 이제 그 후계자들은 터키에 거주하는 극소수의 원주민 정교회 신자들에 의해 선출되는 직책이 되었다. 또한 이제는 성직자들을 양성할 수 있는 신학교도 소유하지 못하게 되었다. 제2의 로마라고 불리던 정교회의 사멸은, 제3의 로마인 모스코바의 몰락과 함께 제1차 세계대전의 직접적인 결과였다.[20]

---

20 1930년 협약에 대해서는 Ibid., 201-2, 213-5; S. Vryonis Jr, *The Mechanism of Catastrophe: The Turkish Pogrom of September 6-7, 1955, and the Destruction of the Greek Community of Istanbul* (New York, 2005), esp. 16, 220-5, 555-6. 이스탄불 살육 당시 터키의 수상이었던 Menderes는 1960년 이 행위를 묵인한 대가로 처형당했다.

지도 3. 1922년 제1차 세계대전 이후 유럽 전도

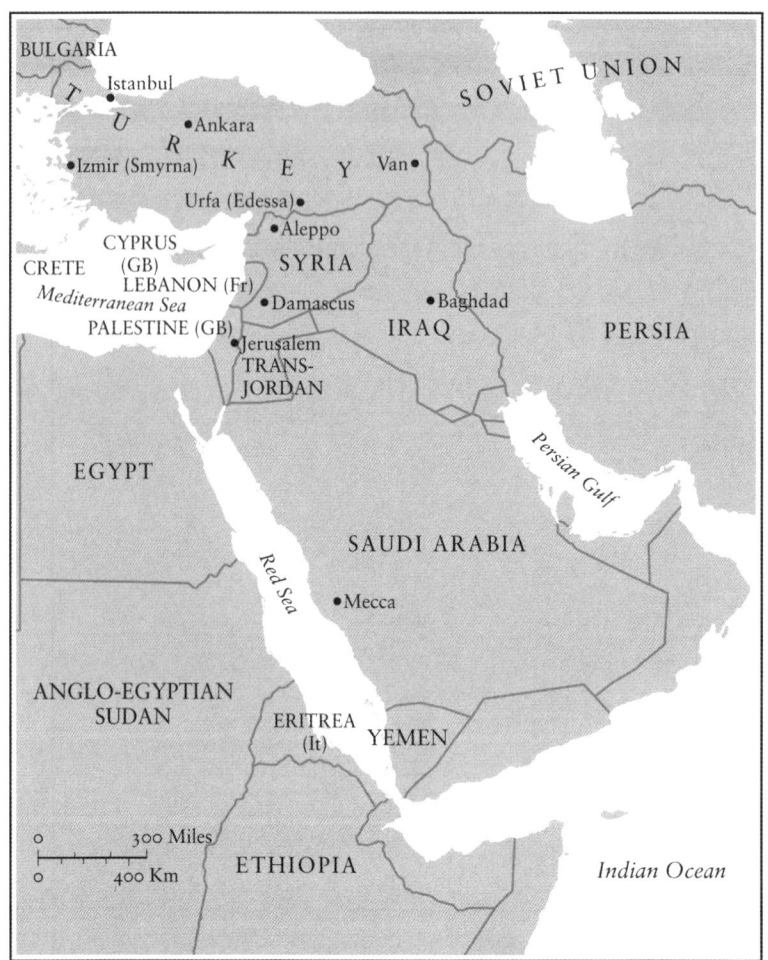

지도 4. 1923년 근동과 터키 전도

    기독교인 난민들에게 유일한 안전지대는 1923년 로잔 협약에 의해 마련되었다. 여기에는 프랑스 제3 공화국 정부의 힘이 크게 작용하였다. 사실 당시 프랑스 정부가 프랑스 식민지 내 교회를 자국의 문화적 우월성을 전달하기 위한 기관으로 여겼던 것을 고려한다면, 이러한 역할은 역설적이라 할 수 있다.[21] 프랑스는 중동 지역에서 자국의 오랜 영향력을 유지하는 것에 관심을 가지고 있었다. 이는 17세기로 거슬러 올라가, 프랑스 황제가 스스로 레바논 기독교인들(Levantine Christians)의 보호자임을 자처하던 때부터이다. 프랑스는 곧 레바논을 자국의 위임통치령으로 삼았다. 곧이어 이곳에 많은 마론파(Maronite) 기독교인들이 이주해왔다. 이들은 단의론(Monothelete) 기독론을 주장했던 레바논의 토착 기독교인들로서, 12세기 로마가톨릭교회와 연합한 바 있다. 이후 1943년 레바논이 제2차 세계대전으로 프랑스 정국의 혼란을 틈타 독립을 쟁취하였을 때, 새로운 공화 정부는 기독교인들의 권리에 대한 균형적 입장을 잘 반영한 헌법을 제정하였다. 이후 30년 동안 레바논은 긴 내전을 치렀고, 지금도 여전히 많은 어려움을 겪고 있다.[22]

터키 공화국의 동부에서 소수의 기독교인들은 국제 정치의 영향 속에 비참한 신세로 전락하며 흩어졌다. 간신히 살아남은 아르메니아 기독교인들은 파괴된 자신들의 교회를 뒤로 하고 고국을 떠나 흩어졌고, 동방의 양성론주의자들(Dyophysites)은 대부분 이라크로 이주하였다. 1924년 고대 에데사라 불렸던 도시, 우르파(Urfa)의 단성론 기독교인들은 터키가 프랑스 군의 침략에 맞서 승리하자, 또 다른 위기 상황에 놓이게 되었다. 일부는 터키 공화국 내 투르 아브딘(Tur 'Abdin) 산지에 머물렀다. 지난 1,500년 동안 그들은 이곳에 위치한 수도원에서 기도의 삶에 전념해온 바 있다. 하지만 이제 최초의 기독교 왕국이었던 우르파에서 기독교인들을 찾아 볼 수 없게 되었다. 대부분의 우르파 기독교인들은 당시 프랑스의 속국이었던 시리아로 이주하였다. 극심한 고통 속에서도 그들은 시리아의 알레포(Aleppo) 시에서 자신들의 새로운 삶을 시작하였다. 그들은 그곳에 자신들이 우르파에서 영

---

21 이에 대한 Madagascar에서의 사례는 본서 제23장 3. 참조.
22 Jenkins, 164.

위했던 삶을 그대로 유지하였다. 특별히 그들의 독특하고 오랜 교회 음악 전통을 이어 갔다. 이는 기독교 역사상 가장 오래된 형태의 교회 음악 전통일 것이다.

알레포 시의 성 조지 시리아정교회(Syriac Orthodox Church of St George)는 고대 아브가르(Abgar) 왕의 만딜리온(Mandylion)의 아시리아 복제품(pastiche-Assyrian)과 교황이 그들에게 하사한 로마의 만딜리온을 자랑스럽게 보존하고 있었다. 또한 그 교회 안에는 고대 에데사의 중요한 유물 두 점이 보관되어 있다. 그것은 교회의 종과 거대한 수정 샹들리에인데, 이 둘은 영국의 빅토리아 여왕이 에데사 신자들에게 증여한 것이다. 그들은 1924년의 대혼란과 고통 가운데 이 거대하고 무거운 유물들을 지고 국경을 넘어 왔던 것이다. 우리는 그 이유를 이해할 수 있을 것이다. 그것은 대영제국이 그들이 고국으로 돌아 올 수 있도록 보호해줄 것을 기대했고, 이 유물들은 영국에게 잘 호소할 수 있는 유용한 상징이 될 것이기 때문이다. 하지만 우르파 신자들은 막강한 제국의 힘이 그들이 기대하는 대로 자신들의 희망을 이루어주지 않을 것이란 사실을 전혀 알지 못했다.

2. 영국: 기독교 왕국의 말년

1914년부터 1918년까지 벌어진 세계대전에서 승리한 영국은 이후 심각한 갈등을 겪게 된다. 영국은 새로이 결성된 국가연합(League of Nations)의 위임통치령에 따라, 독일의 모든 식민지와 오스만제국 영토 문제로 인해 논쟁을 벌여야 했고, 영연방 내 여러 왕국들과의 갈등도 골칫거리였다. 전쟁 전에 다른 모든 참전국과는 달리 영국 왕조들과 국교회들(잉글랜드국교회와 스코틀랜드장로교)과 매우 특별하고 긴밀한 관계를 유지하고 있었다. 패전의 충격도 없었고, 정권 교체의 혼란도 겪지 않았던 영국 기독교는 거의 모든 지역에서 사치를 일삼으며 급격히 기울어가고 있었다. 그러나 영국 역시 전쟁으로 인한 보편적 상처를 피할 수는 없었다. 지각있는 정치가들은 영국의 세력이 이전만큼 강성하지 않다는 것을 알고 있었다. 특히 뒤늦게 전쟁에 참여했던 미국과 비교할 때 더욱 그러했다. 세계 최강 제국으로서, 영국은 자신들은 관심도 없는 식민지 주민들의 내부 갈등 문제에 많은 영향을 받았다. 식민지 지도자들의 도덕적 권위는 점점 더 변질되었고, 당시 전 세계를 향한 영국의 제국주의적 계획에 방해가 되었다. 더욱이 영국 제도 안에 종교적 기원이 달랐던 아일랜드에서는 내전의 기운이 감돌고 있었다. 대부분의 주민이 개신교도인 북아일랜드 얼스터(Ulster) 주는 로마가톨릭교도가 주류였던 아일랜드의 자치령(Home Rule)을 따르지 않았고 어떤 대화도 거부하고 있었다. 이로 인해 양측은 1918년 11월 1차 세계대전이 종전된 지 불과 수개월 뒤에 무력충돌의 국면에 이르게 된다.

특별히 북아일랜드에서 개신교권 통합주의자들(Unionists)의 제휴는 그리 안정적이지 않았다. 이곳에서 아일랜드 성공회의 '앵글로-아일리쉬'(Anglo-Irish) 엘리트들은 매우 독립적인 얼스터-스코틀랜드(Ulster-Scots) 장로교인들과 공통된 대의를 만들어야 했다. 이 지역의 장로교회에서는 미국의 대각성 열기와의 강한 연계 속에 부흥운동이 일어나고 있었다. 그럼에도 영국 정부가 허용한 아일랜드 자치령에 대한 개신교도들의 공통된 분노가 있었고, 상당수의 얼스터 개신교인들은 1914년 단지 영국을 위해서만이 아니라, 자신들의 영토를 수호하기 위해 영국군에 입대하였다. 그들은 1916년 프랑스 북부, 솜(Somme) 전장에서 벌어진 참호전에서 대부분 전사하고 말았다. 이 전투의 사망자들은 대부분 아일랜드 연대 소속 병사들이었다. 이로 인해 얼스터의 개신교인들은 그 토대를 상실하는 결과를 초래하였다.

아일랜드 민족주의자들의 큰 지지와 함께 더욱 온건한 자치령을 주장하는 정치가들과의 연대세력이 강화되면서 아일랜드 전역에서 폭력 사태가 발생하였다. 이제 아일랜드의 분할은 명백해졌다. 아일랜드 남부에서는 영국 정부가 제안한 분할 제안을 찬성하는 민족주의자들과 이를 거부하는 사람들로 나뉘어졌고, 그 갈등의 골은 깊어졌다. 마침내 이 법안이 통과되자, 양측은 최악의 내전사태로 치닫게 된다. 1922년 아일랜드의 독립으로 영국 제도(British Isles)는 더 이상 온전한 연합왕국(United Kingdom)을 지속할 수 없게 되었다. 남부 아일랜드는 1949년까지 탐탁하지 않았지만, 영연방국으로서 영국 국왕의 권위를 받아들였다. 한편 북아일랜드는 개신교가 굳건히 정착되어 있는 본국에 귀속되었다. 가톨릭교도와 개신교인 모두가 무종파적 초등교육(primary school) 제도를 위한 웨스트민스터 정부의 시도를 거부하였다. 가톨릭교회가 제공하는 든든한 교육으로 인해, 대다수의 가톨릭 부모들은 공립 고등교육(secondary school)을 거부했고, 개신교인들만이 제도에 남았다.[23]

 1920년에서 1923년 사이의 갈등으로 인한 북아일랜드의 탄생 즈음에, 그 지역 장로교인들은 일련의 부흥운동에 의해 영적인 충전을 받았다. 이 부흥운동을 이끈 인물은 얼스터 출신의 미국인 근본주의자, 윌리엄 니콜슨(William P. Nicholson)이었다. 그는 복음의 불을 뿜어대는 외향적이고 고전적인 부흥회를 주도하였다. 일부 사람들은 니콜슨에 대해 그가 원기왕성하지만 완고하고 오만한 사람이라고 평가하기도 하였다. 니콜슨은 여러모로 문제가 많은 인물이었지만, 얼스터 지역을 전면적인 전쟁의 폭력으로부터 구원해 '거듭남'(born-again)의 복음을 외치며 이 지역에 부흥의 불길을 일으켰다는 면에서 많은 신뢰를 받았다. 하지만 그는 다른 얼스터 부흥사들과 함께 그 지역 개신교 노동자들의 공격 정서를 강화시켰다. 말년에 니콜슨은 이후 얼스터 내전 중 오랫동안 중요한 정치적 역할을 감당했던 선동적인 한 장로교인을 공개적으로 축복하였다. 그 사람은 자립적으로 설립된 자유장로교회(Free Presbyterian Church)의 설립자, 이안 페이슬리(Ian Paisely)였

---

23 D. Harkness, *Northern Ireland since 1920* (Dublin, 1983), 33-5.

다. 페이슬리의 회고에 따르면, 니콜슨은 페이슬리가 복음 사역을 위해 날카로운 언변의 능력을 내려달라고 기도했다고 한다. 페이슬리는 정치적 주도권을 갖게 되었지만, 말년에는 그 권력을 갑작스럽게 상실하였다. 그는 폭력으로 얼룩진 20세기의 마지막 30년 동안, 얼스터의 정치적 극보수주의(*immobilisme*)를 대변하였다.[24]

북아일랜드에서 양측은 서로 악의에 차서 전쟁을 벌였고, 이 전쟁은 영국 전체로, 특히 웨일스와 스코틀랜드에 퍼져나갔다. 웨일스의 비국교회 개신교도들은 그 지역의 삶에 있어 자신들의 주도권에 대한 자부심이 강했다. 비록 1904-5년 전국적으로 오순절운동과 연관된 부흥운동이 있었지만, 그들은 자신들의 교세가 약화되는 것을 염려하고 있었다. 따라서 웨일스로 들어오는 아일랜드인들과 다른 이민자들에 대한 그들의 경계심이 매우 고조되었다. 웨슬리안 목사인 루이스 에드워즈(Lewis Edwards)는 1931년 이에 대한 경각심을 대중 앞에 다음과 같이 선포하였다. "우리 웨일스 국민들이 이곳에서 영위해온 모든 일에 로마가톨릭교도들이 맞서는 것만큼 역겨운 일은 없다."[25] 이와 유사한 상황은 스코틀랜드에서도 벌어졌다. 1923년 스코틀랜드장로교 총회 지도자들은 자신들의 고유한 스코틀랜드 문화에 침투해온 아일랜드 이민자들에 대한 두려움을 표명하였다. 그들은 공개적으로 인종차별적 발언을 했다. 이는 인종적으로 혼합되어 있는 스코틀랜드 풍토에서는 매우 이례적인 일이다. "신앙과 사상에 있어 동질적이며, 인종적으로도 일치한 나라가 가장 번성해왔다. 전능하신 하나님은 그들에게 최고의 사명을 맡기실 뿐 아니라 그들이 할 수 있는 것보다 훨씬 더 큰 최고의 축복을 허락하신다." 가톨릭교에 대항하기 위한 결

---

24 *ODNB*, s. v. Nicholson, William Patterson. 이 중요한 역사적 인물에 대한 학술적 전기는 아직 충분하지 못하다.

25 T. Owain Hughes "Anti-Catholicism in Wales, 1900-1960", *JEH*, 53 (2002), 312-325, at 322. "Evan Robert의 부흥운동"과 오순절주의와의 연계성은 다음 글을 참조. R. Pope, 'Dymythologising the Evan Roberts Revival, 1904-1905", *JEH*, 57 (2006), 515-34, at 526, 530; Anderson, 36.

속 의지로 인해, 1843년 두 갈래로 분열되었던 스코틀랜드장로교의 양편은 1929년 성공적으로 재결합하였다. 또한 재결합된 스코틀랜드장로교는 정부에 스코틀랜드에서 아일랜드 이민자 공동체를 축소하는 법안 제정을 요청하였다. 이윽고 1935년 말 에든버러(Edinburgh)에서는 반가톨릭 폭동이 일어났다.[26]

잉글랜드도 이러한 분위기 가운데 예외는 아니었다. 영국은 개신교와 가톨릭교 간의 심각한 갈등 가운데, 영국 제도에 종속된 중요한 파트너 국가를 상실하는 아픔을 겪어야 했다. 성공회 감독들은 앵글로-가톨릭주의자들과 복음주의자들 간의 예식에 대한 이견으로 인한 다툼을 종식시키고자 새로운 '기도서'(Prayer Book)를 출간하고자 하였다. 하지만 그들이 20년간의 노력으로 준비한 조정안은 가톨릭과의 많은 대화 가운데 1927-8년 의회에서 두 번이나 부결되었다.[27] 잉글랜드 이외 지역의 하원의원(그들은 런던 남부의 자치구인 배터시〈Battersea〉 의원 한 명을 제외하고 모두 북부 지구를 대표하는 공산당 소속 의원들이었다)들은 혹여나 패배에 대한 염려 가운데 이 법안에 표결하는 것을 매우 주저하였다. 하지만 반가톨릭주의는 영국 정서에 보편적으로 번져갔다.[28] 영국에서 존중받는 예배 장소는 가톨릭 '성당'이 아니라 '교회'(Church) 또는 '채플'(Chapel)이라 불리는 장소이다. 물론 양자는 모두 개신교 개념이다. 혼동스러운 앵글로-가톨릭주의와의 불편한 관계 속에서 잉글랜드국교회는 자기 길을 가게 되었다(그림 49).

---

26 S. Brown, "Presbyterians and Catholics in Twentieth-century Scotland", in S, J. Brown and G. Newlands (eds.), *Scottish Christianity in the Modern World* (Edinburgh, 2000), 255-81, at 256 (quotation), 265-7, 270.

27 G. I. T. Machin, "Parliament, the Church of England, and the Prayer Book Crisis, 1927-1928", *Parliamentary History*, 19 (2000), 137-47, esp. 139, 141-2.

28 나의 어머니는 십대 소녀였던 1920년대 잉글랜드 중서부 Staffordshire의 도자기 산지에서 성공회 노동자들 사이에서 자랐다. 나의 경건한 조부께서는 복음주의적 신앙을 소유하셨고 그 지역 성공회 교회에서 기둥같은 일군으로 봉사하고 있었다. 그분은 심지어 나의 어머니가 단지 가톨릭 예배장소를 구경하기 위해 들어가시는 것도 매우 불쾌하게 여기셨다.

이 모든 기독교 그룹 중에 로마가톨릭교는 영국적 삶의 방식을 오염시킬 수 있는 이방인이었다. 흥미롭게도 영국에선 개신교 신앙 정체성이 분명한 장교들마저도 군목을 '신부님'(padre)이라고 부르는 것에 매우 익숙하다. 이는 인도 주둔 영국군이 동인도회사의 관습을 따라 오랫동안 사용해온 용어이다. 아마도 이에 대한 세밀한 분별력이 없던 육군 대령이 당시 인도에 거주하던 포르투갈 가톨릭교도들에게서 이 명칭을 차용해온 것 같다.[29] '저교회'성공회(Low Church Anglicanism)교도들에게 가톨릭교보다 훨씬 더 쉽게 수용될 수 있는 그룹은 놀랍게도 프리메이슨이었다. 1940년대 말부터 1950년대에 캔터베리 대주교였던 제프리 피셔(Geoffrey Fisher)는 프리메이슨 열성단원이었고, (주로 고교회) 성직자들의 비판에 맞서 맹렬하게 프리메이슨을 보호하였다.[30] 아무튼 1960년대까지 영국의 일반적 정서는 전통적인 개신교 잉글랜드국교회 사회였다. 하지만 이제는 영국 안에서 그 신앙도 사라져 가고 있다.

3. 가톨릭교와 '그리스도의 왕권': 가톨릭 선교의 제2막

아일랜드의 독립은 합스부르크 왕조의 몰락으로 가장 큰 지지 세력을 상실한 가톨릭교회에겐 하나의 보상이 되었다. 하지만 아일랜드의 황제는 교황에 대한 모호한 비판을 하곤 했다. 1960년대까지 아일랜드 공화국은 시끄럽지만 독실한 가톨릭 국가로 유지되고 있었다(국가 지도자들 가운데는 간혹 유력한 개신교인도 있었다). 가톨릭교회에겐

---

29 M. F. Snape, *The Royal Army Chaplains Department 1796-1953: Clergy under Fire* (Woodbridge, 2008), 15.

30 D. Kirby, "Christianity and Freemasonry: The Incompatibility Debate within the Church of England", *JRH*, 29 (2005), 43-66. Fisher 이전에 빅토리아 시대 캔터베리 대주교였던 Howely 역시 프리메이슨 열성단원이었다.

아일랜드의 독립이 종교개혁 이후 개신교의 부상으로 잃어버렸던 상당 부분의 영토를 되찾게 되었다는 중요한 의미를 내포하는 사건이다. 1919년 이후 이와 유사하게 로마가톨릭교 지역으로 회복된 지역은 새롭게 건국한 폴란드(Poland) 공화국이다. 폴란드는 18세기에 전쟁 이후 사라진 세 왕조들(독일의 호엔촐레른, 오스트리아의 합스부르크, 러시아의 로마노프 왕조)에게 분할되어 지배당하다가, 제1차 세계대전 이후 한데 모여 독립한 나라이며, 아일랜드와 마찬가지로 지금까지 독실한 가톨릭 국가이다. 교황 피우스 11세(Pius XI)는 그가 정죄한 세속주의 혹은 비성직권주의(laicism)에 대항해 가톨릭 세력을 재결집하기 위해서, 1925년 그의 회칙을 통해 새로운 절기 성일인 콰스 프리마스(Quas Primas), 즉 '그리스도의 왕권 대축일'을 공포하였다. 이는 그리스도께서 지상 모든 것에 대한 주권을 가지고 계심을 천명하는 것이며, 이를 가톨릭 세력 확장의 상징으로 삼았다. 이 성일은 본래 10월의 마지막 일요일이었지만, 1969년 교황 바오로 6세(Paul VI)가 교회력을 따라 11월 말이나 12월 초의 일요일로 변경하였다. 이러한 독단적 변경은 이 새로운 절기일이 오랜 전통과 대중적 신앙의 산물이 아니라는 사실을 대변해준다.

유럽 전체가 왕정 체제였던 시기에, 교회는 그리스도가 세상의 왕이시라는 표현을 하지 않았다. 하지만 이제 유럽의 대부분 지역에서 왕들이 사라져 버렸다. 사실 지난 세기 동안 교황은 구 유럽의 권력에게 배반당하고, 교황령(Papal State)을 상실했다. 세계대전 이후 교황은 황폐해진 유럽의 안위보다는 이런 시국 속에 가톨릭교회의 보다 유리한 미래에 더 많은 관심을 가졌다. '그리스도의 왕권'(Christ the King)은 곧 세상에 대한 교황의 권세를 의미하며, 아마도 모든 사회를 단 하나의 왕권하에 놓으려는 그의 계획이 있었다. 이런 의도 가운데 교회가 주도한 범국가적인 변화는 재정에 있었다. 피우스 9세(Pius IX)는 교황령을 위한 어떠한 보충 기금도 거부하였다. 교황령을 위한 세수는 전적으로 이탈리아 정부가 부담했다. 부족한 재정을 메울 수 있는 유일한 방법은 경건한 가톨릭 국가로부터의 지원을 요청하는 것으로, 중세 유럽은 이를 '베드로의 동전'(Peter's Pence)이라고 불렀다. 이후 교황이 가톨릭 국가들에게 요구한 재정은 주로 교황의 잔여 영토를 수호하기 위해 무의미한 군대 양성을 위한 기금이었다. 하지만 이런 목적은 1870년 이탈리아의 통일 이후 유명무실해졌다. 이제 교황은 재정마련을 위한 그물을 전 세계로 던졌다. 바티칸은 훨씬 더 많은 금액을 세부적 재정안을 만들어 멀리 떨어져 있는 지역 교회들에게도 요구하였다.[31] 이러한 변화는 교회의 일반적 재정 확보 방식에 있어서의 큰 변화를 의미한다. 이는 중세 유럽 교회들이 각 교구 재정을 십일조로 마련하는 방식에서 벗어난 것이다.

교황은 이제 모든 가톨릭교도 남성과 여성, 아이들까지 모두 교회 사역에 동참하고 협조해야 할 것을 요청하였고, 이를 신자들의 일상 생활로 확장시켜야 한다고 여겼다. 이를 위해 교황 피우스 10세(Pius X)는 성례전 규정에 중요한 변화를 가했고, 이는 가톨릭교도들의 신앙생활 가운데 거대한 영향을 미쳤다. 오랫동안 교회에서는 평신도들이 얼마나 자주 미사에서 성만찬에 참여해야 하는지에 대한 팽팽한 논쟁이 있었다. 피우스 10세는 의심할 여지 없이 할 수 있는 한 더 많은 성만찬에 참여하는 것이 더 좋다고 여겼고, 궁극적으로 여러 차례 강조하며 이를 설파하였다. 이로 인한 큰 변화는 1907년에 일어났다. 교황은 칙령을 통해 첫 번째 성만찬에 참여할 수 있는 최연소자의 나이를 12-4세에서 7세로 낮추었다. '첫 번째 성만찬'(first communion)을 중심으로 새로운 가톨릭교도들의 대중적 문화(folk culture)가 급속하게 형성되었다. 이는 각 지역 교회에서 가톨릭 가족들은 자신들의 자랑스러운 자녀들이 순결한 가운을 입고 단장한 후 첫 번째 성만찬에 참여하는 것을 공개적 축제로 기념하는 관습이다. 이런 축복된 가톨릭

---

31 J. F. Pollard, *Money and the Rise of Modern Papacy: Financing the Vatican, 1850-1950* (Cambridge, 2005), 31-5.

가족 문화는 지금도 잘 실천되고 있다. 이 문화의 기원이 바로 1907년의 칙령인 것이다.[32]

교황이 바다 건너 전 세계에 재정적 지원을 명하면서, 19세기 영토를 상실하고 표류하던 교황권의 회복을 가져왔고, 이제 가톨릭교회는 전반적으로 낙관적 성장이 예상되었다. 그때는 가톨릭교회가 역사상 가장 크게 확장되었던 시기이다. 특별히 아프리카에서의 성장은 매우 고무적인 일이었다. 개신교가 그 선교의 황금기였던 19세기에 뻗어나간 지역에서 이제 가톨릭 선교는 주도권을 가지고 있던 유럽 개신교 세력을 능가할 정도로 융성했다. 1910년 아프리카에 파송된 유럽과 미국의 개신교와 가톨릭교 선교사의 수는 거의 동등하였다. 하지만 영국에서 개신교 선교사 지원자는 급격히 줄어들기 시작한 반면 이전에는 자국 안에만 머물러 있던 아일랜드의 수많은 가톨릭 사제들과 수녀들은 해외 선교사로 자원하였고, 그 수는 점차 증대되었다. 또한 본토 유럽에서도 수많은 가톨릭 선교사들의 물결이 이어졌다.[33] 세계대전 중에 평화적 중재를 도모했지만 정치적으로는 매우 무력했던 교황 베네딕트는 벨기에 성 나자로회(Lazarist) 수도회 신부였던 뱅상 레브(Vincent Lebbe)가 중국에서 보내온 선교 보고서에 고무되었다. 레브 신부는 프랑스 정부가 지속적으로 가톨릭교회의 중국 선교사역들을 지배하고 간섭하는 것에 매우 비판적이었던 인물이다.

교황 베네딕트는 1919년 "위대한 일"(*Maximum illud*)이라는 의미의 칙령에서 중국을 넘어 보다 광대한 선교 지형을 향한 교서를 공표하였다. 이는 많은 면에서 헨리 밴의 '삼자' 원칙을 연상시키는데, 이보다 훨씬 더 혁신적이었다. 그는 오래전에 로마교황청이 정죄하고 금했던 '중국인의 제사'(Chinese Rites)를 상당 부분을 허용하였다. 또한 모든 지역 선교는 전적으로 원주민들의 리더십을 통해 이루어져야 한

---

32 Duffy, 322-3.
33 Duffy, 322-3.

다는 희망을 피력했다. 교황의 칙령은 또한 다른 대륙 선교지에 유럽 민족주의를 재생산하는 것이 얼마나 위험한지를 지적하며, 각 지역의 다른 문화를 존중할 것을 강조했다. 이 칙령은 현대 선교의 대헌장(*Magna Carta*)이라 할 수 있다. 이로 인해 중국과 일본에서는 곧 현지인 주교를 서임하였다. 베네딕트의 선교강령("위대한 일")은 20세기에 로마가톨릭교회가 기독교계의 모든 교회 가운데 가장 거대한 단일 종파가 될 수 있도록 이끌어 주었다.[34]

대서양 너머 아메리카 대륙의 상황은 유럽과는 전혀 달랐다. 북미주에서 미국의 종교적 주류였던 개신교 교회들은 그 독립 당시부터 기관체제보다 다원성을 지향했기에 가톨릭교회는 일종의 교파로서 미국에서 번성해나갔다. 중남미 지역은 개신교 세력이 미약했고, 가톨릭교가 그 주도권을 가지고 있었다. 개신교는 단지 소수의 이민자 그룹들 사이에서만 머물러 있었다. 아르헨티나(Argentina)의 파타고니아(Patagonia) 지역의 웨일스 출신 광부들이 그 대표적 사례이다. 스페인과 포르투갈 제국의 식민지였던 이 지역에서는 이후 정권들 또한 교황의 승인 아래 교회와 세속 정부 사이의 밀접한 관계를 유지시키고 있었다. 19세기 전반에 걸쳐 이러한 결속은 남미 각지에 자유주의 정권이 들어서면서 흔들리기 시작했다. 그들은 성직자들의 세력이 자국의 발전에 위협이 된다고 여겼다. 예를 들어, 1835년 스페인 남미 주둔군이 패퇴하면서 콜롬비아(Columbia)는 바티칸의 승인 아래 최초로 독립한 공화국이 되었다. 1853년 콜롬비아 정부는 처음으로 교회와 국가의 분리를 결의하였고, 모든 국민에게 종교적 의식이 아닌 민사상의 결혼식(civil marriage)을 의무화하였다. 이러한 모습은 남미 전역으로 확대되어 갔다.[35] 하지만 이는 남미에서 항구적이진 않았다. 19세기 말 멕시코(Mexico)에서, 열정적인 대주교, 옥사카 유로기오 길

---

34 R. G. Tiedmann, "China and Its Neighbors", in Hastings (ed.), 369-415, at 396; Koschorke et al. (eds.), 99-100.

35 Burleigh, 314-5.

로우(Oaxaca Eulogio Gillow)는 교회와 사회와의 관계를 현대적으로 잘 융합하였다. 그는 로마교황청의 현대적 의미를 잘 이해하고 있었다. 그는 멕시코의 장기 집권자였던 포르피리오 디아즈(Porfirio Díaz)와 밀접한 관계를 잘 형성하면서(길로우의 주교관과 디아즈의 집무실은 한 건물을 사용하였다) 양자 사이에 벌어졌던 이전의 갈등을 극복하는 데 많은 역할을 수행하였다.[36]

그럼에도 라틴아메리카의 공식적 교회들은 대중들의 공감을 얻으려고 자유주의적 정치가들과 자주 경쟁하였다. 양측은 모두 동일한 약점이 있었다. 교회와 정치계의 권력자들은 대부분 순수한 스페인 혈통을 주장하는 식민지 태생의 백인들인 크리올(Creoles)이었다. 그들은 오랫동안 원주민들을 그 지역의 열등 계급으로 간주하였고, 그들의 일상에 대해 무관심해왔다. 그들은 스스로 본국에서 태어난 스페인 국민들과 동일하다고 여겼다.[37] 하지만 이제 순수 원주민들과 혼혈인들(mestizos)은 선거권을 가진 국민이며 교구 신자들이었다. 그들은 자신들의 세력을 교회와 선거에서 확대해나가고 있었다. 1903년 멀리 로마에 있는 교황 피우스 10세(Pius X)는 훌륭한 예배 음악을 위해 파이프 오르간 사용을 강조하고, 다른 대중적 악기 사용을 자제할 것을 강력하게 요청하였다. 이제 자신들의 예배에서 브라스 밴드가 사라질 위기에 봉착하자, 멕시코의 신자들은 자신들의 교구 사제들에게 밴드 없는 예배도 없다고 단호하게 주장하며 맞섰다. 이 일로 인해 진저리가 나도록 논쟁하던 한 멕시코의 사제는 1908년의 교구주교의 질문서에 당시 상황에 대해 인상적으로 기록하였다. "모든 교구 신자들이 가톨릭 신앙을 고백하고 있습니까?"라는 질문에 대한 그의

---

36 E. Wright-Rios, "Envisioning Mexico's Catholic Resurgence: The Virgin of Solitude and the Talking Christ of Tlacoxcalco 1908-1924", *PP*, 195 (May 2007), 197-240, at 201, 204-5.

37 이보다 더 이른 시기였던 1771년 당시, 남미 원주민들에 대한 현지 태생 스페인 백인들(Creoles)의 차별과, 이로 인한 원주민들의 불만과 항의에 대해서는 다음 글을 참조. Koschorke et al. (eds.), 379.

답문은 다음과 같다. "그들이 믿는 가톨릭 신앙에는 그들만의 양식이 있습니다."[38] 이러한 사례는 당시 가톨릭교회의 세력이 약화되고 있다는 징조를 나타내는 것이다. 하지만 멕시코에서 교회와 국가 간의 충돌이 심해지면서, 이는 가톨릭교회에겐 기대치 않았던 자산이 되었다. 멕시코 사태는 1920년대 전 세계 가톨릭교회들이 시험대에 오르며 직면한 가장 강력한 사례였다. 이는 1917년 이후 소비에트 우크라이나(Soviet Ukraine)에 거주했던 그리스 가톨릭교도들(Greek Catholics)이 당한 극심한 고난에 맞먹는 심각한 문제였다.

1910년 친가톨릭 성향의 장기집권자였던 디아즈 대통령에 대항하여 반가톨릭 대중들과 관료들은 대규모의 무력혁명을 일으켰다. 사람들은 교회당을 불태우거나 붉은 페인트로 칠해버렸다. 성상들은 파괴되고 교회 예식은 조롱받았다. 교회는 멕시코를 다시 주도하기 위해 반격했다. 1914년 멕시코의 주교들은 피우스 11세가 이후 선포한 '그리스도의 왕권' 선언이 멕시코에도 선포되길 간절히 바랬다. 혁명 세력은 1917년 미국 헌법이 제시하고 있는 모든 시민에게 주어진 종교의 자유를 수용한 새로운 헌법을 통해 교회에 복수하였다. 모든 교회 부설 초등학교를 억제하고, 그 안에 성직자의 역할은 최소한으로 축소하였다. 수도원들과 수녀원들도 강압적으로 폐쇄되었다. 프랑스의 제3 공화국의 경우보다는 덜 폭력적이었지만, 교육은 교회와 반교권주의자들 간의 갈등에 가장 주된 요소였다. 그리고 이들의 공개적 갈등은 멕시코인들의 일상생활을 마비시켰다. 1921년 모렐리아(Morelia)의 국립 대성당의 성상이 파괴되자, 이로 인한 거리 폭동으로 12명이 목숨을 잃었다.[39] 1926년 멕시코 대주교는 모든 공예배와 성례가 중지되고, 교회 활동들이 제약을 받으면서, 특히 교회 교육기관의 주도권을 상실하게 되자, 그에게 가능했던 모든 수단과 모든 무기를 동원해

---

[38] Wright-Rios, "Envisioning Mexico's Catholic Resurgence", 216n, 221.

[39] M. Butler, "'The Church in 'Red Mexico'": Michoacán Catholics and the Mexican Revolution, 1920-1929,' *JEH*, 55 (2004), 520-41, at 527, 523-4.

반대 세력과 맞섰다. 교회와 정부 간의 총력전은 힘들게 정전이 이루어질 때까지 3년 이상 계속되었고, 수천 명의 사람들이 목숨을 잃었다. 교회를 핍박하는 세력에 대항한 무장 봉기를 일으킨 가톨릭교도들은 크리스테로스(Cristeros)라는 별칭으로 불렸다. 이는 그들이 이 전투에서 사용한 슬로건인 '그리스도 왕 만세!'(Viva Cristo Rey)에서 차용한 명칭이다. 사실 주교들은 이런 폭동을 예상하지 못했고, 또한 원하지도 않았다. 그들은 이미 대부분 추방당했고, 정부와의 마찰을 피하고자 각기 분산되어 흩어졌었다. 이 반란을 주도한 지도자들은 압도적으로 평신도들이었다.

크리스테로스는 특별히 교회 안에 평신도 지도자 전통이 오랫동안 자리 잡은 지역에서 많은 지지를 얻었다. 이곳에서 각 지역 문화와 종교생활이 잘 혼합된 형태로 발전하였다. 이는 반종교개혁 전통에서 파송된 선교사들에 의해 정립된 것이다. 그들은 가톨릭교회를 부흥시키기 위해 정부가 주도한 멕시코 가톨릭교회와 사도적 교회(Apostolic Church) 설립에 무관심했다. 대신 그들은 로마가 파송한 수석 대주교의 가르침에 몰두했다. 멕시코에서 대주교는 평신도들이 비상시 고해성사, 결혼예식, 영세까지 거의 모든 형태의 가톨릭 예식을 인도할 수 있는 권한을 허가해주었다. 단 성만찬의 정화의식은 제한을 두었다. 성직자들은 그 결과로 주어진 평신도들의 주도권과 성직자의 통제력 상실을 항상 달가워하지는 않았다. 정부 역시 많은 반교권주의적 대중들의 지지를 얻었지만, 이들의 깊은 신앙적 삶을 공권력으로 도전할 수 없다는 것을 알게 되었다. 크리스테로스에 속해 있던 한 사람은 깊은 자긍심 가운데 다음과 같이 발언하였다. "그들의 피는 이 땅을 흠뻑 적셨다. 만일 그래도 충분치 않다면, 그들은 주 하나님의 도래를 위해 자신들의 목숨까지도 기꺼이 바칠 것이다."[40] 이러한 상황은 한국의 초기 가톨릭교 평신도들을 연상시킨다. 하지만 그 평신도

---

[40] Koschorke et al. (eds.), 379.

희생자의 규모는 한국보다 훨씬 더 컸다. 최근의 한 역사가는 이 사건의 성격을 주목하면서, 2000년 교황 요한 바오로 2세(John Paul II)가 25명의 크리스테로스 순교자들을 성인의 반열에 올리는 시성식에서 22명의 성직자들과 불과 3명의 평신도를 명단에 올린 것은 이 가톨릭 봉기의 의미를 왜곡하는 역사적 반영이라고 지적하였다.[41] 사실상 멕시코에서 1926-9년까지 있었던 사건은 사제와 평신도 사이의 관계를 재정립하는 중요한 전조가 되었다. 제2차 바티칸공의회의 직접적 결과로 남미 가톨릭교회에서는 이와 유사한 충격적 사건이 일어났다.

이 사건은 멕시코에 갈등을 유발한 당대의 바티칸만을 위한 교훈이 아니다. 거의 동시에 스페인과 소비에트 러시아에 세워진 좌파 세력과 교회와의 치명적 대결에 있어서도 매우 중요한 교훈이다. 사회주의 또는 공산주의는 어디에서나 기독교의 주적으로 여겨졌다. 1919년 유럽의 미래는 점차 민주주의 체제로 전환되고 있었다. 1939년 당시, 제1차 세계대전의 승전국들에 의해 세워졌던 모든 새로운 국가들 가운데 오직 체코슬로바키아(Czechoslovakia)만이 기능적으로 민주공화국이었다. 그러나 이마저도 곧 사라질 것 같았다. 양 세계대전 사이의 약 20년 동안 독재정권은 민주주의를 전복시켰기 때문이다. 헝가리(Hungary)의 경우처럼 일부 지도자들은 과거 전통을 회복시키고자 시도하기도 하였다. 가톨릭교도가 지배적인 헝가리는 왕조를 대신해 미클로스 호르티(Miklós Horthy) 섭정체제에 있었다. 또한 유럽에서는 극단적 형태의 민족주의가 급부상하고 있었다. 이들은 과거의 귀족정치뿐 아니라 부르주아 계층이 주도하는 민주주의도 혐오했다. 한편 이 민족주의 운동은 인종주의로 변질되어 갔다. 이런 총체적 형태의 운동은 이탈리아어에서 유래된 용어를 자신들의 명칭으로 삼았던 파시즘(Fascism)이다. 이는 가장 오래 지속된 국수주의적 정부로 여전히 그

---

41 Butler, "The Church in 'Red Mexico'", 532-3, 541. 이는 순교한 사제들의 업적을 축소하고자 하는 의도는 아니다. 이에 대한 한 예수회 수도사의 회고록에 대해서는 Koschorke et al. (eds.), 378-9를 참조.

들의 영향이 남아있다. 가톨릭교회는 당시 급부상한 파시스트주의자들에 대해 큰 인상을 받지 못했지만, 대체로 관대한 평가를 가지고 있었다.

 교황직을 세습받았던 이탈리아 성직자들은 대부분 절대왕조 치하의 시민으로 살았기 때문에 자연스럽게 민주주의에 대해 공감을 갖지 못했다. 다만 예외적으로 교황 피우스 9세만이 자유주의에 대해 호감을 가졌다. 그들은 이러한 정치적 상황에서 동일한 의견을 표명하지 않았다. 피우스 10세는 '모더니즘'(modernism)이란 용어는 훌륭한 가톨릭교도에겐 저주(anathema)를 의미한다고 선포하였다. 그는 프랑스에서 일어난 혁명적이고 민주적인 가톨릭 젊은이들의 운동에 반감을 가졌다. 이 운동은 밭고랑이란 의미의 "르 시용"(Le Sillon)이라고 불렸다. 피우스 9세는 1910년 질서의 덕을 강조하면서 이 운동을 정죄하였다. 반면 교황 베네딕트 15세는 르 시용의 카리스마적 창립자 마르크 사니에(Marc Sagnier)에 매료되었다. 베네딕트 15세는 이 운동에 대한 그의 전임자의 비난에 대해 공개적으로 언급하지 않았고, 프랑스 정치계에서 진행된 사니에의 기독교 민주주의 활동을 격려하였다. 이로 인해 프랑스 가톨릭교는 10년 이상 그 활동에 있어 정치적 다양성을 현명하게 발전시켰다. 이는 프랑스 가톨릭교가 20세기 말 치명적 오류로 밝혀진 드레퓌스 사건(Dreyfus Affair)에 연루되었던 치명적 잘못을 만회할 수 있는 업적이라 할 만하다. 베네딕트 15세의 후계자인 피우스 11세는 더 나아가, 르 시용의 신앙과 활동의 치명적 적수였던 극우단체, 악시옹프랑세즈(Action Francaise)에 대한 차가운 비판을 가했다. 이 단체는 왕실주의자이며 반유대주의(anti-Semitic) 성격을 가지고 있었다. 그러나 이전의 교황 피우스 10세는 이 단체에 큰 호의를 가지고 있었다.[42] 1925년 피우스 11세는 보수적인 프랑스 가톨릭교도들

---

[42] G. Barry, "Rehabilitating a Radical Catholic: Pope Benedict XV and Marc Sagnier, 1914-1922", *JEH*, 60 (2009), 514-33; Action Francaise에 대해서는 Duffy, 336-7을 참조.

의 충격적인 저항에도 불구하고 이 단체를 파문하는 결단력을 발휘하였다. 그의 결정은 이 단체의 언론인 출신 창립자 샤를 모라스(Charles Maurras)의 경력에 대한 비판에 근거하였다. 모라스는 공개적인 무신론자였고, 굳건하고 정화된 프랑스 왕조체제의 갱신을 추구하였다. 그는 자신의 불투명한 비전을 위해 가톨릭교를 그저 필수적인 협력기관쯤으로 여겼다. 이러한 교황의 오랜 정치적 입장의 역사 가운데 프랑스 제3공화국과 민족주의에 대한 바티칸의 의심은 교황으로 하여금 프랑스의 상황을 현실적으로 바라보게 하는 계기가 되었다.

피우스 11세는 베니토 무솔리니(Benito Mussolini)가 1922년 정권을 잡은 후 이탈리아에서 일어나는 사건들을 확신있게 조정하지 못했다. 이탈리아의 총통(Duce)이 된 무솔리니는 모라스처럼 무신론자였다. 하지만 그는 이탈리아에서 공산당을 진압하자 교황의 전폭적인 지지를 얻었고, 이로 인해 정권을 쟁취할 수 있었다. 파시스트당은 산업과 무역에 있어 노동조합(trade unions)을 강압적으로 해체하고 파시스트가 주도하는 협동조합(corporate association)을 조직하였다. 이러한 구상은 교황 레오 13세가 1891년 발표한 노동문제에 관한 회칙, "노동헌장"(Rerum Novarum)을 연상시키는 것이었다. 이에 교황 피우스는 1931년 곧바로 레오 10세의 노동회칙을 재확인하며 기념하는 회칙을 공표하였다. 이 회칙은 "콰드라게시모"(Quadragesimo)라고 불린다(이는 '40년 후'라는 의미이다). 교황은 이탈리아인이었고 또한 애국자였다. 총통은 가톨릭교회의 호감을 얻기 위해 교황과 특별한 거래를 원했다. 1929년 라테란 협정(Lateran accords)을 통해 바티칸 시국(Vatican State)이 탄생한다. 이는 세계에서 가장 작은 주권국이며, 그 크기는 영국 지방에 있는 저택의 정원 넓이 정도 밖에 되지 않는다. 이탈리아 정부는 이 교황국과 함께 17억 5천 리라(lire)의 자금을 봉헌하였다. 이는 이전에 이탈리아 왕조가 교황 피우스 9세에게 봉헌한 금액보다는 적었지만, 그래도 막대한 금액인 것은 분명하다.

교황은 이 예기치 못했던 자금 관리를 온화한 성품을 가진 탁월한 은행가 베르나르디노 노가라(Bernardino Nogara)에게 위임하였다. 그는 당연히 독실한 가톨릭교도였고 교황의 고향인 밀라노(Milan)에서부터 사귀어 온 친구의 아들이었다. 그는 이 자금의 운용과 투자에 절대적 자율권을 부여 받았다. 당시 교황은 콰드라게시모 회칙과 투기적 자본주의를 경계한 다른 서언들을 했지만, 노가라는 이런 제약을 전혀 받지 않았다. 노가라는 가톨릭교 안에서 평신도로서는 이전에 황제 찰스 5세나 스페인 국왕 필립 2세를 능가하는 영향력을 행사할 수 있었다. 그는 가톨릭교회의 재정에 막대한 증식을 이루었다. 가톨릭교회는 이제, 이후 1948년 한 소련의 언론인이 정확하게 기술한 대로, '세상에서 가장 거대한 신탁 자산'을 소유하게 되었다.[43] 갑자기 바티칸의 재정은 풍부한 여유를 누리게 되었고, 전쟁의 대재앙 중에도 10년 이상 경제적 이익을 위한 악마와의 서핑은 계속 되었다.

무솔리니의 압도적 권력으로 부상한 이탈리아 파시즘의 영향으로 곧 이보다 더 악한 파시스트적 정부가 부상하게 된다. 그것은 독일 국가 사회당(German National Socialist Party), 곧 '나치'(Nazi)당이었다. 아돌프 히틀러(Adolf Hitler)는 오스트리아에서 합스부르크 황제의 관료집안에서 태어났다. 그는 독일 바이마르 공화국(Weimar Republic)의 경제적, 정치적 혼란과 전통적인 독일 우파 정당의 무능을 기회로 삼았다. 그는 필요하다면 노골적인 폭력을 사용하였다. 그는 끔찍한 투표 결과 조작과 독일의 민주주의 기관들과의 정치적 연합을 통해 정권을 차지하였다. 그와 같은 기관들을 통폐합하는 마지막 장애물은 독일 가톨릭 중앙당(Zentrum)의 과도한 맹신적 동의에 의해 해결되었다. 이 당은 1933년 3월 수권법(Enabling Act)의 통과를 위한 투표를 독일 의사당에서 진행시켰는데, 이 법은 민주주의를 잠시 멈추고 히틀러에게 최고 권력을 주는 법안이었다. 나치당은 또한 전체주의적 독재정부를 구축하고자 테러기관을 발족시켰다. 당시 독일 주재 로마 수석 대

---

[43] Pollard, *Money and the Rise of Modern Papacy*, esp. 143-9, 162-7, 인용문은 205.

사이며, 후일 교황 피우스 12세가 되었던, 에우제니오 파첼리(Eugenio Pacelli)는 히틀러와의 협약을 통해 그의 새로운 독일 제3 제국(Third Reich) 안에서 가톨릭교회의 자유를 보장받게 된다. 히틀러 치하의 제3 제국은 신성로마제국과 1871년 호엔촐레른 왕조 치하의 제2 제국(Second Reich)을 계승한다는 억지스러운 명분을 내세웠다. 이 협약의 대가는 가톨릭 중앙당과 가톨릭 노조의 해체였다. 또한 어떤 형태로든 교회와 성직자들의 정치적 활동을 금지하는 것이었다. 이 거래가 체결되자, 히틀러는 곧 교회에 대한 억압을 드러냈다. 나치는 가톨릭교에 대한 흑색선전과 간혹 폭력을 행사하였다. 하지만 이보다 훨씬 더 집요하고 사악한 탄압은 힘없는 유대교도들에게 가해졌다. 이들은 히틀러가 가장 혐오한 희생자들이었다.

교황청이 이를 돌이키기에는 너무 늦어버렸다. 피우스 11세는 독일에서 전해져 온 소식에 점차 큰 충격을 받았다. 그는 뭔가를 해야만 했다. 교황은 친히 독일어로 쓴 회칙을 독일로 발송하였다. 그 회칙은 "타오르는 근심으로"(*Mit brennender Sorge*)라는 문구로 시작하는데, 몰래 독일로 입수되어 1937년 종려주일 모든 가톨릭 강단에서 동시다발적으로 낭독되었다. 그 회칙의 내용은 교회를 향한 핍박에 대해 비판하고, 나치 인종주의의 편견을 정죄하고 있다. 이 회칙은 1945년 히틀러 정권이 몰락할 때까지, 나치에 대한 극소수의 공식적 저항 사례 중 하나이다. 1870년의 '문화전쟁' 이후, 독일 가톨릭교도들은 독일 사회 안에 자신들의 종교적 공간을 얻기 위해, 독일 국가에 대한 자신들의 충성을 표명하여 왔다. 1933년 협약에서 독일의 가톨릭교도들이 기대했던 것은 그 공간에 대한 보장이었다. 하지만 히틀러는 비스마르크와 달랐고, 협약도 무용지물이었다. 그들은 제2의 전략을 가지고 있지 못했다.⁴⁴ 교황이 할 수 있는 최선은 그저 이탈리아의 파시스트 정권과 독일의 나치 정부를 떼어놓기 위해 이면에서 활동하는 것

---

44 Atkin and Tallett, *Priests, Prelates, and People*, 217-22.

뿐이었다. 1938년 히틀러가 무솔리니를 만나기 위해 이탈리아에 방문했을 때, 교황은 이에 대한 불만을 매우 수동적으로 표명하였다. 이에 교황은 자리를 비웠고, 로마 교회에 있는 모든 장식도 떼어 냈으며, 바티칸 박물관도 폐장하였다. 이것은 3년 전 무솔리니가 기독교 국가인 에티오피아를 침공했을 때 교황이 침묵했던 것과는 전혀 다른 성격의 침묵이다.[45]

로마교황청은 여전히 공산주의를 파시즘보다 더 사악한 대적으로 여겼다. 1937년 독일에 밀령을 보냈던 바로 그 고난주간에 교황은 "구원자이신 하나님의"(*Divini Redemptoris*)로 시작되는 또 하나의 회칙을 발표하였다. 그는 이 회칙에서 나치즘을 비판했던 독일에 보낸 회칙에서보다 훨씬 강도 높은 언어를 사용하여 공산주의를 비난하였다. 공산주의는 "인간의 자유를 빼앗고, 인간성의 존엄함을 강탈하며, 맹목적 충동 분출을 다스리는 도덕적 규범을 폐기한다." 당시 교황의 이와 같은 판단은 적절했다. 나치의 박해는 교회를 능욕하는 수준이었다면, 소련(Soviet Union)과 스페인에서의 경우는 교회에 총체적인 파괴와 치명적 죽음을 가져다 주었기 때문이다. 그곳에서, 교황은 파시즘의 강압의 힘으로 소위 '민주적으로' 선출된 정부 관료들에 대한 공격을 적극적으로 지지했다.

스페인의 경우는 양 세계대전 사이에 재임했던 교황 시대에 가장 비극적인 사례이다. 여기에서 우리는 바티칸이 왜 스페인 공화 정부에게 등을 돌렸는지 정확히 이해할 수 있을 것이다. 스페인 공화국은 1931년 왕정체제가 무너지면서 창립되었다. 그 공화당(Republican) 정부는 반교권주의 정책 가운데 사회-경제 개혁을 추진했다. 이는 교회에 대한 라틴아메리카와 프랑스 공화국의 정책과 거의 유사하였다. 예를 들어, 정부는 종교교육은 종식시켰고 교회 유지와 성직자들의

---

45 P. C. Kent, "A Tale of Two Popes: Pius XI, Pius XII and the Rome-Berlin Axis", *Journal of Contemporary History*, 23 (1988), 589-608, at 598-9.

생활을 위한 정부 보조금도 중단하였다. 이러한 정책을 고려한다면, 정부는 일상적인 가톨릭 신앙생활을 위한 최소한의 보장도 철저히 파괴한 것이다. 이로 인해 정부는 평범한 가톨릭교도들의 분노를 유발하였다. 사실 그들은 이 문제를 제외하고는 정부에 대해 전혀 적의를 가지고 있지 않았다. 그들은 추방된 국왕 알폰소 13세(Alfonso XIII)에 대한 향수를 갖게 되었다. 이로 인해 격분한 가톨릭교도들의 시위가 일어났고, 이는 교회에 대한 무정부주의자들과 사회주의자들의 더욱 심한 분노를 유발하였다. 곧바로 1931년 교회 건물은 불타오르기 시작했다.[46]

이제 스페인에는 내전의 기운이 감돌기 시작했다. 다시 한 번 '그리스도의 왕권'(Christ the King)의 이미지가 부상하고, 이는 정치적 우파의 상징이 되었다. 이 전투적 상징은 이미 멕시코뿐 아니라 벨기에의 호전적인 가톨릭 정치가들에게도 사용된 바 있다.[47] 1934년 새롭게 창설된 가톨릭 정당이 선거에서 많은 표를 얻게 되자, 무정부주의자들과 사회주의자들이 이에 대해 격분하였다. 그들은 교회 건물을 불태우고, 성직자들을 살해했다. 1936년 좌파 정당이 선거에서 승리하자, 일부 군대 지휘자들은 무력으로 그 결과를 뒤집고자 하였다. 이들은 급성장하고 있던 '팔랑헤당 당원'(Falangist)과 연합하였다. 이 팔랑헤당은 이탈리아 파시즘에 영감을 받아 생성되었다. 이 군 지도자들 가운데는 독실한 가톨릭 신자로 갈리시아(Galicia) 출신 장교인 프란시스코 프랑코(Francisco Franco)가 있었다. 그는 이전에 적극적 정치 참여로 인해 카나리아 군도(Canari Islands)로 좌천된 바 있었다. 그러나 그는 격동하는 정황 가운데 재기하여 군 총사령관이 되었다. 프랑코는 영국에서 임대한 전투기를 모로코(Morocco)에 대기시켰고, 그 주된 목적을 숨길 수 있는 알리바이를 마련해놓고 있었다. 그는 이 작

---

46 이 과정에 대한 다음의 훌륭한 연구서를 참조. M. Vincent, *Catholicism in the Second Spanish Republic: Religion and Politics in Salamanca, 1930-1936* (Oxford, 1996), Ch. 7.
47 Ibid., 231.

전을 영국 군 소령, 휴 폴라드(Hugh Pollard)를 용병으로 고용하여 맡겼다. 폴라드는 프랑코 편에서 스페인 북부 바스크(Basque) 지역의 도시 게르니카(Guernica)를 폭격하여 말살해버린 나치군의 만행을 적극적이고 공개적으로 변호했다. 그는 큰 자부심 가운데 다음과 같이 말했다. "어려움에 빠진 가톨릭 동료를 돕는 것은 좋은 가톨릭교도의 의무이다." 그는 프랑코와 그의 국민당(Nationalists)이 히틀러와 무솔리니의 군사적 도움으로 공화국의 수호자로 복귀했을 때 정식으로 감사의 훈장을 받았다.[48]

3년간에 걸친 유례없이 잔인했던 스페인 내전 동안, 바티칸은 오직 공화당에 의해 자행된 치욕적인 만행만을 인지하고 있었다. 성직자들은 살해당하고, 성당은 조직적으로 불태워졌다. 심지어 사망자들의 시신도 무덤에서 꺼내어져 모욕을 당했다. 일부 공화당 편 군인들은 수녀들을 강간하였다. 하지만 이를 입증할 서류가 없었기 때문에 국민당은 이에 대한 판결을 주저했다. 그러나 이러한 행동은 공화당이 강조했던 군인의 명예를 명백하게 범한 것이다. 한 역사가가 이 사건들에 대해 묘사했듯이 스페인 내전은 '유럽에서 일어난 사상 최악의 반교권주의 유혈사태'였다. 예를 들어, 1937년 말라가(Málaga)의 안달루시아 주교관(Andalusian diocese)에서는 이탈리아 군이 이 도시를 점령하기 1년 전에, 240명의 성직자들 가운데 115명이 살해되었다. 살해당하기 전에 성직자들은 성고문을 당했고, 시신은 절단되었다. 이는 스페인에서 반교권주의 만행의 참혹한 광경이었다.[49] 대부분의 성직자들은 각 지역의 자율적 입장을 따랐고, 공화당은 프랑코의 국

---

[48] G. D. Macklin, "Major Hugh Pollard, MI, and the Spanish Civil War", *HJ*, 49 (2006), 277-80 (quotation at 279).

[49] M. Vincent,"'The Keys of the Kingdom': Religious Violence in the Spanish Civil War, July-August 1936", in C. Ealham and M. Richards (eds.), *The Splintering of Spain: Cultural History and the Spanish Civil War, 1936-1939* (Cambridge, 2005), 68-89, at 68 (quotation), 86-8; M. Richard, "'Presenting arms to the Blessed Sacrament': Civil War and Semana Santa in the City of Málaga, 1936-1939", Ibid., 196-222, at 202, 211.

민당을 적대시했고, 국민당은 공화당과 다른 팔랑헤당과 연루되어 있는 다른 모든 대적을 잔인하게 처단하였다. 로마교황청은 이러한 사실들과 스페인 반도 북부의 바스크에서 일어난 사건에 대해서는 별다른 주의를 기울이지 않았다.

1939년 프랑코가 마침내 승리했을 때, 교황 피우스 12세는 방송을 통하여 스페인을 치하하고 그 국민들에게 다음과 같이 연설하였다. "우리는 다시 한 번 유물론주의 무신론 예언자들에게 가톨릭 신앙은 절대 파괴될 수 없다는 숭고한 진리를 증명했다." 피우스 11세가 히틀러를 무솔리니와는 구별하며 비판했던 사실은 이제 잊혀졌다. 히틀러가 힘없는 약소국이었던 체코슬로바키아를 침공했을 때 바티칸은 이에 대해 어떠한 비판도 하지 않았다. 이로 인해 독일 내 가톨릭교회는 잠시 동안 이득을 취할 수 있었기 때문이다.[50] 적어도 교회는 스페인 종교재판소(Spanish Inquisition)의 복구를 주장하지 않았다. 다만 로마에는 계속 성무성(Holy Office)이 존재했지만 프랑코 총통(*Caudillo*, 이 단어는 스페인어이며 독일어의 *Führer*에 해당된다)이 집권하고 있는 경찰국가 스페인에 그리 필요해 보이지는 않았다. 프랑코는 지난 50년간 스페인에서 일어난 모든 일에 저항하며, 이제 1492년의 스페인은 사라졌다는 사실을 재천명하였다. 스페인은 이제 극단적인 순수함과 가장주의적(paternalistic) 권위에 대한 공경의식, 협동조합, 가톨릭 신앙으로 통일된 모습을 강조하게 되었다. 그 독재정권은 1975년 프랑코가 사망할 때까지 이전의 냉혹한 권위주의에 전술적인 수정을 가해가면서 지속되었다. 그때까지 가톨릭교회는 당혹스럽게도 프랑코를 점점 더 거룩한 유산으로 추앙해갔다.

---

50 Kent, "A Tale of Two Popes", 604.

4. 교회와 나치즘: 제2차 세계대전

1939년 프랑코가 승리했을 때 모든 서방교회들은 1933년 부정선거로 정권을 잡은 히틀러의 영향과 마주해야 했다. 개신교계에도 가톨릭교와 같은 상황이 시작되었다. 독일의 국교는 개신교였고, 독일제국과 동일시되는 긴밀한 관계에 있었기 때문에, 1918년 패전을 정리하고 바이마르 공화국(Weimar Republic)의 탄생을 선포하는 데 큰 어려움을 느꼈다. 이로 인해 독일의 황제만 몰락한 것이 아니라, 이는 결국 독일 교회의 수장이기도 했던 모든 개신교인 왕위 계승자들의 몰락이기도 하다. 개신교 지도자들은 공통적으로 독일군의 패배는 이전 독일제국의 대적들에게 배신당한 것이라는 감정을 가지고 있었다. 따라서 그들은 독일 공화정의 창립은 전적으로 그와 같은 배신행위라고 여겼다. 특히 이러한 반감은 프러시아에서 더 심했다. 1918년 이후 권력 계승자는 정무장관이었던 아돌프 호프만(Adolf Hoffman)이었는데 그는 반교권주의적 사회 민주주의자였기 때문이다. 1919년 바이마르 공화국이 생성되었을 때, 80퍼센트의 개신교 성직자들은 이 정부를 자신들의 적으로 생각한 것으로 추정된다. 그들은 왕정주의자였고 격분한 민족주의자들이기도 했다. 하지만 이러한 사실은 나치즘에 대한 비판의 충분한 근거는 되지 못한다. 나치즘 역시 성직자들의 분노를 유발했지만, 이 정권은 이를 자기 목적을 위해 잘 활용하였다.[51]

위대한 독일의 자유주의 개신교 신학전통의 비극은 이 전통의 가장 뛰어난 학자들이 나치의 반유대주의 정책의 동반자가 되었다는 사실이다. 그들은 루터교도였다. 따라서 그들은 루터의 근본적인 신학적 이론을 수용하였다. 그것은 율법과 은혜, 또는 유대교와 기독교 사이의 신학적 대비에 있다. 이 전통은 19세기 혁신적 성경 연구의 열

---

51 Porter, "Beyond Comfort", 258-89, at 272, 281.

매를 낳게 된다. 바우르(F. C. Baur)의 연구 이후 학자들은 복음서를 유대교 안에 계속 머무르고자 했던 베드로파 기독교(Petrine Christianity)와 새로운 방향으로 나아가고자 했던 바울파 기독교(Pauline Christianity) 사이에 있던 갈등의 결과물로 보는 것이 관례가 되었다. 아돌프 폰 하르낙은 이 견해를 따라 구약성경의 일부를 정경으로 간주하지 않게 되었다. 이는 마르시온의 관점과 일치하는 것이다.[52] 그 다음 세대 학자 가운데 히틀러의 권력을 적극적으로 반겼던 게르하르트 키텔(Gerhard Kittel)은 가장 악명이 높았다. 그는 존경받는 신약성경학자로서, 신약 연구의 기념비적 작품으로 지금까지도 많이 애용되고 있는 『신약 신학 사전』(Theological Dictionary of the New Testament)의 편집자였다. 이 사전은 다수의 반유대주의적 시각을 담고 있다.[53]

이러한 지성적 배경은 이들이 하나의 연합된 개신교 공동체를 구성하는 데 명목적인 근거를 제시해주었다. 그들은 이를 독일 기독교(German Christianity)라고 불렀고, 교회에서 유대인의 영향을 제거하고자 했던 나치의 목표를 지원하는 운동이 되었다. 이 운동을 통해 독일 개신교는 하나된 목소리가 되고자 하였다. 이 운동은 독일 개신교의 과거 역사를 돌아보며, 다시 한 번 이전의 아름다운 모습처럼, 재통합된 독일 교회를 꿈꿨다. 그러나 이번에는 노골적인 인종주의로 변질되고 있었다. 그리스도의 고향이 갈릴리였던 것에 주목하며, 독일 기독교인들은 그 지역이 인종적으로 아리안족의 집단 거주지였다고 주장하기도 하였다. 이러한 주장은 많은 부분 19세기 인류학적 고찰을 차용하며 제기된 것이다. 일부 학자는 기독교 신앙의 재정립을 정당화하기 위해 그들의 주장의 근원이 루터의 견해라고 주장하기도 하였

---

52 Frend, "Church Historians of the Early Twentieth Century", 101.
53 R. P. Ericksen, *Theologians under Hitler: Gerhard Kittel, Paul Althaus and Emanuel Hirsch* (New Haven and London, 1985), esp. 50-3, 81-3, 178-84; M. Casey, "Some Anti-Semitic Assumptions in the 'Theological Dictionary of the New Testament'", *Novum Testamentum*, 41 (1999), 280-91.

다(특별히 루터의 유대인에 대한 격노와 세속 권력자들에 대한 복종의 주제들이 즐겨 차용되었다).[54] 나치를 후원하면서, 1933년 7월 그들은 독일 국교회 선거를 치렀다. 그들은 당대 가장 유력한 목사였던 루드비히 뮐러(Ludwig Müller)를 독일교회의 총감독(*Reichsbischof*)으로 추대하였다.

감히 누가 유혹과 위협이 교묘하게 혼합된 세력에 맞서는 용기있는 상상을 할 수 있는가? 여기에 한 신학자 칼 바르트(Karl Barth)가 있었다. 그는 독일 개신교 외부의 스위스 출신이라는 이점이 있었고, 이곳은 개혁주의 신학전통에 서 있었다. 바르트의 신학은 독일의 국교인 루터교보다는 개혁주의 신학 유산에 더 많은 중점을 두었다. 이런 배경 가운데 교회가 일시적인 세속 권력에 독립적이고 비판적인 입장에 서 있어야 한다고 독려하였다. 이로 인해 바르트는 독일 자유주의 개신교 추종자들의 분노를 샀다. 제1차 세계대전에 점점 더 파괴적인 국면에 접어들 때 바르트는 슐라이에르마허에서 시작된 자유주의 신학전통에게 사기를 당했다는 감정을 느꼈다. 슐라이에르마허의 신학 유산은 이성이 하나님을 이해하는 길을 열어준다는 확신을 가지고 있었다.[55] 바르트는 1919년 『로마서 주석』(*Commentary on Romans*)을 출판하였다. 이 책에서 히포의 아우구스티누스, 루터, 칼빈에게 계승된 바울의 사상을 강조하였는데, 즉 인간의 이성은 전적으로 타락하였고, 인간이 하나님께 이르는 길은 예수 그리스도를 통한 하나님의 은혜뿐이라는 주제이다. 당연히 베테랑 자유주의 신학자 아돌프 폰 하르낙은 바르트를 비판한 첫 번째 인물이었다. 하지만 여러 젊은 성직자들은 바르트의 자유주의 비판에 매료되었다. 그 중 한 사람이 베를린에서

---

54 Ericksen, *Theologians under Hitler*, 164-5. '아리우스주의'의 기독교적 해석의 기원은 다음 책을 참조. C. Kidd, *The Forging of Races: Race and Scripture in the Protestant Atlantic World, 1600-2000* (Cambridge, 2006), Ch. 6.

55 바르트는 전쟁 중 폭격으로 폐허가 된 본(Bonn)의 Kurfürsten Schloss에 있는 슐라이에르마허의 흉상이 파손되지 않고 보존된 것에 기뻐했다. 전쟁 이후 그는 이곳에서 처음으로 강의하였다. K. Barth, *Dogmatics in Outline* (London, 149), 7.

하르낙의 직접적 제자였던 디트리히 본회퍼(Dietrich Bonhoeffer)였다.[56]

스위스 개혁주의 목사인 칼 바르트와 연줄이 든든한 젊은 루터교인이었던 본회퍼를 비롯해 다른 상당수 젊은 개신교인(개혁주의와 루터교인을 모두 포함한)들은 1931년 독일 민족주의에 대항해 연합 세력을 구축하였다. 히틀러가 권력을 장악한 후 급성장하는 독일 기독교에 자극 받아, 이에 동조하지 않는 사람들은 1933-4년 힘을 합쳐 '고백교회'(Confessing Church)를 설립하였다. 그리고 1934년 5월 고백교회는 아름다운 산업도시 바르멘(Barmen)에서 선언문을 발표하였다. 이 선언문에서 그들은 '독일 기독교인들과 현 국가 교회 수뇌부의 파괴적 잘못'에 대항한 복음주의적이며 개혁주의적인 신앙을 제시하였다. 여기에서 고백교회는 독일 기독교가 자신들의 주장을 뒷받침하며 나열한 성경구절 가운데 무조건적 복종을 강조하는 로마서 13:1에 중요한 생략이 있음을 지적하였다. 이는 주요 종교개혁자들의 사상에도 중요한 의미가 있는 구절이다. "각 사람은 위에 있는 권세들에게 복종하라 권세는 하나님으로부터 나지 않음이 없나니 모든 권세는 다 하나님이 정하신 바라." 그 대신 선언문은 '복종'(obedience)이란 단어를 베드로전서 2:17을 근거로 '존중'(honour)으로 대체하여, "하나님을 두려워하며 왕을 존중하라"(Fear God and honour the king)[57]로 수정하였다. 이 구절도 유사하게 국가에 대한 충성을 말하지만, 로마서 13:1보다는 양면적이고 이중적인 의미가 담겨있다. 고백교회가 기독교의 참된 가르침의 균형을 가하자, 정부에게 이들은 위험한 존재이며 동시에 골칫거리가 되었다.

고백교회는 당시 전 세계에서 벌어지는 국가에 종속된 교회의 실상을 알고 있었고, 그 안에는 그대로 따르기 어려운 악한 차원이 있다

---

56 Frend, "Church Historians of the Early Twentieth Century", 99-100; J. A. Moses, "Dietrich Bonhoeffer's Repudiation of Protestant German War Theology", *JRH*, 30 (2006), 354-70.

57 바르멘 선언문과 또한 이와 연관된 문서들은 다음 책을 참조. A. C. Cochrane, *The Church's Confession under Hitler* (Philadelphia, 1962), esp. 238-42 and Ch. 7.

고 여겼다. 바르멘 선언은 유대인들이 당한 곤경에 대한 언급은 하지 않았다(이 부분은 바르트가 30년 후 개인적으로 유감을 표명했던 내용이다). 고백교회는 공식적으로는 단지 그 교회론을 통해 극단적 인종차별의 문제를 지적했다. 이들은 국가가 인종주의적 법령을 통해 교회 구성원을 결정하고 제명할 수 있다는 것을 거부했다. 많은 고백교회 신자들은 자신들만의 구별된 교구를 가지는 것이 마땅하다고 생각했다.[58] 따라서 그들은 합법적으로 선출된 독일 정부를 지지하는 것이 자신들의 의무라고 생각했다. 이 운동의 원로 중 한 사람 마틴 니묄러(Martin Niemöller)는 루터교 목사였는데, 그는 목사가 되기 이전에는 군대에서 잠수함을 지휘하였다. 이런 배경을 가진 그는 당연히 보수주의자이며 애국자였다. 그는 나치의 폭력과 위법성에 갈팡질팡하며 많은 고민을 하였다. 그는 선거에서 나치를 지지했고, 그 선거로 나치당은 정권을 잡게 되었다. 그의 형 빌헬름 역시 고백교회 목사였는데, 그는 또한 나치당원이었다. 하지만 이런 전력이 1937년 나치가 두 형제를 체포하는 것을 막는 데 도움이 되지는 못했다. 1938년 4월 대다수의 고백교회 성직자들은 오스트리아를 강제 점령한 히틀러를 총통으로 인정하고 충성을 맹세하는 서명을 할 마음이 있었다.[59] 그런 상황 속에서, 그들 모두는 도덕적 혼란 가운데 나치에 대한 충성 서약의 결정을 내렸다. 나치당은 모든 기독교 교파에 지속적으로 지원한 것은 아니다. 그들은 모든 교회를 나치당에 귀속하여 정리하고자 하였다. 그들은 가능한 대로 모든 교회에 호의를 베풀었다. 따라서 감리교나 침례교 같이 독일에 있던 작은 규모의 자유 교회들(Free Church bodies)은 이전

---

58 K. H. Holtschneider, "Christians, Jews and Holocaust", Wolff (ed.), 217-48, at 234, 236-7. 바르트가 1934년 선언문을 작성하면서 후회했던 부분은 그의 정치적인 현실주의가 반영된 것으로 보인다. 이에 대해 다음의 책을 참조. M. D. Hockenos, *A Church Divided: German Protestants Confront the Nazi Past* (Bloomington, 2004), 172-3.

59 Moses, "Dietrich Bonheoffer's Repudiation of Protestant German War Theology", 365n. Niemöller 형제에 대해서는 다음 글을 참조. N. Railton, "German Free Churches and Nazi Regime", *JEH*, 49 (1998), 117.

국가 교회가 지속적으로 자신들에게 행했던 차별을 종식시켜 주었다고 생각했다. 히틀러는 심지어 한 감리교회를 위해 파이프 오르간 구입비용을 지불해주기도 하였다. 그들은 나치의 제3 제국이 가정생활을 장려하고 퇴폐미를 추구했던 현대 데카당스(decadence) 사조를 반대하는 캠페인을 벌이는 것에 대해 매우 만족했다. 이로 인해 독일의 자유 교회들은 영국과 미국에 있는 자신들의 자매 교회들의 의견과 절충하며 세심한 판단을 내리는 데 실패하였다.[60]

1939년 유럽 전체가 전쟁의 국면에 접어들었을 때, 개신교와 가톨릭 모두를 포함한 수많은 기독교인들이 너무나 쉽게 나치즘과 함께 혼돈의 국면에 빠져 들었다. 그 안에는 서로 다른 두 그룹이 공존하고 있었다. 한 편은 나치와 전쟁에 긍정하며 참여하였고, 다른 한 편은 수동적으로 침묵하거나 이에 반대하고 심지어 저항했던 그룹이었다. 먼저 첫 번째 유형의 기독교인들은 독일군 군목들로서 그들은 독일이 소련을 침략하여 대규모 살상을 일으킨 것에 만족해했다. 우크라이나에서 자행된 독일군의 잔혹한 만행을 총지휘한 인물은 나치당의 가장 오랜 당원이었던 에리히 코흐(Erich Koch)였다. 그는 독실한 개신교도로서 프러시아 동부 루터교 지역의회의 사회를 맡기도 했었고, 독일교회 총감독(Reichsbischof) 뮐러의 후원자였다.[61] 남 베를린 교외, 마리엔도르프(Mariendorf) 시에 위치한 마틴 루터 기념교회(Martin Luther Memorial Church)는 세계에서 가장 추한 교회 중 하나이다. 이 지역 교회는 1920년대 독일 민족주의 루터교도에 의해 설립되었다가, 이후 나치가 권력을 잡고 강성 독일 건설 계획을 수립할 당시, 나치에게 인수된 교회이다(그림 48). 이후에 조심스럽게 제거되었지만, 이 교회에는 나치의 십자문장과 히틀러의 흉상 같은 상징물이 있었고, 이

---

60 bid., 85-139, esp. 104-5, 129.
61 R. Steigmann-Gall, *The Holy Reich: Nazi Conceptions of Christianity* (Cambridge, 2003), 1-2, 72-3, 136, 180. 1943년경 Kosh는 아무런 교파에도 속하지 않은 *Gottgläubig* ('하나님의 신자') 신분으로 남기로 결정하였다.

교회에 설치된 파이프 오르간은 뉘른베르크(Nuremberg)에서 열린 나치 전당대회에서 처음 연주되었던 것이다. 하지만 독일 루터교인들도 그 후에 이 끔찍한 예배당에서 어떤 일이 일어났는지는 명확하게 알지 못했다. 운명의 장난처럼, 연합군의 포탄이 그 도시를 완전히 파괴했을 때, 이 교회당만은 그 폭격에서 살아남았다.

    나치의 정복으로 각지에 부상한 정권들도 비판을 피할 수 없었다. 이들 역시 열정적인 종교적 입장이 결합되어 있었고, 규모는 좀 작았어도 히틀러의 살기어린 인종주의에 준하는 광기를 보였다. 슬로바키아(Slovakia)에서는 가톨릭 성직자들의 지도로 슬로바키아인들의 정체성 회복 운동이 있었다. 이 운동은 1918년 이후 체코(Czech)가 주도하는 체코슬로바키아 체제로 통합되면서 일어나게 되었다. 히틀러가 체코슬로바키아를 침공했을 때, 히틀러는 그의 꼭두각시 정권이 그 나라를 통치하도록 만들었다. 이 정권은 1939년부터 1945년까지 가톨릭 교구 사제였던 몽시노르 요제프 티소(Monsignor Jozef Tiso)에 의해 주도되었는데, 그는 집권 후에도 계속 성직자 신분을 유지하였다. 그는 나치의 명령을 따라, 자국 내에서 모든 유대인과 로마인(즉 집시들)을 추방하는 권한을 시행하였다. 다인종 국가였던 크로아티아(Croatia)에서는 자칭 가톨릭 정권의 수반이었던 안떼 파벨리치(Ante Pavelić)가 자국 내에서 유대인과 집시들, 정교회 세르비아인(Serbs)들을 축출하는 데 전력을 다했다(흥미롭게도 그 축출 대상에 개신교도들과 이슬람교도들은 없었다). 그의 가학적 방법들은 심지어 나치도 놀라게 만들었다. 가톨릭 교회는 파벨리치의 계획을 통해 정교회 기독교인들을 강제로 가톨릭 교도로 개종시키는 것에 대해 정죄하지 않았다. 프란시스칸 수도회 수사, 시돈제 숄츠(Sidonje Scholz)가 개종과 죽음의 기로에 서 있던 세르비아인 전용 수용소를 찾았을 때, 그는 세르비아 저항자에 의해 살해당했다. 자그리브(Zagreb)의 대주교, 스테피나츠(Stepinac)가 후원하는 한 신문은 숄츠의 죽음을 '가톨릭 크로아티아를 위해 일하다가 죽음을 당한 순교자'라고 기술하였다. 그 이웃 국가 슬로베니아(Slovenia)

의 많은 가톨릭교도들은 크로아티아에서의 만행에 역겨움을 느끼며, 교황이 이에 대해 공식적으로 정죄할 것을 요구하며 저항하였다. 이러한 목소리는 1942년 바티칸에 전달되었지만, 교황은 아무런 응답도 하지 않았다.[62] 이와 유사한 나치의 만행은 폴란드에서도 자행되었다. 이 명백한 사실 역시 폴란드 교회 지도자로부터 교황에게 보고되었다. 바티칸은 이런 보고와 항의 가운데 대중들 앞에서 어떻게 반응해야 할지 골머리를 썩고 있었다.

독일이 점령한 우크라이나에서 구소련 적군(Red Army)이 독일군에 의해 격퇴당한 이후, 그곳에서 종교적 부흥이 일어났고, 또한 민족주의는 위험한 힘을 가진 종교적 노선을 취했다. 나치가 점령하며 그 중 독적 영향은 폴란드인과 이제 막 민족적 정체성을 갖게 된 우크라이나인들 사이의 구별을 가져오게 된다. 이로 인한 끔찍한 결과는 그리스 가톨릭과 정교회로 나뉘어져 있던 우크라이나인들이 연합하여 로마가톨릭교도였던 폴란드인들에 대항한 것이다. 지난 3세기 동안의 미움과 화합 속에 노력해온 역사가 모두 수포로 돌아간 것이다. 이후 폴란드의 영토로 귀속된 논쟁 지역, 볼히니아(Volhynia)에서는 폴란드 로마가톨릭교도들에 대한 우크라이나인들의 집단 살육이 자행되었다. 특별히 이는 폴란드인 가톨릭교도들이 우크라이나 신자들(정교회와 그리스 가톨릭 모두)보다 더 이른 크리스마스를 지킨다는 관습 차이에서 온 갈등으로 발생하였다. 폴란드인들은 일반적으로 자신들의 성탄 축하예배를 전통적인 목재 교회에서 진행하였다. 하지만 이는 불에 타기 쉬운 건물이었다. 이 건물에 화염이 발생하여 많은 사람들은 그 안에서 사망하였다. 혹 빠져나온 사람들도 밖에서 기다리던 총탄

---

62 Tiso와 Pavelić에 대해서는 다음의 책을 참조. Atkin and Tallett, *Priests, Prelates and People*, 247-9. Tiso에 대한 보다 상세한 내용은 다음 책을 참조. P. Ramet, *Religion and Nationalism in Soviet and East European Politics* (Durham, NC, and London, 1989), 29, 274-5. 크로아티아에 대해서는 다음을 참조. E. Paris, *Genocide in Satellite Croatia 1941-1945* (Chicago, 1962), esp. 154-7 (quotation at 157), 162-4, 190-1.

에 죽임을 당하였다. 우크라이나 전역에서 발생한 폭력사태로, 약 7만 명의 폴란드인들과 2만 명의 우크라이나인들이 목숨을 잃었다.[63]

프랑스와 프랑스 가톨릭교회 역시 지속적으로 큰 고통을 당했다. 1940년 프랑스 군은 독일의 침공으로 파괴되었고, 프랑스 제3 공화국은 완전히 해산되었다. 이로 인해 1789년 대혁명의 가치를 추구하던 세속주의자들도 그 지지를 상실하였다. 나치는 프랑스를 직접 점령하지는 않았고, 온천 휴양지 비쉬(Vichy)에서 새로운 정부를 구성하게 하였다. 프랑스의 전쟁 영웅 마샬 필리프 페탱(Marshal Philippe Pétain)은 노년에 비쉬 정부의 수장을 맡게 되었다. 그는 가톨릭 전통주의를 중심으로 강력한 보수주의 노선을 선택하였다. 사실 페탱 자신은 그리 신앙심이 깊지 않았다. 프랑스 교회는 '일, 가족, 조국'이라는 새로운 슬로건을 내세웠고 이를 기뻐하였다. 또한 드레퓌스 논쟁으로 40년 전 사라졌던 반유대주의가 승리한 나치의 더 급진적인 반유대주의와 점차 연계되어 갔다. 뒤늦게 이 사실을 알게 된 가톨릭 수뇌는 그들이 얼마나 큰 실수를 저질렀는지 깨닫게 되었다. 프랑스가 패전한 직후부터 젊은 하급 성직자들은 비쉬 정권에 대해 의혹을 가지고 있었다. 왜냐하면 그 안의 일부 정치가들은 파시스트 이데올로기와 유사한 반교권주의 성격을 가지고 있었기 때문이다.

점차 독일의 착취가 노골화되자, 프랑스에선 전국적 저항이 늘어났다. 가톨릭교도들은 주도적으로 이 저항에 참여하였고, 이들 중 다수는 야만적 취급을 당하며 죽음의 위협을 받던 유대인들을 구출하는 영웅적인 활동을 펼쳤다. 한편 역설적으로 비쉬 정부는 현대 가톨릭 예배 음악의 최고의 진수라고 평가받는 모리스 뒤뤼플레(Maurice Duruflé)의 레퀴엠(Requiem)을 탄생시켰다. 이 작품은 단선율(plainsong) 멜로디를 가진 추모 미사(Requiem Mass) 성가로서, 프랑스 낭만주의 음악의 가장 화려하고 사랑받는 합창곡이 되었다. 이 작품은 비쉬 정부

---

63 Snyder, 170, 204-5, 211.

가 독실한 가톨릭 작곡가에게 의뢰해 만들어졌다. 그 악보의 출판사는 비쉬 정부의 전폭적인 지지자였다. 전쟁이 끝나고 나서는 오랫동안 뒤뤼플레의 작품의 기원은 감춰져 알려지지 않았었다.[64]

이 모든 문제의 중심에 교황 피우스 12세가 있었다. 전쟁 중 그가 취한 행동은 많은 논쟁을 유발시켰고, 지금까지 끝나지 않고 있다. 그에 대한 학문적인 또는 보다 대중적인 소문들이 있었지만, 어쨌든 그가 왜 침묵을 지켰는지에 대해서는 묵과할 수는 없는 일이다. 이에 대해 두 가지 진술이 있다. 교황이 독일 정부에 대해 침묵을 지킨 이유는 우선 그가 1939년 히틀러를 암살하려는 군사 비밀을 알게 되었기 때문이고, 또한 교황은 자신이 알고 있는 내용을 서방 연합군과 비밀리에 전달하고 있었기 때문이라는 것이다. 하지만 홀로코스트가 발생했을 때 그는 유대인에 대해서도 여전히 침묵을 지켰다. 다양한 바티칸 기관들이 이탈리아에서 수천 명의 유대인들을 모아 탈출시키는 동안에, 1942년 교황은 유대인들의 곤경에 대해, 크리스마스 라디오 방송에서 한 차례 언급한 적이 있다. 그는 다음과 같이 말했다. "가끔 어떤 사람들은 단지 그들의 인종 때문에, 또한 그 자손이기 때문에 죽음을 당하고 서서히 멸절되어 갑니다." 하지만 이 연설에서도 교황은 그 희생자가 누구인지 밝히지는 않았다. (독일 정부에 대한 침묵, 홀로코스트에 대한 침묵에 이은) 교황의 이 세 번째 간접적인 침묵은 히틀러의 행동에 대한 일종의 그의 공식적인 입장이었고, 전쟁이 끝난 이후에도 남은 13년의 그의 교황 재임기간 동안 그의 불분명한 태도는 계속 이어졌다.[65]

교황의 달갑지 않은 모호함은 더욱 위험한 상황 속에서 위대한 행동을 보여주었던 한 가톨릭교회 지도자와 비교된다. 그의 이름은 안

---

[64] J. E. Fraizer, *Maurice Duruflé: The Man and His Music* (Rochester, NY, 2007), 3, 156-65, 168-9. Vichy 정권에 대한 서론적 설명은 다음 책을 참조. Atkin and Tallett, *Priests, Prelates and People*, 247-54.

[65] Atkin and Tallett, *Priests, Prelates and People*, 244-7; Duffy, 345-50 (quotation at 348).

드레이 셉티츠키(Andrei Sheptyts'kyi)로 1900년부터 갈리시아 우크라이나(Galician Ukraine)의 그리스 가톨릭 대주교로 봉직해왔다. 1944년 독일에 점령당하고 폐허가 된 갈리시아에서, 그는 독일의 무장 친위대(Waffen-SS)가 침투해오던 러시아 군으로부터 그 지역을 방어하기 위해 둘로 나뉠 것을 알고 있었다. 이런 상황에서 그는 우크라이나의 티소 또는 파벨리치처럼 나치의 꼭두각시 지도자가 될 것을 제안 받았지만 거절하였다. 그는 우크라이나를 훌륭하게 재건하고자 하는 깊은 소신을 가지고 있었고, 로마가톨릭교에서 그리스 가톨릭교로 개종하였다. 그와 그의 가족은 다인종, 다종교 국가인 폴란드-리투아니아 공화국 출신의 귀족이었고, 특별히 그의 형은 1920년 강력한 폴란드 군을 창설하는 것을 도왔다. 그는 독일군이 침략했을 때, 자신의 생명의 위험을 무릅쓰고, 개인적으로 추방당한 유대인들을 보호하면서, 그들을 숨길 수 있는 연계망을 구축하였다.

셉티츠키는 한 발 더 나아갔다. 나치가 유대인들을 살해하기 위해 우크라이나인들을 모병하고, 또한 그들에게 폴란드인들을 죽이도록 조장하고 있을 때, 대주교는 위험천만하게도 나치의 친위대장, 하인리히 힘러(Heinrich Himmler)에게 친히 서신을 보냈다. 그는 힘러에게 우크라이나인 경찰을 차출하지 말아달라고 탄원하였다. 그리고서 그는 모든 그리스 가톨릭교회들에게 목회서신을 보내, 그 서신을 모든 교회 강단에서 읽도록 요청하였다. 그 서신은 "타오르는 근심으로"보다 더 위험한 것으로 제목은 "살인하지 말라"였으며, 회중들에게 살인은 절대 용납될 수 없다는 것을 상기시켜주는 내용이었다. 또한 그는 1942년 교황 피우스 12세에게 나치즘을 "부조리하고 과장된 이기주의 시스템"으로 공포해줄 것을 요청하는 서한을 보냈다. 그러한 지도자가 있다는 것은 우크라이나 교회에게 큰 행운이었다. 이 노인은 소련의 탱크가 우크라이나를 수복하고 나서 몇 달 후, 숨을 거두었다. 그에 대한 기억은 그리스 가톨릭교도들에게 반세기가 지났지만(이 시

제24장 평화가 아닌 폭력으로 351

기가 그들에게 더 큰 시련의 시간이었지만) 여전히 선명하게 남아있다.[66]

사실 교황 피우스 12세의 전임자들은 19세기까지 유대인 공동체를 로마 안의 게토로 제한해버린 지도자들이다. 교황들에게 그 모든 책임이 있는 것은 아니지만, 그들은 대부분 반유대주의를 종교적으로 체계화시켜왔다. 독일의 개신교인들은 1950년대 자신들의 전쟁에서 행한 과거에 대해 반성했다는 점에서 교황보다는 좀 더 낫다.[67] 모든 칼케돈주의 기독교는 당대의 경솔한 반유대주의로 인해 큰 오점을 남겼다. 이 허물은 오늘까지도 영국과 미국 사회에 기억되고 있다. 여기에서 짚고 넘어가야 할 것은 대부분의 나치당원들은 의심할 여지 없이 기독교를 혐오하였다는 사실이다. 그들이 전쟁에서 승리했다면 아마도 모든 수단을 동원하여 기독교를 파괴하려고 했을 것이다.[68] 나치가 철저하게 유대인들을 살해하고 그들에 대한 인종말살의 만행을 저지를 때, 유럽의 수많은 기독교인들은 암묵적 협력자이거나 이에 대해 침묵한 방관자였다. 더 나아가 18세기 기독교인들이 유대인들에게 가지고 있던 부정적 편견을 수용한 나치는 기독교인들을 유대인 희생자들을 비인간화시킬 때 잠정적인 협력자로 선임한 것이나 진배없다. 신약성경에는 기독교와 유대인들 사이의 긴장이 간접적으로 드러나 있지만, 기독교인들은 이를 토대로 유대인들이 매우 가식적이고 마땅히 '피값'(blood libel)을 치러야 한다는 편견을 가지게 되었다. 이것은 전쟁 이후 모든 유럽인이 마땅히 짊어져야 할 무거운 짐이 되었다. 전쟁이 끝난 후 어느 정도 시간이 지나면서, 기독교는 자신들이 범한 사실에 대해 정직하게 대하며 스스로를 돌아보기 위해 최선을 다해왔

---

66 Snyder, 124-125, 160, 165; Sheptyts'kyi에 대한 훌륭한 전기는 다음과 같다. A. Krawchuk, *Christian Social Ethics in Ukraine: The Legacy of Andrei Sheptytskyi* (Edmonton, Ottawa and Toronto, 1997), esp. xv, Ch. 5 (quotation at 213), 266-7.

67 Hockenos, *A Church Divided*, esp. 171-7.

68 나치의 궁극적 목표는 모든 기독교를 파괴하는 것이었다는 주장이 계속 제기되고 있다. Steigmann-Gall, *The Holy Reich*, 261-7.

다. 인도에서 범한 선교사들의 실패처럼, 홀로코스트는 기독교가 겸손해지기 위해 필요한 강한 동기를 제공하고 있다.

전쟁 중에 나치에 맞서 외롭게 저항한 기독교인들도 있었다. 그들은 당시 대부분의 사람들이 인지하지 못했지만, 나치의 성공은 매우 일시적이고 제한적이라는 것을 알고 있었다. 그 중에 한 사람이 프란츠 예거슈테터(Franz Jägerstätter)였다. 그는 오스트리아 출신으로 히틀러와 출신지역이 같지만, 히틀러와는 달리 건강한 가정에서 자랐으며, 작은 교회의 관리인으로 성실하게 일했다. 그는 히틀러가 오스트리아를 병합하는 국민투표에서 이를 환영했던 대부분의 사람들과는 달리 반대표를 던졌다. 이윽고 그는 그의 나라를 위해 악의 세력인 나치에 대한 거부 투쟁에 참여하며 싸웠다. 결국 그는 1943년 베를린에서 참수되었다. 전쟁이 끝난 후 그의 마을은 전쟁 기념 인명록에 그의 이름을 누락해버렸고, 이는 이후 계속 그 지역의 큰 논쟁거리가 되었다.[69] 고백교회에도 오늘날 이 교회의 상징으로 기억되는 인물이 있었다. 그는 바로 디트리히 본회퍼이다. 이 젊은 루터교 목사는 처음에는 나치에 대한 저항에 깊이 관여하지는 않았지만, 이후 이 정권을 무너뜨리기 위한 조직에 깊숙이 참여하였다. 그는 1944년 7월 20일 히틀러 암살 계획을 알고 있었다. 이 시도가 실패하자, 나치의 비밀경찰(Gestapo)은 그를 체포하여 투옥하였다. 그의 상황은 기독교인들이 종교개혁 당시부터 제기해온 도덕적 난제를 상기시켜준다. 그것은 바로 악한 독재자를 살해할 수 있느냐에 대한 문제이다. 그는 결국 종전 직전에 나치에 의해 처형되었고, 독일 루터교는 그를 순교자로 추앙하였다. 감옥에 수감되어있을 때, 그는 주옥같은 신학적 단문과 편지를 남겼는데, 그 중에 많은 문장은 지금까지 서방기독교인들에게 널리 그리고 자주 인용되고 있으며, 교회에 미래에 대한 중요한 단서를

---

69 G. Zahn, *In Solitary Witness: The Life and Death of Franz Jägerstätter* (Springfield, IL, 1964), esp. 36-9, 46-8, 63-4, 144.

제공해준다. 그의 부모에게는 베를린 교외 전원지에 아름다운 저택과 정원이 있었는데 본회퍼는 이곳에서 마지막으로 체포되었고, 이제 그곳은 그의 기념관이 되었다. 하지만 그가 장사된 곳은 지금까지 아무에게도 알려져 있지 않다.

나치와 싸우던 연합국 측에서도 양심의 소리는 있었다. 디트리히 본회퍼의 친한 동료이며 잉글랜드국교회 신부였던 조지 벨(George Bell)은 연합국 역시 전쟁 중에는 쉽게 악한 행동을 범할 수 있다는 것을 잘 알고 있었다. 그는 이전부터 유럽 본토 기독교와 에큐메니칼적인 교류를 시도했었다. 그는 영국 정부의 엘리트들에게 양심에 기초한 소신있는 발언을 했고, 이로 인해 영국 수상 윈스톤 처칠(Winston Churchill)에게 미움을 받기도 했다. 제1차 세계대전 중 그는 캔터베리 대주교, 랜달 데이비슨(Randall Davidson)의 비서로 활동하였다. 데이비슨 대주교는 영국인들이 위닝톤-잉그램 주교로 대표되는 과도한 애국심에 빠져들지 않도록 잉글랜드국교회의 공식적 입장을 발언하며 균형의 키를 조절했었다. 벨은 1938년부터 치체스터(Chichester) 감독으로 봉직하였고, 영국 상원(House of Lords)에서 잉글랜드국교회 감독에게 주어지는 의원의 역할을 함께 담당했었다. 그는 데이비슨의 박애적 양심과 민족적 애국심 사이의 균형 의식을 더 발전시켰다. 그는 영국이 전쟁의 상대인 나치즘과 독일 국민을 분리시켜 대해야 한다고 주장하였다. 그가 제기한 이슈는 독일 도시들에 대한 조직적이고 무차별적 공중 폭격에 대한 비판에서 시작되었다(이 폭격으로 인해 연합군은 제2차 세계대전 후반기에 독일 공군(*Luftwaffe*)을 무력화시킬 수 있었다). 이로 인해 그는 많은 비난을 감수해야 했다. 영국 캔터베리 대주교 역시 1940년 자신의 고향이 독일 공군에 의해 초토화되자, 자신의 신앙적 양심을 저버리고 영국 공군이 독일 도시들에 대응 폭격하는 것에 암묵적으로 동조하였다. 반면 1943년부터 벨은 자신의 직위와 권위를 통해 그러한 집중 폭격은 '잘못된 행위'라고 공포하였다. 이러한 벨의 공적 발언에 분노했던 처칠은 그가 캔터베리 대주교직에 오르지 못하도록 압력을 가했다는 것은 널리 알려진 사실이다. 하지만 벨은 아무리 전쟁에서 승리하기 위해서라지만 무고한 시민들까지 죽음으로 몰아넣는 공중 폭격은 더 큰 재앙이라고 믿었다. 전쟁 이후 그의 따뜻한 온정으로 인해 벨은 독일의 교인들과 우정을 나누며 기독교인의 용서의 미덕을 실천하였다. 논쟁의 여지는 있지만 그러한 벨의 행동은 독일인들이 전쟁 이후에도 계속 나치즘에 참여하지 않도록 독려하는 계기가 되었다고 말할 수 있다.[70]

제2차 세계대전은 동유럽에서도 파괴적이며 야만적이었다. 이 전쟁에서 구소련이 얻은 이익은 사실 별로 없어 보였다. 그러나 구소련이 "위대한 조국수호 전쟁"(Great Patriotic War)이라는 용어를 사용해가면서 나치군의 격퇴에 명예를 부여하지만, 만약 실제로 얻은 것은 아무것도 없다는 사실을 모른다면, 1980년대 무너지지 않았어도 어차피 법적 정당성도 없는 데다가 이미 히틀러의 침략으로 많은 인구를 잃어 망한 상태라는 것을 인식하기 어렵다. 하지만 히틀러가 동맹을 언제든지 배신할 준비가 되어있다는 것도 몰랐던 스탈린이 이 전쟁으로 인해 첫 번째 로마노프 왕조, 피터 대제와 맞먹는 국민 수호자 혹은 국가 지도자로 추앙받게 되었다. 한편 이 조국수호 전쟁은 러시아 정교회가, 비록 도덕적인 타협의 결과는 아니었지만, 폐쇄당할 위험에서 벗어나는 계기가 되었다. 1939년 당시 러시아에는 불과 4명의 주교만이 자유로운 신분을 유지하고 있었다. 1943년 9월 러시아가 독일군에 의해 그 심장부가 함락되지 않도록 필사적으로 싸우고 있을 때, 스탈린은 정교회 총대주교와 3명의 감독들(Metropolitan)을 소집하였다. 그들은 1917년 이후 러시아에서 처음 이루어진 교회회의를 열었다. 이 회의에서 그들은 교회도 전쟁에 참여하고 성도들의 희생과

---

[70] Hastings, *A History of English Christianity 1920-1985*, 374-80. 나는 개인적으로 옥스퍼드대학교에서 명예박사 학위를 받을 때 George Bell의 가운을 전해 받았다. 나에게 이러한 영예를 베풀어준 전 더럼대학교 학장의 미망인이신 Anne Baelz 여사에게 깊은 감사를 드린다.

참전을 독려하도록 결의하였다. 이로 인해 그들은 교회를 지켜낼 수 있었다. 그루지야와 아르메니아 교회 역시 이 조국수호 전쟁에 참여하며 폐쇄 위기를 모면하는 혜택을 받았다. 아르메니아 교회 지도자들은 모금에 앞장서 구소련 적군(Red Army)의 두 탱크 분대를 위해 필요한 재정을 지불하였다.[71]

전쟁이 끝난 이후에도 이 교회들은 지속될 수 있었다. 한편 1946년 스탈린은 러시아에서 또 하나의 교회기관이며 정교회의 라이벌 교회인 '혁신파' 교회(Renovationist Church)를 공식적으로 폐쇄하였다. 이 혁신파 교회는 한때 소련 정부가 지지했지만, 이제는 현격히 약화된 상태였다. 이 교회는 1905년 혁명 당시 정교회를 개혁하기 위한 순수한 동기로 급진적인 성직자들에 의해 설립되었지만, 이후 정교회를 방해하고 공산주의 사상을 선전하는 도구로 전락하고 말았다. 스탈린은 다른 전 세계의 기독교 지도자들의 신망을 받고 있는 러시아정교회 지도자들을 통솔하는 것이 더 이롭다고 여겼다. 더욱이 그들은 이제 스탈린을 순순히 추종하고 있었다. 이것이 바로 스탈린과 그의 후계자들이 모스크바 총대주교를 조정하는 방식이었다. 심지어 신자들의 신앙생활이 금지되고 다시 사악한 통제를 받을 때에도, 교회는 이런 방식으로 정권에 이용당하며 종속되었다.[72] 소련이 우크라이나를 다시 수복했을 때, 스탈린은 사악하게도 그곳의 그리스 가톨릭교를 공식적으로 폐쇄하였다. 우크라이나 그리스 가톨릭교회는 나치의 침공으로 공산군이 퇴각하면서 그곳에서 다시 번창했다. 1946년 소련의 조정으로 이루어진 종교회의에서 1596년에 이루어진 브레스트 일치(Union of Brest) 결의를 파기하기로 결정하였다. 그로 인해 우크라이

---

71 V. N. Nersessian, "Armenian Christianity", in Parry (ed.), 23-46, at 42.
72 E. E. Roslof, *Red Priests: Renovationism, Russian Orthodoxy, and Revolution, 1905-1946* (Bloomington, 2002), esp. 198-205. 다음의 책도 참조. 이 책은 제2차 세계대전 이후 10년 동안의 정교회 역사를 다룬 최초의 서방 역사서이다. T. Beeson, *Discretion and Valour: Religious Conditions in Russia and Eastern Europe* (London, 1974), Ch. 3.

나 그리스 가톨릭교회는 강제적으로 모스크바 정교회로 통폐합되면서 사라지게 된다.[73] 곧이어 스탈린은 냉혹하게 동유럽을 소련의 영향권에 두게 된다. 연합국은 달갑지 않았지만 이를 수용하였다. 따라서 동유럽의 다양한 정교회들은 그리스정교회에서 분리되어 모스크바 총대주교의 통솔을 받게 되었다. 그들은 어쩔 수 없이 이 불행한 합병을 따르게 되었고, 소련의 공산주의 위성 정권의 손에 넘겨져 많은 핍박을 받았다. 서방의 개신교와 가톨릭교회는 이들 교회가 유지될 수 있도록 그들과 접촉하였지만, 오히려 이로 인해 교회는 더욱 동유럽의 새로운 '인민' 민주주의('Peoples' Democracies)의 적으로 인식되는 결과를 초래하게 된다.

5. 세계 기독교의 연합: 에큐메니칼운동의 시작

1945년에 전쟁이 끝난 직후, 유럽대륙은 폐허가 되었고, 기록에 따르면 역사상 가장 많은 사람들이 목숨을 잃었다. 흩어졌던 사람들은 다시 고향으로 돌아왔고, 어떤 사람들은 징벌을 피해 탈출을 감행하였다. 고향을 잃어버린 난민들은 승리한 연합국의 협정을 통해 새로운 정치적 경계지로 가련한 걸음을 내디뎌야 했다. 또한 세계대전은 끝났지만 그 후속 여파로 크고 작은 수많은 국지전들이 발칸반도와 동유럽 평원에서 계속 자행되고 있었다. 수백만의 이름 없는 사람들이 전투 때문이 아니라 단지 냉혹한 증오로 인해 집단으로 인간 도축장으로 끌려가 목숨을 잃었다. 그들 대부분은 유대인들이었고, 그 외에도 나치가 소외시킨 집시들과 동성애자들, 프리메이슨단원, 여호와의 증인들, 그 외 다른 소수인들이었다. 이후 수십 년이 지나 천천히 이들에 대한 공식적인 언급이 나타나지만, 당시에는 공포에 질려

---

[73] Snayder, 178.

사람들의 양심은 잠식되어 있었다. 지난 3세기 동안 영국과 프랑스에 의해 세워진 세계 각지의 많은 왕국들과 그 위성국가들에서도 많은 질문이 제기되었다. 영국과 프랑스가 가지고 있던 동아시아의 주도권은 일본의 침략으로 무너졌고, 프랑스의 경우에는 독일의 점령으로 많은 식민지를 잃었다. 이들 식민지 국가에서는 본래 유럽에 의해 시작된 이 세계대전을 통해 자국이 얻을 수 있는 이득이 무엇일까에 대해 강구하였다. 오직 미국만이 자국의 영토와 보화를 전쟁의 참상에서 보호할 수 있었다. 따라서 역사상 가장 풍성하고 관대한 국제 협약이라고 평가 받는 미국의 마샬 플랜(Marshall Plan)이 시작되었다. 유럽 복구를 위한 이 원조 프로그램은 전쟁의 여파로 인한 좌절과 허무 그리고 거짓된 선동에서 유럽인들을 구할 수 있었다. 이러한 현상은 1차와 2차 세계대전 사이 기간 중 성행했던 문제점들이었다. 같은 기간 또 다른 라이벌인 소련은 동유럽의 구원자를 자처하며 그 지역을 잠식하고 있었다.[74]

이 순간은 14세기 아시아에서 밀려온 재앙으로 여겨진 몽골제국의 침략이나 이슬람 정복에 비교될 만큼 처참했다. 예전부터 기독교 활동과 관련된 여러 결정의 중심은 유럽에 있었다. 전쟁 직후, 비록 이스탄불, 모스크바, 로마는 여전히 역사적인 기독교 중심지로서의 위치를 지니고 있었지만, 정교회는 역사상 가장 쇠퇴하였고, 서방 가톨릭과 개신교회는 유럽보다 미국, 아프리카, 아시아에서 더 활발한 모습을 보이게 되었다. 분명히 유럽은 최악의 나락으로 빠져들었지만, 이후 10년 동안 교회는 정상적 삶과 안락을 찾기 위한 사람들의 가련한 바람으로 인해 더 활기를 띨 수 있었다. 1950년대 잉글랜드국교회는 신자들로 가득 차있었다. 잉글랜드국교회 신학과 예전은 창의적인 변화도 없었고, 그다지 인상적이지 않았다. 국제적인 보편성도 마

---

74 다음의 책은 이런 전쟁 이후의 이슈들에 대한 훌륭한 안내서이다. T. Judt, *Postwar: A History of Europe since 1945* (London, 2005), Chs. 1-3.

런되어 있지 못했음은 물론이다. 하지만 영국 사회 주변에 자리하던 복음주의자들은 다시 중심으로 돌아오게 되었다. 이는 젊은 남침례교 전도자 빌리 그래함(Billy Graham)이 이끄는 많은 미국 선교사들의 대중적 전도와 원조를 통해 이루어졌다. 로마가톨릭교 역시 영국인의 삶을 주도하는 주요 경쟁자의 위치로 부상하였다. 이는 가톨릭교가 아일랜드와 다른 이민자에게만이 아니라, 영국 중산층에게도 널리 보편화되었다는 것이다. 영국으로부터 완전한 독립을 얻게 된 아일랜드 공화국에서는 가톨릭교가 국가적 삶 속에 사람들에게 친밀감을 얻지 못하며 부흥을 이루지 못했고, 앞으로도 이런 모습은 계속 지속되었다.[75]

피우스 12세는 전 세계에서 크게 성장해가는 가톨릭교를 대표하며 통솔하였다. 그는 전후 재건을 통해 유럽에 일어나는 변화의 움직임을 파악하려고 애썼다. 그는 적극적으로 기독교 민주 정당 설립을 지원하였다. 교황은 이를 통해 서방 유럽이 소련과 그 위성국의 세력을 철저히 차단하기 위해 가상적으로 구축한 소위 '철의 장막'(Iron Curtain)을 확고히 다지며, 민주 정치를 굳건히 세우고자 하였다. 한편 그 밖의 스페인과 포르투갈에서는 계속해서 권위적인 가톨릭 독재 정치가 이루어지고 있었다. 피우스 12세 자신의 보수주의적 정서는 과거의 안정을 되찾고자 하는 유럽의 보편적 정서를 반영한 것이다. 1950년 교황은 무오한 교황의 권위를 내세워 동정녀 마리아 승천 교리(Assumption of the Virgin Mary into Heaven)를 제정하였다. 이에 대해 개신교와 정교회, 동방 기독교는 반발하였다. 또한 가톨릭 신학자들도 이 교리를 입증할 만한 성경과 초대교회 전통이 부족하기 때문에 반가워하지 않았다. 그리하여 가톨릭교회 내부에서는 이전에 피우스 10세가 추진했던 현대주의 캠페인과 유사한 운동이 피우스 12세를 대항

---

[75] Hastings, *A History of English Christianity, 1920-1985*, Chs. 30, 31; R. English, *Irish Freedom: The History of Nationalism in Ireland* (London, 2006), 346-55.

해 힘을 결집해나갔다. 피우스 12세는 이를 가톨릭 진리에 대항하는 분리주의자들이라고 분노했다. 그의 말년 피우스 12세는 점차 가련한 존재로 전락해갔다. 그는 점차 광포해지면서 자신이 모든 세상의 스승이 되기를 더욱 추구하였다. 이는 교황이 그리스도의 대리자(Vicar of Christ)가 아니라 브리태니커 백과사전(Encyclopaedia Britannica)의 대리자가 되려고 하는 것처럼 보였다. 그가 현대 세계와 접촉하며 대화하려는 노력은 자신의 양심을 따라 하긴 했지만, 방법적으로 부적절하고 어리석었다. 이는 그가 1958년 임종의 목전에서 선포한 것에 더욱 잘 나타난다. 그는 성 프란시스코의 동료였던 아시시의 성 클레어(St Clare of Assisi)가 오늘날 텔레비전의 수호성자가 되었다고 주장하였다. 이 같은 엉뚱한 발언의 이유는 클레어가 임종을 앞두고 인근 성당에서 열린 크리스마스 미사에 환영으로 참여하였다고 알려져 있기 때문이다. 이는 그가 방송의 기술을 중세적 기적으로 설명하고자 했던 것이다.[76]

1950년대 가톨릭교회의 활발한 활동과 더불어 전 세계에서는 개신교회들이 매우 다양한 형태로 급성장해가고 있었다. 이 기간 중 가톨릭교회와 개신교의 접촉은 거의 없었다. 지난 반세기 동안 개신교계는 서로 다른 두 방향으로 나뉘어 발전하였고, 그 두 세력은 서로 교류하기를 피하며 분리되었다. 그 한 편은 자칭 자유주의 기독교로서 진보적 신앙과 사회 활동에 전념하였다. 다른 한 편은 많은 오순절주의 교회들을 포함해 20세기에 새롭게 성립된 교회들이 중심이 되었다. 그들은 스스로를 매우 역동적인 복음주의 신앙양식을 가지고 있다고 여겼다. 하지만 양자는 모두 지난 세기 영어권 복음주의의 후손들이며, 이 공통의 뿌리를 공유하고 있다. 따라서 이들이 서로 상반된 그룹이라고 말하는 것은 부적절하다. 하지만 20세기 들어 이들은 서

---

[76] M. Pattenden, "The Canonisation of Clare of Assisi and Early Franciscan History", *JEH*, 59 (2008), 208-26, at 226. Pius XII의 말년에 대해서는 Duffy, 350-4.

로가 상극 관계의 모습을 보이게 된다. 이 양자 사이에는 복음주의 개신교 신앙의 커다란 세력이 존재했다. 그들 중 다수는 자유주의에 대한 반동으로 부상하였고, 스스로 '보수주의'라는 이름과 정체성을 강조하였다.

1900년 이후의 자유주의 개신교는 같은 시기의 성결운동(케직 스타일)의 보수주의 기독교인들과는 다른 노선을 지향하였고, 새로운 교회 정체성을 추진하였다. 점차적으로 이들은 대부분의 구 개신교 주류 교회들을 주도하게 되었다. 여기에는 루터교, 개혁교회, 성공회, 감리교를 포함하며, 침례교는 이에 대해 보다 저항하는 입장이었다. 이 새로운 자유주의는 19세기 독일에서 융성한 자유주의 개신교보다 더 광범위한 현상이었다. 이들 중에는 슐라이에르마허와 옛 독일 신학자들을 강하게 비판하는 사람들도 포함되어 있다. 칼 바르트가 대표적인 경우이다. 그의 신학적 접근 방식은 분명 그때까지 계속 진행되어온 비평적 성경 연구에 많은 빚을 졌다. 하지만 그는 기독교적 입장에서 배타적인 성경관에 입각한 명확한 결론을 내렸다. 자유주의자들은 선교활동에 큰 열정을 가지고 있었다. 그러나 그들은 점차 세상에서 정의와 평등에 대해 더욱 강조하였다. 그들은 이것이 기독교 메시지에 대한 필수적인 적용이라고 믿었다. 북미에서는 이러한 활동을 일반적으로 '사회복음'(Social Gospel)이라고 부른다.

20세기 동안 자유주의 개신교는 기독교인의 연합을 위한 새로운 계획을 추진하게 된다. 그것은 같은 종교개혁의 후예이지만 다양하게 분열해나간 상처를 치유하고, 서로 다른 교회의 장벽을 무너뜨리기 위한 노력으로 시작된 것이다. 자유주의 개신교는 성공회 고교회주의 또는 북유럽 루터교의 모습에서 유사하게 나타나는 가톨릭주의(Catholicism)를 표방하였다. 그들은 이러한 일치 운동이 칼빈이 제네바에서 시도했던 대로, 모든 교회에 진정한 가톨릭주의를 갱신하는 것이라고 여겼다. 한편 이 계획을 기술하는 명칭은 초대교회의 첫 번째 공의회에서 차용하였다. 이는 콘스탄티노플의 대주교가 오랫동안 자신을 지칭하며 사용한 단어인 '에큐메니칼'(Ecumenical)이다.[77] 결국 이 에큐메니칼운동은 그 개신교적 기원을 훨씬 더 뛰어넘는 포괄적 일치 운동으로 확장되었다. 1940년대까지 이들은 개신교 가운데 일치와 균형을 잘 유지하고 있었다. 바로 그때 이 운동은 세계교회협의회(World Council of the Churches)라는 새로운 기관을 발족하며 발전해나갔다.

에큐메니칼운동은 19세기 개신교 선교에서 시작되었다. 특별히 인도에서 제기된 의문으로부터 이 운동의 필요성이 요청되었다. 인도는 당시 기독교 선교의 열매가 가장 기대되었지만, 그 결과는 반대로 가장 미진했던 지역이다. 20세기 전반부에 에큐메니칼운동을 조직하고 주도한 조셉 올덤(Joseph H. Oldham)은 바로 이 경험에서 이 운동의 필요성을 느끼게 되었다. 그는 인도에서 태어났고, 라호르(Lahore)에서 선교사역을 하면서 만난 전 벵골 주재 영국 총독의 딸과 결혼하였다. 그의 종교적 경험은 자유주의 개신교의 궤도 자체를 잘 보여준다. 그는 초교파 복음주의 배경을 가지고 있었다. 젊은 시절 그는 미국의 저명한 부흥사 무디(D. L. Moody)의 마지막 영국 순회 전도집회에 참석하며 회심을 체험하였고, 그의 경건한 아버지는 이로 인해 크게 기뻐했다. 이후 그는 에든버러(Edinburgh)에 있는 한 스코틀랜드자유교회(Free Church of Scotland)에서 사역하였다. 하지만 그의 기독교 신앙은 성결운동 계통의 전천년주의에서 점차 벗어나게 된다. 그가 매우 창의적인 방식으로 에큐메니칼운동을 설립하게 된 배경은 이러한 그의 신앙적 여정을 잘 반영하고 있다. 그는 교단의 장벽을 뛰어넘어 유사한 복음주의적 성격을 자신의 경험을 통해 잘 알고 있었다. 또한 그는 다른 많은 개신교인들이 자신들의 복음주의적 성격에서 벗어날 때 그랬던 것처럼, 선교사역을 단지 개인과 교회만의 문제가 아니라 사회 전반을 포함한다고 생각하기 시작했다. 즉 선교사들은 효과적인 (서

---

[77] 이전의 철자인 'Oecumenical'은 이제 콘스탄티노플의 총대주교와 초대교회의 공의회를 지칭하는 용어이고, 'Ecumenical'은 현대의 교회 일치운동을 지칭하는 용어로 쓰이게 되었다.

구)의술과 엄격한 (서구)교육을 통해 복음을 전해야 하고, 서구 근대화 과정에 입각하여 극단적 사회 차별과 식민지 사업을 철폐하도록 노력해야 한다는 것이다. 1790년대 런던선교회가 남태평양 지역으로 첫 번째 선교사를 파송할 때, 그들은 이미 이러한 올덤의 생각에 많은 부분 동의하고 있었다.[78]

올덤은 조직과 그 세부사항을 점검하는 데 매우 탁월한 능력이 있었다. 게다가 그는 교회 지도자들과 교감을 나누며 교제하는 데 있어서도 천재였다. 또한 그는 미래의 잠정적 교회 지도자가 될 인재를 알아보고, 그들과 미리 좋은 관계를 유지하고 있었다. 젊은 조지 벨과 디트리히 본회퍼가 그와 교제했던 사람들이다. 그는 당시 런던 서부 아테나이움(Athenaeum)에 있는 자택에 머물고 있었다. 그곳에는 국립 런던 클럽랜드(London Clubland) 본부가 자리하고 있었다. 그곳은 수많은 영국 신사들이 자신의 명성이나 신분에 의해서가 아니라 문화와 재능을 중심으로 모여들어 친교를 나누는 곳이었다. 감독들도 그곳의 클럽에 자주 왕래하고 있어서, 이곳은 올덤 자신의 바티칸 역할을 하였다. 그는 독일의 신학서적들을 열심히 탐독하였고, 북유럽의 위대한 신학자들과도 접촉하였다. 그들 가운데 칼 바르트와 바르트의 친구이자 신학적 라이벌이었던 에밀 부르너(Emil Brunner), 본회퍼가 그의 대표적 동료였다.[79] 그는 전 삶 속에서 가능한 많은 교회들을 이 일에 협력할 수 있도록 설득하는 데 최선을 다했다. 행정가로서 그의 첫 번째 위업은 1910년 에든버러 선교대회(Missionary Conference at Edinburgh)였다. 이는 그때까지 열렸던 유사 행사 중에 가장 방대하고 포괄적인 회합이었다. 이 대회에는 유럽과 미국을 넘어 많은 교회 대표자들이(개신교 외에도 다른 기독교 인사들도) 참석하였다. 하지만 이 대회에도 제한은 있어서, 아프리카에선 아무도 초대되지 않았다. 반면

---

[78] K. Clements, *Faith on the Frontier: A Life of J. H. Oldham* (Edinburgh, 1999), esp. 5-14, 18-22, 43-54. Duff의 선교 여행에 대해서는 본서 875-6을 참조.

[79] Cements, *Faith on the Frontier*, 2, 270-4, 277, 286.

많은 문제점을 가지고 있던 인도는 이 대회의 중심에 있었다.

올덤과 이 대회를 주관한 그의 동료들은 성공회가 이 연합운동의 특별한 어려움인 동시에 기회라는 것을 인식하고 있었다. 광범위한 감독제도를 구성하고 교회를 운영하고 있는 성공회는 종교개혁으로 인해 서방교회가 분열된 시점부터 개신교와 가톨릭교 사이에서 자기 정체성에 대한 혼란과 논쟁이 있어 왔다. 고교회주의 성공회 지도자들은 가톨릭성을 귀하게 여겼기 때문에 개신교라는 자기 정체성에 문제의식을 가지고 있었다. 그들도 에든버러 선교대회에 참석하도록 요청 받았다. 그곳에서 이들은 다른 개신교 교회들과 협력하는 것의 가치를 보게 되었다. 그들은 오랫동안 정교회와 가톨릭교와 접촉을 유지해왔다. 특별히 성공회 내 앵글로-가톨릭교도들 중 일부는 1850년대 로마가톨릭교와 정교회와의 재결합을 추진했었다. 이로 인해 에큐메니즘은 개신교를 넘어 전 기독교를 아우르기 위한 가능성을 열었다. 하지만 이 문제는 당시에는 그저 실험적인 시도였을 뿐이다.[80] 무엇보다 문제는 성공적이고 인상적인 대회가 끝난 후 대표자들이 다시 흩어져 돌아가면서, 교회들이 서로 떨어져 있으면서 일치와 사랑의 메시지를 계속 전하는 것은 더 이상 불가능하다고 여겼다는 점이다. 이러한 통찰은 인도와 유럽에서 적용되었다. 그들은 '모든 기독교 지역'(all Christian lands)에 다음 10년이 '인류 역사의 중요한 전환점'이 될 것이라는 메시지를 보냈다. 이러한 전망은 실제로 이루어지기는 했지만 이 대변혁은 그들이 바라던 환희의 모습은 아니었다.[81] 그 대신, 제1차 세계대전이 유럽 기독교가 겸손해져야 함을 자극하며 발발하였던 것이다.

---

80 앵글로-가톨릭교와 로마가톨릭교의 연합에 대한 이전의 시도에 대해서 다음 글을 참조. M. D. Chapman, "The Fantasy of Reunion: The Rise and Fall of the Association for the Promotion of the Unity of Christendom", *JEH*, 58, (2007), 49-74.

81 Koschorke et al. (eds.), 95, 1910년의 선교 대회에 대해서는 다음의 책을 참조. Clements, *Faith on the Frontier*, Ch. 5.

두 명의 감독이 에든버러 세계 선교대회의 메시지를 보다 영구적인 대화기구로 발전시켰다. 그들은 미국 감독교회 감독이었던 찰스 브랜트(Charles Brent)와 스웨덴 루터교 대주교인 나탄 죄더블럼(Nathan Söderblom)이다. 찰스 브랜트는 당시 미국의 식민지 필리핀의 선교사이며 감독이었다. 그는 일련의 토의와 학회를 제안했다. 이 회합이 고려했던 이슈는 "신앙과 직제"(Faith and Order), 즉 교회가 무엇을 믿어야 하는지, 어떻게 그 내용을 구성해야 하는지에 대한 문제이다. 이 주제는 기독교 선교를 새로운 국면으로 전환시켰다. 그러나 이것은 기독교의 자기 이해가 그것이 긍정적이든 부정적이든, 계몽주의적이라는 반감을 불러일으키기도 하였다. 하지만 여기서의 결론은 초대 기독교의 고전적 상처를 치유할 수 있는 새로운 방법을 제시하여 주었다. 스웨덴 루터교회 수석 대주교인 나탄 죄더블럼은 분열과 고뇌의 시대에 교회들이 마주한 다른 도전에 대해 집중하였다. 그것은 현대 사회 속에서 기독교인의 마땅히 취해야 할 자세에 대한 문제였다. "삶과 노동"(Life and Work)이라고 명명된 첫 번째 의회는 1925년 스톡홀름(Stockholm)에서 열렸다. 이는 올덤이 열정적으로 추구했던 주제를 위한 또 다른 조직체였다. 주목할 점은 소수의 정교회 대표들도 참석하였다는 것이다. 정교회는 개신교나 성공회와는 교회론에 대한 이해에 큰 차이가 있었지만, 그들의 참여는 점차 증가하였다.[82] 이 두 운동은 점진적으로 1948년 세계교회협의회로 통합되었다. 세계교회협의회는 그 항구적 본부를 스위스에 두고, 사무총장(Secretariat)이 상주하였다. 이는 비슷한 시기인 1945년에 창설된 유엔(United Nations)의 기독교적 상등기관으로 여겨진다. 유엔은 이전의 그다지 신뢰받지 못했던 국가연합(League of Nations)을 계승하며 창설되었다. 최근까지 많이 알려지지 않은 사실은 1948년 유엔이 발표한 보편적 인권선언

---

[82] D. Carter, "The Ecumenical Movement in Its Early Years", *JEH*, 49 (1998), 465-85, esp. 477-8.

(Universal Declaration of Human Rights)은 자유주의 개신교 성직자와 평신도들의 에큐메니칼 연합체를 통한 산물이라는 사실이다. 유엔은 지난 에든버러 선교대회를 존중하며 창설되었다.[83]

이와 비슷한 시기에 성공회는 에큐메니칼적 토의에 자신들의 중심적 위치를 주장하고 있었다. 하지만 그들의 주도적인 노력에도 불구하고 많은 부분을 양보해야만 했다. 성공회 감독들은 정기적으로 램버스 회의(Lambeth Conference)를 개최하고 있었다. 여기에는 1920년부터 "역대 램버스 회의 문건 중 가장 기념비적"이라고 평가받는 성명이 있다.[84] 성공회 감독들은 전쟁의 상처에 많은 충격을 받았고, 이로 인해 "모든 기독교인에게 고함"(Appeal to all Christian People)이라는 제목의 성명서를 발표하였다. 이 문서는 그 논조에 있어 비성공회적(un-Anglican)이라고 여겨질 만한 것이었다. 이 성명서는 공식적 교회의 발표 가운데 아주 드문 경우로 매우 예언자적 통찰이 담겨있다. 그 문서는 다음과 같이 기술하고 있다. "교회는 본래 보편적이고(Catholic), 진리에 충실하며, '자신을 기독교인이라고 부르는' 모든 이가 함께 나누는 공동체이다. 그 안에서는 모든 교회와 직제의 보화들이 가시적으로 연합해 함께 나누고 있다. 이는 과거부터 현재까지 그들이 전해 받은 공동의 유산이다."[85] 문제는 다양한 반응들을 어떻게 상호 이해하느냐는 것이다. 영국자유교회 소속의 많은 사람들은 이에 대해 열정적으로 반응하였다. 하지만 20세기 후반부 그들은 자신들의 제안에 대해 잉글랜드국교회가 계속 혼란스러운 반응을 보이는 상황 가운데

---

[83] J. Nurser, *For All Peoples and All Nations: Christian Churches and Human Rights* (Geneva, 2005); 이 책과는 다른 관점에서 유엔과 그 인권선언의 배경을 강대국의 세력 정치로 분석한 글은 다음과 같다. Mazower, "The Strange Triumph of Human Rights, 1933-1950".

[84] Hastings, *A History of English Christianity, 1920-1985*, 97.

[85] *The Lambeth Conferences (1867-1948): The Reports of the 1920, 1930, and 1948 Conferences, with Selected Resolutions from the Conferences of 1867, 1878, 1888, 1897 and 1908* (London, 1948), 119-24, at 120.

적절한 길을 열기 위해 노력했다. 잉글랜드국교회는 늘 앵글로-가톨릭교도들과 복음주의자들로 나뉘어 치명적으로 대립하고 있었다. 그들은 성공회에 있어 가장 중요한 것이 무엇인지에 대해 서로 동의할 수 없는 다른 의견을 가지고 있었다. 그들은 서로 상대편이 자신들을 불필요하게 가로막는다고 여기며, 서로에 대해 그리고 성공회 '중앙' 지도부에 지속적인 분노를 느끼고 있었다.

성공회 지도자들이 가지고 있던 다른 어려운 문제는 정교회와의 관계를 어떻게 진행해야 하는지에 대한 것이었다. 이 역시 처음에 매우 좋은 의도가 있었다. 전쟁과 혁명으로 인해 상처받은 러시아와 세르비아 출신의 많은 사람들은 자신들의 전시 우방국이었던 영국에서 행복한 안식처를 찾을 수 있었다. 당시 콘스탄티노플 총대주교는 1920년 램버스 회의에서 벌어진 논쟁에 대한 중요한 증인이었다. 당시 콘스탄티노플 총대주교는 열정적인 어조로 모든 기독교인이 자신들의 교리적 차이와 상관없이 함께 협력해야 한다고 역설하였다(하지만 대다수의 성공회 대표들은 정교회 대표들의 방문에 시큰둥하고 있었다). 소련의 어려운 국가 상황으로 볼 때, 성공회 지도자들은 자연스럽게 모스크바보다는 콘스탄티노플에 더 많은 관심을 가졌다. 하지만 당시 총대주교는 오스만 터키의 몰락과 소아시아 기독교의 어려운 상황으로 곤경에 처해 있었다(지난 3세기 동안 뒤엉켜왔던 성공회와 정교회 간의 관계에서 그랬듯이). 현명한 외교력을 가지고 있던 캔터베리 대주교, 랜달 데이비슨은 정교회의 가장 주된 관심은 위기 가운데 그들이 바로 얻을 수 있는 원조라는 것을 알고 있었다.[86]

당시 공석이었던 콘스탄티노플 총대주교직에 도전한 두 라이벌 후보자들은 모두 영국 국교회 성직 제도의 정당성 문제에 강경한 반대를 표명하였다. 1896년 교황은 이미 교서를 통해 영국 국교회 성직의 무효를 선언한 바 있다. 결국 총대주교로 선출된 멜레티오스(Meletios)

---

[86] 17세기에 시작된 성공회-정교회 관계에 대해서는 『3천년 기독교 역사 II』 제14장 4. 참조.

는 1922년 영국이 아닌 프랑스 군함을 타고 콘스탄티노플로 이동했다. 이후 그는 영국 국교회 성직을 인정하는 성명을 발표하였다. 하지만 이런 연합의 발걸음에도 불구하고 내부에서의 불일치는 양자 간의 연합 노력을 무효화시켰고, 정교회는 심각한 수렁에 빠지고 말았다. 멜레티오스가 정교회의 분노를 일으킨 이유는 단지 영국 국교회와의 일치 시도 때문만이 아니라 기존의 정교회력을 그들이 이단으로 여겼던 가톨릭 교황이 만든 그레고리력(Gregorian calendar)으로 대체하려고 했기 때문이다. 일 년 후 멜레티오스는 터키인들의 주도로 파문당했다. 이 때 영국인들은 여전히 역사적인 콘스탄티노플의 총대주교직의 필요성을 인식하고 있었지만, 그의 파문을 방관하며 관여하지 않았다.[87]

에큐메니칼운동의 한 성공 사례는 이 운동의 출발점이라 할 수 있는 인도에서 일어났다. 이곳에서 성공회의 주도로 교회라는 공통의 기반 위에 기독교 공동체들이 협동하며 일치하는 모습이 시도되었다. 정치적 자질이 풍부했던 고교회주의자이자, 봄베이(Bombay, 현재의 뭄바이) 주교였던 에드윈 팔머(Edwin Palmer)는 남인도에서 비성공회 교회 지도자들의 신망을 얻었다. 그는 사도로부터 계승된 역사적 교회라는 의식을 공유한 교회 연합을 제안하였다. 그러나 그는 일치된 교회의 모든 결정은 감리교, 회중교회, 장로교 출신의 다양한 사역자들이 인증하는 장로들과 공의회, 지역 회중에 의해 이루어져야 한다는 것을 강조하였다.[88] 이러한 계획은 영국 국왕 제임스 6세(James VI)가 17세기 스코틀랜드에서 행했던 시도를 연상시킨다. 교조주의적이었던 영국의 앵글로-가톨릭교도들은 이 계획에 반대하였다. 이후 일치운동에 대한 이들의 저항은 제2차 세계대전이 휘몰아치면서 많은 변화가 있었다. 팔머 주교는 1933년 『런던 타임스』(Times)에 편지를 보

---

[87] Geffert, "Anglican Orders and Orthodox Politics", *passim*.
[88] 1947년에 작성된 회칙(Constitution)의 구문들을 참조. Koschorke et al. (eds.), 115.

내 이 운동의 필요성에 대해 실용주의적 방법으로 호소하였다. 즉 그는 이 편지에 당대의 현실주의 정서를 잘 수용하고 있는 젊은 세대들을 설득할 수 있도록 상징적 표현을 사용하며 설득하였다.

> 남인도에서 일부 아둔한 사람들은 교회의 분열을 종식시킬 수 있는 그 첫 시도를 가로막고 있다. 그들은 맨 꼭대기 자리에 올라가 군림하고 싶어 하는 사람들 같다. 그들은 이 운동이 실현되면, 자신들의 자리가 없어질 것이라고 생각한다. 하지만 그들이 이 운동에 동참하지 않는다면, 그들 계획 역시 실패하게 될 것이다. 다른 말로 하면, 일치된 교회가 그 이후 잘못된 길을 가게 될 가능성은 분명히 있다. 모든 사람을 구원하시기 위해 모두에게 버림받고 죽으신 분은 누구인가? 주님의 구원 역사를 완성할 하나의 공동체를 원하는 사람은 누구인가?[89]

이후 1955년 잉글랜드국교회는 남인도에 새롭게 세워진 성공회 교회에서 함께 성례에 참여하는 것을 허용하였다. 이는 힘든 싸움을 통해 얻은 열매이다. 영국의 교회들은 북인도에서는 이러한 일치의 사례를 만들어 내지 못했다. 북인도에서는 연합된 교회 여건에서 성공회에서 사역하기 원하는 목사들을 안수하는 절차의 어려움을 극복할 수 없었다. 지금까지 교회일치를 위한 또 다른 계획이 성공적으로 이루진 사례는 없었다. 특히 성공회를 거부하는 교회들은 자기 정체성이 강한 성공회의 주도를 따라가는 것을 매우 꺼려했다.[90] 당대 기독교계에서 보편적으로 자유주의 전통에 서 있는 개신교 교회들은 협력적인 의사결정의 구조를 이미 마련하고 있었다. 이들은 장로교회와 감리교회, 일치를 위해 더 많은 희생을 감내한 회중교회 같은 교단들이다. 이들은 기독교의 역사적 분열을 극복할 수 있는 가능성의 기초를 세웠다.

---

[89] Carter, "Ecumenical Movement in Its Early Years", 484-5.
[90] Hastings, *A History of English Christianity 1920-1985*, 468-9.

6. 새롭게 재편된 세계 기독교: 오순절주의와 새로운 교회들

세계교회협의회는 기독교인들 상호 간의 이해와 소통에 큰 족적을 남겼다. 약 350여 개의 기독교 교회들이 정회원 또는 협력관계로 참여하며 활동하고 있다. 로마가톨릭교회는 정회원에 가입하지는 않았지만 그 활동에 오랜 동반관계를 유지하고 있다. 세계교회협의회는 각지에서 사회-정치적 문제들을 중재하고, 서방 선진국들과 개발도상국의 빈부격차에 균형있는 중재와 배상과 같은 수많은 활동의 통로 역할을 감당하였다. 하지만 창립 이후 지금까지 약 50년이 지난 시점에 돌이켜보면, 세계교회협의회는 처음에 기대했던 대로 기독교의 중심적 위치에 (적어도 지금까지는) 자리하지 못했다. 마찬가지로 에큐메니칼운동도 올덤과 다른 선구자들이 기대한 만큼 성공적이라고 말할 수는 없다. 이 운동의 결과는 아직까지는 조심스럽고, 지엽적이며, 실용주의적 위치에 머무르고 있다.

아마도 문제는 올덤과 그의 동료들이 고안한 탁월한 기관들 자체의 성격에 있다. 즉 의회와 위원회, 사무총장제도 중심으로 이루어진 에큐메니칼 기관들은 늘 의제를 주의깊게 상정하는 과정을 반복하며 합의를 도출하는 방식이다. 자유주의 개신교는 강압적 방식보다는 늘 성령의 자유로움에 근거한 자발성에 의해 결론을 도출하는 경향이 짙다. 하지만 19-20세기 미국과 아프리카 등지에 우후죽순 늘어난 새로운 교회들은 그렇게 복잡하게 사역을 진행하지 않았다. 역사 속에 늘 그랬듯이 당대의 주류 기독교는 그들 밖에서 일어나는 일들에 대해 거의 주목하지 않는다. 또는 그들이 그 현상을 인지한다 해도, 새로운 작은 그룹들에게서 나타나는 이질적 요소들을 진지하게 수용하지 못했다. 오순절운동 연구의 가장 뛰어난 연구자들 중 한사람에 따르면, 대다수의 미국인들은 1950년대 말까지 오순절운동의 존재 자체를 모르고 있었다.[91] 사실 이 운동 내부 사람이 아니라면, 다양한 명칭과 약어(acronyms), 슬로건과 함께 추진되는 새로운 운동의 성격을 온전히 이해하기는 불가능할 것이다. 그 모든 것이 이들의 다양한 정체성과 사람들의 삶을 변화시키기 위한 열심을 대변해주기 위한 목적으로 고안되었다. 하지만 대부분의 새로운 교회 지도자들은 상급교육의 혜택을 누리지 못했고, 자신들의 성격을 이러한 언어적 표현으로 나타내는 것은 결코 쉬운 일이 아니었다.

외부에서 관찰한다면 오순절운동 안의 신학논쟁은 매우 사소한 문제로 느껴질 수 있다. 하지만 그 내부에선 매우 치열하고 긴 논쟁이 계속되었다. 예를 들어, 1916년 미국 오순절주의 안에서 가장 큰 그룹이 신학적 이견으로 양분되었다. 그들은 아주 오래전 초대교회의 삼위일체론에 대한 논쟁에서 시작되었다. 케직 사경회 전통에 서 있는 복음주의자들은 예수님의 이름을 매우 자주 언급하는 경향이 있다. 이는 중세 후기 북유럽 가톨릭교와 정교회의 예수님의 이름을 부르는 기도를 강조한 헤시카즘(Hesychasm) 주창자들 사이의 일치를 깨게 만든 전례가 있다. 하지만 오순절운동의 경우에는 그 경건에 대한 열정 가운데 캐나다 설교자 로버트 맥칼리스터(Robert McAlister)가 초대교회 성도들은 세례를 받을 때 삼위일체의 이름으로 받은 것이 아니라, 오직 예수님의 이름으로 세례를 받았다고 주장하면서 논쟁이 야기되었다. 사도행전 2:38에 따르면 베드로는 "너희가 회개하여 각각 예수 그리스도의 이름으로 세례를 받고 죄 사함을 받으라 그리하면 성령의 선물을 받으리니"라고 말했다. 바로 이 지점에서 맥칼리스터는 '성부, 성자, 성령의 이름으로'라는 표현은 예수님이라는 이름을 가진 하나님을 위한 직책명(title)일 뿐이라는 것이다. 이것은 초대교회에서 하나님(Godhead)의 유일성을 강조한 양태론적 군주신론

---

[91] G. Wacker, "Travail of a Broken Family: Evangelical Responses to Pentecostalism in America, 1906-1916", *JEH*, 47 (1996), 505-28, at 528.

(modalist Monarchianism)의 새로운 형태라고 말할 수 있다. '세례'라는 용어는 오순절운동 내부의 대화에서 매우 자주 쓰이는 표현이기 때문에, 이 문제는 보다 심각한 논쟁의 주제가 되었다. 이로 인해 하나님의 성회(Assembly of God)는 분열되었고, 소위 '유일파'(oneness) 오순절주의자들은 자신들의 길을 가게 되었다. 이들은 자신들의 교리를 반영하며 인종적인 통합성을 지향하였다. 유일파 오순절주의는 여전히 번성하고 있으며, 수적으로 전 세계 오순절 교회들에서 약 25퍼센트 정도의 비중을 차지하고 있다.[92] 그리고 예수님에 대한 강조는 일반적으로 오순절-은사주의 찬송들에서도 현저하게 나타나 있다.

방언에 대해 그다지 많은 관심을 보이지 않는 주류 복음주의자들도 하나님의 성회가 그들 스스로를 참된 삼위일체를 믿는 자들이라고 생각하는 것에는 동의한다. 이후 이 두 그룹이 합쳐진다면 서로에게 더 큰 도움이 되겠지만, 하지만 상호 간에는 흥미있는 문제가 있기 때문에 그런 가능성은 그다지 긍정적이지 않았다. 오순절운동은 그 초기에 보다 주류 복음주의에 속해 있는 보수주의자들로부터 극심한 혐오를 받았다. 하지만 오순절운동의 메시지는 복음주의자들과 매우 큰 유사성이 있었다. 복음주의자들처럼 오순절주의는 현대 도시 안에 삶의 방식에 의문을 가지고 있었다. 그들은 도시 안에 있는 현대인들을 사로잡는 현대성은 사탄으로부터 온 것이라고 여겼다. 파란만장한 삶을 살았던 에이미 샘플 맥퍼슨(Aimee Semple McPherson)은 오순절운동의 주요 지도자로 한 교단의 창시자이기도 하다. 그녀는 하나님의 복음전도지를 항공기를 이용하여 뿌렸고, 최초로 교회 라디오 방송국을 운영하였다. 맥퍼슨의 천재적인 쇼 비즈니스적 자질로 인해, 오순절운동은 로스엔젤레스부터 이후 서울까지 점차 무대 공연같은 예배에 천재성을 발휘했다. 그녀의 교회는 20세기에 부상한 거대한 헐리우

---

[92] Anderson, 47-9.

드(Hollywood) 문화에 인접해 있으면서 그 영향을 받았다(그림 50, 68).[93] 오순절운동의 뿌리는 분명 복음주의였다. 하지만 더욱 성경에 중점을 두는 개신교 복음주의와는 쉽게 파트너가 되기에는 어려워 보인다. 특별히 근본주의라 불리는 개신교 집단과는 더욱 그러했다. 근본주의는 기독교 신앙에 있어 성경의 절대 무오성(inerrancy), 예수 그리스도의 신성, 동정녀 탄생, 그리스도의 대속적 죽음, 그리스도의 육체적 재림, 이상 다섯 가지 '근본들'(Fundamentals)을 강조하였다. 반면 오순절주의는 이러한 근본들보다 신자들에게 임하는 '새로운 계시'(new revelation)를 더 강조한다. 오순절주의자들에게 그 계시는 매우 직관적이고 즉흥적인 데 반해, 보수적 복음주의자들은 보다 이성적이며 성경에 강조점을 둔다. 또한 오순절운동은 19세기 개신교 부흥운동의 급진적 시작부터 두드러졌던 것처럼, 여성들의 리더십을 적극적으로 허용하였다. 오순절운동은 침체될 기미보다는 지속적으로 성장할 가능성이 더 커 보인다.

오순절주의 안에는 또 다른 중요한 운동이 있었다. 이는 다른 복음주의자들이 경계했던 요소이다. 이는 당대 자유주의 개신교운동이었던 '사회복음' 운동과는 상극적 성격을 나타내는 부분이다. 미국의 심장부는 1930년 후반 수년간 매우 심각한 경제적 대공황의 위기 속에서 벗어나기 위해 허덕이고 있었다. 이런 배경 가운데 일부 오순절주의자들 가운데 스스로 '믿음의 말씀'(Word of Faith) 운동이 부상하였다. 그 이전의 일부 미국 교단들처럼, 이 운동은 치유 기도의 중요성을 강조하였다. 하지만 이들은 이보다 더 나아가 건강과 함께 기독교인들의 성공 비전을 추구하였다. 이 운동을 비난하는 사람들은 그들의 메시지를 '건강과 부'(health and wealth) 운동, 또는 '번영의 복음'(Prosperity Gospel)이라고 불렀다. 그 최초의 주창자는 케네스 하긴(Kenneth E.

---

93 E. W. Gritsch, *Born Againism: Perspectives on a Movement* (Philadelphia, 1982), 76-7; T. J. Hangen, *Redeeming the Dial: Radio, Religion and Popular Culture in America* (Chaple Hill and London, 2002), Ch. 3.

Hagin)이었다. 그는 텍사스에서 하나님의 성회 목회자로 사역하였다. 그는 마가복음 11:23에 나타난 그리스도의 언약을 자신의 가장 사랑하는 말씀으로 삼았다. "내가 진실로 너희에게 이르노니 누구든지 이 산더러 들리어 바다에 던져지라 하며 그 말하는 것이 이루어질 줄 믿고 마음에 의심하지 아니하면 그대로 되리라." 그의 동료 중 한 명이었던 오랄 로버츠(Oral Roberts)는 에이미 샘플 맥퍼슨이 기독교 라디오 방송의 선구자였던 데 비해 텔레비전 방송에서 두각을 나타낸 인물이다. 그는 또한 1951년 캘리포니아에서 백만장자들의 재단인 국제순복음기독실업인협회(Full Gospel Business Men's Fellowship International)에 깊게 연관되어 있었다. 이 기관은 여전히 예수님을 위한 사역으로서 '자본주의'를 장려하는 역할을 하고 있다. 이는 '아메리칸 드림'에 대한 새로운 이름의 '화물 숭배'(cargo cult)로 볼 수 있다. 오순절운동이 전 세계로 퍼져가면서, 세계 곳곳에는 이 번영의 복음도 함께 전해졌다. 특별히 이 메시지는 가난에서 벗어나 번영의 길을 찾고자 노력하는 공동체에게 더 많은 호응을 얻었다. 그들은 기도로 이 모든 성공을 얻을 수 있다고 증거하였다. 특별히 남한에서는 이 메시지가 자연스럽게 정치적 파급으로 이어졌다(그림 68). 특히 한국의 기독교인들은 '믿음의 말씀'을 통해 많은 희망과 도전을 얻었다. 그들은 이를 통해 자본주의는 하나님의 뜻을 대변하고, 공산주의는 악마의 계획이라고 여기게 되었다.[94]

복음주의와 오순절주의는 분명한 차이점에도 불구하고 신중하게 서로 접촉하였다. 1943년 하나님의 성회는 미국의 보수적 복음주의자들의 새로운 연합 기관인 전국복음주의연합(National Association of

---

[94] S. Coleman, *The Globalization of Charismatic Christianity: Spreading the Gospel of Prosperity* (Cambridge, 2000), 27-31, 42-3; Anderson, 145, 157-8, 220-1. 가나에서 일어난 신오순절운동의 '번영의 복음'에 대한 비판적 고찰은 다음 책을 참조. J. K. Asamoah-Gyadu, *African Charismatics: Current Developments within Independent Indigenous Pentecostalism on Ghana* (Leiden, 2005), Ch. 7.

Evangelicals)에 가입하였다. 이 기관의 목표는 개신교 자유주의와 에큐메니칼운동에 대항하는 것이었다. 이는 매우 중요한 연합이었다. 오순절운동의 신학교육은 이제 빠르게 발전하였고, 이로 인해 그들은 열정적 부흥설교보다는 목회적 이해에 대해 더 관심을 갖게 되었다. 이로 인해 그들은 다른 주류 복음주의자들에게 동화되었고, 오순절운동의 역동성을 점차 상실해갔다. 그 역동성의 단면들은 이전에 보수적인 복음주의자들이 인정하지 않았던 모습들이었다.[95] 이 연합기관은 오순절주의 교회들을 환영하면서 그들이 복음주의의 고유한 가치를 가질 것을 강조하였다. 그 이전의 10년 동안 보수적 복음주의자들은 자신들이 외형적으로 미국 주류 개신교 안에서 주도권을 가지고 있었지만, 진화론과 금주령으로 인해 심각한 타격을 받았다.

이러한 이유로 그들은 찰스 다윈의 진화론을 혐오했다. 1920년대 초 미국 중서부에 위치한 두 개의 주, 오클라호마와 테네시에서는 학교에서 진화론을 가르치는 것을 법으로 금하고 있었다. 이에 대한 시험대가 1925년 테네시 주 데이튼(Dayton)에서 열렸고, 이 사건은 곧 전국 언론의 주목을 받게 되었다. 젊은 생물 교사 존 스코프스(John Scopes)는 자신의 수업에서 실제로 진화론을 가르쳤는지 확신하지 못하는 상황에서, 유죄를 선고 받았다. 이 사건의 검사를 맡은 사람은 관록 있는 민주당 정치가 윌리엄 제닝스 브라이언(William Jennings Brian)이었다. 그는 도시의 모순된 상황 속에 시골 출신의 가난한 민중의 삶을 대변하면서 큰 명성을 얻었다. 그는 친근한 종교성을 가미한 감동적인 연설로 그의 오랜 활동 가운데 승승장구할 수 있었다. 그가 가졌던 확신은 테네시 대법원에서 그 전문성에 큰 타격을 받으며 무너졌다. 이후 미국의 두 개 주에서 이와 유사한 법률들이 통과되었고, 그 충격은 계속되었다.

브라이언에 맞서 이 재판의 변호를 맡은 사람은 클라렌스 대로우

---

[95] Anderson, 247, 250.

(Clarence Darrow)였다. 그 역시 가난하고 힘없는 사람들의 소송을 대변했던 뛰어난 변호사였다. 대로우는 법정에서 탁월한 언변을 과시했다. 이번 사건과 연관해서, 그는 공공연히 자신이 불가지론자임을 공언하였는데, 이는 미국 사회에서 아주 드문 경우이다. 그는 이번 재판에서 자신의 상대인 저명한 노인을 바보로 만들어 버렸다. 대로우는 브라이언을 압박하여 그가 구약성경의 세세한 부분에 대해 그저 부모들이 아이들에게 동화를 들려주는 수준으로 발언하게 하면서 그의 확신을 무너뜨렸다(사실 대로우는 공적 자리에서 복음서에 대해서는 더 회의적인 발언을 해온 바 있다). 그는 법정 발언을 아주 유머 있게 진행하였고, 이로 인해 여기저기에서는 웃음이 터져 나왔다. 하지만 이 웃음은 하나님의 말씀의 권위를 절대적으로 신뢰하며 강조하는 다른 사람들에겐 전혀 즐겁지 못한 일이었다. 이 일로 오히려 안타까운 사건은 브라이언의 갑작스런 죽음이었다. 그는 재판이 끝나고 데이튼 시를 떠나기 전에 숙소에서 사망한 채로 발견되었다.[96]

이보다 더 큰 충격과 오랜 영향은 미국의 금주령 실험이었다. 이 법령은 큰 논쟁 끝에 1920년 제18차 미국 수정헌법에서 채택되었다. 이 법안은 매우 독실한 장로교인이었던 우드로 윌슨(Woodrow Wilson) 대통령의 직속 권한으로 통과되었다. 19세기 금주운동은 단지 유흥에 관한 문제가 아니라, 가톨릭교부터 근본주의자들까지 거의 모든 교단의 인사들이 함께 참여했던 사회적 캠페인이었다. 특히 여성 단체가 더 적극적이었다. 범교단적 협력 속에 1895년 주류판매반대연맹(Anti-Saloon League)이 설립되었다. 이후 진보적 개신교와 보수적 복음주의자들의 대립이 점차 심해지면서, 금주법 캠페인이 마침내 승리

---

96 M. Kazin, *A Godly Hero: The Life of William Jennings Brian* (New York, 2006), esp. 109-18, 285-95, 대로우는 1912년 뇌물사건에 변호를 맡으면서, 전혀 가망 없어 보이던 재판결과를 자신의 뛰어난 언변으로 뒤집어버리는 놀라운 법정 승리를 거둔 바 있다. 이에 대해서는 다음 책을 보라. G. Cowan, *The People v. Clarence Darrow: The Bribery Trial of America's Greatest Lawyer* (New York, 1993), esp. 391-407.

했을 때, 그 주도자는 주로 성난 중소 도시 복음주의자들이었다. 미국 해안가 대도시와 술에 젖은 유럽은 이에 대해 매우 미심쩍어 했고, 지난 한 세기에 걸친 금주운동은 그들에겐 그저 옛 이야기에 지나지 않았다. 여전히 남북전쟁의 상처가 아물지 않은 남부 백인들이 주도한 남침례교도들은 위선적인 북부 양키들과 연계되는 것을 매우 싫어했다. 하지만 그들은 오직 신앙심에 입각하여, 이 중대한 도덕적 캠페인에 그들의 도움을 구했다.[97]

금주령과 연관된 상황과 그 영향은 종종 갱스터 영화에서 자주 묘사되어 왔듯이, 매우 비극적인 결과를 초래하였다. 금주법은 범죄 조직이 발달하는 데 완벽한 기회를 제공하였고. 그 타락상은 무법사회를 연상시켰다. 보수적 복음주의자들과 한 잔의 위스키는 전혀 해될 것이 없다고 생각하는 미국의 기독교인 사이에는 극명한 구분이 생겼다. 술 문제는 자신의 신앙 노선을 대변하는 것으로 여겨졌다. 이것은 마치 1650년대 크롬웰의 엄격한 규범으로 인해 영국이 분열되었던 상황을 재현하는 것과도 같았다. 프랭클린 루즈벨트(Franklin D. Roosevelt) 대통령은 1933년 금주법을 폐지시켰다. 지난 50년간 보수적 복음주의자들은 정치적 방법을 통하여 자신들의 사회적 가치관을 다른 나머지 국민들에게도 주입시키려고 했던 큰 실수를 범했다. 그들은 곧 연방 정치계에서 철수하였고, 그 자리는 자유주의 개신교인들과 가톨릭 엘리트들이 차지하게 되었다. 미국의 수도 워싱턴의 언덕 위에 자리한 감독교회 대성당은 스스로 그 이름에 '국가'(National)란 용어를 삽입하고 있는데, 점차 북부의 도시적 분위기와 가치관을 나타내기 시작하였다. 이 교회는 냉정하고 지적이었으며, 또한 격정적이지 않고 교양있는 전형적인 영국풍의 종교적인 분위기를 나타냈다. 이는 수도 인근의 백인 중산층이나 유럽인들이 호감을 가질 수 있는 교회였다. 미국의 주류 교회들은 점차 이런 모습을 보이고 있었다.

---

97 Handy, 285.

이런 상황에서 복음주의자들은 주춤하며 잠잠히 기다리고 있었다. 그들은 주로 작은 마을이나 교회 농장과 목축 지대에서 특유의 '구식 신앙'(old-time religion)을 지속하고 있었다. 그들은 에이미 샘플 맥퍼슨의 선구적 사례를 따라 라디오의 종교방송을 통해 자신들의 메시지를 전달했다. 복음주의자들이 사용하는 스코필드 관주성경보다 더 문자적이고 역사적인 의미로 그들의 시대가 온 것이다.[98]

미국의 종교상황이 변화되면서, 전 세계에도 수많은 열광적인 개신교가 자신들의 고유한 신앙관습과 스타일을 강조하며 나타났다. 아프리카 교회는 본래 은사적인 특성이 강했다. 당시 아프리카 교회에는 오순절운동의 전형인 방언도 나타났다. 아프리카 기독교의 예언자들은 모두 그들의 원조라 할 수 있는 윌리엄 웨이드 해리스에게서 영향을 받았다. 그들 메시지의 중심 주제는 1918년 전 세계를 뒤덮은 전염병의 위대한 치료제였다고 할 수 있다. 당시 아프리카 역시 유럽의 영향으로 총체적으로 황폐해진 상황이었다. 위세가 등등했던 서구의 약품들은 전쟁의 여파로 거의 구할 수 없었다. 아프리카 기독교 예언자들은 두 가지 특성이 있었다. 첫째는 그들이 기독교 신앙을 전해 받은 유럽의 교회를 떠났다는 것이고, 둘째는 그들의 전형적인 특성이라 할 수 있는 신유에 대한 강조이다. 서아프리카에서 그들의 교회는 일반적으로 알라두라(Aladura)라고 불렸는데, 이는 요루바 언어로 '기도의 권세자들'(Owners of Prayer)이란 뜻이다. 이 교회의 가장 영향력 있는 선도자는 나이지리아인 조시아 올루로우 오시테루(Joshia Olulowo Ositelu)였다. 그는 의외로 성공회 고교회주의 배경에서 자랐으며, 그 안에서 계급구조에 대한 순종을 배웠다. 그는 자신의 교회에 맨 위 대주교로부터 시작되는 남성 지도자들의 교권제도를 세웠다. 이들은 '십자가를 지닌 남성 지도자들'(Male Cross Holder)이었다(여성들은 대주교의 특별 허가 속에 지팡이나 십자가를 몸에 지닐 수 있었다). 알라두라

---

98 Hangen, *Redeeming the Dial*, esp. 1-2, 8-13, 19, Ch. 4.

는 자신들의 새로운 교회의 시작에 큰 자부심을 가지며, 그 회칙에 다음과 같이 선포하였다. "에티오피아 또는 아프리카는 성령의 인도를 따라 위대하신 여호와 하나님께 손을 들고, 이 땅의 자손들을 이끌 것이다."[99]

이러한 '에티오피아' 신앙에 대한 자부심은 기독교가 진정한 아프리카인들의 종교임을 나타내고 있다. 이후 아프리카 대륙 전역에서 수많은 예언자들이 활동하였다. 이러한 신앙적 자부심은 1960년대 유럽의 식민지에서 독립한 아프리카 국가들의 정치적 지도자들과는 사뭇 다른 양상을 보여준다. 이들 국가 지도자들은 대부분 유럽인들이 주도하는 교회 출신이었고, 기독교 학교의 선생들이 많았다. 잠비아(Zambia)의 케네스 카운다(Kenneth Kaunda)와 짐바브웨(Zimbabwe)의 로버트 무가베(Robert Mugabe)가 그 대표적 인물들이다. 이들은 서구 스타일의 대학교육을 받으며 성장하였고, 일부는 유럽에서 교육받기도 하였다. 하지만 예언자들은 이들과는 다른 방식으로 새로운 아프리카의 모습을 구축하고 있었다. 줄루족 공동체에서 쉠베(Shembe)는 백인들이 통치하는 남아프리카연합국(Union of South Africa)의 극심한 인종차별주의 가운데서 아마나사렛교회(AmaNazaretha Church)를 설립하였다. 쉠베는 줄루 왕조가 아닌 자신의 교회가 줄루의 국가적 정체성의 근원이 되어야 한다고 주장하였다. 그는 이러한 사상을 줄루인들에게 주입하며, 특별히 타락한 도시의 백인 교회에서 드리는 예배를 거부하는 것이 참된 신앙임을 강조하였다. 그의 추종자들은 쉠베의 가르침을 따라 자신들의 예배의식에서 정기적으로 또한 지속적으로 빗자루와 투창을 휘두르며 워쉽 댄스를 추었다. 이는 전쟁에서의 승리를 나타내는 줄루족의 전통적인 행위를 반영한 것이다. 이 춤은 또한 하늘의 조상들도 함께 춤추고 화답하게 한다고 여겨졌다. 이

---

[99] Aladura Constitution, quu. C. C. Baäta, *Prophetism in Ghana: A Study of Some 'Spiritual' Churches* (2nd edn, Achimota, 2004), 114-116.

는 산 자와 망자를 연결시키는 중세 서구의 연옥에 대한 가르침과 유사한 양식이었다.[100] 예언자들은 그들이 당하는 고난에 대해 수동적으로 감내하였고, 다른 사람들 역시 그들을 따라 함께 고난에 동참하게 하였다. 이 예언자들은 수세기 동안 러시아정교회에서 추앙되었던 성 보리스(St Boris)와 성 글렙(St Gleb)을 연상시킨다. 시몬 킴방구(Simon Kimbangu)는 1918년 점염병이 돌던 때부터 신유사역을 수행하였다. 그의 사역은 불과 5개월 남짓 동안 대중적으로 널리 사역하기보다는 그의 주변에서 은밀하게 수행되었다. 하지만 그는 이로 인해 벨기에령 콩고 정부에 체포되어 종신형을 선고받았다. 그는 약 30년을 감옥에 있으며 침묵을 강요당했지만, 그의 영향력은 결코 침묵시킬 수 없었다. 그가 전한 복음은 많은 사람들에게 영향을 주면서, 다른 제자들도 '사탄의 선지자이며 선교사인 벨기에 정부'에 대항하였고, 그를 따라 계속 투옥되었다. 오늘날 그의 교회는 중앙아프리카에서 가장 큰 교회이며, 그의 시신은 그 교회 본부에 안치되어 있다.[101]

아프리카에서는 아프리카 토착 교회들과 이보다 먼저 서구인들에 의해 세워진 교회들, 새롭게 부상하는 오순절 교회들이 지속적인 상호 연결 가운데 성장하고 있었다. 20세기 동안 이들 교회의 성장은 인구 증가율을 넘어서는 괄목할 만한 것이었다. 1914년 아프리카에는 약 4백만 명의 기독교인들이 있었던 것으로 추정된다. 그리고 이 숫자는 1950년대에 750만명으로 증가하였고, 앞으로도 이러한 추세는 계속 될 것이다. 30년 이상 아프리카 기독교를 세심하게 관찰해 온 탄자니아(Tanzania)의 스웨덴 루터교 감독, 뱅게트 순드클러(Bengt Sundkler)는 19세기 동안 아프리카 각지에서 기독교는 젊은이들을 중심으로 일어난 운동이었다면, 20세기는 여성들의 운동이었다고 평가

---

100 Hastings, 502-4; J. Cabrita, "Isaiah Shembe's Theological Nationalism, 1920s-1935", *Journal of Southern African Studies* (forthcoming, 2009). 나는 Shembe에 대해 함께 토론해준 Joel Babrita에게 깊이 감사한다.

101 Sundkler and Steed, 780-83; Koschorke et al. (eds.), 260-1.

하였다. 가족의 안위를 염려하며 돌보던 여성들에게 신유는 그들의 가장 큰 관심사였고, 이는 교육과 함께 아프리카 기독교가 성공하는 데 가장 큰 요인이 되었다.[102] 이러한 현상은 단순히 은사주의운동의 일부로 분류될 수는 없다. 케냐의 마사이 부족은(Maasai) 오랫동안 모든 종류의 기독교에 대해 강경하게 저항해왔다. 따라서 그들은 자신들의 전사 전통에 큰 자부심을 가지고 있었고, 기독교의 용서의 메시지나 성적 금욕을 강조하는 윤리 규범들은 철저히 무시하였다. 반면 여성들은 이러한 기독교의 가르침에 매료되었다. 그들은 1950년대 유럽의 사제들이 입국할 때부터 가톨릭성령회(Catholic Spiritan) 선교사들과 깊은 교류를 가지게 되었다. 마사이 부족의 남성들은 이를 조롱하며 배격했지만, 많은 여성들은 악령에 의해 감염된 영적인 질병(그들은 이를 오페코〈orpeko〉라고 불렀다)에 시달리고 있었다. 이후 이 치명적 영적인 질병의 궁극적 치료는 기독교인이 되어 세례를 받는 것이라고 인식되었다. 남성들은 이에 대해 그리 심하게 반대하지는 않았다. 가톨릭 기독교가 이 지역에 도래했을 때 그 신자는 압도적으로 여성들이었다. 이로 인해 대다수의 마사이 기독교인들은 자연스럽게 기독교의 하나님을 여성으로 이해하게 되었다. 이는 가톨릭성령회 신부들에겐 그리 달갑지 않은 일이었다.[103]

이 시기에 기독교는 다른 지역에서 매우 다양한 양상으로 급변하고 있었다. 이미 기독교적 문화가 압도적이었던 라틴아메리카에서 기독교는 점차 현지인들의 종교로 그 성격이 변해가고 있었다. 1900년경 이 지역은 표면적으로 대부분이 가톨릭교도였고, 스페인어 또는 포르투갈어를 사용하고 있었다. 하지만 20세기 들어 몇십 년이 지나자, 라틴아메리카는 오순절운동이 다양한 이민자 공동체를 중심으로 활성화되어 큰 세력을 형성하게 되었다. 이러한 운동은 곧 기존의 사

---

102 Sundkler and Steed, 408, 906.

103 D. L. Hodgson, *The Church of Women: Gendered Encounters between Maasai and Missionaries* (Bloomington, 2005), esp. 56-9, 122, 180-7, 211-22, 226.

회에도 깊이 침투해 영향을 미쳤다. 오순절운동은 이들이 오랫동안 얽혀온 미국과의 관계를 새롭게 형성하도록 이끌었다. 1950년대 브라질에만 약 2-30여 개의 서로 다른 오순절 교단이 세워져 있었다.[104] 1950년대까지 아시아에서 기독교는 매우 미미한 상태였지만, 최근에 기독교는 아시아에서 가장 놀라운 성장의 이야기를 써가고 있다. 1950년부터 1953년까지 지속된 내전으로 철저하게 파괴된 한국은 둘로 분리되었고, 공산주의 정부가 집권하는 북쪽은 새로운 '은둔의 왕국'(Hermit Kingdom)이 되었다. 한편 남한은 이전부터 세워진 교회들과 오순절운동, 토착적 혼합주의가 서로 합쳐진 형태로 기독교가 크게 부흥하였다. 이곳에서 교회는 전쟁으로 파괴된 국가의 재건에 깊이 관여하며 성장하였다. 한국인들은 1945년 패망하기 전 일본에 의해 자행된 식민통치 속에서 신사참배를 우상숭배로 간주하며 극렬하게 저항했던 한국의 개신교인들을 기억하고 있다. 이들은 대부분 전천년주의 신앙을 견지하였으며, 이는 민족적 애국심과 묵시적 신앙이 결합된 형태였다. 한국인들은 6.25 전쟁(Korean war) 당시 자신들의 국가를 공산주의 침공으로부터 구하며 원조해준 서구 세력에 감사하는 마음을 가지고 있다. 그 결과 그들은 미국 스타일의 종교에 긍정적인 태도를 가지게 되었다. 당시 많은 아시아와 아프리카 국가들이 서구 세력을 식민주의 압제의 대상으로 저항했던 것에 반해, 한국은 매우 특별한 경우라고 할 수 있다.

1950년대가 지나가면서, 두 번의 쓰디 쓴 세계대전을 겪고 나서 많은 기독교 지도자들이 자신들의 신앙의 미래를 낙관적으로 바라보는 것은 자연스러운 일이었다. 하지만 일부 지도자들은 이러한 낙관적 전망이 실제로 실현될 수 있는 지역은 과연 어느 곳일까에 대해 관심을 가지고 있었다. 아프리카는 아마도 모두가 그런 예상을 하는 대륙일 것이다. 또한 유럽의 교회들과 세계 각처와 북미주에 위치한 백

---

[104] Anderson, 72.

인 주도의 교회들과, 여전히 유럽인들을 선교사로 여기는 지역에서 유럽인들이 세운 교회들의 미래에 대해서도 많은 관심을 가지게 된다. 이들 이외에 기독교가 심각한 쇠퇴의 국면을 맞게 된 지역도 눈에 띈다. 정교회와 개신교, 가톨릭 모두를 포함하여 소련과 그 영향권에서 압박당하는 교회들이 그 대표적인 경우이며, 또한 1949년 이후 새롭게 통일된 주체적 공산정부를 수립한 중국의 기독교 역시 새로운 국면에 접어들게 되었다. 많은 기독교 지도자들은 WCC를 중심으로 자신들의 사회적 역할을 새롭게 정립해가게 되었고, 부에노스아이레스(Buenos Aires)와 시드니의 추기경들은 바티칸의 교황과의 직접적 면담을 위해 비행기에 오르게 되었다. 이런 가운데 오순절운동은 많은 관심을 받지 못하고 있었다. 계몽주의는 이제 자유주의 개신교도들에게 이전과 같은 신선한 자극을 주거나 그들의 직접적 반응을 일으키지 못했고, 토마스 아퀴나스의 작품들이라는 든든한 방어막을 가지고 있는 가톨릭교회도 더 이상 계몽주의에 대해 치열한 적대감을 보이지 않았다. 하지만 이러한 모든 상황과 견해가 매우 빠른 속도로 변해가고 있었다.

제25장

문화전쟁
1960-현재

A History of
Christianity

1. 제2차 바티칸공의회: 절반의 혁명

1978년 나는 처음으로 로마에 방문했었다. 그때는 안타깝게도 일찍 세상을 떠난 교황 요한 바오로 1세(John Paul I)의 즉위식 전날이었다. 당시 나는 성 베드로 성당(St Peter's Basilica) 지하에 마련된 교황 요한 23세(John XXIII)의 무덤을 경이롭게 바라보았다. 그의 무덤은 양편에 구리로 만든 화환들로 장식되어 있었다. 이것은 당시 스페인의 프란시스코 프랑코 장군이 선물한 것으로, 아마도 1963년 요한 23세가 사망한 뒤 설치된 것으로 추정된다. 하지만 그것은 20세기의 가장 유쾌하고 격식에 얽매이지 않았던 교황을 보필하기에는 너무나 어두운 상징물과도 같았다. 나는 그 구리 화환들이 어떤 종류의 '망자의 계곡'(Valley of the Fallen)으로 사라져버렸는지 궁금하다(화환을 증정한 프랑코 장군은 마드리드 근교의 '망자의 계곡'에 매장되었다). 교황 요한 23세의 무덤과 연관된 당황스런 장식은 그가 성인으로 선포되던 때에 평범한 유리관으로 대체되어 다른 장소로 이전되었다.¹ 비록 교황 요한 23세

---

1 성 베드로 성당의 지하에 위치한 요한 23세의 최초의 무덤 장소는 현재 교황 요한 바오로 2세(John Paul II)의 무덤이 되었다. 혹자는 이 일을 두 번째 아이러니라고 말하기도 한다.

가 역대 교황들 가운데 가장 짧은 기간 동안 재위한 인물 중의 하나이지만, 그는 기독교계에 엄청난 변화를 불러왔다. 그의 행적은 단지 로마가톨릭교의 범주를 뛰어 넘는 거대한 변혁을 이끌었다. 이러한 사실은 군사 지도자(Caudillo)인 프랑코의 전반적 행적과는 전적으로 비교되는 것이다. 그런 의미에서 프랑코가 봉헌한 두 화려한 구리 화환을 교황의 무덤에 장식한 것은 적절하지 못하다 할 수 있다. 그의 무덤에 안치된 장식물은 암묵적으로 문화적 양식의 충돌을 상징하며, 일부 역사가들은 그 역사적 의미로 인해 그것들을 폐기한 것을 아쉬워하기도 하였다. 지난 반세기 동안 기독교는 변화하는 사회 속에서 '문화전쟁'(war of cultures)을 목도해왔고, 이는 여전히 심각한 문제로 남아있다.

롱칼리 추기경(Cardinal Roncalli)은 전 바티칸 외교관이었고, 베니스의 총대주교직을 수행하며 명예로운 은퇴를 준비하고 있었다. 1958년 그는 교황 요한 23세로 선출되었다. 이는 그가 상대적으로 적이 거의 없었기 때문이었다. 선출에 참여한 대부분의 사람들은 그가 교황직을 큰 실수 없이 원만하게 감당할 것이라고 생각했다. 당시 그는 76세의 노령이었고, 사람들은 아마도 그가 오랫동안 교황직을 수행할 수는 없을 것이라고 예상했을 것이다. 교황 피우스 12세(Pius XII) 말년 이후 교회가 미래의 적절한 방향을 세우고 평화롭게 이끌어갈 수 있는 훌륭한 지도자에 대한 큰 기대가 있었다. 롱칼리는 분명 그의 경력 가운데 갈등을 잘 중재하고 완화시킨 경험들을 보여 주었다. 이러한 그의 경력은 프랑스대혁명 이후 많은 갈등 속에 이전 교황들처럼 일방적이고 독선적인 태도로 교회를 이끌어가지는 않을 것이라는 예상을 하게 한다. 이 시점에 피우스 10세와 피우스 11세와 같은 지난 교황들이 "오류요목"(Syllabus of Errors)이나 현대주의와 공산주의에 대한 비난선언 등을 통해 쏟아낸 매우 강압적이고 위협적인 언어들을 상기해 볼 필요가 있다.

새로운 교황의 열정과 풍부한 호기심은 그가 원하는 바를 이루기 위한 기민한 능력과 잘 조화를 이루었다. 그의 의정서는 많은 교회 지도자들을 당황하게 만들었고, 그의 계획은 바티칸 교황청 상임 위원들의 기대와는 일치하지 않았다. 이로 인한 여러 반대에 부딪히면서 교황은 1959년 모든 사안을 공개적으로 토의하도록 이끌면서, 바티칸에서 새로운 공의회를 소집한다는 공포를 선언하였다.[2] 바티칸 조직은 이 불가피한 회합을 앞두고 이를 받아들였고, 이 상황 가운데 무엇을 해야 하는지 잘 알고 있었다. 성무성(Holy Office)을 통해 각 안건들은 지속적으로 엄격하게 관리되었다(이는 로마 종교재판소에 상정된 사안을 다루는 경우보다는 더 완곡한 용어들을 사용하며 진행되었다). 이 공의회의 정신은 제1차 바티칸공의회보다는 트리엔트공의회의 경우에 가깝다. 당시 교황청 성무성의 오타비아니(Ottabiani) 추기경은 공의회 초기 의회에 다음과 같이 청원하였다. "여러분은 본 의회의 결의문 형식이 간결하고 분명해야 함을 인지해야 합니다. 이는 결코 설교나 감독들의 목회서신, 또는 대주교의 회칙들과 같은 문서가 아닙니다. 가장 적절한 공의회 결의문의 양식은 이전의 전통적 양식들과 같아야 할 것입니다."[3]

한편 이러한 전통적 태도에는 세 가지 장애물이 있었다. 첫 번째는 교황 요한 23세가 오랫동안 바티칸 행정관이었던 지오바니 몬티니(Giovanni Montini)를 로마로 소집한 것이다. 그는 로마에 있을 때 교황 피우스 12세와 친밀했다. 하지만 이후 어느 정도 좌천의 성격을 띠고 밀라노 대주교직으로 로마를 떠나게 되었다. 이제 몬티니는 다시 로마로 귀환하게 된 것이다. 더욱이 그는 로마를 떠날 때 스스로 거절했던 추기경 직에도 올랐다. 그는 바티칸이 어떻게 처신하여야 하는

---

[2] 이 바티칸 공회의 기념비적 내용들에 대한 상세한 기록은 다음 문헌에 잘 나타나 있다. G. Alberigo et al. (eds.), *History of Vatican II* (5 vols., Maryknoll, 1995-2006).

[3] J. W. O'Malley, "Trent and Vatican II: Two Styles of Church", R. F. Bulman and F. J. Parrella (eds.), *From Trent to Vatican II: Historical and Theological Investigations* (Oxford, 2006), 301-20, at 309.

지 잘 알고 있었고, 이전에 같은 역할을 수행했던 동료들을 앞질러 갈 수 있는 좋은 조건을 가지게 되었다. 두 번째는 1962년 전 세계에서 2천여 명의 주교들이 이 공의회를 위해 로마에 도착한 것이다. 이들 중 유럽인들은 절반도 채 되지 않았다. 이 주교들은 현대주의에 대한 극심한 반감을 표명하는 가톨릭교 입장을 수용하고 있었다. 하지만 그들은 당시 가톨릭교회의 상황 가운데 각 지역에서 서로 다른 수많은 실제적 문제들을 공의회로 가지고 왔다. 세 번째는 본 공의회가 진행되는 과정을 지켜보는 언론들의 날카로운 시선이다. 트리엔트공의회 당시에는 교황청이 이러한 언론인들의 개입에서 자유로웠다. 하지만 이제 바티칸은 적절한 대응을 위해 언론 담당관을 임명해야 했다. 하지만 이는 단지 형식적인 상징이었다. 그 담당관은 사실 공의회가 진행되는 회의장에는 전혀 참석할 수 없었다.[4]

이 전례 없는 모임에서 참석한 가톨릭 지도자들은 교황의 개회연설을 들으며 매료되었다. 교황은 전 세계의 인류들에 대한 "새로운 인간관계의 질서"를 하나님의 섭리와 인도라고 강력하게 연설하였다. 또한 그는 세상에 대한 고압적 가르침을 넘어서, 이러한 변화를 "반역이며 파멸"이라고 규정하였던 소위 "불행의 예언자들"(prophets of misfortune)을 강력히 비판했다. 사실 이 연설을 경청하는 것은 매우 중요했다. 왜냐하면 이어서 발표된 라틴어 문서는 곧 무단 삭제되었기 때문이다.[5] 더욱 주목할 만한 사실은 이 공의회가 개신교 관객들을 초청했고, 그들도 이 회의에 참석했다는 사실이다. 트리엔트공의회 당시라면 이들 개신교도들이 감히 로마에 발을 디딘다면, 즉각 화형에 처해졌을 것이다. 또한 일부 가톨릭 여성들, 주로 수녀들도 이 회의에 초청되었다. 이들은 회의에 표결을 행사할 수는 없었지만, 이들의 참석 자체는 가톨릭교회가 전통적인 폐쇄성에서 벗어나 외부와 소

---

4 H. Chadwick, "Paul VI and Vatican II", *JEH*, 41 (1990), 463-9, at 464.

5 Duffy, 358-9.

통하게 되었음을 알려주는 상징일 것이다. 이를 반대하는 모든 안건이 교황청에 의해 기각되었고, 완전히 다른 문서들로 대체되었다. 두 건의 의결문서는 이 공의회의 유산으로서 매우 중요한 의미를 내포하고 있다. 이 문서들은 일부 가톨릭교도들에겐 실천 동기로, 다른 이들에겐 장애물로 작용하였다.

그 가운데 한 문서는 교의헌장인 "인류의 빛"(*Lumen Gentium*)이며, 그 내용은 교회의 본질에 대한 강령이다. 이는 오타비아니 추기경의 주도로 작성된 초고를 수정한 여러 문서들 가운데 하나이다. 하지만 몬티니(Montini) 추기경은 그 초판이 일관성이 결여되었다며 공개적으로 비난하기도 하였다. 또한 어느 벨기에인 추기경은 이 초안이 "승리주의(triumphalism), 교권주의(clericalism), 율법주의(juridicism)를 내포하고 있다"고 강력하게 비판하였다.[6] 따라서 완전히 새롭게 작성된 문서는 위대한 벨기에 교회일치운동가인 레오 요제프 수에넨스(Leo Jozef Suenens) 추기경의 제안으로 새로운 제목과 함께 완성되었다. 이 문서는 이전의 로마가톨릭 교의문들과는 현격한 차이와 변화를 내포하고 있다. 특히 이 문서는 적절한 동사들을 주의 깊게 선택하며, 이전 교의와의 차별성을 반영하였다. 일반적으로 그리스도의 교회(Church of Christ)와 교황의 인도를 받는 교회(Church)를 동일시하던 입장에서 벗어나, 이 문서는 교회는 로마가톨릭교회(Roman Catholic Church) "안에서 존속한다"(subsisted in)라고 표현하였다. 그렇다면 이 문서는 다른 교회들에 대해서는 어떻게 말하고 있을까? 교회는 로마가톨릭교회 "이다"(is)와 로마가톨릭 "안에서 존속한다"(subsisted in)는 어떤 차이가 있는 것인가? 이 강령은 성직의 권위에 있어서 신선한 반론을 제기하였다. 이는 트리엔트공의회의 입장과 제1차 바티칸공의회가 교황권지상주의에 입각해 발표한 부분적 답변들을 부정하는 것이다. 이

---

6 R. P. McBrien, "The Church (*Lumen Gentium*)", M. A. Hayes and L. Gearon, *Contemporary Catholic Theology: A Reader* (Leominster, 1998), 279-93, at 279-80.

문서의 제2장은 "하느님의 백성"(People of God)라는 제목으로 명명되는데, 여기에서 모든 '하느님의 백성'은 요한계시록에 근거하여 대제사장되신 그리스도께서 "그의 아버지 하나님을 위하여 우리를 나라(a kingdom)와 제사장(priests)으로 삼으신" 것에 근거한다(계 1:6). 안수받은 사제들은 "같은 사제된 사람들을 조직하고 양육한다." 또한 왕같은 제사장된 사람들은 예배와 세상에서의 일상 가운데 교회의 역할에 다양한 역할을 적극적으로 수행할 수 있다. 그렇다면 이 문서가 말하는 주교직(episcopacy)의 역할은 무엇인가? 이 강령은 교황의 우월성에 "협력하는 관계"(collegiality)를 추가하고 있다. 또한 다른 감독들은 로마의 감독인 교황과 함께 그 권위를 나눈다는 것을 재천명하였다. 그렇다면 감독들의 권위가 교황의 권위를 대체한다는 것인가? 하지만 이 강령은 교황무오성(infallibility)을 재천명하면서 그런 가능성을 부정하고 있다.[7] 오타비아니 추기경은 이에 대해 복음서에서 기록하는 '협력적'(collegial) 행동은 오직 예수님이 수난 당하기 전 겟세마네 동산에서 체포되실 때 도망간 제자들의 모습뿐이었다는 해학적인 의견을 표명하기도 했다.[8]

이어지는 또 다른 문서는 사목헌장 "기쁨과 소망"(*Gaudium et Spes*)이다. 이 문서는 현대 사회 속에 교회의 위치에 대한 제안이다.

> 제2차 바티칸공의회는 교회의 신비를 보다 깊게 탐구하였다. 따라서 본 교서 자체는 교회의 모든 주의 자녀들과 그리스도의 이름을 믿는 사람들뿐 아니라 모든 인류를 향해 강력히 선포하는 바이다. 본 공의회는 교회에 속하여 활동하는 모든 사람에게 그들이 오늘날 세상 안에서 어떻게 그 역할을 담당하여야 하는지 규명하고 이를 요청하는 바이다.

---

[7] Chadwick, "Paul VI and Vatican II", 466.
[8] R. Shortt, *Benedict XVI: Commander of the Faith* (London, 2005), 37.

하느님의 백성은 이 지구 위해 충만히 편재하고 계시는 성령의 인도를 받고 있음을 믿는다. 이러한 믿음에 근거하여, 교회는 이 시대에 일어나는 일들과 필요 및 요청 가운데 하느님의 임재와 뜻을 살피며, 그 진정한 의미를 잘 해석하도록 노력해야 한다. 이러한 역할은 이 시대를 함께 사는 다른 사람들과 함께 수행하여야 한다. 신앙은 모든 만물을 위한 새로운 광명이기에, 인간의 온전한 사명에 대한 하느님의 궁극적 뜻을 증거하야 하며, 따라서 모든 인간의 당면한 문제들을 해결하도록 잘 이끌어야 한다.

전반적으로 "사목헌장"은 기쁨의 확신을 나타내고 있다. 이는 요한 23세의 개회연설에 이미 잘 표현되어 있다. 즉 교회는 교회 밖의 사람들을 가르치는 것이 아니라, 그들과의 담을 허물고 공개적으로 함께 토의하는 것을 주저할 필요가 없음을 천명하고 있다.

이 외에도 수많은 안건들이 공의회 문서들에 제기되어 있다. 이들 중 상당수는 이전에 서방교회 역사에서 개신교가 분리될 당시에 제기 되었던 것들이다. 이러한 이슈들 가운데는 자국어로 진행되는 예배의 중요성, 지난 2세기 동안 성경학자들의 문제제기에 대한 수용, 교회 일치운동에 대한 개방성, 평신도 사역의 중요성 등이 포함된다. 또한 '우리 시대의'(Nostra aetate) 유대인들이 기독교인들에게 당했던 고통에 대한 공개적 사과도 포함되어 있다. 공의회 최종판 문서에는 유대인들이 하나님을 죽였다는 기독교의 전통적 입장에 대한 종식을 선언하였다. 많은 참석자들 가운데 어느 주교는 이 공의회의 전반적 진행이 전적으로 적절하지 않으며 당혹스러운 혼돈에 빠져 있다고 여겼다. 그는 폴란드인으로서 제2차 바티칸공의회 회기 중 폴란드 남부 크라코프(Cracow)의 대주교에 서임된 카롤 보이티야(Karol Wojtyla)이다(그는 훗날의 교황 요한 바오로 2세이다-역주). 그는 회기 중 "사목헌장"과 같은 결의안에 대부분 반대표를 던진 소수 그룹에 속해 있었다. 또한 공의회 참석했던 독일의 신학자이며 교수인 요제프 라칭거(Joseph Ratzinger)는 "사목헌장"이 그저 감언이설에 불과하다고 간주하며 개인적인 반대를 표명하기도 하였다"(그는 이후 교황 베네딕트 16세에 오르게 된다–역주).

하지만 공의회 문서들이 교황 요한 23세의 재가 아래 공표되는 격변의 때에 교황은 숨을 거두게 되었다. 사실 공의회가 열리기 이전에 교황은 이미 암 진단을 받은 상태였다. 이러한 혁명적 계획들이 시작된 지 불과 몇 달이 지나지 않은 시기에 교황 요한 23세가 사망한 것이다. 하지만 바티칸공의회에서 시작된 변혁의 여세는 몬티니 추기경에게 계승되어 재개되었다. 그는 만장일치로 교황 바오로 6세(Paul VI)로 추대되었다. 그는 개혁의 속도를 계속 유지하기로 결정하고 이후 이 개혁 사항들을 위한 기구들을 마련하였다. 그의 전임자는 생전에 "다소 햄릿 같은"(un po' amletico) 사람이라고 불리기도 했다. 이와 마찬가지로 바오로 6세 역시 이런 우유부단함을 지속적으로 보이기도 하였다.¹⁰ 교황 피우스 12세 시절 바티칸에서 예외적으로 변화에 개방적은 태도를 가졌던 바오로 6세는 이제 본격적으로 시작된 개혁이 어디까지 나아가야 할 것인지에 대한 고민에 빠지게 되었다. 당연히 교황 바오로 6세는 모든 주교가 함께 교회의 행정에 협력하는 것에 의문을 가지고 있었다. 하지만 제2차 바티칸공의회가 공포한 교의헌장을 반대하는 소수의 보수주의자들을 극복하기 위해 그는 교의헌장에 "주석지침"(Nota Praevia)을 추가하는 것을 허용하였다. 이 안에는 교의헌장 본문에 기록되어 있는 교황과 주교의 협력역할에 대해 그 한계를 설정하는 내용을 학문적인 문체로 기록하고 있다.

교황은 공의회 폐회 연설에서 자신이 부여받은 권위에 입각하여 마리아를 "교회의 어머니"(Mother of the Church)로 선포하였다. 이는 폴란드 주교들의 강력한 요청에 의해 이루어졌다. 그들은 심지어 마리아에 대한 더 강력한 호칭으로 모든 "은총의 중재자"(Mediatrix)로 선언해줄 것을 요청하기도 하였다. 교황의 행동은 "인류의 빛"이 정

---

9 J. Cornwell, *The Pope in Winter: The Dark Face of John Paul II's Papacy* (London, 2004), 40-2; Shortt, *Benedict XVI*, 41-2.
10 V. H. H. Green, *A New History of Christianity* (Stroud, 1996), 337.

중하게 마리아를 교회의 어머니라고 표현한 것과는 매우 대조된다. 당시 교황은 보수파들의 표심에 흔들렸다. 그들은 이 세상을 마리아에게 봉헌해야 한다는 제안을 하였고, 이는 공의회의 결정들에 맞서 마지막까지 격렬하게 논쟁했던 주제였다. 그럼에도 그 결과는 바오로 6세가 공의회의 주요 발표에 있어 교황 자신이 모든 헌장의 공식적인 결정을 내릴 필요가 없음을 상기시켜준다. 이는 제1차 바티칸공의회에서 확립된 교황무오성의 영역에도 해당된다. 마리아에 대한 공의회의 공포에 흔들렸던 사람들 가운데 어거스틴 베아(Augustine Bea)가 있다. 그는 독일 출신의 추기경으로 바티칸의 "교회일치 증진을 위한 사무국"(ecumenical Secretariat for Unity)의 수장이었다. 그는 즉각적으로 이러한 가톨릭의 움직임들이 개신교나 심지어 정교회를 포괄시킬 수 없을 것이라고 생각했다."

어머니됨과 아버지됨, 이러한 가족관계에 입각한 이슈들은 제2차 바티칸공의회를 통한 개혁 프로그램을 가장 저해하는 중대한 사안이었다. 왜냐하면 이는 결국 교황이 교회의 사회적 책임의 변혁을 위한 가장 강력한 요청들 가운데 가장 망설이고 있던 성(性)에 관한 문제이기 때문이다. 교황 바오로 6세는 이와 연관된 교회 규범의 변화를 요청하는 강한 요청을 기각했다. 참석자들 가운데는 특히 아프리카 선교현장의 현실 가운데 또한 많은 지역에서 교회일치운동과 접촉하며 자극받은 사람들은 로마가톨릭교회가 성직자의 영속적 독신 정책의 완화를 기대하는 움직임과 이를 위해 연대하는 사람들이 있었다. 하지만 바오로 6세는 가톨릭교회의 전통적 독신정책을 재확인하였다. 이 시기에는 특히 북반구에서 성직자로 헌신하는 사람들의 수가 급격히 감소하고 있었고, 많은 사제들이 성직을 포기하고 결혼하게 되는 경우가 지속적으로 나타났다. 독신제도가 문화적으로 그다지 중요한

---

11 Chadwick, "Paul VI and Vatican II", 468-9; M. J. Wilde, *Vatican II: A Sociological Analysis of Religious Change* (Princeton, 2007), 102-15.

가치로 여겨지지 않았던 전 세계의 다른 많은 지역에서는 실제로 이러한 교황의 성직자 독신정책이 무시되곤 했다. 이러한 상황 가운데 이 지역들에서는 성직자로 입문하는 사람들의 수가 계속 증가하였다. 더 심각한 문제는 교황이 인위적인 피임을 절대 허용하지 않으며 강력하게 반대하는 입장에 서 있다는 것이었다. 이 문제는 루터가 구원론에 대한 신학적 문제로 교황에게 저항한 이래로 서방교회에서 교황의 권위에 대한 가장 심각한 도전을 야기하였다.

피임 방법들은 19세기 말부터 발전해오면서 사람들에게 알려졌다. 이제 사람들은 원치 않는 임신에서 자유로운 이성 간의 성적 관계가 쉽게 또한 적은 비용으로 가능해졌다. 특히 유럽인들과 북미주인들 사이에서 인공적 피임법은 급속하게 확대되었다. 이 문제에 대해 신학자들은 어떻게 반응했을까? 성공회는 이러한 상황에 매우 신속하게 대응하였고, 전 세계 성공회 감독 대회로서 10년 주기로 열리는 램버스 회의에서 이 문제를 지속적으로 토의했다. 참석한 감독들은 변화하는 추세를 세밀히 관찰하며 각 회의마다 그 입장이 계속 변화해나갔다. 우선 1908년 회의에서 성공회 감독들은 모든 그리스도인에게 다음과 같이 천명하였다. "우리는 모든 종류의 인공적 피임법의 사용을 허용하지 않는다. 이는 기독교 윤리에 적절하지 않을 뿐 아니라, 각 개인을 부도덕하게 만들고, 국가의 복지 정책에도 큰 문제를 초래한다." 1920년 회의에서 감독들은 이 문제에 대해 여전히 반대하며 깊은 염려를 표명하였다. 피임법의 "이론과 사용이 확산되면서 가정을 파괴되고 있다"고 여기며, 피임법이 "정상적인 부부관계를 왜곡시키고 파괴할 수 있다"고 강조했다. 그러나 성공회 감독들은 엄격한 규범을 각 경우에 따라 다르게 적용할 수 있다는 입장을 표명하였다. 하지만 1930년에는 성공회 감독들은 다음과 같이 인공적 피임법의 사용에 대한 입장을 공포하였다. "각 부부들은 하나님 앞에서 가장 주의 깊고 양심적인 사고 가운데 이 문제를 스스로 잘 결정해야 한다. 마음에 확신이 들지 않는다면 의학적으로 또한 영적으로 충분한 상담과 충고를 받아야 한다."[12]

성공회 감독들이 이와 같이 자신들의 조언을 표명한 이후 세계에는 많은 일들이 일어났다. 특별히 제2차 바티칸공의회가 진행되던 1960년대에는 서방 세계에 성에 대한 사고와 행동에 있어서 거대한 문화적 변화가 일어나고 있었다. 이러한 일들로 공의회 참석자들은 경악하고 있었다. 로마가톨릭교회의 도덕적 가르침에는 어떤 변화가 생겼을까? 그들도 결국 성공회의 입장을 따라가게 되었을까? 1964년의 시점에 바오로 6세는 자신에게 부여된 권위를 따라 이 문제에 대한 토의를 중단하고, 다음에 예정된 3차 회기로 연기하였다. 하지만 1968년에 가톨릭교회는 평신도들과 심지어 여성들을 포함한 전문가로 구성된 위원회에서는 5년간 이 문제에 대해 심사숙고하였다. 그들의 결론은 피임 요법들을 금지할 수 있는 적절한 논증을 마련하기 어렵다는 것이었다. 이러한 위원회의 보고를 접하고 놀라움을 금치 못한 교황 바오로 6세는 이 위원회를 더 확대하였고, 이러한 의견을 뒤집기 위해 이 문제를 표결에 붙이는 방법을 선택하였다. 마침내 1968년 교황은 위원회의 의견을 무시하고, 자신의 의견을 따라 "인간의 생명에 대하여"(*Humanae vitae*)라는 제목의 교서를 발행하였다. 이 교서에서 가톨릭 가족의 삶 가운데 피임 요법은 절대 허용될 수 없음을 공고히 하였다.[13] 하지만 이 문제에 대한 교황의 충격과 무시는 공식적 공표에도 불구하고 아직 결론이 나지 않았다. 그의 입장에 대해 북유럽 전역에서 많은 평신도들과 성직자들의 분노와 저항이 일어났다. 이 문제는 여전히 계속되고 있으며, 곧 수많은 가톨릭교도가 교황의 금지를 무시하는 일이 빈번하게 발생하였다. 그들은 교황의 가르침을

---

[12] *The Lambeth Conference (1867-1948): The Reports of the 1920, 1930, and 1948 Conferences, with Selected Resolutions from the Conferences of 1867, 1878, 1888, 1897, and 1908* (London, 1948), 50, 200, 295.

[13] Wilde, *Vatican II*, 116-25; R. McClory, *Turning Point: The Inside Story of the Papal Birth Control Commission, and How Humanae Vitae Changed the Life of Patty Crowley and the Future of the Church* (New York, 1995), esp. Chs. 11, 14.

거부한 것이다. 이는 처음으로 가톨릭교도들이 자신들의 생활을 영위하기 위해 교황의 공식적인 공포를 지속적으로 거부한 첫 사례일 것이다.

인공적 피임 문제로 인한 긴 논쟁은 1970년대까지 바오로 6세의 재임 기간 중 이를 금지하는 정책을 유지하게 되었다. 하지만 인자한 성품을 지닌 바오로 6세는 자신의 리더십을 통해 수많은 긍정적인 결과를 이끌어 냈다. 그는 관대함을 가지고 교회일치 운동에 적극적인 역할을 감당하였다. 1965년 정교회 세계총대주교(Oecumenical Pariarch)와 만나 1054년 동방교회와 서방교회가 갈라설 때 내렸던 파문을 종식하는 협약을 맺었다. 또한 1966년에는 잉글랜드국교회의 덕망 높은 캔터베리 대주교, 마이클 램지(Michael Ramsey)와의 친밀한 만남을 나누었다. 이때 교황은 성공회 수장에게 자신이 애용했던 반지를 선사하였다. 교황 바오로 6세는 재임 기간 중 전 세계 많은 지역을 순방하였는데, 이는 이전 교황의 행적 가운데 찾아볼 수 없었던 일이다. 또한 그는 동유럽의 공산 정권과도 조심스럽게 대화의 장을 마련하였다. 다만 그의 재임 기간 중 스페인의 프랑코 장군과의 관계는 점차 싸늘하게 냉각되었다. 이에 정통한 사람들의 보고에 따르면 프랑코 장군의 집권 말기에 그는 가톨릭교회에서 거의 파문된 상태였다고 한다.[14] 교황의 주변에서, 종종 그의 통제를 넘어서며, 가톨릭교회는 제2차 바티칸공의회를 통해 마련된 수많은 개혁안들을 다양한 형태를 통해 실천하였다.

피임의 문제로 인한 격론을 제외하고는 가톨릭교회는 큰 장애물은 없었다. 가장 큰 변화는 공적 예배의 변화였다. 제2차 바티칸공의회는 모든 신자의 제사장됨을 강조하며, 이들이 예배에 적극적으로 참여하도록 허용하는 계획을 표명하였다. 따라서 교회는 일반 신자들

---

14 'Miss recuerdos de Pablo VI: Entrevista con el Cardent Vicente Enrique y Tarançon,' in [no editor named], *Pablo VI y España: Giornate di studio, Madrid, 20-21 maggio 1994* (Brecia, 1996), 242-62, at 256-7.

이 예식 가운데 단지 찬송을 부르는 것 이상의 역할을 담당하도록 권면하였다. 일반 신자들이 예식 활동에 참여하는 것을 장려하기 위해, 로마교황청은 이를 위한 방안을 마련하여 배부하였다. 이를 통해 중앙에서 각 지역에서 진행되는 미사가 일관된 형태를 유지할 수 있도록 하였다. 트리엔트 방식의 예식은 점차 사라졌다. 라틴어로 진행되는 예식문은 보편적으로 각 지역의 언어로 번역되어 사용될 수 있었다. 오랫동안 수많은 성도들을 위로하며 집전되어 왔던 '성만찬 축복예식'(The Service of Benediction of the Blessed Sacrament)은 평신도들이 미사에 집중할 수 있도록 성직자들의 인도로 장려되어 왔다. 하지만 많은 지역에서 이 예식은 점차 사라졌다. 트리엔트공의회를 통해 각 교회는 성당 안에 많은 강단 가구들을 마련하도록 장려되었다. 하지만 이제 가톨릭교회는 그 위치를 바꾸어 집전자들이 회중을 바라보도록 결의하였다. 이전에 집전자들은 회중과 같은 방향을 바라보며 앞쪽 벽면의 그림이나 장식을 바라보도록 고정되어 있었지만, 이제 반대 방향으로 성도를 바라보며 예배를 인도하게 된 것이다. 예배당 안에 놓여있던 수많은 강대상들은 값싸고 소박한 제품을 사용하도록 장려되었다. 값비싼 강대상들은 큰 비용이 들지 않는다면 역사적 교회당으로 이전되었다. 회중들이 미사에 보다 적극적으로 집중할 수 있도록 강조하면서 많은 교회당은 예배당에 단 하나의 강단만 놓이게 된다. 양편에 놓여있던 이전의 수많은 강대상들은 이제 거의 사용되지 않게 되었다.

제2차 바티칸공의회 이후 자국어로 진행되는 미사와 함께 가톨릭교회에 음악적 변혁도 일어났다. 20세기 초 가톨릭교회는 고전적 교회 음악인 단선율 찬트를 적절하고 경건하게 수행하기 위한 음악적 또한 학문적인 열심히 활발하게 진행되었다. 이러한 열심과 시도는 바로크식 예배에 넘쳐났다. 또한 회중 안에서 이러한 음악은 각 지역 자국어로 수행될 것을 요청받았다. 사실 사제들은 자신들의 회중들에게 음악을 교육할 수 있는 역량이 준비되어 있지 않았다. 그들은 자신들에게 익숙한 음악적 형식만을 주입하면서 회중들과 마찰을 불러일으키기도 했다. 이러한 충돌은 가톨릭교회에서는 초기부터 거의 없었던 일이다. 가톨릭교회는 미사에 각 지역의 음악은 공식적으로 사용된 적이 없었다. 하지만 탁월한 전통적 교회 음악이 교황의 시스티나 성당과 여러 공교한 성채에서 울려 퍼지는 가운데, 그 외부에서는 가톨릭교회에서 어쿠스틱 기타가 음악적 양식으로 사용되고 있었다. 이는 영국에서 일어난 종교개혁에서 갑작스럽게 열광적인 호응을 받았던 제네바 시편찬송(Geneva psalm)의 경우와 유사한 경우이다. 단선율 찬트뿐 아니라 미사에서 사용되던 전반적인 가톨릭교회 음악 유산은 이제 예배에서 점차 소외되어 갔다. 이런 전통적 음악은 이제 가톨릭교회보다 오히려 성공회에서 더 자주 그리고 효과적으로 사용되었다.[15] 신학적 보수성을 넘어 새로운 교회 음악은 점차 확장되었다. 고전적인 미사를 이러한 저항적이며 파격적인 양식으로 진행하는 것은 전통적 가톨릭교인들 사이에 분노를 자극하는 기폭제가 되었다. 일부 지역에선 이 문제로 인해 교회가 분열되기도 하였다. 1977년 뮌헨 대주교에 서임된 요제프 라칭거(Joseph Ratzinger)와 같은 사람들은 이러한 변화를 바라보며 격분을 참으며 때를 기다렸다. 라칭거의 형은 로젠부르크 성당(Rosenburg Cathedral) 소속으로 독일 가톨릭교회의 가장 저명한 교회 음악가였다.[16]

---

[15] 교회 음악의 변화에 대해 보다 호의적인 설명과 소개는 다음 책을 참조. J. J. Boyce, "Singing a New Song unto the Lord: Catholic church Music", in Bulman and Parrella (eds.) *From Trent to Vatican II*, 137-59.

[16] Shortt, *Benedict XVI*, 25, 39-40, 51-2.

2. 인권과 해방

　제2차 바티칸공의회와는 별도로 교회에 일어난 또 다른 중요한 발전은 전 세계에서 일어난 신학운동이었다. 이 운동은 가톨릭의 중심 권위와 점차 긴장관계를 형성하였다. 전 세계 가톨릭교도들의 인구는 그 중심이 이제 북반구에서 남반구로 이동되었다. 이러한 큰 변화는 가톨릭교 안의 평신도들의 위치를 격상시켰다. 지난 두 세기 동안 교회가 성직자들 중심의 종교적 구조 속에서 프랑스대혁명 또는 러시아혁명 지도자들과 대결했던 국면은 이제는 가장 긴급한 갈등 요소는 아니었다. 대신 가장 중요한 이슈는 라틴아메리카, 아시아, 아프리카에서 수많은 사람들이 직면한 극심한 빈곤의 문제였다. 20세기 초반에 학술적 신학계에서는 빈곤의 문제와 이에 대항하는 방안에 대해서 자주 언급되지 않았다. 신학계는 그 이전 세기 노예제도의 문제와 마찬가지로 긍휼과 자선을 강조할 뿐이었다. 하지만 이제 특히 가난한 자들과 밀접한 관계를 가지며 일했던 일부 신학자들은 기독교 교리를 빈곤의 문제에 적용하기 시작하였다. 전통적으로 기독교 교리는 하나님의 섭리(Providence)를 강조해왔다. 즉 들의 백합화도 입히시는 하나님 아버지가 모든 인간을 돌보신다는 것이다.[17] 이들 신학자들은 13-4세기 탁발수도사들이 주도했던 가난한 자들에 대한 관심과 격렬한 논쟁을 주목했다. 또한 스페인의 미국 식민지 개척 초기에 바르톨로메 데 라스 카사스(Bartolome de las Casas)와 같은 수도사들이 식민주의자들의 만행을 목도하며 행한 분노의 목소리에 관심을 가졌다. 그들은 또한 프랑스대혁명 이후 19세기 기독교계 안의 사회주의자들과 마르크스주의자들의 의견에도 주목하였다. 그들은 또한 자신들이 목양하던 평범한 신자들의 사정과 의견에도 귀를 기울였다. 예를 들어, 이 평범한 신자들은 1920년대 멕시코에서 '그리스도의 군사들'이란 의미의

---

17 마 6:28-33; 눅 12:27-31.

크리스테로스(Cristeros)라 불린 혁명군을 조직하여 교회를 위해 싸웠던 사람들이다.[18]

하지만 가난한 자들을 위한 관심은 라틴아메리카의 교회 구조 환경 속에서는 쉬운 일이 아니었다. 당시 가톨릭교회는 남미 태생의 백인들인 크리올 특권층 문화와 오랫동안 친밀한 관계를 유지하고 있었고, 그 정치적 입장도 여전히 보수적이며 권위주의적인 풍토였다. 하지만 그곳에는 이와 입장이 달랐던 꽤 많은 성직자들이 있었다. 그들은 '그리스도의 군사들'의 경우와 같은 대중적 가톨릭교를 주도하며 평신도 군대를 조직하는 과업을 수행할 수 있는 역량이 있었다. 그들은 남미 전역에 평신도운동을 주도하였다. 이런 상황 가운데 1968년 콜롬비아 메델린(Medellín)에서 역사적인 주교회의가 열렸다. 참석자들은 교회가 "그리스도께 부여받은 구호선교의 과업을 완수할 것을" 결의하였다. 메델린에서 주교들의 회의를 적극적으로 주도한 사람은 페루의 신학자인 구스타보 구티에레즈(Gustavo Gutiérrez)였다. 그는 대학에서 강의하면서 동시에 페루의 수도 리마의 빈민가에서 사제로서 사역하고 있었다. 그는 이후 1979년 멕시코의 푸에블라(Puebla)에서 당시 막 새롭게 교황으로 선출된 요한 바오로 2세가 참석한 가운데 개최된 대규모의 주교회의에서 결의된 교회의 선교사명을 위해 채택된 문구인, "가난한 자들에 대한 우선적 사역"("Preferential option for the poor")을 널리 알리는 데 큰 역할을 수행하였다. 이 선언과 결의의 전조는 메델린회의에서 발표된 문구에서 출발하였다. 그것은 세계의 자원이 재분배되어 "가장 가난한 자들과 곤경에 처한 사람들에 우선적으로" 전달되어야 한다는 열망을 담고 있다.[19]

구티에레즈의 저명한 저서, 『해방신학』(A Theology of Liberation)은 메

---

[18] P. Kennedy, *A Modern Introduction to Theology: New Questions for Old Beliefs* (London, 2006), Ch. 9.

[19] A. T. Hennelly (ed.), *Liberation theology: A Documentary History* (Maryknoll, 1990), 116, 254.

델린회의가 열리던 시점에 그가 강의하는 대학 강좌를 위해 강의안으로 만들어졌었다. 이 책과 이후 그의 다른 많은 저서에서, 구티에레즈는 이론을 적절한 행동으로 이끌어야 한다는 의미에서 '실천'(praxis)이란 단어를 강조하며 차용하였다. 전통적인 가톨릭 신학수업을 받은 신학자에게 이 용어는 부정적인 선입견을 가질 수 있다. 왜냐하면 이 용어는 칼 마르크스가 행동과 분리될 수 없는 철학을 의미하는 것으로 사용했기 때문이다. 하지만 이는 이 용어를 온전히 이해한 것이 아니다. 희랍어에서 프락시스는 자유인이 된 사람들의 올바른 삶을 의미하며, 신약성경 중 사도행전(the *Acts* of the Apostles)의 희랍어 원본 제목에도 삽입되어 있는 단어이다. 신약 정경 외에도 다른 많은 초기 기독교 문서들의 제목에도 이와 유사하게 이 단어가 사용되었다. 구티에레즈가 자신의 가난 문제에 대해 고찰하면서 다른 일부 해방신학자들처럼 과거에 집착하지 않았다는 것은 매우 중요하다. 즉 기독교 역사 속에 초기의 수도사들과 수도원에서는 의도적인 청빈의 삶을 강조하였다. 그들은 본래 빈곤한 배경을 가진 사람들이 아니었지만 의도적으로 가난을 실천한 경우이다. 그는 가난에 대해 심도 있게 성경을 고찰하면서, 아주 단순한 결론을 내리게 된다. 즉 물질적인 가난은 '비인간적 상황'(subhuman situation)이며, 비참한 상태(scandalous condition)를 의미한다는 것이다. 따라서 영적인 청빈은 이와 상관없는 다른 개념이라고 주장하였다.[20]

남미에서 힘없는 자들에 대한 정의와 평등의 새로운 의미가 형성되고 있는 가운데, 미국의 개신교인들은 흑인들의 인권을 위한 정치적 투쟁이 다른 인종들과 연합한 캠페인이 펼쳐지고 있었다. 이는 이전 세기 남북전쟁을 통한 흑인 노예 해방의 이상을 현실화시키기 위한 것이었다. 남부 여러 주에서 백인 우월주의자들이 민주주의의 의

---

20 G. Gutiérrez, *A Theology of Liberation: History, Politics, and Salvation* (London, 1974; first published 1971), esp. 6-19, 289-91.

미를 왜곡시키며 흑인들을 차별하고 탄압하는 최악의 시기에, 일부 백인 복음주의 개신교인들은 그들이 몸담고 있는 차별의 문화에 대항하는 운동을 벌여 나갔고, 복음주의 기독교 안에서 인종적 장벽을 허물고자 노력했다. 켄터키의 백인 감리교인이었던 벨 해리스 베넷(Bell Harris Bennett)은 미국 남부에서 해외 선교를 후원하는 중심인물이었다. 또한 그녀는 여성들을 위한 대학을 설립하여 국내에서 시민권과 사회적 활동을 펼쳐 나갔다. 그녀는 폭력에 저항하는 캠페인을 주도하기도 하였다. 그녀는 자신이 가진 영향력을 통해 흑인을 차별하며 분리시키는 예배를 철폐하고자 여러 인종이 함께 모인 감리교 회중들 가운데 위대한 흑인 운동가인 두 보이스(W. E. B. Du Bois) 초청 강연회를 열기도 하였다.[21] 1950년대에, 시민권운동가들은 남부의 인종차별에 대항한 캠페인을 시작하였고, 이를 지지하며 현실화시키기 위한 여론이 고조되었다. 미국 시민권운동의 지도자들 가운데 침례교 목사인 마틴 루터 킹(Martin Luther King Jr.)이 있었다. 같은 이름을 가진 그의 아버지는 독일을 방문했을 때 받은 영감으로 자신과 그의 아들의 이름에 종교개혁자의 이름을 차용하였다. 젊은 마틴 루터 킹은 시민권운동을 전개하며 비폭력주의를 주장하였다. 그의 비폭력주의에 대한 주장은 두 뿌리가 있다. 첫 번째는 성경이며, 두 번째는 그가 인도에 방문하며 영향 받은 마하트마 간디(Mahatma Gandhi)의 캠페인이었다. 킹 목사 안에서 남부 복음주의적 뿌리와 사회복음이 함께 만난 것이다. 킹 목사는 미국 '사회복음' 운동의 지도자이며 저명한 신학자인 라인홀드 니버(Reinhold Niebhur)에게서 큰 영향을 받았고 그를 깊이 존경하였다. 니버는 개혁주의와 루터교 신학전통과 자유주의 개신교의 사회인식을 공유한 인물이었다.

아마도 킹 목사의 가장 중요한 업적은 정치적 술수와 변덕스러운

---

21 P. Harvey, *Freedom's Coming: Religious Culture and the Sahping of the South from the Civil War through the Civil Rights Era* (Chapel Hill, 2005), at 76.

정치경력을 가진 대통령 린든 존슨(Lyndon B. Johnson)을 설득하여 흑인들의 선거권을 수호한 것이다. 또한 이에 버금가는 킹 목사의 중요한 행적은 1965년 셀마(Selma)로부터 출발하여 주도인 몽고메리(Montgomery)까지 앨라배마(Alabama) 주 전역에 걸친 두 차례의 행진이다. 그 첫 번째 행진에서 킹 목사와 그의 동료 목사들이 살해당한 한 시민권운동가를 추도하며 행한 주일설교에 감명을 받은 수백 명의 시위대는 남부 주 정부의 승인 아래 경찰들에게 잔혹하게 폭행당했다. 이 장면은 TV 화면을 통해 그대로 전해졌다. 이틀 뒤 킹 목사는 이 참사를 애도하며 새로운 행진을 요청하였다. 전국의 모든 교단 소속의 많은 성직자들과 타종교지도자들까지 셀마로 집결하였다. 이는 전 세계에 유례없는 일로, 정의를 위해 기독교 교단들이 화합하고, 종교 간 협력을 통해 진행된 역사상 가장 중요한 시위운동의 한 장면일 것이다.[22]

시위를 중단하고 해산하라는 주 당국의 경고와 명령에 킹은 자신의 권위로 더 큰 참사를 막고자 시위대의 행진을 중단하게 하였다. 이렇게 포기하는 것은 굴복처럼 여겨졌다. 하지만 킹의 대적들은 자신들의 약속을 어기며 스스로 무너졌다. 시위가 중단되던 날 밤, 멀리 매사추세츠에서 셀마의 행진에 동참했던 한 유니테리언주의 목사가 거리에서 살해당한 것이다. 텍사스 출신의 술수적인 존슨 대통령마저도 이러한 이유 없는 도덕적 혐오에 큰 충격을 받았다. 며칠 후, 그는 국회 연설에서 흑인들의 선거권을 복원시키도록 요청하였다. 그의 연설은 자신과는 어울리지 않지만 엄청난 반향을 불러일으키는 문구로 마무리했다. 그것은 1960년대 시민권운동가들의 송가였던 한 노래에서 인용한 것이다. 그 노래의 제목은 '우리는 승리하리라'(We shall overcome)이다. 3년 뒤, 마틴 루터 킹은 테네시주 멤피스(Memphis)에서

---

22 T. Branch, *At Canaan's Edge: America in the King Years, 1965-68* (New York and London, 2006), Ch. 2-10.

총탄에 맞아 사망하였다. 그는 바로 전날 인상적인 연설을 하였는데, 당시 그의 모습은 이스라엘 백성이 약속의 땅에 입성하기 전 얼굴에 광채를 발하던 모세를 연상시켰다.[23] 킹 목사는 힘없는 사람들을 위해 일하다가 부정한 권력의 손에 희생된 현대 기독교 순교자들의 반열에 추대되었다.

1970년대 지구 반대편에서는 급변하는 사회적 상황과 정치적 억압의 환경 속에 또 다른 개신교 해방신학이 부상하였다. 그것은 한국의 '민중신학'(minjung theology)이었다. '민중'이란 말의 의미는 '평범한 사람들'(ordinary people)을 의미한다. 하지만 이 단순한 용어는 특히 공장 노동자로부터 첨단 기술 산업으로 놀라운 발전을 이뤄낸 한국의 급격한 변화의 상황 가운데 이해될 수 있다. 점차 이 용어는 '무산 계급'(proletariat)보다는 교육적으로 숙련된 노동자들을 지칭하는 '유식 계급'(cognitariat)의 의미가 되었다. 예수님은 민중이셨고, 민중들의 친구이셨다. 그분은 원수를 용서하고 사랑하라고 가르치셨다. 하지만 모세는 역시 민중이었지만 억압에 맞서 백성의 정치적 지도자가 되었다. 민중신학자들은 자신들의 나라의 역사적 유산에 큰 자부심을 가지고 있었다. 그들은 한국의 독재 정부뿐 아니라 전 세계에 대한 패권의식을 가지고 있는 미국의 국제 정책과도 복잡한 갈등을 직시하고 있었다. 여러 민중신학자들은 한국의 군사 독재정부에게 고문과 투옥 그리고 추방의 탄압을 받았다. 한국 전쟁의 상처와 북한에서 공산주의자들의 압박으로 피난 내려온 수백만의 피난민들의 영향으로 인해, 심지어 자칭 개혁적 의식을 가지고 있다고 여기는 한국의 신학자들도 남미의 해방신학자들과는 달리 마르크스주의적 용어를 거의 사용하지 않았다. 민중신학자들은 북한의 마치 왕조와도 같이 왜곡된 김일성(Kim Il Sung)의 공산주의에 반대하면서도, 북한의 잔인함과 비인간적 만행 이면에 놓인 '자급자족'(주체사상의 모토)에 대한 올바른 한국

---

[23] Ibid., 114, 756-8.

식 개념을 추구한다. 이는 북한 공산주의 정권의 비인간적 만행과는 구별된 그러나 그 이면에 있는 사상이기도 하다.[24]

한국의 민주주의는 지난 30년의 경제 발전 가운데 겪었던 격변 속에 점점 성숙해갔다. 이는 유럽 사회가 200년에 걸쳐 이룬 것과 비교해 놀라운 성과임에 틀림없다. 정치적 투쟁 가운데 생성된 민중신학은 어떻게 이 운동을 재정립해야 할지 고민하게 되었다. 민중신학은 사회적 필요와 문제가 정부의 행정적 역할보다 더 심각하던 시점에 사회운동으로 큰 공헌을 하였다. 하지만 한국에서 민중 신학은 오순절운동의 영향력을 뛰어넘을 수 없었다. 한국의 오순절주의자들은 새로운 국가 성장에 고무되었고, 그들의 철저한 반공산주의적 입장은 점차 미국의 보수주의 복음주의의 형체를 수용하였다. 그들은 또한 미국의 '믿음의 말씀'(Word of Faith) 운동의 물질적 축복의 메시지를 적극적으로 받아들였고, 한국의 과거 전통 안에 있는 '우상' 문화에 대해 강하게 비판했다. 민중신학의 뿌리는 한국의 오랜 전통과 문화를 존중하며 탐구하는 장로교회에 있었다. 따라서 최근의 민중신학자들은 올바른 시민정신을 위한 적절한 방향을 위해 한국의 전통을 탐구하고 있다. 그들은 중국의 태평천국의 혁명과 같은 시기에 일어난 동학혁명과 같은 유산을 한국 상황에 종교와 변혁을 조화시키기 위해 관심있게 관찰한다. 민중신학자들은 새로운 성공에 지나치게 자만할 수 있는 위험에 놓인 한국인들에게 예수님이 가르쳐주신 믿음의 원칙을 한국을 위한 중요한 프락시스로서 요청한다. 그들이 강조한 예수님의 가르침은 다음 성경구절에 나타난다. "누구든지 나를 따라오려거든 자기를 부인하고 자기 십자가를 지고 나를 따를 것이니라."[25]

---

24 J. K. Kwon, "A Sketch for a New Minjung Theology", *Madang: Journal of Contextual theology in East Asia*, 1/1 (June 2004), 49-69; J. K. Kwon, "Social Movement as the Ground for Minjung Theology", *Madang: Journal of Contextual Theology in East Asia*, 4 (December 2005), 63-75.

25 막 8:34. V. Küster, "Contextual Transformation: Minjung Theology Yesterday and Today", *Madang: Journal of Contextual Theology in East Asia*, 5 (June 2006), 23-43.

앞에 언급된 모든 운동의 중심에는 십자가에 달린 그리스도의 연약함(powerlessness)에 대한 묵상이 있다. 하지만 이 연약함이 바로 그분의 부활의 근거였고, 자유와 변화를 상징한다. 기독교 미술에도 이러한 정신이 잘 나타나 있다. 20세기의 주요 기독교 미술은 이전의 주된 관심사와는 다른 변화가 있었다. 가톨릭 미술에서도 성모와 아기 예수의 모습은 현격히 줄었고 십자가에 달린 그리스도의 모습에 더 큰 관심을 보였다. 지난 세기 수많은 생명을 앗아간 두 차례의 세계대전과 그 배경이 된 강대국들의 세력 다툼의 상황 가운데 많은 기독교인들은 십자가에 달린 그리스도의 연약함이 가르쳐주는 정신을 다시 묵상하게 되었다. 이는 작은 겨자씨 한 알이 거대한 나무의 시작이었다는 교훈이다. 개신교인들은 인도의 작은 마을에서의 선교 실패로부터 교회일치운동을 시작하였다. 가톨릭교도들은 남미의 평범한 사람들의 작은 공동체에서 해방신학을 발견하였다. 그들은 멕시코의 크리스테로스가 그랬듯이 자주 권세자들의 군사적 위협과 마주해야 했다. 그들의 교회는 수준 높은 교육을 제공할 여건이 되지 못했지만, 성경에 관심을 가졌고 그 안에서 자신들의 상황을 제대로 이해할 수 있었다. 그들은 화려하진 않지만 '기본적 교회 공동체'(basic ecclesiastical communities)의 모습을 갖게 되었다고 표현할 수 있을 것이다.

수많은 남반구 지역의 사람들은 그들의 상황 가운데 남미와 시민권운동과 유사한 체험을 인식하고 있었다. 그들 역시 정치적 해방을 열망하였다. 하지만 아프리카와 아시아의 역사적 상황은 남미의 경우와는 많이 달랐다. 1940년대와 1950년대에 세네갈의 수도 다카르(Dakar)부터 인도네시아의 자카르타(Djakarta)까지 19세기 유럽 제국주의 세력에 의해 세워진 식민주의 국가들 가운데는 큰 내부 분열의 모습이 급격히 나타나고 있었다. 아프리카의 탈식민화는 특별히 더욱 놀라운 일이었다. 1945년 이후 미국이 적극적으로 전쟁으로 파괴된 유럽 국가들이 자신들의 식민지들을 포기할 것을 권고하긴 했지만, 1950년 말에 유럽 국가들이 실제로 거의 모든 식민지를 포기할 것을 예상한 사람은 아무도 없었다. 1956년 젊은 진보주의 가톨릭 벨기에 신학자가 벨기에령 콩고가 1885년 레오폴드 왕의 사유지가 된 지 100년이 되는 시점에는 당연히 독립을 얻어야 한다는 주장을 담은 학문적인 책을 냈을때, 그 책은 벨기에에서 조롱과 분노를 샀다. 하지만 콩고는 이 책이 출판된 지 불과 4년 뒤 실제로 독립하였다. 로마교황청은 광대한 벨기에 식민지에 자율적인 가톨릭교회를 설립하도록 지원하는 것에 그다지 적극적이지 않았다. 하지만 콩고 현지 주교들은 벨기에 황제가 1959년 임박한 독립을 약속하고 실제로 국권이 이양되기까지 불과 몇 달 사이에 신속하게 자율적 교회를 설립하였다. 정치적 상황이 교회에도 바로 적용된 것이다. 하지만 이런 성급한 과정은 자율적 콩고 민주공화국에서 사람들이 당하게 될 예상치 못한 비참한 고통의 전조가 되었다. 그리고 이 고통은 지금도 여전히 계속되고 있다.[26]

모든 지역에서 정치적 기제를 적합한 현지 정치인들에게 인양하는 잠재적 문제가 있었다. 벨기에령 콩고의 독립 3년 전 이미 영국의 서아프리카 주요 식민지였던 가나가 독립했다. 가나의 독립은 콩고에 비교할 때 훨씬 더 세밀한 지역적 준비를 갖춘 후 이루어졌다. 영국 정부는 1950년대 케냐(Kenya)에서 마우 마우(Mau Mau) 폭동을 잔혹하고 비도덕적인 방법으로 진압하는 큰 오류를 범했지만, 가나에서는 영어권 기독교 선교기관들의 조언을 경청하며 그들의 의견을 수용하였다. 선교사들은 현지에서의 반식민주의 정서와 이를 해결하기 위한 긍정적인 방향에 대해 잘 이해하고 있었다. 성공회선교회(Church Missionary Society)의 탁월한 사무관이었던 맥스 워렌(Max Warren)과 모든 면에서 그의 계승자이며 개신교계의 국제적 업무를 담당했던 올

---

26 W. Manzanza Mwanangombe, *La Constitution de la hiérrarchie ecclésiastique au Congo belge (10 novembre 1959): prodrome et realisation* (Frankfurt am Main, 2002). A. A. J. van Bilsen의 *Vers L'independence du Congo et du Ruanda-Urundi* (Brussels, 1956)에 대해서는 다음 책을 참조. Sundkler and Steed, 901-2.

덤(J. H. Oldham)은 아프리카 동부와 서부의 성공회선교회가 오랫동안 활동한 지역에서 영국 행정부서와 새로운 지도자들 사이에서 중재자로서 중요한 역할을 수행하였다.[27]

이러한 추세를 지켜보던 유럽인들과 아프리카의 민족주의 진영은 식민주의와 매우 긴밀하게 연결되어 있었던 기독교가 새롭게 독립한 국가들에서도 계속 발전해갈 것이라고 예상하였다. 하지만 결과는 그 반대였다.[28] 이전 장에서 살펴본 것처럼, 유럽인들이 주도한 교회들 이외에도 당시 아프리카에는 매우 다양한 자생 기독교가 존재하고 있었다. 심지어 이는 고대 북동아프리카 중심지의 토착 종교라고 할 수 있는 이슬람교마저도 뛰어넘고 있다. 더 나아가 독립 당시 식민주의 세력에게 권력을 이양 받은 정치적 기관들은 사람들을 크게 실망시켰다. 인위적으로 만들어진 기관들을 통해 통치해왔던 식민지들은 이제 민주적인 형식과 시민기관, 사법체계를 구성하였다. 심지어 유럽 사회에서도 이러한 작업들은 부가 널리 배분되어 있고, 고통스럽게 얻어진 공감대와 국가적 정체성이 마련되어 있을 때 가능했다. 하지만 이러한 모든 작업은 아프리카에서는 효과적인 기능을 할 수 없었다. 민족 해방 정치가들은 독립과 더불어 통치자가 되었지만, 그들의 권력은 대부분 타락하고 말았다. 정부에 의해 탄압받게 된 백성은 자신들의 생계와 의사표현, 생명의 보존을 위해 교회에 관심을 돌렸다. 이러한 경우는 특히 영국과 포르투갈의 식민지였다가 남아프리카 연방(Union of South Africa)의 통치로 귀속된 지역에서 가장 두드러진다. 이 지역은 식민주의를 완전히 탈피하지 못했다.

남아프리카 연방은 영국 식민지와 다른 두 공화국의 연합체이다. 후자는 네덜란드 식민주의자들의 현지 백인 후손들을 지칭하는 '아프리카너'(Afrikaner)라고 불리는 사람들에 의해 지배를 받았던 지역들이

---

27 K. Ward, "Africa", in Hastings (eds.), 192-237, at 227.

28 T. O. Ranger (ed.), *Evangelical Christianity and Democracy in Africa* (Oxford, 2008), x and xviii n. 10.

었다. 이들은 두 세기 이상 광야 가운데 치열하게 이 지역을 건설한 것에 큰 자부심을 가지고 있었다. 그들은 화란 개혁주의 기독교인들에게 군사적 보호를 받았으며 아프리카인이든 아시아인이든 다른 비백인계의 세력이 확장되는 것을 막았다. 그들은 자신들이 이 땅에서 하나님의 인도와 구원을 받았다고 믿었다. 하지만 20세기에 접어들며, 아프리카너들은 제2차 보어전쟁(Boer War, 1899-1902)에서 영국군에 패배하였고, 이후 그들은 자신들의 주도권을 점차 재건해가고 있었다. 그들은 새롭게 형성된 연방의 일부 지역에서 비백인들에게 이미 주어져 있던 정치적 권리들을 박탈하기 시작하였다. 대부분의 영국인들과 현지 영국 정부는 이들과의 대결을 원하지 않았고, 그 과정을 묵과했다. 결국 1948년 모든 백인만의 선거를 통해 '아프리카너 국민당'(Afrikner National Party)이 집권하게 되었다. 이러한 과도기에 대규모의 아프리카인들은 백인들이 주도하는 교회를 탈퇴하고, 자신들의 교회를 따로 세웠다. 인종 간의 분리는 너무나 냉혹하게 벌어졌다. 백인 정당이 승리한 후, 이를 계승한 남아프리카 연방 정부들은 주로 화란 개혁교회 목사들과 장로들로 그 각료를 구성하였고 비정상적이고 잔인한 국정 시스템을 구축하였다. 그것은 아프리칸스어로 '아파르트헤이트(Apartheid)로 알려져 있으며, '분리' 또는 '구별'을 의미한다. 남아프리카 정부는 이 정책을 '분리 개발'(separate development)이란 명목으로 자주 주장했다. 정부는 백인과 흑인, 아시아인들과 다른 다양한 인종들을 분리하였다. 하지만 발전 정책은 전적으로 단 한쪽에만 집중되었다.[29]

이러한 분리의 중심에는 교회 재산들을 탈취하는 행동이 있었다. 초등교육부터 고등교육까지 교회가 이미 세웠던 대중교육 시스템은 아프리카인들에겐 하나의 희망이었고, 이들 학교에는 멀리 우간다에서 교육받기 원해 찾아온 학생들도 있었다. 1953년 이후 모든 교육기

---

29 Sundkler and Steed, 818-25.

관은 정부에 귀속되었고, 흑인 아프리카인들을 발전시키는 것이 아니라 그들의 교육적 성장을 지연시키는 기관으로 전락하였다. 로마가톨릭 학교들은 국가의 몰수에 가장 오랫동안 저항하였지만, 자율적 학교로 유지하기 위한 재정 조달에 어려움을 겪으며, 결국 차례로 정부에게 굴복하고 말았다.[30] 사실 전 세계에서 이러한 전횡적 분리의 만행과 이에 대한 저항이 일어나고 있었다. 남아프리카의 정황에 대해 서방 정부들은 침묵했다. 왜냐하면 남아프리카는 1940년대 말부터 부상하고 있었던 공산주의에 대항하는 '냉전'(Cold War) 상황에 전략적으로 매우 중요한 지역이었기 때문이다(남아프리카의 백인 정부는 공산주의가 기독교 문명화에 큰 대적이라고 천명하고 있었기 때문에 그들의 통치는 서방 국가들에게 유리한 입장이었다). 한편 소련 정부는 분리정책에 대해 강력하게 저항했는데, 이 역시 실제로는 자신들의 이득을 위한 것이었다. 서방 쪽에서 이런 분리 정책에 저항한 세력은 주로 교회를 중심으로 일어났다. 그들은 효과적인 국제적 교류를 통해 시민운동가들의 연합을 구축하면서 남아프리카에 접속을 시도하였다. 이를 통해 그들은 기독교인들이 주도하는 해방 정치 정당(liberationist political party)인 아프리카 민족의회(African National Congress)를 설립하였다.

남아프리카에서 화란 개혁교회는 분리정책에 대해 전적인 지원을 하고 있는 가운데, 전 세계의 교회들은 에큐메니칼적 연합을 통해 그 철폐와 완화를 위해 노력하고 있었다. 그 가운데 성공회는 남아프리카 인종분리 반대 투쟁에 가장 중요한 역할을 수행하였다. 백인 정부는 백인과 비백인 사이의 어떠한 협력활동도 철저히 봉쇄하고 있었다. 성공회는 교회의 저항을 이끌면서, 점차 정부를 위협할 수 있는 위용을 갖추게 되었다. 이 과정 가운데 성공회 교회 안에서도 부유한 백인 회중의 반대를 자주 마주해야 했다. 성공회가 지난 역사 속에 정치적인 또한 사회적인 변화를 이끌기 위한 모든 노력 가운데, 남아프

---

[30] Ibid., 992-3.

리카에서 행한 그들의 인권해방 운동은 가장 훌륭한 사례이다. 그 발자취 가운데는 악과의 타협을 철저히 거부하고 자신의 소신을 고집스럽게 지키며 행동한 영웅적 인물들의 이야기가 있다. 그 한 사례는 트레버 허들스턴(Trevor Huddleston) 신부이다. 그는 성공회 소속 수도회인 부활 공동체(Community of Resurrection)를 통해 남아프리카에 파송되었다. 그는 아프리카 민족의회(ANC)와 협력하며 지칠 줄 모르는 열정으로 분리정책을 반대하는 투쟁을 벌여나갔다. 갑작스레 그는 본국으로 귀환하라는 수도회의 명을 어쩔 수 없이 순종했지만, 평생 외부에서 성공회 감독으로 또한 이후에는 대주교로서 남아프리카 인종분리 반대투쟁을 지원하였다. 또 한 명의 뛰어난 성공회 사제는 데스몬드 투투(Desmond Tutu)였다. 그는 인권투쟁의 제2세대 지도자로서 훗날 케이프타운(Cape Town)의 대주교에 오르게 된다. 아마도 그는 성공회의 가장 위대한 20세기 주교로 기억될 것이다. 그는 어릴 때 허들스턴 신부를 만난 기억을 다음과 같이 회상하였다. "그때 투투가 바라본 허들스턴은 검은 모자와 하얀 성직의복을 입고 앵글로-가톨릭 신부로서의 위엄을 가지고 있었으며, 투투의 어머니에게 영국 신사다운 품위를 보였다. 나는 그 백인 신사가 교육받지 못한 한 흑인 여성에게 모자를 벗어 예의를 갖추는 모습을 이해할 수 없었다…이 모습은 나에게 큰 감명을 주었고, 이후에도 나는 그 분에 대해 많은 것을 이야기 해왔다."[31]

아마도 남아프리카 인종분리 반대 투쟁과 그 철폐에 가장 중요한 인물은 아마도 존 콜린스(John Collins)일 것이다. 그는 잉글랜드국교회 사제로 단 한 번 남아프리카를 방문했었다. 허들스턴처럼 콜린스도 전형적인 훌륭한 성공회 목회자였다. 그는 영국 중산층 출신으로 외향적이며 저항적인 성품을 가지고 있었다. 그는 런던의 성 바울 성당의 참사회원의 자리에 오르게 된다. 콜린스가 핵 철폐 캠페인

---

31 P. McGrandle, *Trevor Huddleston: Turbulent Priest* (New York, 2004), v.

(Campaign for Nuclear Disarmament)의 의장이 되었다는 뉴스가 조간지 「데일리 텔레그래프」(Daily Telegraph)에 발표되면서 수많은 성난 보수적 토리당 지지자들의 아침식사 시간을 망쳐놓기도 하였다. 그는 남아프리카의 미래를 위해 국제보호구조재단(IDAF: International Defence and Aid Fund)을 통해 지원함으로 큰 공헌을 하였다. 이 재단은 북유럽과 북미주 전역에서 콜린스의 개인적 접촉을 통해 기금을 마련하였다. 이 재단은 평범한 구호단체로 지혜롭게 위장하고 가장 위험한 지역에서 인종분리 반대를 위해 저항하는 사람들을 돕는 생명선 역할을 하였다. 또한 각종 재판과 남아프리카 감옥에 수감된 채 실종된 사람들의 가족을 위해 일했다. 이러한 불온 단체들에 잠입해 해체하는 데 능숙했던 남아프리카 보안기관은 이곳에서 이 단체를 색출하지 못했고, 도대체 어떤 사람들이 이 기금을 전달하는지도 밝혀낼 수 없었다. 이 재단을 통해 수만 명의 사람들이 1억 파운드에 이르는 자금을 전달받았다. 콜린스의 국제보호구조재단(IDAF)은 20세기 자유주의 개신교의 가장 위대한 업적 중 하나로 기억되고 있다.[32]

허들스턴, 투투, 콜린스와 같은 성직자들은 수감된 넬슨 만델라(Nelson Mandela)와 연계하며 그를 보호하는 데도 큰 역할을 수행하였다. 소수의 백인 정권이 점차 그 힘과 의지를 상실해가면서, 아프리카 민족의회는 모든 것을 포용하는 진정한 민주주의를 건설하기 위한 신념을 견지하고 있었다. 남아프리카에서의 인권해방 투쟁은 다른 모든 지역에서 동성애자의 권리와 여성 안수문제 등의 인권문제에 대한 관심과 밀접하게 연관되어 있다. 이는 최근의 성공회가 가장 관심을 가지고 힘쓰는 중요한 부분이기도 하다. 더 나아가 1994년 마침내 인종분리가 폐지되고 보편적인 민주주의가 실현된 후, 투투 주교는 '진리와 회복 위원회'(Truth and Reconciliation Commission)의 의장직을 맡으며,

---

32 D. Herbstein, *White Lies: Canon Collins and the Secret War against Apartheid* (Cape Town, 2004), esp. 21-6, 103-4, 138-41, 328.

편협한 보복이 아니라 국가의 치유를 위한 운동의 선봉에 섰다. 이 기관은 오랫동안 증오와 잔혹행위로 얼룩진 다른 지역에서도 모범적 모델이 되고 있다. 대통령에 오른 넬슨 만델라는 기독교 정신에 입각한 회복의 의지를 상징적으로 보여주었다. 그것은 만델라가 아프리카너들의 국가로 사용되었던 "소명"(*Die Stem*)이 코사족(Xhosa)의 찬송가와 더불어 계속되어야 한다고 선포한 것이다. "주여 아프리카를 축복하소서…오 성령이여 임하소서, 성령이여 임하소서."[33] 이 가사는 1897년 감리교 학교 교사가 만든 서정적인 노래로서, 바로 그 코사족의 찬송이다.

또 하나의 극적인 회복은 남아프리카 화란 개혁교회의 지도부가 광기 어린 인종분리에 대해 이념적인 축복을 제공한 것에 대해 사죄한 것이다. 1982년 남아프리카 개혁교회는 '개혁교회세계연합'(World Alliance of Reformed Church)으로부터 퇴출된 것에 격분한 바 있었다. 남아프리카 개혁교회는 "남아프리카의 특별한 인종적 상황 가운데 예수 그리스도의 교회로서 부여받은 사도적 소명을 가장 실제적인 방법으로 수행하며 성경의 요청에 부응하고 있다"고 명확한 어조로 반박하였다. 불과 8년 후 넬슨 만델라가 27년 만에 석방되었을 때 교회는 루스텐버그(Rustenburg)에서 지난 일을 사죄하며 실제적인 발걸음을 옮겼다. 교회의 재산을 다시 반환하며 추방자들의 귀환과 재건을 위한 자금을 조달한 것이다. "진정한 회개와 용서에는 반드시 마땅한 변상과 반환이 필수적이다. 그렇지 않다면 회개와 그 죄책은 아직 끝나지 않은 것이다."[34]

이로부터 5년 후인 1995년 대서양 반대편에서는 인종차별주의 가운데 탄생하여 점차 고통스럽게 유사한 현실을 깨닫게 된 또 다른 교회의 회개가 있었다. 그 교회는 현재 미국 최대 교단인 남침례교

---

33 이 노래는 약간 수정되어 남아프리카 공화국의 공식적인 국가가 되었다.
34 Koschorke et al. (eds.), 265-7.

(Southern Baptists)이다. 그들은 조지아(Georgia) 주 애틀랜타(Atlanta)에서 책임과 공감 가운데 회합을 가졌고, 노예제도 철폐에 반대했던 지난 교단의 기원과 역사를 회개하였다. 2만 명의 대표자들은 지난날 그들이 노예제도에 대해 발언했던 모든 내용을 거부할 것을 결의하고 미국의 흑인들에게 공식적으로 사죄하였다. 그들은 노예제도를 정죄하는 새로운 결의를 위해 성경 구절들을 인용하였다. 이는 깊은 주석적 작업이라기보다는 감정적인 격려를 위한 것이었다. 어쨌든 남침례교는 현재 전적으로 백인들로 이루어진 교단이다.[35] 다른 주류교단인 미국 감독교회(Episcopal Church of the USA) 역시 그들이 지난 날 노예제도와 인종주의에 있어 부끄러운 행동을 자행했음을 자각하였다. 이런 이유 때문에 그들은 이러한 과오의 역사를 가지고 있지 않은 다른 교회들보다 인권 투쟁의 문제에 보다 민감하게 반응하는지도 모른다.

이러한 교회의 발표들은 제2차 세계대전 당시 나치의 범죄에 자신들의 과오를 인식하게 된 유럽 교회들의 참회를 연상시킨다. 이러한 경험을 통해 서방교회들은 더욱 겸손해졌다. 이러한 태도 변화는 미래에도 불변하는 진리로서 흔들리지 않는 교리적 선포를 행함에 있어 보다 신중할 수 있도록 자극하였다. 최근 수십 년 동안 전 세계에서 이루어진 이러한 교회의 겸손한 태도는 새로운 분위기를 나타낸다. 보다 큰 그림 가운데, 남아프리카 보어인들이 특별한 인종주의 사회정책을 옹호했던 것은 세속적인 자유주의로부터 그들의 전통적인 기독교 가치관을 수호하기 위한 것이었다. 그들은 자유주의적 가치가 전통적인 기독교 가족관을 파괴할 것이라고 생각했고, 따라서 모든 기관은 자신들의 가치를 수호하고자 했던 것이다. 모든 지역에서 보수적 기독교인들은 이와 유사한 모습을 내포하고 있다. 인종 분리는 이러한 고통스런 기억의 일부이다. 지금도 이러한 문화적 전쟁은 계

---

35 J. A. Harrill, *Slaves in the New Testament: Literary, Social and Moral Dimensions* (Minneapolice, 2006), 193-4. 모르몬교도들의 유사 행동에 대해 본서 제23장 6. 참조.

속되고 있다. 문화전쟁은 1950년대에 시작되었다. 현재 칼케돈파와 비칼케돈파, 가톨릭과 개신교, 정통주의와 오순절주의 등 모든 기독교계는 예전의 갈등은 뒤로 한 채 문화적 이슈들에 첨예하게 대립하고 있다.

3. 1960년대 이후의 문화혁명

교회 개혁가였던 교황 바오로 6세는 인간의 성 문제에 있어 두 가지 고집이 있었다. 하나는 그가 성직자의 보편적 독신정책을 재확인한 것이고, 다른 하나는 인공적 피임을 거부한 것이다. 하지만 교황은 1960년대 서방에서 일어나고 있던 거대한 문화적 혁명의 본질을 제대로 이해하지 못하고 있었다. 이 문화적 변화는 인간관계에 대한 새로운 이해와 표현 양식이 그 중심에 있었다. 성 문제와 함께 이 변화의 물결은 유럽의 자유주의 개신교 사상에 영향을 주며 시작되었고, 곧이어 서유럽 모든 교회를 넘어 타 대륙 서구권 국가인 캐나다와 호주에 이르기까지 급속도로 번져나갔다. 이러한 문화적 변화는 적극적으로 종교활동에 참여하던 사람들의 수가 급격하게 추락해버리는 결과를 낳게 된다. 종교사회학자들은 이 과정을 '세속화'(secularization)라고 명명하였다. 1970년대와 1980년대 초에 걸쳐 이 현상은 전 세계로 퍼져나가 하나의 삶의 방식으로 정착되었다. 미국 사회 역시 이 문화 변혁의 영향하에 있었고, 이 변화의 물결에 상징적 요소들을 제공하였다. 이 상징성은 단지 헐리우드 영화 산업으로 대변되는 미국의 대중문화만을 의미하는 것이 아니라, 미국의 베트남 참전으로 인해 분노한 젊은이들의 저항과 이로 인해 파생된 다양한 문화 현상과 산업에 보다 큰 중요성이 있다. 한편 당시 미국인들은 유럽과는 달리 주일 성수와 종교활동에 여전히 적극적으로 참여하고 있었다. 1960년대에 시작된 이 문화혁명은 1970년 초부터 눈에 띄게 확산되었고, 1980년

대에는 사회의 보편적 정서가 되어가고 있었다.[36]

도대체 무슨 일이 생긴 것일까? 역설적으로 이 시작점은 20세기 중반 유럽과 미국에서는 너무나도 안정적인 결혼제도가 건강하게 자리잡고 있었고, 이를 대체할 만한 대안이 거의 없었다는 사실에서 출발해야 할 것이다. 당시 결혼률은 이전보다 더 높았고, 그 연령도 매우 낮았다. 1960년경 미국 여성의 70퍼센트는 20-4세 사이에 결혼했다. 또한 아일랜드에서는 혼외 출산은 전체 신생아의 1.6퍼센트에 불과했다. 이는 아일랜드 사회가 매우 경건한 가톨릭사회였기 때문은 아니라는 사실이 다음 예들을 통해 분명해진다. 종교적으로 보다 다원적이었던 네덜란드에서는 그 비율이 1.4퍼센트였고, 루터교 국가인 노르웨이의 경우에는 3.7퍼센트였다.[37] 분명한 것은 그때부터 사람들은 핵가족을 선호하게 되었고, 이런 추세는 전통적인 기독교 가족관은 아니라는 사실이다. 사람들은 종교적인 가치보다는 자신의 감정과 성적인 만족에 더 큰 강조점을 두었고, 전통적인 남성우월주의는 양성 평등의 파트너십을 통한 '동반자'(companionate)라는 관점으로 변화하고 있었다. 그 안에서 남편과 아내는 인공적 피임의 도움을 통해 얼마나 많은 자녀를 낳아 기를 것인가를 함께 결정하였다.

피임법의 보급은 혼외 출산률을 낮추었을 뿐 아니라, 결혼한 가정에도 통계적인 변화를 가져왔다. 예를 들어, 캐나다의 경우 1960년대의 10년 동안 한 가정에서 출산하는 아이의 수는 3.77명에서 2.33명으로 급감하였다. 이는 더 적은 아이를 낳는 것이 더 균형잡힌 삶을 위해 유익하다는 정서가 반영된 것이다. 1945년 이후 미국 사회에서는 적은 수의 자녀를 두는 것이 아이에게도 더 유익하다는 정서가 확

---

[36] H. McLeod, *The Religious Crisis of the 1960s* (Oxford, 2007), 3. 영국에서의 세속화 과정에 대한 흥미로운 양상들과 이에 대한 다양한 견해에 대해서는 다음 책을 참조. J. Garnett et al. (eds.), *Redefining Christian Britain: Post 1945 Perspectives* (London, 2007).

[37] G. Therborn, *Between Sex and Power: Family in the World 1900-2000* (London, 2004), 163-6, 198.

대되었다. 즉 작은 규모의 가정은 가족 간에 보다 친밀한 관계를 나눌 수 있다고 여긴 것이다. 이를 통해 가정은 경제적인 여유를 통해 풍요를 얻을 수 있고, 보다 많은 여가를 누리며, 나아가 더 많은 선택의 기회를 얻을 수 있다는 것이다.[38] 이런 생각은 개인의 선택을 중시하며, 교황의 교서인 "인간의 생명에 대하여"(Humanae vitae)를 무시하는 것이다. 이는 과거에 있었던 한 사회적 선택의 사조를 연상시킨다. 1690년대에 영국과 네덜란드에서는 동반자로서 동성애를 허용할 것을 요청하는 목소리가 부상한 바 있었다. 당대에는 공식적으로 모든 사회적 압력을 통해 동성애를 철저히 억누르고 있었다.

이 새로운 가족관은 교회에겐 좋은 소식이 아니었다. 교회는 늘 건강한 가족을 위한 종교적 수사를 강조해왔으나, 이제 새로운 가족관은 신자들의 교회 활동을 가로막는 경쟁 상대가 된 것이다. 하지만 교회는 그 변화의 본질을 직시하지 못했다. 한편 제2차 세계대전 직후 영국에서는 사람들의 교회 출석이 크게 증가하였다. 하지만 예상하지 못한 결과들이 나타나기 시작하였다. 일례로, 1947년 영국 중부 더들리(Dudley)의 한 명석한 부목사(curate)는 새로 이 지역에 집을 마련한 가정에서 부모들이 자신의 자녀들을 주일학교에 보내지 않는다는 사실을 인지하였다. 그들은 "젊은이의 선택의 자유를 간섭하는 것"을 꺼려하였다. 17년 뒤, 같은 교구의 한 자유교회가 발행하는 신문은 다음과 같은 염려를 표명하였다. 모든 지역에서 "새로 결혼한 젊은 부부들은 최우선적으로 고려하는 것은 **자신들의** 경제적 사정과, **자신들의** 안락한 주택, **자신들의** 멋스러운 실내공간, …**자신들의** 동료와 이웃과의 좋은 관계이다." 이 신문의 보도처럼 사람들은 일요일에 가족들과 예배에 출석하는 것이 아니라 차를 타고 나들이 가는 것을 선호하였다. 또한 그들은 저녁 예배에 참석하기보다는 온 가족이 함께 다과를

---

38 M. Walsh, "Gendering Mobility: Women, Work and Automobility in the United States," *History*, 93 (2008), 376-95. at 385; McLeod, *The Religious Crisis of the 1960s*, 169-75.

나누며 TV를 시청하기 원했다.[39] 이러한 현상은 1960년대 초부터 전 유럽에서 지속적으로 나타난 현상이다. 특별히 개신교회가 18세기부터 지속해온 중점 사역인 주일학교(Sunday School)가 붕괴되었다. 영국에서 1900년 약 55퍼센트의 어린이들이 주일학교에 출석하였다. 하지만 1960년 통계에서는 그 숫자가 24퍼센트로 감소하였고, 1980년에는 9퍼센트, 2000년에는 급기야 4퍼센트 이하로 급감하여 몰락한 것이다.[40]

가족의 이슈 외에도 또 다른 중요한 변화가 있었다. '동반자'로서의 결혼은 보다 건강한 가족을 이룰 수 있다는 기대를 낳았지만, 이로 인해 또 다른 실망스런 결과가 나타났다. 1970년대에 유럽에서는 이혼률이 증가하기 시작한 것이다. 로마가톨릭교회는 이혼에 대해 철저하게 반대하는 입장이었다. 하지만 이전에 금기시되던 이혼이 로마가톨릭 국가들에서 이전보다 훨씬 관대해지는 경향을 보였다. 이에 대한 사례는 1970년 이탈리아에서 있었다. 이것은 1947년 이탈리아의 새로운 공화국 국회에서 이혼금지법이 불과 3표차로 법적 구속력을 얻지 못했던 것과 비교한다면,[41] 정말 놀라운 변화라 할 수 있다. 앞서 언급한 혼외출산은 1960년 이래 40년간 엄청나게 증가하였다. 아일랜드의 경우 이전보다 20배, 네덜란드에서는 16배, 노르웨이는 13배 증가하였다.[42] 낙태(abortion)에 대한 사회적 금기도 무너졌다. 치명적 상해와 심지어 사망의 가능성이 있었지만 낙태 시술은 불법적으로 은

---

39 R. Sykes, "Popular Religion in Decline: A Study from Black Country," *JEH*, 56 (2005), 287-307, at 297, 300. (굵은 글씨는 저자의 것이다)

40 G. Parsons, "How the Times They Were a-Changing: Exploring the Context of Religious Transformation in Britain in the 1960s," in Wolffe (ed.), 161-189, at 164. 필자 역시 어린 시절인 1950-60년대 영국의 동부 시골에 위치한 한 잉글랜드국교회 교회에서 같은 현상을 경험하였다.

41 M. Seymore, *Debating Divorce in Italy: Marriage and the Making of Modern Italians, 1860-1974* (New York and Basingstock, 2006), 166-8, Ch. 8.

42 G. Therborn, *Between Sex and Power*, 199.

밀하게 자행되었다. 따라서 여러 국가에서 차례로 낙태를 합법화하기 시작하였다. 가장 유명한 경우는 미국에서 1973년 대법원 판결을 통해 통과된 사례일 것이다.

동성애에 대한 대중의 혐오감도 이전보다 크게 줄었다. 동성애가 사회적으로 수용될 수 있거나, 기독교인들의 눈에 도덕적인 행위로 간주되지는 않았지만, 그 첫 단계로 적어도 동성애가 불법적 행위로 간주되지는 않게 되었다. 유럽 전역의 가톨릭교가 이혼 금지규범 완화에 격렬히 반대한 반면 영국에서는 동성애의 문제가 큰 논쟁거리였다. 이는 주로 교회를 통해 이루어졌다. 지성적이고 자유주의적인 엘리트 개신교인들(주로 성공회 신자들)은 최선봉에 서서 동성애를 격렬하게 반대하였다. 이들은 일반 대중의 정서보다 더 강한 반감을 표하며, 1967년에 가서는 남성 동성애자 간의 성행위에 대한 제한적 불법화를 이끌었다. 이런 결과를 이끈 중심인물은 성실한 학자이며 웰스 성당(Wells Cathedral) 참사회 대변인이었던 데릭 셔윈 베일리(Derrick Sherwin Bailey)였다. 그는 온화한 성품을 가지고 있었고 매우 가정적이었다. 그는 또한 철도에 대한 열정을 가졌는데, 이는 위험스런 혁명정신이라기보다는 평범한 사제의 무해한 독특한 취향일 뿐이다. 어쨌든 영국 정부 각료들은 성직자들이 신학과 목회 영역을 넘어 이러한 정치적 운동을 벌이는 것을 매우 어색하게 여겼다. 하지만 이 정치적 활동은 반대를 극복하고 법 개정을 이끌어냈다.[43] 영국의 자유주의 기독교인들이 국가의 법과 교회의 도덕규범을 분리시키는 작업을 활발히 추구하였다. 앵글로-가톨릭주의자들을 중심으로 한 이에 대한 많은 동조자들은 1927-8년 공동기도서 개정을 시도할 때, 교회의 국교

---

[43] M. Grimley, "Law, Morality and Secularisation: The Church of England and the Wolfenden Report, 1954-1967," *JEH* 60 (2009), 744-60. Sherwin Bailey의 결혼과 성별(gender)에 관한 저술 가운데 다음의 책은 성(sexuality) 문제에 대한 영국의 태도 변화를 이해하는 가장 중요한 연구서이다. *Homosexuality and the Western Christian Tradition* (London, 1955).

적 입장이 가져온 실패로 인해 분노했고, 공권력으로부터 교회가 놓여 하나님의 사역을 자유롭게 하기를 원했다. 그들은 기독교계의 죽음을 인식하며 그러한 상황이 더 진전되길 원했는데, 왜냐하면 그들은 바로 그렇게 되는 것이 기독교를 위한 것이라고 믿었기 때문이다."[44]

돈키호테처럼 보일 수 있는 이러한 낙관주의 이면에 이 상황을 예견한 중요한 저술이 있었다. 그것은 디트리히 본회퍼가 1945년 처형당하기 전에 감옥에서 기록한 그의 편지와 논문들이다. 이 저술들은 신학적 체계에 대한 것이 아니라, 기독교의 미래에 관한 즉흥적 관찰을 담고 있다. 이는 죽음의 공포가 드리워진 황폐한 고립과, 당시 무너져가는 독일의 운명을 반영하고 있다. 본회퍼는 또한 해방신학의 주제인 고난받는 하나님과 변화된 교회를 표방하였다. 하지만 그는 해방신학과는 다른 비평적 관점에서 다가올 세대의 인간에 대한 기대감을 나타냈다. "하나님은 우리가 하나님 없이도 잘 살아가야만 한다는 교훈을 가르쳐주신다…따라서 하나님은 이 세상 너머 주변으로, 또한 십자가 위로 스스로 자신을 몰아내신다." 본회퍼는 자신의 동료이며 멘토인 칼 바르트의 계시에 대한 실증주의적 교리(positivist doctrine of revelation)에 대해서도 비판하였다. 하지만 본회퍼는 여전히 희망과 확신의 예언을 지속하였다. 그는 기독교가 단순한 종교행위로부터 벗어나야 한다고 여기며 다음과 같이 주장하였다. "인간은 다시 하나님의 부르심을 받아 하나님의 말씀을 선포하게 될 날이 올 것이다. 이러한 능력은 또한 이 세상을 변화시켜 새롭게 만들 것이다. 이 새로운 종교언어는 인간을 압도하고 놀라게 할 새로운 언어가 될 것이다."[45] 본회퍼의 혁신적 예언은 그의 시대에는 분명하지 않았다. 하지만 그는 자신의 이상주의를 후대에 담겼다. 그의 신학은 군중의 힘과 저항이 두드러졌던 1960년대 신학으로 이어졌다.

---

44 O. Chadwick, *Michael Ramsey: A Life* (Oxford, 1990), 35-6.
45 D. Bonhoeffer, *Letters and Papers in Prison* (London, 1959), 95, 122, 160.

본회퍼와 그의 작품의 영문 번역자들은 1950년대 상황 가운데 기독교의 미래를 기술하면서 무의식적으로 남성적(maleness) 언어를 사용하였다. 하지만 이후에 다가올 혁명은 그가 사용한 용어들을 전적으로 구식 문화로 치부할 것이다. 왜냐하면 1960년대 유럽과 미국에서는 양성 간의 힘의 균형과 평등의 근본적 변혁을 목도하였기 때문이다. 많은 소녀들은 소년들과 마찬가지로 좋은 교육의 기회를 얻게 되었다. 사실상 10년 후에는 많은 부분에서 여학생들은 학업성적이 남학생들보다 더 우수할 것은 분명하다. 여성들은 이전 세대 여성 작가들의 작품들을 재발견하기 시작했다. 이 작품들은 출판되지도 못하고 연구되지도 않으며 잊혀진 유산이었다. 여성들은 2세기 전에 살았던 매리 에스텔 같은 선구자들이 자신들이 당대에 발견한 많은 논점들을 이미 논의하고 있었음도 발견하였다. 이러한 의식을 반영하는 용어인 '페미니즘'(feminism)은 1882년에 이미 이전 세대 여성들에 의해 사용되었다.[46] 그 창시자는 프랑스에서 여성의 정치적 권리를 요청하는 캠페인을 주도했던 위베르틴 오클레르(Hubertine Auclert)이다. 당시 여성들은 자신들의 권리를 강력하게 요청하며, 주로 교회 안에서 다양한 역할을 통해 여성 리더십을 수행하고 있었다. 오클레르는 자신의 독실한 가톨릭 가정을 떠나 반교권주의적 프랑스 공화국에 참여하였다. 그로부터 한 세기가 지난 현재 페미니즘은 그 '제2 세대'(second wave)의 국면으로 접어들게 되었다. 즉 페미니즘은 기독교적 근원에서 훨씬 더 나아가 설교권이나 금주운동과 같은 특정 영역이 아닌 삶의 전반적 영역에서 남성들과 동등한 참여와 활동을 주장하게 되었다.

이제 여성들은 성인이 되었을 때 남성들과 같은 직업을 추구할 수 없다고 주장하는 경우는 거의 찾아 볼 수 없게 되었다. 그렇다면 이런 세상의 조류는 교회에도 동일하게 적용되어야 하지 않을까? 지

---

[46] Kennedy, *A Modern Introduction to Theology*, 207-8.

난 2,000년 동안 기독교 신학은 압도적으로 남성들에 의해 주도되었다. 이제 여성들이 기독교 신학에 참여한다면 어떤 변화가 생길 것인가? 우리가 이전에 살펴본 대로, 성령에 대해서는 때때로 기독교 역사에서 여성적 용어들로 묘사되었다. 하지만 삼위일체의 다른 두 인격은 성부(Fatherhood)와 성자(Sonship)라는 용어가 말해주듯 여성적 표현이 적용된 사례는 거의 없었다. 또한 교회 안에서 권위적 위치는 남성들에게 집중되었다. 물론 초대교회에 대한 세심한 연구를 통해, 이제는 이러한 일반화에 반하는 여러 중요한 예외가 있었다는 사실을 알게 된 것도 사실이다.[47] 물론 많은 교회들이 여성들이 교회에서 리더십 역할을 담당하고, 공개적으로 발언하는 것을 금한 바울이 경고를 무시하기는 어려울 것이다. 하지만 1960년대에는 여성 사역자들은 자신들의 목사 안수를 허용할 것을 강력히 요청하며 그 힘을 집중하고 있었다. 이와 같은 움직임은 이전에는 퀘이커교와 회중교회 같이 교권구조에 대한 강조가 느슨한 교회에서만 제한적으로 수용됐던 일이다.

심지어 감독제도를 표방한 성공회에서도 치열한 여성 안수 논쟁이 시작되었다. 성공회에서는 지난 1944년에 이에 대한 전조가 있었다. 일본이 중국을 지배한 특수 상황에서 홍콩 감독은 최초로 플로렌스 리팀외(Florence Lee Tim Oi)라는 여성에게 사제직을 허용했다. 이로 인해 전 세계 성공회 신자들은 경악했고, 감독들의 질타가 이어졌다. 그녀는 자기를 희생하며 그 직책을 중단하였고, 세상과 교회가 변화될 때까지 인내하며 기다렸다.[48] 뉴질랜드는 매우 보수적이며 폐쇄적인 사회였지만, 큰 소동 없이 새로운 사회질서를 세울 수 있는 역량을 보여주었다. 이곳에서는 성직자들의 질서(order)에 앞서 문제(matter)를

---

47 Cf., e.g., U. E. Eisen, *Women Officeholders in Early Christianity: Epigraphical and Literary Studies* (Collegeville, 2000).

48 S. Mumm, "Women, Priesthood and the Ordained Ministry in the Christian Tradition", in Wolffe (ed.), 190-216, at 199.

우선적으로 고려하였다. 페니 제이미슨(Penny Jamieson) 박사는 1983년 사제로 안수받았고, 1989년 더니든(Dunedin)에서 매우 전통적인 정서를 가진 앵글로-가톨릭 교구감독들의 지지를 받으며, 최초의 여성 교구감독에 선출되었다.[49] 2001년 제네바에서는 이사벨 그래슬레(Isabelle Graesslé)가 칼빈의 후계자에 선임되었다. 즉 그녀는 제네바 개혁교회 최초의 여성 총회장(Moderator)으로 선출된 것이다. 그녀는 총회장으로 선출된 후 그 감격을 본인에게도 말한 바 있다. 그래슬레는 칼빈의 알려지지 않은 무덤을 대신해 세워진 기념비 앞에 장미꽃을 헌화하고 그에게 부드럽게 속삭였다. "이제 내 차례예요." 그래슬레는 또한 자신의 주도로 제네바의 상징적인 구조물이라 할 수 있는 종교개혁자 기념 장벽(Wall of the Reformers)에 중요한 이름을 새겨 넣었다. 그 사람은 위대한 종교개혁자들 명단 안에 포함된 최초의 여성이 된 마리 당티에르(Marie Dentière)이다. 그녀는 종교개혁 이전에 열정적인 수녀원장이었으며, 비록 칼빈이 그다지 반기지 않았지만, 제네바 종교개혁에 크게 기여하였다.[50]

4. 옛 종교의 재부상

사회와 교회에 두려우리만큼 급격한 변화의 물결이 일자, 자연스럽게 이에 대한 강한 저항이 일어났다. 이는 비단 기독교뿐만이 아니라 다른 세계종교들 가운데도 동일하게 나타났다. 1970년대에 세속화의 물결이 더욱 본격화되고 있었다. 이러한 현상은 이미 1960년대 유럽과 미국의 많은 대학과 연구소의 세미나에서 예견했던 일이다. 하지만 이 변화의 조류에 대한 반동으로 1970년대 말에 일어난 일련

---

49 Breward, 385.
50 M. B. McKinley, "Marie Dentiere: An Outspoken Reformer Enters the French Literary Canon", *SCJ*, 37 (2006), 401-2.

의 중요한 정치적 사건들이 나타났다. 1977년 미국 대선에서는 남침례교인이었던 민주당 후보 지미 카터(Jimmy Carter)가 승리했다. 그는 공공연히 자신이 '거듭난'(born-again) 그리스도인이라고 밝힌 바 있다. 1978년 교황 선거에서는 카롤 보이티야(Karol Wojtyła)가 교황 요한 바오로 2세(John Paul II)로 추대되었다. 또한 1979년 이슬람의 시아파 지도자(Shi'te ayatollahs)는 혁명을 통해 이란의 국왕(Shah)을 권좌에서 몰아내고 정권을 잡았다. 오늘날 전 세계에 기독교와 다른 주요 종교의 가장 두드러진 특징은 그들이 성난 보수주의를 표방한다는 것이다. 왜 이런 현상이 나타난 것일까? 나는 이러한 저항이 종교적 전통의 역사에서 중심이 되어 왔던 성 역할에 찾아온 근본적 변화에 가장 큰 이유가 있다고 본다. 즉 문화적 변화를 통해 지금까지 사회적으로 또한 종교적으로 주도권을 가졌던 남성들(heterosexual men)이 중심에서 밀려나게 되는 위협에 큰 충격을 받았다. 이는 그들의 자존심과 주도권, 심지어 그 존재 위치마저도 잃어버릴 수 있다는 두려움을 의미한다. 이러한 저항의 감정은 단지 이미 주도적 위치를 가지고 있는 남성들뿐 아니라 자연스럽게 그 위치를 물려받을 수 있을 것이라고 기대했던 다음 세대의 남성들에게도 마찬가지였다. 종교사회학자들은 오늘날 세계 종교들 가운데 나타난 가장 극단적 보수주의 세력을 관찰하면서, 이전에 기독교계에서 일어났던 세력의 이름을 차용해 '근본주의'(fundamentalism)라고 부르고 있다. "근본주의는 특별히 교육받았지만 직업을 구하지 못한 젊은 미혼 남성들에게 호응을 얻었다. 이들은 현대주의라는 괴물에게 자신의 권리를 빼앗긴 사람들이다." 다른 의미로 이들 역시 현대주의가 창조한 사람들이다. 하지만 그들에겐 아무런 가치와 목적이 주어지지 않았다.[51]

---

51 B. A. Brasher, *Encyclopedia of Fundamentalism* (New York and London, 2001), 18, and cf. ibid., xviii, 16-7, 292-3. 복음주의 정치가인 Jerry Falwell의 후견을 받았던 한 역사가는 근본주의자는 "무엇인가에 분노하고 있는 복음주의자"라고 기술하였다. G. M. Marsden, *Understanding Fundamentalism and Evangelicalism* (Grand Rapids, 1991), 1.

1977년 지미 카터의 대선 승리는 지난 반세기 동안 미국 정치에서 스스로 추방당한 복음주의자들의 복귀를 상징하는 것이었다. 그러나 그들의 정치적 기대는 원하는 바대로 나아가지 못했다. 카터 대통령은 이내 그들을 크게 실망시켰다. 문제는 카터 대통령이 남부의 복음주의자들 가운데 진보적 진영 출신이었다는 것이다. 이미 벨 해리스 베넷의 사례에서 보았듯이, 카터는 복음주의보다 개신교 자유주의와 에큐메니즘에 더 많은 공감을 느끼고 있었다(이 두 세력은 복음주의자들이 가장 적대시하며 비난하는 대상이 되어가고 있었다). 카터는 낙태에 동조하였다. 이 문제는 당시 복음주의자들이 자신들의 교리적 건강함을 시험할 수 있는 기준이 되고 있었다. 또 하나의 중요한 이슈에서 카터는 복음주의 유권자들에게 외면당하는 결정적 이유를 제공하였다. 그것은 바로 '종교적 사립학교'(faith schools)에 대한 새로운 정책 문제였다. 당시 복음주의자들이 설립한 이 독립적 사립학교들은 일반 공교육에서 시행하는 성교육을 거부하고 있었다. 1978년 카터 정부와는 사실상 분리되어 있는 미국 국세청(Internal Revenue Service)은 이 기독교 학교들에게 제공되었던 면세 혜택을 철회하기로 결정하였다. 국세청은 이들 학교에서 공공연히 인종차별이 자행되고 있기 때문이라고 그 이유를 밝혔다(이 결정은 공정한 판단은 아니다). 이전에 노예해방과 인권운동에 적극적으로 참여했던 복음주의자들을 고려한다면, 현 상황은 놀라운 아이러니라 할 수 있다.

이미 복음주의 유권자들은 두 차례의 법정 판결로 인해 분노하고 있었다. 그 첫 번째는 1962년 미국의 공립학교에서 기도를 폐지한 것이다. 이 판결을 통해 교회와 국가를 분리하는 미국의 헌법의 원칙을 공고히 하고자 한 것이다. 두 번째는 "로우 대 웨이드"(Roe v. Wade) 재판을 통해 1973년 낙태를 합법화한 것이다. 이제 복음주의자들은 유권자들의 힘을 결집하기 시작하였다. 카터 정부는 가족 형태(family)의 문제에 대한 백악관 회의를 통해 그 주제를 '가족들'(families)로 복수로 표기하였고, 동성애에 대한 신중한 성명을 발표하였다. 이는 복음주의 울타리에서 크게 벗어난 것이다. 성난 복음주의 지도자들은 1979년 회합을 열고, 자신들의 분노를 반영하여 영향력을 행사하기 위한 기관을 발족하였다. 그 기관의 이름은 '도덕적 다수'(Moral Majority)이다. 난관이 많았던 카터의 집권 말기에 그는 복음주의 유권자들의 지지를 상실하였다. 1980년 그들은 카터를 거부하고 대신 로널드 레이건(Ronald Reagan)을 선택했다. 역설적으로 로널드 레이건은 공화당 후보였고, 이전의 남북전쟁에서 남부를 격퇴한 정당에 속한 사람이었다. 더 나아가 그는 모호한 종교적 관점을 가지고 있었고 사회적 자유론자(libertarian)였다. 또한 그의 부인은 정기적으로 점성술사를 찾았다. 무엇보다 레이건은 경건한 남부 민주당원인 카터에 비교할 때, 분명 전형적인 헐리우드의 산물이었다.

그럼에도 공화당과 보수적 복음주의자들의 연합이 형성되면서, 공화당은 선거에서 엄청난 이득을 볼 수 있었다. TV 전도사 출신의 정치인 팻 로버트슨(Pat Robertson)은 1980년 다음과 같이 선언하였다. "우리는 이 나라를 주도할 수 있는 충분한 표를 가지고 있다…사람들이 우리는 충분히 할 수 있다고 말할 때, 우리는 정권을 가지게 될 것이다."[52] 아직까지 그의 희망은 이루어지지 않았다. 이는 복음주의자들이 매우 다양하고 지속적으로 분열되어 왔기 때문이다. 하지만 미국 정치에 있어 복음주의의 영향은 대단했다. 이는 자신의 종교적 확신을 대중적 이슈로 만드는 정치인들을 결코 허용하지 않는 유럽인들에게는 매우 당황스러운 일일 것이다. 정치적 이슈에 있어 이스라엘을 향한 미국의 정책은 가장 특별한 경우이다. 이로 인해 아랍인들과 이슬람교도들이 서방에 대해 분노와 불만을 갖게 되었다.

1948년 이스라엘이 독립한 후 미국과 이스라엘 정부와의 관계는 힘의 정치(power politics)에 의해 주도되었다. 이런 관계는 1956년의 위

---

52 R. Freedman, "The Religious Right and the Carter Administration," HJ, 48 (2005), 231-60, esp. 231(인용문), 236-8.

기 상황에서도 특별히 두드러지진 않았다. 당시 이집트가 수에즈 운하(Suez Canal)를 국유화한 것에 맞서, 이스라엘은 영국과 프랑스와 군사적 협력 관계를 맺고 있었다. 미국의 이스라엘과의 정치적 제휴는 1962년에야 이루어졌다. 이 협력관계는 공화당 정부가 아닌 케네디(John F. Kennedy)의 보다 진보적인 민주당 정권에 의해 이루어졌다. 당시 미국 정부는 이집트의 나세르(Nasser) 대통령의 공격적 정책에 분노했기 때문이다.[53] 물론 이 단계에서는 미국 정치인들이 복음주의자들의 정치적 의견에 동조하고 있지 않았다. 하지만 1980년대 미국 정치인들은 이스라엘에 호의를 갖고 있는 강력한 유권자들이 있음을 알게 되었다. 그들은 종말론적 관심으로 이스라엘을 지지하는 복음주의자들이다. 이는 1840년대 새롭게 창설된 복음주의연합과 예루살렘 주교좌(bishopric) 설치를 주도한 사람들이 종말을 앞당기기 위해 열망했던 것과 매우 유사하다. 복음주의자들의 종말론은 밀러파(Millerites)와 존 넬슨 다비의 세대주의를 뿌리로 한 전천년주의에서 기인한 것이다.[54] 역사적으로 미국 개신교계에서 종말론은 매우 상이한 영향을 미치기도 하였다. 그것은 KKK에 의해 자행된 최악의 인종주의자들에게 있었던 반유대주의(anti-Semitism)이다.

이제 미국 복음주의자들은 미국 내 유대인 공동체와 같은 목적을 공유하게 되었다. 그들은 중동의 고대 기독교 교회의 동료 기독교인들의 의견이나 고통에 대해서는 거의 관심을 가지지 않은 듯했다. 이스라엘의 정치인들도 이런 뜻밖의 정치적 행운을 더욱 공고히 하였다. 하지만 그들은 유대인의 회심을 기대했던 복음주 종말론에 대해서는 거의 관심이 없었다. 이와 마찬가지로 지난 1650년에 암스테르담의 유대인들은 영국 청교도의 친유대주의로 인해 지원을 받았다.

---

53 W. Bass, *Support Any Friend: Kennedy's Middle East and Making of the Us-Israel Alliance* (Oxford and New York, 2003), esp. 144-50.

54 M. Northcott, *An Angel Directs the Storm: Apocalyptic Religion and American Empire* (London, 2004), 61-8.

그들은 당시 올리버 크롬웰이 유대인들의 영국 내 재입국을 허가했을 때 개신교도들이 기대했던 주제에 대해서는 거의 관심이 없었다. 지난 수십 년간 미국의 대외정책은 별다른 제동 없이 이스라엘을 지원했다. 이로 인해 결과적으로 미국과 아랍, 미국과 이슬람 세계와의 관계는 전반적으로 악화되었다.[55] 이 모든 일은 특히 중동의 전통적 기독교 공동체에겐 더욱 비참한 일이었다. 레바논과 복잡한 과정 속에 종교적 다원주의를 도입한 시리아 공화국을 제외한 다른 모든 중동 지역에서 기독교 공동체는 그 수가 급격하게 감소하며 추락하였다. 특히 이스라엘, 즉 팔레스타인 지역에서 더욱 크게 감소하였다. 정치적 혐오 및 다른 사유로 인해 이 지역의 기독교인들은 고국을 떠나 보다 덜 위험한 곳으로 이주하였다. 그들은 그리스도를 따르던 첫 세대들의 후손이지만 이제 자신들의 고향을 뒤로 하고 흩어진 것이다. 그들은 기독교 문화가 지배적인 서방 국가들에게 버림받고 배신당했다는 감정을 느끼게 되었을 것이다.[56]

지미 카터 이후 자신이 거듭난 그리스도임을 공언했던 첫 번째 대통령은 조지 부시(George W. Bush)였다. 그의 재임 기간 중 공화당과 보수주의 복음주의자들과의 유대관계는 전례 없이 가까워졌다. 그들은 복음주의 종말론을 넘어 주로 성 문제에 관심을 넓혔고, 환경과 같은 문제에 대해서는 무관심했다. 20세기에 새롭게 부상한 성관계를 통한 전염병인 후천성면역결핍증, 즉 에이즈(AIDS)의 문제가 전 세계적으로 심각해졌을 때, 부시 행정부는 에이즈 퇴치 기금을 성적 절제 프로

---

[55] J. Micklethwait and A. Wooldridge, *The Right Nation: Why America is Different* (London, 2004), 214-7. 다음의 글도 참조. J. J. Mearsheimer and S. M. Walt, "The Israel Lobby and US Foreign Policy", *New York Review of Books* (March 23, 2006); M. Massing, "The Storm over the Israel Lobby", *New York Review of Books* (June 8, 2006).

[56] 나는 이런 감정을 2008년 10월 다메섹 외곽에서 안디옥과 모든 동방을 관할하는 시리아정교회의 총대주교인 Moran Mor Ignatius Zakka I Iwas로부터 강하게 느꼈었다. 중동의 많은 지역에서 기독교인들이 고국을 떠나 피신하게 된 비참한 현실에 대해 다음 책을 참조. Dalrymple, *passim*, and A. Elon, *Jerusalem: City of Mirrors* (rev. edn, London, 1996), 223-34.

그램으로 돌렸다. 부시 대통령의 대변인이었던 존 애쉬크로프트(John Ashcroft) 장군은 오순절주의 기독교인이었다. 그는 선거에 입후보하며 클린턴(Clinton) 행정부가 낙태 클리닉을 반대자들의 폭력과 공격으로부터 보호하기 위해 설립한 기구를 폐지하겠다고 공약하였다. 하지만 그는 이로 인해 많은 비판을 당하면서 자신의 약속을 파기해야만 했다. 조지 부시 대통령은 대선 직전 「뉴욕 타임스」(New York Times)와의 인터뷰에서 성경의 창조 이야기의 위치에 대해 과거 근본주의자들의 고뇌와 유사한 입장을 표명하며, 진화에 대한 "판결은 여전히 확정되지 않았다"고 말했다.[57]

일반적으로 임박한 종말을 기대하는 사람들은 지구의 기후 변화와 이와 연관된 인간의 행위의 현실은 부정하는 경향이 있다. 그리스도의 임박한 재림을 강조하는 사람들에겐 이 시대의 위급한 신호에 인간적인 노력을 기울이는 것은 무의미했다(이는 공화당을 재정적으로 지원하는 산업 종사자들에게도 마찬가지일 것이다). 오클라호마 주 공화당 소속 상원의원, 제임스 인호프(James Inhofe)는 복음주의자로, 2002년 3월 4일 상원에서 알 카에다(Al Qaeda)가 뉴욕의 무역센터 빌딩을 파괴한 것은 미국이 부적절하게 이스라엘을 지원하는 것에 대한 하나님의 경고라고 발언하였다. 또한 2003년 7월 28일 상원에 제출한 발의에서 인호프는 지구 온난화에 대한 경고는 "미국 국민들을 기만하는 가장 심각한 사기"라고 주장하며, 연방환경보호기구(Federal Environmental Protection Agency)를 '게슈타포'라고 비난하였다.[58] 그럼에도 종교적 운동은 그 성공을 거둔 순간 분열되고 다원화되기 마련이

---

57 *New York Times*, (October 29, 2000), main section, 18. 이 기사는 다음과 같이 덧붙여 기록하고 있다. "그는 적극적으로 진화론을 불신하고 있는 것 같지는 않았다. 부시 후보의 친구는 다음과 같이 말했다. '그는 이런 문제에 대해서 큰 관심이 없다'".

58 2002년 3월 4일 국회 회의록(*Congressional Record*) S1429를 참조. 다음의 인호프의 홈페이지 내용도 참조. http://inhope.senate.gov/pressreleases/climateupdate.htm (accessed April 5, 2009). 또한 다음 글도 참조. G. Wills, "A Country Ruled by Faith", *New York Review of Books* (November 16, 2006), 8-12, at 10.

다. 더욱이, 미국의 보수적 복음주의는 이미 다양한 모습을 나타내고 있었다. 하지만 다음 세대 젊은 복음주의자들은 21세기 첫 10년간 공화당이 선거에 승리할 수 있었던 여러 사안들에 대해 이전 세대처럼 무조건 동의하지 않는 경향을 보이고 있다. 그런 가운데 환경 문제에 대한 염려는 복음주의자들에게도 중요한 이슈 중 하나가 되었다. 이처럼 미국 사회에서 적극적인 활동을 통해 영향력을 행사하게 된 복음주의자들의 변화된 모습은 1977년 이전에 상상도 하지 못했던 현상이다.

1977년 지미 카터의 대선 승리가 미국의 정치와 종교에 새로운 전기를 마련한 사건이었다면, 그 다음해인 1978년 교황 요한 바오로 2세의 갑작스런 즉위 역시 중요한 전환점이 되었다. 그의 즉위는 직전 교황인 요한 바오로 1세가 재임한 지 불과 한 달 만에 갑작스럽게 사망하면서 급작스런 교황 선거를 통해 이루어졌다(당시 바티칸이 이 비극적 사건을 부적절하게 진행하면서 이에 대한 여러 황당한 음모론이 왕성하게 제기되기도 했다). 지난 4세기 동안 오직 이탈리아 출신 감독들에게 독점되어 오던 교황직에 폴란드인이었던 요한 바오로 2세가 선택되었다. 이는 가톨릭교회 안에도 이제 급격한 변화가 일어나고 있음을 말해주는 상징적인 사건이다. 요한 바오로 2세는 1846년 선출된 교황 피우스 9세 이후 가장 젊은 나이에 교황에 즉위하였고, 이로 인해 역사상 두 번째로 오랜 기간 교황직을 수행하게 되었다. 교황에 오르기 전 카롤 보이티야는 두 번의 포악한 독재정권에 대항해 살아남은 영웅적 인물이었다. 그 두 정권은 모두 가톨릭교회의 대적으로 간주되고 있었다. 그는 외향적인 성격으로 논리적으로 의사를 표현함으로 대중을 사로잡는 '타고난 배우'(a born actor) 기질을 가지고 있었다. 그의 명망은 특별히 1981년 교황 암살 기도 사건에서 가장 잘 드러났다. 그는 이 사건에서 살아났을 뿐 아니라 암살자에게 고귀한 용서의

모범을 보여주었다.[59]

    요한 바오로 2세가 교황에 오른 사건은 폴란드 가톨릭교회가 기쁨 가운데 자신감을 회복하는 기폭제가 되었다. 폴란드는 이전에도 소련 연방 국가들 가운데 공산주의에 가장 강경하게 저항했던 나라이다. 1979년 요한 바오로 2세는 떠났던 조국 폴란드를 방문하기로 작정하였고, 당시 폴란드 정부가 이에 당황하여 허둥대던 가운데 실제로 이루어졌다. 교황의 방문은 압박과 저항의 역사 가운데 조국을 구원하는 순간으로 기억된다. 전체 국민의 삼분의 일이 모인 가운데 군중은 열광적으로 그를 환영하였고, 이들은 고국에서 행한 연설을 통해 교황을 만나게 되었다. 이 방문이 없었다면, 폴란드 노조운동(Solidarity movement)의 형성은 물론, 이후 10년간의 노력을 통해 동유럽 상황에서 진정한 폴란드 민주주의의 성립 역시 불가능했을 것이다. 이는 분명 기뻐하고 존중받아야 할 중대한 성취이다. 더 나아가 여기에는 국수주의적인 폴란드 민족주의를 뛰어 넘는 교황 요한 바오로 2세의 개인적 능력도 크게 작용하였다. 공산주의가 붕괴한 후, 그 혼란 속에서 그리스 가톨릭교회가 다시 부상했을 때, 교황은 폴란드의 동료 가톨릭 성직자들과 평신도들보다 훨씬 더 관대한 태도로 그리스 가톨릭교회가 기구들과 옛성전들을 회복하는 일을 도와주었다. 폴란드 내 갈리시아인들의 도시인 프셰미슐(Przemysl)에서 주민들은 성당을 원 소유자인 그리스 가톨릭교회에 반환하라는 교황의 명령을 무시했다. 아울러 그들은 전형적인 '동방' 스타일이었던 그 성당의 돔형 지붕을 파괴했다. 사실 이 성당은 로마의 성 베드로 대성당을 모델로 건립되었던 것이다.[60]

    이 사건은 교황이 된 보이티야로 대변되는 폴란드가 중세 초의 다원주의적 연방국(Commonwealth)과는 전혀 다른 나라임을 보여준다.

---

59 Cornwell, *The Pope in Winter*, 84-6.
60 Snyder, 211-212, and cf. ibid., 267, 276.

이 땅에서 유대인들은 거의 축출되었고, 개신교인은 극소수로 감소했으며, 또한 가톨릭교회는 강경한 반교권주의와 중세시대를 규정했던 로마교황청에 대한 의문으로 인해 거의 잊혀졌다.⁶¹ 교황의 군건한 권위와 폭정에 맞서온 고귀한 업적은 다른 문화와 사회 분위기에 대해선 그다지 적절하게 대응하지 못했다. 그는 이전 교황 바오로 6세의 완고한 입장을 기꺼이 수용하면서 다음과 같이 말했다. "나의 의무는 매우 단순하다. 비록 불합리하고 부조리해 보일지라도, 다른 사람들을 인도하는 모든 책임을 결정하고 완수하는 것이다."⁶² 이런 측면에서 교황 요한 바오로 2세는 특별히 '교도권'(*magisterium*)이란 용어를 애용하였다. 이 용어는 성경 기자들이 사용한 단어는 아니지만, 19세기부터 '권위있는 가르침'이란 신학적 의미로 가톨릭교 안에서 관용적으로 사용되었다. 이는 피우스 12세가 자신의 주장을 전개하기 위해 사용한 것에서 유래하였다. 이제 이 단어는 바티칸의 공식적 입장이 된 것이다. 요한 바오로 2세는 '교도권'을 마치 성령에 버금가는 개념으로 제안하였다.⁶³ 따라서 교황은 모든 가톨릭교도에게 교회에 대한 모든 것을 결정하고 가르칠 수 있으며, 그의 결정에 반하는 어떤 입장도 중단시킬 수 있는 권위를 갖는 것이다. 요한 바오로 2세가 즉위한 지 1년 후, 스위스 신학자 한스 큉(Hans Küng)은 가톨릭교인으로서 가르칠 수 있는 자격을 박탈당했다. 그는 이전 제2차 바티칸 공의회의 역동적 전개를 주도한 인물이다. 이러한 결정은 한스 큉이 재직했던 대학의 전 동료였던 요제프 라칭거가 1981년 가톨릭교리회(Congregation for the Doctrine of Faith) 의장으로 바티칸에 오면서, 직접 한스 큉의 오랜 신학적 작업과 사상을 조사한 후 이루어졌다. 가톨릭교리회는 이전 로마 종교재판소(Roman Inquisition)를 더욱 창의적으로

---

61 MacCulloch, 45, 483.

62 J. Cornwell, *Breaking Faith: The Pope, the People and the Fate of Catholicism* (London, 2001), 257.

63 *Magisterium*에 대해서 다음 책을 참조. Kennedy, *A Modern Introduction to Theology*, 215.

재건한 것이라 할 수 있다.

　교황의 본능적인 반공산주의 정서는 자유주의 신학에 대해서도 반감을 갖게 만들었다. 그는 그의 재임 초기인 1979년 프엘바(Puelba)에서 열린 주교회의에서 이러한 입장을 직접적으로 표명하였다. 그는 또한 남미의 성직자들이 자신들의 목회에 있어 가난한 자들을 위한 캠페인에 몰두하는 것에도 문제를 제기하며 그들과 불편한 관계에 있었다. 가장 큰 갈등의 한 사례는 상 살바도르(Sao Salvador)의 대주교 오스카 로메로(Oscar Romero)와의 관계였다. 그는 엘살바도르(El Salvador) 독재정부의 착취에 맞서며 치열하게 대립하고 있었다. 특히 여러 사제들과 수녀들이 살해당한 후 정부 요인들을 파문하는 지경에까지 이르렀다. 1980년 로메로 대주교는 로마로 사절을 보내고, 어디론가 떠날 준비를 하였다. 하지만 같은 해 그는 자신의 성당에서 미사를 집례하던 중, 우익 암살범에 의해 살해당하고 말았다.

　교황은 이 사태를 무시할 수는 없었다. 이 사건은 오래전 대주교 토마스 베켓(Thomas Becket)의 순교와 거의 유사한 경우였다. 하지만 요한 바오로 2세는 1992년 남미 주교회의에서 행한 연설에 그에 대해 순교에 관계된 어떤 단어도 사용하지 않았다. 사실 그는 준비된 원 본문에 순교란 단어를 넣었지만 실제 연설에서 이를 삭제하였다.[64] 교황은 그 자신이 이러한 남미의 상황과 갈등이 있음을 보여준 것이다. 왜냐하면 그는 공산주의만큼이나 절제되지 않은 자본주의에도 해악이 있다고 여겼기 때문이다. 그는 놀랍게도 아프리카계 브라질인들의 혼합주의 종교인 칸돔블레(Candomblé)에 대한 존중을 표했다. 1980년 교황은 브라질을 방문했을 때 칸돔블레 사제(pai de santo)가 주재하는 정화의식을 허용하기도 했다. 일반인들이 자신의 종교생활을 영위하는 일에는 관용을 베풀 수 있다. 하지만 동일한 관용을 학자들이나 성직

---

64 Duffy, 372-373; Kennedy, *A Modern Introduction to Theology*, 215.

자들에게까지 허용하는 것은 위험하지 않겠는가(그림 53).⁶⁵

요한 바오로 2세의 오랜 재위 기간 중에는 지금까지 밝혀지지 않은 그의 계획이 있었다. 그는 제2차 바티칸공의회로 인해 시작된 변화들 중 다수를 다시 원래대로 복원하고자 하였다. 우리가 이미 살펴본 대로 제2차 바티칸공의회 당시 보이티야는 공의회의 주요 결과들에 대해 회의를 적극적으로 제기한 바 있다. 보이티야의 오른팔이라 할 수 있는 라칭거는 그와 같은 입장에서 1968년 유럽을 휩쓴 학생운동에 대해 의문을 제기하며 반대하였다. 이 운동은 당시 튀빙엔(Tübingen) 대학교 교수였던 라칭거를 크게 흔들었던 사건이다.⁶⁶ 여기에 교황의 큰 난점이 있었다. 제2차 바티칸공의회 말기부터 이루어진 중요한 결론들은 여전히 많은 신망을 받고 있었고, 따라서 가톨릭교 최고 지도자들은 공의회의 정신을 나타내는 많은 중요한 내용들을 습관적으로 계속 인용하고 있었다. 이러한 문제점들 가운데 부분적으로 감춰진 갈등 속에서 은밀한 대안들을 지지하는 세력이 점차 발전하고 있었다. 성공회에서 가톨릭교로 개종한 사람들 가운데 존 헨리 뉴먼 추기경은 보수주의의자들에겐 쉽게 잊혀질 수 없는 이름이다. 제1차 바티칸공의회에 대한 그의 반론은 그의 저작들에 분명하게 나타난다. 따라서 뉴먼의 업적을 기리는 것은 제2차 바티칸공의회의 가치를 드높이는 것으로 간주되었다. 성인으로서의 그의 자질을 증명할 수 있는 기적들이 당혹스럽게도 꽤 오랫동안 나타나지 않았지만 그에 대한 숭배심은 계속 증가하여 결국 성인의 반열에 오르게 되었다.⁶⁷

이와 함께 대조적으로 한스 우르스 폰 발타자르(Han Urs von Balth-

---

65 Duffy, 372-3; Kennedy, *A Modern Introduction to Theology*, 215.

66 Shortt, *Benedict XVI*, 44-9.

67 교회 권위자들이 Birmingham에 있는 Newman의 무덤에서 그의 유해를 옮긴 것이 도화선이 되어서(그는 죽기 전 그의 시신은 그의 평생의 동반자인 Ambrose St John의 시신과 함께 매장시켜 줄 것을 요청한 바 있다) Newman 추기경은 뜻밖에도 대중들 사이에서 게이의 상징이 되었고, 이것이 그가 성인의 반열에 오른 이유가 된 것은 아니다.

asar)의 신학적 업적은 요한 바오로 2세의 재위 기간 중 크게 부각되었다. 폰 발타자르는 매우 흥미롭고 창의적인 철학적 신학을 추구하였다. 특히 그는 음악과 미술, 문학에 큰 관심을 가졌다. 그는 스위스 출신 신학자로서 당대 자국 가톨릭교계에 만연되어 있던 자유주의에 대항하였다. 그는 또한 같은 스위스 신학자인 칼 바르트의 신학적 입장과도 차이를 두었다. 사실 그 역시 나치에 대항했고, 아우구스티누스적 신학을 표방했다는 점에서 바르트와 많은 부분 공통점이 있었다. 폰 발타자르는 신학생 시절 예수회 교수들의 강좌를 접하며 그 학술적 내용들에 귀를 닫고 있었다. 대신 그는 지속적으로 히포의 아우구스티누스의 저술들을 탐독했었다. 그는 예수회뿐 아니라 베네딕트 수도회의 삶에도 동의할 수 없었다. 그는 평생 교수직의 기회를 얻지 못했다. 그의 가까운 친척이자 두 번 이혼 경력이 있었던 아드리안 폰 스피어(Adrienne von Speyr)는 신비주의자로서 성직자들에 대한 여러 문제점을 제기했다. 폰 발타자르는 폰 스피어의 의견에 큰 공감을 표명했고, 이로 인해 그는 교황 피우스 12세의 교황청의 미움을 사기도 했었다. 그는 또한 제2차 바티칸공의회에 대해서도 차가운 비평을 했는데 이것이 그의 가장 큰 업적이 되었다. 사실 그는 제2차 바티칸공의회의 신학적 자문으로 초청받지 못했었다(이는 아마도 신학적 이유는 아니었던 것 같다). 그의 저술은 제2차 바티칸공의회와 그 주도적 신학자인 칼 라너(Karl Rahner)에 대해 공개적인 반론을 제기하고 있다. 그에게 칼 라너는 바르트에게 있어 슐라이에르마허같은 존재였다. 폰 발타자르가 제기한 의견은 요한 바오로 2세와 라칭거도 공감했지만, 미처 준비하지 못해 공의회에서는 표현하지 못했던 문제들이다. 요한 바오로 2세는 1984년 폰 발타자르를 제1회 '국제 교황 바오로 6세 상'(Pope Paul VI International Prize)의 수상자로 삼았다. 교황은 자신의 시상식 연설에서 그에 대해 "빛나는 진리"(splendour of the truth)라는 표현을 사용하며 그의 업적을 칭송하였다. 이 문구는 이후 1993년에 도덕규범에 대한 요한 바오로 2세의 절대주의 견해를 잘 나타내는 교서(encyclical),

"빛나는 진리"(*Veritatis Splendor*)의 제목이기도 하다. 폰 발타자르는 그가 추기경에 서임되기 3일 전에 사망했다. 따라서 폰 발타자르를 대신해 추기경 직은 지속적으로 그의 추종자들에게 돌아갔다.[68]

교황 요한 바오로 2세는 제2차 바티칸공의회에 대한 문제를 주교들과 협력하며 토의할 수 있는 시간이 없었다. 그는 주교직의 임명권을 가톨릭교 전 역사에 유례없는 방식으로 중앙집권화하려고 시도했다. 이로 인해 그는 주교 임명에 있어 각 지방 주교관의 요청을 완전히 묵살하는 경우가 많았다. 간혹, 특히 스위스에서 교황은 이에 대적하는 세력과 마주하기도 했다. 1988년 이후 몇 년간 그리손 산맥의 한적한 평원에 위치한 쿠어(Chur) 시 주교관의 새로운 주교 문제로 인해 매우 극적인 사건이 일어났다. 이 지역은 종교개혁으로 인한 갈등 이후 오랫동안 종교적 관용을 선도했던 곳이다. 이후 몇 세기 동안 쿠어 성당 사제들을 선거로 선출하는 전통이 있었다. 하지만 교황은 스위스인들이 온전한 가톨릭교도를 잘 선출할 수 있을지 의문을 가졌다. 따라서 그는 매우 공격적인 성향의 극보수주의자인 볼프강 하스(Wolfgang Haas)를 파송하여 그 교구의 연로한 주교를 '돕도록' 하였다. 이는 곧 은퇴할 주교의 자리를 하스가 물려받도록 준비한 것이다. 그러나 쿠어 시민들은 이를 원하지 않았다. 이 새 보조 주교가 자신의 수임을 위해 도착했을 때, 많은 군중이 성당 입구를 봉쇄하고 그를 가로막고 있었다. 하스와 리히텐슈타인(Liechtenstein)의 영주를 포함한 그의 귀빈들은 입구를 막고 누워있는 교인들을 무시하고 그들을 넘어 성당으로 기어올라야 했다. 문제는 여기에서 끝나지 않았다. 그 지역의 어머니들은 자신의 자녀들을 교황이 임명한 주교의 성당에 보내지 않았다. 하스 주교가 주교직을 물려받았을 때 교회에서는 저항

---

68 E. T. Oakes, SJ, and D. Moss (eds.), *The Cambridge Companion to Hans Urs von Balthasar* (Cambridge, 2004), esp. 4-5, 194-5, 241-2, 256-68; A. Nicholas, "An Introduction to Balthasar," *New Blackfriars*, 79 (1998), 2-10, at 9; P. Endean, "Von Balthasar, Rahner and the Commissar," ibid, 33-8.

의 종소리가 울렸고, 사람들은 그의 주교관 열쇠들을 파기해버렸다. 이로 인해 교황은 마지못해 이를 수용하고, 하스를 매우 작은 공국(principality)이었던 리히텐슈타인에 새로운 주교좌를 만들어 파송하였다. 하스는 이곳의 유순한 사람들에게도 그다지 환영받지 못했다.⁶⁹

교황에게 가장 큰 어려움을 남긴 1960년대 문화혁명은 성 윤리와 전통적인 성 역할론에 새로운 가능성을 열었다. 교황은 이 모든 의식 변화를 통틀어 "죽음의 문화"(culture of death)라고 지칭하였다. 인간의 삶을 보호하기 위한 그의 열정은 미국의 복음주의자들보다 훨씬 더 지속적이었다. 요한 바오로 2세는 복음주의자들과 마찬가지로 낙태에 대한 혐오를 가졌다. 그는 또한 미국에서 여전히 자주 시행되는 사형제도에 대해서도 극렬히 반대했으며, 미국 대통령, 조지 부시가 제2차 걸프전쟁(Gulf War)에서 이라크를 침공했을 때 이를 강력히 비난하며 본인의 반대를 표명하였다. 교황에게 죽음의 문화의 가장 심각한 문제는 인공적 피임이었다. 그는 피임을 금지한 교황 바오로 6세의 입장을 바꿀 의향은 전혀 없었다. 심지어 콘돔이 전 세계에 넓게 퍼지고 있는 AIDS의 확산을 막을 수 있는 가장 효율적인 방법 중 하나임이 명백해졌을 때에도 같은 입장을 견지했다.⁷⁰

이 모든 일에 대해 요한 바오로 2세는 완고한 입장을 지속했지만(그것이 옳든 그렇지 않든), 교회 안에 가장 치명적인 성 문제로 인해 바티칸은 큰 곤경에 빠지게 된다. 그것은 성직자들이 아이들과 다른 젊은이들에게 자행한 성폭력 문제였다. 세상에 널리 만연된 이런 숨겨진 악행은 살아있는 기억 속에 남아있다. 하지만 가장 심각한 문제는 교회 역사의 숨겨진 것들을 밝히고 비평하는 사람들에 대해 교회는 냉담하게 반응했다는 것이다. 이러한 교회의 태도는 1990년대에 들어서도 여전히 지속되고 있다. 이러한 문제는 단지 세상의 모든 기념

---

69 *The Tablet* (January 8, 1999).
70 Cornwell, *The Pope in Winter*, Ch. 29. 일부 아프리카 가톨릭교 주도자들이 콘돔의 무효성에 대한 허위 진술은 이 대륙의 가톨릭교회의 명망에 큰 오점을 남긴 발언이 되었다.

비적인 기관들에 만연한 방어적인 태도 때문에만 발생하는 것은 아니다. 교회에 있어 잘못된 인식은 거룩한 안수를 통해 사제가 된 성직자는 다른 보통 사람들과는 구별되고 다른 존재라는 이미지가 오랜 유산으로 남아있다는 것이다. 이로 인해 성직자들과 같이 구별된 사람들에겐 보통 사람들과는 다른 도덕적 규범을 적용해야 한다는 이중적 기준이 더욱 일반적으로 적용되어 온 것이다.[71]

한편 요한 바오로 2세는 특별히 그가 지속적으로 지원해온 극보수주의 활동 기관인 '그리스도의 군대'(Legion of Christ)의 문제로 많은 타격을 받았다. 이 기관은 20세기 중반 멕시코에서 창설되었다. 이 단체의 창설자인 마샬 메시엘 데골라도(Marcial Maciel Degollado)는 젊은 시절 크리스테로(Cristero) 전쟁에 참여했다가 생존했던 인물이다. 그는 지속적으로 성폭행에 연루되어 비난받았지만 로마교황청과 요한 바오로 2세는 그의 재임 말기까지 이를 무시했다. 물론 그의 심복 라칭거가 요한 바오로 2세의 후임으로 교황 베네딕트 16세가 된 이후에도 같은 입장은 지속되었다. 2006년 5월 데골라도의 문제는 가톨릭교리회에 회부되었다. 베네딕트 16세 가톨릭교리회의 계승자의 입장을 보여주면서 다음과 같은 판결문을 발표하였다. "그의 고령과 악화된 건강상태를 고려하여, 교황청(Holy See)은 그에 대한 재판 과정을 중단할 것이다. 대신 그에게 기도와 참회, 모든 공적 직위를 포기하도록 권면하기로 결정하였다."[72] 이제 바티칸은 이 문제의 심각성을 심각하게 받아들이기 시작했다. 이는 스스로 성적인 순결과 경건함을 지속했던 요한 바오로에게는 상상할 수도 없는 일이었을 것이다. 하지만 이로 인해 유럽 및 전 세계 영어권 국가들에서 가톨릭교도의 치명적 감

---

71 나는 서방교회의 성직에 대한 존재론적 이론에 대한 이 *midrash*를 제시하면서 특별히 Philip Kennedy에게 많은 도움을 받았다.

72 2006년 5월 19일에 발표된 바티칸 출판부의 공식적 진술을 번역한 것이다. http://nationalcatholicreporter.org/update/maciel_communique.pdf (accessed September 14, 2008). J. Berry and G. Renner, *Vows of Silence: The Abuse of Power of John Paul II* (New York, 2004).

소를 막기에는 너무 늦은 감이 있다. 교회는 전례 없는 분노와 공격을 받았다. 이러한 공격은 아일랜드의 TV 시트콤 "테드 신부님"(*Father Ted*)에서 익살스러운 조롱과 풍자와 함께 희극화되었다. 이 문제의 영향은 이제 모든 가톨릭 세계에 심각한 문제로 남아있다.[73]

5. 자유: 기대와 두려움

교황으로서 요한 바오로 2세의 수행 능력은 파킨슨병으로 인한 건강의 문제로 점차 약화되었다. 그의 가장 중대한 위업은 공산주의 정부의 세력이 신속하게 무너지면서, 동유럽과 러시아 기독교인의 운명에 지속적인 변화를 가져왔다. 정교회의 르네상스는 철의 장막 이면에 있던 가톨릭교회의 사기와 자신감을 크게 회복하면서 이루어졌다. 동유럽에서 가톨릭교회는 공산주의, 자칭 '인민 민주주의' 치하에서 존재 의지를 상실했던 시기에도 공산주의자의 통제를 넘어 바티칸으로부터 국제적 도움을 바라볼 수 있었다. 정교회 세계총대주교의 불안정한 위치 속에서, 파나르와 모스크바 총대주교 간의 지속적 갈등 가운데 정교회에는 도움을 바랄 수 있는 협력자가 없었다.

교황 요한 바오로 2세의 첫 번째 폴란드 방문의 영향은 다른 곳에서도 폭넓게 이루어졌다. 공산주의 통치하에 있던 체코슬로바키아에서는 슬라브 기독교의 두 선구자를 기념하는 행사가 마련되었다. 그 두 선구자는 키릴 형제(콘스탄틴과 메토디오스)이다. 1963-4년은 위대한 키릴과 콘스탄틴 형제가 모라비아에 도착한 지 1100년이 되는 기념일이다. 이 행사는 공산주의 정권에 의해 세심하게 준비되었는데, 철저히 학술적인 행사로 최소한의 규모로 이루어졌다. 이 행사는 두 형제를 기독교 복음 전도자라기보다는 문화적 교사와 사절단으로서 강

---

[73] Cornwell, *The Pope in Winter*, Ch. 18.

조하였다. 또한 1985년은 메토디오스 사망 1100주년 추모일로 마련되었다. 이번에는 로마가톨릭교회가 전반적으로 행사를 주도하였다. 이 행사에 전 세계에서 약 25만 명의 신자가 참여한 가운데 모라비아의 옛 수도, 벨레흐라드(Velehrad)에 위치한 메토디오스의 묘지 사원에서 성대하게 진행되었다.[74] 체코슬로바키아에서 이처럼 많은 군중이 모인 경우는 1968년 개혁적 공산정권의 희망을 좌절시켰던 '프라하의 봄'(Prague Spring) 이후 처음 있는 일이다. 체코 정부는 이 행사에서 공식적 방문자를 약간 제한하는 것 외에는 아무것도 할 수 없었다. 이와 같은 대중의 열정이 드러난 다음 사건은 4년 후 체코슬로바키아 '벨벳혁명'(Velvet Revolution)에서였다.

1989년 말 체코슬로바키아 공산 정권의 붕괴는 피흘림 없이 신속하게 이루어졌다. 이 놀라운 축제는 12월 29일 프라하의 성 비투스 성당(St Vitus Cathedral)에서 일어났다. 그날 공산주의 연방 의회는 바츨라프 하벨(Vaclav Havel)을 대통령으로 선출하였다. 경찰의 폭력과 투옥의 피해자들과 의회 대표들, 환호하는 군중 모두가 성 비투스 성당에 함께 모여 안토닌 드보르작(Antonin Dvořák)의 "미사"(Mass)와 "찬미의 테 데움"(Te Deum)을 들었다. 체코 필하모닉 오케스트라에 의해 연주된 드보르작의 작품은 고대 라틴 찬송을 각색한 곡으로 19세기 낭만적 민족주의(romantic nationalism) 작품이다. 아직은 어리둥절하게 찾아온 자유의 기쁨을 맛보며 군중은 화려한 의자에 모여 앉아 있었다. 그 중에 90세의 연로한 프라하 대주교 프란티셰크 토마셰크(František Tomašék) 추기경이 있었다. 그는 가톨릭 합스부르크 왕가에서 태어나 첫 번째 체코 공화국 초기부터 사제로 봉직하였다. 이후 그는 나치와 공산주의의 폭력을 견뎌냈다. 성 비투스 성당의 연주회에 그는 대통령과 나란히 함께 앉았다. 몸에 맞지 않는 옷을 입었던 이 대통령은

---

74 S. Albrecht, *Geschichte der Grossmährenforschung in den tschechischen Ländern und in der Slowakei* (Prague, 2003), 199-220, 236-8.

불가지론주의 극작가로 유럽에 유입된 1960년대 문화의 상징적 존재였다. 그들 뒤에는 고위층 의원들이 앉았다. 그들은 불과 몇 주 전만 해도 단조로운 일당 체제하에 여전히 무의미한 투표를 하던 사람들이었다. 1948년 클레멘트 고트발트(Klement Gottwald)는 새로운 인민 공화국에 대한 자유민주주의자들과 가톨릭교도들의 두려움을 없애기 위해 바로 그 성당에서 이와 동일한 연주회를 명령했던 적이 있다. 따라서 1989년 이 성당에 앉아 있는 사람들 모두가 이 행사는 그때 행사의 역전이라고 생각하며 기뻐했을 것이다. 아마도 이 두 역사적 시점 모두에서 이런 장엄한 행사를 역사적으로 또한 문화적으로 장엄하게 치를 수 있는 것은 체코인들뿐일 것이다. 또한 동일하게 오직 서방 라틴교회 전통만이 이런 역설적 상황을 아우를 수 있었을 것이다. 역사적 혼란의 암울한 상황 가운데 과거의 유산을 기억하며 즐긴다는 것은 혼동 속의 행복일 것이다.[75]

소련 공산주의의 붕괴 중심에는 또 다른 종교적 기념행사가 있었고, 이는 러시아정교회가 다시 부흥할 수 있는 계기가 되었다. 1988년은 예전 키에프의 영주 블라디미르(Vladimir)가 꿈꾸는 밀레니엄이 이루어지는 해이다. 당시 소련 공산당 서기장으로 선출된 미하일 고르바쵸프(Mikhail Gorbachev)는 소련 정보국 KGB의 수장으로서 기독교가 당하는 괴로움에 대한 문제를 해결해야 했다. 그는 기념행사를 통하여 러시아 공산주의를 개혁하고 다양화시킬 수 있는 기회를 제공한다고 여겼다. 따라서 국가는 교회로 하여금 연례기념행사를 치르도록 지원하였다. 교회당이 다시 열리고, 종교교육과 출판도 다시 한 번 허용되었다. 이를 통해 정교회만 이익을 본 것이 아니라, 가톨릭교부터 침례교까지 러시아에 살아남아 있는 모든 종교그룹도 혜택을 받았다. 이들은 이전보단 훨씬 완화된 규범 가운데 자신들의 종교활동에 참여

---

[75] J. Keane, *Václav Havel: A Political Tragedy in Six Acts* (London, 1999), 382-3. 한편 Havel이 주도한 행사의 정확한 날짜는 알려져 있지 않다.

할 수 있게 되었다.[76]

고르바쵸프는 자신의 개혁이 스스로 기대하지 않았던 자유를 가져왔다는 것을 알게 되었다. 1990년 전 레닌그라드(Leningrad, 이전의 상트 페테르부르크) 주교였던 알렉시 2세(Aleksii II)는 총대주교관 장소로 선출되었다. 러시아인 어머니를 둔 그는 발칸반도에 위치한 에스토니아(Estonia) 공화국에서 태어났다. 그는 총대주교의 권위에 새로운 활기를 불러왔다. 그는 교회를 갱신하기 위해서는 과거의 중요한 비전으로 돌아가야 한다고 생각했다. 그는 20세기 초 자신의 교회가 우발적으로 추구했던 교회일치운동에 냉소적이었다. 그는 1989년 우크라이나의 그리스 가톨릭교회가 모스크바와의 연계 속에 다시 시작되면서 유입된 자유주의에 대해, 또한 교회 재산을 놓고 교회 간에 배상과 관할구역 문제로 양 교회가 계속 다투고 있는 상황에 분노했다. 이는 당시 러시아 연방과 새로 독립한 우크라이나 사이의 긴장 관계를 반영한다.[77] 주목할 만한 일은 1991년 소련이 마침내 해체되었을 때, 러시아정교회는 당시 러시아에 남아있던 "모든 기관 가운데 가장 '소비에트'(Soviet)적이었다"는 사실이다.[78] 당시의 특별한 상황 가운데 한 상징적 사건은 자연스럽게 KGB의 후신이라 할 수 있는 러시아의 지식정보부, FSB가 모스크바 교구 교회를 기꺼이 복원한 것이다. 2002년 '거룩한 지혜 교회'(Church of the Holy Wisdom)는 정교회의 완전한 위용을 갖추고 복원되었다. 이 과정은 FSB의 책임자였던 니콜라이 파트루세프(Nicholai Patrushev)가 주도했다. 그는 알렉시 총대주교만큼이나 중요한 역할을 담당하였다. 스탈린이 이 사실을 알았다면 경악했을 일

---

76 이 3년의 시기에 대한 훌륭한 다음 연구서는 Gorvachev의 말기 위기 이전에 쓰였다. M. Bourdeaux, *Gorbachev, Glasnost and the Gospel* (London, 1990).

77 S. Plokhy and F. E. Sysyn, *Religion and Nation in Modern Ukraine* (Edmonton, AB, 2003).

78 M. Bourdeaux and A. Popescu, "The Orthodox Church and Communism", in Angold (ed.), 558-79, at 5.

이며, 당대에 이와 같은 일은 결코 이루어질 수 없었을 것이다.[79]

정교회 전통의 회복 과정에 러시아에선 마땅히 존중받아야 할 아주 놀라운 일이 있었다. 그것은 러시아의 가장 역사적이며 중요한 수녀원이었던 '노보데비치'(Novodevichy) 수녀원이며, 모스크바 근교에 위치해 있다. 이 수녀원의 지도자는 매우 탁월한 인물이었던 세라피마 수녀(Mother Serafima)이다. 그녀는 귀족 가문에서 태어났으며, 본명은 바바라 바실레나 치차고바(Vavara Vasilena Chichagova)이다. 그녀는 러시아 황제 근위대 장군이었으며 이후 사제가 되었던 조부에게서 큰 영향을 받았다. 그는 스탈린에 의해 자행된 숙청 기간 중 은밀하게 사제로 서임되었고, 결국 다른 수십만 명의 희생자들과 함께 처형됐다. 치차고바는 공산당에 가입하지 않았고, 뛰어난 과학자로 활동한 바 있다. 소련이 마침내 무너졌을 때, 과부였던 치차고바는 수녀가 되기로 서원하였다. 그녀는 거의 폐허가 된 수녀원에 들어가 남은 삶을 살게 되었다. 제2차 세계대전 당시 잠시 허용되었던 교회는 노보데비치 안에 하나의 예배당과 작은 출판소를 개설했었다. 1917년 이전에는 이곳은 수세기 동안 예배와 구제, 교육 활동이 크게 번성했었지만, 이제는 아득히 잊혀진 곳이 되어 버렸다. 세라피마 수녀는 1999년 그녀가 85세의 나이로 사망할 때까지 아무 재원도 없이 5년 만에 이 보잘것 없는 공동체를 다시 번성하게 만들었다. 처음 시작할 때는 노보데비치의 수녀들은 모스크바 주변의 낡은 아파트에서 거주하도록 강요받았지만, 이제 이곳은 소련 붕괴 이후 극심한 고통에 빠진 수많은 여성들의 희망의 처소가 되었다. 이들은 함께 공예품 가게와 농장을 개설하였고, 수녀원 한복판에는 성당과 조용한 성소를 만들어 많은 사람들의 피난처가 되었다.[80]

---

[79] C. Andrew and V. Mitrokhin, *The Mitrokhin Archive II: The KGB and the World* (London, 2005), 490-1, and Pls. 23 and 24.

[80] W. L. Daniel, "Reconstructing the 'Sacred Canopy': Mother Serafina and Novodevichy Monastery," *JEH*, 59 (2008), 249-71.

이 아름다운 이야기와 더불어 러시아정교회도 러시아 사회에서 존중받는 위치를 회복하였다. 하지만 이것은 전적으로 교회에 유리한 것은 아니었다. 1997년에 발효된 '양심과 종교의 자유' 법규는 세속국가를 표방한 1993년 러시아 연방 법과는 서로 모순되었다. 하지만 러시아는 이제 "자국의 역사 속에 정교회는 러시아의 영성뿐 아니라 문화의 형성과 발전에 특별한 공헌을 하였다"는 인식을 하게 되었다. 성직자들은 갑자기 수많은 자금이 러시아 전역의 새로 건립되거나 재건된 교회에 지원되고 있는 현실에 감격하지 않을 수 없었다. 이를 상징하는 것은 당시 무너져버린 모스크바의 상징적 교회였던 '구세주 그리스도' 성당(Christ the Saviour Cathedral)을 재건하기 위해 모스크바 시장 유리 루쉬코프(Iyrii Luzhkov)의 주도로 막대한 자금이 동원된 것이다. 또한 새롭게 부상한 발칸반도의 러시아권 지역, 칼리닌그라드(Kaliningrad)에 또 다른 '구세주 그리스도' 정교회 성당이 모스크바의 양식을 모델로 하여 건립되었다. 이 지역은 이전 프로이센 영토인 쾨니히스베르크(Königsberg)였었고, 1945년 이후 새롭게 변화된 곳이다. 이 칼리닌그라드의 정교회 성당은 도시의 중심적 구조물로 디자인되었다. 이는 전쟁으로 인해 폐허가 되었다가 당시 새롭게 재건된 이전 루터교 성전을 훨씬 더 압도하는 거물이 되었고, 정치적인 중요성을 지닌 건축물이라 할 수 있다.[81] 러시아정교회 국가들 가운데 이와 같은 사례는 더 있다. 루마니아의 다인종 지역인 트란실바니아(Transylvania)에서는 21세기 첫 10년 동안 모든 공동체마다 정교회 성당이 화려하게 확장되거나 새롭게 건립되었다.

이런 가운데 모스크바 총대주교는 신학적으로 또한 사회적으로 보수적인 노선을 따랐다. 예카테린부르크(Ekaterinburg)의 니콘(Nikon) 주교는 가장 논란의 여지가 있는 인물로서, 1994년과 1998년 두 차

---

[81] 러시아정교회 건축양식의 모방 사례와 역사, 이에 대한 신학적 내용은 『3천년 기독교 역사 II』 제15장 1.과 3. 참조.

레 자신이 인정하지 않는 내용이 담긴 정교회 작가들의 책을 조직적으로 소각해버렸다.[82] 이들 작가 가운데, 알렉산드르 멘(Aleksandr Men)은 1990년 말 니콘이 주도했던 정교회 상황 가운데 의문의 죽음을 당했다. 그는 소련 체제에서 희생된 마지막 성직자였다. 알렉산드르 멘은 유대인 후예로 에큐메니칼 정신을 소유한 신학자였다. 그는 1917년 이후 고국을 떠난 정교회 신학자들의 정교회 신학 탐구에 몰두했다. 볼셰비키혁명 초기 공산당원이 범한 실수 가운데 하나는 러시아 제정 말기 활약했던 가장 흥미롭고 창의적인 신학자들의 망명을 허용한 것이다.[83] 고국을 떠나 망명한 일부 신학자들은 정교회 전통의 역동적 바탕을 유지하면서, 자신들의 서방에서의 경험을 통합하는 연구를 수행하였다. 가장 대표적인 두 인물은 알렉산더 슈메만(Alexander Schmemann)과 요한 메옌도르프(John Meyendorff)이며, 이들은 망명 후 모두 북미에서 교수로 재직하였다. 이들의 저술들은 예카테린부르크에서 다른 신학자들의 책들과 함께 소각되었다.

이와 유사한 보수주의 정서와 반서방 민족주의가 세르비아 정교회에서 지속되고 있었다. 1918년 오스트리아-헝가리 제국을 중심으로 유고슬라비아 제국이 탄생했다. 이 제국이 바로 세계대전 이전 세르비아의 전신이고, 이 제국 내에서 세르비아인은 가장 많은 인구를 가진 그룹이었다. 정교회는 세르비아인의 민족적 정체성의 중심이었고, 여러모로 더 보수적인 러시아정교회 출신 이주민들을 아우르고 있었다. 이 러시아에서 망명한 이주민들은 이단적이고 세속주의적인 서방보다는 본질적으로 이곳에서 더 큰 동질감을 느꼈다.[84] 이 혼합 국가는 양 세계대전 중간기에 민족적 자부심과 함께 발전하였다.

---

[82] Binns, 238.

[83] 다음 책은 이들의 이민의 기원과 역사에 대한 고전적 연구이다. N. Zernov, *The Russian Religious Renaissance of the Twentieth Century* (London, 1963), esp. Ch. 9.

[84] B. Geffert, "Anglican Orders and Orthodox Politics," *JEH*, 57 (2006), 270-300, at 288-94.

세르비아는 존립을 위한 투쟁의 역사에 있어, 자신들의 고난을 기독교적 주제인 고난 신학으로 수용해왔다. 이는 그들에게 상직적인 존재인 13세기 위대한 종교지도자, 성 사바(St Sava)를 기념하며 "세인트-사바이즘"(Saint-Savaism)으로 알려져 있으며, 특히 베오그라드대학교(University of Belgrade)의 정교회 신학교수들이 러시아 이주민 학자들의 영향을 받아 조장한 컬트이다.[85] 이는 세르비아를 위한 호의적 재원을 통해 제1차 세계대전 연합국들의 서방에도 조성되었다. 따라서 이 이데올로기는 반서방적인 성격을 가질 이유는 없었지만, 세르비아의 민족주의 신학자, 저스틴 포포피치(Justin Popović)의 영향으로 반서방적인 모습으로 발전하였다. 저스틴 포포피치는 양 세계대전 중간기에 옥스퍼드대학교 신학부에서 수학하였다. 하지만 도스토예프스키(Dostoevskii)에 대한 그의 박사 논문은 서방기독교에 대한 극심한 혐오를 두드러지게 나타내어 논문 심사자들의 비판을 받아 실패로 끝나고 말았다.[86]

포보비치는 개인적인 매력과 지성으로 인해 유고슬라비아 공산정권하에서 수십 년 동안 혐오와 공식적으로 고립되는 고난을 당했다. 하지만 그는 다음 세대 다양한 수도사들의 영성 형성에 큰 영향을 주었다. 그들은 1990년대 유고슬라비아 연방이 붕괴로 인한 격동의 시기에 세르비아 교회의 지도자들이 되었다. 이 시기는 부도덕하고 선동적인 정치가들이 공산주의를 대신해 더 유해한 정치적 틀을 새롭게 형성하기에 용이했던 때이다. 세르비아는 과거에도 이런 나쁜 사례가 있었다. 세르비아인들은 과거에 파블리치(Pavelić)가 주도한 (가톨릭) 크로아티아 유사 파시스트 정권 치하에서 큰 고통을 당했던 쓰디 쓴 기억이 있었다. 파블리치 정권은 과거 세르비아와 오스만제국 사이의

---

85 K. Buchenau, "*Svetosavlje* and *Pravosavlje*: Nationales and Universales in der serbischen Orthodoxie," in M. Schulze Wessel (ed.), *Nationalisierung der Religion und Sakralisierung der Nation im östlichen Europa* (Sttutgart, 2006), 203-32, at 211-4.

86 Binns, 93; Buchenau, "*Svetosavlje* and *Pravosavlje*", 221-4.

관계에 대한 매우 제한적인 이해 속에 그들을 학대하였다. 또한 파블리치 정권은 19세기 몬테네그로(Montenegro) 정교회 대주교이자 영주가 쓴 잔인한 베스트셀러 서사시, "마운틴 화환"(*The Mountain Wreath*)의 영향 가운데 이를 자행하였다. 이 작품에서 저자는 17세기 몬테네그로 이슬람교도들의 살육 사건을 찬미하고 있다.[87] 공산주의 이후 새롭게 형성된 정권과 교회의 상징적 연합은 또 다른 정치적 세력을 구축하였다. 베오그라드의 거대한 '사원'(Temple)은 16세기에 이슬람교도들이 성 사바의 뼈를 불태운 장소로 알려지면서(아마도 잘못된 해석일 것이다), 이 도시에서 가장 대표적인 건물이 되었다. 1935년 이래 이 건물은 이스탄불의 성 소피아 성당(Hagia Sophia)을 연상시키며, 터키의 속박에서 벗어나 기독교로 회복된 것을 상징하게 되었다. 이 사원의 재건축은 유고슬라비아의 공산주의자들에 의해 강압적으로 중단되었다가, 1985년에 다시 재개되었다(그림 67).[88] 이전의 유고슬라비아 전쟁에서 이러한 정치와 종교의 제휴는 잘 알려져 있지만, 이 문제는 여전히 해결되지 않았다. 세르비아 정교회는 과거에 일어난 일들을 적절히 이해함으로 이로부터 돌아설 수 있는 계기를 아직 마련하지 못하고 있다.[89]

20세기 동안 정교회와 다른 고대 비칼케돈파 동방 교회들은 많은 수난을 당했다. 이들은 같은 기간 다른 기독교 그룹들이 부상하면서, 전체 기독교계에서 수적으로나 그 활동에서 그 세력이 급감하였다.

---

[87] B. Anzulovic, *Heavenly Serbia: From Myth to Genocide* (London, 1999), esp. 51-61. 세르비아 문화의 형성과 연관된 상황에 대한 적절한 개관에 대해 다음 글을 참조. A Hastings, "Holy Lands and TheirPolitical Consequences," *Nations and Nationalism*, 9 (2003), 29-54, esp. 40-2.

[88] B. Panteli, "Nationalism and Architecture: The Creation of National Style in Serbian Architecture and Its Political Implications," *Journal of Society of Architectural Historians*, 56 (1997), 16-41, at 33-5.

[89] M. A. Sells, *The Bridge Betrayed: Religion and Genocide in Bosnia* (Bercley, CA, and Los Angeles, 1996).

1900년 정교회 신자들은 전 세계 기독교 인구의 약 21퍼센트를 차지했었다. 21세기에 들어서면서 그 규모는 11퍼센트 수준으로 떨어졌다. 반면 로마가톨릭교회는 남반구에서의 약진으로 인해 48퍼센트에서 52퍼센트로 증가하였다.[90] 하지만 이러한 '수적 점유율'의 감소는 20세기 동안 기독교인의 수가 전반적으로 크게 성장한 것에 기인한다. 하지만 더 중요하게 고려되어야 할 점은 기독교인의 수적 통계에 대한 강박관념은, 결과에 대한 낙관주의자들이나 비관론자 모두, 서방의 세속적 관심에 비해 매우 최근의 일이라는 사실이다. 영국인들이 이러한 통계적 강박관념의 창시자이며 주창자라 할 수 있다. 지난 한 세기 반 남짓 동안 영국인들은 이런 통계적 비교와 접근을 현대적으로 적용해왔다. 영국의 정치가들은 17세기 후반부터 정치와 경제에 있어 이러한 통계적 방법을 선구적으로 시행하였다. 성공회는 1851년에 영국 정부가 일반적인 인구조사와 함께 국민들의 교회 소속과 출석에 대한 통계조사를 실시하면서 이를 수용하였다. 그 결과는 약 25퍼센트의 영국인들은 여전히 국교회 예배에 출석하고 있음을 확증해 주었지만, 성공회가 스스로의 국가적 위상에 대해 결코 안심할 수 없음을 자극하였다. 성공회는 지금도 여전히 이러한 통계적 수치로 인해 걱정하거나 기뻐하고 있다. 한편 이러한 현상은 서방교회에서 성공회에만 국한되는 것은 아니다.[91]

한편 정교회와 비칼케돈파 교회는 더 전통적인 종교적 관심을 중요시하며 그 노력을 집중하였다. 그것은 수도원의 생활과 도덕성의 부흥이다. 사실 수도원은 전통적으로 이들의 신앙과 영성에 중심이 되어 온 기관이다. 1970년대부터 그리스 동북부 아토스 산(Mount Athos)과 이집트의 콥트 수도원 모두에서 예기치 못한 부흥이 일어났

---

90 Jenkins, 244.

91 F. Knight, *The Twentieth Century Church and English Society* (Cambridge, 1995), 21, 23, 31n, 35, 66; P. Slack, "Government and Information in Seventeenth-century England", *PP*, 184 (August 2004), 33-68.

다. 간혹 이들은 현대 사회에 대해 극단적으로 전통적인 입장을 취하기도 하였다. 아토스 산의 대부분의 수도원에서는 완전한 공동체적 생활을 회복하였다. 이들 수도원은 이미 수세기 전에 은둔적 수련 대신 각 개인의 영적 진로를 모색하며 개별적 삶을 영위해 오고 있었다.[92] 문제는 이러한 탈현실적 영성과 고전적 예식을 어떻게 현대 세계와 적절히 관계하고 그 안에 체계화시킬 수 있느냐는 것이다. 우리는 동방 전통의 교회들이 비호의적인 두 외부 권세 가운데 자신들의 문화를 힘들게 전수해왔는지 살펴본 바 있다. 첫 번째는 14세기부터 19세기까지 오스만제국과 이란의 이슬람 왕조이며, 두 번째는 20세기에 보다 짧지만 훨씬 더 가혹했던 소련 공산주의였다. 역설적으로 이러한 방법은 오히려 갈등을 조장하는 신학적 문제들로부터 피하는 피난처가 되었는데(그리스 시인 콘스탄틴 카바피는 다소 다른 의미에서 이를 '일종의 해결책'이라고 불렀다), 왜냐하면 교회는 그들을 가둔 벽(신학 논쟁) 너머를 보기 위해 교회의 생존에 몰두해야 했기 때문이다.[93] 반면 서방교회는 가톨릭교회와 개신교 모두 다양한 계몽주의자들과 갈등하면서, 이후 계몽주의 후예들에게 기독교를 제시할 수 있는 방법을 어느 정도 성공적으로 찾을 수 있었다. 물론 정교회는 이러한 노력들을 자주 비판했다. 모든 동방 교회 가운데 제정 말기의 러시아정교회만은 이러한 접촉의 기회를 자주 가지게 되었다. 이제 러시아정교회 역시 이러한 과정을 회피할 수 없게 되었으며, 동방 교회들에 영향을 미치게 될 것이다.

러시아와 세르비아 현대사는 잠재적인 오해를 불러일으킬 수 있다. 일부는 전통적인 유럽 기독교계가 무너지면서 점차 위축될 것이라고 생각할 것이다. 하지만 명백한 사실은 여전히 많은 기독교회들

---

[92] G. Speake, *Mount Athos: Renewal in Paradise* (New Haven and London, 2002), 173-209. 이집트 콥트 기독교의 회복에 대해서는 다음 글을 참조. A. O'Mahony, "Coptic Christianity in Modern Egypt," in Angold (ed.), 488-510, at 501-8.

[93] C. Cavafy, "Waiting for the Barbarians," (1904), qu. Speak, *Mount Athos*, 194.

이 정치적 권세와 복잡하게 얽혀 있으며, 타락한 인류를 매혹시킬 수 있는 잠재력을 가지고 있다. 또한 기독교는 평화와 함께 검도 불러올 수 있다. 창세기 기자는 가인과 아벨의 이야기에서 하나님께 드린 첫 번째 예배 이후에 바로 첫 번째 살인의 기록을 통해 이러한 지혜를 보여주고 있다. 러시아의 영향권에서 해방된 동유럽 국가에서 기독교 교회가 완전히 재건된 사례는 아직 없다. 같은 기간 미국의 '기독교 우파'(Christian Right)는 미국 정치권에 중요한 영향력을 행사하고 있다. 이는 기독교가 여전히 국가적 헤게모니를 위한 노력을 하고 있음을 보여준다. 또한 모든 지역에서 새로운 기독교의 가능성도 부상하고 있다. 1991년 잠비아의 프레데릭 칠루바(Frederick Chiluba)는 오순절 교회 신자였고, 자신의 권력과 신앙에 기초한 개혁 프로그램을 주도했다. 그는 식민지에서 벗어난 아프리카 국가들 가운데 최초로 자신의 국가를 '기독교 국가'(Christian nation)로 공포하며, "잠비아 정부와 전 국가는 예수 그리스도께 그 주권"이 있다고 선포하였다. 칠루바는 2001년 마지못해 권좌에서 물러났으며, 그의 명성은 그의 정치적 행보로 인해 크게 훼손되었다. 이후 잠비아 정권은 전 국민의 85퍼센트가 기독교인임에도 불구하고 칠루바와 같은 입장을 취하지 않았다.[94]

21세기 들어 가장 놀라운 발언이 중국 인민 공화국 지도자를 통해 발표되었다. 중국에서는 지난 수십 년 동안 모든 중국 기독교회는 극심한 압박과 박해를 당해왔다. 하지만 점차 성장해가던 중국 기독교에서는 콘스탄티누스가 밀비우스 다리(Milvian Bridge) 전투에서 승리한 후 내린 칙령을 연상시키는 사건이 일어났다. 2002년 중국 공산당 주석, 장쩌민(Jiang Zemin, 江澤民)은 스스로 기독교를 중국의 공식적 종교로 제안할 용의가 있다는 내용이 보고되었다. 과연 이 발언이 사실일까? 이 역시 역사적으로 중국 고위 관료가 종종 행한 농담에 불과

---

[94] Koschorke et al. (eds.), 273-4; I. Apawo Phiri, "President Frederick Chiluba and Zambia: Evangelicals and Democracy in a 'Christian Nation'", in Ranger (ed.), *Evangelical Christianity and Democracy in Africa*, 95-130.

한 것인가?⁹⁵ 장쩌민은 아마도 한 세기 전 최초의 중화 공화국(Chinese Republic)의 선구자였던 쑨얏센(Sun Yat Sen)이 그의 존경받는 부인과 함께 감리교도였다는 사실을 기억하고 있었던 것 같다. 그는 또한 중국이 실용주의 노선을 선택한 이후 30년간 중국의 숨겨진 기독교인의 수가 크게 급증하였다는 사실도 인식하고 있었을 것이다. 중국과 인도의 숨겨진 기독교인의 수는 1억 2천만 명으로 추산되며, 이는 전 세계 기독교 인구의 6퍼센트에 해당된다. 이 숫자만으로도 중국과 인도 기독교는 그 자체가 다섯 번째로 큰 종교 그룹이다. 더 나아가 중국 정부는 처음에는 마지못해 기독교를 허용했지만, 이제 중국의 공식적 기독교는 엄청난 규모로 성장하였다.⁹⁶

이와 유사하게 기독교에 대한 국가적 호의는 한국에서도 명백하다. 하지만 이곳에선 그 반대 정서도 이미 확대되고 있다. 2008년 이명박 정부는 한국에서 기독교의 동반자였던 불교를 차별했다는 비판을 받았다.⁹⁷ 이러한 종교 간의 대결구도는 '번영의 복음'('Prosperity Gospel)을 강조하는 많은 한국 기독교인들의 활발한 사회적 활동으로 인해 형성되었다. 지난 수십 년간 일부 영향력 있는 오순절교회는 이 세상에서의 성공에 대한 교리를 강조했다. 이 교회들은 대개 점차 주류 개신교의 노선을 따랐다. 그 결과, 신자들이 기독교 자체를 떠나지는 않았지만, 상당수는 사회적인 헤게모니를 추구하는 주류 개신교회가 아닌 대안적 기독교로 옮겨가기 시작했다. 2005년 한국의 국가 인구조사에 따르면 개신교 인구는 실제로 약 1.5퍼센트 감소했다. 같은 해 불교 신자는 약 3퍼센트 정도 소폭 증가했다. 하지만 놀랍게도 가

---

95 L. Sanneh, "Religion's Return", *TLS*, 13 (October 2006), 14.

96 Jenkins, 37.

97 다음 웹 보고서를 참조. "President's Apology", Korea Times, "Opinion" (September 9, 2008). http://www.koreatimes.co.kr/www/news/opinion/2008/09/202_30800.html (accessed 25 September, 2008).

톨릭교도는 74퍼센트 이상 급증하였다.[98]

아시아에서 새로운 기독교 세력이 발전하고 있다는 것은 분명 큰 희망일 것이다. 그들은 오래전 히포의 아우구스티누스가 성경 구절을 인용해 주장했던 다음 문구대로 행했다. "사람들을 강권하여 내 집을 채우라"(눅 14:23). 모든 종교기관 성직자의 모범을 보여주는 전형은 용감한 폴란드 사제 예르지 포페유슈코 신부(Fr Jerzy Popielusko)가 행한 다음의 연설 문구에 잘 드러난다. "살아남기 위해 소총이 필요하다는 생각은 그 자체로 말미암아 죽게 될 것이다."[99] (그는 이후 1984년 폴란드 공산주의 비밀경찰에게 살해당했다.) 기독교 교회와 삶 가운데 계속 개입하는 정치적 세력 가운데 교회들은 그 안에 또한 교회들 간에 세력 확장을 위해 경쟁했다. 이는 기독교가 그 내부에서와 더 넓은 사회적 상황에서 문화전쟁을 전개했음을 의미한다. 대부분의 전통적 교회들은 제2차 바티칸공의회 이후 가톨릭교회 안에서 전개된 갈등과 유사한 양상을 목격하였다. 남침례교와 호주 장로교회에서는 보수주의자들이 성공적으로 교회 의사결정기관의 주도권을 가지게 되었다.

성공회 내부에서는 지속적인 갈등의 연속으로 복잡하게 얼룩진 이야기가 지속되고 있었다. 이런 갈등은 종종 타협을 시도해온 서방의 자유주의 조류와 자신들의 옛 전통을 사수하고자 하는 개발도상국들의 국제적 연합 사이의 충돌로 단순하게 설명되곤 한다. 이런 모습은 단지 갈등의 한 양상에 불과하다. 늘 그래왔던 것처럼 성공회에서 문제는 그렇게 간단하지 않다. 이런 갈등 중 대부분은 미국과 유럽 그리고 다른 영어권 세계에서 문화적 주도권을 상실해가는 복음주의자들이 자신들의 세력을 회복하고자 수사적으로 또한 자금력을 동원하며 문화전쟁에 몰입한 것이다. 이러한 분위기의 한 중요한 사례는 호주 성공회의 시드니 교구에서 나타났다. 이 교구는 호주 개척 초기부

---

[98] 이 통계와 함께 많은 토의를 나눈 연세대학교 김상근 교수에게 특별한 감사를 표한다.

[99] 1982년에 행한 설교 중에서. qu. B. Chenu et al. (eds.), *The Book of Christian Martyrs* (London, 1990), 211.

터 잉글랜드국교회가 이 신세계에 성공적으로 정착하며 역사적으로 전수된 주도권을 가지고 있었다. 하지만 이 교구 안에서 두 차례의 성공적인(피흘림 없는) 쿠데타가 있었다. 이를 주도한 세력은 저교회주의 성공회(Low Church Anglacanism)와 이후의 다양한 개혁주의 개신교 복음주의였다. 우선 핵심 위원회 장악을 위한 많은 노력과 관심으로 인해, 1933년 하워드 모울(Howard Mowll)은 시드니 대주교로 선출되었다. 그는 뛰어난 능력을 소유한 교회 지도자였으며, 극동 지역에 복음주의적 영향력을 확장하였다. 그럼에도 그는 주류 에큐메니칼운동에 개방적인 입장이다. 이러한 그의 태도는 이후 1990년대 말까지 시드니 교구의 전반적 분위기를 형성했다.[100]

하지만 1990년대 젠센(Jensen) 형제를 중심으로 시드니 복음주의 그룹은 더 공격적인 입장을 취하며 부상하였다. 이는 마치 16세기보다 급진적인 영국 종교개혁자들처럼 전 세계 성공회의 일반적 조류에 맞서 이를 변화시키고자 하는 움직임이었다. 그들은 미국 부흥운동에서 기인한 복음주의자들의 방식을 차용해 캠페인을 전개하였다. 이는 어떤 의미에서 시대 역행적인 현상이다. 비록 2001년 대주교 선거에 피터 젠센(Peter Jensen)이 입후보하여 선거운동에 몰입했지만, 그들의 노력은 실패로 돌아갔다. 하지만 그들의 세력은 분명 더욱 공고해졌고, 젠센 그룹의 여러 인물들이 시드니 교구의 중요한 자리에 선임되었다. 젠센 주변 인물들은 성공회 공동기도서에 대해 부정적인 입장이었다. 왜냐하면 그것이 앵글로-가톨릭주의를 반영하고 있기 때문이다. 필립 젠센(Phillip Jensen)이 담임하던 시드니의 아름다운 성 안드레 성당(St Andrew Cathedral)은 성가대 중심의 예식을 강조하는 성공회의 오랜 전통에서 벗어나 최소한의 형식만을 수용한 예배를 선호하는 신자들로 가득했다. 시드니 교구는 성공회의 중심적 위치를 차지하는 램버스 궁전(Lambeth Palace)의 주도적 역할을 종식시키고자 하는 전 세

100　Breward, 253, 303-7.

계적 캠페인의 중심지가 되었다.[101]

이러한 성공회 내부의 갈등에 있어 , 또한 1960년대 이후 다른 많은 기독교에서도 중요한 이슈는 성 문제, 특히 동성애에 관한 것이다. 이 문제는 특히 전 세계 성공회 보수주의자들이 두 명의 게이 남성이 감독으로 선출되는 사안에 대항하며 연합하는 계기가 되었다. 그중 한 시도는 잉글랜드국교회가 비밀리에 진행하는 임명과정에서 서투른 진행으로 인해 실패하였다. 다른 경우는 미국 뉴 햄프셔(New Hempshire)에서 진 로빈슨(Gene Robinson)이 정당한 대중 선거를 통해 선출되었다. 성 윤리 문제는 전 세계적으로 보수주의자들을 결집시키는 중요한 이슈이다. 이는 기독교뿐 아니라 이슬람교에서도 모든 보수주의자가 동의할 수 있는 유일한 사항일 것이다. 이와 연관된 사례로, 성 윤리에 있어 서구적 관점을 거부한 아프리카 성공회는 동성애에 대해 비교적 관대하게 대응함으로 인해 아프리카 이슬람교도들에게 조롱과 비난을 당하기도 했다. 한편 남아프리카 성공회는 자신들의 해방을 위한 투쟁의 역사를 통해 서구적 관심에 대해 더욱 민감하게 반응해왔다. 하지만 그들의 입장은 다른 아프리카 성공회와는 달랐다. 데스몬드 투투(Desmond Tutu) 대주교는 한 연설에서 성적 순수성을 강조하면서 동성애는 '일반적 정의의 문제'라고 강력하게 주장하였다.[102]

기독교계 전반에서 이러한 갈등과 충돌 이면에는 성경과 기독교 전통에 오류가 있을 수 있는지, 또는 그것이 시대에 따라 변할 수 있는지에 대한 치열한 논쟁이 자리하고 있다. 이 안에는 또한 세상을 향한 하나님의 계획이 이성애자 남성의 우월성을 중심으로 이루어지는지에 대한 논쟁도 있다. '남성의 주도권'(male headship) 문제는 다양한

---

[101] C. McGillion, *The Chosen Ones: the Politics of Salvation in the Anglican Church* (Sydney, 2005).

[102] S. Bates, *A Church at War: Anglicans and Homosexuality* (London, 2004), 129-30; 또한 Ibid., 136-7을 참조.

시드니 성공회 그룹들의 가장 중요한 이슈이며, 이러한 성공회 신자들은 전 세계에 편재해 있다. 이들은 동성애 문제에 어떤 태도 변화도 용납하지 않으며, 이와 더불어 여성들이 감독직 또는 다른 사제직에 서임되고 안수받는 사안에도 같은 논리에서 반대 입장을 취하고 있다. 이런 논쟁의 근본적 성격을 고려한다면, 보수주의 기독교인들은 20세기 자유주의 개신교의 후예라 할 수 있는 에큐메니칼운동과 세계교회협의회(WCC)에 대해서도 회의를 표명하며 냉담하게 반응한다. 또한 이런 신념을 공유하는 보수적 기독교인들은 종교적인 연합을 형성하기도 하는데, 이는 한 세기 전에는 상상할 수 없는 일이었다. 모스크바 러시아 정교회와 로마가톨릭교회도 동성애와 여성 안수의 문제에 있어서는 같은 입장에서 한 목소리를 내고 있다. 이와 동등하게 미국의 보수적 감독교회 지도자들은 달라스(Dallas)의 한 회의장에서 회합을 갖고, 2003년 로빈슨의 성직 수임 이후 감독교회의 미래에 대해 토의하였다. 이곳에서 그들은 이름을 바꾼 로마 종교재판소의 수장, 요제프 라칭거 못지않은 강경한 인사의 메시지를 통해 격려와 힘을 얻을 수 있었다. 그들은 이 연사의 "감동적인 기도를 통해 자신의 신념에 대한 확신을 얻었고, 이 회합의 의미는 마치 켄터베리의 성 어거스틴(St Augustine of Canterbury)이 그리스도의 복음을 영국에 전하기 위해 파송되었던 것처럼, 곧 달라스 시 내부에뿐 아니라 그 너머까지 퍼져 나가게 될 것이라는 사명의식에 자극받았다."[103] 1년 후, 미국의 복음주의자들을 대상으로 조사한 설문조사는 그들이 제리 팔웰(Jerry Falwell)이나 팻 로버트슨과 같은 '종교적 우파'(Religious right) 인사들보다 교황 요한 바오로 2세를 더 신뢰한다는 결과를 보여주었다(교황은 초기 복음주의 세대에게 적그리스도를 대표하는 인물이라는 평가를 받았었다).[104]

이와 다른 상황 가운데 이런 보수주의자들의 연합은 비틀거리

---

103 Ibid., 198.
104 G. Wills, "Fringe Government", *New York Review of Books*, 6 (October 202), 46-50, at 47.

는 모습을 보이게 된다. 가장 주된 요인은 미국 개신교가 가톨릭교회 또는 정교회와 직접적인 경쟁을 벌여야 하는 지역에서 발생하였다. 1990년대 러시아 위기 상황에서 국경이 개방되자, 수많은 복음전도자들이 러시아에 입국하였다. 이들은 모스크바 총대주교를 혐오하는 사람들이었다. 많은 미국인들이 이 시기에 적극적으로 자본주의를 가져왔던 것과 마찬가지로, 같은 시기 미국의 전도자들은 이곳에 자신들의 복음주의 기독교를 열정적으로 전파하였다. 이보다 더 심각한 긴장은 남미에서 오순절운동이 크게 확장되면서 발생하였다. 오순절주의는 일반적으로 자신의 종교와 함께 미국적 언어와 미국 문화를 함께 전파하였다. 가장 안타까운 사례는 1990년대 과테말라(Guatemala) 내전이 발발했을 때, 오순절주의 선교활동은 이곳의 토착적 마야 문명권 사람들에 대해 미국의 문화전쟁과 유사한 모습으로 접근했다는 것이다. 과테말라에서 이런 문화전쟁의 양상은 현지인들을 향해 정치적이며 군사적인 태도를 취했다. 이런 비극적 사건은 거듭난 오순절주의 교인이었던 리오스 몬트(Ríos Montt) 정권과 그와 유사한 성격을 공유한 수하 장성들에 의해 자행되었고, 그 모습은 인종학살(genocide)을 방불케 하는 참혹한 희생을 낳았다. 그럼에도 수많은 희생자들은 오순절주의로 개종하였다. 이는 마치 16세기 많은 미국인들이 가톨릭교로 개종했던 것과 유사한 양상이다. 오순절주의에 대한 가톨릭교의 대응은 분열되어 있었다. 왜냐하면 당시 가톨릭교 자체가 전통주의 엘리트들과 해방신학에 영향을 받은 사람들 사이에 큰 균열이 있었기 때문이다. 그럼에도 아마도 남미 전역에서, 오순절주의에 대한 가장 효율적인 대응은 해방신학의 '전진기지'였던 공동체를 중심으로 보다 대중적이며 탈계급적인 가톨릭교회를 통해 나타났다. 하지만 바티칸은 이들의 활동을 전혀 지원하지 않았다.[105]

여기에서 주목할 점은 이 '구시대' 종교(old-time religion)가 실상은

---

[105] A. Hastings, "Latin America," in Hastings (ed.), at 365-7.

전혀 '구시대'적이지 않았다는 것이다. 복음주의자들과 오순절주의자들은 변화하는 현대 문명을 수용하지 않고 옛 모습을 유지하는 데 머물지 않았다. 그들은 자신들의 효율적 전도사역을 위해 적극적으로 현대 문명을 수용하고 적용하였다. 예를 들어, 그들은 인터넷 사용에 있어 놀라운 능력을 보여주고 있다. 복음주의와 오순절주의의 연합은 실상 의외의 결과이다. 오순절운동의 탄생기부터 1940년대까지만 해도 이러한 연합은 간능하지 않았다. 따라서 이들의 제휴는 결코 항구적일 수는 없을 것이다. 왜 성령의 은사를 통한 기독교의 갱신을 강조하는 기독교인들이 특정 교리에 대한 지성적 틀을 세우고 극단적 문자주의로 성경 본문을 해석하는 근본주의적 복음주의자들과 손을 잡게 된 것일까? 여기에는 특별한 이유는 없다. 또한 오순절운동의 영향으로 서로 다른 전통의 다양한 서구 교회들 가운데, 심지어 로마가톨릭교회에서까지 소위 '은사주의'(Charismatic) 운동이 부상했다. 이처럼 오순절운동은 다른 형태의 기독교 그룹들과 연계되며 점차 성장해 갔다. 그들은 성경에 대해 보다 유연하며, 논쟁의 여지가 있지만 매우 창의적인 방식으로 해석했다. 그들에게 성경 이야기는 고속도로 표지판이나 자동차 운전 교범이 아니었다. 자신의 종교적 체험을 외향적으로 표출한 기독교 그룹의 효시는 분명 17세기 퀘이커교도일 것이다. 복음주의 기독교는 자신들의 영성 탐구에 있어 하나의 틀에 정확하게 맞추지 않았다. 이는 오순절운동에서 더욱 잘 드러난다.

가나의 역사가인 크와베나 아사모아-기야두(Kwabena Asamoah-Gyadu)는 자신이 가나의 한 오순절주의 교회에서 목격한 광경을 다음과 같이 묘사한다. 성가대는 예배에서 보통 설교 시간을 준비하며 합창하지만, 이곳에서 성가대는 시종일관 결코 노래를 멈추지 않는다. 그들 중 일부는 몸을 떨고, 소리를 지르고, 펄펄 뛰며 주님의 이름을 송축하며 부른다. 회중들은 그들을 따라 함께 한다. 보통 이러한 모습은 한 시간을 넘긴다. 이곳에서 설교자는 굳이 설교의 필요성을 강조하지 않는다. 그들은 이미 그 자체로 충분한 은혜를 경험했기 때문이다. 이 모습은 흥미롭게도 설교를 뛰어넘는 예식(liturgy)의 승리를 보여준다. 여기에서 예식은 서방교회에 익숙한 전통적이고 형식을 강조한 스타일이 아니다. 오순절운동이 미국적 문화를 자주 수용해왔지만, 이것은 이 운동의 기원에 있어 본질적인 것은 아니다. 그들에게는 문화적 수용 이상의 다른 근원적 요소가 있다. 그리고 이들은 새로운 종교표현 양식을 세웠던 것처럼, 또한 새로운 정치를 추구하는 모습으로 진화하고 있다.[106]

여기에서 기독교 역사 속에 중요했던 주제인 천국과 지옥이 점차 자칭 전통주의자라고 자부하는 사람들 가운데서도 별다른 논쟁 없이 사라졌다는 것은 주목해야 할 사안이다. 이전 세기 가장 중요했던 주제 중 하나가 바로 지옥이었다. 하지만 지옥에 대한 가르침은 처음에는 개신교에서 그리고 이후에는 가톨릭교회에서도 점차 설교와 대중적 관심에서 멀어졌다. 특히 가톨릭교회에서는 종교개혁 직전에 가장 민감했던 주제였던 연옥 교리도 점차 관심 밖으로 멀어지고 있었다.[107] 아마도 이는 유럽의 세속화로 인한 결과일 것이다. 세상에서 가장 성공적으로 균형 있는 경제 사회를 구축한 이 대륙에서 더 이상 기독교가 말하는 천국과 지옥이 필요할까? 사실 유럽인들은 20세기 자신들이 스스로 초래한 두 차례 전쟁을 통해 지옥을 경험한 바 있다. 그들의 눈에 천국이나 지옥은 맹목적이고 어리석은 교리적 신앙에 불과한 것으로 보일 것이다. 그들은 종교적 가르침이나 절대적 이데올로기 없이 이 땅에서 천국에 대한 야망을 대신할 세상을 건설하기 원했다.

하지만 이러한 현상은 세속주의적 유럽을 넘어서, 전 세계의 자유

---

106 J. K. Asmoah-Gyadu, *African Charismatics: Current Developments within Independent Indigenous Pentecostalism in Ghana* (Leiden, 2005), 240; W. Hollenweger, *Pentecostalism: Origins and Developments Worldwide* (Peabody, MA, 1997), 200-17. 아프리카 복음주의자들의 변화하는 정치적 태도에 대한 토의는 다음 책들을 참조. Ranger (ed.), *Evangelical Christianity and Democracy in Africa*, esp. xii-xiii; P. Gifford, "Evangelical Christianity and Democracy in Africa: A Response", Ibid., 225-42.

107 가톨릭의 지옥관에 대한 시대적 변화를 알기 위해서는 다음 책을 참조. Hastings, 272-3.

주의자들뿐 아니라 보수주의자들 사이에도 깊게 침투해 들어갔다. 지옥 교리의 실종은 19세기 영국 개신교에서 은근하게 나타나기 시작하였다. 온유한 성품을 가진 신학자 모리스(F. D. Maurice)는 유니테리언주의자였다가 잉글랜드국교회로 개종한 인물이었다. 그는 영원한 형벌에 대한 개념은 성경의 메시지를 잘못 이해한 결과라고 주장하는 몇 편의 논문을 발표하면서, 1853년 자신이 봉직하던 킹스칼리지(King's College)의 교수직을 박탈당했다. 이후 이와 유사한 사상은 놀랍게도 전천년주의 복음주의권에서 나타났다. 그들은 상상력이 풍부했던 에드워드 어빙(Edward Irving)과 그가 잉글랜드국교회 안에 머물면서 별도로 조직했던 영국 제자회(English disciples)의 토마스 벅스(Thomas Rawson Birks)와 에드워드 비커스테드(Edward H. Bickersteth)와 같은 인물들이다. 이 신학자들은 여전히 자신들이 칼빈주의에 공감을 표하고 있음을 주장했지만, 지옥 화염의 온도를 낮추면서 자신들의 사상을 펼쳐갔다. 이들은 여전히 전 세계 TV 전도자들에게 절대적인 영향을 미치고 있다.[108]

기독교에 또 다른 놀라운 변화가 일어났다. 그것은 기독교적 장례의 핵심 요소였던 사후 시신을 매장하는 관습이 폐기되기 시작한 것이다. 이는 주로 서방기독교에서 일어났다. 지옥의 화염에 대한 공포가 감소하면서 화장의 관습이 나타나기 시작했다. 이는 기독인들에게 이교도적인 것으로 인식되었지만, 이제 장례 예식의 클라이맥스로 자리하게 되었다. 또한 화장이 위생적으로도 매우 좋은 일이라는 찬사가 이어졌다. 가장 오래된 기독교 교회의 공공적 모습은 장례식장이었다. 보편적으로 고고학자들은 고대와 중세 초기 기독교 문화의 양

---

[108] Maurice에 대해 다음 책을 참조. O. Chadwick, *The Victorian Church* (2 vols., 2nd edn, London, 1970-1972), I, 545-50; Irving 연합에 대해서 다음 글을 참조. R. Brown, "Victorian Anglican Evangelicalism: The Radical Legacy of Edward Irving", *JEH*, 58 (2007), 675-704, at 694-701. 또한 다음 책도 참조. G. Rowell, *Hell and the Victorians: A Study of the Nineteenth-century Theological Controversies Concerning Eternal Punishment and the Future Life* (Oxford, 1974).

상과 전파에 대한 탐구는 묘지와 그 매장된 시신을 발굴하며 이루어져 왔다. 전통주의자들은 이에 대해 어떻게 반응했을까? 그 대답은 링컨 감독, 크리스토퍼 워즈워스(Christopher Wordsworth)가 1874년 7월 5일 웨스트민스터 사원에서 행한 다음 설교 가운데 잘 드러난다.

> 형제여, 지난 1400년 전부터 고대 로마제국의 모든 지역에서 장작을 지펴 시신을 태우던 관습은 기독교에 의해 이미 폐기되었습니다…매장을 화장으로 대체하자는 주장은 기독교가 다시 이교도와 이방인들에게 굴복하는 것입니다. 이는 그 자체로 우리가 초대교회를 배신하는 행위입니다.

사실 가장 먼저 화장을 강력하게 주장한 사람들은 이탈리아의 자유주의 민족주의자들이었다. 그들은 간혹 교회 주도 아래 시신을 묘지에 매장하는 것을 금하기도 했다. 따라서 화장은 이탈리아에서 반교권주의적 행동이 되었다.[109]

워즈워스 감독은 이제 화장이 보편적인 지지를 얻어 승리한 결과에 대해 경악했을 것이다. 1860년대에는 거의 전무했던 화장은 2000년에 영국에서는 약 70퍼센트, 미국에서는 약 25퍼센트를 차지하게 되었다. 이러한 결과는 신학적인 논쟁에 의한 것이라기보다는 공공의 건강과 공간 문제를 고려한 실용적 고려에 의해 생긴 결과이다. 특히 영국과 같이 인구밀도가 높은 지역에서는 더욱 그러했다. 하지만 이와 관련해 교회 예식에는 큰 변화가 생겼다. 적어도 시신을 마지막으로 교회에 안치하는 관습은 사라졌다. 교회는 공동체의 예배 처소였을 뿐 아니라 기독교인들의 모든 삶의 양식을 담당했었다. 이제 화장 관습이 보편화되면서 시신의 마지막 담당은 아쉽게도 교회 대신 공공 치료시설에서 진행되었다.

---

[109] B. Parsons, *Committed to the Cleansing Flame: The Development of Cremation in Nineteenth-century England* (Reading, 2005), 39, 인용문은 51.

아울러 마지막 재를 처분하는 방법에 있어서 다양한 새로운 방식들이 고안되었다. 이는 개인화된 예식(ritual)이 되었다. 예를 들어, 한 플로리다의 불꽃놀이 열성자의 장례는 화장된 후 시신의 재를 로마 촛불을 사용해서 하늘로 올려 보내는 의식으로 행해졌다. 또는 무인 위성을 통해 시신의 재를 지구 밖으로 멀리 올려 보내기도 했다. 이에 대한 신학적 의미도 매우 중요하다. 이제 죽은 자의 시신은 위생적으로 안치되어야 한다는 생각이 보편화되면서, 장례 방법은 현 소비사회에서 전적으로 소비자들의 선택의 몫이 되었다. 이로서 교회는 이전의 가장 강력한 역할을 강탈당했다. 즉 교회는 짧은 인생의 주기에서 대중들의 신앙적 삶을 형성하도록 강조할 수 있는 예식의 기회를 상실하며 당황하게 된 것이다.[110]

죽음과 지옥에 대한 태도의 변화는 현대 교회의 많은 부분에서 점차 이생에 대한 관심이 증가하는 계기가 되었다. 이는 오순절운동이 강조한 '번영의 복음'(Prosperity Gospel)뿐 아니라 사회 정의를 부르짖는 해방신학의 정치적 관심도 그 사례라 할 수 있다. 물론 양자의 정치적 입장은 대개 정반대의 양상을 보여 왔다. 양자에는 또 하나의 중요한 차이점이 있다. 오순절주의자들은 주로 신앙의 기쁨으로 인해 예배에 몰두하지만, 사회 정의를 강조하는 신학자들은 한 나라의 무명의 도시에 누구의 도움도 받지 못한 채 아이가 태어나고, 식민주의자들에 의해 교수대가 설치되는 것들이 기독교 이야기의 중심이라는 사실을 상기시키기 위해 노력한다. 이러한 서로 다른 종류의 이생에 대한 강조점은 서구적 정서를 넘어 기독교 미술과 예술품들, 종교적 장소들에 지속적으로 발견된다. 하지만 이 모든 것은 기독교의 세속화를 반영하고 있다. 영국에서 성당들과 그 교회 음악은 더 이상 대중들의

---

110 S. Prothero, *Purified by Fire: A History of Cremation in America* (Berkeley, CA and Los Angeles, 2001), esp. 188-9, 202-12. 미국에서 첫 번째 화장(cremation)에 대한 주장은 1876년에 제기되었다. Ibid., 15. 또한 다음 책도 참조. P. C. Jupp, *From Dust to Ashes: Cremation and the British Way of Death* (Houndmills, 2006), esp. 193-6.

공감과 사랑을 얻지 못하며 그저 공공기관으로서의 관용으로 운영되고 있다. 파리에서도 기독교 신앙은 힘을 잃으면서 저녁기도(evensong)는 이제 찻집에서의 여유로움으로 전이되었고, 생뜨 샤펠 성당(Sainte-Chappelle)은 점차 텅 비어버렸다. 비어버린 이 대성당은 현대 프랑스 교회의 고난의 역사를 반영하는 상징이며, 그 건축 예술적 아름다움은 더 나아가 이중적 상징을 내포하고 있다. 중세적 신앙을 견지한 대성당은 천국의 문을 연 성인들(특별히 그 성당의 건립 비용을 부담한 왕들과 함께)의 유물이다. 하지만 생뜨 샤펠 성당과 이 성당의 현대식 입구에 모여든 관광객들은 고대 유물의 아름다움에 매료된 현대인들의 허무한 희망을 상징한다. 어떻게 관광(tourism)을 순례(pilgrimage)와 연계시킬 수 있을까? 과연 오늘날 교회가 그 관광객들을 순례자가 될 수 있도록 인도할 수 있을까?

계몽주의 이후 서구 사회의 의문점 중 하나는 대부분(거의 모든)의 가장 위대한 교회 음악이 자신들의 기독교 신앙을 포기한 음악가들의 작품이라는 사실이다. 에드워드 엘가(Edward Elgar)는 뉴먼 추기경의 시에 맞추어 영국 가톨릭교회의 가장 위대한 종교적 오라토리오라 할 수 있는 "게론티우스의 꿈"(The Dream of Geronitus)을 작곡하였다. 이 작품이 초연될 때만 해도 엘가는 "하나님은 예술을 반대하신다"고 믿었다. 하지만 그의 말년에 엘가는 그 어떤 기독교 신앙도 상실해버렸다. 마이클 티펫(Michael Tippett)은 그의 작품, "우리 시대의 아이"(A Child of Our Time)에서 흑인영가에 나타나는 고난받는 인간의 고뇌를 표출하였고, 그의 다른 작품, "아우구스티누스의 비전"(The Vision of St Augustine)에서는 마치 그가 오스티아 정원에서 아우구스티누스와 그 어머니 모니카와 함께 서 있는 것 같았다. 하지만 그는 그 어떤 기독교 신앙에 대한 확신을 가지고 있지 않았다. 성직자의 아들이었던 본 윌리엄스(Ralph Vaughan Williams)는 불가지론자였음에도, 영어로 된 훌륭한 찬송가집인 『영국 찬송가』(The English Hymnal)를 편집하였다. 전 세계 기독교계에 수많은 그의 찬송가 편곡과 합창곡이 널리 전파되었다. 영국의 목사이며 시인인 조지 허버트(George Herbert)의 열정적 찬송시들은 윌리엄스의 도움이 없었다면 결코 세상에 알려질 수 없었을 것이다. 심지어 러시아정교회의 교회 음악을 재구성하는 데 큰 공헌을 한 니콜라이 림스키-코르사코프(Nikolai Rimsky-Korsakov)는 정교회 신앙의 중요한 대리자로 널리 알려져 있지만, 사실 그는 극단적 무신론자였다.[111]

어떻게 이러한 역설을 이해할 수 있을까? 이미 지적한 대로, 이것은 18세기 유럽의 계몽주의로 인해 발전되어 온 세속주의 현상에서 파생한 당연한 역사적 산물이라고 말할 수 있을 것이다. 당시 기독교의 교회 음악은 예배당에서 콘서트홀로 대체되고 있었다. 여기에서 우리는 많은 예술들 가운데 음악이 가지는 특별한 성격에서 그 가능성을 말할 수 있을 것이다. 림스키-코르사코프의 동료이며, 당대 유명한 작가였던 안드레이 베일리(Andreii Balïy)는 19세기 말 예술가들이 세속적 사회에서 비세속적인 새로운 표현양식이라 할 수 있는 '상징주의운동'(Symbolist Movement)을 형성하며 그 예술적 노력을 기울이는 가운데 다음과 같이 말했다. "음악은 우주 안에 있는 것을 묘사하는 것이 아니라 우주 밖에 있는 것을 묘사한다."[112] '위-디오니시오스'(Pseudo-Dionysius)파와 아퀴나스, 동방과 서방의 신비주의자들도 하나님에 대해서 이와 동일한 표현을 했을 것이다. 하나님은 오직 그분 스스로 시내산 떨기나무 불꽃 속에서 말씀하신다. 아마도 음악은 난국을 피해갈 수 있는 한 통로였을지 모른다. 음악은 그 풍성한 가사와 어우러져, 개신교 종교개혁의 여러 분파의 경험 가운데 성경의 말씀과 더불어 우리 안에 거해왔고, 그 안에는 은혜와 진리가 충만했다.

---

111 J. Northrop Moore, *Elgar: Child of Dreams* (London, 2004), 44-5, 65-6, 70-1, 77, 130; I. Kemp, *Tippett: The Composer and His Music* (Oxford and New York, 1987), 9, 29-33, 154, 386-391; P. Holmes, *Vaughan Williams: His Life and Times* (London, New York and Sydney, 1997), 35-7, 42-3; S. A. Morrison, *Russian Opera and the Symbolist Movement* (Berkeley, CA, and London, 2002), 116-7, 121-2.

112 Qu. ibid., 115.

본서는 결론이 없다. 왜냐하면 예수 그리스도와는 달리, 계몽주의 이후 서구 세속주의 전통에 서 있는 역사가들은 인간의 이야기에 결정적 판단을 해야 한다고 생각하지 않는다. 본 역사서는 우리의 과거에 어떤 일들이 있었는지를 말하며 한 가지 사실에 중점을 두었다. 그것은 기독교라 불리는 종교 안에 엄청난 다양성이 존재했다는 것이다. 다음의 문구는 영국 비국교도 전통의 위대한 찬송 시인, 아이작 왓츠(Isaac Watts)가 만든 시의 한 부분이다. 이 노래는 지금도 성가대에서 자주 불리고 있으며, 부르는 사람들을 웃음 짓게 만든다.

이 세상 모든 만물아 주 앞에 **경배**(*peculiar honours*) 하여라.[113]

왓츠가 표현한 것은 마지막 때에 보좌에 앉으신 그리스도께 모든 희한한 대상들을 보여드리고 그로 인해 그분을 기쁘게 해드리는 것을 의미하지 않는다. 그의 18세기 영국식 영어 표현에서 왓츠는 각 개인의 종교체험에 나타나는 영광스러운 특별함을 말하고자 한 것이다. 즉 하나의 특별한 기독교적 표현은 그 상황에서 적합한 것이다. 하지만 이 모든 것은 다른 상황에서는 의도적으로 왜곡되곤 하였다. 한 시대에 조롱받고 박해받은 엽기적인 모습들이 그후 다른 상황에서는 존경받는 행동이나 사상으로 추앙받는 사례는 매우 많다. 예를 들어, 노예해방이나 여성 안수, 또는 육식과 담배를 절제하는 규범들이 그러한 경우이다.[114] 한스 우르스 폰 발타자르가 교회사의 양상에 있어 영적 체험의 절대적 개별성을 강조한 것은 매우 현명한 견해이다. 때로는 이로 인해 그는 경쟁자들과 논쟁하기도 했었다. 그는 다음과 같이 말했다. "교회는 지금까지 오랜 어둠을 견디고 마침내 공동체의 밝은

---

113 I. Watts, *Psalms of David* (1719): "Jesus shall reign where'er the sun⋯" 굵은 글씨는 필자의 강조.
114 이에 대한 정확한 지적은 다음 책에 잘 드러난다. P. Jenkins, *Mystics and Messiah: Cults and New Religions in American History* (Oxford and New York, 2000), esp. 17-8, 232-5.

빛 가운데 부상하는 경험 없이는 아무 열매도 맺지 못했다."[115]

21세기를 맞아 대부분의 기독교의 문제점들은 기독교의 큰 성공으로 인한 것이다. 2009년 전 세계 기독교 신자는 20억 명 이상이다. 이 수치는 지난 1900년 통계의 거의 네 배에 달하며 전 세계 인구의 삼분의 일에 해당된다. 기독교에 필적할 라이벌 종교는 현재 5억 명의 신자를 가진 이슬람교라 할 수 있다.[116] 적어도 교회사에 나타난 기독교의 오만으로 인해 생긴 문제들은 우리에게 진지한 메시지를 던진다. 보다 심각한 난제는 20세기 동안 기독교가 다양성에 대한 관용과 개방이 두드러져가는 사회와 투쟁해왔다는 사실이다. 이는 유럽과 캐나다, 호주와 대부분 지역의 미국에서 동일하게 발견된다. 과연 이 시대에 비극와 함께 승리를, 고난과 함께 용서를 전하는 새로운 메시지가 유럽인들과 그들에 동조하는 다른 모든 기독교인에게 나타날 수 있을까? 세속주의는 나치즘과 소련 공산주의처럼 기독교의 대적일 수밖에 없는가? 이전에도 기독교는 항상 시대 조류에 따라 갱신되어 왔듯이, 세속주의 또한 기독교가 새롭게 갱신될 수 있도록 기회를 제공해 주지는 않을까? 이제 더 이상 종교가 그다지 필요하지 않다고 여기는 이 사회에, 기독교가 그 수많은 얼굴들을 통하여 여전히 우리 사회는 종교가 중요하다고 깨우쳐줄 수 있는 새로운 메시지를 찾아낼 수 있을까?

아마도 기독교의 원죄(Original Sin) 사상은 모든 인간의 삶의 문제에 대해 가장 신빙성있게 응답해줄 수 있는 개념인 것 같다. 인간의 죄악에 대한 가장 중요한 제안은 신비의 회복이다. 기독교 안에 있는 여러 이야기들을 알고 있는 사람들에게 이 신비의 경험에서 회복의 가능성을 발견할 수 있을 것이다. 그 신비는 곧 하나님 말씀에 대한

---

115 H. U. von Balthesar, *The Moment of Christian Witness* (San Francisco, 1994; first published 1966), 32.

116 이 통계는 다음 자료를 참조하였다. *International Bulletin of Missionary Research*, 33 (2009), 32: Global Table 5.

경청과 묵상에서 온다. 기독교는 역사적 경험에서 너무나 다양한 모습을 보여 왔고, 이제 그 모든 비밀을 밝히 드러낸다면, 앞으로도 그 안에 놀라운 일들이 계속될 것이다.

| 참고 문헌 |

This is designed to provide general introductory reading or classic works in English in the various sections of the book. Detailed reading on particular topics is cited in the notes relating to each chapter, often in works in languages other than English, and is not necessarily repeated here; the same applies to books listed in the table of abbreviations.

기독교 역사 전반에 관한 참고 문헌

Indispensable for reference is the present-day manifestation of a work quirkily Anglo-Catholic in flavour in its first guise half a century ago, but now transformed, E. A. Livingstone (ed.), *The Oxford Dictionary of the Christian Church* (4th edn, Oxford, 2005). Reliable too are the expert essays themed by region and Church in K. Parry (ed.), *The Blackwell Companion to Eastern Christianity* (Oxford, 2007). A work of reference which has no peer in any other culture, providing biographies of individuals connected with the British Isles/ Atlantic Isles or the British Empire, is the *Oxford Dictionary of National Biography*, best consulted in its regularly updated and corrected form as http://www.oxforddnb.com/index.js. Papal official pronouncements from the pontificate of Leo XIII are to be found on the Vatican website at http://www.vatican.va/holy_father/.

Of making surveys of Christian history, there is no end. A slightly less daunting way in than the present volume, with more emphasis on primary documents, is J. Comby with D. MacCulloch, *How to Read Church History* (2 vols., London, 1985, 1989), and an incisive and lavishly illustrated survey is O. Chadwick, *A History of Christianity* (London, 1995). R. Harries and H. Mayr-Harting (eds.), *Christianity: Two Thousand Years* (Oxford, 2001), is the concise published result of a course of public lectures by Oxford academics celebrating the millennium. More meditative, while providing a brief chronological overview, is E. Cameron, *Interpreting Christian History: The Challenge of the Churches' Past* (Oxford, 2005), and a magisterial if controversial study from a major twentieth-century combatant in Roman Catholic history is H. Küng, *Christianity: Its Essence and History* (London, 1995), translated from Küng's *Christentum: Wesen und Geschichte* (Munich, 1994). Another more reluctant combatant, Primate of All England, compellingly distils an exceptional historical imagination into R. Williams, *Why Study the Past? The Quest for the Historical Church* (London, 2005). A. F. Walls, *The Cross-cultural Process in Christian History: Studies in the Transmission and Appropriation of Faith* (Edinburgh, 2001), provides a refreshing perspective from an expert on the history of Christian mission, with an enviably wide chronological sweep.

Beyond these, there are multi-volume surveys of the field, notably the *Oxford History of the Christian Church*: a series of individually authored stand-alone studies of particular periods, still sailing as majestic in their blue livery as a twentieth-century ocean liner, and edited by the brothers O. and H. Chadwick, themselves the embodiment of one era in European church history. Fine multi-authored volumes of the *Cambridge History of Christianity* cover the whole span in nine volumes, and single-authored volumes in the *I. B. Tauris History of the Christian Church* provide crisp surveys also aiming to span the history of the Church. I cite particular volumes from all three of these series in section bibliographies below. The same survey task is performed by expert multiple authors in a single volume: A. Hastings (ed.), *A World History of Christianity* (Grand Rapids, 1999). An astonishing, not to say daunting, multi-volume account of Christian theology by one of the princes of American liberal Protestant theology is J. J. Pelikan, *The Christian Tradition: A History of the Development of Doctrine* (5 vols., Chicago and London, 1971-89). Even more monumental, from a great Jesuit intellectual historian, is F. Copleston, *A History of Philosophy* (9 vols., London, 1946-75). Western Christianity is so inextricably tangled with Western culture that it is worth consulting the comfortingly sensible synthesis of J. S. McClelland, *A History of Western Political Thought* (London and New York, 1996). The tangle is interestingly interpreted from a classic Jesuit background in J. O'Malley, *Four Cultures of the West* (Cambridge, MA, 2004). The mystical and spiritual dimension of Christianity is dealt with in L. Bouyer, *A History of Christian Spirituality* (3 vols., London, 1968-9). The Paulist Press *Classics of Western Spirituality* series, with volumes now running into triple figures, is a user-friendly series of translations presenting a rich variety of Western spiritual writers. One tradition within the West can be sampled in G. Rowell, K. Stevenson and R. Williams, *Love's Redeeming Work: The Anglican Quest for Holiness* (Oxford, 1989).

Christian history lends itself to particular themes treated over long periods. A model of popular history covering two millennia is E. Duffy, *Saints and Sinners: A History of the Popes* (3rd edn, New Haven and London, 2006), engagingly supplemented by R. Collins, *Keepers of the Keys of Heaven: A History of the Papacy* (London, 2009), and, on an allied theme, there is wise guidance and exposition from N. P. Tanner, *The Councils of the Church: A Short History* (New York, 2001). Larded with ecclesiological documents is E. G. Jay, *The Church: Its Changing Images through Twenty Centuries* (2 vols., London, 1977-8). Two books dealing in an engaging and personal manner with the everyday Christian encounter with the Christian Bible over the centuries are J. Pelikan, *Whose Bible Is It? A History of the Scriptures through the Ages* (New York and London, 2006) and L. A. Ferrell, *The Bible and the People* (New Haven and London, 2008). As a counterbalance, one might care in prurient mood to read D. Nash, *Blasphemy in the Christian World: A History* (Oxford, 2007). C. Harline, *Sunday: A History of the First Day from Babylonia to the Superbowl* (New York, 2007) has a fine eye for changing social detail. M. Rubin, *Mother of God: A History of the Virgin Mary* (London and New York, 2009) brings a major assembly of literature and art and a sadly appropriate awareness of the relevance of anti-Semitism to her subject, to supplement the sparkling M. Warner, *Alone of All Her Sex: The Myth and Cult of the Virgin Mary* (London, 1976). J. Dillenberger, *Style and Content in Christian Art* (London, 1965) is a classic introduction to this subject, while N. MacGregor and E. Langmuir, *Seeing Salvation: Images of Christ in Art* (London, 2000) is an illuminating and often surprising survey. A thorough introduction to a related field is A. Doig, *Liturgy and Architecture from the Early Church to the Close of the Middle Ages* (Aldershot, 2008), while N. Pevsner, *An Outline of European Architecture* (London, 1990), established itself as a classic soon after publication of the original version in 1942; the *Buildings of England/Scotland/Wales/Ireland* series initiated by Pevsner is an architectural gazetteer of which all other countries should be envious. M. Stringer, *A Sociological History of Christian Worship* (Cambridge, 2005), attempts the unenviable task of uniting sociology, history and liturgy, with fruitful results.

In regional studies attempting to span a whole chronology, English church history is decently served by D. L. Edwards, *Christian England* (rev. edn, London, 1989), while a fine team of authors providing a variety of lively spotlights on the subject is captained by S. W. Gilley and W. J. Sheils (eds.), in *A History of Religion in Britain: Practice and Belief from Pre-Roman Times to the Present* (Oxford, 1994). On the United States, a splendid if monumental study is S. E. Ahlstrom, *A Religious History of the American People* (2nd edn, New Haven and London, 2004), and is rivalled (indeed, exceeded in its coverage of Canada) by M. Noll, *A History of Christianity in the United States and Canada* (Grand Rapids, 1992). R. E. Frykenberg, *Christianity in India: From the Beginnings to the Present* (Oxford, 2009), is the best coverage of the subject. Quite brilliant, even moving, from a participant, is A. Hastings, *The Church in Africa 1450–1950* (Oxford, 1994), which is unfair competition for a wise and informative longer survey also principally authored by a European who made Africa his life, B. Sundkler and C. Steed, *A History of the Church in Africa* (Cambridge, 2000). An unusual and valuable collection of primary sources is K. Koschorke, F. Ludwig and M. Delgado (eds.), *A History of Christianity in Asia, Africa, and Latin America 1450–1990: A Documentary Sourcebook* (Grand Rapids and Cambridge, 2007).

제7부
시험대에 오른 하나님(1492–현재)

D. Cupitt, *The Sea of Faith: Christianity in Change* (London, 1984), is a concise statement of this important theologian's historical reflection on the Enlightenment and its significance for Christianity, paralleled in its radical questioning and historical analysis by P. Kennedy, *A Modern Introduction to Theology: New Questions for Old Beliefs* (London, 2006). A more sober but highly useful historical account is D. Rosman, *The Evolution of the English Churches 1500–2000* (Cambridge, 2003), and a wide sweep of a central topic is N. Atkin and F. Tallett, *Priests, Prelates and People: A History of European Catholicism since 1750* (London, 2003). A counter-theme of some importance is dealt with by D. Nash, *Blasphemy in Modern Britain 1789–present* (Aldershot, 1999).

제21장 계몽주의: 기독교의 동료인가 적인가?(1492–1815)

There is a lack of any short introduction to the religion of the period, but a superb collection of essays is to be found in S. J. Brown and T. Tackett (eds.), *The Cambridge History of Christianity 7: Enlightenment, Reawakening and Revolution 1660–1815* (Cambridge, 2006). J. I. Israel, *Radical Enlightenment: Philosophy and the Making of Modernity 1650–1750* (Oxford, 2001), offers a superb reinterpretation of the origins of the Enlightenment which has won much approval. O. Chadwick, *The Popes and European Revolution* (Oxford, 1981), is perhaps Chadwick's most remarkable and original book; there is nothing else like it, although D. Beales, *Prosperity and Plunder: European Catholic Monasteries in the Age of Revolution, 1650–1815* (Cambridge, 2003), is a richly enjoyable and equally original treatment of one aspect of the same subject, beautifully illustrated. J. McManners, *Church and Society in Eighteenth-century France* (2 vols., Oxford, 1998), is unequalled in its treatment. Of the vast literature on the French Revolution, D. Andress, *The French Revolution and the People* (London, 2004), is one of the most interesting recent considerations.

제22장 유럽, 깨어났는가? 다시 잠들었는가?(1815-1914)

An absorbing survey of European religion, perhaps a little kind to Roman Catholicism, at least by omission, is M. Burleigh, *Earthly Powers: The Conflict between Religion and Politics from the French Revolution to the Great War* (London, 2005). The Oxford History of the Christian Church series serves the period well with O. Chadwick, *A History of the Popes 1830-1914* (Oxford, 1998), and N. Hope, *German and Scandinavian Protestantism, 1700-1918* (Oxford, 1995). A fine life of one who appears far more important in retrospect than he seemed at the time is J. Garff, *Søren Kierkegaard: A Biography* (Princeton, 2005), and one who was immediately recognized as exceptional is superbly portrayed in J. Browne, *Charles Darwin* (2 vols., London, 1995, 2002). Of the literature on Marian devotion in the nineteenth century, D. Blackbourn, *Marpingen: Apparitions of the Virgin Mary in Bismarckian Germany* (Oxford, 1993), is perhaps the most important case study of an extraordinary phenomenon in European society. J. McManners, *Church and State in France 1870-1914* (London, 1972), is a concise survey of a deeply riven era of French politics, whose fruits are to be sampled more seriously than a comic novel might normally promise in G. Chevallier, *Clochemerle-les-Bains*, whose French original of 1934 has various English translations. M. Angold (ed.), *The Cambridge History of Christianity 5: Eastern Christianity* (Cambridge, 2006) is a sure guide to the travails and growing ascendancy of Orthodoxy during the period.

O. Chadwick, *The Secularization of the European Mind in the Nineteenth Century* (Cambridge, 1975), is a fine survey, while on a more restricted subject, O. Chadwick, *The Victorian Church* (2 vols., 2nd edn, London, 1970-72), is written with such lightness of touch that one hardly notices its two-volume size. Other dimensions of English religion are well served by F. Knight, *The Church in the Nineteenth Century* (London, 2008), and British theology is serviceably introduced by B. M. G. Reardon, *Religious Thought in the Victorian Age* (London, 1980); background documents are usefully gathered in A. O. J. Cockshut, *Religious Controversies of the Nineteenth Century: Selected Documents* (London, 1966). One of the most balanced accounts of the Oxford Movement and its consequences, by a primate of the allied Swedish Lutheran Church, is still Y. Brilioth, *The Anglican Revival: Studies in the Oxford Movement* (London, 1933). The character of nineteenth-century Anglicanism is beautifully traced in the works of D. Newsome, *Godliness and Good Learning: Four Studies on a Victorian Ideal* (London, 1961), on the impact of religion on education, and his *The Parting of Friends: A Study of the Wilberforces and Henry Manning* (London, 1966). Newsome also wrote an illuminating dual biography of *The Convert Cardinals: John Henry Newman and Henry Edward Manning* (London, 1993), though the standard biography of Newman is still I. Ker, *John Henry Newman* (Oxford, 1988).

제23장 개신교 세계 선교운동(1700-1914)

In addition to the surveys of particular regions listed above under 'General Reading for All Christian History', the essayists of S. Gilley and B. Stanley (eds.), *The Cambridge History of Christianity 8: World Christianities c. 1815-c. 1914* (Cambridge, 2006), should be eagerly consulted. The greatest of world empires of the period is presented in B. Stanley, *The Bible and the Flag: Protestant Missions and British Imperialism in the Nineteenth and Twentieth Centuries* (Leicester, 1990), A. Porter, *Religion versus Empire? British Protestant Missionaries and Overseas Expansion, 1700-1914* (Manchester, 2004), and J. Cox, *The British Missionary Enterprise since 1700* (New York and London, 2008). A principal theme tangled with that story and Britain's American offshoot is magisterially discussed in both D. B. Davis, *Inhuman Bondage: The Rise and Fall of Slavery in the New World* (Oxford, 2006), and C. Kidd, *The Forging of Races: Race and Scripture in the Protestant Atlantic World, 1600-2000* (Cambridge, 2006). I. Breward, *A History of the Churches in Australasia* (Oxford, 2001), is judicious and comprehensive.

제24장 평화가 아닌 폭력으로(1914-60)

J. Morris, *The Church in the Modern Age* (London, 2007), provides excellent shapes for the period, expanded by the essays in H. McLeod (ed.), *The Cambridge History of Christianity 9: World Christianities c. 1914-c. 2000* (Cambridge, 2006). The best guide to Western theology over the last century is P. Kennedy, *Twentieth Century Theologians: A New Introduction* (London, 2009). Admirable in its clarification of much that is complicated is A. Anderson, *An Introduction to Pentecostalism* (Cambridge, 2004), although it lacks the panache of G. Wacker, *Heaven Below: Early Pentecostals and American Culture* (Cambridge, MA, 2001). A. Hastings, *A History of English Christianity 1920-1990* (3rd edn, London, 1991), is both reflective and hugely entertaining. W. Dalrymple, *From the Holy Mountain* (London, 1997), is (in addition to being fine travel literature) a sobering account of the agony of Christianity in the Middle East over the last century.

제25장 문화전쟁(1960-현재)

H. McLeod, *The Religious Crisis of the 1960s* (Oxford, 2007), examines the cultural shift which sparked a turbulent half-century, from the point of view of one historian who remembers being there. As events unfold, it is difficult to provide reading which will keep pace with them, but the early twenty-first century saw a 'battle of the books' which put discussions about Christianity and religion in general back in the public sphere to a degree they have not been in some while. Developing a line of essentially anthropological thought, the biologist Richard Dawkins argues in *The God Delusion* (London, 2006) that there is no longer any need for God and no 'evidence' to support religious belief; the professional polemicist Christopher Hitchens produced a polemical follow-on in *God is not Great: The Case against Religion* (London, 2007). Against this, A. Wooldridge, *God is Back: How the Global Revival of Faith is Changing the World* (London, 2009), makes the point that Christianity is resurgent almost everywhere except 'old Europe' and that there may already be more Christians in China than any other country in the world. In a number of subtle and impressive studies, particularly *Black Mass: Apocalyptic Religion and the Death of Utopia* (London, 2007), the philosopher John Gray has argued that whatever the level of overt Christian observance in the old world, Christianity has had a decisive influence in shaping secular movements from the Enlightenment to Communism.

A sobering analysis of the recent US story is M. Northcott, *An Angel Directs the Storm: Apocalyptic Religion and American Empire* (London, 2004). M. A. Sells, *The Bridge Betrayed: Religion and Genocide in Bosnia* (Berkeley and Los Angeles, 1996), unflinchingly examines a conflict of the period whose roots and course form one of the most shaming indictments of European religious divisions. One work from Britain's leading expert on Soviet religion which captures the moment of change in Eastern Europe as it happened is M. Bourdeaux, *Gorbachev, Glasnost and the Gospel* (London, 1990). J. Cornwell, *Breaking Faith: The Pope, the People and the Fate of Catholicism* (London, 2001), expresses many of the tensions felt in the worldwide Catholic Church. The council which helped to spark them is given a more upbeat analysis by the essayists of R. F. Bulman and F. J. Parrella (eds.), *From Trent to Vatican II: Historical and Theological Investigations* (Oxford, 2006). One controversial form of Roman Catholicism can be sampled in A. T. Hennelly (ed.), *Liberation Theology: A Documentary History* (Maryknoll, 1990). W. Hollenweger, *Pentecostalism: Origins and Developments Worldwide* (Peabody, MA, 1997), is an impressive survey by the scholar who pioneered serious study of the worldwide movement which has nurtured his own faith, and the essayists of T. O. Ranger (ed.), *Evangelical Christianity and Democracy in Africa* (Oxford, 2008), hint at a possible positive nexus between Christianity and politics in a so-far persistently troubled continent.

| 색인 |

ㄱ

가나(황금해안) 253-254, 405, 455
가나안
    의 종교 233
가톨릭 종교개혁
    프랑스의 105
가족 129, 272, 275, 279
    또한 낙태; 결혼도 참조
갈리아주의 105, 121, 174
갈릴레오 갈릴레이 71
갈릴리 341
감독제, 교회정치체제 178
    로마가톨릭교 내에서 387
    성공회 내의 178-179
    에큐메니칼 367
    예루살렘의 앵글로-프러시아 주교좌 167
    와 여성 419-421
감독직의 사도적 계승 174, 179
감리교 182, 256, 259, 272, 293, 360, 367, 368
    독일에서 344-345
    미국에서, 감리교감독교회 178, 280, 289, 293, 400
    분열 272
    세계선교 228, 231
    아프리카에서 244, 247, 252-253, 256
    영국에서 154, 170-171, 182, 244
    인도에서 367-368
    중국에서 449
    태평양지역에서 234-239
    통가에서 238
    또한 성결운동; 웨슬리도 참조
강대상 395
개신교 186, 191, 203, 206, 209-210
    와 국가 공산주의 355-356, 381-382
    와 나치주의 340-345
    의 특징 165-167
    해방신학 398-404
개종 42
    이슬람으로부터의 257

로마가톨릭교로의 177
개혁교회 49, 166, 256, 271, 360, 407
    남아프리카의 406-412
    독일의 157
    미국의 203, 280, 400
    북미의 203, 294-295
    스위스의 342-343
    스코틀랜드의 63-64
    저지대국가들/네덜란드공화국 74-79
    중국의 271-272
    특징 341-342
거룩한 바보
    러시아의 304
건축
    고딕 262
    정치적 442, 445
게오르크 빌헬름 프리드리히 헤겔(1770-1831) 160-163, 165, 203-204, 207, 212
결혼 330
    과 예수 그리스도 246-247
    기독교적 태도 251-252, 327, 390-391
    사제 247, 391
경건주의 89, 98, 114, 158, 160
계몽주의
    계몽 군주 116
    와 노예제 217-220, 280, 289-290
고고학 126, 206, 285, 310, 457
고교회(성공회) 157, 167, 170-183, 262, 360, 363, 377

관용 76, 236, 431, 434, 460
    과 에라스무스 76
    네덜란드에서 74-83, 89-94
    러시아에서 118-119
    아일랜드에서 118
    영국에서 118
    오스트리아에서 118
    잉글랜드에서 90
    프랑스에서 118
교권주의 387
교도권 430
교리문답교사
    아프리카의 242, 253
교서, 교황의
    "사도적 관심"(1896) 182
    우니게니투스(1713) 107
교육
    개신교 158-159, 370, 407
    로마가톨릭 106, 169, 404
교황권지상주의 136-137, 141, 148, 387
교황령 127, 141-142, 197, 324
교황제
    근대 세계에서 323-339, 382-396
    무오성(1870) 148-149, 168, 197, 358, 388, 391
    선출 136-137
    수위권 주장 122, 174
    에 대한 복종 117
    와 노예제 228
    중앙집권화(근대적) 126-127, 135-152

교회
    의 본질 387
교회에서 평신도 활동 77-78, 138-139,
    143-144, 156-157, 178-179,
    276-278, 304-305, 330, 368-
    369, 393-394
    또한 교권주의도 참조
교회와 국가
    그리스에서 194
    근대 유럽에서 135-138, 171-175
    독일에서 340-342
    라틴아메리카에서 328
    부간다에서 251
    북미/미국에서 144-145
    스페인에서 339
    통가에서 238
교회의 전통 190
군대 319
    와 기독교 301, 303, 322-323, 344
군주제
    신권 166
    와 기독교 340-341
    이스라엘 민족 236
그루지야교회 184, 355
그리스 가톨릭교회(귀일교회) 148, 247,
    350, 355, 356, 429, 440
    또한 루테니아 정교회도 참조
그리스정교회 259, 311
    또한 비잔틴제국, 콘스탄티노플, 그
    리스, 중세와 근대, 정교회도 참조
그리스도, "기름부음 받은 자"
    그리스도 왕, 축일 330

근본주의와 문자주의
    기독교의 211, 295, 422
    이슬람의 240
급진적 종교개혁 97
    이탈리아에서 74-75
기도 102
기독교
    근대 중동의 317
    미래 453
    와 계몽주의 364
    와 탈식민화 404
    의 겸손 352, 363, 412
기적 78, 243, 432
    또한 치유; 예수 그리스도도 참조
길드(신도회, 비밀결사) 151
    정교회의 187-188
김일성(1912-1994) 402
꾸란
    역본 86

ㄴ

나치당과 나치 334-338, 340-355
    또한 히틀러도 참조
낙태 416, 423, 427, 435
남미 139, 142, 328, 431, 454
남성 70, 96-100, 137-138, 140, 143,
    153-157, 282, 422
남색(소도미) 75
    또한 동성애도 참조

남아메리카
    의 포르투갈인 327
낭만주의 132, 159, 191, 230, 348
낭트
    칙령철회 84, 104
네덜란드공화국(북네덜란드)
    아프리카의 406-407
    의 관용 74-76, 90
    의 아르미니우스주의 76-77
노동조합 333
노예제도 156, 202, 215-218
    계몽주의와 101
    교황제와 228
    기독교인들의 노예제 지지 215-221, 289-291
    노예무역 및 노예제 폐지, 대영제국 202, 222-228, 267, 280
    노예제 반대운동 215-228, 280
    무슬림과 217-218
    미국의 노예제 폐지, 미국 157, 280, 289-291
    복음주의자와 202
노조운동 429

ㄷ

다볼산 그림 56
다소의 바울/사울(64-65년 사망) 42, 44
    서신
        과 결혼 246
        과 베드로 205, 341
        과 아우구스티누스 342
        과 예수 212
단선율 348
단성론 기독교 176, 256, 258, 309-310, 317
    또한 에티오피아; 단의론 논쟁; 시리아정교회도 참조
단의론 논쟁 317
담배 462
대각성운동 89, 101, 278, 280, 284
대서양 제도 54
대속적 속죄 211
대영제국 54
    보어전쟁 407
    선교사들과의 관계 255, 261-265, 405-406
    쇠퇴 318-323, 356-357, 424-425
    의 성공회 172, 179-180, 233-239
대주교
    랜달 데이비슨(1848년 출생, 1903-28년 재임, 1930년 사망) 353, 366
    로드(1573년 출생, 1633-45년 재임) 87
    아서 마이클 램지(1904년 출생, 1961-74년 재임, 1988년 사망) 394
    윌리엄 하울리(1766년 출생, 1828-48년 재임) 230
    토마스 베켓(1118년 출생, 1162-70년 재임) 431
    프레데릭 템플(1821년 출생, 1896-1902년 재임) 203

대학교 158-159
　근대 158-160, 378
데살로니가 312
데이비드 흄(1711-1776) 95, 103, 113
도교 38, 239
도마 72
독신
　성직자의 183, 247, 391, 413
독일 91, 131, 400
　독일제국 168-169, 206, 335, 340
　로마가톨릭교 128-131, 140, 145,
　　168-170, 334-339
　문화전쟁 139, 168, 335
　바이마르 공화국 334
　제3제국과 나치 335-356
　통일 165
　황제/카이저
　　빌헬름 2세(1859년 출생, 1888-
　　1919년 재위) 301, 308
　또한 신성로마제국; 루터교회; 개혁
　　교회도 참조
동방교회 41
동성애 232, 251, 297
　근대 서양에서 96, 356, 410, 415,
　　417, 452-53
　와 기독교 183
동정녀, 성모 마리아
　교회의 어머니 390
　근대 유럽에서 139-140, 146-147
　무흠잉태 146-147
　성모승천 126, 148, 151, 358
　수태고지 59, 404, 그림 25, 30

와 개신교인 92
중재자 390
하나님의 어머니 60

ㄹ

라테란 공의회
　라테란협정(1929) 333
라틴아메리카 242, 328, 336
　와 오순절주의 380-381
　해방신학 398-399, 402, 418, 454
라틴어 386, 395
　예전의 395
라호르 361
랍비 168, 204, 210
램버스 궁전 180, 451
　램버스 회의 180, 365-366, 392,
　　그림 52
러시아
　러시아혁명(1917) 187, 305-307,
　　397, 443
　러일전쟁 259
　로마노프 왕조 303, 306, 324, 354
　방언 295-297
　소련 305-306, 334, 336, 345,
　　347, 350, 354-358, 366, 382,
　　408, 429, 439
　와 세르비아 192
　와 오스만제국 184-185, 198-199,
　　308-309
　와 제1차 세계대전 299-310

와 제2차 세계대전 354-355
의 유대인 187, 443
차르
니콜라스 1세(1796년 출생, 1825-
55년 재위) 186
니콜라스 2세(1868년 출생, 1894-
1917년 재위) 301, 303
알렉산더 1세(1777년 출생, 1801-
25년 재위) 186
알렉산더 2세(1818년 출생, 1855-
81년 재위) 188-190
피터 1세 "대제"(1672년 출생,
1689-1725년 재위) 185-186,
194-196, 304, 354
KGB와 FSB 439-440
황후
알렉산드라(1872년 출생, 1894-
1918년 재위) 303-304
엘리자베스, 1709년 출생, 1741-
62년 재위) 116
캐서린 2세 "대제"(1729년 출생,
1762-96년 재위) 116, 185-
186, 189

러시아정교회
옛 신자들 187
와 러시아 연방 440, 442
와 서방기독교 453-454
와 소련 304-308, 354-356, 439-
443
와 에큐메니즘 364-365
인물 189
자선사업단체 188

주교회의 304
런던 96, 150, 182, 362
대화재 74
성 바울 성당 153, 409
런던선교회 228, 231-234, 238, 252,
261, 362
로마 93, 136, 138, 142
교황, 주교
그레고리 16세, 바르톨로미오 카
페라리(1765년 출생, 1831-46년
재위) 227
그레고리 7세, 힐데브란트(1073-
85년 재위), 또한 그레고리우스
개혁도 참조 136
레오 13세, 빈첸초 페치(1810년
출생, 1878-1903년 재위) 138,
150-151, 182, 210
바오로 6세, 조반니 안젤로 데메
디치(1897-1978년 재위) 324,
390-394, 413, 430, 433, 435
베네딕트 15세, 자코모 델라 키에
사(1854년 출생, 1914-22년 재위)
303, 326-327, 332
베네딕트 16세, 라칭거, 요제
프(1927년 출생; 2005-년 재위)
390, 436
요한 23세, 쥬세페 론칼리(1881년
출생, 1958-63년 재위) 383-
390
요한 바오로 1세, 알비노 루치아니
(1912년 출생, 1978년 재위) 383,
428

요한 바오로 2세, 카롤 보이티야
(1920년 출생, 1978-2005년 재위)
331, 383, 398, 422, 428-437,
그림 26
이노센트 3세, 로타리오 데이 콘
티(1160/61년 출생, 1198-1216년
재위) 136
피우스 6세, 조반니 안젤로 브라
스키(1717년 출생, 1775-99년 재
위) 104, 125
피우스 7세, 바르나바 키아라몬티
(1740년 출생, 1800-1823년 재위)
125, 127
피우스 9세, 조반니 마스타이 페
레티(1792년 출생, 1846-78년
재위) 141, 146-147, 150, 168,
324, 332-333, 428
피우스 10세, 주세페 멜키오레 사
르토(1835년 출생, 1903-14년
재위) 210, 325, 328, 332,
358, 384
피우스 11세, 아킬레 라티(1857년
출생, 1922-39년 재위) 324,
329, 332-333, 335, 339, 384
피우스 12세, 에우제니오 파첼리
(1876년 출생, 1939-58년 재위)
335, 339, 349-351, 358-359,
384-385, 390, 430, 433
바티칸과 바티칸 시국 104, 147-
149, 334-336
산탄젤로 성 149
성 베드로 대성당 104, 148, 383,
그림 26
순례 140, 149
시스티나 성당 218, 396
유대인공동체 351
이탈리아의 로마 점령 147-148
카타콤 149, 그림 2

로마가톨릭교
19세기의 부흥 119, 126, 135-152
교도권 430
근대 세계의 135-153, 184, 194,
323-339, 355-356, 359-360,
381-382, 444-446
독일의 131, 139, 145, 169, 334-
339
러시아의 439-440
벨기에의 138, 145, 301
북미/미국의 274, 278, 375-376
아프리카의 247-248, 253-256,
380, 404-405, 435
영국의 144-146, 150, 171-172
와 계몽주의 103-111
와 국가공산주의 355-356, 381-
382
와 내세 456
와 성(性) 391-392, 435-436
와 성서비평학 210
와 에큐메니즘 363, 369-370,
386-387
와 은사주의운동 455
와 토마스주의 382
유럽 밖의 선교 241-242
일본의 273-274

제2차 바티칸공의회 이후의 383-396, 432-437, 450
중국의 242, 270-271, 273
중동의 317
폴란드의 145-146, 168, 347
프랑스의 104-111, 119-128, 151-152
한국의 274-278
로마제국과 황제
   황제
      교회와의 동맹 178, 299, 446-447
루드비히 포이에르바하(1804-1872) 134
루르드에 나타난 성모 147
루마니아
   정교회 442
루소 109, 112-114, 123
루시
   군주, 키예프
      블라디미르, 바질(958년 출생, 980-1015년 재위) 439
루터 62, 161
루터교회(복음주의)
   독일의 145, 157-158, 168-170, 203-204, 210
   북미/미국의 400
   아프리카의 379-380
   예루살렘의 167
   와 나치 340-346
   와 저항 352
르네 데카르트(1596-1650)
   와 데카르트주의 94-95
리투아니아 145

ㅁ

마다가스카르 252
마틴 루터(1483-1546) 81
   구원론 211-213, 340, 392
   와 유대인 341-342
모르몬교회(말일성도예수그리스도의교회) 286
매리 애스텔 100, 155
메노나이트 97, 307
메사추세츠 99, 298, 401
메소포타미아(이라크) 310
메카 147, 240
멕시코(뉴스페인) 138, 328-331, 397, 436
모니카 460
모라비아 437
모라비아 형제교회(유니타스 프라트룸) 159, 228, 232, 292, 그림 62
모세 83, 86, 402
모스크바 304, 357, 366, 440-442
   총대주교좌 355-356, 440-442, 454
   크렘린 305
목회
   군목 323
   목회자 선택 180
   여성 155-157, 410, 419-421
목회능력 159
몽골 357
무굴제국 239, 264
무신론 75-76, 79, 109, 111, 198, 208, 333, 339

무하마드 257
    또한 꾸란도 참조
묵시와 묵시사상 89-90
    과 복음주의자 229-230, 376-377
    근대 유럽의 154, 230
문자
    한글/한국어 277
문자해독력
    미국의 278-279
문화전쟁 139, 168
뮌스터 307
미국 357
    1812년 전쟁/영미전쟁 278
    개신교 특징 145, 278-279
    건국시조 282, 290
    과 개혁교회 202-203, 294-295
    과 기독교 우파 448
    과 라틴아메리카 380
    과 성혁명 413-421
    과 일본 273-274
    과 탈식민지화 402-406
    과 화장 457-459
    국가 215-216
    금주법 374-376
    남북전쟁 269, 289, 292, 376
    대공황 372
    독립선언 121, 280
    로마가톨릭교회 144-145, 279, 375
    마샬 플랜 357
    미국독립혁명 120, 144, 171-172, 225, 279-280
    민권투쟁 397-402
    베트남의 413
    성공회/미국성공회 176-180, 279, 377, 411-412, 453-454
    아프리카의 252-253
    필리핀의 364
    의 사회주의 132-133
    의 정교회 305
    의회 291, 399-400, 427-428
    자생 기독교(밀러파, 모르몬, 오순절 운동도 참조)
    태평양 식민지들/하와이, 필리핀 231-232, 362
    헌법 291, 375
미사 325, 359, 438
    에 대한 공격 431
    장엄 미사 105
    첫 번째 성만찬 325
    추모 미사 348
    트리엔트 공의회의 395-396
미술 459
    가톨릭 404
    러시아 305-307
    아프리카 253
미켈란젤로 부오나로티(1475-1564) 218
민주주의
    근대 유럽의 331-334, 430
    민중신학 402-403
    아시아의 403
    아프리카의 410
믿음의 말씀 372-373, 403
밀라노(메디올라눔) 334

ㅂ

바그다드 41
바르톨로메 데 라스 카사스 397
바벨론
    바벨탑 279
    의 유대인 284
바흐(1685-1750) 50, 212, 그림 36
박해 107, 198, 448, 462
    감리교인의 239
    개혁교회신자의 76
    공산주의자의 450
    러시아정교회의 198
    로마가톨릭교인의 76, 117-118, 그림 17
    무슬림의 198
    소련의 307, 354-356, 443
    중국인의 448
반가톨릭 104, 109, 322
반가톨릭주의 143
    대영제국의 126-128, 220-221, 320-322
    멕시코의 329-331
    스페인의 336-339
    프랑스의 119, 348
반교권주의 149, 252, 419, 458
반기독교 104, 124
반삼위일체론자 81
    잉글랜드의 68, 81
반유대주의 187, 332, 348, 351, 425
    근대 유럽 152, 187, 340-344, 425
발칸반도 311, 356, 440, 442
    의 기독교 196

방언 292, 295-297, 371, 377
    또한 오순절주의도 참조
버몬트 282-283, 285
버지니아 291
법
    과 기독교 도덕성 417
    영국 법, 관습법 67, 417
베네딕트 85
베네딕트회의 규칙과 수도원운동 433
    성 마우어, 모리스트 85
베니스
    와 교황제 384
베드로, 사도/게바(64년 사망) 370
    와 바울 341
베를린 114, 157, 170, 352, 그림 47
    마틴 루터 기념교회 345, 그림 48
    베를린 의회 255
    베를린대학교 158, 160, 165, 168, 302
베스트팔리아 평화조약 169
벨기에 118, 131, 138, 145, 194, 301, 326
    왕
        레오폴드 2세(1835년 출생, 1865-1909) 255, 405
복음서 375, 그림 1
복음전파협회 262
복음주의 359-361
    '보수적' 372-376, 424, 428
    18세기 영국의 89, 244
    복음주의 연합 168, 425
    서구 근대화 362
    성공회 171-173, 183, 217, 265,

322, 358
영어권의 의미와 묵시주의 228
와 노예제 202, 217, 222
와 선교 157, 182-183
와 오순절주의 373
와 절대금주주의 280-281
와 페미니즘 101, 152-153
특징 425
볼테르 109-111, 143
부흥회
복음주의적 210-211, 280-283, 295, 320
또한 '대각성운동'; 선교도 참조
불가리아와 불가족
근대 195-196
차르
보리스 3세 308
불가지론 208, 375
비엔나
비엔나회의 128
비전 63, 66, 86, 100, 117, 133
비칼케돈파 교회 445-6
빌립 259

ㅅ

사보나롤라 지롤라모(1452-1498) 123
사순절 92
사제와 사제직
여성 419-421
사탄 99, 270, 371, 379

또한 악마도 참조
사회개혁 150-151, 156, 191, 294
사회복음 360, 372, 400
사회주의 132-133, 301, 331
사회주의 인터내셔널 301
산업혁명 129, 131, 180, 230
삼위일체 47, 298, 370-371, 420
와 오순절주의자 370-371
상트페테르부르크 117, 191-192, 305, 440
샤 왈리-알라 239, 262
서기 55
서방기독교
와 계몽주의 61, 72-89, 114-115, 157-159, 212
선교
개신교 156-157, 200-201, 207, 214, 제23장, 359-360, 382
대영제국과의 관계 255-256, 261-266, 405
로마가톨릭 323-327, 380-382
북미 개신교 339-400
성공회 179-180, 182, 228-230
설교 385, 450, 455-456, 458
개신교 93, 281
개혁교회 93
루터교 93
성공회 93, 302, 458
설교단 33
또한 설교도 참조
성결운동 293, 296, 360-361
성경 43-44, 46-47, 53, 63, 66, 152-

153, 235, 236, 243-244, 274, 285, 358, 399-400, 411
과 노예제 218-221, 289-291, 412
구약/타나크 84, 101, 204, 260, 375
권위 77-78, 82-83, 211
성경 각 권 259-260, 297, 370, 399
   로마서 343
   마가복음 373
   마태복음 294
   베드로전후서 343
   빌레몬서 82
   시편과 시편찬송 259
   에스겔 85-86
   요한계시록 68, 388
   요한복음 그림 1
   창세기 218-219, 221, 448
   출애굽기 220
성경봉독 403-404
신약 87, 101, 152, 204-205, 218, 260, 351
알레고리적 해석 86
에 대한 비방 108
역본
   스코필드 관주성경 377
   시리아어성경 219
   흠정역성경, 킹 제임스 성경 153, 270, 283, 286
주석과 연구 81-87, 160, 203-211, 219-222, 245, 340-341, 360, 389

또한 화상도 참조
성공회 154, 170-183, 259, 293-294, 360, 363, 396, 451-452
   남아프리카의 406-411, 452
   뉴질랜드의 179, 235-236, 420
   아프리카의 246-252, 256-257, 259, 377, 452
   오스트레일리아의 237, 450
   와 근대 문화전쟁 450-454
   와 성 391
   와 에큐메니즘 363-368
   용어의 기원 173-174, 179-180
   인도의 261-262
   카리브해의 262
   홍콩의 420
성과 섹슈얼리티
   복음주의자들 421-422, 426-427, 452-453
   와 로마가톨릭교 392-393, 435-436
   해방운동 408-409, 413-421, 452
성령 292-293, 296, 298, 370, 389, 430
   세례 293, 296
   여성 420
   조명 81
성례전 108, 178-179, 325
성만찬 53, 112, 169, 185, 325, 330
   성찬식 횟수 325
성만찬 축복 예식 395
성상과 기독교 조각
   과 개신교인 153
성상파괴와 성상혐오

한국에서　276
성 역할　422
성인　383
성전기사단　45
성지　140, 152-153
　　　마리아 성지　140
성직교육, 신학교, 신학대학
　　　성공회　183-184
　　　오순절　374
성흔　140, 그림 25
세계교회협의회　361, 364, 369, 453
세금　255
　　　교회에 내는　324-325
세례　177
　　　사후세례　288
　　　성령세례　293, 296
　　　와 기우제　245
　　　와 오순절주의자　371-372
　　　평신도에 의한　276-277, 330-331
세르비아　192-195, 301, 366, 443
　　　의 정교회　346, 366, 443-447
세 명의 사기꾼에 대한 보고서　83-84,
　　　86, 110, 111
세 번째 은총　296
세속적 성직자　189
세속화　413-414, 421, 456, 459
소교구와 교구사제
　　　이슬람의　185
소아시아(아나톨리아, 터키)
　　　의 중세 및 근대 기독교　195-196,
　　　298, 308-309, 311-313, 367-
　　　368

소키누스주의　75
　　　네덜란드공화국에서　77
　　　잉글랜드에서　223
　　　폴란드-리투아니아에서　75, 77
쇠렌 키에르케고르　162-165, 183, 205
수녀
　　　근대 유럽의　138-139, 146, 153,
　　　338-339, 386, 441
　　　해체된 수녀원　106, 139-140
수도원장　136
수사, 수도원과 수도원운동　118, 399
　　　근대 유럽의　138
　　　불교　271, 274-276
　　　성공회　408-409
　　　콥트　446
　　　프랑스의　104-105
　　　해산과 모욕　107, 117-119, 123-
　　　124, 127-128, 142
순교　402
　　　개신교인의　252
　　　라틴아메리카에서　431
　　　로마제국에서　148-149, 그림 2
　　　부간다에서　251
　　　폴란드에서　450
　　　한국에서　276-278
순례　460
　　　근대 유럽에서　137-140, 149
　　　로마　138, 148-149
　　　루르드　146-147, 151
　　　마펭엔　139
스미르나　33, 그림 51
스웨덴　93, 364, 379

스위스 110, 142, 293, 342-343, 364, 430
   의 로마가톨릭교 433-434
   또한 바젤; 취리히도 참조
스코틀랜드 63, 64, 66, 103, 132, 155
   분열(1843) 180-181
   스코틀랜드장로교 103, 179, 256, 318, 321-322
   와 주술 64
   와 프리메이슨 63-65, 108, 142-143
   재결합 322
스콜라주의 62, 69, 70
스탈린 305, 307, 354-356, 440-441
스페인 74-75, 142, 166, 327
   공화국 331, 336
   과 네덜란드 74, 그림17
   아메리카의 제국 165-166, 327-328, 397
   왕
      알폰소 13세(1886-1931년 재위, 1941년 사망) 337
      과 교황제 334
   의 유대인 72-75
   의 이슬람 74
   프랑코 총통 339-340
스페인(후에는 오스트리아 치하의 네덜란드) 105, 118-119
   또한 벨기에; 저지대국가들도 참조
스피노자 77-84, 86-87
시 460, 462
시내산 461

시리아 40, 197, 317, 426
   근대 197-198, 426
시리아정교회 426
시몬 킴방구(1887-1951) 379
   와 킴방구교회 379
시에라리온 225-227, 241, 246, 249
시편찬송 91, 396
식민화와 식민주의
   와 기독교 231, 278
신비가(신비주의 그리고 관상)
   와 유대교 74
   와 이슬람 74
신성로마제국
   몰락 128, 169
   합스부르크 왕조(제국의 대공-주교) 128
   황제
      레오폴드 2세, 투스카니 대공(1747년 출생, 1790-92년 재위) 116
      조셉 2세(1741년 출생, 1765-90년 재위) 118
      찰스 5세(1500년 출생, 1519-55년 재위) 334
      프란시스 2세, 헝가리 왕, 후에 오스트리아 황제(1768년 출생, 1792-1806, 1806-35년 재위) 128
신성모독 61, 107
신앙 205
신학 63, 65, 69-70, 105-106
   정교회 191, 442-444
십일조 325
십자가와 십자가상 53

종교미술의 404
십자가의 요한 74
십자군 47

ㅇ

아담 69, 72, 82-83, 221
아돌프 폰 하르낙(1851-1930) 206, 302, 341-342
아돌프 히틀러(1889-1945) 334-335, 338-341, 343-346, 349, 352
아라비아 240
아르메니아
　아르메니아인 대학살 198, 310, 317
　의 기독교 355
아르미니우스주의 282, 296
　화란의 77
아리스토텔레스(기원전 384-322) 111, 160
　와 기독교 69-70
　와 아리스토텔레스주의 111, 160
아메리카 82
아바스 칼리프 196
아빌라의 테레사 74
아시아 90, 185, 357, 450
　종교 207-209
　탈식민화 404
아이작 왓츠(1674-1748) 462
아일랜드(하이버니아) 414, 416
　공화국 323, 358

아일랜드국교회, 개신교 92, 170-172, 319
　에서 로마가톨릭교 144, 171-172, 323-326, 358, 437
　혁명 319-323
아테네 164, 312
아토스 산 304, 446
아프리카 357, 362, 지도 1(261)
　의 개신교인 326
　의 로마가톨릭교인 327, 393
　의 영국인 225-226, 239-261, 407
　의 오순절주의자 374-382, 448-449
　탈식민지화 377-380, 404-413
아프리카계 미국인 225, 253, 260, 292
아프리카계 미국 기독교 260, 292, 그림 61
악마 84, 87, 373
　또한 적그리스도; 사탄도 참조
안수 283, 296
　여성의 420, 453
알라두라 교회 377
알레고리 86
　성경에서 86
알레포 317-318
알렉산드리아 86
알렉세이 호미아코프 191
알룸브라도파 74
알파벳 111
암스테르담 67, 74-75, 77-78, 81-82, 96, 425
앙시앵 레짐 119, 123, 131, 134, 136

앵글로-가톨릭 174, 177, 181-183, 322, 363, 367, 409, 417, 421, 451
앵글로-색슨 233
얀센주의 106-108, 112
양성론 40
양태론 370
   또한 단일신론도 참조
얼스터 281, 319
   또한 북아일랜드도 참조
에데사, 브리티움, 우르파
   왕
      아브가르(기원전 13-50) 82, 318
에든버러
   선교대회(1910) 365
에라스무스(데시데리우스/헤라스무스 헤리추운) 62, 76, 80, 84, 109
   와 관용 76
   와 성경 84
에이미 샘플 맥퍼슨 371, 373, 377
에이즈 426
에티오피아 255, 257-260, 336
에티오피아 교회 245, 257, 259
   의 개신교 선교 245
에티오피아 황제(Negus)
   메네릭 2세(1844년 출생, 1889-1913년 재위) 258
   요한네스 4세(1831년 출생, 1872-89년 재위) 258
   테오드로스 2세(카싸, 1813년 출생, 1855-68년 재위) 258
   하일레 셀라시에(1892년 출생, 1930-74년 재위, 1975년 사망) 260
여성 249, 254, 271, 276, 284
   과 계몽주의 95-101
   과 교육 100-101, 400, 419
   과 기독교 276-277
   성직자로서 155-157, 410, 419-421
   예언자로서 154-155, 186, 254, 284
   지도력과 기독교 행동주의 96-101, 137-140, 188-189, 241, 280, 372, 375, 377-380
여호와 378
여호와의 증인 284, 356
역법
   그레고리력 367
역사서술과 그 의미
   근대 서양의 85-86, 160-162, 461-462
   르네상스 61
   와 개신교인 203
연옥 379, 456
영국 113, 118-119, 132, 170-183, 193, 215-227, 415, 425-426
   과 제1차 세계대전 299-303, 310-311, 366-368
   과 중국 267-274
   과 화장 458
   내의 관용 118, 144, 170-172
   내의 로마가톨릭교인 144, 150, 171-172
   여왕

빅토리아, 여왕-여제(1819년 출
생, 1837-1901년 재위) 171, 318,
323
영미전쟁 278
왕
  조지 3세, 하노버의 선제후, 아일
    랜드 왕(1738년 출생, 1760-1820
    년 재위) 262
  조지 5세(1865년 출생, 1910-36년
    재위) 301
  의회 130, 172, 222-227, 262,
    289, 353
  하노버 왕조 119
  또한 대서양제도; 대영제국; 잉글랜
    드; 아일랜드; 스코틀랜드; 웨일스
    도 참조.

영국자유교회 177, 365

영국 제도 54, 183

영성파 75

영혼 45, 78, 84, 94, 181

예루살렘 205
  루터교회 167
  성묘교회 43, 167, 그림 21
  앵글로-프러시안 연합 주교 175
  정교회 총대주교 184
  파괴된 72

예배당
  러시아 346, 442
  로마가톨릭 105, 324, 327, 347,
    395-396
  성공회 173-174, 377
  에티오피아 258-260

정교회 301, 442

예수 그리스도(여호수아/예수아) 72, 82,
  132, 160, 186, 268
  구속 268
  기적과 치유 281
  노아로서 218
  대제사장으로서 388
  로고스/말씀으로서 461
  미술 속의 59, 404, 그림 65
  부활 72, 92, 211, 404
  신성 94, 210, 372
  신약에서 설명하는 예수의 생애(동
    정녀 탄생) 211, 371-372
  십자가형과 죽음/수난 164, 211,
    290, 299, 388, 459-460
  아브가르와의 서신교환 82
  어린 시절 59-61
  "역사적" 204-205
  예수의 이름 370
  와 결혼과 이혼 247
  와 하나님 나라 204-205
  왕 323-339, 462
  의 변형 그림 56
  의 어록 294, 403
  의 재림, 파루시아 283, 293
  의 조롱 60-61, 그림 65
  인성 94, 402
  주님으로서 448

예수회
  억압 103-104, 107, 117-119
  예수회의 회복(1814) 128
  와 교육 103-104, 110, 117, 158

와 얀센주의　106-108
　　　와 토마스주의　433
　　　전도방식　181
　　　중국에서　106, 그림46
　　　초창기　75
　　　프랑스에서　94, 106, 110
예언자
　　　기독교　107-108, 154-155, 185-
　　　　186, 237, 249, 254, 282-284,
　　　　377-379
　　　히브리　253-254
　　　또한 여성도 참조
예전　143-144, 457-458
　　　가톨릭 사도적　295-296
　　　루터교　98
　　　서방 라틴/로마가톨릭　394-396
　　　성공회　174, 179-183
　　　오순절　371-372, 455-456
　　　트리엔트　395
오경　86, 246
오르간　91, 105, 212, 299, 345
오순절　292, 295
오순절주의　292, 296, 369, 371-372,
　　　413, 454
　　　라틴아메리카의　380
　　　미국의　292-298, 369-374, 426-
　　　　427
　　　아프리카의　379-380, 448, 455-456
　　　와 복음주의자　370-371, 455
　　　웨일스의　321
　　　한국의　373, 381, 402-403
　　　또한 은사주의 기독교도 참조

오스만제국　197-198, 239, 300, 308,
　　　311
　　　과 기독교인　446-447
　　　기독교인들의 대량학살　193, 198,
　　　　310
　　　술탄
　　　　압둘 하미드 2세(1842년 출생,
　　　　　1876-1909년 재위, 1918년 사망)
　　　　　197
　　　의 몰락　300, 309, 366, 지도
　　　　4(316)
　　　의 쇠퇴　184-185, 192-198, 240,
　　　　257
오스트레일리아　450, 463
　　　원주민　237
오스트리아　117-118, 344, 352
오스트리아-헝가리 왕조와 오스트리아 제
　국　443
　　　황제　137
　　　프란츠 요제프(1830년 출생, 1867
　　　　-1916)　137, 165, 300, 308, 334,
　　　　443
옥스퍼드　173
　　　옥스퍼드대학교　173, 183, 203,
　　　　244
옥스퍼드운동　170, 173-177, 179-180
외경　60, 81
　　　라오디게아서　81-82
요크　119, 179, 221, 251
요아킴 피오레(**1135-1202**)　294
요한 하인리히 알스테드　66, 143
우르술라 수녀회　97

우상 403
우상숭배 271, 381
우크라이나 345, 347-348, 355, 440
　　　　또한 안드루소보; 코사크인; 흐멜리
　　　　츠키도 참조
원죄 101, 463
　　　　또한 히포의 아우구스티누스; 펠라
　　　　기우스도 참조
웨스트민스터 150, 173, 177, 208, 223
　　　　사원 208, 223, 458
웨일스 170, 172, 321, 327
위그노 80, 82, 84, 108, 110, 119, 203
　　　　또한 프랑스도 참조
윌리엄 밀러(1782-1849) 282-284
　　　　과 밀러파 284, 425
윌리엄 웨이드 해리스(1865-1929) 253-
　　　　254, 377
윌리엄 윌버포스(1759-1833) 222
유고슬라비아 141, 443-445
유니테리언주의 401
　　　　미국의 265, 280, 290, 401
　　　　또한 반삼위일체주의 참조
유대교 84, 86, 168, 340
　　　　스페인계 72-75
　　　　와 계몽주의 72-84, 101
　　　　와 노예제 216-219
　　　　와 초대기독교 205
유대교 회당 74
유대인 121, 167-168, 176
　　　　과 계몽주의 72-84
　　　　과 나치/홀로코스트 340-351
　　　　과 페시타/시리아역 성경 219

네덜란드의 74-83
러시아의 187
말세의 개종 67, 81-82, 167-168
북미/미국의 425-426
스페인에서 추방 72-74
잉글랜드의 425-426
폴란드-리투아니아의 73
유럽 185
유물 318, 460
은둔자 447
음악, 예배
　　　　개신교 453-457
　　　　로마가톨릭 103-104, 340-349,
　　　　395-396
　　　　서유럽 93
　　　　성공회 395-396, 459-461
음주 156, 233
의복 253, 272, 274, 409
의심 72, 75-76, 119, 159
　　　　또한 신앙 참조
의학과 의사 70, 102
이단 195
이라크 311, 317, 435
　　　　또한 메소포타미아도 참조
이베리아
　　　　의 유대인 72-74
　　　　의 이슬람 406
이성애 452
　　　　또한 가족; 동성애; 남성; 여성도 참조
이스라엘(고대) 93, 206, 226, 236, 402
　　　　왕
　　　　　　다윗(1037년 출생, 1000-970년 재

위) 258
이스라엘(근대) 424-427
　또한 팔레스타인도 참조
이슬람(무슬림) 239
　과 기독교 447
　과 러시아 184-185
　과 성적 해방 452
　근대 중동에서 197, 309-318, 422
　　-426
　발칸반도에서 141, 440-442
　스페인에서(무데하르) 74
　아프리카에서 239-241, 251, 255,
　　406
　인도에서 261-264
　중앙아시아에서 357
이집트
　근대사 257-258, 265, 425
　오스만 정복 196
이집트의 콥트 교회 그림 21
이탈리아 131, 136, 149
　의 근대사 324-325, 332-334, 416
　의 급진적 종교개혁 74-75
　의 통일 141-142, 325
　이탈리아 공화국 416
　파시스트 정권 260, 332-335
이혼
　과 주님 247
인간의 존엄성과 본성 94-95, 162
　또한 타락; 죄도 참조
인도
　남인도교회 367-368
　대폭동(1857-1858) 255, 261-263,

　　269
　동인도회사 262-264, 323
　북인도교회 368
　의 선교실패 261-66, 352, 361,
　　404, 449
　의 영국인 87, 185, 225, 229, 240,
　　261-66
　의 포르투갈인 323
　의 프랑스인 87, 184-185
인문주의(르네상스) 61-62, 76
　또한 에라스무스도 참조
인문주의(무신론적) 208
인쇄
　라틴 서방과 로마가톨릭교에서 140
　북미/미국에서 283
　와 개신교 152
인종차별주의 378, 411
인종학살(민족말살) 310, 454
일본 158, 259, 357
　과 한국 277-278, 381
　도쿠가와 막부 274
　의 기독교 274
　중국점령 420
일부다처제 245-247, 249-250
일요일
　주일학교 209, 415-416
　또한 안식일도 참조
임마누엘 칸트(1724-1804) 114-116,
　　159-162, 165
잉글랜드
　17세기 내전 97
　영연방, 공화국 혹은 공위시대 66

와 유대인 67, 425
왕
　찰스 2세, 또한 아일랜드와 스코틀랜드의(1630년 출생, 1660-85년 재위) 67
　제임스 1세, 스코틀랜드의 제임스 6세이자 아일랜드와 영국의 제임스 1세(1566년 출생, 1567년, 1603-25년 재위) 174
　엘리자베스 1세(1533년 출생, 1558-1603 재위) 69
　엘리자베스 2세(1926년 출생, 1953-현재 재위) 239
　의 종교적 관용 90
　의회 322
　종교개혁 396
　추밀원 177

ㅈ

자연철학 59, 65-71, 102
자유의지 62, 106
자유주의적 89
자유주의적 개신교 159, 206, 302, 340, 342, 360-361, 365, 369, 413, 453
　와 계몽주의 203-204
　와 남아프리카 409-410
　와 독일제국 165
　와 반유대주의 340-341
　와 성혁명 416-417

　와 에큐메니즘 361-365, 453
　인종차별주의 반대 399-400
　또한 사회개혁과 '사회복음'도 참조
장례와 매장
　무슬림 185
　또한 화장; 미사; 로마; 카타콤; 무덤도 참조
장로교회 171, 319, 368, 403
　북미/미국에서 279-280, 374
　아프리카에서 259-260
　오스트레일리아에서 450
　울스터에서 281, 319-320
　인도에서 367-368
　중국에서 271-272
　한국에서 277-278, 402-403
　또한 스코틀랜드; 국교회도 참조
저교회, 성공회 323, 451
　또한 복음주의도 참조
저녁기도 460
전도자 요한 299
전쟁과 폭력
　과 근대 기독교인 300-301, 351, 379-380
전천년주의 294-295, 361, 381, 425, 457
점성술 70, 424
정교회
　그리스정교회 184-185
　와 계몽주의 193, 447
　와 국가공산주의 355
　와 서방 라틴교회 390-391
　와 에큐메니즘 363-367

색인   491

의 특징 189-190
정의 150, 459
　과 예수 205
　과 프랑스혁명 229
　미국의 282-285, 426-428
제1차 바티칸공의회(1870-1871) 148, 385, 387, 391
제1차 세계대전 59, 128-129, 140, 363, 444
제2차 바티칸공의회(1962-1965) 331, 383, 388-397, 430-434, 450
제2차 세계대전 269, 317, 340, 353-354, 367
제단
　기독교 395
제롬 80
제임스 어셔 199
조셉 올덤 361
조지 휫필드(1714-1770) 254, 그림 37
족보 288
족장, 히브리 246
존 로크(1632-1704) 95, 100, 110
존 웨슬리(1703-1791) 50, 102, 119, 222, 229, 238, 그림 38
존 칼빈(1509-1564)
　교회론 364
　세르베투스 75
종 303, 318, 그림 20
종교개혁, 개신교 104-106, 116-117, 142, 150, 153
　과 성공회 89, 173-177, 363
　의 특성 240

종교재판소
　로마 교황청 신앙교리성 72, 79, 339, 385, 430
　스페인의 72, 142, 339
　포르투갈의 72
종말과 최후의 심판 84, 211-214, 269
　과 유대인의 개종 67, 82, 167-168, 425-426
죄 163
주교직(주교/감독) 137, 167, 252, 388, 434
　로마가톨릭의 254, 384, 387, 453
　자생의 406
　제국의 군주-주교 127
　또한 감독제 참조
주류 188
죽음 103, 160, 164, 443, 459
　또한 천국; 미사; 연옥; 구원론; 무덤 도 참조
줄루 246, 248, 378
중국
　개신교인과 279
　공화국 448
　근대사 268-273
　명 왕조 268
　아편전쟁 267-268
　의 로마가톨릭교 267, 270
　의화단 사건(1900) 273
　청 왕조 267
　태평천국의 난 268-269
중도파 성공회 182
중세와 근대 그리스 194-195, 311-313

독립전쟁 186, 192-195
지옥 84, 112, 456-457, 459
　또한 구원론도 참조
진화 201-203, 207, 427, 456
집회 281, 291-292, 296

ㅊ

찬송가 209, 411
　감리교 234-235, 411
　루터교 213
　무신론적 208-209
　복음주의 288-291
　영어 215, 235, 241-242, 460
　오순절파 371
　호사족 411
찰스 웨슬리 50
창조
　연대 199
　또한 진화도 참조
채식주의 271, 274, 283-284
채플의 어원
　'채플' 문화 171, 322
책의 종교 46
천국 74, 456
　또한 구원론, 지옥, 연옥도 참조
천년왕국 284, 293-294
천문학 65, 70, 82
천사 253
천사장 253
철학 100, 108

서양 94, 102-103, 108, 159-164
철학자 109, 110, 113, 116, 123, 221
체코 지역
　체코슬로바키아 331, 339, 346-347, 438
취리히 204
츠빙글리 62
치유 304, 372
　또한 알라두라; 예수 그리스도; 기적
　도 참조
친우회, 퀘이커
　북미에서 289
침례교 97, 211, 360
　남침례교인 292, 358, 376, 411-412, 422, 450
　독일의 344
　러시아의 439
　북미의 280-283, 289, 400, 그림 41
　아프리카의 255
　제7일침례교인 155
　침례교선교회 228-229

ㅋ

칼 바르트 342-343, 360, 362, 418, 433
칼빈주의 176-177, 290, 457
　또한 제네바; 개혁교회도 참조
칼케돈공의회(451) 40, 47
　칼케돈파/멜키파 기독교 94, 351

캔터베리
  감독회의 119
  대성당 249
케직 사경회 296, 370
코페르니쿠스, 니콜라우스
  와 코페르니쿠스주의 71, 82
콘스탄티노플(비잔티온, 이스탄불)
  성 소피아 성당 445, 그림 5
  세계총대주교
    멜레티오스 4세 메탁사키스(1871년 출생, 1921-3 재위, 1935년 사망) 366-367
  약탈(1204) 184
  파나르 184, 195, 313
콩고/킨샤사, 벨기에령 콩고
  콩고자유국 255, 379, 405
  또한 콩고도 참조

ㅌ

타나크 44, 55
타락 69, 83, 96, 113
  또한 아담; 이브; 원죄; 구원론도 참조
태평양과 그 지역
  에서 선교 230-239, 241-242, 261-262, 361-362
  또한 피지; 하와이; 뉴질랜드; 사모아; 타이티; 통가도 참조
태평천국의 난 268-269
터키와 터키인 지도 4(316)

또한 소아시아 참조
텔레비전 373
토리당원 100, 172
토마스 아퀴나스 111, 146, 382
토마스 홉스(1588-1679) 80, 94, 112
통가 234, 238, 252
투르 아브딘 317
트란실바니아 67, 84, 442
트리엔트
  공의회 118, 138, 144, 147, 385-387

ㅍ

파리(루테티아) 122, 125, 127, 139, 185
  노트르담 124-125
  바스티유 109
  생뜨 샤펠 460
  소르본 106
  의 가톨릭교 104-106
  파리대학교 109
파리외방선교회 276
파문 193, 333, 367, 394, 431
파시즘 331, 334, 336-337
팔레스타인
  근대 167-168, 426
페르시아, 이란 86
  왕
    고레스(기원전 559-529년 재위) 284
페미니즘 100-101, 152, 419
펜실베니아 221, 289

포르투갈
    과 노예제 219
    근대사 358
    아메리카에서 327-328
    아프리카에서 166
    왕
        호세 1세(1714년 출생, 1750-77년 재위) 117
    인도에서 323
폴란드
    근대 324, 347, 350, 429, 437, 450
    의 개신교 429-430
    의 로마가톨릭교 145-146, 168, 389-390, 428-429
    의 유대인 429-430
폴란드-리투아니아 연합왕국 54, 73
    분할 117, 185
프라하 73, 83, 438
    프라하대성당 438, 그림 11
프란시스 399, 403
프란시스 베이컨(1561-1626) 68-69, 71, 95, 102, 111-112
    과 베이컨주의 68-71, 95, 102, 111-112
프란시스코 프랑코 337, 383
프랑스 82-83, 85-87, 94, 104
    16세기 내전 105, 그림 54
    보나파르트 151
    부르봉 왕조 151
    비시정권 348
    아메리카의 144
    아프리카의 252
    오를레앙 왕조 139
    와 제1차 세계대전 300
    와 중동 317
    의 개신교, 위그노 110
    인도의 87
    제2 공화국 133
    제3 공화국 151, 301, 316, 329, 348
    종교협약 125
    중국의 268, 326
    프랑스와 프랑시아의 왕
        킬데릭 3세(440-81) 126
        클로비스(446년 출생, 481-511년 재위) 126
    프랑스의 로마가톨릭교 105
    황제
        나폴레옹 1세(1769년 출생, 1804-15년 재위) 124-126, 132, 135, 137, 152, 157, 185, 그림 39
        루이 14세(1638년 출생, 1643-1715년 재위) 84
        루이 16세(1754년 출생, 1774-93년 재위) 120
        루이 18세(1755년 출생, 1814-24년 재위) 128
        루이 필리프(1773년 출생, 1830-48년 재위, 1850년 사망) 139
프랑스대혁명 171, 185, 193, 223, 229, 306
프러시아 116-117, 157, 340, 345, 442
    왕
        프리드리히 2세, 브란덴부르크 선

제후, "대제," 1712년 출생, 1740
-86년 재위) 116-117, 158
프리드리히 빌헬름 3세, 브란덴부
르크 선제후(1770년 출생, 1797-
1840년 재위) 158, 166, 186
프리드리히 빌헬름 4세(1795년 출
생, 1840-61년 재위) 167
프리드리히 슐라이에르마허 159
프리메이슨 63-65, 108, 142-143
피렌체 123
피에르 벨 80
필립 멜랑히톤 70, 282
과 구원론 282

ㅎ

하나님 72, 78, 84, 112, 114-115, 160,
198, 268
과 자본주의 373
분노 93
신적 은총 105, 215-216, 342
어머니로서 380
의 본성 461
의 섭리 87, 200-203, 211, 229,
279, 397
의 죽음 212, 418
창조주로서 79, 198-199, 207, 232
최초 동자 207
하와 72, 82, 96, 221
또한 아담; 타락; 원죄도 참조
학교 73, 117, 142, 152, 252, 256-257

개신교 252, 256-257, 320-321,
423
로마가톨릭 142, 320-321, 329-
330, 404
한국 273-278
동학혁명 403
의 개신교 277-278, 402-403, 449
의 로마가톨릭교 274-278, 330-
331, 449-450
의 오순절주의 373, 381, 449
한글 277
한스 우르스 폰 발타자르 432, 462
할레 92, 102, 159
합리적 종교 77
또한 이신론; 계몽주의도 참조
합스부르크 왕조 66, 73, 128, 137, 165,
323
해방신학 398, 402, 404, 418, 454, 459,
그림 53
헝가리 118
근대사 331
현대주의, 가톨릭 210, 358, 384, 386
호엔촐레른 왕조 157-158, 165, 302,
324
혼합주의와 종교의 혼합
근대서구의 212-213
아프리카계 미국인(칸돔블레, 라스타
파리안주의, 산테리아, 부두) 260,
431
태평양의 233-234, 238
한국의 381-382
홍수전(1814-1864) 268-270, 285, 287

화상(아이콘) 153, 그림 33
회중교회
    뉴잉글랜드의 280
    미국의 156, 420
    아프리카의 252
    인도의 368
    잉글랜드의 156, 228
    또한 런던선교회도 참조
후안 데 발데스 74
후천년설 156
휘그당원 172, 223
히브리성경 44
히브리어 81
히포의 아우구스티누스(354-430) 42, 342, 433, 450
    구원론 211-212
    와 다소의 바울 342
    와 성 99
    와 원죄 101
    와 은총 105
힌두교 38, 239, 262-266

1. 이집트에서 1952년에 발견된 보드머 파피루스(Bodmer Papyrus) 66은 실제로 요한복음의 전체 본문(200년경)이다. NB 페이지(2)는 7:52(찾아보라 갈릴리에서는 선지자가 나지 못하느니라 하였느니라) 중간부터 시작하고, 부분적으로 8장이 나오지만, 초기의 많은 요한복음 사본처럼, 간음 현장에서 잡힌 여인의 이야기(7:53-8:11)는 빠져있다. 셋째 줄에는 성스러운 이름(*nomen sacrum*)에 대한 특징적인 기독교 그리스어 약자 가운데 하나인 예수(*Iesous*) IC 가 있다.

2. 로마 외곽 아피안 도로에 있는 칼릭스투스의 카타콤(the Catacomb of Callixtus)은 3-4세기 로마의 주요 기독교 공동묘지인데 재발견된 후 20여 년이 지난 1870년에 그려졌다. 90에이커 넓이의 그 부근에는 3세기에 살았던 9명의 교황과 3명의 감독을 비롯하여 50만 명이 400여 년에 걸쳐 매장된 것 같다. 253년 죽은 교황 코넬리우스(Cornelius)의 묘지 옆에 기름 등을 태우던 원형 돌탁자가 보인다.

3. 카라트 사만(시메온 성) 바실리카 중앙에 있는 주상(柱上) 고행자 시메온 (Simeon)이 459년 죽기 전까지 40년 가까이 지낸(나머지는 순례자들에 의해 떼어내진) 기둥의 기단. 476년 이후 20여 년 내에 제논 황제에 의해 건설되었으며, 현재는 북시리아에 있다. 기둥의 기초 주위에 기둥의 배관시설인 배수로가 있다.

4. 현재 라벤나의 산타폴리나레 누오보(Sant' Apollinare Nuovo)라 불리는 교회는 아리안 왕 동고트족의 테오도릭(471-526 통치)의 왕실 채플로 지어졌다. 이것은 초기 교회 바실리카의 가장 뛰어난 예 가운데 하나지만, 가톨릭을 위해서가 아니라 아리안 숭배를 위해 지어졌다. 동쪽으로 늘어선 성자들의 모자이크로 된 중심단은 6세기 말 가톨릭 재신성화로부터 유래되었고, 가장 근래의 것들은 테오도릭 시기부터 변형되어 남은 것들이다.

▲
5. 1453년 이후 모스크였지만, 세계 정교회의 상징인 대성당 하기아 소피아(Hagia Sophia)는 이전의 바실리카 건물이 532년 폭동으로 파괴된 후 놀랍게도 5년 만에 유스티니아누스 황제에 의해 재건축되었다. 이 동쪽 전경은 왕궁이 예전을 보던 제국의 최상층석 위로 커다란 중앙 돔을 지지하는 반-돔의 매우 복잡함을 보여준다.

▲ **6.** 중앙아시아 우천 근방의 대진 도서관 탑(the library pagoda of Ta Qin)은 7세기 양성론(네스토리우스파) 수도원에 자리하며, 현재는 불교사원이다.

▲ **7.** 중국 양성론(네스토리우스파) 기독교의 첫 150년을 기념하는 781년의 기념비는 현재 제국 도시 서안의 기념비 숲에 있다. 279cm 높이로, 중국어와 부분적으로는 시리아어로 제국에 대한 기독교의 이로움을 강조하고 기독교 공동체의 지도자들을 기념하는 글이 적혀있다. 상부에 십자가가 도교의 연꽃과 구름과 용 위로 떠 있다. 17세기 예수회 신부들에 의해 발견되었고 대진 수도원에서 옮겨진 것이다.

8. 아일랜드는 로마제국에 속한 적은 없으나, 서방 제국 몰락 후에는 라틴 기독교의 가장 중요한 피난처 가운데 하나가 되었다. 이 6세기 돌 '벌집'(beehive) 가옥에는 기독교의 서극단 지점인 아일랜드 해안에서 대서양이 바라보이는 스켈링 마이클 섬에서 살았던 수도사들이 거주했다.

9. 에티오피아 랄리벨라의 벳 기요르기스(Bet Giyorgis, St. George's Church). 자연석에서 자른 이 건물의 연대는 불확실하지만 13세기 이후는 아닐 것이다. 도랑 안 교회 옆에 옥외 세례터가 있다.

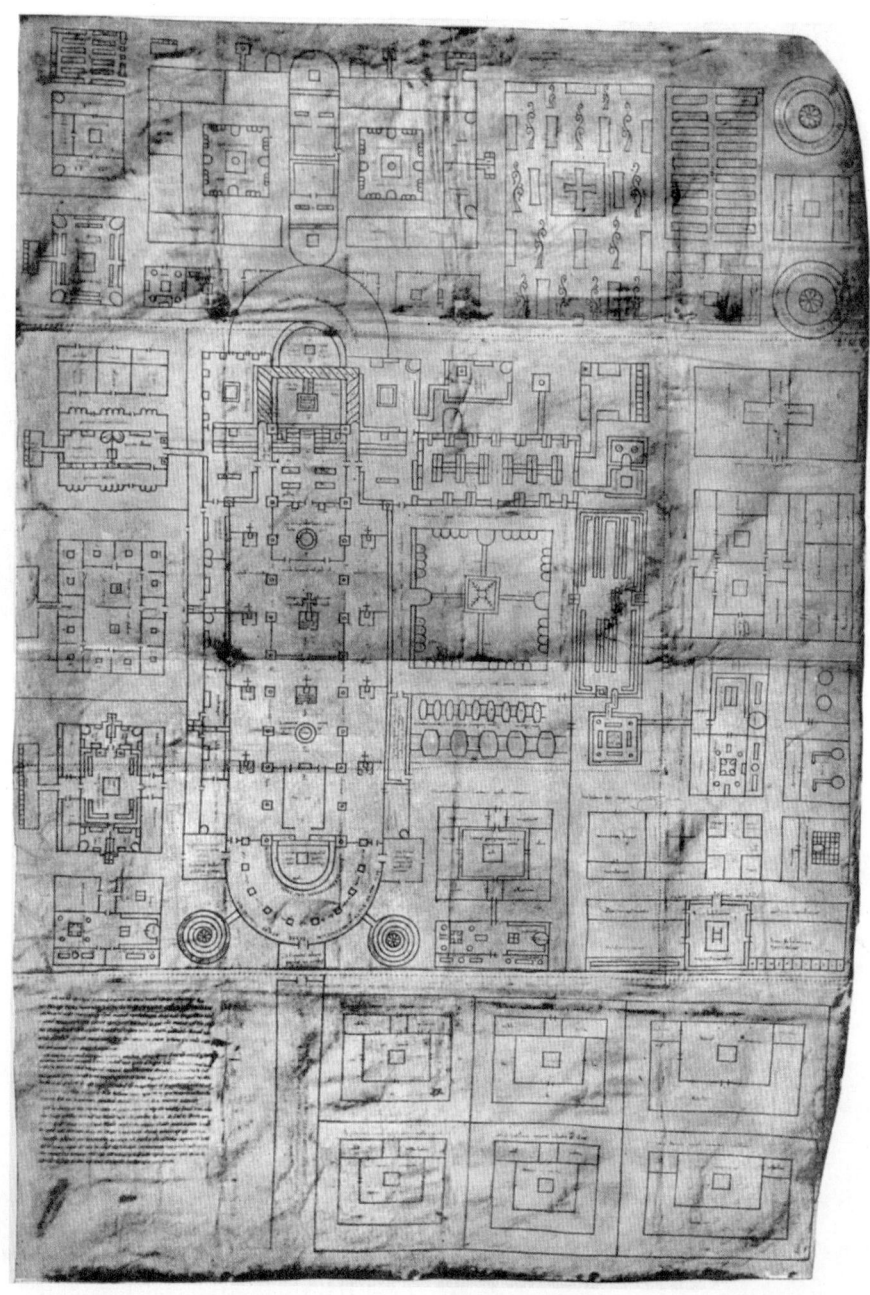

▲
10. 스위스 장크트 갈렌 수도원(the Swiss Abbey of Sankt Gallen) 도서관에 특별하게 남아 있는(위탁된) 9세기의 이상적인 수도원을 위한 설계도는 실제로 베네딕트 수도원을 위한 표준이 되었다. 왼쪽(사각의 중앙 회랑뜰 북쪽)은 여러 제단이 있는 교회이며, 회랑의 동쪽은 기숙사와 (후에 사제단 회의장으로 사용되는) 가옥이 있다. 남쪽으로 식당과 부엌, 서쪽으로 저장고와 식품저장실이 있다. 공동체와 손님을 위한 작은 건물들과 정원들이 주위에 있다.

▲ **11.** 프라하의 성 비투스 대성당(St. Vitus Cathedral)의 공사는 15세기 후스파 위기 때 멈추었다. 1793년 성당이 그려졌을때 건물은 여전히 몸통만 있었다. 종교개혁에 의해 멈춰버린 쾰른 대성당(Cologne Cathedral)의 건물처럼, 완성은 19세기 중엽 고딕양식에 대한 낭만주의적 흠모 가운데 시작되어 1920년대 열광적인 체코 민족주의자들에 의해 이루어졌다.

◀ **12.** "뉘른베르크 연대기"(*Nuremberg Chronicle*, 1493)는 초기 인쇄출판업의 가장 성공적이고 야심적인 작업 가운데 하나였다. 그것은 잠재적인 독자 대중의 관심 가운데 하나인 세상의 종말에 대한 관심에 부합했다. 여기 아래에서 한 악마가 부유하게 옷 입은 그리스도인 설교자에게 조언하는 동안, 천사장 미가엘은 악마들과 싸운다. 한 사람이 설교자를 무시하고 우주적인 투쟁에 손을 뻗치고 있다. 알브레히트 뒤러(Albrecht Dürer)는 가장 유명한 기독교 종말론 이미지 가운데 몇 가지를 계속 만들었는데, 이 그림을 생산한 공방에서 견습을 받았다.

▲
13. 클뤼니 수도원 교회(the Abbey Church of Cluny)는 12세기 초 완성된 세 번째 재건축으로 그 후 400여 년 동안 세계에서 가장 큰 교회가 되었다. 그것은 프랑스혁명 전까지 온전하게 남아있었으나, 그 후 점점 낙후되어 붕괴되었다. 약간의 익랑(transept)만이 남아있다.

14. 1560년대부터 스코틀랜드 종교개혁도 파괴적이었다. 교구교회가 유지되지 않으면 스코틀랜드 대성당들도 쓸모가 없었다. 스코틀랜드 최고 대주교좌이며 아우구스티누스회 수도원으로 가장 화려했던 성 앤드류즈 대성당(St. Andrews Cathedral)은 곧 쓸쓸한 상태가 되었다. 여기서 서쪽으로부터 커다란 회랑(cloister)의 흔적이 보인다. 동쪽으로 역시 폐허가 된 11세기 교구교회 성 레굴루스(St. Regulus)의 종탑을 뒤로 두고 있다. ▼

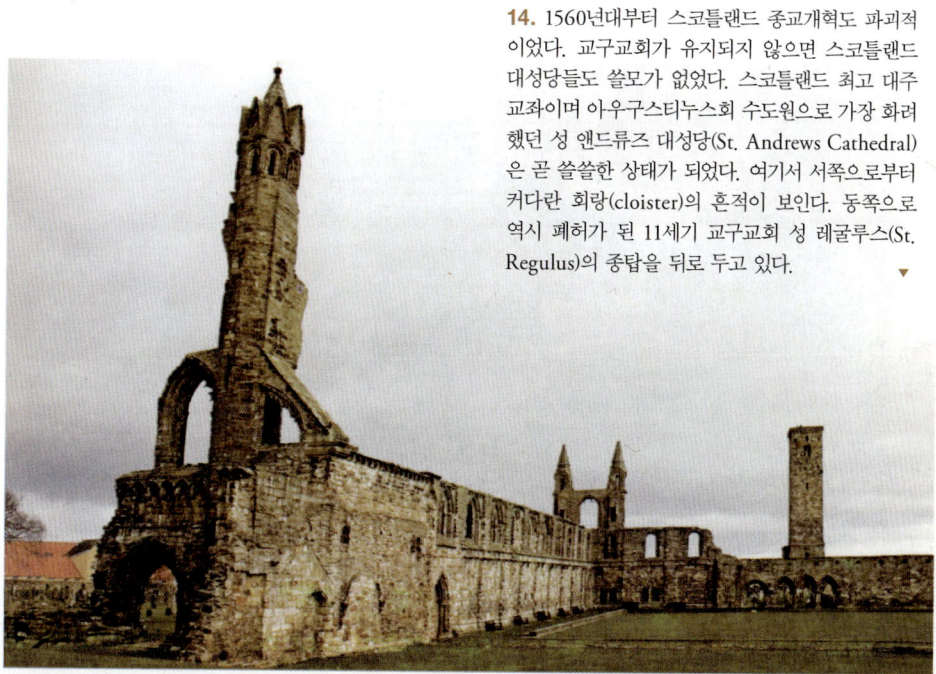

15. 예수회의 설립자 이그나티우스 로욜라(Ignatius of Loyola). 1556년 그가 죽은 해 자코피노 델 콘테(Jacopino del Conte, 1510-98)가 그림. 이 그림은 현재 예수회 총회 서재에 걸려있다.

16. 기독교 이전 콩고의 탁월한 종교적 가문의 후예인 돈 안토니오 마뉴엘 네 분다(Don Antonio Manuel ne Vunda)는 이제 독실한 기독교 아프리카 왕국의 알바로 2세(Alvaro II)에 의해 성관구(Holy See)에 대사로 파송되었다. 그는 1608년 로마에서 죽었다. 이 매우 이국적인 아프리카 고위관리는 산타 마리아 마조레(Santa Maria Maggiore) 교회에 묻혀서 기념되었다.

17. 스페인의 필립 2세를 대신한 알바의 세 번째 공작 페르난도 알바레스 데 톨레도 이 피멘텔(Fernando Alvarez de Toledo y Pimentel)은 네덜란드의 무자비한 통치자였다(1567-73). 비록 그가 처형한 수천 명 가운데 스페인에 저항한 가톨릭 지도자들이 포함되었을지라도, 프란츠 호겐베르크(Franz Hogenberg, 1540-c.1590)가 그린 브루제에서의 이러한 죽음처럼 그의 행동은 스페인 가톨릭의 잔인함을 상징하게 되었고, 프로테스탄트주의의 저항의 원인으로 인정되었다.

▲
18. 엠마오의 만찬. 카라바조(Caravaggio, 1571-1610) 작품. 최초 작품(1601)과 보다 극적으로 그린 같은 주제의 다른 두 작품이 있다. 엠마오의 식사는 분명히 "교회에서 떡과 포도주를 떼는 것"이다.

19. 라벤나의 산타폴리나레 누오보 성당 주랑의 가장 위쪽에 있는 모자이크는 16세기 초반 작품이며, 그리스도에 대한 아리우스적 시각을 반영한다. 남부의 수염을 기른 그리스도와 대조적으로 북부의 그리스도는 젊다. 이 작품에서 젊은 그리스도께서 나사로를 살리신다.

▲
20. 에티오피아정교회의 한 성직자가 1500년간의 선조들의 관행처럼, 소리 나는 평평한 돌을 두들겨 신자들에게 예배 시간을 알리고 있다.

21. 콥트(이집트 단성론)정교회는 성묘 교회(the Shrine of the Holy Sepulchre) 서쪽 제단의 소유권을 갖고 있다. 로마가톨릭의 프란체스코파는 다른 쪽, 즉 동쪽 제단을 소유하고 있다. 서로 간의 관계는 좋지 않다. ▶

22. 이스탄불(콘스탄티노플)의 코라(Chora)에 있는 성 구세주 교회(the Church of the Holy Redeemer)를 14세기에 복원할 때, 테오도르 메토키테스(Theodore Metochites)가 주문했던 모자이크는 비잔틴 함락 전, 비잔틴 미술의 최고 절정기에 속한 것이다. 교회 현관에는 그리스도 곁에 간청하는 마리아를 담은 모자이크가 있다.

23. 6세기 후반에 나온 『더로복음서』(*The Book of Durrow*)는 아마도 시리아의 견본-사본(exemplar-manuscript)을 본받았을 것이며, 인간형상을 묘사한 최초의 켈트 작품 중 하나다. 이 그림은 복음전도자 마태의 상징으로 마태복음서 첫 장에 실려 있다.

▲
24. 십자가에 달린 구세주로부터 "성흔을 받고 있는 성 프란체스코"(*St. Francis Receiving the Stigmata*, 1223). 작자미상으로 13세기 루카(Lucca)의 패널화.

25. 지오토(Giotto, 1267-1337)의 "성자 탄생"(*The Nativity*). 이 프레스코 벽화는 파두아의 아레나 예배당(the Arena Chapel)을 장식하고 있는 연작 그림들의 일부다. 예술적 자연주의와 성 프란체스코에 의해 고무된 감성적 경건의 결합을 지오토처럼 잘 표현한 경우도 없을 것이다.

26. 교황 율리우스 2세(1503-13)가 라파엘로의 작업실에 주문했던 바티칸 궁전의 거대한 프레스코화는 콘스탄티누스 황제가 교황에게 기부했다는 허구적 이야기를 묘사한다. 이 그림은 로마의 옛 베드로 성당 회중석에 위치해 있었다. 당시에 율리우스는 이 성당의 철거에 관여했다.
▼

27. 비잔틴 황후 테오도라(Theodora, 500-548)가 라벤나의 산 비탈레 성당(the Church of San Vitale)의 6세기 모자이크 속에 그녀의 시종들과 함께 묘사되었다. 그녀는 제단 건너편에 위치한 남편 유스티니아누스와 마주보고 있다.

28. 아헨 대성당(the Aachen Cathedral)의 원형홀은 현재 신도석으로 사용되고 있으며, 샤를마뉴가 라벤나의 산 비탈레 성당을 모방하고 유스티니아누스 황제와 관련된 그 성당에 존경을 표현하기 위해 거기에서 가져온 기둥들을 포함시켜 건축한 황실 부속 성당이었다. 교황 레오 3세가 805년에 그 성당을 축성했다. 서쪽 좌석 아치에는 샤를마뉴의 황제 옥좌가 놓여 있다.

▲ 29. 12세기의 한 프랑스어 사본은 우르바노 2세가 제1차 십자군 원정을 시작하면서, 클뤼니 수도원 교회(the Abbey Church of Cluny) 완공 미사를 집전하는 모습을 묘사하고 있다.

▲ 30. 1480년경 스트라스부르의 한 작업실에서 제작한 이 스테인드글라스는 아들을 위해 슬퍼하는 예수님의 어머니를 묘사하고 있다. 흰색이 순결을 의미하듯 청색은 마리아의 색이다. 스테인드글라스는 서방 기독교 전통에서 거의 독점적으로 발견되는 예술적 도구다.

31. 1145년 화재 후 재건된 샤르트르 대성당(the Cathedral of Our Lady of Chartres)은 동정녀 마리아의 성의를 그 주요 유물로 보존해왔다. 이 사진은 프랑스 북부의 밀밭 위로 우뚝 솟은 이 건물을 북쪽에서 온 순례자들이 제일 먼저 보았을 원경을 떠올리게 한다. ▼

32. 9세기부터 현재까지 순례자들은 유럽을 가로질러 산티아고 데 콤포스텔라 대성당(the Shrine of St. James〈Santiago〉 of Compostela)까지 걸어왔다. 이 성당은 1075년에 시작된 재건축의 산물이며, 이 마천루는 스페인 가톨릭교회의 위엄을 보여준다.
▼

33. 9세기 중반의 클루도프 시편 (Khludov Psalter)에 있는 세밀화들은 시편 68편을 묘사하고 있다. 십자가에 달린 그리스도를 고문하는 사람들은 그리스도의 성상에 회칠하는 성상파괴자들을 비유한다. 금화주머니는 돈을 사랑하는 성상파괴적 이단들을 강조한다.

34. 성상파괴주의자였던 콘스탄티누스 5세에 의해 740년대에 재건된, 이스탄불의 하기아 에이레네 교회(the Church of Hagia Eirene)의 황량한 내부는 근처에 있는 하기아 소피아 대성당의 호화로운 모자이크들과 대조를 이룬다. 이 성당의 돔을 장식하는 일군의 무기 그림들은 이곳이 수세기 동안 오스만제국의 무기고로 사용된 흔적이다. 또한 예전의 제단 자리 위에는 황금색 바탕에 검정색 모자이크 십자가가 남아 있는데, 이것은 성상파괴시대(726-843)에 살아남은 보기 드문 유물이다.

◀
35. 네덜란드 하를렘의 성 바보 대성당(the Grote Kerk of St. Bavo)의 오르간(1735-8)은 화란 통치 엘리트들이 파이프 오르간에 대한 개혁주의 목회자들의 의혹을 얼마나 멋지게 무시했는지를 보여주는 위대한 상징이다. 헨델, 모차르트, 멘델스존은 이 악기를 연주하기 위해 순례의 길을 떠났던 위대한 음악가들이었다. 오르간 음악은 중세부터 서양 기독교 음악의 전통을 지배해왔다.

◀
36. 요한 세바스찬 바흐(Johann Sebastian Bach, 1685-1750)의 "요한 수난곡"(*St. John Passion*)의 현악과 관악 도입부 사본. 이것은 그가 라이프치히의 성 토마스 교회(The Church of St. Thomas)의 회중을 위해 작곡한 최초 작품 중 하나였다.

▲ **37.** 조지 휫필드(George Whitefield, 1714-60)는 연기의 천재였다. 그의 심한 사시(strabismus)는 그의 강력한 설교를 극대화하는 데 도움을 주었다. 그의 복음주의적 야외설교 덕택에, 그는 대서양을 건넜고 매사추세츠에서 죽었다. 하지만 여기서 존 콜렛(John Collett, 1725-80)은 그가 런던 밖에 모인 감정적 군중에게 잉글랜드국교회 성직자의 가운과 흰색 넥타이 차림으로 설교하는 모습을 그리고 있다.

▲ **38.** 브리스톨 홀스페어(Horsefair)에 있는 존 웨슬리의 '새 예배당'(New Room)은 최초로 건립된 감리교 예배당이다. 여기서 우리는 설교자의 관점에서 건물을 보게 된다. 웨슬리는 이 설교단에서 수도 없이 설교했다. 그는 이 예배당 위에 지어진 설교자 숙소에서 가운과 넥타이를 착용하고 직접 예배당으로 내려왔다.

▲
39. 19세기 초반의 판화에서, 새로 발견된 초기 기독교 순교자 성 나폴레옹(St. Napoleon)이 조지 워싱턴과 매우 비슷한 자세로, 그리고 최초의 프랑스 황제와 대단히 유사한 방식으로 숨을 거두고 있다. 혁명의 몰락 후 나폴레옹이 시도했고 1801년의 협약으로 견고해진 전통적 가톨릭교회와의 기이한 화해를 이 그림보다 더 잘 풍자할 수 있는 것은 없었다.

▲
40. 조지 워싱턴(George Washington)이 천국에서 그의 자리를 보장할 일군의 기독교 상징물에 둘러싸인 채 임종을 맞고 있다. 이처럼 19세기 초반부터 워싱턴에 대한 재구성 작업이 시작되었는데, 이는 워싱턴의 개인적 신앙은 거의 기독교적이라고 할 수 없었지만 국가적 영웅의 비신앙적인 모습이 복음주의적 대각성에 큰 영향을 받은 공화국에는 어울리지 않았기 때문이다.

▼ **41.** 19세기 후반 켄터키 주 파예트 카운티의 워크하우스 연못(Work House Pond)에서 벌어진 야외 세례식.

▲ **42/43.** 에버니저 코햄 브루어(Ebnezer Cobham Brewer, 1810-97) 목사는 열정적인 교육자였다. 영국 학생들에게 근대과학이 결코 기독교에 위협이 되지 않는다고 열정적으로 확신시켜주었던 그의 작은 교과서는 만 부 이상이 팔렸다.

▲ **44.** 루르드에 있는 성모 연못(Our Lady's Fountain) 앞에 모여 있는 병자와 순례자 무리. 당대의 가장 인기 있는 스페인 작가 중 한 명인 호세 라몬 가르넬로 이 알다(Jose Ramon Garnelo y Alda, 1866-1940)가 회화로 먼저 제작한 후 목판화로 제작한 것이다.

◀
45. 로마의 콤포 데이 피오리에 있는 도미니크회 수사이자 철학자였던 지오르다노 브루노(Giordano Bruno)의 동상. 자유로운 사고의 소유자였던 그가 1600년에 로마인들에 의해 이단으로 몰려 화형 당한 자리에 1889년에 건립되었다. 로마가톨릭교회를 자극할 목적으로 프리메이슨과 반성직주의적 자유주의 후원자들이 프랑스혁명 100주년을 기념하여 세운 이 동상은 여전히 지적 자유를 찬미하는 행사들의 집결지로 기능하고 있다.

▲
46. 예수회의 중국선교회 회원들(1900년). 중국의 엘리트들처럼 학자들로서 자신들의 지위를 드러내기 위해 그들은 16세기에 중국 선교를 개척했던 예수회 선교사 마테오 리치(Matteo Ricci) 같이 길게 수염을 길렀다.

▲
47. 개신교와 제2제국(second reich) 간의 유대를 상징하는 베를린의 루터파/개혁파 대성당은 황제 빌헬름 2세의 후원으로 1905년에 재건축되었다. 루터 교회의 바람과 달리, 제2차 세계대전 중 폭격으로 파괴된 건물외곽을 동독 정부가 비공산권인 서독의 교회 세금으로 복구했다. 동독 정부는 그 성당이 허물어지면 근처의 호엔촐레른 성터에 새로 지은 인민궁전(the Palace of People)이 위태로워질 것을 염려했던 것이다.

▲
48. 베를린의 마리엔도르프(Mariendorf)에 있는 마틴 루터 기념 교회의 설교단. 이것은 1933년 이후에 제3 제국의 재정적 후원으로 민족주의적 루터파들이 선전프로젝트의 일환으로 제작한 것이다. 아돌프 히틀러의 신세계 질서를 상징하면서 독일 병사, 어머니, 교회 건축가가 구세주 뒤에서 행진하는 사람들 속에 포함되어 있다. 나치의 상징(卍)은 그 건물에서 모두 제거되었지만 설교단은 본래 모습대로 남아있다.

▲ **49.** 행진 중인 앵글로-가톨릭 사제들. 잉글랜드국교회가 자신의 미래에 대해 최고의 낙관적 전망을 갖고 있던 시절 그 운동의 가장 솔직한 대표자 중 한 사람은 잔지바르(Zanzibar)의 주교, 프랭크 웨스턴(Frank Weston)이었다. 1920년 영국에서 열린 앵글로-가톨릭 의회 대관식 미사에 참석하기 위해 그가 장엄하게 행진하고 있다. 회기 동안 그 의회가 교황에게 인사차 전보를 보냄으로써 다른 잉글랜드국교회 신자들을 격노케 했다.

▲ **50.** 국제복음교회(the International Church of Foursquare Gospel)를 설립한 오순절 설교자 에이미 셈플 맥퍼슨(Aimee Semple McPherson). 1920년대 후반 그녀는 복음전도를 위해 라디오 같은 근대 통신수단을 기꺼이 수용했다. 그녀가 하늘을 날 준비를 하고 있다.

▲ **51.** 1922년 9월, 터키 군대가 거대한 그리스 도시 스미르나(Smyrna)를 폭격하여 초토화시키고 기독교인들을 추방했다. 이 사건은 소아시아 지역에서 3000년만에 그리스 문화의 갑작스런 종언을 상징했다.

◀ **52.** 교회의 왕자. 잉글랜드국교회 스타일. 102대 캔터베리 대주교 로버트 룬시(Robert Runcie)가 오스트레일리아와 나머지 세계 간의 잉글랜드국교회 크리켓 시합의 심판을 보고 있다. 이 경기는 1988년 잉글랜드국교회 램버스 주교회의에 생동감을 불어넣었다. 그 이후의 잉글랜드국교회 주교회의들은 통제하기가 훨씬 더 어려웠다.

▲ **53.** 근대 세계화 시대 첫 교황인 요한 바오로 2세는 전임자 중에 전례가 없을 정도로 세계 여행을 많이 했다. 1980년에 브라질을 방문했을 때, 그는 해방신학자들의 명제보다는 원주민들의 문화적 상황에 더 공감하는 것처럼 보였다.

54. 레오나르드 리모쟁(Léonard Limosin)의 "믿음의 승리"(Triumph of the Faith), 프랑스 리모지(Limoges) 도자기(1560). 이 그림에서 브루봉 가의 앙투아네트(Antoinette de Bourbon, 1498-1583)는 천상의 군중들과 평화의 비둘기에 의해 보위되고 있다. 비록 여성이지만 그녀의 신실한 가톨릭 신앙을 기념하며 그림 속에서 성배와 성체를 들고 있다. 칼빈과 베자는 짓밟힌 이단들 가운데 그려져 있다. 이 그림은 기스 왕조의 사적인 선전물로서 프랑스 내전 당시 종교적 절충을 추구한 메디치의 캐서린과 발루아 왕가에 대한 적개심을 반영하고 있다.

55. 1554년 찰스 5세(Charels V)의 잠정적 화의, 크로이 직물 공예. 이 작품은 현재 독일 그라이스발트대학교(Greifswald University)에 진열되어 있다. 논쟁의 여지가 많았던 이 화의는 피터 헤이만(Peter Heymans)으로부터 위임받았으며 이를 주도한 인물은 포메라니아의 영주 필립 1세(Philipp I)였다. 그는 호전적인 루터교 공작, 요한의 사위였다. 이 그림에서 루터는 지옥에 있는 교황에게 설교하고 있으며 이와는 대조적으로 보수적인 작센 공작 게오르그는 그의 사촌 요한과 함께 십자가 아래에 서 있다.

56. 1408년 비잔틴 이민자 출신의 그리스 화가, 데오파네스(Theophanes)의 작품. 러시아의 페레슬라블잘 레스키에 위치한 현성화 기념 성당(the Cathedral of the Transfiguration)의 벽화로서 영광스러운 모습으로 변화된 그리스도를 묘사하고 있다. 이는 14세기 그리스 수사들이 일으킨 신비주의 분파인 헤시카스트 (Hesychast) 영성 전통의 중요한 상징이다. 이 그림에서 사도 요한과 야고보는 잠들어 있고 베드로는 막 잠에서 깨어나, 영광스러운 모습으로 변화되어 모세와 엘리야와 함께 다가올 수난에 대해 대화하는 그리스도를 두렵게 바라보고 있다(눅 9:28-35).

◂ **57.** 스페인 그라나다에 위치한 왕실 예배당 (*Capilla Real*)의 제단 벽 장식물. 이곳은 정복 군주 페르난도와 이사벨의 묘지이다. 이 그림은 그들이 1492년 무어 제국을 정복한 후 패배한 이슬람교도들에게 집단 세례를 베푸는 장면이 묘사되어 있다.

58. 이것은 17세기 모스코바 아르바트(Arbat) 구역에 있는 성 시메온 교회(the Church of Saint Simeon)의 성화벽(iconostasis)이다. 이는 러시아정교회 전통을 반영하고 있으며 5개 단층으로 정교하게 제작되었다. ▸

◀ **59.** 이 그림은 이그나티우스 로욜라의 사촌인 마르틴 가르시아 데 로욜라(Martín García de Loyola)와 잉카의 마지막 지배자 투팍 아마루의 조카 손녀인 비어트리스(Beatriz)의 결혼식을 묘사하고 있다. 이 결혼식은 페루 남부 쿠스코에 세워진 예수회 교회에서 열렸다. 이는 스페인의 신대륙 정복자의 영향권 아래 있었음에도 잉카의 지배 계층이 가톨릭교를 수용하며 자신들의 위치를 지속할 수 있었음을 상징적으로 보여준다.

◀ **60.** 멕시코의 토난친틀라에 있는 산타 마리아 성당(the Church of Santa Maria Tonantzintla). 17세기 주민들에 의해 세워진 이 성당은 트리엔트 정통 가톨릭교의 바로크 양식과 중미 토속 양식이 절묘하게 어우러진 건축물이다. 이 지역명인 토난친(Tonantzin)은 스페인 정복 이전 이 지역에서 옥수수 여신을 지칭하는 이름이었으나 이후 기독교의 성모 개념을 수용하며 변용되었다.

61. 아이티 북부 포르토프랭스에 위치한 홍포흐 부두교 사원(the vodou temple of Hounfor)에 있는 성 패트릭(St. Patrick)의 모습이다. 이 그림에서 아일랜드의 성자 패트릭은 아이티에서도 그의 발 밑에 뱀들을 짓밟아 없애고 있다. 아프리카에서 노예로 끌려온 사람들은 성 패트릭 역시 이전에 노예로서 바다를 건너왔던 사실에 깊은 인상을 받았다. 가톨릭교의 성자 관습이 아프리카에서 신대륙으로 끌려온 사람들에게도 적용되었음을 보여주는 사례이다.

62. 이 그림은 요한 발렌틴 하이트(Johann Valentin Haidt)의 작품으로, 독일 헤른후트에 위치한 모라비아 박물관에 자랑스럽게 걸려있다. 이 그림은 모라비아 교도들의 세계 선교 운동을 주도했던 한 가족의 초상화(1751)이다. 그림의 여성은 과테말라 안티구아에서 태어난 혼혈인 노예 레베카(Rebekka)이다. 그녀는 가톨릭 사제로부터 영세를 받을 수 없었다. 이후 그녀는 신대륙에서 최초로 아프리카인들을 위한 개신교 교회를 창설하였다. 그녀는 서인도 제도에서 헤른후트 출신의 선교사 마테우스 프로인틀리히(Mattheus Freundlich)와 인종 간의 결혼식을 올렸고, 이로 인해 당국에 체포되기도 하였다. 이 그림에서 그녀는 자신의 딸 안나 마리아(Anna Maria)와 그녀의 두 번째 남편이며 서 아프리카 출신의 동료 선교사, 크리스천 프로텐(Christian Protten)과 함께 하고 있다.

▲
63. 윌리엄 홀먼 헌트(William Holman Hunt)의 "고용된 목동"(*Hireling Shepherd*, 1851-2). 이 그림은 여러 각도로 해석될 수 있다. 이 그림은 매력적이고 전원적인 이미지를 보여주지만, 한편으론 위험스런 유혹의 장면을 담고 있다(이 때문에 이 그림은 당시에 크게 비판받았다). 또한 이 그림은 빅토리아 시대 영국 종교에 대한 풍유로 볼 수 있다. 헌트는 자신이 그린 이 목동이 자신의 양 떼를 돌보는 일은 제쳐놓고, 인간 영혼을 위해 아무런 가치가 없는 쓸데없는 논쟁만 벌이며 방황하고 있는 목사들을 상징한다고 설명한 바 있다.

▲
64. 존 스튜어트 커리(John Steuart Curry)의 "비극의 서막"(*The Tragic Prelude*, 1942). 캔자스 주에 있는 놀라운 벽화. 이 그림은 한 세기 전 남북전쟁 이면에 가득했던 광기와 기독교적 수사들에 대해 우수 가득히 회고하는 미국인의 정서를 담고 있으며, 캔자스 주에서는 전혀 환영받지 못했지만 미국 사회 안에 여전히 남아있는 심각한 균열들을 반영하고 있다. 이 그림 속에서 노예제도 폐지론자인 존 브라운(John Brown)은 한 손에는 알파와 오메가가 새겨진 성경을 다른 손에는 장총을 잡고 휘두르고 있다.

65. 기독교 성화의 경건 전통 뒤집기, 아기 예수의 볼기를 치는 성모 마리아(1926). 창문 너머로 지켜보는 인물들은 이 그림의 화가인 막스 에른스트(Max Ernst)와 그의 초현실주의 동료, 앙드레 브르통(André Breton)과 폴 엘뤼아르(Paul Éluard)이다. 이 그림은 현대적 회의주의와 함께 고대 기독교 외경 속에 나타난 그리스도의 유아기 전승을 반영하고 있다.

66. 가나의 아크라 외곽에 위치한 열두 사도 교회(the Twelve Apostles Church)는 매주 금요일 정기적으로 치유 집회를 열고 있다. 이 집회는 시장 상인으로 일하는 여성들이 주도하는데, 그들은 이를 위해 금요일에 자발적으로 영업을 중단한다. 이 집회에서 십대 청소년들은 북을 치며 음악을 연주하는 가운데 호리병으로 악령을 내어 쫓는 의식을 행한다.

▲ **67.** 1935년 이후 베오그라드(Belgrade)에 시공된 성 사바 성당(The Temple of St. Sava). 이 성당은 콘스탄티노플의 소피아 사원 양식으로 지어졌으며, 슬로보단 밀로소비치(Slobodan Milosević) 정권하에 복구되었다. 이 성당은 오늘날 정치적 목적을 담은 종교물의 대표적 사례이며 의도적으로 세르비아정교회의 민족주의를 표방한다. 이 사진에서 군중들은 2003년 세르비아의 수상 조란 진지치(Zoran Djindjić)가 암살당한 후 이를 애도하고 있다.

▲ **68.** 한국에 있는 여의도순복음교회. 이 교회는 오순절주의 목사인 조용기(David Yonggi Cho)에 의해 1958년에 불과 6명으로 설립되었으며, 현재 등록교인 약 75만 명으로 단일 교회로는 세계 최대 교회로 알려져있다. 여의도순복음교회의 본당은 26,000명을 수용하며 매주 여러 번의 예배가 드러지고 있다.

3천년 기독교 역사 III : 근세·현대사
A History of Christianity

2013년 9월 14일 초판 발행
2017년 11월 10일 초판 2쇄 발행

지은이 | 디아메이드 맥클로흐
옮긴이 | 윤영훈

펴낸곳 | 사)기독교문서선교회
등록 | 제16-25호(1980. 1. 18)
주소 | 서울시 서초구 방배로 68
전화 | 02) 586-8761~3(본사) 031) 942-8761(영업부)
팩스 | 02) 523-0131(본사) 031) 942-8763(영업부)
홈페이지 | www.clcbook.com
이메일 | clckor@gmail.com
온라인 | 기업은행 073-000308-04-020, 국민은행 043-01-0379-646
  예금주: 사)기독교문서선교회

ISBN 978-89-341-1311-9 (94230)
ISBN 978-89-341-1292-1 (세트)

* 낙장·파본은 교환해 드립니다.

이 도서의 국립중앙도서관 출판시 도서목록(CIP)은
서지정보유통지원시스템 홈페이지(http://seoji.nl.go.kr)와
국가자료공동목록시스템 (http://www.nl.go.kr/kolisnet)에서
이용하실 수 있습니다.
(CIP제어번호: CIP2013014267)